Georg Gottfried Gervinus

Shakespeare

Erster Band

Georg Gottfried Gervinus

Shakespeare
Erster Band

ISBN/EAN: 9783742860071

Hergestellt in Europa, USA, Kanada, Australien, Japan

Cover: Foto ©Thomas Meinert / pixelio.de

Manufactured and distributed by brebook publishing software
(www.brebook.com)

Georg Gottfried Gervinus

Shakespeare

Shakespeare.

Von

G. G. Gervinus.

Dritte Auflage.

Erster Band.

—⁂—

Leipzig,

Verlag von Wilhelm Engelmann.

1862.

Vorrede

zur ersten und zweiten Auflage.

———

Die Schilderung des großen britischen Dichters, die ich hier veröffentliche, ist aus einer Reihe von glücklichen Stunden entsprungen, in denen ich mehrere Jahre hindurch die Werke Shakespeare's zu einem Gegenstande andauernder Betrachtung machte und aus ihrer Erklärung die edelsten Genüsse zog.

Nach der Vollendung meiner Geschichte der deutschen Dichtung drängte es mich, auf das lange verlassene Gebiet politischer Geschichte, meiner anfänglichen Richtung, zurückzukehren. Meine Absicht war, und sie ist es noch, an den Schlußsatz jener historischen Darstellung unserer Dichtung anzuknüpfen und den Versuch zu wagen, die Geschichte unserer Zeit zu schreiben, in ihr dem deutschen Volke wie im Spiegel das Bild seiner Gegenwart zu zeigen, ihm seine Schmach, seinen Beruf, seine Hoffnungen vorzuhalten, ihm die Züge und die Natur des ganzen Körpers und Geistes dieser Zeit zu deuten, die mehr und mehr eine große und bedeutungsvolle zu werden und die Mühe des geschichtlichen Beobachters zu lohnen versprach. Seitdem haben die Ereignisse dieser Erwartung rasch zu entsprechen begonnen; sie

bieten dem Geschichtschreiber eine stets lockendere Aufgabe und
werden ihm zugleich eine stets lehrreichere Schule. Sie ha=
ben auch mich aus einer beobachtenden Stellung eine Weile
in den Strudel der werdenden Verhältnisse gerissen, ein La=
byrinth, in dem für uns, was auch der Anschein dagegen
sagen möchte, vorerst eine Aussicht ist zu einem befriedi=
genden und abschließenden Ziele.

Bei diesen Regungen des äußeren Lebens war mir ein
Ort der Sammlung und Gemüthsfassung, mitten im For=
schen nach den gemeinen Hebeln, die die geschichtliche Welt
bewegen, eine Erhebung der Seele über die Niederungen
der Wirklichkeit weg ein Bedürfniß geblieben, das sich nicht
abweisen ließ.

Die nächste Vergangenheit unserer Bildung und Ge=
schichte erklärt es zur Genüge, warum wir noch Alle in
Deutschland gewöhnt sind, der schönen Kunst und ihrer
Gaben nicht wohl entbehren zu können. Die Gegenwart
aber ruft uns gleichsam aus diesen theuer und liebgeworde=
nen Gewöhnungen hinweg auf das Gebiet des handelnden
Lebens herüber, das sich mit halber Anstrengung nicht ge=
winnen läßt, das unsere gesammten Kräfte in Anspruch
nimmt. Getheilt zwischen diese streitenden Bedürfnisse und
Anforderungen, wie läßt sich beiden genügen, ohne beiden
zu schaden?

Den Forderungen des Vaterlandes, den Pflichten des
Tages, dem thätigen Berufe des Lebens läßt sich nichts ab=
dingen; ihm will zuerst Genüge geleistet sein; der Genuß,
die geistige Würze muß sich ihm fügen. Aber die Genüsse
des Geistes selbst können der Art sein, daß sie ein Sporn
unserer handelnden Thätigkeit und Wirksamkeit werden,
wenn sie so gewählt sind, daß sie unsere Empfindungen un=
verkünstelt, unsere Vorstellungen gesund halten, daß sie

neben Gemüth und Einbildungskraft auch den praktischen
Verstand beschäftigen und die Willenskraft zu Entschlüssen
bestimmen. Der musischen Werke, die diese Eigenschaft in
einem höheren Grade besitzen, sind überhaupt nur Wenige;
diese Wenigen sind aber von dem ersten und größesten
Range.

In der Bildungsgeschichte Englands und Deutschlands
gibt es zwei Männer, der Eine in diesem, der Andere in
jenem Lande geboren, die die alte germanische Verwandt=
schaft und Gemeinschaft noch in diesen späteren Jahrhun=
derten aufrecht halten, in deren Besitz sich die beiden Natio=
nen theilen, um deren höhere Würdigung sie sich streiten.
Der gleiche Theil, den sie an dem vorzugsweise praktischen
und an dem vorzugsweise geistigen Volke haben, rückt diese
Vermittler zweier Nationen vorragend in jene mittlere Stel=
lung, wo sich widersprechende Eigenschaften versöhnen und
verbinden, worin eine sichere Bürgschaft menschlicher Größe
gelegen ist. Ein gleich interessantes Bild bietet die ganze
Geistesgeschichte der Menschheit vielleicht nicht zum zweiten=
male dar! Diese Männer und ihr Verhältniß zu beiden
Völkern haben mir daher immer zu denken und zu bewun=
dern gegeben; sie traten mir in diesen Zeiten näher, wo
uns in unserer eigenthümlichen Lage ihre Werke die geeig=
netste Nahrung bieten.

Unseren Händel haben sie in England eingebürgert und
zu den Ihren gezählt, sie haben in dauernder Ueberliefe=
rung, zwischen allen Verderbnissen des Zeitgeschmacks, seine
reine Tonkunst lieb behalten, sein Andenken dankbar be=
wahrt, den Stoff zu seinem Leben beschafft und seine Werke
jetzt eben zu einer würdigen Ausgabe gesammelt. Zu ihm,
einem Luther an überströmender Kraftfülle, an starker und
heftiger Gemüthsart, an protestantisch=religiöser Tiefe, an

weiter Beherrschung der inneren Welt der Gefühle und an
wunderbarer Sprachschöpfung, zu ihm muß man sich retten,
wenn man von den Verirrungen des musikalischen Treibens
einer empfindungsarmen und zerrissenen Zeit hinwegflüchten
will; denn bei ihm allein unter den Neueren lernt man verstehen, was die Alten von der männlichen Dorischen Ton-
weise als einem sittlichen Bildungsmittel und von ihren veredelnden und kräftigenden Wirkungen auf Charakter und
Willen des Menschen gesagt haben. Ihm haben die Engländer die richtigere Schätzung zu Theil werden lassen; er
ist dort der Nationalliebling unter den Tonkünstlern geblieben, obwohl an menschlichem und musikalischem Charakter
kein deutscherer Mann gefunden wird, obwohl seine Tonkunst in einer ganz organischen Weise sogar mit der Geschichte unserer Dichtung und ihren höchsten Eigenschaften
verwebt ist. — Davon vielleicht ein andermal.

Dem Engländer Shakespeare rühmen wir uns gern
sein größeres Recht gethan zu haben; gewiß ist, daß wir ihn
durch Fleiß und Liebe, so gut wie England unseren Händel,
uns erobert haben, wenn auch England nicht in dem Maaße,
wie wir jenen, ihn sich rauben ließ. Wenn es um geistige
Genüsse gilt, die uns, an jenem Scheidewege zwischen thä-
tigem und betrachtendem Leben, in sich selbst die höchste
Befriedigung gewähren können, ohne uns für den Beruf
des äußeren Handelns zu erschlaffen, so gibt es keine reichere
Quelle als diesen Dichter, der mit den Zaubern seiner Einbildungskraft die schwärmerische Jugend und ihre Ideale
fesselt, wie er mit der Besonnenheit und Reife seines Urtheils
dem männlichen Geiste unerschöpfliche Nahrung bietet; der
den Sinn für das wirkliche und wirkende Leben in seinem
breitesten Umfange stählt und schärft, aber zugleich über
seine Schranken weit emporhebt zur Anschauung der ewigen

Güter; der die Welt zugleich zu lieben und gering zu achten, zu beherrſchen und zu entbehren lehrt. Mit dieſen Eigen= ſchaften hat uns Shakeſpeare die Freude an vieler anderen Dichtung verleiden können, weil er für alles Aufgegebene hundertfachen Erſatz bietet. Selbſt an unſeren eigenen gro= ßen Dichtern, an unſeren Goethe und Schiller, hat er uns zweifeln gemacht; es iſt bekannt genug, daß in einer jungen Schule in Deutſchland der meſſianiſche Glaube an die Zu= kunft eines zweiten, deutſchen Shakeſpeare herrſcht, der eine größere dramatiſche Kunſt begründen werde, als jene Bei= den. Bis er kommt, bis dieſer Glaube wirkſam genug ge= worden iſt, um Shakeſpeare zu verſetzen, kann es uns in jener Lage, wo wir, an der Schwelle eines neuen politiſchen Lebens, einer praktiſchen Geiſtesſchule bedürftig ſind, auf alle Fälle nichts ſchaden und nur nützen, wenn dieſe Rich= tung des Geſchmacks Beſtand erhält und ſich ausbreitet, wenn wir es aufs Neue angreifen, den alten Shakeſpeare bei uns immer mehr einzubürgern, ſelbſt auf die Gefahr hin, daß er unſere Dichter mehr und mehr in Schatten ſtelle. So wäre es von demſelben Nutzen für unſer geiſtiges Leben, wenn ſein berühmter Zeitgenoſſe Bacon zeitgemäß wieder= belebt würde, um unſerer idealiſtiſchen Philoſophie die Wage zu halten. Denn Beide, Dichter und Philoſoph, die in Ge= ſchichte und Politik ihres Volkes tiefe Blicke gethan haben, ſtehen auf dem Höhepunkte ihrer Kunſt und Speculation immer zugleich auf dem ebenen Boden der realen Welt; ſie wirken mit der Geſundheit ihres Geiſtes auf die Geſundung der Köpfe, da ſie auch in ihren ideellſten und abſtracteſten Darſtellungen auf eine Bereitung für das Leben hinarbeiten, wie es iſt, für das Leben, um das es in den Werken der Politik ausſchließlich gilt. Unſere zahme, bald romantiſch und phantaſtiſch ausſchweifende, bald häuslich und bürger=

lich hinschleppende Poesie und unsere spiritualistische Philosophie thut das nicht; und wir sollten wohl überlegen, ob
das die geeignete Schule ist, uns für den Beruf vorzubereiten, dem wir so eifrig entgegenstreben. In England, dem
Lande der politischen Meisterschaft, würde man sie nicht dafür erkennen. Denn Niemand sei so voll Wahn und Thorheit zu glauben, daß jene so beschaffenen Dichter und Philosophen irgend ein Zufall in dieß so beschaffene Volk hinein-
geworfen habe! Ein Volksgeist, derselbe praktische tüchtige
Lebenssinn, der jenen Staat und jene Volksfreiheit geschaffen
hat, hat auch jene lebensweise Dichtung und jene erfahrungs-
volle Philosophie gestaltet. Und je mehr und entschiedener
w i r uns Sinn und Gefallen an solchen Geisteswerken an-
und ausbilden, je entschiedener werden auch wir der Befähigung entgegenreifen, das handelnde Leben mit dem Geschicke zu bauen, das jene ausgewanderten Vorfahren, aller
Welt zur Nachahmung, bewiesen haben.

Dieß Buch will anleiten, den Dichter zu lesen, von dem
es handelt. Möchte man es darum nicht auswählend und
zerpflückend lesen, sondern im Zusammenhange und ganz,
und den Dichter immer zur Seite. Vieles möchte sonst un-
verständlich bleiben, vieles grillenhaft dünken, vieles in den
Dichter hineingelegt scheinen, während mein anspruchloses
Bestreben war, ihn so viel als möglich zu seiner Erklärung
selbst reden zu lassen. Die Ergebnisse meiner Betrachtung,
ungesucht wie sie sind, werden nach manchen Seiten hin
nichts Neues bringen, nach anderen Viele überraschen. So
braucht man die dichterische Schönheit, die intellectuelle Ueberlegenheit in Shakespeare's Werken den meisten Lesern
nicht mehr nachzuweisen; die glänzende sittliche Hoheit dieses
Dichters haben wir uns dagegen durch äußerliche Dinge
vielfach verdecken lassen. Sieht man erst durch die äußere

Hülle hindurch, ſo wird man auch in dieſer Hinſicht eine Größe in dieſem Manne gewahren, die mit jeder andern Seite in ihm wetteifert, die aber wohl Manchem in dieſer Zeit fremdartig auffallen wird, in der man ſich gewöhnt hat, die geiſtige Größe von Freigeiſterei und freien Sitten unzertrennlich zu denken.

Oft iſt mir die tadelſüchtige Strenge meiner literariſchen Urtheile und meine negirende Haltung gegen die Dichtungs= verſuche unſerer Tage vorgeworfen worden. Es thut mir wohl, hier eine Gelegenheit zu haben, zu zeigen, daß ich auch loben und lieben kann. Und wenn Lob und Liebe geeigneter als Tadel iſt, unſere ringende Literatur zu kräftigen und zu begeiſtern, dann gewiß müßte das Bild, das ich hier ent= werfe, den Stachel des Nacheifers in jede begabte Seele werfen. Denn die Arbeit iſt mit ausdauernder Liebe gefer= tigt, der Gegenſtand mit ausſchließender Liebe gewählt, jedes gelehrte Beiwerk ausdrücklich fern gehalten worden, um den Blick des Betrachters ganz auf dieß Eine Object der Be= wunderung zu feſſeln.

Dieſe Würdigung des britiſchen Dichters iſt im Grunde eine nothwendige Ergänzung meiner Geſchichte der deutſchen Dichtung. Denn Shakeſpeare iſt nach Verbreitung und Wirkung, faſt mehr als irgend Einer unſerer gebornen deut= ſchen Dichter, ein deutſcher Dichter geworden. Dann aber wurde, ganz abgeſehen von dieſer Bedeutung Shakeſpeare's für unſere poetiſche Bildung, jenes Werk über die deutſche Dichtung von mir entworfen, indem ich unverrückt das Auge auf die höchſten Ziele aller poetiſchen Kunſt, und darunter auf Shakeſpeare's Werke, gerichtet hielt. Dieß machte die Urtheile ſtreng, weil ſich dieſem Höchſten gegenüber die theil= weiſe Unbefriedigung auch vor den erſten Leiſtungen unſerer erſten heimiſchen Dichter nicht ganz verbergen ließ. Vielleicht

verſöhnt ſich nun mancher eher mit den Urtheilen dort, nach=
dem ihm hier der Maaßſtab deutlicher gemacht iſt, mit dem
gemeſſen ward. Vielleicht auch lernt man nun aus der durch=
greifenden Verſchiedenheit der beiden Werke beſſer den Un=
terſchied erkennen zwiſchen geſchichtlicher und äſthetiſcher
Beurtheilung dichteriſcher Erzeugniſſe.

Der Gewinn, den ich ſelbſt aus dieſer Betrachtung ge=
zogen habe, dünkt mir ganz unausmeßbar. Es kann ſchei=
nen, als ſei wenig ſelbſtändiges damit geleiſtet, daß man
ſich einem Andern blos erkennend und erklärend gegenüber=
ſtellt. Aber wenn dieſe Erkenntniß an einem großen Men=
ſchen geübt wird, deſſen Kunſt in ihrer Kraft und Weite das
All der Dinge umſpannt, deſſen eigene Lebensweisheit noch
dazu nicht eigentlich in gerader Ueberlieferung vor uns liegt,
ſondern erſt durch eine eigene Geiſtesoperation von den Ele=
menten dichteriſcher Charakteriſtik und Beimiſchung gereinigt
werden muß, ſo hat dieſe Beſchäftigung all das Fördernde,
was eine praktiſche Menſchenkenntniß und Studium, in
größter Concentration an den würdigſten Gegenſtänden ver=
ſucht, nur darbieten kann; ihr Nußen wie ihr Genuß kommt
kaum mit dem einer anderen Thätigkeit in Vergleich, und
ſie ruft alle Kraft des innern ſelbſtthätigen Lebens in die
Waffen.

Heidelberg. 1849—50.   G.

Inhalt.

Einleitung.

In unserer Zeit werden eine Menge Monographien über einzelne Schriftsteller und Schriftwerke verfaßt, die gewöhnlich in Folge eines zufälligen Anstoßes aufgegriffen, mit vorübergehender Liebhaberei behandelt, als flache Neuigkeiten aufgenommen und mit einer flüchtigen Neugierde gelesen werden.

Nicht so möchte ich es mit dieser Darstellung Shakespeare's halten und gehalten wissen. Ich kann sie nicht als eine leichte Erholung darbieten wollen, da sie einen der ernstesten und reichhaltigsten Stoffe behandelt, die überhaupt gewählt werden können.

Denn diese Betrachtung gilt einem Manne, der von der Natur auf eine so verschwenderische Weise ausgestattet war, daß man selbst dort, wo der Maaßstab zu seiner Beurtheilung am meisten gebrach (wie unter den Kritikern der romanischen Nationen), den angebornen Genius immer in ihm ahnte und einen wildgewachsenen Geist in ihm bestaunte, während diejenigen, die sich in seine Werke mit unbefangener Betrachtung zu vertiefen verstanden, sich mehr und mehr in der langsam geschöpften Ueberzeugung vereinigten, daß alle Zeiten und Völker, in welchen Zweigen des Wirkens es sei, nicht leicht einen Zweiten aufzuweisen haben, in dem der natürliche Reichthum des Geistes, die menschliche Begabung, das ursprüngliche Talent, die Leichtigkeit der geistigen Bewegung so groß wäre wie in ihm.

I.   1

Diese Betrachtung gilt, was vielleicht mehr ist, einem Manne, der von dieser freigebigen Ausstattung der Natur den freigebigsten Gebrauch gemacht hat. Shakespeare war von der Ueberzeugung durchdrungen, und hat sie in mannichfaltigem Ausdruck ausgesprochen, daß die Natur dem Menschen nichts geschenkt, sondern nur geliehen habe, daß sie ihm nur gebe damit er wieder geben solle. Er hatte die Erfahrung, daß es in dem Leben eines strebenden Menschen nicht genug sei, die Bahn der Ehre Einmal betreten zu haben, sondern daß es darauf ankomme, in ihrem Gleise unausweichlich zu beharren. Und er kam dieser Ueberzeugung alsdann mit der ausdauerndsten Anstrengung nach, indem er von Anfang bis zum Ende seiner öffentlichen Laufbahn eine Thätigkeit entwickelte, welche uns Deutschen besonders, die wir einen Goethe und Schiller (nicht geringe Menschen wahrlich) in mühseliger Arbeit haben ringen sehen, völlig räthselhaft erscheint.

Diese Betrachtung gilt einem Manne, dessen dichterische Ueberlegenheit Alle fühlen, die auch nicht in der Lage sind, sie sich völlig klar zu machen, während der Kenner, der mit ihm innerlichst vertraut ist, und neben ihm die Geschichte der Dichtung in ihrem ganzen Umfang zu vergleichen weiß, ihn im Mittelpunkte der neueren dramatischen Literatur auf der Stelle stehen sieht, die Homer in der Geschichte der epischen Poesie einnimmt, als den offenbarenden Genius der Gattung, dessen Bahn und Weise nie ungestraft verlassen werden kann.

Diese Betrachtung gilt endlich einem Manne, dessen ganzer Werth mit der Erkenntniß blos seiner poetischen Größe bei weitem nicht ausgemessen ist. Man hat seine Werke so oft eine weltliche Bibel genannt; Johnson hat gesagt, daß aus seinen Darstellungen selbst ein Einsiedler die Weltbegebenheiten schätzen lernen könne; wie oft ist es wiederholt worden, die ganze Welt und Menschheit sei in seinen Dichtungen im Spiegel zu sehen! Dieß sind nicht übertriebene Redensarten, sondern verständige, wohl begründete Urtheile. Die

Menschheit liegt nicht, wie in dem Drama des Alterthums, blos nach ihren typischen Charakterformen, sondern selbst nach ihren vortretendsten individuellen Gestalten in seinen dichterischen Schöpfungen abgebildet vor; wir blicken in alle Zustände des inneren Seelenlebens der Einzelnen, in das Treiben aller Klassen und Stände, in alle Arten des Familien= und Privatlebens, in alle Phasen des öffentlichen Geschichtslebens hinein. Wir werden eingeführt in das Treiben der römischen Aristokratie, Republik und Monarchie, in die mythische Heroenzeit der gallischen und britischen Urbevölkerung, in die abenteuerliche Welt der romantischen Ritterzeit und des Mittelalters, auf den Boden der vaterländischen Geschichte der mittleren und neueren Zeiten. Ueber allen diesen Epochen, über allen diesen mannichfaltigsten Verhältnissen steht der Dichter mit einer Ueberlegenheit der Anschauung, so erhaben über Vorurtheil und Partei, über Volk und Zeit, mit einer solchen Gesundheit und Sicherheit des Urtheils in Sachen der Kunst, der Sitte, der Politik, der Religion, daß er einem viel späteren und reiferen Zeitalter anzugehören scheint; er entfaltet für alle allgemeinen und besonderen Lagen des inneren und äußeren Lebens eine Weisheit und Kenntniß des Menschen, die ihn zu einem Lehrer von unbestreitbarer Autorität macht; er hat seine moralische Weltansicht aus reicher Beobachtung der äußeren Welt so geschöpft, und an einem reichen innern Leben so geläutert, daß er mehr vielleicht als jeder Andere verdient, zu einem Führer durch Welt und Leben vertrauensvoll gewählt zu werden.

Mit einem solchen Manne sich ernst und eifrig zu beschäftigen, lohnt jede Mühe und fordert jede Anstrengung heraus. Wenn jetzt von poetischer Lectüre die Rede ist, so denkt die gewöhnliche Lesewelt nur an die gewürzten Neuigkeiten des Tags und an die breiten flachen Romane, die Zeit und Langeweile ausfüllend ein Bedürfniß stillen müssen, das uns unsere überreiche Literatur geschaffen und zur Gewöhnung gemacht hat. Kein ernsterer Mensch kann Freude haben an dieser geistigen Gierde und Schlingsucht; es ist vielmehr eine alte

1 *

und köstliche Regel, daß man, um sich zu bilden, weniges Gute, und
dieß Gute oft und immer wieder lesen solle. Bei Niemanden wird
sich die Anwendung dieser Regel so reichlich lohnen, wie bei Shake=
speare. Denn er ist immer neu und hat wohl noch Keinen übersättigt.
Er darf nicht allein, sondern er muß oft gelesen werden, und gelesen
mit der Genauigkeit, mit der wir in der Schule angehalten werden,
die alten Klassiker zu lesen; man erfaßt sonst nicht einmal die äußere
Schale, viel weniger den inneren Kern. Jeder jüngere Leser Shake=
speare's wird die Erfahrung gemacht haben, daß man den bloßen
Stoff seiner Stücke, die Fabel, die Handlung, selbst während des
Lesens, nur mit einiger Anstrengung vollständig ergreift, daß man
sie, nach einer einmaligen, ja selbst mehrmaligen Lectüre, bald wieder
gänzlich vergißt. So lange man so zu Shakespeare's Stücken steht,
hat man sie nicht begriffen; um sich ihnen näher zu stellen, kostet es
redlichen Fleiß und ernstes Bemühen.

Das hat nicht allein jeder Einzelne erfahren, sondern selbst die
ganze Welt. Zwei hundert und fünfzig Jahre hindurch haben sich nun
die Menschen um diesen Dichter bemüht; sie sind nicht müde gewor=
den, in seine Werke wie in einen Schacht hinabzusteigen, um all das
edle Metall zu Tag zu fördern, das sie enthalten; und die am thätig=
sten waren, waren zuletzt so bescheiden zu erklären, daß wohl kaum
ein einzelner Gang dieser reichen Mine erschöpft sei. Und fast zwei
Jahrhunderte waren von dieser Zeit vergangen, ehe die Männer er=
schienen, die Shakespeare's ganzen Werth und Gehalt zuerst erkannten
und seine reine edle Gestalt von dem Wuste der Vorurtheile entklei=
deten, der sie umhüllt und entstellt hatte.

Wie kam es doch, daß dieser Dichter der ganzen literarischen
Welt und Geschichte so lange ein Räthsel blieb? daß eine so außer=
ordentliche Erscheinung so langsam begriffen ward, und noch immer
auch jetzt von Vielen so mangelhaft begriffen ist? ein Dichter, der
doch über sich selber keineswegs im Unklaren war und den schon
manche seiner Zeitgenossen vollkommen zu würdigen schienen?

Auf diese Frage liegt Eine Antwort in der Beschaffenheit seiner Werke selbst, und diese Antwort wird uns am Schlusse unserer Betrachtungen von selber einleuchten: die Ursache der langsamen Erkenntniß unseres Dichters liegt vor Allem darin, daß er eben eine außerordentliche Erscheinung ist; denn nur das Gemeine begreift man schnell und nur das Gewöhnliche ohne Misgriff und Irrthum.

Eine andre Antwort auf jene Frage aber liegt in der Geschichte. Und aus ihr will ich in diesen einleitenden Worten mit Wenigem an die nicht unbekannten Verhältnisse erinnern, die es bewirkten, daß ein großer Geist wie dieser nach einer richtig gewürdigten Wirksamkeit so ganz vergessen werden konnte, um dann anzudeuten, auf welche Weise und durch wessen Verdienst er nach und nach dieser Vergessenheit wieder entrissen wurde, und um zum Schlusse anzugeben, in welchem Verhältnisse diese gegenwärtige Arbeit zu ähnlichen, vorhergegangenen steht, die sich die Erläuterung der Shakespeare'schen Werke zur Aufgabe stellten.

Vor der Zeit, in die Shakespeare's Thätigkeit fällt (um 1590— 1615), bestand eine Literatur, die eigentliches Volkseigenthum gewesen wäre, in England nicht. Es gab englische Dichter, aber keine englische Nationaldichtung; die namhaften Poeten waren Gelehrte, an lateinischer und italienischer Dichtung geschult, auf die Nachahmung der Schulmuster gerichtet. Ihre Sonnette, ihre Allegorien, ihre Novellen konnten für eine volksthümliche Dichtung wenig bedeuten. In die Reihe dieser Dichter trat Shakespeare mit seinen erzählenden Gedichten und seinen Sonnetten ein. Schon in diesen seinen kleineren Werken äußerte sich, zwischen der reinsten Bescheidenheit und Demuth, das Selbstgefühl des Dichters von seinem eigenen Werthe ganz entschieden. In seinen Sonnetten verheißt er dem jungen Freunde, an den sie gerichtet sind, eine Unsterblichkeit durch seine Verse zu bereiten, die sich erhalten sollen so lange Menschen athmen und Augen sehen; er fordert die Zeit heraus, ihr Aeußerstes zu thun: trotz ihrer zerstörenden Gewalt soll sein Geliebter in ewiger

Jugend in seiner Dichtung leben. Ein Denkmal will er ihm setzen in seinem Verse, den noch ungeborene Augen einst überlesen werden, und künftige Zungen sollen von seinem Dasein reden, wenn alle Athmer dieser Zeit gestorben sind. Solche Kraft sei in seiner Feder, daß er ewig leben werde, wo Athem am unversieglichsten athmet, im Munde der Menschen selbst.

Dieses Selbstgefühl mußte sich in dem Dichter mit der Zeit noch außerordentlich steigern, wenn er auf das Werk seines Lebens zurück sah. Die Bühne hatte noch zu Heinrich's VIII. Zeit nur in rohen Anfängen bestanden; unter Elisabeth ward sie die Stätte, wo zum erstenmale eine eigenthümliche englische Volksliteratur eine Heimat fand. Die Ritterepopöe, die italienische Novellistik und Lyrik war der Fremde entlehnt; bei der Begründung des Schauspiels aber regte der sächsische Genius im Volke die Flügel und die entstehende Bühne ward ein Nationaleigenthum. Das Volk strömte aus den Kirchen in die Schauspielhäuser, Hof und Adel förderten die Werke der drama= tischen Kunst; der Schutz von oben, die Gunst von unten, die Be= deutung ihrer Leistungen hob hier die Bühne in einem Vierteljahr= hundert aus der niedersten Tiefe in die höchste Höhe hinauf. Den innern Werth, das durfte sich Shakespeare sagen, hatte nur Er ihr gegeben; namhafte Schützer der Bühne unter dem Adel waren seine besonderen Gönner; die Gunst zweier, sehr verschiedener Regenten haftete vorzugsweise auf seinen Werken, und die des Volkes auf den Darstellungen seiner Gesellschaft.

Diese Bedeutung des Dichters haben seine Zeitgenossen, wenn nicht kunstgerecht gewürdigt, so doch geahnt und zum Theile ganz durchschaut. Unter ihnen hat Niemand der Bewunderung schönere Worte geliehen, als Ben Jonson, der zwar oft als ein Neider und Gegner unseres Dichters verschrieen worden ist. In Wahrheit aber war er, von Shakespeare zuerst in die Welt und auf die Bühne ein= geführt, mit ihm in einer dauernden Freundschaft vereinigt, die Beiden zu so hoher Ehre gereicht, wie unseren deutschen Dichterdioscuren die

achtungsvolle Verbindung die sie umschloß; und obwohl ihn sein
engerer Gesichtskreis behinderte den Umfang des Shakespeare'schen
Genius ganz zu ermessen, war er doch immer selbstlos genug, den
ehrenhaften Kern und die offene freie Natur in dem menschlichen
Wesen des Freundes, wie den hohen Schwung seines phantasie=
vollen dichterischen Geistes mit warmer Begeisterung anzuerkennen.
In seinem Poetaster (1601) sprach er über die Kunst und Lebens=
weisheit Virgil's einen Preis aus, der, glaubt man, dem großen
gegenwärtigen Ruhme Shakespeare's galt und seinen größeren künf=
tigen Ruhm verkündete:

> — Was er geschrieben, ist
> so urtheilsvoll entworfen, so getränkt
> mit jeglicher Erfahrung unsres Lebens,
> daß, wer sein Buch nur im Gedächtniß trüge,
> nie einen ernsten Fall erleben würde,
> deß Sinn und Geist er nicht aus ihm begriffe.
> Seine Gelehrtheit schmeckt nicht nach der Glosse,
> die nur der Schule Weisheit wiedertönt
> und einen hohlen Namen leicht erwirbt,
> noch nach entlegnem, lang gesuchtem Stoffe,
> den Kunst in reizende Allgemeinheit kleidet:
> sie zieht vielmehr die grade volle Summe
> des Werths der Kunst und ihrer ersten Wirkung.
> Und so von Leben voll ist seine Dichtung,
> daß sie wird sammeln Lebenskraft im Leben
> und einst bewundert sein wird mehr als nun.

In seinen Gedenkversen auf den gestorbnen Freund, die der
ersten Ausgabe von dessen Werken 1623 vorgedruckt sind, hebt er
Shakespeare über die englischen Dramatiker (die zu überbieten aller=
dings so schwer nicht war) hinweg; er will aber auch den donnernden
Aeschylus, Euripides und Sophokles und die römischen Tragöden
heraufbeschwören, um seinen Kothurn die Bühne erschüttern zu sehen;
und wenn er im Soccus auftrete, will er ihm Niemand unter den
Alten vergleichen, noch was seitdem aus ihrer Asche entsprang.
„Triumphire, mein England! ruft er dann; du hast Einen aufzu=
zeigen, dem alle Bühnen Europa's huldigen müssen. Er war nicht

Eines Zeitalters, sondern für alle Zeit. Noch waren alle Musen in
ihrer Jugend, als er gleich Apoll oder Mercur hervortrat, unser Ohr
zu entzücken. Die Natur selbst war stolz auf seine Schöpfungen und
freute sich das Gewand seiner Dichtung zu tragen, das so reich ge=
sponnen und fein gewoben war, daß sie seitdem keinen anderen Geist
mehr anerkennen will. Der beißende Aristophanes, der zierliche
Terenz, der witzige Plautus gefallen nicht mehr; sie liegen veraltet
und verlassen, als wären sie nicht von der Familie der Natur. Und
doch muß ich der Natur nicht Alles zuschreiben; auch seine Kunst muß
ihr Theil behalten, denn obwohl Natur der Stoff des Poeten ist, so
giebt seine Kunst doch die Form hinzu; — der wahre Dichter ist eben
so sehr gebildet als geboren: und ein Solcher war Er! Sich, wie
des Vaters Antlitz in seinen Nachkommen fortlebt, so erscheint das
Geschlecht von Shakespeare's Geist und Sitten glänzend in seinen
wohlgefeilten Versen, in deren jedem er einen Speer zu schüttlen
scheint, wie geschleudert in das Auge der Unwissenheit. Süßer
Schwan vom Avon! welch ein Anblick wäre es, dich in unsern
Wassern noch in jenem Fluge zu sehen, der unsere Elisa und unsern
Jakob so dahinriß! Doch nein! ich sehe dich als ein Sternbild an
den Himmel versetzt: dort leuchte, Stern der Dichter, und übe
deinen Einfluß von da, in Liebe und Strenge, auf die sinkende
Bühne, die seit deinem Tode getrauert hätte wie die Nacht oder der
Tag der Verzweiflung, wenn nicht das Licht deiner Werke hinter=
blieben wäre".

Wie kam es, ich wiederhole die Frage, daß dieser Dichter, dessen
Werth ihm selbst und der Einsicht der Kenner und dem Instincte der
Masse seiner Zeitgenossen so wenig fremd war, doch schon wenige
Jahrzehnte nach seinem Tode so gut wie vergessen, und auf länger
als ein Jahrhundert gänzlich verkannt war? Folgendes sind die
Gründe dieser Erscheinung.

Die Gunst, deren der Dichter sich zu erfreuen hatte, konnte doch
bereits bei seinen Lebzeiten keineswegs eine allgemein ausgebreitete

sein, schon weil seine Kunst selber ein angefochtenes Gewerbe war. Der Geist der religiösen und sittenstrengen Zeit war in großen Kreisen der Gesellschaft dem üppigen weltlichen Bühnenwerke feindlich entgegengesetzt. Die ernsten Naturen auch in der schriftstellerischen Welt verspotteten mitleidig die Thätigkeit der leichtfertigen Bühnendichter, die von ihren Jamben die Unsterblichkeit hofften; die eifrigen darunter bekämpften diese Kunst wie ein öffentliches Aergerniß und Verderben. Wie einst viele der ritterlichen Epiker des 14. Jahrhunderts thaten, so bereuten manche der dramatischen Dichter (wie Greene und Gosson) in ihren späteren Jahren selbst ihre frühere unheilige Beschäftigung, beschworen ihre Freunde die sündige Kunst zu verlassen und endeten damit, fromme Aufgaben wie zur Sühne zu behandeln. Die wärmsten Vertheidiger des Schauspiels selber mußten gestehen, daß es eine Sache sei, die der Stützen bedürfe. Die Geistlichkeit, der Richterstand, die städtischen Magistrate setzten gegen alles Schauspielerwesen einen dauernden Widerstand. So hatte sich mitten in ihrer ersten und größesten Blüte die dramatische Kunst in England vor den Bedrohungen und Verfolgungen lebhafter, angesehener und gefürchteter Gegner zu schützen. Die Schauspielkunst war nicht selten für den Dichter und Spieler in hohem Grade vortheilhaft, aber wie fast zu allen Zeiten, und damals in viel höherem Grade als heute, mit einem sittlichen Makel behaftet. Wo der lockende Reiz der Kunst unmittelbar und gegenwärtig war, da, an Ort und Stelle und für den Augenblick, hob der berückende Zauber den Dichter empor; vor den Thoren, wo seine Wunder nicht gesehen wurden, war er mißachtet und unbekannt.'

Dieß war aber nicht das Einzige, was damals eines Dichters Namen, Ruf und Ansehn drückte. Den Schreibern jener Tage war es nicht so gut geworden, wie unseren deutschen Dichtern im vorigen Jahrhundert, die in Zeiten auftraten, wo das politische Leben brach lag, wo keine gegnerische oder nebenbuhlerische Thätigkeit störte und zerstreute, wo die literarische Bewegung das ganze Leben des Volks ausfüllte und jedes andre Interesse überwog. In Shakespeare's Zeit dagegen fällt der eigentliche Beginn der englischen Größe: die religiöse Selbstthätigkeit des Volkes, die Kunst und Wissenschaft die dem Genius der Nation eigenthümlich war, die Anfänge der künftigen Staats= und Seemacht Englands liegen in der Zeit von Elisabeth's Herrschaft wie in eine Knospe geschlossen beisammen in üppiger Verheißung. Mit überraschender Schnelle stieg der Unternehmungsgeist, der Handel, die Industrie des Inselreichs empor; seine äußere Politik erhielt durch die protestantische Richtung gegen das hispanische und papistische Prinzip eine große volksthümliche Unterlage; die Zerstörung der unüberwindlichen Flotte (1588), die England für Spanien erobern sollte, die kühnen Seekämpfe, die damals eine Reihe großer Seehelden ausbildeten, entschieden das politische Uebergewicht des kleinen England über die Weltmonarchie von Spanien; nach Elisabeth's Tode ward Schottland mit England vereinigt und nun begannen die ersten glücklicheren Colonialunternehmungen (1606 u. ff.), mit denen die inneren Handelshemmnisse zu verschwinden, die äußere Macht des Reichs sich auszudehnen begann. Unter dieser jungen politischen Thätigkeit, bei diesem frisch belebten Nationalgefühle konnte in dem großen Zuge des umfassenden, in allen Theilen und Zweigen erregten Volkslebens die Literatur, und in der Literatur die Bühne, nur einen kleinen verschwindenden Theil ausmachen, und nur einen Theil der gespaltenen Interessen auf sich ziehen. Daher kommt es, daß zwei Männer des ersten literarischen Ranges, ein Philosoph wie Franz Bacon, ein Dichter wie Shakespeare, in jener vielbewegten Zeit zwar nicht allgemein übersehen, aber auch keineswegs allgemein gekannt waren, und daß sie selber gegenseitig ihre geistigen Producte wahrscheinlich kaum beachteten. Der Ruhm von Dichtern wie Ariost und Tasso, wie Racine und Molière, wie Goethe und Schiller ging schnell über die ganze europäische Welt; von Shakespeare hat Niemand im 17. Jahrhundert auswärts gehört, und selbst die Zeugnisse von seinem inländischen Ruhme mußten in späteren

Zeiten erst mühselig aufgesucht werden. So hatte die bloße Be=
kanntwerdung des Dichters gleich anfangs mit der ganzen Wucht un=
günstiger Verhältnisse zu kämpfen; von einem Verständnisse konnte
die Rede viel weniger sein. Seine Stücke waren nur für die Auf=
führung geschrieben; wer sie nicht gesehen hatte kannte sie nicht; es
war mit der Kunst des dramatischen Dichters nicht viel anders als
mit der des Schauspielers, die das beklagenswerthe Loos hat, daß
sie nicht zu fesseln ist und mit dem Augenblicke vorüberrauscht. Zum
Lesen waren die Stücke nicht bestimmt; ihre Herausgabe im Druck,
zum meisten Theile unrechtlich erschlichen, galt für eine Schädigung
der Bühne die der Handschrift Eignerin war, auch wohl für eine
Beeinträchtigung des Rufes des Dichters, der seine Scenen nicht
selten erfand (wie Marston sagt,) nur „um gesprochen nicht um ge=
lesen zu werden". So wurden denn auch von Shakespeare's Dramen
bei seinem Leben nicht die Hälfte gedruckt, kein einziges unter seiner
Aufsicht und Durchsicht. Erst sieben Jahre nach seinem Tode er=
schienen seine Werke von seinen Schauspielercollegen gesammelt in
einer Folioausgabe (1623) von einem eben so unverbürgten und un=
authentischen Werthe; die (zwar geschmähten) älteren Quartaus=
gaben einzelner Stücke erschienen in ihr mit all ihren sinnlosen Fehlern
neben den neu hinzugekommenen, gleich fahrlässig durchgesehenen
Stücken wesentlich nur wieder abgedruckt. Diese Ausgabe ward 1632
neu aufgelegt. Damals waren die Spiele des Dichters noch in po=
pulärer Ehre; schon aber hatte es jetzt ein Fletcher in der Gunst des
überreizten Theaterpublicums über den Meister gewonnen; und bei
dem charakteristischen Mangel aller Kritik in der damaligen Literatur=
periode Englands hätten nun die Beurtheiler schon gänzlich gefehlt,
die den Vorzug der Shakespeare'schen Werke unterscheiden und mit
Gründen ihrer Ueberlegenheit hätten darlegen können. Nicht lange
darauf ward gar die ganze Bühne von der veränderten Strömung
des nationalen Lebens hinweggeschwemmt.

Von 1642 begannen die religiösen Bürgerkriege in England,

und gleich in diesem Jahre wurden sämmtliche Bühnen in England
geschlossen; der puritanische, strengkirchliche Eifer siegte zuletzt in seinem langen Kampfe mit dem profanen Theater und duldete nicht
mehr seine unheiligen Werke. Es geschah der englischen Literatur
nach Shakespeare noch einmal, was ihr im 15. Jahrhundert nach
Chaucer geschehen war: die Bürgerkriege erschütterten die Nation
und ihre Bildung so, daß keine rettende Zufluchtstätte übrig blieb.
Zwanzig Jahre des Blutvergießens und einer völligen Umwühlung
des öffentlichen und Privatlebens tilgten fast die Erinnerung an die
Literaturepoche Shakespeare's aus. Als bei der Restauration unter
Karl II. und Jakob II. mit den Hofbelustigungen und dem freund-
licheren Leben auch die Bühne wiederkehrte, wurden zwar die Charaktere der Shakespeare'schen Stücke von neuem die Probe schauspiele-
rischer Meisterschaft und der Geschmack des sächsischen Volkes wandte
sich auch jetzt mit einer Vorliebe auf seinen Liebling zurück, die den
Gelehrten des Tages so tadelnswerth wie unerklärlich schien; allein
der mächtige, tumultuarische Antheil an der Bühne wie zu Shakespeare's Zeit ergriff die Massen nicht wieder; das Theater ward von
dem Hofgeschmacke gestaltet, der frivol und leichtsinnig und für jene
großen und ernsten Werke nicht mehr empfänglich war. Bald fing
die französische Literatur an, die Welt zu beherrschen; der alterthü-
melnde Geschmack und die steife Kunstregel stellte sich dem volksthümlichen Charakter und der freien Genialität der Shakespeare'schen
Werke gradaus entgegen. Diese Richtung erreichte die höchste Spitze
des Gegensatzes in der poetischen Production eines Addison und Pope
und in der Kritik eines Thomas Rymer, der einem Affen mehr Geschmack und Naturkenntniß zuschrieb als Shakespeare und in dem
Wiehern eines Pferdes und dem Knurren eines Kettenhundes oft
mehr Meinung, Ausdruck und Menschlichkeit finden wollte als in
seinen tragischen Flügen. Als 1709 Nicholas Rowe eine Ausgabe
von Shakespeare's Werken besorgte und den Versuch machte, aus
Ueberlieferungen sein Leben aufzuzeichnen, fand sich, daß von einem

so erstaunlichen Manne fast nichts bekannt war, kaum nur die Originale seiner Werke, und aus seinem Leben nur ein paar unverbürgte
Anekdoten, die auch bis heute die fleißigste Forschung nur durch wenige verlässige Thatsachen zu ersetzen vermochte. Von der Restauration an bis zu Garrick's Zeit in der zweiten Hälfte des 18. Jahrhunderts sind zwar manche Shakespeare'sche Stücke wieder aufgeführt
worden, aber die meisten in der unwürdigsten Entstellung. In dieser
Zeit hat ihn der größte Dichter, den England nach ihm gehabt hat,
Milton, gekannt und gelesen, ein Mann, dessen alleinige Schätzung
unserem Dichter mehr bedeuten konnte als die „der Million". Er
fand, daß er sich in den lebendigen Wirkungen seiner delphischen
Verse ein Denkmal gesetzt habe, für das Könige zu sterben wünschten; aber auch Er sah ihn doch nur als das Kind einer regellosen
Phantasie, als einen süßen Sänger wilder Naturlaute an.

Als im 18. Jahrhundert das literarische Leben in ganz Europa
das politische und religiöse in den Hintergrund drängte, begann auch
in England mit der Wiederbelebung der älteren Literatur die Auferstehung Shakespeare's. Zunächst versinnlicht eine große zusammenhängende Reihe von Ausgaben das wiedererwachende Interesse an
seinen Werken und die langsam steigende Schätzung ihres Werthes.
Von Rowe's erstem Versuche an (1709) einen gereinigten Abdruck herzustellen, erschien in jedem Jahrzehnte wenigstens Eine neue Ausgabe
der Shakespeare'schen Werke, von Pope 1725, Theobald 1733, Han-
mer 1744, Warburton 1747, Capell 1768, seit Johnson (1765) mit
den Varianten und Sacherklärungen versehen, die unter Steevens'
(1766), Malone's (1790), Reed's (1793), Chalmers' (1811) und
Boswell's (1821) zusammengeschossenen Bemühungen das äußere
Verständniß des Dichters mehr und mehr erschlossen. Für die innere
Beurtheilung freilich seines geistigen Gehaltes und künstlerischen Werthes boten diese Arbeiten nur wenig Taugliches dar, von denen die
älteren alle bis auf Steevens und Malone unter der Tyrannei des
französischen Geschmacks und der hochmüthigsten Misachtung und

Unterschätzung des Poeten verfaßt waren. Das Orakel dieses Ge=
schmacks war Voltaire. In seiner Jugend, nach seinem Aufenthalte
in England hatte er zwar selber Shakespeare in Frankreich rüh=
mend eingeführt, hatte von ihm angeregt (1730) seinen Brutus ge=
schrieben, hatte die englische Bühne wegen ihres Reichthums an Hand=
lung gepriesen und einige von ihren Freiheiten schüchtern nachgeahmt.
Als aber seit den ersten französischen Uebersetzungen, Analysen und
Bearbeitungen Shakespeare'scher Stücke von Delaplace und Ducis
des Briten Ruhm sich weiter auszubreiten begann, als die Kritik der
Arnaud und Mercier schon wagte die klassische Routine zu bekämpfen,
als Letourneur in seiner Uebersetzung Shakespeare's (1776) den bar=
barischen Poeten gar über Corneille und Racine emporhob, schlug
Voltaire's erste Gunst in bittere Feindschaft um. In seiner Abhand=
lung über die Tragödie (vor der Semiramis) gab er sein Urtheil dahin
ab, daß die Natur in Shakespeare das Größte und Erhabenste, mit
Allem was Rohheit ohne Geist noch so Niedriges und Abscheuliches an
sich trage, verschmolzen habe; er nannte den Hamlet ein rohes Stück,
das selbst von dem geringsten Pöbel in Frankreich und Italien nicht
würde ertragen werden: er möchte sagen, es sei die Frucht der Ein=
bildungskraft eines trunkenen Wilden! So sprach ästhetische Be=
schränktheit über die größte Erscheinung der neueren Dichtung ab;
aber es war ein Orakel. Wie sollten die Ausleger weiter sein, die an
aller Poesie noch viel weniger Antheil hatten als Voltaire, unter
denen der scharfsinnige Warburton erklärte, er habe diese Art von
Schreibern, wie Shakespeare, in seinen jüngeren Tagen nur durch=
blättert, um sich von ernsteren Beschäftigungen zu erholen! Man
hat daher, wenn man sich an die allgemeinen Urtheile dieser Aus=
leger anhielt, leicht gehabt, ihre pedantischen Klaubereien, ihre ästhe=
tischen Grillen, ihre kleinlichen Zurechtweisungen, ihr vornehmes
Herabsehen auf den Dichter zu verspotten; unsere Romantiker in
Deutschland haben sie bis zur Verächtlichkeit heruntergeschätzt. Dieß
war weder angemessen noch würdig. Diese Herausgeber hatten des

Dichters Werke als ein ganz Fremdes nach Sprache, Sitte und Ver=
hältnissen empfangen; die späteren darunter, seit Johnson, haben
mit der unverdrossensten Durchforschung zahlloser und werthloser
Quellen den Dichter sprachlich und sachlich erst lesbar und genieß=
bar gemacht; sie haben sachlich unverständliche Stellen durch zweck=
mäßige Erklärung in Schönheiten umgestaltet und einzelne sprachlich
verderbte durch scharfsinnige Vermuthungen in wahre, ja hier und
da selbst in hohe Poesie verwandelt. Diese mühseligen Werke deck=
ten der Nation die verborgenen Schätze des Dichters zuerst wieder
auf; den Gebern und Empfängern war es Ernst um das materielle
Verständniß des Dichters, das die nothwendige Bedingung des
geistigen ist, ohne dessen Vorausgang unseren deutschen Kunstrichtern
und Uebersetzern versagt war, ihren Liebling auch nur zu kennen.

Für das innere Verständniß des Dichters, sagte ich, boten diese
Ausgaben seiner Werke weniges taugliche dar; das wenige be=
schränkte sich auf einzelne, psychologische und ästhetische Bemerkun=
gen. Bei Warburton, bei Johnson, bei dem geistreichsten unter Al=
len, bei Steevens, finden sich vortreffliche Erläuterungen über ein=
zelne Stellen, Züge, Charaktere, die unter Vorurtheilen und Fehl=
urtheilen hervorbrechen, als Beweise, wie es die Größe des Dichters
mehr und mehr selbst über die verschlossenen Geister gewann. Aber
sie blieben bei dieser Halbheit stehen, wie Voltaire und die meisten
französischen Beurtheiler, ohne zu fühlen, wie es abgeschmackt sei, in
Einem Menschen die äußerste Rohheit mit der äußersten Erhabenheit
in grellem Abstand verbunden zu glauben; selbst einem Villemain
(in seinem Versuche über Shakespeare 1839) konnte es noch gesche=
hen, daß er von dem rohen barbarischen Genius und seiner unerreich=
ten Zartheit in Behandlung weiblicher Charaktere in Einem Athem=
zug sprach! Uebereinstimmend mit dieser Art fragmentarischer Ein=
sicht, mit diesem Wetterleuchten eines Verständnisses, wo auf ein
vorübergehendes Licht ein größeres Dunkel folgt, war die Behand=
lung Shakespeare's auf der Bühne, sowohl in England wie in

Deutschland. Das 200jährige Jubiläum auf Shakespeare's Geburt, 1764 in Stratford gefeiert, bezeichnet ungefähr die Zeit, wo der Dichter durch Garrick auf Englands Bühnen seine Auferstehung feierte. Damals regten sich Frauen für sein Denkmal in Westminster, Clubbs für die Wiederaufführung seiner Stücke, Garrick für das Studium seiner Charaktere. Er verbannte die steife Gespreiztheit des französischen Spiels, alles Effecthaschen und alles Verschrobene des Vortrags, und setzte Natur, Einfalt und ächte Laune in ihre Rechte wieder ein. Er gab jährlich etwa achtzehn Shakespeare'sche Stücke und suchte sie von ihren Entstellungen zu reinigen. Aber Alles was man von dem Schauspielwesen dieser Zeiten weiß, zeigt zur Genüge, daß nur einzelne Spieler einzelne Rollen begriffen; an ein Zusammenspiel, wie es Shakespeare betrieben haben mußte, war nicht zu denken. So erreichte auch Schröder in Deutschland in Darstellung Shakespeare'scher Charaktere eine wunderbare Höhe, aber auch Er stand allein. Es wird erzählt, daß eine Schauspielerin, die neben ihm in Lear die Goneril spielte, von Lear's Fluch so erschüttert war, daß sie nie mehr die Bühne betreten wollte; die Anekdote thut Schröders Spiele alle Ehre, läßt aber wohl errathen, wie diese Künstlerin von seiner Kunst weit abstehen mußte. So kam man also langsam und stufenweise durch die Ausleger zum Verständniß einzelner Stellen und dichterischer Schönheiten, durch die Spieler und durch eine Reihe von Monographien über die Hauptfiguren Shakespeare'scher Dramen zum Verständniß einzelner Charaktere und psychologischer Wahrheiten, aber das Ganze des Dichters wie seiner einzelnen Werke blieb ein Räthsel. Die Bearbeitung Shakespeare'scher Stücke durch Garrick und Schröder selbst belegt es nur zu deutlich, wie weit noch selbst diese Kenner von seiner richtigen Erkenntniß entfernt waren. Gleichwohl war dieß die eigentliche Zeit der Wiedergeburt Shakespeare's in England; es war zugleich die Zeit seiner ersten Geburt in Deutschland. Dieß war für des Dichters Anerkenntniß und Würdigung, wie für die Aufblüte unsrer kei-

menden dramatischen Dichtung von einer gleich entscheidenden Be=
deutung.

Der Mann, der Shakespeare zuerst nach seinem vollen Verdienste
würdigte, war unstreitig Lessing. Eine einzige Stelle, wo er in der
Dramaturgie von Romeo und Julie spricht, zeigt ganz entschieden,
daß er seine Stücke in ihrem innersten Wesen ergriff, und dieß mit
der reinen Unbefangenheit, mit der sie der Dichter gegeben hatte. Er
wies mit dem ganzen Nachdruck eines sichern Geschmacks auf Wieland's
Uebersetzung des englischen Dramatikers, als ihn in Deutschland noch
fast Niemand kannte. Kurz vorher noch hatte man bei uns den großen
Tragöden ganz ernsthaft mit Gryphius verglichen, als Lessing auftrat
und ihn mit Aristoteles' höchsten Kunstforderungen in Uebereinstim=
mung fand. Noch beugten sich die englischen Herausgeber und Er=
klärer seiner Werke unter dem gallischen Joch, als Lessing den fran=
zösischen Geschmack und das Kunsturtheil Voltaire's zu Boden warf,
und die Zeit mit Einem Schlage dahin umschuf, daß nun wir der
falschen Erhabenheit des französischen Dramas lachten, wie sie dort
der englischen Rohheit gespottet hatten. Lessing's Empfehlung des
englischen Dichters folgte die Uebersetzung Eschenburg's und ein ganz
veränderter Geschmack in dem Kreise unsrer jungen Dramatiker auf
dem Fuße. Das Gleichgewicht des Urtheils herzustellen schien ein
schroffes Gegengewicht gegen die Uebertreibungen der französischen
Convenienz für den Augenblick eine Nothwendigkeit. In Goethe's
Jugendkreise in Strasburg sprach man in Shakespeare's Wortspie=
len, Scherzen und Possen, schrieb man in seinem Tone und Stile,
hob man alle Derbheit und Nacktheit der Natur gegen die franzö=
sische Schminke und Firniß hervor, und fühlte sich durch Einerlei
Zug so heimisch in der germanischen Natur bei Shakespeare, wie bei
Hans Sachs. Nach Kraft und Natur war der Ruf in dem Lager
dieser freien Geister, und die Frucht war die Uebertreibung beider,
die Caricatur: sowohl in den Schilderungen des Malers Füßli aus
Shakespeare's Werken, wie in den dichterischen Nachahmungen der

Klinger und Lenz. Aber dieses begeisterte Hineinleben und Hin=
geben, dieß dichterische Nachbilden des englischen Meisters in den
Jugendwerken eines Schiller und Goethe, führte gleichwohl hier zu
einer ganz anderen geistigeren Art des Verständnisses. Uebermaaß
und Verzerrung streifte sich mit der Zeit in der Anschauung dieser
Männer ab, die als Dichter und Beurtheiler in gleichem Maaße ge=
schaffen waren, das Studium Shakespeare's an einem ganz anderen
Ende anzufassen als die englischen Ausleger: das Bild des Dichters
trat zum erstenmale in der bescheidenen Wahrheit der Natur zu Tage.
Im Wilhelm Meister gab Goethe jene Charakteristik Hamlets, die
wie ein Schlüssel zu allen Werken des Dichters ist: hier ist aller
Theil und getrennte Schönheit verschmäht und das Ganze erklärt aus
dem Ganzen, die Seele der äußern Glieder und ihr lebendiger Hauch
ist nachgewiesen, der das unsterbliche Werk erschuf und organisirte.
Leider ging Goethe selbst in Erklärung des Dichters nicht weiter; er
meinte später, es sei Alles unzulänglich was man über ihn sage, ob=
wohl er wußte, daß er den Zugang zu seinem Allerinnersten gefun=
den hatte. Er ward wie Voltaire verstimmt darüber, daß es Shake=
speare an Ansehn über ihn selber gewann; er hatte früher mit ihm
wetteifern wollen, später fühlte er, daß er an ihm zu Grunde gehen
würde.

Shakespeare schaukelte die Wiege unserer neugebornen drama=
tischen Dichtung im vorigen Jahrhundert und stand bei ihrer ersten
Weihe Pathe. Dieses unermeßliche Verdienst des auferstehenden
Dichters durfte ihm Deutschland nicht mit geringer Vergeltung dan=
ken. Es folgte bei uns nun ganz das Gegenstück zu dem, was im
18. Jahrhundert in England geschehen war. Wir commentirten den
Dichter nicht; mit dem Materiale entging uns dazu der Beruf. Wir
übersetzten ihn; und wo die Engländer eine Reihe von Ausgaben
besitzen, haben wir von Wieland und Eschenburg an, durch Schlegel
und Voß bis auf Tieck's Schüler und die noch späteren Nachzügler
eine ganze Zahl von immer neu gefertigten und immer neu gelesenen

Ueberſetzungen. Verdeckten dort die Anmerkungen gleichſam den Text, ſo gab man uns den Text meiſt ohne alle Noten. Dieß ge= wöhnte uns an eine ganz andere Art, den Dichter zu leſen. Kam der Engländer vielleicht nur ſchwer von den einzelnen Stellen hin= weg, ſo laſen wir, von Erläuterungen entblößt, im raſchen Zuge da= hin; wir waren ſorglos um die Theile und verloren gegen den eng= liſchen Leſer viele einzelne Schönheiten und Verſtändniſſe, wir ge= noſſen aber beſſer das Ganze. Dafür that die Ueberſetzung von A. W. Schlegel das Weſentlichſte, die ſelbſt Engländer mit Bewun= derung leſen. Es ſind hier die Archaismen getilgt, die Derbheiten jenes Zeitalters leiſe gemildert, der ganze Charakter darum doch treulich erhalten. Der Empfänglichkeit der deutſchen Natur, der Schmiegſamkeit unſerer Sprache, dem Geſchmack und Geiſte des Ueberſetzers gereicht dieſes Werk zu gleich großer und dauernder Ehre. Mehr als jede andre Bemühung um den engliſchen Dichter hat dieſe Ueberſetzung ihn uns eigen gemacht. Die Bewunderung erreichte einen neuen Grad. Und dieß mehr bei uns als in England. Denn es iſt unzweifelhaft, daß die Kritik der alten engliſchen Ausleger, wie ſie z. B. bei einem Courtenay vor nicht lange noch einmal aufge= taucht iſt, bei uns in Deutſchland ſelbſt in Einer ſolchen Ausnahme ganz unmöglich geworden iſt. Alte Prophezeihungen über des Dich= ters Nachleben ſchienen in Erfüllung zu gehen. Denn wahrhaft ge= ſchah bei uns, was Leonard Digges, ein Zeitgenoſſe Shakeſpeare's, von ſeinen Werken geſchrieben: ſie würden ihn jung erhalten zu aller Zeit, und es würden die Tage kommen, die alles Neue ver= ſchmähen, Alles für Misgeburt achten würden was nicht Shake= ſpeare's ſei; dann werde jeder Vers in ſeinen Werken neu erſtehen und den Dichter aus dem Grabe erlöſen!

Wie groß das Verdienſt unſerer Romantiker war, Shakeſpeare's Werke bequem zum Genuſſe hergerichtet zu haben, zu dem inneren Verſtändniſſe nach dem wir ſuchen, zu dem Aufſchluſſe der menſch= lichen Natur des Dichters und des allgemeinen Gehalts ſeiner Werke,

2 *

haben auch sie nur wenig beigesteuert. In A. W. Schlegel's dramatischen Vorlesungen (1812) sind die Stücke einzeln besprochen. Alles
bezeugt hier dichterisches Feingefühl und Empfänglichkeit, Alles ist
blühend, lockend, begeisternd, eine Lobrede ganz andrer Art, als die
mäkelnden Charakteristiken der englischen Ausleger. Aber mehr als
dieß, mehr als den Gegensatz der Bewundrung gegen den früheren
Tadel, mehr als die Anwendung eines natürlicheren Geschmacks auf
die Werke des Dichters, im Widerspruche gegen die französischen
Vorurtheile der frühern Zeit, bietet diese Schilderung nicht dar, die
voll Anregung ist, aber ohne Befriedigung selbst für Schlegel's nächste
Freunde war. Auf dem Wege, den Goethe im Wilhelm Meister angegeben hatte, war nicht fortgegangen. Dann verwässerte Franz
Horn (1823) in fünf Bänden über Shakespeare die Schlegel'sche
Charakteristik noch mehr, der in jenem Kitzel einer faden Scherz-
laune, die die komische Kraft unserer Romantiker darstellen sollte,
seine Hauptfreude an den natürlichen Narren hatte, der daher den
Dichter, wo er im erhabensten Ernste arbeitet, immer in heitere
Ironie verkleidet sieht: sein ungetheiltes Lob, mit so viel Albernhei-
ten gepaart, ist wie zur Injurie geworden. Nachher spannte Tieck
lange Jahre auf ein umfassendes Werk über Shakespeare; er gab
manche Beweise von einem eindringlichen Studium des Dichters und
seiner Zeit, noch mehrere Winke einer geheimen Weisheit und Ein-
weihung, aber das versprochene Ganze erschien nicht, und die erschie-
nenen Fragmente versprachen nichts.

Der große Eifer der deutschen Literatur um Shakespeare wirkte
im Anfang dieses Jahrhunderts auf England zurück. Als Nathan
Drake 1817 sein ausführliches Werk über Shakespeare und seine
Zeit herausgab, war die Vergötterung des Dichters auch in seiner
Heimat schon heimisch geworden. Für das ästhetische Bedürfniß ist
bei Drake wenig gesorgt; der größere Fleiß ist auf die Schilderung
der Zeit gewandt; der „poetische Alterthümler" sollte befriedigt werden; das Werk hat aber das Verdienst, das weitschichtige und zer-

streute Material der Ausgaben und der vielen andern schätzbaren
Arbeiten von Tyrrwhit, Heath, Ritson, Monck Mason, Seymour,
Douce u. a. zum erstenmale in ein Ganzes verarbeitet zu haben.
Weit anders hatte schon vor ihm Coleridge die Behandlung des
Dichters angegriffen. Er hatte schon 1811—12 über Shakespeare
Vorträge gehalten, so sehr in Schlegel's Geiste und Art, daß ein
Streit entstand über die Priorität der Verdienste beider Aesthetiker.
Coleridge's ächte Vorträge sind nie gedruckt worden; nur wenige
Fragmente sind übrig, um uns zu beweisen, daß Er von allen Eng-
ländern zuerst den Dichter mit seinem richtigen Maaße maß. Er
eiferte gegen die französische Ansicht, als sei in Shakespeare Alles der
Ausfluß eines sich selber unbekannten Genius, als sei er unsterblich
geworden gleichsam wider sein Wissen und Wollen; er verfocht mit
Recht, daß sein Urtheil so groß sei wie die Unmittelbarkeit seiner
Kunst, daß er nicht ein abenteuerliches Naturspiel, daß seine soge-
nannte Regellosigkeit nur ein Traum der Pedanten sei. Er stellte die
damals in England noch kühnen Sätze auf, daß nicht blos der Glanz
der Theile das Große in Shakespeare sei, das die barbarische Ungestalt des Ganzen vergüten müsse, sondern er fand die ästhetische
Form des Ganzen ebenso bewundernswerth wie die Materie, und
den bildenden Verstand so groß wie das angeborene Genie des Poeten. Er (und seit ihm Campbell und so viele andere enthusiastische
Bewunderer) rückte ihn ganz aus der Vergleichung mit anderen Dichtern heraus; er erklärte es für Trivialität, ihn ernsthaft Racine und
Corneille vorzuziehen, oder mit Spenser und Milton zu vergleichen;
er sah ihn über Allen so erhaben stehen, daß er ihn nur mit sich selber
verglichen haben wollte.

Ein verbreitetes Interesse für Shakespeare und die Literatur
seiner Zeit hat sich in neuester Zeit wieder in England geregt. Es
haftet aber höchst charakteristisch auch jetzt, wie im vorigen Jahrhundert, an dem Materiellen. Fast sollte es scheinen, als wollten die
Engländer vorzugsweise ihren Frauen (Jameson, Griffith, Mon-

tagu u. A.) überlassen, die geistige Seite Shakespeare's zu behandeln, obgleich dieß begreiflich nicht Frauenarbeit sein kann. Die Percy=, die Camden=, die Shakespearegesellschaften machten sich um die Veröffentlichung seltnerer Quellen wetteifernd verdient; die Werke der dichtenden Zeitgenossen Shakespeare's haben, besonders unter den Händen von Al. Dyce, vortreffliche Ausgaben erhalten; und seit Collier's erster Erörterung der Gründe für eine neue Ausgabe Shakespeare's datirt in England eine neue Zeit der Shakespeare= Kritik, wo nun nicht mehr krittelnde Splitterrichter, sondern aufge= klärte Verehrer die Werke des Dichters reinigten und erklärten. Eine Weile behaupteten Collier und Charles Knight allein das Feld, neuerdings reihten sich in vollerer Gruppe die Dyce, Howard Staun= ton, Singer in einer neuen Bearbeitung seiner sorgfältigen Ausgabe von 1826, Halliwell mit seiner Prachtedition hinzu; und durch die= sen belebenden Wetteifer wurden sogar in Deutschland die N. Delius, Tycho Mommsen, F. A. Leo u. A. selbst in diese, von den Fremden kaum zu erwartenden philologischen Bestrebungen mitgerissen. Leider hat sich in diese Emsigkeit der Engländer in unseren Tagen die Ge= schichte einer lange bereiteten und fortgesetzten literarischen Schwin= delei verschlungen, die ein witziger Kopf wortspielend eine neue affaire du Collier benannt hat: ein weites Gespinnst von Betrü= gereien, durch welche zuerst die Lebensgeschichte Shakespeare's mit gefälligen Erfindungen verfälscht, dann der Text seiner Werke mit einer Invasion von Veränderungen bedroht ward, deren gefährliche Neuerung das Auge der Kritik wach rief und bald zu dem Grade schärfte, wo sie das Trugwerk, kaum geargwohnt, auch aufdeckte und bewies[*]. Peinlich wie es ist, die Geschichte des Fortlebens Shake=

---

[*] Ich begnüge mich auf die Werke zweier Paläographen zu verweisen, die über diesen Handel entschieden haben: Hamilton, an inquiry into the genuineness of the Ms. corrections in Mr. J. P. Collier's annotated Shakspere folio 1632. London 1860. Ingleby, a complete view of the Shakspere controversy. Lond. 1861.

speare's verunstaltet zu sehen durch dieß Majestätsverbrechen an dem
gekrönten Haupte der englischen Sprache und Literatur, verübt an
diesem Dichter grade, dem kein menschliches Laster so verab=
scheuungswürdig wie Falschheit und Fälschung war, kann es mir nur
erwünscht sein, mit dieser flachen Erwähnung über dieß Zwischen=
spiel weggehen zu dürfen, da die berüchtigten Lesarten der Bridge=
water= und Perkinsfolios, selbst wenn sie auf's beste verbürgt wären,
meine besondere Aufgabe kaum berührt haben würden, die ganz nur
der allgemeinen psychologischen und ästhetischen Beurtheilung des
Dichters gilt. Für diese ist auch in allen den Jahren dieser neuen
Bewegungen und Bemühungen um Shakespeare in England nichts
Bedeutendes geschehen.

So kehrt man denn immer, wenn man nach einer Mustererrer=
klärung Shakespeare'scher Werke sucht, zu Goethe und seiner Erläu=
terung des Hamlet zurück. Auf diesem merkwürdigen Stücke sollten
die grellsten Gegensätze der Beurtheilung zusammentreffen; der Wen=
depunkt der Würdigung des Dichters sollte von ihm ausgehen. Vol=
taire, der das Stück gelesen hatte um es zu beurtheilen und zu be=
nutzen, sah nur einen Haufen unverbundener, verwirrter Scenen
darin. Sein Urtheil verdient nie vergessen zu werden. „Hamlet",
so charakterisirt er dieß Drama, „wird im zweiten Acte ein Narr, und
seine Geliebte im dritten eine Närrin; der Prinz tödtet den Vater
seiner Geliebten, indem er sich stellt, als tödte er eine Ratte, und die
Heldin stürzt sich in's Wasser. Man macht ihr Grab auf dem Thea=
ter; die Todtengräber sprechen Quodlibets, die ihrer würdig sind,
indem sie Todtenköpfe in der Hand halten; der Prinz antwortet auf
ihre widerwärtigen Thorheiten mit Rohheiten, die nicht weniger
widerlich sind. Während dem macht einer der Schauspieler die Er=
oberung von Polen. Hamlet, seine Mutter, sein Stiefvater trinken
zusammen auf dem Theater, man singt bei Tisch, man zankt, schlägt
und ermordet sich". Nun kam Goethe, und dieses selbe angebliche
Chaos erschien plötzlich als eine harmonische Welt voll wunderbarer

Ordnung. Ein einziges Band wird von ihm nachgewiesen, das die
scheinbar auseinander fallenden Scenen und Charaktere zusammen=
bindet, ein einziger Gedanke, auf den sich jede Handlung und jede
Figur zurückführen läßt. Jede Bizarrerie in den Charakteren findet
ihre Erklärung, jeder noch so auffallende Theil seine Rechtfertigung,
jede scheinbar zufällige Rolle oder Handlung ihre Nothwendigkeit,
jede fremdartige Episode ihren Zusammenhang mit dem Ganzen. Die
Erklärung begründete jenen Ausspruch Coleridge's, daß auch Form
und Bau der Shakespeare'schen Stücke in der That so bewunderns=
werth seien, als man sie für barbarisch verschrieen hatte. Dieser
Nachweis war so auffallend und neu, daß Goethe selbst die Einwände
der herkömmlichen Betrachtung glaubte entgegen halten zu müssen;
man war so gewöhnt, in Shakespeare nur das ungeartete Naturkind
der Musen zu sehen, daß man sich betroffen fühlte, in seinen Werken
mit einem Male eine planmäßige, besonnene, kunstvolle Anlage
suchen zu sollen, die ihn zu einem eben so ruhigen und überlegten
Denker machte, als er vorher nur für ein wildes Naturgenie galt.

Und doch kann man in dieser Erklärungsweise eben dieses
Stückes noch weiter gehen, als selbst Goethe gegangen ist, und das
Werk hellt sich bei jedem weiteren Schritte immer weiter auf und ge=
winnt an Reiz und an Tiefe. Und mehr als dieß: fast in jedem
Shakespeare'schen Werke läßt sich derselbe Aufbau nach einem strengen
Plane nachweisen, wie im Hamlet. Nicht in allen auf gleiche Weise;
nicht in den Lehrlingswerken seiner ersten Jugend; und in den Erst=
lingen seiner selbständigen Schöpfung nicht in dem Grade wie in den
reiferen Erzeugungen des Dichters; aber durchgehend läßt es sich
von frühe auf stufenweise verfolgen, wie Shakespeare instinctmäßig
überall aus einer einzigen Idee auf jene geistige Einheit seiner Stücke
hinarbeitete, mit der er auf einem neuen Wege der strengsten Kunst=
forderung der ältesten Aesthetik Genüge that.

Es ließ sich erwarten, daß das Beispiel der Goethe'schen Er=
läuterung des Hamlet nicht verloren sein würde. Was er an dem

Einzelnen leistete, mußte man bald wünschen an dem Ganzen aus=
geführt zu sehen. Diesen Versuch zu wagen, ist auch meine Aufgabe;
er wird nun, da der Weg einmal gewiesen ist, wohl noch öfter ge=
macht werden; er ist schon öfter gemacht worden, obwohl nur in
Deutschland, und auch da kaum in Goethe's eigentlichem Sinne.
Zur Blütezeit der neuen romantischen Schule, als sich der Brite
gewaltsam Bahn brach nach Italien, als man sich (1821—22) auch
in Frankreich wieder um verbesserte Uebersetzungen Shakespeare's be=
mühte*, als der Globe die germanischen Kunstrichtungen verfocht,
ein englisches Theater in Paris (1827) den Dichter in seiner ganzen
Gestalt einführte und die jungen Dramatiker seinem Fluge zu folgen
unternahmen, hat sich Guizot zu einer geistvollen Studie über
Shakespeare (1821. 1858) anregen lassen, aber nicht durch Goethe,
sondern durch Schlegel. Noch blieb auch Er vor der damaligen
Streitfrage, ob das dramatische System des Engländers nicht besser
sei als Voltaire's, der Frage die Lessing längst abgethan hatte, stehen,
ohne sie entscheiden zu wollen. Er sah, daß es Eigensinn war, die
Kunst und Regel in Shakespeare's Stücken zu leugnen; bemüht sie
sich selbst und Anderen aufzudecken, war er der Regel ihrer morali=
schen Einheit auf der Spur; er erkannte bewundernd ihren Aufbau
aus Einer herrschenden Idee, die jeden Theil auf Einerlei Ziel be=
zieht und bei jedem Schritte die Tiefe des Plans wie die Größe der
Ausführung offenbart; allein er fand diese ideelle Einheit nur in der
Tragödie nicht in der Komödie, wo sie, je verborgener sie liegt, nur
desto feiner beobachtet ist; auch begnügte er sich, sie nur im Allge=
meinen bezeichnet zu haben, ohne sie in seinen Analysen (worauf
doch Alles ankam) im Einzelnen zu begründen. — In H. N. Hud=
son's Vorlesungen über Shakespeare (1848) ist diese große ästheti=

---

* Erst ganz neuerlich übrigens ist durch Franz Victor Hugo (1859 ff.) eine
vollständige und vollständig treue und ungeschminkte Prosaübersetzung in's Fran=
zösische unternommen worden.

sche Frage kaum nur in's Auge gefaßt worden. Jeder Kenner Shake=
speare's wird sich bei diesem Amerikaner höchlich erfreuen über die
treffliche Schätzung und Beurtheilung des Dichters im Großen und
Allgemeinen; in der Entwicklung der einzelnen Charaktere dagegen
wird er überall an der Einmischung individueller Gesichtspunkte, an
dem Mangel einer ausgedehnten Menschenkenntniß anstoßen; in Be=
zug auf die innere Structur der Stücke vollends wird er verwundert
lesen, daß dieser Kritiker nicht einmal eine moralische Einheit in ihnen
finden wollte, daß er die poetische Gerechtigkeit nicht beachtet und
eine Art moralischer Verwirrung darin vorherrschen sah. Wenn dieß
richtig wäre, so würde sich der Versuch einer eindringenderen Aus=
legung der Werke Shakespeare's kaum der Mühe lohnen. Der beste
Theil seiner Kunst würde damit zusammenfallen; denn wenn die
Dichtung das Walten der sittlichen Gerechtigkeit nicht darstellt, so
ordnet sie sich selbst unter die ächte Geschichtschreibung herunter. —
Unter den deutschen Auslegern hat Ulrici versucht auf dem von
Goethe gezeigten Wege fortzugehen, dem auch ich zu folgen dachte.
Es kann nicht fehlen, daß sich Ausleger, die mit Einerlei Vor=
liebe über Einerlei Gegenstand beschäftigt sind, vielfach begegnen.
Doch scheint mir nach meiner Natur unsere philosophische Methode
der Betrachtung bei den Dichtungen einer Zeit nicht wohl angewandt,
deren eigene Philosophie die Erkenntniß auf einem ganz anderen
Wege suchte, als die unsere; nicht angewandt bei den Werken eines
Dichters von derbgesundem Sinne, dem Aug' und Ohr die Lootsen
und Steurer durch Welt und Leben waren, der, wie reich er an phi=
losophischem Tiefsinn war, der Philosophie doch entfernter noch als
Goethe stand. Und ebenso weit sollte die Philosophie von seiner
Dichtung bleiben; denn es wird immer eine fremdartige Wirkung
machen, wo an dieß frische Grün des Lebens die dürre Weide der
Speculation zu nahe heranreicht.

Shakespeare's Werke sollten streng genommen durchaus nur

durch Aufführung verständlich gemacht werden. Denn dafür, und dafür allein sind sie geschrieben worden; die Trennung der dramatischen Dichtung von der Schauspielkunst, durch die bei uns beide Künste gelitten haben, bestand in Shakespeare's Zeiten nicht. Die Hauptschwierigkeit des Verständnisses seiner Stücke liegt auch nur darin, daß wir sie lesen, und nicht sehen. Denn vollgedrängt wie sie sind von dichterischen Schönheiten, von psychologischer Charakteristik, von moralischer Lebensweisheit, von Beziehungen und Anspielungen auf Zeitverhältnisse und Personen, zerstreuen sie die Aufmerksamkeit auf die verschiedensten Punkte und lassen schwer zur Zusammenfassung des Ganzen und schwer zu seinem leichten Genusse gelangen. Wenn sie aber dargestellt werden von Schauspielern, die dem Dichter gewachsen sind, so tritt eine Arbeitstheilung ein, die uns durch Einschreiten einer zweiten Kunst die erste zum leichteren Genusse vermittelt. Die Spieler, die ihre Rollen begriffen haben, überheben uns jener erschwerenden Mühe beim Lesen, vielleicht zwanzig verschiedene Charaktere auseinanderzuhalten und in sich und in ihrem gegenseitigen Verhältnisse zu verstehen; Erscheinung, Sprache, Benehmen des einzelnen Spielers erklären uns mühlos, wie im Gemälde, die Figuren und Hebel der Handlung; sie geben uns die feinsten Fäden durch deren Verwickelungen an die Hand und leiten uns zu dem Innersten und Allerheiligsten des Kunstbaues auf ebnerem Wege. Wer also Shakespeare's Werke so erklärt, daß er zur Auffassung des Ganzen und seiner Theile dem Schauspieler vorarbeitet, ihn gleichsam einstudirt zu einer solchen verstandenen und durchgebildeten Darstellung, die zur Ausführung gebracht die eigentliche, wahre, künstlerische Erklärung geben würde, der würde den Dichter am besten erklärt und die einzige Methode ergriffen haben, die seinen Werken keinen Zwang anthut.

Wenn aber nun die Shakespeare'schen Werke einzeln in dieser Weise erläutert wären, dann bliebe noch ein anderes und schwierigeres Geschäft übrig: diese Zeugnisse der Thätigkeit des Dichters

so zu ordnen, daß sie, nicht in systematischer Zusammenstellung sondern in ihrer lebendigen Reihenfolge vorgeführt, in ihrer inneren
Verbindung wieder aus der zerstreuten Mannichfaltigkeit auf ein
höheres Gemeinsames, auf den schaffenden Geist des Dichters zu-
rückführten. Ließe sich dieser Genius des Dichters in seiner Entwickelung belauschen, im unfertigen Zustande des Werdens, in seinem
Wachsthum, in seiner vollendeten Gestalt erkennen und verfolgen,
ließe sich aus dem verglichenen reichhaltigen Inhalte seiner Werke
und den ärmlichen Quellen über sein Leben auch nur ein blasses Bild
von den Seelenzuständen, den persönlichen Eigenschaften und Schicksalen des großen Mannes entwerfen, ließe sich zwischen Beidem, seinem
inneren Leben und seiner Dichtung, auch nur mit wenigen sprechenden Zügen eine Brücke bauen, ein Verhältniß zeigen, welches er-
wiese, daß bei Shakespeare wie bei jeder reichen Dichternatur nicht
äußere Schule und poetische Convenienz, sondern innere Erlebnisse
und Bewegungen des Gemüths der tiefe Quell seiner Dichtung
waren, dann erst würde wahrhaft erreicht sein, was uns unseren
Liebling recht nahe stellen würde: wir würden die Summe seiner
persönlichen Existenz ziehen, ein volles Bild, eine lebenvollere Anschauung von der Gestalt dieses Geistes gewinnen können. Und wie
wir Menschen in unserer Schwachheit sind: wir glauben unserer
Götter erst recht sicher zu sein, wenn wir sie in menschliche Gestalt
gebracht haben, und so haben wir auch das natürliche Verlangen,
die Genien, die wir in ihren Werken verehren, auch in ihrer Persönlichkeit und menschlichem Wesen zu kennen. Aber bei diesem Geschäfte ist fast Alles, woraus wir schöpfen können, nur Vermuthung
und Bruchstücke, und es ist zu fürchten, daß die Darstellung, die aus
solchen Quellen stammt, mehr ein Gedicht des Geschichtschreibers,
als eine Geschichte des Dichters werde. Allein ein Wagniß dieser
Art wird mehr oder minder bei jeder geschichtlichen Darstellung gemacht: jedes historische Kunstwerk spiegelt den Geist des Erzählers

nicht minder als den dargestellten Stoff ab; und dieser erhält nur eine lebendige Wirksamkeit auf das menschliche Gemüth, wenn er von der Bildungskraft des menschlichen Geistes empfangen und neu geschaffen ist. So mag denn auch dieser Versuch gewagt werden, selbst auf die Gefahr hin, daß man in dieser Darstellung mehr Dichtung als Wahrheit fände.

Shakespeare in Stratford.

In einer Anmerkung zu Shakespeare's Sonnetten schrieb Steevens über unsere Kunde von des Dichters Lebensverhältnissen folgenden Satz: „Alles, was wir mit einiger Gewißheit von Shakespeare wissen, ist, daß er in Stratford am Avon geboren war, heiratete und Kinder erzeugte; daß er nach London ging, wo er als Schauspieler auftrat und Gedichte und Theaterstücke schrieb; daß er nach Stratford zurückkehrte, sein Testament machte, starb und begraben ward". Wenn uns nicht ein gutes Glück noch irgendwo die Lebensbeschreibungen aller Poeten aufbewahrt hat, an welcher Thomas Heywood, ein fruchtbarer Dichter, Zeitgenosse und Bekannter Shakespeare's, über 20 Jahre arbeitete, so wird auch wohl unserer Wißbegierde in diesem Punkte nicht mehr viel Befriedigung zu Theil werden. Ueber diese Dürftigkeit unserer Kenntniß von Shakespeare's äußerem Leben pflegt man wohl den Trost zu geben, daß dagegen die Geschichte seines Geistes um so vollständiger sei. Dieß ist wahr; es ist aber nur gerecht, dabei einzugestehen, daß wir gleichwohl für die Geschichte dieses Geistes die nöthigsten Anhaltpunkte in den wenigen Nachrichten über Shakespeare's Leben suchen müssen. Aus diesem Gesichtspunkte heben wir hier aus den kärglichen Zügen seiner äußeren Lebensgeschichte nur dasjenige aus, was auf die innere Charakter= und Geistesbildung des Dichters von Einfluß sein

konnte. Dabei sträuben wir uns nicht allzu pedantisch, auch das nur
Mögliche und Wahrscheinliche in den unsicheren Mythen und Ueber=
lieferungen in Erwägung zu ziehen; denn selbst eine bloße Ver=
muthung, die auch nur ein zweifelhaftes Halblicht auf Shakespeare's
Bildungsgeschichte wirft, ist uns für unsere Zwecke weit wichtiger,
als die sichersten Berechnungen über sein Hab und Gut, an die man
in England so vielen Fleiß zu setzen pflegt.

Die Familie Shakespeare ist in Warwickshire seit dem 14.
Jahrhundert verbreitet und viel verzweigt gewesen. In dem Ge=
burtsorte Wilhelm Shakespeare's, in Stratford am Avon, war sie
nicht ursprünglich ansässig; des Dichters Vater, John Shakespeare,
hat sich hier wahrscheinlich erst um 1551 niedergelassen. Dieser
Mann wird in den städtischen Papieren einmal ein Handschuhmacher
genannt; dann aber findet man ihn auch als Freisassen bezeichnet und
mit landwirthschaftlichen Gegenständen beschäftigt; und wieder an=
dere zweifelhaftere, obwohl alte Ueberlieferungen machen ihn zu einem
Wollhändler oder Fleischer: was sich leicht Alles vereinigen läßt,
wenn man ihn als einen kleinen Landwirth denkt, der seine Erzeug=
nisse in Getreide, Vieh, Wolle und Leder im städtischen Gewerbe
selbst zu verwerthen suchte. John's Vater, Richard Shakespeare von
Snitterfield bei Stratford, der Großvater unseres Dichters, scheint
ein Pächter Robert Arden's von Wilmecote gewesen zu sein. Zwi=
schen beiden Familien knüpfte John Shakespeare eine Verwandtschaft,
indem er 1557 von den sieben Töchtern Robert Arden's die jüngste,
Maria, ein Jahr nach ihres Vaters Tode, heiratete. Die Ardens
waren eine der angesehensten und begütertsten Warwickfamilien; man
weiß, daß sie sich neben den Dudleys fühlten, in der Zeit als Leicester
(ein Dudley) auf der Spitze seiner Macht stand; jene Heirat war
also offenbar über John Shakespeare's Stand und deutet an, daß er
in guten Verhältnissen, wenn nicht reich, so doch wohlhabend gewe=
sen sei. Dieß bestätigt sich auch aus allen übrigen Nachrichten. Im
Jahre 1564 hat man eine Gelegenheit, die Steuern seiner Wohl=

thätigkeit mit denen anderer Einwohner von Stratford zu vergleichen, und sie setzen ihn unter die Bürger zweiten Ranges. Er war Besitzer mehrerer Häuser, und er erscheint in den städtischen Urkunden nach und nach immer steigend in Ansehn und Würden, als Geschworner, als Constabel, als Stadtkämmerer, Alderman, und endlich 1568—69 als Bailiff von Stratford, auf dem höchsten Posten in der Gemeinde.

John Shakespeare lebte bis 1601, sein Weib bis 1608; das Glück und den Glanz ihres berühmten Sohnes erlebten sie beide. William Shakespeare ward 1564 am 26. April getauft; man gefällt sich, einer (ganz unsichern) Ueberlieferung Glauben zu schenken, daß er am 23. April, seinem Todestage, geboren sei. Unter acht Kindern John Shakespeare's (vier Söhnen und vier Töchtern) war er der älteste Sohn. Er hatte bald nach seiner Geburt die Zeit einer Epidemie zu durchleben; das Schicksal erhielt ihn; von seinen Geschwistern sind mehrere zum Theil frühe gestorben; ein Bruder, Edmund, war später mit ihm Schauspieler an demselben Theater.

Es gab in Stratford eine freie lateinische Schule, bei der die Söhne aller Mitglieder der Corporation unentgeltlichen Unterricht hatten; in ihr muß Wilhelm Shakespeare die Anfänge der klassischen Sprachen erlernt haben, die damals weit mehr als heute in Pflege waren. Es liegt uns nahe, gleich an dieser Stelle den vielberegten Streit über Shakespeare's Bildung und Schulkenntnisse kurz zu berühren. Nach einer unerwiesenen Ueberlieferung in Rowe's Leben Shakespeare's soll der Vater John, in bedrängte Verhältnisse gerathen, genöthigt gewesen sein den Sohn frühzeitig aus der Schule zu nehmen, der dann in jungen Jahren Schulmeister auf dem Lande geworden wäre; zwei andere Berichte aus dem Ende des 17. Jahrh., deren Einer aus dem Munde eines 80jährigen Gemeindeschreibers in Stratford stammt, erzählen, daß Wilhelm das Fleischerhandwerk seines Vaters erlernt habe; alle drei Mittheilungen deuten auf eine unterbrochene und mangelhafte Schulbildung Shakespeare's, an die man gerne glauben mag, wie hoch man auch die Selbstbelehrung bewundere, mit der er später diesen Mangel ersetzt haben müßte. In den Zeiten seines Emporkommens nimmt Shakespeare selbst in seinen Sonnetten das Bild einer weiten Kluft von dem Abstande zwischen Gelehrsamkeit und seiner „rohen Unwissenheit" her; ein eigentlicher Gelehrter wie Ben Jonson durfte sich neben ihm fühlen und von ihm sagen, daß er wenig Latein und weniger Griechisch besessen habe. Es ist auch von Farmer zum Ueberflusse nachgewiesen worden, daß Shakespeare den Plutarch nicht griechisch, sondern in englischer Uebersetzung gelesen habe. Dazu aber machte Alex. Dyce eine Bemerkung, die eigentlich den ganzen Streit über des Dichters Bildung und Wissen entscheidet: „konnte er den Plutarch im Original nicht lesen, sagte der hochwürdige Kritiker, so will ich nur bemerken, daß nicht wenige würdige Herren unserer Tage, die ihre Grade in Oxford oder Cambridge erlangt haben, in demselben Falle sind". Uns Deutschen ist Verhältniß und Beschaffenheit von Shakespeare's Bildung mit Einem Worte der Vergleichung völlig klar zu machen. Unsere Goethe und Schiller erscheinen Voß gegenüber ganz so wie Shakespeare gegen Ben Jonson. Sie lasen, sie verstanden ihren Homer nur in deutscher Uebersetzung. Aber auf ihre ganze Bildung ist kein Schluß daher zu ziehen, daß der Eine von Voß scandiren lernte, der Andere mit Humboldt spät berieth, ob er noch Griechisch lernen solle. Eben so wenig kann Shakespeare's geringes Griechisch gegen seine Geistesbildung, ja nicht einmal gegen die äußere Masse seiner Kenntnisse zeugen. Vielmehr ist es heute kein Wagniß mehr, zu sagen, daß Shakespeare in jener Zeit an Umfang vielfachen Wissens sehr wenige seines Gleichen gehabt habe. Wie haben sich auch in dieser Hinsicht die Urtheile dieser Zeit gegen die früheren geändert! Die Herausgeber des vorigen Jahrhunderts haben um einiger historischer, geographischer, chronologischer Verstöße willen vornehm auf den unwissenden Dichter herabgesehen. Jetzt aber schreibt man ganze Bücher, um seine Kenntnisse in wirklicher und fabelhafter Naturgeschichte hervorzuheben, um seine Vertrautheit mit der Bibel zu belegen, um seine Uebereinstimmung mit Aristoteles nachzuweisen, um ihn mit dem Weltweisen Lord Bacon zu einerlei Person zu machen! Jetzt hat eine juristische Autorität wie Lord Campbell (Shakespeare's legal acquirements considered. 1859) eine schon ältere Vermuthung, die selbst Zeitgenossen getheilt zu haben scheinen, daß Shakespeare vor seinem Uebergang zur Bühne auf dem Bureau eines Advocaten beschäftigt gewesen sei, einer ernsten Prüfung unterzogen; und obwohl der strenge Richter, bei dem Mangel genügender Beweise, den Schluß von des Dichters Rechtskenntnissen auf solch eine fachmäßige Vorbildung für so gewagt hält, wie wenn man seiner Jagd- und Schifffahrtskenntnisse wegen auf eine see- oder waidmännische Schule vermuthen wollte, so findet doch auch Er, daß der geistigst begabte aller Menschen dazu gehörte, um aus bloßem Beisein bei Gerichtsverhandlungen oder dem Umgang mit Rechtsanwälten die Geläufigkeit und technische Genauigkeit der Ausdrücke und Anspielungen auf Rechtswesen und Formen sich anzueignen, die in Shakespeare's Werken so auffallend sind. So hat Armitage Brown aus des Dichters italienischen Kenntnissen schließen wollen, daß er Italien bereist haben müsse; und will man nicht annehmen (was dem Grundzuge seines sittlichen Charakters am meisten entgegen ist), daß er sich große Mühe gegeben habe, die Kenntniß der lateinischen, französischen, italienischen, ja selbst spanischen Sprache zu affectiren, so muß man wohl zugeben, daß er mit diesen Sprachen mehr Bekanntschaft gehabt habe, als sich blos spielend erwerben läßt. In Bezug auf die alten Sprachen hat man mit Recht schon das für seine gründlichere Kenntniß der lateinischen angeführt, daß er einzelne Worte dieser Sprache in der ächten ursprünglichen Bedeutung gebraucht, die sie bei der Einbürgerung im Englischen verloren hatten. Wer die Zeugnisse von seiner Lectüre zusammenstellen wollte, würde ein weites Feld der Literatur finden, auf welchem der Dichter bewandert war; und wenn man an seiner Kenntniß von Geschichte und Geographie auszusetzen findet, so muß man nie vergessen, daß es damals keine Geschichtschreibung gab als die Chroniken, die er kannte, und daß die Erdkunde nur für die Allerwenigsten ein Gegenstand des Studiums war. Wollte man aber glauben, daß Shakespeare's anachronistischer Muthwille im Sommernachtstraum oder im Wintermährchen aus baarer Unwissenheit stamme, so würde man dieselbe Albernheit begehen, wie jener englische Kritiker, der Goethen in allem Ernste den Aberglauben vorwarf, mit dem er im Eingange seiner Lebensbeschreibung die Constellation seiner Geburtsstunde besprochen habe.

Wir kehren zu der Jugendgeschichte des Dichters zurück. Weniges Zuverlässige aus ihr ist zu unserer Kenntniß gekommen, aber genug, um uns errathen zu lassen, daß seine frühesten Erlebnisse einen Reichthum tiefer Eindrücke in seine Seele senken mußten, die ihm später ein reicher Quell für seine dichterische Schöpfung werden konnten. Eine Reihe von Unfällen betraf ihn und sein Haus in der Zeit, wo Leidenschaft, Empfindung und Einbildungskraft in dem Menschen am mächtigsten sind: er hatte das bittre Brod der Trübsal zu essen und innern und äußern Jammer zu durchleben, die Schule großer Geister und starker Charaktere. Der frühere Wohlstand seines väterlichen Hauses ward seit seinem 14. Jahre zerrüttet; ein Schlag des Unglücks traf seine mütterliche Familie, die Ardens; eigner Leichtsinn und selbstgeschaffnes Elend kam hinzu; so daß man sieht, er hatte eine Periode der Widerwärtigkeit nicht nur, sondern auch der Unwürdigkeit durchzumachen, die seine bösen und guten Kräfte nebeneinander entwickelte. Wir wollen die Thatsachen einzeln an uns vorübergehen lassen.

Seit 1578, als William im 14. Jahre stand, gingen die Verhältnisse des Vaters, John Shakespeare, zurück. Er sah sich genöthigt in diesem und dem folgenden Jahre ein Grundstück (Ashbies) in Wilmecote zu verpfänden und kurz darauf seiner Frau Antheil an anderen Besitzungen in Snitterfield zu verkaufen; auch findet sich, daß er in den Jahren 1578—79 von Armensteuern und andern öffent-

lichen Beiträgen eximirt ward. Seit letzterem Jahre kam er, selbst
vermahnt, nicht mehr in das Stadthaus und er ward daher 1586 in
seiner Stelle als Alderman, es scheint ohne seinen Wunsch oder Be=
gehr, durch einen Anderen ersetzt. Um eben diese Zeit wurde auf
einen Pfändungsbefehl erklärt, es fände sich bei ihm nichts zu pfän=
den vor; und bald darauf findet man ihn bis zur Haft wegen Ver=
schuldung herabgekommen. Im Jahre 1592 erscheint sein Name in dem
Berichte einer Commission, die alle diejenigen zu bezeichnen hatte,
welche der königlichen Vorschrift, wenigstens Einmal im Monat die
Kirche zu besuchen, nicht nachkamen; es ist dabei bemerkt, daß John
Shakespeare diesen Kirchengang aus Furcht vor seinen Gläubigern
unterlassen. In den Urkunden, die diese häuslichen Verhältnisse be=
treffen, wird er nun immer als Yeoman bezeichnet. Vielleicht hatte
er seinen Kleinhandel über dem Landbau ganz aufgegeben und war
dabei zurückgekommen. Aus Allem läßt sich folgern, und es wird
sich weiterhin bestätigen, daß die Kinder frühe auf sich selbst und ihre
eigenen Kräfte gewiesen wurden.

Ein Unfall anderer Art traf die mütterliche Familie, die Ardens,
als unser Dichter in seinem 19. Jahre stand. Das Haupt dieser
Familie war Eduard Arden von Parkhall. Die Eifersucht der beiden
Warwickfamilien, Arden und Dudley, wurde schon oben mit einem
Worte angedeutet. Sie ward tödtlich zwischen diesem Eduard Arden
und dem berüchtigten Grafen Leicester, der auch dem großen Leser=
kreise in Deutschland aus Schiller's Maria Stuart und aus W. Scott's
Kenilworth bekannt ist. Als Leicester im Jahre 1575 unter jenen
berühmten Festen in Kenilworth die Königin Elisabeth bewirthete
und umwarb, hatte er gleichzeitig eine verbrecherische Verbindung mit
einer Gräfin Essex, die er nach ihres Gatten Tode (1576) heirathete.
Noch ehe sie sein Weib war, hatte Eduard Arden Leicestern über die=
sen, dem Hofe und der Königin durch Macht und Frechheit verheim=
lichten Verkehr herbe Aeußerungen gesagt; sehr möglich daß dieß eben
während jener Feste in Kenilworth geschah, und daß Leicester's Ver=

hältniß dadurch der Königin kund ward, die ihren damaligen Aufenthalt auf Schloß Kenilworth plötzlich unterbrach und abreiste. Leicester trug Arden über jene Vorwürfe unversöhnlichen Haß. Er umspann ihn mit einem Hochverrathsprozeß und Eduard ward im Jahre 1583 hingerichtet. Wie entfernt nun auch die vornehmeren Zweige der Familie Arden den verarmten Shakespeares gestanden haben werden, so begreift sich doch, daß dieser Fall auch bei ihnen tief empfunden werden mußte. Die Ereignisse zeigen beide Familien in Verfall und Unglück; ein schwerer Zug von Lebensernst konnte dem Gemüthe des jungen Dichters dadurch eingeprägt werden. Seiner gesammten Charakterbildung mögen diese Schickungen heilsam gewesen sein, denn es finden sich um die gleiche Zeit in seiner Natur die Züge eines jugendlichen Leichtsinns, dem diese ernstern Familienschicksale ein Gegengewicht zu halten sehr geeignet waren.

Dem Nicholas Rowe, der zuerst 1709 unseres Dichters Leben schrieb, hatte der Schauspieler Betterton die oft erzählte Anekdote von Shakespeare's Wilddiebstahl mitgetheilt, die er in Stratford gehört hatte. Er sei, sagt die Geschichte, in schlechte Gesellschaft gefallen und habe an einem Wilddiebstahle in Charlcote, dem Landgute eines Sir Thomas Lucy, Theil genommen; er sei von Sir Thomas gerichtlich verfolgt worden und habe sich mit einer satirischen Ballade gerächt, von der sogar anderwärts eine Strophe aufbewahrt worden ist; dieß habe ihm weitere Verfolgung zugezogen und ihn veranlaßt, Stratford zu verlassen und nach London zu gehen. Welche Bürgschaft diese Erzählung, welche Aechtheit die erhaltne Strophe der Ballade auf Sir Thomas Lucy habe, läßt sich freilich nicht sagen. Umwohner von Stratford zeigen wohl noch heute dem Fremden eine Statue der Diana mit der Hirschkuh, die sie für den Wilddieb Shakespeare ausgeben; waren Betterton's Gewährsleute von dieser Art, so wäre die Anekdote freilich sehr verdächtig. Aber eine äußere Bestätigung derselben liegt doch wirklich sehr sprechend in der Eingangsscene der lustigen Weiber in Windsor. Hier hätte der Dichter diese Jugend-

geschichte verewigt, indem er seinen Wilddiebstahl auf Falstaff über=
trug und in der Figur des ahnenstolzen Robert Schaal, dem er 12
Hechte (luces) in sein Wappen giebt, den Sir Thomas Lucy ver=
spottet, der wirklich drei Hechte in seinem Wappen führte; und ganz
so, wie der wälsche Priester die englische Benennung der Hechte
(luces) wie Läuse ausspricht, dreht sich auch der Witz der erhaltenen
Strophe jener Ballade*) ganz um diese dialektische Verkehrung des
Namens Lucy.

Aber abgesehen von diesen äußeren Zeugnissen hat die Anekdote
wohl die innere Gewährschaft eines sehr charakteristischen Zuges. Es
scheint in dem Reiche der Literatur und Kunst so wenig möglich wie
in dem der Politik, daß rasche und große Veränderungen in diesen
Kreisen der Bildung eines Volkes vor sich gehen können, ohne eine
anarchische Durchgangsperiode, die sich in den ungeordneten, stark=
geistigen Sitten der ersten Träger jener Veränderungen am grellsten
abzuspiegeln pflegt. Die Männer, die unserer deutschen dramatischen
Dichtung zuerst in einer völligen Umwälzung empor geholfen haben,
die Wagner und Lenz, ja auch jene größeren, die sich schneller in
Würde und Ehre zusammennahmen, die Klinger, die Goethe und
Schiller, erscheinen in ihrem Jugendleben vielfach als die Beute der=
selben starken Leidenschaft, derselben titanischen Natur, derselben
Nichtachtung herkömmlicher Sitte und Schranke, die sie in ihren ersten
Dichtungen schilderten. Ganz in der ähnlichen Gesellschaft erkennt
man sich unter den Dramatikern wieder, welche zu Shakespeare's

---

*) Die Strophe läßt sich im Deutschen nicht wiedergeben:
        A parliament member, a justice of peace,
        at home a poor scarecrowe, at London an asse —
        if lowsie is Lucy as some volke miscall it,
        then Lucy is lowsie, whatever befall it.
                He thinks himself great,
                yet an asse in his state
        we allow by his ears but with asses to mate.

Zeit die englische Bühne empor brachten; nur daß die wenigen Züge, die wir aus ihrem Leben kennen, nach dem Charakter des Zeitalters weit derber gezeichnet sind. Die Namen Marlowe und Greene neben Shakespeare entsprechen in dem englischen Drama ganz der Stelle, die jene Jugendfreunde Goethe's in Deutschland einnehmen: in der Weise ihrer Dichtung, in ihrer neidischen literarischen Eifersucht, in ihrer ganzen sittlichen Haltung. Marlowe soll in Wort und Schrift die Religion herabgesetzt und gehöhnt haben; satirische Gedichte nennen ihn einen Schwörer und Flucher, einen Genossen Aller die Gottes Gesetz verwerfen; die dichtenden Zeitgenossen beklagten, daß sein Witz, vom Himmel verliehen, mit Lastern zusammen wohnte, die der Hölle entstammten. Robert Greene war ein verkommener Geistlicher und starb, sagt man, an übermäßigem Weingenuß; sein heftiger Gegner, der Arzt Gabriel Harvey, gab ihm das anstößigste Leben Schuld und berief sich dabei auf die allgemeine Kenntniß der Stadt London; ja Greene selbst sprach zuletzt von seinen Werken als Thorheiten, in einem Ton der Reue, der nicht von dem besten Gewissen zeugt. So ist auch von Peele, von Thomas Nash, von Lodge bekannt, daß sie ein ungeordnetes, unstetes, bei geregeltem Fleiß nicht aushaltendes Leben führten; alle außer dem Letzteren starben eines frühzeitigen, Marlowe eines gewaltsamen Todes. In die Weise dieser Wüstlinge mag auch Shakespeare in seinen Jugendsitten eingetreten sein; es mag wohl sein, daß er in jener schlechten Gesellschaft, von der Rowe erzählte, das Leben geführt, das er nachher in Heinrich IV. so sprechend zu schildern wußte. In diesem Leben mag sein Wilddiebstahl leicht noch das Unschuldigere gewesen sein. Die Zeit sah diese freie Kunst wie das Wirthshausleben, das Gartenplündern und das Tanzen um Maipfähle, die oft getadelten, nie unterlassenen Sitten junger Leute mehr als Muthwillen denn als Vergehungen an, wie wir die Entwendungen der Schüler mit einem schuldlosen Ausdrucke bezeichnen, der fast an Wilddieberei erinnert. Es sind aber andere, und es scheint unwidersprechliche Zeugnisse vorhanden, die den jungen Shakespeare auch von anderen Seiten in lockeren Sitten verloren zeigen.

Schon immer konnte man aus einer Reihe von Shakespeare's Gedichten, dem Schlusse seiner Sonnettensammlung, auf diese Sitten schließen: Gedichte, die in eben so ungeschminkter Moral als Aufrichtigkeit des Dichters Verhältniß zu einem verheirateten Weibe aussprechen, das eine treulose Liebe zwischen ihm und einem seiner Freunde theilte. Die Engländer thaten alles Ersinnliche, um die prosaische Wahrheit des Stoffes dieser Gedichte und so die moralischen Folgerungen zu bestreiten. An der ästhetischen Unfehlbarkeit des Dichters war ihnen weniger gelegen, aber als Mensch sollte ihr Liebling ein fehlerloser Heiliger sein. Es ist ein Zug, der dem Sittengefühl der Nation so viele Ehre macht, als er ihrem forschenden Wahrheitssinne und vielleicht auch ihrer Menschenbeurtheilung Eintrag thut. „Denn warum, sagt Boaden, sollten wir so eifrig sein, aus dem Dichter ein makelloses Geschöpf zu machen, das die Welt nie sah! ein Wesen, das uns so unermeßlich an Gaben des Geistes überflügelt und auch nicht durch den leichtesten sittlichen Fehler sein Geschlecht verriethe? Gewiß, da bereuter Irrthum nicht zur Nachahmung verführt, so ist es besser unsere Anmaaßung zu dämpfen, indem wir den Größesten von uns nicht fleckenlos zeigen." Auf alle Fälle thun wir dem Sinne des Dichters selbst, dem ungefälschte Wahrheit über Alles ging, nur dann Genüge, wenn wir ihn, indem wir uns die Züge seines Lebens zusammensuchen, nicht besser machen als er sich selber dargestellt hat.

Shakespeare verheiratete sich schon im neunzehnten Jahre mit einem sieben bis acht Jahre älteren Mädchen, Anna Hathaway, der Tochter eines begüterten Freisassen in Shottery bei Stratford. Waren es Rücksichten auf die bedrängten Vermögensverhältnisse der Familie, war es die Uebereilung einer heftigen Leidenschaft, die zu dieser frühzeitigen Ehe trieb, wir wissen es nicht. Den jungen Vermählten, die Ende November 1582 getraut wurden, ward schon am 26. Mai

1583 eine Tochter Susanne getauft; aus diesem Umstande schloß
Collier auf den letzteren Anlaß und fand in ihm die Grundursache
des geringen Glücks, das nach anderen Anzeichen Shakespeare's
häusliches Leben begleitete. Andere unter Shakespeare's Biographen
haben dieser Folgerung mit dem Nachweise widersprochen, daß die
Beispiele solcher frühen Geburten nach der Trauung damals häufig
waren, weil man das Verlöbniß schon für die Vollziehung der Ehe
genommen habe; allein dieser Brauch selber würde doch mehr von der
sittlichen Licenz jenes Geschlechtes zeugen, als für die sittliche Zucht der
Paare, die sich — immerhin ausnahmsweise — seiner Freiheiten
freuten; die schlimmen Schlüsse, die man aus jenen schlimmen Auspicien auf Shakespeare's Hausstand zog, können durch diesen Einwurf nicht entkräftet werden. Denn Shakespeare's eheliches Leben ist
unzweifelhaft kein glückliches Leben gewesen. Sein Weib brachte ihm
nach zwei Jahren noch Zwillinge und dann keine Kinder mehr. Als
er bald darauf nach London übersiedelte, setzte er dort, nicht blos nach
jenen Sonnetten zu schließen, sein freies Leben anfangs wenigstens
fort; kein Rückblick auf ein liebes Weib und einen glücklichen Fami-
lienstand schienen ihn zurückzuhalten. Wie Rob. Greene seine Frau in
Lincolnshire unterhielt, so ließ auch Shakespeare die seinige in Stratford zurück; er wollte sie lieber zur Ueberwacherin seiner ökonomischen
Verhältnisse in seiner Heimat, als zur Zeugin seines Ruhmes in der
Hauptstadt machen. Er sah sie in regelmäßigen Jahresbesuchen in
Stratford wieder, wohin er, noch in rüstigen Jahren, seinen Rück-
zug nahm; aber dieß waren weit mehr die Beweise seiner innerlichen
Abneigung gegen sein „öffentliches Leben" auf dem Theater, als einer
innigen Hinneigung für sein häusliches Leben mit seinem Weibe.
In seinem Testamente bedachte er sie nur kahl und karg mit seinem
zweitbesten Bette. Von geschäftlich ökonomischer Seite hat man diese
seltsame Verfügung von dem Vorwurfe der Hintansetzung wohl reinigen können (da die Wittwe des Freigutbesitzers nach den Landes-
gesetzen von selbst zu dem Witthume berechtigt war) ; für die gemüth-

lichen Beziehungen des Ehepaares aber wird es immer ein trauriges
Wahrzeichen bleiben, daß der Erblasser in seinem Vermächtnisse, in
dem er so vielen selbst Nicht-Verwandten ein kleines Andenken weihte,
keine von den Hathaways erwähnte und seinem Weibe nicht ein
Wort der Liebe zurückließ. Es ist daher wohl begreiflich, wenn man
an bittere Lebenserfahrungen in Shakespeare's Eheleben geglaubt
hat; es ist verzeihlich, wenn man in seinen Werken umspähend selbst
auf unmittelbare Gefühlsergüsse aus diesem Kreise seiner Erlebnisse
zu stoßen meinte. Waren die Umstände, die seine Verheiratung be-
gleiteten, jene „beweinte Schuld", auf welche der Dichter in seinen
Sonnetten reuig zurücksah? War es Zufall, daß gerade in seinen
früheren Dramen die Bilder böser, herrschsüchtiger Frauen seine
Phantasie ausfüllten, die er später nie wieder geschildert hat? daß er in
Heinrich VI. die Züge, mit denen der Dichter, dem er nacharbeitete,
die schrecklichen Frauen Heinrich's VI. und Gloster's ausgestattet hatte,
mit so viel Zusätzen würzte, als ob er sich schwerer eigener Gefühle
entladen wollte? Mit wie viel warmer Ueberzeugung, wie aus selbst
gemachter Erfahrung, läßt er in „Was ihr wollt" (II, 4) die Warnung sprechen: es möge das Weib stets einen älteren Mann wählen,
damit sie sich ihm anfüge und ihn ausfülle! und wie aus bekümmer-
tem Selbstbekenntnisse den für die Männer nicht ehrenvollen Grund
hinzufügen, warum dieß Verhältniß das natürlichere sei: weil wir
Männer, in unseren Neigungen wankelmüthiger als die Frauen,
von ihrem größeren Jugendreize eher zu fesseln sind!

Auf Shakespeare's Uebersiedlung nach London kommen wir
weiterhin zurück. Er setzte dort, sagten wir, sein freies Leben fort;
wenigstens erzählt man zwei Anekdoten, die dieß, wenn sie verbürgt
wären, beweisen würden. Auf seinen Reisen von und nach London,
schrieb Aubrey (um 1680), sei er oft in der Krone in Oxford bei
John Davenant abgestiegen. Der und seine Frau mochten ihn gern;
er hob ihren Sohn Wilhelm aus der Taufe; die böse Welt schloß auf
mehr als Freundschaft zwischen der schönen und geistreichen Frau

Davenant und dem Dichter. Einmal lief der kleine Wilhelm eilig nach Hause; auf die Frage, warum er so laufe, sagte er, er wolle seinen Pathen, wie die Engländer sagen, seinen Gottesvater (god-father) sehen. Du bist ein guter Junge, sagte der Frager, aber du mußt den Namen Gottes nicht unnöthig führen! Der junge Wilhelm Davenant machte später viel aus seiner Bekanntschaft und Verwandt-schaft mit Shakespeare, so daß man ihm sogar zutraut, diese Ge-schichte erfunden zu haben. — Eine andere ward von dem Zeitgenossen Manningham um 1602, bei Lebzeit des Poeten, erzählt. Eine Lon-doner Bürgerin, von Bewunderung für Shakespeare's Freund Richard Burbadge in seinem Spiele als Richard III. hingerissen, ladet diesen auf den Abend zu sich und heißt ihn unter dem Namen Richard's III. an die Thüre klopfen. Shakespeare belauscht die Einladung und kommt dem Freunde, da er das Wort weiß, zuvor. Bald nach sei-nem Eintritt bei der Frau meldet sich ein zweiter Richard III. Der muthwillige Besitzer weist aber den Freund zurück: Wilhelm der Eroberer gehe vor Richard III.

Diese Anekdoten können freilich bloße Erfindungen scheinen; die erstere wird wirklich nur die Anpassung eines landläufigen Witz-worts auf unseren Dichter sein. So pflegen wohl aus Rückschlüssen geschichtliche Sagen zu entstehen. Weil Shakespeare ein Dichter war, könnte man sagen, so entstand die Sage, daß er die Kälber seines Vaters in erhabenem Stile gestochen und eine Rede dabei gehalten habe; weil er mit Jagd und mit Pferden bekannt war, machte ihn der Eine zu einem Wilddieb, der Andere zu einem Pferdejungen. So könnte auch auf den Dichter der berühmten Liebeswerbung der Venus um Adonis jenes schelmische Werbestück erfunden worden sein. Aber da es von einem Zeitgenossen erzählt wird, so ist dieß schon un-wahrscheinlicher; auch hängt man dergleichen Erfindungen nicht leicht einem Charakter an, der für rein und gesetzt gilt. Es kommt hinzu, daß die letztere Anekdote in jenen übelangesehenen Sonnetten, von denen vorher die Rede war, gleichsam ein poetisch ausgeführtes Gegenstück hat. Der Dichter schildert in jenen Sonnetten (127—152) das ungewöhnliche Weib, mit der er eine sündige Liebe tauschte, als häßlich, von Farbe Haar und Augen schwarz, von Niemand schön gefunden, für keinen körperlichen Sinn von Reiz. Was ihn an sie zog, war ihre Musik, ihre geistige Anmuth, eine Anstelligkeit, die das Häßliche schön kleidete und ihm ihr Schlechtestes über alles Beste hob. Er kämpfte vergebens gegen diese Leidenschaft, vergebens mit seiner Vernunft, ja mit seinem Hasse. Denn sie bestrickte ihm den jungen köstlichen Freund, den die übrigen Sonnette verherrlichen; aber auch diese Untreue vergibt er ihr, die mehr ein Streich des Muthwillens gewesen zu sein scheint, da der Freund selber sie nicht einmal mag; so daß man hier allerdings auf einen neckischen und in der Neckerei nicht empfindlichen Verkehr mit Freund und Freundin blickt, wie ihn auch die obige Anekdote zwischen Burbadge und Shake-speare voraussetzen läßt.

Es ist ein loses Leben, das Shakespeare in seinen Jugendjahren geführt hat; zu seinem Jagdfrevel, zu seinen Liebesabenteuern kommt sein Entschluß, sich von seiner Familie zu trennen und Schauspieler zu werden, noch hinzu; ein Schritt, den damals so leicht Niemand that, der sich nicht starkgeistig über das Urtheil der Menschen hinweg-setzte. Er selbst bekennt sich in seinen Sonnetten zu Unwürdigkeiten und Flecken, die auf ihm hafteten; er gesteht, daß er „seinen alten Fehler der Leidenschaftlichkeit" stets erneuerte! Hätte er nicht so tief aus dem Kelch der Leidenschaft getrunken, schwerlich hätte er je mit jenen Meisterzügen die Gewalt der sinnlichen Kräfte, schwerlich mit jener Innigkeit und Tiefe zugleich den Reiz ihrer Verführung und den Fluch geschildert, der sich an ihr Uebermaaß heftet. Ohne daß er einmal die Schwelle des Lasters betreten hätte, — wer begriffe, daß er dessen innere Werkstätte so genau und gründlich durchschaute? Der Mensch geht aus den Händen der Natur zum Guten und Schlechten begabt hervor, und leider werden die hervorragenden Eigenschaften immer mit den größeren Gefahren zu ringen haben. Geht der innere

Mensch aus diesem Kampfe siegreich hervor, dann trägt er aber auch eine Beute davon, die sich der Unangefochtene nimmer ersieht; das Maaß, zu dem er zurückkehrt, findet Keiner, der sich nie an den Extremen gestoßen. Die Zeit, in der Shakespeare lebte, war eine derbe, in vielen Beziehungen rohe, natur= und sinnenkräftige Zeit, aber auch das Gegengewicht der religiösen Sitte, des lebhaften Ge= wissensstandes, der geistigen Kraft war ihr gegeben. So wie die Zeit, so war der Dichter selbst. Er lebte in der Gewalt des heftigen Blutes, als er jung war, und er nannte sich schon in frühen Jahren alt, als er anfing dem Geiste zu leben und der Vernunft zu gehorchen. So wie Schiller und Goethe frühe geläutert aus dem wüsteren Trei= ben ihrer Jugend und ihrer Jugendgenossen heraustraten, so auch Shakespeare: er stand anfangs neben seinen Zeitgenossen Marlowe und Greene wie Einer ihres Gleichen, aber „er kannte sie", wie sein Prinz Heinrich die tolle Umgebung, die seinem jugendlichen Hange gefiel, und er streifte diese Sitten ab wie dieser, als er zu größeren Dingen gerufen ward. Wir werden später seine persönlicheren Dichtungen abzulauschen suchen, wann diese innere Läuterung in ihm vorging. Darf man aber auf seinen Seelenzustand aus den Poesien schließen, die er zu verschiedenen Zeiten im Rausche der Leidenschaft geschrieben hat, so würde man sagen, daß er in ähnlicher, obwohl anderer Mischung wie Goethe jene glückliche Natur besaß, der Maaß und Fassung selbst im Momente der Leidenschaft, mitten im Taumel die Besinnung gegeben war. So werden wir im nächsten Abschnitte sehen, daß er in den zwei erzählenden Jugendgedichten, die wir von ihm besitzen, den Erstlingen seiner Muse, diese eigene Doppelnatur schon bei der ersten Probe bewährte. Beide Gedichte entsprechen in Form und Inhalt der Periode der ersten Jugendleidenschaft, in der wir den Dichter gesehen haben; und sie sind in ihr entstanden. Aber das Eine setzt schon voll stoischen Ernstes den Sieg oder die Rache des Geistes und das Sittengefühl der Alleinherrschaft der Sinne ent= gegen, die in dem anderen voll weichlichen Reizes gefeiert wird.

Mehr auf einen Punkt zusammengedrängt liegt das Gemälde des Kampfes von Geist und Sinnlichkeit, von Vernunft und Lust, wie er in dem Dichter selbst lebendig sein mochte, auch in den Sonnetten, die an jene häßliche Reizende gerichtet sind; in sämmtlichen straft er seinen leicht bethörten Sinn, und es höhnt der besiegte Geist die Siegerin Lust, aber ohne sich aus seiner Niederlage zu erheben. Das 129ste unter seinen Sonnetten spricht diese Stimmung am zusammengefaßtesten aus:

Aufwand des Geists in schmählicher Verschwendung
ist Lust in That; und eh sie That geworden,
ist Lust meineidig, treulos, voll Verblendung,
wild, blutig, wüst und roh, bereit zum Morden.

Genossen kaum, wird sie verschmäht sogleich,
sinnlos erstrebt, und wieder, kaum gehascht,
sinnlos gehaßt; dem tückschen Köder gleich,
der Den toll machen soll, der ihn benascht.

Toll im Begehren, im Besitz zumal;
ihr Gestern wüst, ihr Morgen und ihr Heute,
im Kosten Wonne, und gekostet Qual,
im Ausgang Trug, nur in der Aussicht Freude.

All dieß weiß alle Welt; doch Keiner meidet
den Himmel, der zu dieser Hölle leitet.

Shakespeare's beschreibende Gedichte.

Von den zwei erzählenden oder vielmehr beschreibenden Gedichten, die wir von Shakespeare besitzen, ist das Eine, Venus und Adonis, im Jahre 1593, das Andere, die Lucretia, 1594 zuerst gedruckt; Beide sind dem Grafen Southampton gewidmet. Der Dichter selbst nennt Venus und Adonis in der Zueignung sein erstes Werk, die Lucretia gehört unstreitig derselben Zeit der Entstehung an. Beide Gedichte sind wohl gewiß bei der Herausgabe überarbeitet worden; ihrem ersten Empfängniß nach mögen sie noch in die Zeit vor Shakespeare's Uebersiedelung nach London gehören. Alles verräth, daß sie in dem ersten Sinnesrausche der Jugend geschrieben sind.

Wie sie nach Stoff und Behandlung in die jugendlichen Zustände und Stimmungen des Dichters verwebt sind, die wir andeutungsweise kennen gelernt haben, springt in die Augen. Der Inhalt von Venus und Adonis ist die Werbung der Liebesgöttin um den kalten, noch fühllosen Knaben, und ihre Klage über seinen plötzlichen Tod. In jenem ersten Theile hat der Dichter die Werbende mit allen Reizen der Ueberredung, der Schönheit, des leidenschaftlichen Ungestüms, mit allen Künsten der Schmeichelei, der Bitten, des Vorwurfs, der Thränen, der Gewalt ausgestattet; und er erscheint dabei als ein Krösus an dichterischen Vorstellungen, Gedanken

und Bildern, als ein Meister und Sieger im Verkehr der Liebe, als
ein Riese an Leidenschaft und sinnlicher Kraft. Das Ganze ist von
dieser Seite ein einziger blendender Fehler, wie ihn junge Dichter so
gern begehen: Sinnenglut ohne Maaß mit Poesie verwechselt. In
dem Urtheile der Zeit aber stellte schon dieses Gedicht allein Shake=
speare in die Reihe der bewunderten Dichter. Gerade die Seite, die
wir berühren, gab dem Gedichte diese unmittelbar erobernde Kraft.
Was man in ähnlichen mythologischen Darstellungen englischer und
italienischer Dichter damals vom Wesen und Wirken der Liebe las,
war gekünsteltes Gedankenwerk in verfeinerten Formen, von mehr
sprachlichem Glanze als innerer Gefühlswahrheit. Aber hier ist die
Liebe in der That ein „Geist, geschaffen aus Feuer", ein wesenhafter
Rausch und Leidenschaft, die die künstliche gespreizte Manier der Dar=
stellung überwindet. Daher hatte das Gedicht vor so vielen ähnlichen
mythologischen und allegorischen Schildereien durch seine unmittel=
bare Natur eine materielle Wirkung voraus; es ward wie Goethe's
Werther sprichwörtlich umgetragen als das Muster eines Liebesge=
dichtes, ward oft wieder aufgelegt und rief eine Reihe von Nach=
ahmungen hervor; und die Dichter priesen es als „die Quintessenz
der Liebe", als einen Talisman oder eine Vorschrift zu lieben an, aus
der man die Kunst glücklicher Liebeswerbung erlernen könne.

Mit wie glänzenden Farben übrigens Shakespeare das Bild die=
ser Leidenschaft gemalt hat, so ist er doch keineswegs in dem Wohl=
gefallen an dem Stoffe seines Gemäldes in sinnlicher Befangenheit
untergegangen. Er weiß es, daß er nicht das Bild menschlicher
Liebe, an der Geist und Seele ihr veredelndes Theil haben, sondern
daß er das Bild einer rein sinnlichen Begierde entwirft, die blos
thierisch an ihrem Raube „wie der Geier" füttert. An der Stelle,
wo er die Werbungen von Adonis' losgerissenem Pferde schildert,
liegt die Absicht deutlich vor, die thierische Leidenschaft in dieser Epi=
sode mit der der Göttin nicht gegensätzlich, sondern nebeneinander=
stellend zu vergleichen. Strafend sagt Adonis der werbenden Göttin,

sie solle nicht Liebe heißen, was auch Er, der Dichter, unbekümmerte Lust nennt, „welche die Vernunft zurückweist und das Erröthen der Scham und den Schiffbruch der Ehre vergißt". Dieser reinere Gedanke, der ein= und das anderemal in dem Gedichte vorschlägt, ist aber allerdings durch den Reiz der Darstellung und das Verweilen auf den sinnlichen Schilderungen überdeckt.

Dagegen in der Lucretia liegt dieser Gedanke schon in dem Stoffe selber, der wie absichtlich zum Gegenstücke gegen das erste Gedicht gewählt scheint: der vergötterten blinden Lust stellt der Dichter die Keuschheit der Matrone gegenüber, in der die Macht des Willens und der Sittlichkeit einen tragischen Sieg feiert über die Bewältigung der Lust. Die Darstellung der verfänglichen Scene ist in der Lucretia nicht bescheidener oder kälter geworden; es könnte selbst scheinen, als ob im Ausmalen der keuschen Schönheit noch mehr verführerische Wärme läge, als in irgend einer Stelle von Venus und Adonis. Doch ist die Sühne und Buße der Heldin, die Rache ihrer unbefleckten Seele, ihr Tod, in einem ganz anderen, ernst gehobenen Tone und mit demselben entsprechenden Nachdrucke behandelt. Ja der Dichter bewegt sich bedeutsamer aus der engeren Grenze der Beschreibung einer einzelnen Scene heraus, indem er ihr einen großen geschichtlichen Hintergrund gibt. Die einsame Lucretia, indem sie ihren Selbstmord vorbereitet, weilt betrachtend vor einem Bilde der Zerstörung Troja's, und der Leser blickt vergleichend auf das ähnliche Schicksal, das der Fall der Lucretia den Tarquiniern und der Raub der Helena der Familie des Priamus gebracht. War der Dichter in Venus und Adonis, von Ovid's weicher Kunst geleitet, in eine bloße üppige Situation vertieft, die mehr ein Gegenstand für die Malerei wäre, so erhebt er sich hier in sittlicherem Ernst; und sichtbar von Virgil angeregt wirft er einen Blick in das Gebiet großer und folgenreicher Handlungen hinüber, auf dem er nachher groß geworden ist. In solchen Gegensätzen sich zu bewegen, war Shakspeare's vielseitiger Natur ein Bedürfniß; sie sind ein Merkzeichen seines Cha-

rakters und seiner Dichtung; sie erscheinen hier in den ersten An=
fängen seiner Kunst und kehren in seiner ganzen dramatischen Dich=
tung unaufhörlich wieder.   Unser Goethe weilte in wohlgefälliger
Wiederholung auf Einer Lieblingscharakterform, die er im Weißlingen
und Werther, im Clavigo, in Stella, im Egmont nur leise verändert
wiederbrachte; dieß wäre Shakespeare ganz unmöglich gewesen. In
seiner Natur lag es, einen gegebenen Stoff in der Fülle und Er=
schöpfung durchzuarbeiten, die eine Wiederkehr schwer macht, die
vielmehr zu dem Wege nach einem entgegengesetzten Ziele geradezu
einlädt.

Der äußeren Form nach haben diese beiden Gedichte für Den,
der Shakespeare nur aus seinen Dramen kennt, ganz etwas Fremdes.
Wo dort in der Form der Rede Alles auf Handlungen geht, ist hier
in der Form der Erzählung Alles auf Reden gestellt. Selbst wo sich
ein nothwendiger Anlaß bietet, ist alle Handlung vermieden; in
Venus und Adonis ist nicht einmal die Eberjagd erzählt; in der Lu=
cretia ist die handlungsreiche Ursache und Folge der Einen beschrie=
benen Lage kaum erwähnt; in der Beschreibung dieser Lage selbst ist
Alles in Redekunst aufgelöst. Vor seiner That überlegt sie Tarquin
in gedehnten Worten: „eine Streitrede zwischen erfrornem Gewissen
und heiß brennender Lust"; nach ihr schmäht Lucretia in endlosem
Selbstgespräche auf Tarquin, auf die Nacht, die Gelegenheit, die
Zeit, und verliert sich in breite Erwägungen über ihren Selbstmord.
Nach dem Naturmaaße der sonstigen Werke des Dichters gemessen
wäre dieß der Gipfel der Unnatur in einem Weibe von bescheidener
Eingezogenheit und kalter Willenskraft. Was in Shakespeare's
Dramen seine Monologe gerade so wunderbar auszeichnet, jene
Kunst, unendliche Empfindungen in wenige große Umrisse zusammen=
zupressen, ist hier im äußersten Gegensatze geübt. Nur zwei kleine
Züge begegnen in der Lucretia, die Stellen, wo sie die Dienerin um
Tarquin's Abreise befragt und nach Schreibzeug begehrt, obgleich es
neben ihr steht; und wo sie den Boten absendet, der aus Blödigkeit,

wie sie aber glaubt aus Scham für sie erröthet, da blickt vorüber=
gehend der psychologische Dichter heraus, wie wir ihn kennen. Ueber=
all sonst leidet seine Darstellung gerade in der Lucretia, dem sonst
bedeutenderen Gedichte, an der inneren Unwahrheit und den üblen
Formen der italienischen Pastoraldichtung. Ihr wesentliches Unter=
scheidungszeichen sind jene sogenannten Concepte, seltsame, auf das
Fremdartige und Ueberraschende ausgehende Einfälle und Bilder,
tiefsinnige Gedanken an flache Gegenstände verschwendet, Klügelei
und gekünstelter Witz an der Stelle der Poesie, die Einbildungskraft
auf logische Gegensätze, auf scharfe Unterscheidungen und epigram=
matische Spitzen gerichtet. Der Dichter arbeitet hier nach Mustern,
die er an Reichthum überbietet, auf einer falschen Fährte in seiner
gewohnten Ueberlegenheit, in einer Kunstmanier, die er leichter und
weiter treibt als seine Urbilder. Er treibt sie zu einer Höhe, wo er
selbst gleichsam der Ueberladung, des sonderbaren Wechsels zwischen
Erhabenheit und Plattheit inne wird, die dieser Manier eigen ist.
Diesen Eindruck macht jene Stelle, wo Lucretia den Brief an ihren
Gatten, selbstverstanden in eben dieser Manier schreibt und ihre
Kritik daran übt: das eine findet sie „zu seltsam gut", das andere
„stumpf und schlecht", und „sehr gleich einem Volksgedränge am
Thore, so drängen sich ihr die Einfälle, welcher zuerst kommen solle".
In einem seiner frühesten Lustspiele (der Liebe Mühe ist verloren)
verweist Shakespeare diese Art Stil schon dahin, wohin sie gehört:
in die „Schule, wo das Kunstgeschick wetteifert". Er sagt dort in der
Person des Biron, indem er die Eigenheiten dieser Art von Poesie
vortrefflich bezeichnet, den „tafftnen Redensarten, den zugespitzten sei=
denen Ausdrücken, den sammtenen Hyperbeln, den pedantischen Fi=
guren, der gezierten Affectation" Lebewohl, diesen „Sommerfliegen, die
die Made des falschen Prunkes erzeugen". Und wirklich, gerade in
dem amatorischen Stile, wo diese Eigenschaften am festesten eingenistet
waren, verabschiedete sie Shakespeare am frühesten und für immer;
und während keine Dichtung je wieder in dem Maaße Convenienz

4 *

war, wie diese Conceptenpoesie der italienischen Schule, so ist keine
Dichtung so sehr der Convenienz entgegengesetzt wie das Shake=
speare'sche Drama. In manchen Stellen seiner Werke ist von diesem
falschen Flitter der Kunst etwas hängen geblieben; an vielen brauchte
er ihn wissentlich zu vorgesetzten Zwecken. Besonders sein tragisches
Pathos, hat man ihm vorgeworfen, sei so oft in Schwulst und Ueber=
spannung ausgeartet. Auch ist gewiß, daß er an der Grandiloquenz
des Seneca, an dem glänzenden Stile Virgil's ein aufrichtiges Wohl=
gefallen hatte. Die Bewunderung, die er dem Kenner Hamlet für
jene Erzählung von Pyrrhus' Tode in den Mund legt, läßt nicht
daran zweifeln. Den Charakter dieses Vortrags trägt die Lucretia
an vielen Stellen. Kein Deutscher wird dieses Gedicht lesen, ohne
an Schiller's Versuche, Virgil in Stanzen zu übersetzen, erinnert zu
werden. Die Freude der jungen Schüler an dem römischen Meister
war die gleiche und aus dem gleichen Grunde: der Jugend macht das
Großwortige mehr den Eindruck des Heroischen, als die schlichte
Größe des Homer; das lateinische Urbild der epischen Kunst liegt in
der Schule näher als das griechische; so trug auch Goethe eine Vor=
liebe für Virgil, ehe er den Homer bequemer im Deutschen übersah.
Daher kommt es denn, daß Shakespeare auch in dem Stoffe Vir=
gilianer war; wie in der Lucretia in ganzer Frische der ersten Ein=
drücke, so ist er später immer in allen Anspielungen auf die große
homerische Mythe gut trojanisch gesinnt geblieben; man muß sich er=
innern, daß in den Sagen des Mittelalters die alten Briten von den
Trojanern abstammen und daß diese glorreiche Abkunft auch in dra=
matischen Gedichten im Gedächtniß erhalten ward; bei einem von
Shakespeare's letzten Werken, bei Troilus und Cressida, muß man jene
ersten Jugendgefühle in aller Lebendigkeit im Gedächtniß haben, wenn
man dieses Gedicht überhaupt begreifen will.

Wie ein Dichter von so schlichtem Sinne wie Shakespeare im
Anfang seiner Laufbahn in diese verkünstelte Kunst kam, in der er an
einen Marini und Hoffmannswaldau erinnern kann, ist viel leichter

zu begreifen, als wie er sie so schnell verlassen konnte, um die kom=
menden Geschlechter auf den Weg zur Natur zurückzuweisen.   Man
muß sich erinnern, daß die ganze Ritterpoesie des Mittelalters eine
Kunst der Convenienz war, die im 15. Jahrhundert in allen Theilen
Westeuropa's zu Rohheit und Unnatur zugleich herabsank.   Der Roh=
heit entrissen sie die berühmten italienischen Epiker des 16. Jahr=
hunderts, die von den wiedergebornen Alten lernten; aber die Un=
natur der Materie, die sie aus den Ritterromanen überkamen, konnten
sie nicht bezwingen; sie arbeiteten vergebens, aus einer verhauenen
Statue ein reines Kunstwerk herzustellen.   Je rascher aber im 16.
Jahrh. Ritterwelt und Rittersitte versank, desto schneller verlor sich
das Interesse an dem Stoffe jener italienischen Meister, der Ariost und
Tasso, und die Bewunderung blieb auf ihrer vortrefflichen Form,
ihrer harmonischen Verskunst, ihrer gebildeten höfischen Sprache
hängen.   Die Poesie war gegenstandlos geworden und die Form
war nun das Höchste, wonach sie strebte.   Wenn aber das Tech=
nische in der Kunst die Hauptsache wird, so verkünstelt sich schnell
die Form und mit ihr wird die menschliche Natur verfälscht, die der
Dichtung Gegenstand und Aufgabe ist.   Stoff und Form, der poeti=
sche Ausdruck wie die Betrachtung des menschlichen Wesens, gestalten
sich dann nach einer willkürlichen Uebereinkunft; die Convenienz
und nicht die Natur schreibt dem Dichter den Weg vor.   Die äußerste
Spitze dieser psychologischen und ästhetischen Unnatur erreichte im
16. Jahrhundert die allegorische und schäferliche Dichtung in Iberien
und Italien, die an die weite leere Stätte des verschwindenden Rit=
terepos in ihrer ganzen Ausdehnung trat.   Die Schäferromane der
Ribeyro, der Saa de Miranda, Sannazar und Montemayor be=
herrschten die Welt; die Diana des Letzteren ward bewundert, ver=
breitet, erweitert wie Ariosto's rasender Roland. Kein Wunder, daß
dieser Geschmack nun auch nach England drang, wo die italienische
Literatur schon einmal zu Chaucer's Zeit Einfluß geübt hatte, wo die
italienische Lyrik nicht lange vor Shakespeare durch Sir Thomas

Wyat und seinen Freund, den edlen Grafen von Surrey († 1547), eingeführt war. Wie Chaucer den Boccaz, Surrey den Petrarca, so bürgerte Sir Philipp Sidney, der in dem Jahre starb als Shakespeare nach London kam (1586), die Schäferdichtung in England ein; seine Arcadia ist dem Sannazar und Montemayor gleichmäßig nachgebildet. Solche Männer wie diese Surrey und Sidney waren ganz geschaffen, der Dichtung in England einen neuen Tag zu bereiten. Eben war die Zeit, wo die Reformation aller Bildung eine günstige Atmosphäre schuf, wo die scholastische Philosophie aus den Schulen wich, wo das Alterthum und seine Literatur wieder belebt und durch die Buchdruckerkunst die Theilnahme an allem Schriftthume ungemein verbreitet wurde. Schon der Hof von Heinrich VIII. stand geistreichen Vergnügungen, Spielen und Masken, der lebendig gewordenen Allegorie und Schäferpoesie offen; dann aber blühte das goldene Zeitalter der erneuerten Wissenschaft und Kunst unter der Pflege Elisabeth's auf, die kunstsinnig, sprach- und musikkundig war, griechische und lateinische Schriftsteller las und selbst dilettantische Versuche in lyrischen Gedichten machte. Nun strömte jene bewunderte Kunst des Südens, ohne in einer volksthümlichen Literatur irgend einen starken Widerstand zu finden, in England ein, gefördert von einem neuen gebildeten, kunstsinnigen Adel, der seit Heinrich VIII., wie jene kleinen italienischen Fürsten, wie jene spanischen Granden des 16. Jahrhunderts die Kunst und Literatur in seinen Schutz und eigene Pflege nahm. In die Klasse dieser Männer, bei denen die Kunst das Leben und das Leben die Kunst gegenseitig adelte, gehörte jener unglückliche Surrey, der in der Blüte der Jahre den Nachstellungen des Grafen Hertfort und der Grausamkeit Heinrich's VIII. zum Opfer fiel; jener jung gestorbene Wyat, den die Sage und selbst seine Gedichte verdächtigen, ein Verhältniß mit der königlichen Anna Boleyn gehabt zu haben; jener Philipp Sidney, über dessen frühzeitigem Grabe die Klagen der bewundernden Gelehrten in allen Sprachen erklangen; jener Walter Raleigh, der berühmte Seeheld, der wie Surrey schuldlos auf dem Schaffote starb; zu ihnen die Lord Baur, die Grafen Dorset (Thomas Sackville) und Orford, die Pembroke und Southampton, welche letztere schon in Shakespeare's Zeiten fallen. Der Glanz der Poesie lag, wie man sieht, zum Theil auf diesen Persönlichkeiten und ihrem Leben. Ihr Einfluß war außerordentlich und ihr Geschmack gebot über die englische Literatur. Die Erhabenheit der Petrarchischen Lyrik, die Reinheit der Verskunst, die höfische Verfeinerung des Geschmacks nach dem Muster der Italiener ging von ihnen aus, aber in ihrem Gefolge zog auch alle die Unnatur und Verschrobenheit ein, die den Vorbildern anhing. Sidney's und Raleigh's Günstling war jener Edmund Spenser, dessen Feenkönigin durch die Harmonie der Verse und das Farbenspiel der poetischen Malerei die Mitlebenden und die Nachkommen entzückte. Von Surrey ging eine ganze Schaar von Sonnettisten und Petrarchisten aus, die sich bis in Shakespeare's Jugendzeit hinziehen. Aus ihrer Zahl war Daniel ein Schützling des Grafen Pembroke, dessen Mutter die Schwester Sidney's und selbst Dichterin war; Drayton ein Begünstigter des Grafen Dorset. Ihre lyrische Kunst theilte den Charakter der italischen Poesie: in den englischen Sonnetten jener Tage, auch in Shakespeare's, fallen die Spitzfindigkeiten, die Wortspiele, die Künsteleien überall auf, die jener schäferlichen Dichtungsweise eigen sind. Viele dieser Poeten schöpften an dem Quelle der italischen Kunst unmittelbar: Daniel dichtete seine Sonnette in Italien, der Uebersetzer italienischer Novellen Rich, die Dramatiker Lilly und Green, der Schauspieler Kempe aus Shakespeare's Gesellschaft, sind selbst in Italien gewesen. So kam es, daß England im 16. Jahrhundert von italischer Lyrik, Schäfergedichten, Allegorien, Dramen und Novellen überschwemmt wurde, daß der aufgehenden Schauspieldichtung eine untergehende epische Poesie, der einheimischen Kunst eine fremde, der volksthümlichen eine gelehrte und aristokratische gegenüber lag. Es war eine volksbürgerliche, in allen Nationen verbreitete Literatur, die das Gewicht von halb Europa, den Geschmack und das Vorurtheil der Höfe, der feinen Welt, der Gelehrten und Gebildeten zu ihrer Stütze hatte.

Mitten in diese Verhältnisse trat Shakespeare hinein; wie wäre es denkbar, daß er diesem Geschmacke und dieser Kunstschule nicht hätte huldigen sollen? Seine nichtdramatischen Dichtungen, seine Sonnette und die beiden Gedichte, die wir betrachten, stellen ihn ganz in die Zahl jener Clienten des Adels, jener gelehrten, in fremder Schule gebildeten, der Lyrik und Epik zugeneigten Dichter, an deren Spitze Edmund Spenser steht. Besäße man von Shakespeare nichts als diese Gedichte, so würde man ihn in der Reihe der Drayton, der Spenser und Daniel lesen und über den Adel und die Ebenbürtigkeit seiner Schule und Bildung würde nie ein Zweifel aufgetaucht sein. Beide besprochenen Gedichte verrathen die lateinische gelehrte Schule schon durch ihre Stoffe und Titel; in ihrer Behandlung der alten Mythe und Geschichte, in den sichtlichen Spuren des Virgilischen Einflusses scheinen sie einen Dichter anzuzeigen, der nicht oberflächlich von der Dichtkunst der Alten berührt war; ein urtheilsbefugter, gelehrter Zeitgenosse (Meres) sagte von ihnen in entzücktem Lobe, daß in „dem honigzungigen Dichter die süße witzige Seele Ovid's fortlebe". In seinen Sonnetten aber erreichte Shakespeare unstreitig den poetischen Schmelz und den Tiefsinn des Gedankens der besten italienischen Sonnettisten mehr als irgend einer seiner zahlreichen Nebenbuhler in England. Zu vielen dieser Männer, zu einigen ihrer abligen Beschützer stand er in irgend einer literarischen oder persönlichen Verbindung. Dem Grafen Southampton widmete er die beiden besprochenen Gedichte; er muß Sir Walter Raleigh gekannt haben, denn er besuchte in London den von diesem gestifteten Sirenenklub in der Freitagstraße. Edmund Spenser, wahrscheinlich ein Warwicker, war unter den Ersten, die Shakespeare's Genius huldigten, den er schon 1594 nach seinen ersten tragischen Versuchen unter dem Schäfernamen Aëtion mit einer Anspielung auf seinen kriegerischen Namen pries: daß „seine Muse, von hoher Gedanken Erfindung voll, gleich ihm selber heroisch klinge". Mit Daniel's Sonnetten haben die Shakespeare'schen die größere innere Verwandtschaft, und auch äußerlich ist ihnen die Form der drei Strophen mit dem Schlußcouplet nachgebildet; aus Daniel's Rosamonde hat Shakespeare die siebenzeilige Strophe seiner Lucretia entlehnt. Auf Drayton und seine Sonnette hat Cunningham deutliche Anspielungen in dem 21. Sonnette Shakespeare's gefunden, und es ist aus Vergleichung von Sonnett 80—83 unstreitig, daß Shakespeare unter ihm den „besseren Geist" versteht, der ihm die Gunst des Freundes und Gönners zu entziehen droht, an den er seine Sonnette gerichtet. Auch mit diesem Warwickmanne mag Shakespeare zunächst landsmännische Beziehungen unterhalten haben. Ueberall sieht man ihn so in nächster Berührung mit dieser Dichterschule, in persönlicher Beziehung zu dem Adel, der sie hegte und pflegte, in größerer oder geringerer Uebereinstimmung mit ihrer poetischen Richtung. Erst später begegnen uns die Zeugnisse in seinen Dramen, daß er den Geschmack an der südlichen Lyrik änderte und dafür die Freude an der schlichten Innigkeit des sächsischen Volksliedes eintauschte. Aber dann steht auch schon der Volksdichter fertig da, der die gelehrte und adlige Kunst verlassen, der nationale Dichter, der die fremde Schule in Schatten geworfen, der dramatische Dichter, der die epische Poesie vergessen gemacht, der Shakespeare, der die Spenser und ihres Gleichen verdunkelt hatte.

Shakespeare in London und auf der Bühne.

Shakespeare verließ seine Vaterstadt Stratford im Jahre 1586, oder spätestens 1587, 22—23 Jahre alt. Ob er es that, um seiner bedürftigen Familie durch den Einsatz seines Talents ein gutes Loos zu ziehen, ob er es that, wie die Eine Ueberlieferung sagt, um den Verfolgungen des Sir Thomas Lucy zu entgehen, oder, wie die Andere will, aus Liebe zu Dichtung und Schauspielkunst, ist nicht zu entscheiden. Nichts wäre natürlicher, als daß alle drei Bestimmungsgründe zusammen gewirkt hätten, um diesen über sein Leben entscheidenden Entschluß hervorzurufen.

Daß in einem Manne von diesem schnellreifen Geiste die Gabe wie der Hang zu Dichtung und Schauspiel frühzeitig vorhanden war, begreift sich von selbst. Nahrung und Pflege fand er in seiner Grafschaft und Vaterstadt ohne Mühe. Seit 1569, von Shakespeare's frühester Jugend auf, spielten die Schauspielertruppen der Grafen Leicester, Warwick, Worcester und Anderer, fast jedes Jahr irgend eine Gesellschaft, auf ihren Umzügen im Reiche in Stratford. Was aber Shakespeare seinen Entschluß auf die Bühne zu gehen noch näher legen konnte, war dieß, daß eine ganze Reihe von Schauspielern seiner späteren Bekanntschaft aus Warwickshire herstammte. Ein Thomas Greene, von der Truppe des Grafen Leicester, war aus Stratford selbst; Heminge, der Freund Shakespeare's und

Herausgeber seiner Werke, Slye, Tooley, wahrscheinlich auch Thomas Pope waren aus dieser Grafschaft. Von ihr aus war James Burbadge, der Gründer des Blackfriartheaters, nach London gewandert, ein Mann, der in der Geschichte des englischen Schauspiels die Bedeutung unserer Koch, Ackermann und ähnlicher organisirender Talente in Deutschland hat, dessen berühmter Sohn Richard der Vertraute von Shakespeare's Genius ward. Wie leicht konnte William zu einem oder dem andern dieser Männer schon frühe ein Verhältniß gehabt, wie leicht konnte sein dichterisches Talent schon in Stratford ihre Aufmerksamkeit erregt, schon dort dem frühen Ruhm und dem raschen Erfolge den Weg gebahnt haben, der dem gewagten Entschlusse seiner Uebersiedelung nach der Hauptstadt auf dem Fuße folgte.

Hier müssen wir unsere Erzählung von Shakespeare's Leben und schriftstellerischer Laufbahn einen Augenblick unterbrechen, um zu erfahren, was er bei dem Eintritt in seinen neuen Beruf in London vorfand. Wir wollen, um uns so kurz als möglich von dem Dichter zu entfernen, so kurz als möglich sagen, wann und wie die dramatische Dichtung sich in England entwickelte, wie die Bühne entstand und sich fortbildete, auf welcher Stufe Shakespeare die Eine und die Andere, Dicht= und Schauspielkunst, gefunden habe, wie sich die Gesellschaft, in die er trat, zu dem übrigen Schauspielwesen in London verhielt und welche Stellung er selber Anfangs und später in derselben eingenommen hat.

Dramatische Dichtung vor Shakespeare.

Es kann die Absicht nicht sein, die Geschichte der englischen dramatischen Poesie vor Shakespeare hier umfassend zu behandeln. Selbst mit großer Weitschweifigkeit würde den deutschen Lesern kein klares Bild von ihr zu geben sein, weil alle Literaturgeschichte an dem Uebelstande leidet, daß sie nur begriffen wird, wenn die Haupt=

quellen ihr zur Seite gelesen werden, was in diesem Falle an das
deutsche Publicum nicht verlangt werden kann. Wir wollen daher
die Theaterdichtung vor Shakespeare nur aus dem Einen Gesichts=
punkte betrachten, was sie unserem Dichter entgegenbrachte, was
seine dramatische Kunst der Dichtung früherer Zeiten verdankt, ihr
absehen und entlehnen konnte oder mußte. Wir werden dabei zu der
Erkenntniß kommen, daß er nur in einem sehr allgemeinen Sinne, in
diesem aber sehr vieles von der Vergangenheit der Bühne in England
lernen konnte. Einen einzelnen Dramatiker von entschiedenem Werthe
gab es weder vor noch in seiner Zeit, an dem er sich als an einem
Muster hätte aufbauen können; er lernte an den Massen der vorhan=
denen Schauspiele das Handwerk; die eigentliche Idee der Kunst
aber faßte er aus dem ringenden Bestreben der Lehrlinge, unter denen
kein Meister war, wesentlich als sein eigener Lehrer. Wir werden
daher der Mühe überhoben sein, unsere Leser mit vielen Namen zu
beschweren; wir werden das, was die dramatische Kunst vor und um
Shakespeare's Zeit leistete, in einige große Gruppen zusammenschie=
ben und aus jeder das Ergebniß zu ziehen suchen, das die bloße
Ueberlieferung und Gewohnheit gleichsam unserem Dichter übermachte
oder auferlegte. Dadurch wird der Vortheil erlangt werden, daß sich
überall ein Anknüpfungspunkt ergibt, der Shakespeare's Dichtung
mit jenen verschiedenen Gruppen verbindet, und daß so für den Leser,
dem jene Gebiete unbekannt sind, indem wir dorther Erklärungen für
Shakespeare holen, aus diesem ihm bekannten Dichter zugleich ein
Licht dorthin zurückfällt.

Das Schauspiel ist überall in seinen Anfängen religiösen, geist=
lichen Ursprungs gewesen. Wie im Alterthume aus heiligen Chor=
aufzügen, so ist es in der christlichen Zeit hauptsächlich aus der Oster=
feier hervorgegangen. Der katholische Passionsritus, mit dem man
den Charfreitag feierte, das Bild des Gekreuzigten ins Grab legte
und am Ostersonntage wieder zur Feier der Auferstehung emporrichtete,
hieß ein Mysterium. Diesen Namen haben im Mittelalter die geist=

lichen Schauspiele erhalten, welche in allen Theilen Europa's die
Anfänge des neueren Dramas bilden, und deren ursprünglicher Ge-
genstand immer die Darstellung der Passion, des Leidens und Todes
Christi war, deren Entstehung also wesentlich in jener kirchlichen
Handlung wurzelte. So wird in St. Peter in Rom noch heute auf
Ostern die Passionsgeschichte aus dem Evangelium in recitativem
Gesang mit vertheilten Rollen vorgetragen, und man kann sich bei
dieser Aufführung ganz in die ersten Anfänge des neueren Dramas
zurückversetzt fühlen. Klöster und Kirchen waren demnach die ersten
Theater, Geistliche die ersten Schauspieler, der erste dramatische
Dichtungsstoff die Passion, die ersten Schauspiele die Mysterien.
Diese Aufführungen dehnten sich mit der Zeit über mannichfaltigere
Gegenstände aus; bald wurde den Heiligen zu Ehren an ihrem Na-
menstage ein Mirakelspiel gegeben, bald an den größeren christlichen
Festen, zu Pfingsten und Frohnleichnam, ein weiteres Mysterium,
das die geheimnißvollen Beziehungen der Schöpfung und des Sün-
denfalls zu dem Leben und Tode Jesu zusammenfaßte und in einem
großen Sammelgemälde von vielleicht 30—40 einzelnen Spielen eine
Reihe alttestamentlicher Scenen mit der Darstellung von Christi
Wirken Leiden und Sterben in ein ungeheures Ganzes verband,
das zu seiner Aufführung drei, vier, ja acht Tage verlangte. Bald
fanden diese heiligen Dramen ihren Weg aus der Kirche auf die
Straße, von den Geistlichen zu den Laien, zunächst zu den Handwerkern, die dann für den Tag ihres Heiligenpatronen ein Mirakel
einübten oder in den Mysterien die einzelnen Spiele (pageants) unter
sich vertheilten, je nachdem ihr Inhalt eine Beziehung zu ihrem
Gewerbe an die Hand gab. Später bemächtigten sich dann auch
Schauspieler und Gaukler von Profession dieser Spiele, die in London gleichsam stehend wurden, auf dem Lande auf allen Messen und
Märkten in Stadt und Dorf umhergetragen wurden und bis in
Shakespeare's Zeiten dauerten.

Bedenkt man, daß diese Gattung der Mirakel, ungestört von

jeder anderen Art dramatischer Spiele, in dem Volke mehrere hundert
Jahre umging und einwurzelte, getragen von der Sehlust der Maßen,
innerlich gehalten von dem unantastbarsten heiligen Stoffe, so ahnt
man sogleich, daß eine so lang überlieferte Gewohnheit gleich im
ersten rohen und kunstlosen Entstehen dem neueren Drama auch für
die Zeit seiner kunstmäßigen Ausbildung ein Gesetz auflegte, dem es
der kühnste Genius nur mit der Gefahr hätte entziehen dürfen, das
Volk, das er anzulocken suchte, von sich zu scheuchen. Die epische
Natur des neueren Dramas ward mit jener ersten und langehin ausschließlichen Materie entschieden, die historische Behandlungsart geboten, der massenhafte Reichthum des Stoffes auferlegt. Das griechische Schauspiel ist dem vollendeten Epos Homer's gegenüber
entstanden, und konnte mit ihm in der Darstellung ausgedehnter,
mannichfaltiger, polymythischer Handlungen nicht wetteifern wollen.
Der Preis des alten Dramas konnte kein anderer sein, als der, den
ihm Aristoteles gab: mit geringen Mitteln die Wirkung des aufwand-
reichen Epos zu machen. Es fiel in den geschickten Gegensatz der
Darstellung einfach geschlossener Handlungen und Katastrophen.
Die neuere Zeit, als sie mehrere Jahrhunderte brütend über den
Anfängen des Dramas lag, hatte kein imponirendes Epos vor sich;
das Drama entstand aus der evangelischen Erzählung, und später
aus Rittergedichten und historischen Chroniken voller Handlung und
Thatsache; dem ersten, dem heiligen Stoffe der Bibel vollends war
auch nichts abzubrechen; keine Krume sollte von diesem kostbaren
Mahle verloren gehen; die knappe Erzählung des Evangeliums forderte eher noch zur Erweiterung auf. Alle diese Quellen wiesen in
ihrer innersten Natur und Beschaffenheit auf die Weite der Form und
die Fülle des Stoffes hin, die dem modernen Schauspiel eigen geworden ist. Dieß Schicksal war bereits lange entschieden, als Shakespeare zu dichten anfing. Und Er gewiß hätte sich diesem Gesetze, das
Zeit und Volk geschaffen, Ueberlieferung und Sitte geheiligt hatten,
nicht widersetzen wollen, wenn doch selbst ein Lope de Vega, wenn

doch, selbst einer viel gebildeteren Zeit gegenüber, unser Schiller die Einsicht hatte, daß man sich mit einer erzwungenen Nachahmung des klassischen Dramas den Boden der Wirksamkeit selber zerstöre, daß jede Volksnatur ihre besondere Entwickelung, jede Zeit ihre Eigenthümlichkeit, jede Ueberlieferung ihr Recht hat, und daß ein Dichter, der selbst Ueberlieferungsfähiges schaffen will, dieses Recht und jenen eigenen Entwickelungsgang vorsichtig zu achten habe.

Diese Gattung kirchlicher Schauspiele, mit der die englische Bühnengeschichte beginnt, hatte bis in's 15. Jahrhundert, wo sie zur weitesten Verbreitung kam, keinen bedeutenden Nebenbuhler. Um diese Zeit lagerte sich ihr eine zweite Gruppe von allegorischen Schauspielen, die ihren Ursprung in der Schule hatte, zur Seite und bald an ihre Stelle. Die sogenannten Moralitäten, in ihrer ursprünglichen Gestalt wesentlich religiöser Natur, lehnen sich an die Mysterien so an, wie die mystischen Allegorien des Mittelalters an die sinnbildlichen Deutungen der poetischen Evangelienharmonien, die ihnen vorausgingen: sie behandeln den Inhalt der christlichen Mythe, die das Mirakelspiel in handelnder Nachahmung des Geschehenen darstellt, in abgezogener Lehre, in bildlicher und allegorischer, scenischer Ausführung. Schon in den Mirakeln treten einzelne allegorische Figuren mitspielend auf, der Tod, die Wahrheit, die Gerechtigkeit u. a.; in der Moralität erscheinen diese und andere Begriffe, die menschlichen Sinne, Leidenschaften, Laster und Tugenden personificirt, und bilden ausschließlich die handelnden oder vielmehr redenden Figuren dieser leblosen Dramen. Der Mittelpunkt der Mysterien, der Opfertod Christi, die Erlösung vom Sündenfall, ist in moralischer Abstraction der Kampf des Guten und Bösen, und dieß ist im Allgemeinen der Gegenstand, den diese abstracten Stücke, die Moralitäten, behandeln. Der Streit der tugendlichen und sündhaften Mächte um die menschliche Natur ist das gleichmäßige Thema in den ältesten Moralitäten, die man in England aufgefunden hat. Bald rückte man den Stoff dieser Stücke aus der religiösen Sphäre

mehr heraus und näherte ihn mehr dem wirklichen Leben. Der
Kampf des guten und bösen Princips wird nun mehr aus dem Gesichtspunkte allgemeiner Moral gefaßt; die Lehre geht nun gegen alle
Weltlichkeit, gegen jede Abhängigkeit von äußeren Gütern, die
den geistigen und sittlichen Besitzthümern gegenüber als Ausfluß des
bösen Princips erscheinen. Waren die Mysterien ganz nur trockene
Handlung ohne viele Einmischung von Reflexion, so ist dagegen die
sittliche Lehre Anfang, Mitte und Ende dieser Stücke, die ohne
Handlung und Bewegung sich in feierlichen, steifen Dialogen leb-
loser Schatten hinschleppen. Es ist, als ob sie das innere Auge, den
Gedanken aufzuschließen suchen, daß in dem äußeren Schauwerk des
Dramas auch ein tieferer geistiger Inhalt niedergelegt sein könne.
Sie beschränken sich zu diesem Zwecke auf die geistigste Behandlung
ihres geistigen Inhalts; sie verscheuchen die Reize zerstreuender Handlungen; von der Horazischen Mischung des Nützlichen mit dem Anmuthigen gestatten sie der Dichtung nur das Nützliche.

Mit demselben Nachdrucke, wie die factenreichen Mirakel das
werdende Drama auf die Darstellung von Handlungen wiesen, leiteten es die Moralitäten, die den didaktischen Charakter und die moralische Lehre so offen zur Schau trugen, auf die sittliche Tendenz
hin. Da auch diese Gattung das ganze 15. Jahrhundert hindurch in
vorherrschender Pflege in England war, bis auf Shakespeare's Tage
und lange nach ihm andauerte, so stellt man sich auch hier leicht vor,
wie eindringlich sich aus ihr die Nothwendigkeit eines höheren Gedankens, einer sittlichen Richtung in dem Drama den Dichtern ein-
prägen mußte. Man sah daher und schuf in England, so lange das
Schauspieldichten noch kein Gewerbe war, die dramatischen Werke
immer aus einem sittlichen Gesichtspunkte. In jener gesunden natürlichen Zeit, die das Leben noch nicht spaltete und Sittlichkeit, Geist
und Kunst nicht zu trennen versuchte, waren die dramatischen Dichter
Englands alle einig in dem Grundsatz von dem sittenveredelnden
Beruf des Schauspiels, wie oft auch eine verfehlte Anwendung und

Ausübung gegen die gute Theorie verstoßen mochte. Sie fielen auf diesen Grundsatz und hafteten an ihm aus dem einfachsten aller Gründe: weil der Gegenstand ihrer Dramen Handlung und nichts als Handlung war; denn Handlungen sind nicht denkbar ohne ethische Bedingungen, es seien denn solche, welche die Ethik selber gleichgültige Handlungen nennt, die dann aber der Kunst noch um vieles gleichgültiger als der Sittlichkeit sind. Schon das erste englische Trauerspiel, den Ferrex und Porrex pries Sir Philipp Sidney in jenem horazischen Sinne wegen seiner Darstellung des Sittlichen in den Formen des Schönen. An Shakespeare's Seite aber gaben die Massinger, Ford, Ben Jonson, Thomas Heywood der Bühne ausdrücklich und laut den hohen Beruf der Verbindung der Anmuth mit der Sittenreinheit und rechtfertigten die Werke der dramatischen Kunst mit ihren ethischen Zwecken*). Und aus diesem Geiste der ernsteren und strengeren Richtung des englischen Dramas baute dann Shakespeare, hoch über alle seine Fachgenossen erhaben, indem er den tiefsten An=

---

*) In seiner Apologie für Schauspieler leiht Heywood der Melpomene die folgenden bezeichnungsvollen Worte:

> Bin ich Melpomene, die tragische Muse,
> die Scheu gebot den Zwingherrn dieser Erde,
> und ihre Thaten spielt' auf offener Bühne,
> sie mit der Furcht der Sünde schlug, furchtlos
> ihr Leben schreibend in blutrother Dinte,
> und spielend ihre Schmach vor aller Welt?
> Traf ich das Laster nicht mit ehrner Ruthe,
> enthüllte Mord, beschämte üppige Lust,
> entlarvt' ich den Verrath nicht, daß die Sonne
> auf all die schnöden Sünden deutend schien?
> Hat diese Hand nicht grimme Wuth gezähmt,
> den gift'gen Neid mit eignem Pfeil getödtet,
> der Habsucht Schlund gefüllt mit flüß'gem Gold
> den weiten Bauch der Schwelgerei zersprengt,
> des Trunkenen Gall' ertränkt im Rebenblute?
> Dem Stolz wies ich sein Bildniß auf der Bühne,
> die Häßlichkeit, die ihm sein Spiegel hehlte,
> und lehrt' ihn demuthsvoll davon zu gehn.

gelegenheiten der Menschennatur und ihrer Verhältnisse nachdachte, seine Schauspiele nach jenem großen Grundsatze auf, daß es dieser Kunst erster und letzter Zweck sei, Zeit und Menschen ihre Natur und Art, der Tugend ihre Züge, der Schande ihr Bild im Spiegel vorzuhalten; er drang zu jener künstlerischen Höhe vor, wo eine geistige allgemeine Idee jedes seiner Werke beherrscht und so durchdringt, daß sie dem sichtbaren Körper der Handlung eine unsichtbare, aber Alles gestaltende und belebende Seele leiht. Wie endlos entfernt von diesem Höhepunkte der Kunst jene Mysterien waren, in denen die dichterische Kraft noch zu gering war, aus der Handlung den zwar naheliegenden Gedanken hervorblicken zu lassen, und jene Moralitäten, die umgekehrt den Gedanken nicht mit einer realen, körperhaften Handlung zu umkleiden wußten, so wird man doch begreifen, wie sehr gerade die schroffe, einseitige Ausbildung dieser verschiedenen Bestandtheile des Dramas geeignet war, ihre nachherige Verschmelzung zu erleichtern und die Verflüchtigung des einen oder des anderen Elementes bei ihrer Verbindung zu verhindern.

Die Heiligkeit der Mysterien, die Geistigkeit der Moralitäten, die ideelle Erhabenheit beider schien einen Gegensatz, die Darstellung des wirklichen, niederen Lebens herauszufordern, wenn die Elemente des Schauspiels sich vollständig zusammenfinden sollten. Waren jene höher gehaltenen Anfänge des Dramas von Kirche und Schule ausgegangen, so sollte dieser Gegensatz des Komischen und Burlesken in seiner ersten selbständigen dramatischen Gestaltung vom Hofe ausgehen. Seit der höfischen Kunst der Troubadours und Minnesänger im 12.---13. Jahrhundert hatten sich Sänger, Erzähler, Minstrels, Harfenspieler, Gaukler und lustige Personen reisend und dienend um kunstfreundliche Fürsten gesammelt. Das Bedürfniß geistiger, musikalischer Unterhaltung, sinniger und komischer Art, nistete sich so an den Höfen ein. In roheren, kriegsbewegten Perioden, wie im 14. Jahrhundert, erscheint dieß Geschlecht mehr in den Hintergrund gedrängt; in milderen Zeiten, wie im 15. Jahrhundert, tauchten sie dann wieder überall auf. War irgendwo in Europa eine friedlichere Stätte gewesen, wo sie gediehen, so wanderten sie von da in alle Welt, denn ihre Kunst war trotz des Sprachunterschiedes wie ein Gemeingut. So wissen wir, daß im 15. Jahrhundert deutsche Poeten ihre Kunst nach Dänemark und Norwegen, bairische und österreichische Hofsänger nach England trugen. Gaukler, Spieler, Hofnarren und Sänger sind so die unmittelbarsten Schöpfer und Pfleger der Schaulust an den Höfen geworden, die seit dem 14. Jahrhundert die bescheidenere Freude des Gehörs an dem Gesange der Dichter verdrängte. Das Vergnügen an allem möglichen Schauwerk, an Verkleidungen und Mummereien ward in diesen Zeiten allgemein. Es gab kein Fest, keinen Besuch und Empfang an Höfen und in Städten, wo nicht zur Verherrlichung der Gäste kostbar gekleidete, allegorische oder historische Personen erschienen; kein größeres Gelag, wo nicht ein pantomimisches Spiel, ein Aufzug, ein lebendes Bild mit Verwandlungen aufgeführt ward. Aus Frankreich kamen diese stummen Spiele, diese Zwischenspiele (entremets, interludes) wohl schon unter Eduard III. nach England herüber. Unter Heinrich VIII. wurde dieß Prunkwesen förmlicher ausgebildet; kostbare Verkleidungen und Masken waren unter ihm gewöhnlich; die Bankette am Hofe und bei Privaten wurden von Zwischenspielen unterbrochen. In Heinrich VIII. führt so der Dichter, einer geschichtlichen Ueberlieferung folgend, den König ein, wie er und sein Gefolge den Cardinal Wolsey in einer Schäfermaske überraschen. Die Allegorie herrschte in allen diesen Lustbarkeiten vor; die äußerlichste Freude an der bloßen Verkleidung führte auf sie hin, und sie mag in Schäferspielen und Hofmasken aller Art eben so früh, ja früher eine dramatische Ausbildung erhalten haben, als in der Moralität. Gerade in den Festlichkeiten der Höfe aber trat das Drama alsdann zuerst wieder aus der bildlichen Figur, aus der flauen Allgemeinheit heraus in die Besonderheiten des wirklichen Lebens. Ein John Heywood, ein studirter Mann, ursprünglich ein Spieler auf dem Spinett, ein witzi-

ger Gesellschafter und epigrammatischer Kopf, schrieb um 1520 am
Hofe Heinrich's VIII. eine Reihe von Zwischenspielen, die der Alle=
gorie entsagen und sich in ganz realistischer Weise um die gewöhnlich=
sten Angelegenheiten des Lebens drehen, ohne darum die lehrhafte
Richtung zu verleugnen, die nur unter Scherz und Ironie ermäßigt
ist. Das Wenige, was von diesen Zwischenspielen erhalten ist, steht
auf einer nur etwas höheren Stufe als die dramatischen Schwänke
unsers Hans Sachs. Es sind nicht eigentliche Stücke, selbst nicht
einmal Scenen, die eine Handlung entwickeln, sondern schnurrige
Gespräche und Streitspiele, aus dem niederen und gemeinen Leben
gegriffen, durch drolligen, derben und gesunden Volkswitz erheiternd,
durch unzeitige Breite wohl auch lästig und langweilig. Wir wissen,
daß dieser Heywood eine Art Epoche machte mit diesen groben, am
Hofe gespielten Schwänken; man stellt sich daher leicht vor, daß das
ähnliche, was in den niederen Schichten der Gesellschaft, unter Bür=
gern und Bauern nachgeahmt wurde, noch um vieles plumper aus=
fiel. So wird man gerne glauben, daß das Schaustück oder Spiel
von den neun Helden, das der würdige Armado in Verlorener Lie=
besmühe aufführt, und die „langweilig kurze Scene" von Pyramus
und Thisbe im Sommernachtstraum Caricaturen sind, die sich nicht
weit von dem wirklichen Vorkommen entfernt haben werden. Weiß
man doch von einem Heinrich Goldingham, der vor der Königin Elisa=
beth bei einem Wasserspiele den Arion vorstellen sollte, daß er sich ganz auf
die Weise selber entdeckte, wie im Sommernachtstraum (III, 1) Zettel
dem Schnock vorschlägt, der den Löwen agiren soll. Wie vergnügt
war aber auch diese Zeit mit noch so Wenigem! von der allgemein
gilt, was Shakespeare seinen Theseus sagen läßt: daß sie das Beste
dieser Art Kunst für nicht mehr als Schatten hielt, und das Schlech=
teste gut zu machen wußte, indem die Einbildungskraft des sinnen=
kräftigen Geschlechtes nachhalf. Wir lesen heutzutage am Schlusse
von Was ihr wollt das Jig des Narren, ein Lied, das er tanzend
mit Trommel und Pfeife abzusingen hatte, ohne zu wissen, was wir

damit anfangen sollen; aber mit solchen einfachen metrischen Compositionen, recitirten Schwänken und Possen mit komischen Refrains,
Solopartien ohne Dialog, entzückte Tarlton, der Hofnarr der Elisabeth, das feinste Publicum in London noch in Zeiten, wo die Bühne
schon ihrer Vollendung entgegen ging. Denn diese Schnurren wurden mit jenem Ernst der trockenen Laune ausgeführt, der auch den
Schwersinnigsten erschüttert und „aus Herakliten Demokrite macht".

Kein Zweig des Dramatischen ist in England so früh ausgebildet worden, aus keinem hat Shakespeare mehr überkommen und geradeaus lernen können, als aus diesen Spielen und Schwänken der
Hof- und Volksnarren. Witz und Laune, Humor und Satire war
in dem realistischen 16. Jahrhundert, das ganz den derben Gegensatz
grober Natur gegen die gespreizte Feierlichkeit des verspäteten Ritter-
thums im 15. Jahrhundert bildete, ein Allgemeinbesitz der europäischen Welt. Die Rabelais, die Cervantes, die Hans Sachs und
Fischart, die Dichter der italienischen Burleske lagen in jenem Zeitalter
nebeneinander; zahllose Volksnarren, die Söhne eines natürlichen
Mutterwitzes, vermittelten diese Eigenheit mit dem untersten Volke;
es ist eine ganze Welt voll wahren Sachverhalts in dem hingeworfe-
nen Worte bei Shakespeare, daß in dieser Zeit der Bauer dem Edel-
mann auf die Fersen trat. In keinem Lande aber erscheint der Volkswitz in so verdichteter Kraft und in so verbreitetem Allgemeinbesitze,
wie in dem sächsischen Volksschlage in England. Diese Eigenschaft
mußte sich in der dramatischen Kunst nothwendig abspiegeln; und so
sind die drolligen Figuren von bewußtlosem Humor, die Clowns,
die man in Deutschland natürliche Narren nannte, die auch Shakespeare mit dem Namen natural von den feineren Hofnarren unterscheidet welche mit bewußtem Witze die Thorheit geißelten, diese
drolligen Figuren sind die Lieblinge des Theaterpublicums jener Zeit
gewesen, und selbst heutzutage klingt diese Saite noch an, wenn in
London die Dogberrys und die Clowns dieses Schlages die Bühne
betreten. In keinem Zweige ist Shakespeare der Vergangenheit mehr

verschuldet, in keinem weniger original als in diesem, obgleich uns Deutschen an ihm gerade die Eigenheiten der komischen Figuren und ihrer Scherze mit als das Eigenthümlichste erscheinen, das ihn am kennbarsten macht.

In der Getrenntheit, wie wir die Mysterien, die Moralitäten, die komischen Zwischenspiele aufführen, in dem reinen, abgeschlosse= nen Charakter ihrer ursprünglichen Natur und Gestalt haben sich aber diese Stücke nicht lange erhalten. Sie mischten und verbanden sich vielfach untereinander; es legten sich besonders an die beiden er= steren Gattungen neue Elemente, Bestandtheile, Unterarten des Dramas äußerlich an oder entwickelten sich aus ihnen selber heraus. Das Mysterium namentlich, wenn man es in der vollen Gestalt be= trachtet, in der es im 15. Jahrhundert ausgebildet war, hat nicht allein die Natur des historischen Dramas, es hat nicht allein die Ele= mente der Moralität in sich, sondern es entwickelte auch das komische Zwischenspiel, den Fastnachtschwank aus seinem eigenen Kerne und Inhalte heraus. Die weltlichen Scenen, die mit der Passionsge= schichte verknüpft sind, die Verkündigung an die Hirten, die Ver= leugnung Petri u. dergl., gaben den Anlaß zu humoristischer und burlesker Behandlung, und das Mysterium trug bald, wie die Oster= feier selbst in der Ausgelassenheit der Fastenzeit und der strengen Feier der Osterwoche, die komischen und erhabenen Elemente in sich neben= einander. Eben so ist auch das ernste allegorische Intermezzo, ge= sprochen oder blos stumm gespielt, in den ursprünglichen Stoff der Mirakel verwachsen. Man suchte von jeher in den Geschichten des alten Testamentes prophetische Beziehungen auf die evangelische Ge= schichte; die Mysterien schoben also an gelegener Stelle in die Dar= stellung der Passionsgeschichte ein Zwischenspiel ein, welches den ent= sprechenden alttestamentlichen Stoff behandelte: es folgte so nach der Scene von Christus' Verrath durch Ischariot die vorbedeutende Ge= schichte vom Verkaufe Joseph's in einem Intermezzo, das in der Art wie das Zwischenspiel im Hamlet kurz gefaßt sein mußte; oder man

stellte sie nur in einem stummen Spiele, einem Tableau dar, wie sie
im Perikles und in einer Menge weltlicher Dramen zu Shakespeare's
Zeit vorkommen. Genau so, wie das Mysterium, trat dann auch
die Moralität aus ihrer anfänglichen strengen Gestalt heraus. So=
bald sie aus der religiösen Sphäre in die allgemein sittliche herüber=
gerückt war, lag es nahe, daß sie von da aus den Schritt weiter in
das bürgerliche Leben wagte. Die Stände der Gesellschaft traten
nun personificirt darin auf; der Inhalt ward mehr praktische Moral
und Kritik des täglichen Lebens; satirische Beziehungen auf Ereig=
nisse, Personen, Verhältnisse der Gegenwart traten hinzu; staatliche
und kirchliche Händel wurden bald in schon geregelterer dramatischer
Form behandelt. Zur Zeit Heinrich's VIII. war die Moralität, die
nun herrschende Gattung des Dramas, gleichsam das Gefäß,
in das alle Nebenarten zusammenflossen. Die allegorischen Figuren,
die sinnbildliche Behandlung, die moralische Tendenz behauptete sich
noch, als das Drama der Kirche und Schule, Mysterium und Mora=
lität, immer mehr den selbständigen, kunstmäßigen, weltlichen Dramen
wich; die Arten verschmolzen sich; es gibt romantische Schauspiele
und historische Dramen in England, die voll von Elementen der Mo=
ralität sind. Wo aber die Mischung des Verschiedenartigen immer
am grellsten und zugleich am häufigsten erscheint, das ist in der Ver=
bindung des Niederen, des Burlesken mit dem Erhabenen und Feier=
lichen. Mitten in den ernsten Stoff jener religiösen und in den feier=
lichen Lehrton der moralistischen Stücke waren von frühauf komische
Bestandtheile eingedrungen. In den französischen und deutschen
Mysterien waren sie auf die Zwischenspiele beschränkt; in den engli=
schen durchdrang das volksthümliche Element in den gröbsten komi=
schen Scenen, wo es nur immer zulässig war, den evangelischen,
vollends aber den alttestamentlichen Stoff, und gab schon diesen hei=
ligen Stücken den derb natürlichen realistischen Charakter, der ein
Grundzug der englischen Bühne blieb. Die stehende lustige Person
in den Mirakelspielen gab der Teufel in lächerlich schreckhafter Er=

scheinung ab. In den Moralitäten erscheint er gewöhnlich dem Laster vice) beigesellt, einer Figur, auf die an nicht wenigen Stellen von Shakespeare's Stücken Anspielungen vorkommen, die in der deutschen Uebersetzung meist verloren gehen. Das Laster erschien hier förmlich als der Narr und Spaßmacher im bunten langen Kleide, mit hölzernem Dolche sein Spiel treibend mit den Menschen und mit seinem höllischen Untergebenen. Man erinnert sich, daß diese Betrachtungsweise, die das böse Princip zugleich als das Lächerliche, und die menschliche Sündhaftigkeit als Narrheit ansieht, im 15. und 16. Jahrhundert durch ganz Europa ging. Sie ward so in dem heiteren Zeitalter der Verspottung näher gerückt als der Reue. Die ernsteste moralische Lehre und die gröbste Manier der komischen Darstellung reichten sich so die Hand. So weit war das komische Element immer noch mit dem eigentlichen Stoff und Inhalt der Stücke verbunden. Aber auch dieß genügte nicht. Die Lachlust der Zeit begehrte mehr Nahrung; man schob lustige, launische Schwänke, Prügelscenen, drollige Intermezzos in die steife Handlung der Moralitäten ein, die nicht die geringste Beziehung mit dem eigentlichen Gegenstande haben. Diese Sitte trug sich nachher auch auf das kunstmäßiger ausgebildete Drama über, und so waren gleich in die ersten englischen Tragödien die ausgelassensten Possen eingemischt, die zur Haupthandlung in keiner Weise gehören, die dem bloßen Zwecke dienen, lachen zu machen. Selbst auch damit war man noch nicht zufrieden. Man gestattete dem Narren, den Schluß der Stücke mit albernen Jigs zu machen, die Zwischenacte mit Possen auszufüllen und in seiner Rolle sich alle Ausschweifungen aus dem Stegreif zu erlauben. Philipp Sidney klagt in seiner Apologie der Dichtkunst über diese ungeschickte Sitte: man mische Könige und Narren, nicht weil es die Sache so verlange, sondern man stoße einen Narren bei Kopf und Schultern auf die Bühne, um in einer feierlichen Materie eine Rolle zu spielen ohne Anstand und ohne Verstand; so daß diese gemischten Tragikomödien weder Bewunderung noch Mitleid noch auch rechte Heiterkeit erzeugten.

Auch diese Mischung verschiedenartiger Elemente hat Shakespeare als ein Vermächtniß der Zeit unbedenklich übernommen: er fühlte sich, daß er die Passiva in dieser Erbschaft in Activa umwandeln, die Fehler zu eben so viel Tugenden umstempeln könne. Er hat in seinen bewundertsten Stücken, im Kaufmann von Venedig, im Lear, im Cymbeline polymythische Fabeln, eine zweifache Handlung neben einander herlaufen lassen, aber durch den tiefinneren Verband, den er ihr zu geben wußte, hat er den ästhetischen nicht minder als den ethischen Werth dieser Werke mehr als verdoppelt. Seine Zeit- und Kunstgenossen wußten diese Stufe der Kunsteinsicht nicht zu behaupten. Die Schauspieler seiner ganzen Umgebung, Vorgänger und Nachfolger von Lilly bis Fletcher sind voll von doppelten ja auch dreifachen Handlungen, aber es ist mehr Ausnahme als Regel, und scheint mehr Zufall als Absicht zu sein, wenn sie einmal in einem inneren Zusammenhange zu einander stehen; selbst ihre einheitlichen Stücke sind oft nur dramatische Scenen ohne dramatischen Mittelpunkt. In Bezug auf die Sitte der Einmischung scherzhafter Bestandtheile in eine ernste Handlung wußten sich die Dramatiker um Shakespeare eben so wenig zu rathen, selbst wenn sie sie für eine Unsitte hielten. Fast bei Allen nisten sich komische Scenen ohne jeden wesentlichen und bestimmten Bezug in die Haupthandlung ein, von der man sie ohne Schaden ablösen könnte, bei Lilly und Heywood selbst in antike mythologische Stoffe. Marlowe fügte sich diesem Zeitgeschmack, obgleich er ihm zu entfliehen wünschte; er schrieb seinen Tamerlan (1586) in der erklärten Absicht, von der Liebhaberei an Jigs und Narrenpossen hinwegzuführen in die ernste Entwickelung einer erschütternden Geschichts- und Staatshandlung. Gleichwohl schob er für das Volk die gewohnten komischen Scenen ein, auch gegen seine Neigung: sein Verleger ließ sie dann in dem Druck des Tamerlan weg, weil sie einer „so ehrenhaften und stattlichen Historie"

Eintrag thäten. Nicht so verfuhr Shakespeare. Die Hanswursten-
streiche der Narren und ihre unpassenden Freiheiten verbannte er unerbittlich von seiner Bühne hinweg. Wo er den König und Narren,
Scherz und Ernst, tragische und komische Theile mischte, da that er
es unter der Bedingung, unter der es selbst der antikisirende Sidney
gut zu heißen schien: daß es die Sache so verlange. Er fand sich in
den Volksgeschmack nur in der Einsicht, daß auch dieser Eigenheit
der rohen Bühne eine feinste Seite abgewonnen werden konnte. Er
hat die Rolle des Narren für das Lustspiel in der geistvollsten Weise
ausgebildet und hat sie zu den tragischsten Wirkungen zu benutzen gewußt. Er hat die carikirtesten Figuren nicht verschmäht, aber nicht
um damit nur lachen zu machen, sondern um die tiefernstesten Le-
bensbetrachtungen daran zu knüpfen. Er hat die groteskesten Scenen entworfen, aber sie mit dem erhabensten Stoffe in die innerste
Verbindung zu bringen gewußt. Wo seine drolligen Schnurren am
meisten Scherze um ihrer selbst willen scheinen, wird sie immer ein
Zug des Gegensatzes oder der nothwendigen Charakteristik mit der
Haupthandlung verknüpfen. Da wo Narr und König bei ihm am
innigsten verkehren (Heinrich und Fallstaff), da ist dieß Verhältniß
selbst ein Knotenpunkt des Stückes.

Bis auf Heinrich VIII. und auch noch in der ersten Zeit der
Elisabeth hatte die englische Bühne keinen eigenen Tempel und keine
eigentlichen Pfleger von Beruf, oder wenn diese, so doch keine regelmäßige Pflege; es gab weder Dichter noch Schauspieler, die sich
ganz diesem Einen Werke hingegeben hätten. Doch fingen unter
Heinrich VIII. die Elemente an sich zu sammeln und zu gestalten.
Die ersten Spuren eigentlicher Spieler von Profession, die in dem
Reiche umwanderten, zeigen sich schon unter dem ersten der Gelehrsamkeit obliegenden Könige Heinrich VI., nachdem das Geschlecht
der waffenfrohen Eduarde und Heinriche ausgegangen war. Unter
Eduard IV. hielt Heinrich Bourchier, nachher (seit 1461) Graf Essex,
eine Schauspielertruppe, und jener blutige Richard III. hatte als

Herzog von Gloster Spieler um sich, von denen es zweifelhaft scheint, ob sie Sänger oder Schauspieler oder beides zugleich waren. Sobald aber der heimatliche Friede unter Heinrich VII. hergestellt war, finden sich an dessen Hofe alsbald zwei verschiedene, schon organisirte Gesellschaften von königlichen Spielern, und eine Reihe von Adligen, die Herzoge von Buckingham, Northumberland, Orford, Norfolk, Gloster u. A. hatten Schauspieler in ihrer Dienerschaft, die zuweilen bei Hofe spielten und denen sie dann auch die Erlaubniß gaben, unter ihrem Namen und Schutz zu reisen. Sie breiteten so ihre Kunst im Lande aus, so daß sehr bald in den größeren Hauptorten auch schon städtische Schauspielertruppen gefunden werden. Am Hofe Heinrich's VIII. aber schreitet dann die Organisation dieser Unterhaltungskunst bedeutend vor. Ein prunksüchtiger, belesener Fürst liebte er Festlichkeiten von geistigem Charakter, und unter seiner Regierung liegen die Anfänge der englischen Bühne embryonisch beisammen, der Geburtstunde harrend, die mit Elisabeth kam. In seiner Umgebung gab es einen stattlichen Hofnarren (William Sommers) von einem höheren Zuge, eine Figur, die in England nachweisbar von dem Hofe auf die Bühne gerade nur übergetreten ist; gab es einen gekrönten Poeten, Skelton, dessen Werke Dyce herausgegeben hat; gab es Männer und Singknaben der königlichen Kapelle, die vor ihm spielten, und aus ihnen ging jener John Heywood hervor, der seit 1520 die vorher erwähnten humoristischen Zwischenspiele schrieb. Daneben spielten die Truppen des Adels fort; Lehrer und Schüler von St. Pauls und anderen Schulen führten Stücke auf; in Eton war es üblich, zum St. Andreasfeste ein lateinisches oder englisches Stück zu spielen; auch die Zöglinge der Gerichtshöfe fingen an, Schauspiele zu geben. All dieß gab gleichwohl für die Schauspielkunst noch immer keine feste Stätte ab; und so gab es auch noch keinen dramatischen Dichter, der eine stetige Neigung auf diesen Zweig geworfen hätte. Der gelehrten Kenner der freien Künste gab es unter Heinrich VIII. noch wenige, die Geistlichen zerstreute der

Kirchenstreit, der Adel fing kaum an sich um die Dichtkunst zu kümmern, und jene Surrey und Wyat trieb ihr Geschmack nach der lyrischen Kunst der Italiener. Wie hätte sie das Schauspiel in den Händen eines Heywood oder Skelton, oder das Bühnengerüste und Spiel täppischer Handwerker auch anziehen sollen? Sie hatten aus ihrem Petrarca die höchsten Kunstbegriffe ahnen lernen; das Schauspiel in England aber war bis dahin ein rohes Naturproduct ohne Reiz, und wie es schien ohne Anlage. Was sollten diese Männer mit dem stumpfen Mysterium anfangen, die das wiedergeborene Heidenthum und den alten Götterhimmel für die Poesie unentbehrlich hielten? was sollten sie aus der altväterischen Moralität machen, die Boccacio's und Bandello's Novellen und Poggio's Facetien lasen?

Aber bald griff die Wiedergeburt der alten Kunst in Englands Dichtung ein. Wie sich die lyrische, allegorische, schäferliche Dichtung der Italiener massenweise herüber pflanzte, haben wir oben erwähnt; auch auf das Schauspiel konnte diese Gestaltung der Dinge zu wirken nicht verfehlen. Die dramatischen Muster der Alten und die Nachahmungen von Italienern und Franzosen wurden in England bekannt, und diese Thatsache ist unstreitig höchst bedeutsam gewesen, um dem dramatischen Kunsttriebe der Zeit, der sich aus eigener Kraft und Instinct regte, den Richtweg zum Ziele zu zeigen. Schon 1520 ist unter Heinrich VIII. ein Stück von Plautus aufgeführt worden. Unter Elisabeth's Regierung erschienen Stücke von Terenz und Euripides unter den dargestellten Dramen; die Phönizierinnen des Letzteren übersetzte Gascoigne 1566 unter dem Titel Jokaste, derselbe, der gleichzeitig die suppositi von Ariost in Gray's Inn aufführen ließ; etwa zehn Jahre später wurde vor Elisabeth die history of error aufgeführt, wahrscheinlich eine Bearbeitung der Menächmen von Plautus. Vor der Jokaste waren schon Uebersetzungen, zum Theil Bearbeitungen sämmtlicher Senecaischer Tragödien erschienen. Die ersten Stücke (Troades, Thyestes und der rasende Hercules) sind 1559—1561 von Jasper Heywood, dem Sohne

John's, bearbeitet und hier und da erweitert worden; eben so die
Stücke, die der gelehrte Stubley übernahm: Medea, Agamemnon,
Hippolyt und Herkules; die übrigen sind von Alex. Nevyle, Nuce
und Newton übersetzt; die ganze Sammlung, schon 1566 vollendet,
ward 1581, kurz ehe die Dichterschule vor und um Shakespeare in
tragischen Versuchen zu wetteifern begann, zusammengedruckt und ist
unzweifelhaft von nicht genug erwogenem Einfluß gewesen. Unter
den Schauspielen, die seit der Erscheinung dieses Seneca von 1568
—80 vor Elisabeth gespielt wurden, sind 18 Nummern über klassische und mythologische Gegenstände: Anzeige genug, wie die Kenntniß und die Freude an diesen Materien schnell um sich griff. Weit
wichtiger aber als durch die Stoffe mußte die Einführung des antiken
Schauspiels durch seine Wirkung auf die Ausbildung der dramatischen Form und des künstlerischen Formsinnes der Dichter sein. Die
Geschichte des neueren Schauspiels weist überall aus, daß die dichterische Natur der Völker nirgends mehr, wenn auch die ursprüngliche
Zeugungskraft, doch nicht die Reifungsfähigkeit hatte, dem Drama
ohne das Impfreis der alten Kunst eine genießbare Frucht abzugewinnen. Sobald diese gepriesenen Werke der Plautus und Seneca
in England eingebürgert waren, war die erste Folge, daß sich höhere
geistige Talente und höher gestellte Personen der Gesellschaft um die
Schauspieldichtung interessirten: dieß allein schon mußte das Drama
aus den rohen Anfängen herausreißen zu regelmäßiger Bearbeitung
und Gestaltung. Im Lustspiel und Trauerspiel zeigte sich diese Wirkung fast unmittelbar. Zur Zeit als die Uebersetzung des Seneca
vollendet war, besaßen die Engländer schon drei Farcen: Ralph
Roister Doister (wohl schon zwischen 1530—40), dessen Gegenstand
die Werbung eines Stutzers um die Liebe einer Verlobten und seine
unsanfte Abweisung ist; Jack Juggler (1563), worin die Figur dieses
Namens dem Helden des Stückes einzubilden sucht, daß er nicht er
selbst, sondern eine andere Person sei; und Altfrau Gurtons Nadel
(1566), wo sich die Handlung um eine verlorene Nadel dreht, an

deren Verschwinden der Gauner Diccon eine Reihe von Aufhetzereien knüpft. Alle drei Stücke haben den Einfluß der früheren Gattungen, die Handlungs= und Haltungslosigkeit des Heywood'schen Zwischen= spiels und die Unnatur der Moralität abgeschüttelt, das letzte sogar alle moralisirende Tendenz; alle drei berufen sich auf Terenz und Plautus und sind von der lateinischen Komödie angeregt. Sie machen gegen Heywood's Zwischenspiele gehalten den außerordentlichen Fort= schritt mit einemmale sichtbar, den die Anschauung jener alten Muster allein möglich machte; die Kluft zwischen ihnen und Heywood's Stücken ist die, wie in Deutschland zwischen Frischlin's lateinischen Dramen in Terenzischem Geiste und Hans Sachsens naturwüchsigen Schauspielen. Die Verfasser des ersten und dritten der genannten Stücke sind bekannt; Niklas Udall, der Dichter des ersten, war ein gelehrter Alterthumskenner, Lehrer in Eton und Verfasser auch an= derer Stücke; John Still, der Verfasser des letzteren, war Magister, Archidiaconus von Sudbury und später Bischof von Bath. Ihnen zur Seite stellte sich dann, wenige Jahre nach der Thronbesteigung Elisabeth's, das erste englische Trauerspiel, das von Seneca einge= geben war. Der berühmte Ferrer und Porrer (oder Gorboduc) ward 1561 zuerst aufgeführt. Das Stück ist verfaßt von einem jener Be= schützer der Wissenschaft, einem jener Sonnettisten des hohen Adels, von Thomas Sackville (Lord Buckhurst und Graf von Dorset), in Gesellschaft mit seinem dichterischen Freunde Thomas Norton. Es machte Epoche in der Geschichte der englischen Bühne, nicht sowohl durch seine verhältnißmäßige Regelmäßigkeit und Bildung, noch durch die Einführung des jambischen Verses, als vielmehr dadurch, daß sich ein Mann aus den höchsten Regionen der Gesellschaft mit dieser Art von Dichtung befaßte. Von nun an war die Aufmerksamkeit jener Sidney und aller jener Mäcene unter dem Adel, die wir als die Pfleger der höfischen und gelehrten italienischen Kunst haben kennen gelernt, auch dieser Kunstart gewiß; es wurden in größerer Masse regelmäßige Stücke erzeugt und vor der kunstpflegenden Königin auf=

geführt. Aus den drei Jahrzehnten, die zwischen ihrer Thronbesteigung und Shakespeare's Erscheinung in London liegen, besitzen wir die Namen einer Reihe von 51 meist verlorenen Stücken, die vor ihr aufgeführt wurden: aus den bloßen Titeln läßt sich errathen, daß das geregelte Drama mehr und mehr Boden gewann und stufenweise zu dem Standpunkte kam, auf dem wir es in der Zeit finden, als sich Shakespeare seiner Fortbildung annahm.

Wie mächtig nun zwar das antike Drama seit der Mitte des 16. Jahrhunderts anfing auf die gestaltlose Bühne Englands formend und bildend einzuwirken, so weit freilich konnte sein Einfluß nicht reichen, daß man die vielhundertjährige Gewöhnung getilgt, daß man an die Stelle des Volkstheaters eine gelehrte Hofbühne gesetzt, daß man die volksthümlichen Stoffe und Figuren beseitigt, daß man statt der losen und freien Form die regelmäßige antike mit Chören und Chorgesängen eingeführt und den Zwang der sogenannten Einheiten der Zeit und des Orts sich auferlegt hätte. In den genannten Farcen, die den römischen Komödien nachgeahmt sein sollen, ist von terenzischer Urbanität nichts zu finden; sie sind ganz in dem ungezwungenen Tone des glücklichen sächsischen Volkshumors gehalten. Die Tragödie von Porrer und Ferrer legt zwar wie die alte Tragödie die Handlung außerhalb der Scene und schließt jeden Act mit einem Chor, allein sie hängt durch die allegorischen Pantomimen, die den Acten vorhergehen, und durch ihre übermäßig sententiöse Manier mit den Moralitäten noch gar zu sichtbar zusammen; von einer Beobachtung der Einheiten ist nicht die Rede. Wir gaben vorhin an, es fänden sich bis gegen 1580 achtzehn aufgeführte Stücke verzeichnet, deren Stoff aus alter Mythe oder Geschichte entlehnt sei; was uns aber von dieser Art erhalten ist, läßt uns gewahren, wie wenig hier antiker Geist in der Auffassung des Stoffs, oder antike Form in der dramatischen Behandlung Platz gegriffen habe. Wir wollen uns auf so rohe Machwerke wie Preston's Cambyses, in dessen Aber der edle Falstaff den König Heinrich spielen will, nicht berufen; aber auch die ersten studirten Herren und Magister, die ein fortgesetztes Geschäft aus der dramatischen Dichtung machten und in Beziehung zu der Bühne der Königin standen, haben bei ihrer antiken Schule eben so wenig antike Haltung. Von Richard Edwards (1523—66), der den Mitlebenden für einen Phönix der Zeit galt, haben wir eine „tragische Komödie" von Damon und Pythias, die nach Horazens Regeln gearbeitet sein soll. In dem Verhältniß, in das der Dichter die Philosophen Aristipp und Carisophus zu dem Hofe des Dionys gesetzt hat, wird man etwas an die Parasiten der römischen Komödie erinnert; aber die eigentlich ernsten Partien sind so hölzern, daß sie freilich nicht an klassische Schule gemahnen; in die eingeschalteten burlesken Scenen ist die Figur eines Lieblings der englischen Volksbühne, des Köhlers Grim von Croydon, eingegangen und sie drehen sich um die Herrlichkeiten des niedrigsten Geschmacks, um Prügel und Weintrinken, Bartscheeren und Beutelschneiden herum. Seit 1580 beherrschte eine kurze Zeit, ehe ihn die Gruppe der Tragiker um den jungen Shakespeare her verdunkelte, John Lilly (geboren um 1553) die Hofbühne, wo er den Grund zu einer feineren Komödie legte durch eine Reihe Schauspiele von ungleichem Werthe (Dramatik works, ed. Fairholt. 1858.), die durch die Kinder der k. Kapelle aufgeführt wurden. In seinen Stücken liegt das Antike mit dem englisch Modernen höchst charakteristisch in einer völlig unverbundenen Mischung nebeneinander. Unter ihnen ist Mutter Bombie dem Stoff nach eine reine Volksposse, aber zugleich am reinsten terenzisch angelegt. Das Schäferstück Galatea spielt in Lincolnshire einen griechischen Sagenstoff ab unter antik benannten Hirten, denen die Carikaturen des neuesten Stils, Alchymisten und Astrologen, zur Seite stehen. Im Endimion tritt ein genaues Nachbild des plautinischen Eisenfressers auf in einer mythologischen Materie, die in der modischen italienischen Conceptenmanier zu einer schmeichelnden Verherrlichung der Königin verarbeitet ist. Im Midas sind die Fabeln von diesem phrygischen Könige dramatisirt, in dem aber die englischen

Zuschauer zugleich eine Satire auf Philipp II. den Herrn der amerikanischen Eldorados sahen. In Alexander und Campaspe sind alle geistreichen Anekdoten und Witzreden, die das Alterthum auf Alexander und auf Diogenes häufte, wie in ein Mosaik zusammengesetzt, aber in einer ganz modernen Leichtigkeit Flüssigkeit und Durchsichtigkeit der Sprache, aus der Shakespeare am unmittelbarsten für die Prosa seiner komischen Scenen gelernt hat.

In allen diesen Stücken bleibt kaum ein Anflug von antiker Natur, von dem ästhetischen Formsinne, von dem ordnenden und sichtenden Geiste der alten Dramatiker. So kündigt sich auch Georg Whetstone, der Verfasser von Promos und Cassandra (1578), der Grundlage von Shakespeare's Maaß für Maaß, als einen Schüler der Alten an, klagt über die Unwahrscheinlichkeiten, auf die die englischen Schauspiele gegründet, über die rohe Weise, in der sie ausgeführt sind; aber sein Verfahren in dem ungelenken zehnactigen Stücke stellt auch ihn unter die Vielen, die damals das Bessere sahen und empfahlen und das Schlechte befolgten. Konnte doch selbst die Kunst viel ächterer Schüler des Alterthums die Natur eines Volkes nicht brechen und die poetischen Erinnerungen und Ueberlieferungen des romantischen Mittelalters nicht dämmen oder ableiten! Nachdem jene abligen Dichter und ihre Anhänger die lyrische und epische Dichtkunst in dem Sinne der klassischen Restauration in Italien umgebildet hatten, konnte es nicht fehlen, daß aus ihrer Mitte heraus der Versuch gemacht werden würde, auch das rohe Volksschauspiel nach den höheren Kunstbegriffen des Alterthums zu adeln. Philipp Sidney hatte sich (1587) in seiner „Vertheidigung der Dichtkunst" energisch auf die Lehre und die Beispiele der alten Kunst berufen; er drang auf die Darstellung von Katastrophen, den Euripides im Auge, und verspottete die romantischen Stücke, die eine Handlung ab ovo beginnen. Samuel Daniel, den wir bereits als Sonnettisten erwähnt haben, stützte sich auf diese gefeierte Autorität, und von den eitlen Erfindungen und groben Thorheiten der Bühne geekelt schrieb er

1594 seine Cleopatra und später seinen Philotas ganz im nachge=
ahmten Stil der griechischen Tragödie, und in strenger Beobachtung
der Einheiten; Brandon folgte ihm in einer Octavia 1598 nach; die
Lady Pembroke war ihm schon 1590 mit einer Uebersetzung des An=
tonius von Garnier vorausgegangen; und eben dieses Franzosen
Cornelia erschien, von Kyd übersetzt, 1594 im Druck. Aber alle
diese Werke einer höfischen oder aristokratisch vornehmen Kunst fielen
wie verlorene Tropfen in den Strom der volksthümlichen Bühnen=
spiele und gingen noch entschiedener darin unter, als bei uns die
ähnlichen Versuche von Stolberg und Schlegel. Wer, der dieses
Garnier's schwülstig declamatorische Stücke gesehen und mit dem
frischen Leben eines englischen Originalstückes selbst der rohesten Art
verglichen hat, wer, der überhaupt die Entwickelung der französischen
Bühne gegen die der englischen erwägen wollte, hätte es doch auch
wünschen mögen, daß diesen Dichtungen ein größerer Einfluß gewor=
den wäre? die von der dramatischen Bewältigung der tausendjährigen
Vergangenheit des Mittelalters und seiner poetischen Ueberlieferungen,
und von der poetischen Abspiegelung einer großen Gegenwart voll
gewaltiger Eigenschaften abgelenkt hätten zu formell vielleicht untad=
ligen Kunstwerken, die aber eine todte Stilübung geblieben wären?

So wie die Wiedergeburt der Kunst in Italien sich nicht be=
gnügte, alte Formen nachzubilden, sondern die Petrarca und Ariost
anregte, auch den Geist und die Materie der mittelalterlichen Ueber=
lieferung in höhere Kunstgestalt zu bilden, so geschah es im dramati=
schen Gebiete in England. Die Epen eben der italienischen Dichter,
die Romane der Ritterwelt, die neu verbreiteten griechischen Romane,
die nationalen Balladen, die zahllosen Novellen voll reizender Mähr=
chen und Sagen aus den mittleren Zeiten bildeten einen zu massen=
haften Stoff, als daß er durch die Herstellung des antiken Dramas
wäre zu beseitigen gewesen. Die Fülle dieses Stoffes, die Freude an
seinem Inhalt, der romantische Geist, der tausend Schönheiten und
noch mehr schöne Anlagen in ihn gezaubert hatte, überwand die alten

Vorbilder auch formell und gestattete den antiken Stoffen nur einen geringen Raum. In der erwähnten Reihe von Dramen, die zwischen 1558—1580 vor Elisabeth aufgeführt wurden, finden sich neben den 18 Stücken altgeschichtlicher oder mythologischer Materie eine ähnliche Anzahl, deren Gegenstände aus der ritterlichen Romanwelt und Novellistik hergenommen sind. Die romantischen Dramen dieser Art waren die natürlichsten und strengst entgegengesetzten Gegner der antiken. Einige darunter sprechen die Anlehnung an das Epische und den Uebergang aus dieser Form in die dramatische auf's naivste aus. Wie im Perikles der John Gower, aus dessen epischer Erzählung der Stoff entlehnt ist, den Deuter und Anordner des Stückes macht, so tritt auch in Middleton's Mayor von Quinborough als Chor und Einführer des Stückes Raynulph Hidgen auf, dessen Chronik der Inhalt von Hengist und Horsa) entnommen ist; und ein solcher Darsteller kommt auch in anderen Stücken dieser Gattung vor, wo oft die Handlung durch eingeschobene Pantomimen weiter geführt wird, die dann der Erklärung dieses »presenters« bedürfen. Die Stücke dieser Art fröhnten dem Hange des niederen Volkes, das nach reichlichem Stoffe verlangte und für seinen Schilling etwas sehen wollte; sie sprangen am kühnsten mit der Zeit und dem Orte um, sie machten das Abenteuerliche zur Regel, das den realistischen Freunden des Antiken wie Ben Jonson ein Greuel war, und jenen idealistischen nicht minder, welche die Gestalt des alten Dramas in ihrer ganzen Reinheit herstellen wollten. Um die Scheide des 16. und 17. Jahrhunderts, als jene Daniel und Brandon schon ihre klassischen Musterstücke aufgestellt hatten, herrschte diese Gattung noch vor: Shakespeare's Perikles liegt dem deutschen Leser am nächsten, sie sich zu versinnlichen. So wie dieses Stück rasch von Handlung zu Handlung, von Ort zu Ort überspringend, der Wahrscheinlichkeit nicht achtet oder ausdrücklich spottet, so ist in Thomas Heywood's „schönem Mädchen des Westens" ein Abenteuerroman zu zwei Dramen gemacht, und von ähnlicher Anlage sind dessen „vier Lehrlinge von London", Peele's Altweiber-

6 *

mährchen, die Geburt des Merlin von Rowley, das thrazische Wunder angeblich von Webster und Rowley, und Aehnliches. Der reiche
Wechsel der Thatsachen und Scenen, die naive Behandlung und Anlage, der abenteuerliche Inhalt und mährchenhafte Hauch auf diesen
Stücken machte sie dem Volke lieb, und Thomas Heywood, als er
seine Lehrlinge 1615 drucken ließ, sagt ausdrücklich, zur Zeit ihrer
Entstehung sei diese Art üblich gewesen, die der gebildetere Geschmack
der späteren Jahre verlassen habe. Damit stimmt vollkommen überein, was Gosson in seiner Schrift: plays confuted in fiſe acts (gedruckt um 1580) von der Quelle und der Beschaffenheit solcher Spiele
von irrenden Rittergeschichten anführt. Er habe gesehen, sagt er da,
daß man den „Palast des Vergnügens, den goldenen Esel, die äthio-
pische Geschichte, Amadis von Gallien und die Tafelrunde" geplün-
dert habe, um die Londoner Theater zu versehen. Von den Stücken,
die auf diese Romane gegründet wurden, sagt er: sie enthielten zuweilen nichts, als die Abenteuer eines verliebten Ritters, den seine
Liebe von Land zu Land treibe, der auf manches furchtbare Ungeheuer
aus braunem Papier stoße, und bei seiner Rückkehr so verwandelt sei,
daß er durch nichts erkannt werden könne, als durch irgend einen
Denkspruch in seiner Schreibtafel, oder einen zerbrochenen Ring u. dgl.
Sehr ähnlich schildert Sidney (Apologie der Dichtkunst) die kecke Behandlung der Zeit in diesen romantischen Stücken: es sei darin ganz
gewöhnlich, daß zwei Fürstenkinder in Liebe fallen, daß die Prinzessin
ein schönes Kind bekommt, das verloren wird, aufwächst, seinerseits
in Liebe fällt und wieder ein Kind zeugt, Alles in zwei Stunden Zeit.
Diese Abgeschmacktheiten, fügt er bei, hätten in Italien selbst die
gewöhnlichsten Spieler abgelegt.

Aber darum freilich haben auch die Italiener kein Schauspiel
von Bedeutung, und noch viel weniger einen Shakespeare erhalten.
Denn auf dem engen Boden des Interesses, das wenige gebildete
und vornehme Leute in Italien und Frankreich an den alterthümelnden Stücken nahmen, konnte keine dramatische Kunst Wurzel fassen,

wie in England, wo sie von der breiten Unterlage der Theilnahme aller Stände und Klassen des Volkes getragen war, weil sie sich auf dem Grunde der Volksbildung hielt, weil sie alle Elemente und Stoffe benutzte, die dem Volke zugänglich waren, und weil sie nach jenem Shakespeare'schen Ausdrucke das Theater zu einem Spiegel schuf, nicht um das Leben einer untergegangenen Welt, sondern das Leben der Gegenwart selbst darin abzubilden. Unserem Shakespeare waren die Bestrebungen, die man für die Wiederbelebung der alten Kunst, für die Anerkennung der alten Kunstregeln gegen die wüsten Ausschweifungen der romantischen Dramen einsetzte, unmöglich unbekannt. Er konnte sich ja nicht blind machen gegen die Masse von Dramen um ihn her, in welche die Form des römischen Lustspiels, das abenteuerlich ausschweifende Element der altsicilischen Komödie, wie das häuslich bürgerliche der attischen eingedrungen war! Er hatte ja doch die einzelnen Stücke der Lilly und Marston gekannt, die von Terenz gradaus angeregt waren; er lebte ja doch zusammen mit den Ben Jonson und Beaumont, den Chapman und Heywood, die gelegentlich der Fährte des Plautus folgten! und in seinen eigenen Stücken, wie oft erinnert nicht bald die äußerliche Exposition und Scenerie, bald das Spielen und Hetzen der Worte unter seinen Witzbolden, bald ein einzelner Zug in der Schilderung scharfer Charakterformen (des Geizhalses, des Prahlhansen u. s. f.) ganz unmittelbar an Plautus zurück! Er hatte also die übersetzten Stücke des Seneca und der römischen Komöden so gut gelesen wie ein anderer; in dem poetischen Meere der alten Mythen und Sagen hat er gebadet wie ein Schwimmer, der in diesem Elemente am vertrautesten ist. In dem Titus Andronicus, wenn er von Shakespeare herrührt, werden wir sehen, wie ganz er in dieser Welt zu Hause ist. In den Irrungen hat er ein plautinisches Stück bearbeitet. In der Widerspenstigen liegen die Ariostischen suppositi zu Grunde, ein Stück, das im Geiste der römischen Komödie geschrieben ist. Die Werke des Seneca hatte Shakespeare treulich inne; in seinem Cymbeline läßt er in der Weise dieses Dichters die vorsehende Gottheit erscheinen und in demselben alterthümelnden Versmaaße sprechen, in welchem die Heywood und Studley den römischen Tragiker übertragen hatten, eine Stelle, die für uns Deutsche im antiken Trimeter hätte übersetzt werden sollen. Shakespeare kam ja natürlich in die Lage, irgend einmal die Ideale zu nennen, die höchsten Muster der dramatischen Kunst zu bezeichnen, die ihm vorstanden: er hat keine zu nennen als Plautus und Seneca! Waren dieß aber vielleicht blos äußerliche Anlehnungen? war diese Bewunderung blos eine Nachsprache des vielbesprochenen Ruhmes dieser Dichter? war sein Verständniß des Alterthumes nicht durch die Brille des Zeitgeistes getrübt? Aber welcher seiner Zeitgenossen hätte ein Stück alter Welt mit so reinem Auge angeschaut, wie Er die rö= mische Natur in den drei Historien von Coriolan, von Cäsar und Antonius? Man zeichnet mit Recht den trefflichen Chapman aus, der mitten in Shakespeare's Laufbahn den Homer übersetzte und durch kühne Sprachbildung und treuen Anschluß an das Original ein Wunder der Zeit heißen konnte, an dem der weise Pope mehr hätte lernen als tadeln sollen; aber man lese Shakespeare's Troilus und Cressida und frage sich, ob diese merkwürdige Nachbildung der home= rischen Helden von der Kehrseite einem anderen Manne möglich war, als der den Kern und Geist des alten Epikers auf's innerlichste er= griffen hatte? ob diese Parodie nicht noch ein ganz anderes Verständ= niß des Dichters erforderte, als jene Uebersetzung? ob jene Caricatur nicht weit mehr Künstlerblick verrathe, als diese Copie? Aber eben diese selbständige Stellung, die Shakespeare in diesem Stücke dem Dichtervater gegenüber nahm, deutet uns an, wie wenig dieser Mann geschaffen gewesen wäre, sich irgend einer Autorität, einem Muster, einer Lehre zu beugen oder irgend einem Geschmacke ausschließlich zu huldigen. Seine Kunst war ein Gefäß, das den Zustrom aller Stoffe aus allen Zeiten gestattete. Den Reichthum des Stoffes zu ver= schmähen oder zusammenzudrängen um einer veralteten Theaterregel willen, konnte ihm nicht einfallen. Er eignete sich den Perikles an, er schrieb noch spät das Wintermährchen, ein Stück, auf das der Spott eines Sidney wie geschrieben scheinen würde, wenn es nicht viel jünger wäre. Aber er hat, indem er diese Stücke behandelte, nicht aus Unkenntniß der alten Regel gefehlt, er ist auch nicht einmal stillschweigend darüber hinweg gegangen. Er wußte wohl, daß man bei der dramatischen Behandlung eines historischen Gegenstandes schon durch die ruckweise und scenenweise Darstellung den großen Stoff verstümmelt, aber dieß konnte ihn nicht bewegen, um dieses Misstandes willen auch das Wesentliche fallen zu lassen, dem die Kunst gewachsen war. Er forderte in seinem Heinrich V. in fünf hochpoetischen Prologen die Zuhörer auf, sich über diese Mishandlung von Zeit und Ort mit ihren einbildsamen Kräften wegzusetzen; und dieß ist das geniale Manifest gegen jene Regel, wie es einem Dichter wie Shakespeare zukam. So hat auch Marston in einem Vorwort vor seinem wonder of women (1606) in gutem Wissen und Willen den Verfechtern der antiken Regel einen Hieb gegeben, indem er erklärt, sich nicht in die enge Grenze des Historikers zwängen, sondern sich ausbreiten zu wollen wie ein Poet. Wenn das Wintermährchen durch die Zusammenknüpfung der Geschichte zweier Geschlechter mährchenhaft wird, wie es der Titel anzeigt, warum sollte das Mährchenhafte nicht auf die Bühne gebracht werden? In dem Prologe zum zweiten Theile (4r Act) läßt Shakespeare die wirkende Zeit in dunkler Allgemeinheit sagen, was Er selber im Namen seiner schaffenden Kunst deutlich genug über die Besonderheit der Theaterregel von der Einheit der Zeit sagen will, die er wissentlich verschmäht: „Rechnet mir es nicht zum Verbrechen, sagt sie, daß ich weggleite über sechzehn Jahre und die Begebenheiten dieser weiten Zeitkluft unbehandelt lasse: denn es ist in meiner Macht, das Gesetz umzustoßen und in Einer selbstgeschaffenen Stunde eine Sitte aufzustellen oder umzuwerfen. Laßt mich gelten als dieselbe, die ich bin, ehe die älteste Ordnung war oder was nun üblich ist. Ich bin Zeuge gewesen der Zeiten, die beide Ordnungen aufbrachte; so werde ich Zeuge

sein den neuesten Dingen, die nun herrschen, und werde wieder den
Glanz dieser Gegenwart abgestanden machen, so wie jetzt mein Mährchen dieser Gegenwart alt und abgestanden scheint". Deutlicher kann
man nicht die Aeußerlichkeit einer nichtssagenden Regel, die an die
Laune des Zeitgeschmackes gebunden ist, verwerfen. Es kam darauf
an, daß an die Stelle dieses verworfenen äußeren Gesetzes ein inneres, ewiges gesetzt ward. Wie Shakespeare dieß that, werden unsere Erörterungen im Laufe dieses ganzen Werkes ausführen. Und
wir werden an dessen Schluße die Bemerkung vollkommen gerechtfertigt finden, die schon Schiller gemacht hat, daß Shakespeare's neue
Kunst mit dem wahren alten Gesetz des Aristoteles vortrefflich besteht;
und mehr: daß aus ihr ein noch geistigeres Gesetz abgezogen werden
kann, als das des Aristoteles; und ein Gesetz, das zur Bewältiguug
eines ungleich größeren Stoffes geschaffen ist, als der antiken Tragödie eigen war, das also mit Nothwendigkeit aus der Natur des
neueren Dramas selber entsprang.

Den epischen Charakter des volksthümlichen Schauspiels festzuhalten, ihm aber seine Ungestalt zu nehmen und auf die Veredlung
der Form die antiken Muster wirken zu lassen, dieß blieb die instinctive Richtung und Thätigkeit der gebildeteren Dichter, die von 1560
bis zur Zeit Shakespeare's dem englischen Drama die erste Kunst-
weihe zu geben anfingen. Bei diesem Werke der Vereinbarung ward
sogleich das Uebergewicht der Natur über die Kunst erkennbar, die
dem nordischen Dichtungscharakter durchweg eigenthümlich ist. Diese
Neugeburt des englischen Kunstdramas gibt sich an einer
sehr gleichartigen Gruppe von Tragödien kund, die durch eine ge-
schlossenere Handlung und ausgeprägtere Form jenen vagen episch-
romantischen Stücken gegenüberliegen. Die Stücke, die wir meinen,
sind sämmtlich strenge Trauerspiele von meist sehr blutigem Charakter, sie liegen fast alle um Marlowe's Tamerlan geschaart, sind aber
in weiterer Entfernung von jener ersten englischen Kunsttragödie,
dem Ferrer und Porrer des Lord Sackville, eben so angeregt, wie

dieser von Seneca. Was von dieser Gruppe vor dem Tamerlan liegt und unabhängiger von seinem Einflusse steht, nähert sich mehr der klassischen Form; so das Trauerspiel Tancred und Gismunda, das Robert Wilmot mit vier anderen Zöglingen des Tempels verfertigte und 1568 aufführen ließ; so das Unglück Arthur's, von Thomas Hughes, das 1587 in Greenwich aufgeführt ward, wobei der berühmte Bacon mit thätig war. Diese Stücke schieben, wie der Ferrer und Porrer, die Handlung hinter die Scene und sind wesentlich Dialog und Erzählung, von Seneca's Einfluß greiflicher und eingeständlich beherrscht. Hierin ist Marlowe's Tamerlan selbständiger, der 1586 erschien, gerade als Shakespeare nach London kam, der also frisch auf die ungeheueren Wirkungen stieß, die diese Tragödie auf der Bühne machte und auf die Revolutionen, die sie in der Schauspieldichtung hervorrief. Das Stück verpflanzte, wenn nicht zum erstenmal, so doch mit dem größten Nachdrucke, den ungereimten jambischen Vers auf die Volksbühne, der dem Schauspieler das Pathos ließ, das er aus der Declamation des älteren 14sylbigen Reimverses gewöhnt war, aber dabei mehr Natur und Bewegung gestattete. Der heroische Inhalt dieser großen, zweitheiligen Tragödie ward mit Feierlichkeit verkündigt; dem hohen Stile dieser Staatshandlung sollte der hochgehende Kothurn des pomphaften Vortrags gleich kommen; die Masse sollte mit einer Reihe von Schlachtspectakeln gesättigt werden, die rhetorische Erhabenheit sollte die feineren Gäste befriedigen. Das Stück fiel auf einen günstigen Boden. Gerade in demselben Jahre 1586 erlebte London das große Trauerspiel der grausamen Hinrichtung Babington's und seiner Mitverschwornen, im folgenden Jahre fiel das Haupt der Maria Stuart, in das nächstfolgende traf der Untergang der spanischen Armada; solche Tragödien des wirklichen Lebens sind überall dem Trauerspiel der Bühne zur Seite gegangen, wo es eine größere und längere Pflege erhalten hat. In diesen Jahren entstanden daher die Tragödien in Marlowe's Stile massenweise. Die spanische Tragödie von Kyd (1588) und der

Jeronimo, der von einem anderen Dichter als erster Theil hinzuge= dichtet wurde, theilte den Ruhm und die Beliebtheit des Tamerlan, oder überbot ihn sogar; Peele's Schlacht von Alcazar, Greene's Alphonsus und rasender Roland, Lodge's Marius und Sylla, Nash's Dido, an der Marlowe selbst mitarbeitete, der Locrine, der oft als ein Werk von Shakespeare angesehen wurde, und Titus Andronicus, der unter Shakespeare's Werken steht, sind lauter Stücke, die innerhalb weniger Jahre nach dem Tamerlan erschienen und sämmtlich unter einander eine entschiedene Geistesverwandtschaft verrathen, so nach Form wie nach Inhalt. In jeder Hinsicht stehen diese Stücke auf dem Standpunkte unseres schlesischen Dramas von Gryphius und Lohenstein. Ganz ähnlich sind sie in dem übertriebenen Pathos und in jener großwortigen, rhetorisch=pomphaften Art geschrieben, die dem nach lauter Wirkung haschenden Anfänger eigenthümlich ist. Maaß= lose Leidenschaften sind in Bewegung gesetzt und ihr Ausdruck überall in's Uebertriebene geschraubt. Lärmende Handlungen und blutige Greuel sollen die harten Nerven der Zuschauer erschüttern; gewalt= same Charaktere sind in Carikaturen verzerrt; im Tamerlan handeln die ringenden Tyrannen und behandeln sich wie wilde Thiere, und selbst das, was in Marlowe's Absicht den Haupthelden adeln soll (und durch den Contrast eine Hauptwirkung in dem Drama bildet), daß er wenn gesättigt von Blute sanft und friedlich ist, daß der Welt= eroberer der Schönheit huldigt und von der Liebe besiegt ist, selbst dieß läuft in die thierische Natur des Menschen aus. Der Inhalt aller dieser Stücke ist bei näherer Betrachtung gleichartiger, als man glauben sollte. Er dreht sich um das, was auch in dem antiken Drama immer der nächstliegende Gegenstand, die erste und einfachste Idee der Tragödie war, um die Erfahrung, daß vergossenes Blut wieder Blut verlangt, um jenes Aeschylische: „für Mord wieder Mord, und auf Thaten das Leid". Der Gedanke der Rache und Vergeltung ist daher der durchschlagende bei fast allen diesen Stücken. So ist es schon im Ferrer und Porrer, wo Bruder den Bruder er=

mordet und dafür die Mutter den mörderischen Sohn erſticht, und dafür der Adel des Landes das ganze blutige Haus vertilgt. In Hughes' Arthur trifft das Haus dieſes Königs für verſchuldete Blut=ſchande die Strafe des Schickſals in dem Wechſelmord von Vater und Sohn. Im Tamerlan gerade tritt dieſer Zug weniger vor, nur daß das Stück ſchließt mit dem dunklen Schickſalsſchlage, der den Tamer=lan tödtlich trifft, als er Mahomed's Tempel verbrennen will. Die Kataſtrophe in Locrine dreht ſich um die Rache der verſtoßenen Guendeline an Locrine und an der Skythenkönigin Eſtrilde. Die ſpaniſche Tragödie und der Jeronimo ſind ganz eigentliche Rache=ſtücke: in der erſteren tritt der Geiſt eines ermordeten Andrea mit der Rache als Chor im Anfange des Stückes auf; der Mörder dieſes Andrea iſt ein Balthaſar, der die Rache der hinterbliebenen Gelieb=ten des Andrea auf ſich gezogen hat und durch den Mord ihres zwei=ten Geliebten Horatio nun auch noch die Rache von deſſen Vater Jeronimo auf ſich zieht; der Geiſt des Horatio ſpornt den Vater zu dem gefährlichen Werke der Rache, das ſicherer hinauszuführen Jero=nimo ſich verrückt ſtellt, bis er zuletzt in einem Schauſpiele, das er mit Balthaſar und ſeinem Helfershelfer aufführt, zum Ziele kommt. Man ſieht aus dieſen bloßen Andeutungen, daß dieß Stück auf den Plan des Hamlet hinüber wirkte, und näher auf Titus Andronicus und den verſtellten Wahnſinn des Rächers Titus. Auch dieſes letz=tere Stück iſt ganz von der Idee der Rache getränkt. Und dieſe Auf=gabe insbeſondere, die Verbergung einer Rache oder auch einer Un=that hinter verſtelltem Wahnſinn oder Trübſinn, ſcheint das drama=tiſche Geſchlecht der Tage viel beſchäftigt zu haben; ſie ſpielt auch in ein weniger tragiſches Stück von Webſter und Marſton, den Unzu=friedenen (1604), in Ford's „gebrochenes Herz", und in Webſter's Vittoria Corombona (1612) hinüber. Was aber jene ſpaniſche Tragödie und der Titus Andronicus von Rachegreueln häufen, iſt noch immer nicht das Aergſte. Chettle's „Hoffmann oder die Rache für einen Vater" (1598) überbietet ſie noch bei weitem, und in

Marlowe's Malthefer Juden (1589—90) ist in den Helden Barabas gleichsam der ganze Stammhaß der Juden in Ein Individuum
gepreßt und der Dichter klügelt alle erdenklichen Rachethaten aus,
mit denen der scheußlich mishandelte Jude seine versteckte Wuth an
dem Christengeschlechte ausläßt.

Wir gebrauchen blos diese Eine Gruppe blutiger Tragödien,
um gerade das zu bezeichnen, was den ankommenden Shakespeare
in London empfing. Ein wildes, nebenbuhlerisches Treiben roher
Talente, roher Charaktere wogte um ihn her. Die unharmonische,
die ungestalte Natur dieser Werke spiegelte die Natur der Zeit und
der Verfasser im treuen Lichtbilde nur gerade ab. Es sind die Producte einer chaotischen Geisteswelt, welche die ganze Umgebung des
öffentlichen Lebens in Stadt und Hof noch verworrener machte, wo in
einem ungeschlichteten Kampfe Glanz und Gemeinheit, wahre Kunst-
liebe und roher Sinn, wirklicher Drang nach einer höheren geistigen
Existenz mit der äußersten Zügellosigkeit der Sitte sich stritten. Die
Uebersteigerung der Leidenschaft in den Charakteren jener Stücke ist
nur eine Copie von dem, was das Leben dieser Dichter zum Theile
selber ausweist; die Ueberspannung in der Denkart und Handlungsweise ihrer Helden ist nur ein Abbild der Ueberspannung der Einbildungskraft und des Talentes der Poeten selbst; jenes Krankhafte
und Krampfhafte, das gezwungene Gewaltige und Riesige in den
Handlungen, Reden und Menschen, die sie vorführen, ist nur das
Abbild von dem Sturm und Drang in dem Leben dieser titanischen
Naturen, die an dem Convenienzleben und seinen Schranken rüttel-
ten, zum Theil mit derselben Unnatur, zum Theil mit derselben Rohheit, wie die Jugendgenossen und Dichterfreunde um die jungen Goethe
und Schiller her. Es ist ein eigenes Spiel des Zufalls, daß sich
Marlowe in seinen Dramen auch an dem Stoffe des Faust versuchte,
auf den mehrere von Goethe's Freunden fielen, in den Goethe selbst
den ganzen Inhalt der kraftgenialen Periode seiner Jugend hinein-
preßte. Wenn Shakespeare den Titus Andronicus wirklich geschrie-

ben hat, so gab er sich in seinen Anfängen ganz dieser herrschenden
Schule hin: sein Perikles kann die Gattung der episch-romantischen
Schauspiele, sein Heinrich VI. die der Historien, sein Titus die Gattung der eben bezeichneten Trauerspiele auf's vollkommenste vertreten.
Welchen großen oder kleinen Theil er aber an diesen Stücken auch
gehabt habe, er schließt damit diese Periode ab und beginnt eine neue,
die den Namen von ihm allein tragen muß, da kein anderes Werk
auch der späteren Zeit hineingehört als nur die seinen. Solch eine
Kluft trennt diesen Dichter von seinen Nachfolgern und Vorgängern,
in ästhetischer wie in ethischer Beziehung. Von dem wüsten Gemüthe
und den verwilderten Herzen jener Marlowe'schen Freunde und
Schüler trug er nichts in seinem Inneren, auch wenn ihn in dem
ersten Jugendübermuthe das Treiben und Leben seiner Umgebung
angesteckt hatte. Hat er seinen Adonis und seine Lucretia noch in
Stratford geschrieben, wie mild und weich, wie ganz entfernt von
dem blutfrohen Sinne jener Tragödien hat er die Trauerfälle in diesen Gedichten behandelt! In seinem ersten selbständigen Trauerspiele, in Richard III., ist zwar auch jener Gedanke der rächenden
Schicksalsvergeltung vorherrschend, aber in welch anderer, großartigen
Auffassung und Ausführung! In Romeo und Julie, wie ist die tragische Idee sogleich in ihrer größten Tiefe eingegangen, daß es unbegreiflich scheinen müßte, wenn hier nicht eine vortreffliche Vorarbeit
den Weg gewiesen hätte. Im Hamlet vollends ist jener Gedanke
der Rache, der diese Dichter um Shakespeare so viel beschäftigt, zur
eigentlichen tragischen Aufgabe gemacht, aber in welch ein mildes
Licht humaner Sittlichkeit rückt die Lösung dieser Aufgabe den Dichter
gegen jene rohen und verwahrlosten Seelen! Wer das Verhältniß
kennt, in dem Goethe's Tasso zu ähnlichen Erfindungen seiner zügel-
loseren Jugendfreunde steht, der wird das gleiche Verhältniß des
Hamlet zur spanischen Tragödie und dem Aehnlichen wiedererkennen,
er wird fühlen, daß ein versöhnterer Geist in Shakespeare selbst dann
schon wohnte, wenn er in harmonieloser Stimmung jenen Titus

geschrieben haben sollte; er wird inne werden, daß sich dieser Dich=
ter wie Goethe frühe und entschieden von der Kunstrichtung und den
Sitten seiner ersten Dichtergenossen trennte. Frühe begann er daher
in seinen Werken diese Dichtungsweise zu verspotten, sich über die
spanische Tragödie in parodirenden Citaten lustig zu machen, den
Bombast des Tamerlan und der Schlacht von Alcazar dem Schwa=
dronirer Pistol in den Mund zu legen, wo diese Manier sich selber
lächerlich macht. Aber mehr als aus diesen Parodien einzelner
Stellen geht die frühe Abkehrung Shakespeare's von jenen Werken
untergeordneter Talente und Gemüther aus der Natur seiner aner=
kannt ersten selbständigen Schauspiele hervor. Dieß waren Lustspiele,
und nicht bluterfüllte Tragödien; es waren Lustspiele einer feineren
Gattung, zu denen England vorher noch kaum eine Wegspur ge=
funden hatte. Es gibt unter den vielen Stücken um Shakespeare's
Anfänge her kein Werk, das eine ähnliche Feinheit ausweise wie die
frühesten dieser selbständigen Shakespeare'schen Erstlinge, verlorene
Liebesmühe oder die Veroneser.

Nicht ganz so groß wie im Trauerspiele und Lustspiele ist die
Kluft, die Shakespeare von seinen Vorgängern trennt, in der Histo=
rie; hier ebnete sich der Uebergang leichter, weil die gleiche und
verhältnißmäßig reiche Quelle der Holinshed'schen und anderer
Chroniken den Dichtern gleichmäßig zu Gebote stand, weil der vor=
bereitete, der Geschichte entlehnte und in vaterländischer Ehrfurcht
zu achtende Stoff nicht die Ausschweifungen zuließ, denen sich die
Dramatiker in ihren freieren Stoffen überließen, und weil die nüch=
terne Wirklichkeit sie hier in ein Element zwang, das ihrer maaßlosen
Natur heilsam entgegenwirkte. Die Gruppe von historischen Dramen
aus der englischen Geschichte, die kurz vor und neben Shakespeare's
Historien entstanden, besteht daher aus zwar weniger reizvollen und
zur Phantasie sprechenden Werken, aber doch aus dem achtbarsten,
was die englische Bühne damals hervorbrachte und was auch un=
streitig die wohlthätigste Wirkung auf den öffentlichen Geist üben

mußte. Wie sehr viel diese Stücke Shakespeare näher stehen, als alles übrige um ihn her, geht schon aus dem Verhältnisse hervor, in das dieselben vielfach zu Shakespeare's eigener Dichtung getreten sind oder dazu gesetzt werden sollten. Sein Heinrich VI. ist nur eine An= eignung der Werke fremder Dichter; zu dem ersten Theile hat Shake= speare nur weniges hinzugebracht, die beiden letzten Theile sind blos Umarbeitungen zweier erhaltener Stücke, die zwar von vielen (beson= ders deutschen) Kritikern als erste Skizzen Shakespeare's selber an= gesehen werden, unzweifelhaft aber aus der Feder eines der befähigt= sten seiner Vorgänger herrühren, Robert Greene's wie Collier ge= neigt ist anzunehmen, oder Marlowe's, dem sie Dyce zuspricht. Shakespeare's Stücke über Heinrich IV. und V. sind aus einem äl= teren, aber sehr rohen historischen Schauspiele hervorgegangen, das schon vor 1588 gespielt wurde. Eben so gibt es einen lateinischen Richard III. (vor 1583), und eine englische true tragedy of Richard III. (um 1588,) gleichfalls geringfügige Arbeiten, wovon Shakespeare die letztere ohne Zweifel gekannt, aber kaum in Einem Zuge benutzt hat. König Johann dagegen ruht auf einem besseren, schon um 1591 gedruckten Stücke, das manches Brauchbare zur Beibehaltung darbot und daher oft für eine ältere Arbeit Shakespeare's gehalten worden ist. So haben Tieck und Schlegel einige historische Stücke aus der bürgerlichen Sphäre, Cromwell und John Oldcastle, Tieck auch den Londoner verlorenen Sohn und einen Eduard III. (um 1595) irrig für Shakespeare's Werke erklärt. Das letztere Stück benutzt einzelne Züge aus Shakespeare'schen Dramen und ist mit manchem Zierat gewählter Darstellung und seltner Bilder ausgeschmückt; doch hat es nichts von Shakespeare's tieferer Art zu erfinden und Charaktere zu entwerfen; wer dessen Behandlung des Volkslieblings Percy und jene wenigen Verse im Gedächtniß hat, in denen er Eduard III. seinem löwen= herzigen Sohn vom Hügel aus in seiner Schlachtarbeit lächelnd zu= sehen läßt, der wird nicht glauben, daß derselbe Dichter je einen sol= chen blaßfarbigen schwarzen Prinzen geschildert hätte wie den in

Eduard III. Uebrigens kommt das Stück immerhin aus einer feineren Hand. Auch versuchten sich die ersten Talente wetteifernd in
dieser Gattung, die in dem letzten Jahrzehent des 16. Jahrhunderts
als die vorherrschende erscheint. Von Georg Peele, den Nash den
„ersten Wortkünstler" nennt, haben wir wohl noch aus der Zeit vor
1590 einen Eduard I., der versprechend beginnt, aber formlos und in
wunderlichen Auswüchsen endigt. Von Marlowe ist ein Eduard II.
(1593), der, freier von Schwulst und geordneter in Stoff und Sprache
als dessen übrige Werke, für Shakespeare ein unmittelbares Vorbild
abgeben konnte; was freilich die eigentliche Composition angeht, so
sind hier zwar in der Geschichte des schwachen von Günstlingen und
Rebellen umlagerten Eduard II. die Charaktere und Situationen
von Richard II. und Heinrich IV. beisammen, aber es ist nichts daraus
gemacht als eine scenisirte Chronik, die nicht einmal die scharf gezeichneten Charaktere und die leidenschaftliche Bewegung in Heinrich VI. hat. Ja selbst von der natürlichen Frische der volksthümlichen Scenen unter den walisischen Rebellen in Peele's Eduard I.
ist nichts in diesem Stücke. Und dergleichen Scenen sind weitaus
das erquicklichste in der Historie, weil sie den freiesten Spielraum und
gewöhnlich die anziehendsten Charaktere darbieten. Sie verhalten
sich zu den ernsten Theilen der Historie wie die Ballade zur Chronik.
Auch sind die Helden dieser episodischen, weniger vom historischen
Stoff gebundenen Theile, die Robin Hood und Aehnliche nicht selten in der Ballade gefeiert worden; und Figuren wie die Zauber-
künstler Faust, Peter Fabel, Bruder Rausch und Bacon, der Köhler
Grim und Aehnliche sind Volkslieblinge in der lebendigen Ueberlieferung gewesen, lange ehe sie auf das Theater kamen. Den Robin
Hood brachte Anton Munday in zwei Stücken (vom Gafen Hun-
tingdon) in den 90r Jahren auf die Bühne, ebenso die Zauberkämpfe
von John a Kent und John a Cumber, in Nachahmung von Robert
Greene's „Bacon und Bongay". Von letzterem ist vielleicht auch der
Flurschütz von Wakefield (um 1590), worin der Räuberheld Georg

Greene mit einem zweiten herculischen Klopffechter dieses Schlages in Berührung gebracht ist: in solchen Stücken betritt die Ballade mit ihren kecken Zügen gerade nur so dialogisirt die Bühne, wie die Chronik in den einfachen Historien. Die derbe Volksnatur bricht hier durch alles schwülstige Pathos und alle italienischen Concepte hindurch; sie ist so treulich und unmittelbar abgeschrieben, wie bei uns in den bäuerlichen Poesien und Schwänken der Reformations=zeit; die Land= und Waldscenen dieser Stücke athmen Frische und natürliches Leben. Feiner und gebildeter als der Flurschütz ist der lustige Teufel von Edmonton (gedruckt erst 1608), der von Einigen Drayton, von Anderen Shakespeare zugeschrieben worden ist; auf dieses Stück, auf die darin enthaltenen Wildbiebscenen und komischen Figuren haben aber Shakespeare's Werke vielmehr hinüber gewirkt. So ist es auch in Thomas Heywood's Eduard IV. (gegen 1600), in dessen erstem Theile die alte Ballade vom Gerber von Tamworth eine treffliche Behandlung voll Frische und natürlichem Humor er=halten hat. In allen diesen Balladenstücken ist ein Anflug von der freien Bewegung und den kräftig umschriebenen Charakteren der Shakespeare'schen Dichtung; es ist nicht der eintönige Vortrag wie in den sonstigen Historien und Tragödien; alle Moralistik und Rhe=torik ist abgestreift; die Dichter sind immer ganz bei der jedesmaligen Sache; der Gelehrte und Schreiber ist überwunden, der Poet ist aus sich heraus gegangen, er ist in den Handelnden und in der Handlung verschwunden: hier fing Shakespeare's Kunst an, sich als eine ganz eigenständige und neue zu erweisen. Und wie wir andeuteten, nur in diesen Historien und Balladenstücken erscheint seine Dichtung mit der der Zeitgenossen in einer engeren Weise verwachsen; in allem anderen stellt sie sich mehr als ein abgelöster Pflänzling dar, auf den eine ganz veredelte Frucht gepfropft ist.

Sollen wir auch wenige Worte über das Aeußere des Vortrags und die Geschichte der Diction und Versification des englischen Dra=mas sagen, so waren die alten Mysterien meistens in Reimcouplets

geschrieben, die aus kurzen Versen in verschlungenen Reimen bestehen;
die Moralitäten waren zum größeren Theil in kurzen Versen mit
Reimpaaren verfaßt. In den ausgebildeteren von Skelton stellten
sich längere, gereimte Verse von 10—15 Silben ein; diese gestreckten
Verse herrschen auch bei Edwards, Uball und Still vor; sie sind von
den Uebersetzern des Seneca angewandt worden; man hat sie Alex-
andriner genannt, doch sollten sie wohl die antiken Trimeter nachbilden. Die gelehrten Verfasser des Ferrex und Porrex führten zuerst
die reimlosen fünffüßigen Jamben ein, die nachher das stehende
Versmaaß des neueren Dramas geworden sind. Doch drang dieser
Gebrauch niemals durch; die kürzeren fünffüßigen Verse schmiegten
sich dem Ohre gefälliger an, aber den Reim wollte man noch nicht
entbehren. Bekanntlich ist auch in Shakespeare's Werken stellenweise
der Reim noch oft zu finden und es sind durchweg seine älteren Stücke,
wo dieß der Fall ist. Die Historie half auch hier mit ihrem nüchternen, nackten Inhalte vorzugsweise dazu, das Klangwerk des Reimes
von der Bühne zu verbannen. Ehe die Gruppe der Tragöden um
Marlowe her seit 1586 auftrat, hatte Gascoigne in der Uebersetzung
der suppositi von Ariost das Beispiel der Benutzung der prosaischen
Rede gegeben, und John Lilly gebrauchte sie in seinen Lustspielen
und Pastoralen durchgängig. Er hatte 1579 ein Werk unter dem
Titel Euphues, anatomy of wit geschrieben, worin den Engländern
scheint es an einem nichtpoetischen Gegenstande die Anwendung des
wunderlichen italienischen Conceptenstils auffiel, den sie sich in der
Poesie gefallen ließen. Dieser Stil, eine Häufung von gezwungenen
Witzen und Gleichnissen, ward eine Weile der Modeton der Unterhaltung; man findet ihn in Petitionen an die Königin und an Be-
hörden wie in Poesien angewandt; alle Damen, sagt man, seien
Lilly's Schülerinnen in dieser Sprechart geworden und bei Hofe sei
Niemand angesehen worden, der nicht in seinem „Euphuismus" zu
reden gewußt habe. Drayton charakterisirt diesen Stil so, als ob
seine Haupteigenschaft die Bilder gewesen seien, die er von Sternen,

Steinen, Pflanzen, d. h. von einer gefabelten Naturlehre hergenommen habe; eine solche Stelle aus dem Euphues hat Shakespeare
in dem Gleichniß von der Camille persiflirt, das er Falstaff in seiner
königlichen Rede in den Mund legt. Doch ist der allgemeine Charakter von Lilly's Prosa in seinen Dramen nur das Uebermaaß der
poetischen und witzigen Rede in oft gesuchten Gleichnissen und seltsamen Bildern bei jeder auch noch so unpassenden Gelegenheit; dabei
erhielt seine Prosa, wie die aller übrigen Concettisten, durch die stete
Gegensätzlichkeit und epigrammatische Wendung der Gedanken etwas
scharfes, gewürztes, logisch durchsichtiges, dessen Werth für die Ausbildung der Sprache Zeitgenossen wie Webster preisend anerkannten.
Von keinem Einzelnen seiner Vorgänger hat daher Shakespeare, namentlich für das gewandte Spiel der Rede in den heitern Partien
seiner Lust- und Schauspiele so viel gelernt und überkommen wie von
Lilly. Die witzige Art der Unterhaltung, die komischen Beweis-
führungen, die Jagd nach Gleichnissen und verblüffenden Antworten
sind hier vorgebildet; zu seinen quibs, die Lilly selbst als die „kurzen
Aussprüche eines scharfen Witzes, mit einem bitteren Sinne in einem
süßen Worte" erklärt, konnte Shakespeare bei ihm die Schule machen.
Aber er that hier, wie er mit Marlowe's Pathos that: er ermäßigte
den Gebrauch und benutzte das Vorbild in seiner ganzen Aehnlichkeit
nur zu charakteristischen Zwecken oder zur Verspottung. In Fallstaff's
und Heinrich's Verkehre, in dem neckischen Gefechte dieser vergleich-
samsten Witzbolde, wo der Ort für diese Dinge war, hat Shakespeare dieser Ader ganz Lauf gelassen, wie Lilly ununterschieden bei
jeder Gelegenheit that. So mußte Shakespeare ein edles Metall
überall her für seine Dichtung zu gewinnen; die Schlacken ließ er
liegen. Aehnlich ist sein Verhältniß zu der äußeren Form der Tragödien Marlowe'scher Schule. Marlowe hatte die ungereimten Jamben in seinem Tamerlan mit großem Pomp und Nachdruck auf die
Bühne gebracht, so daß im Anfange ein allgemeiner, spöttischer und
neidischer Tumult erhoben ward gegen diese trommelnden Dekasylla-

ben und die Wichtigkeit, mit der ihre Einführung behandelt wurde.
Dennoch siegte dieses Versmaaß sogleich und so entschieden, daß es
nicht allein für Englands sondern auch für Deutschlands Bühne
Gesetz blieb. Im Anfange wurde dasselbe mit aller pedantischen
Strenge und Härte gebildet, der Vers schloß mit dem Sinn, der
Satz mit der Zeile von durchgehends jambischem Ausgang. So ist
noch Titus Andronicus geschrieben. Aber Shakespeare trat aus diesem Zwange bald heraus in einer Weise, die von Marlowe nur
kaum angegeben war; er schlingt den Sinn freier durch die Verse
nach dem Maaß der sprechenden Affecte, und verschleift, diesen inneren Antrieben nachgebend, die Eintönigkeit des älteren Blancverses
durch mannichfaltige Unterbrechung seines regelrechten Laufes, durch
Kürzung in ein — zwei — dreifüßige Verse, durch häufigere Cäsuren
und Pausen, durch den Schluß dieser Einschnitte mit Amphibrachyen,
durch Ersatz der jambischen Versfüße mit trochäischen, durch die wech-
selnde Zusammenziehung oder Ausdehnung mehrsilbiger, einer verschiedenen Messung fähigen Worte, Wort- und Silbenverbindungen.
Vorzugsweise an Spenser's melodischer Verskunst geschult, verschmolz
er so dessen Weise mit Marlowe's Kraft, und löste, in ausgesuchtem
Tact des Gehörs und Gefühls, die steife Strenge des alten Verses
in eine Freiheit auf, die seinen Vorgängern fremd war, und hielt
dann in dieser Freiheit ein Maaß, das seinen Nachfolgern zum Theile
wieder verloren ging*). Seine poetische Sprache bewegt sich in
Bezug auf das Metrische in derselben Mitte zwischen Zwang und
Willkür, wie sie in Bezug auf Ausdrücke, Metaphern, poetische
Redeweise die Mitte hält zwischen der Ueberladung der italienischen
Conceptenpoesie und der niederen Sprache des deutschen Dramas,
die selbst bei Goethe und Schiller oft nur versificirte Prosa ist.

---

* Wer sich über diese technische Seite der Shakespeare'schen Dichtung näher
belehren will, den verweisen wir auf die unvollendete Arbeit von Sidney Walker,
Shakespeare's versification. Lond. 1854. und die scharfe Ausführung Tycho
Mommsen's in seiner Ausgabe von Romeo und Julia. Oldenb. 1859. S. 109 ff.

Es ist eigen, daß die bedeutendsten der jungen Dichter um Shakespeare her in frühem Alter, und bald nachdem Shakespeare seine dramatische Thätigkeit begonnen, hinwegstarben (Peele vor 1599, Marlowe 1593, Greene 1592), wie um ihm breite und offene Bahn zu lassen. Hätten sie aber auch gelebt, so würde er darum doch eben so einzig dastehen. Collier meint, Marlowe würde in diesem Falle ein furchtbarer Nebenbuhler von Shakespeare's Genius geworden sein. Nach unserer innersten Ueberzeugung so wenig, wie Klinger für unseren Goethe. Ja ich bin selbst der Ansicht, daß wenn Greene der erste Bearbeiter der zwei letzten Theile von Heinrich VI. ist, vollends wenn er den Flurschütz von Wakefield verfaßt hätte, Marlowe's harter Geist und gezwungenes Talent nicht einmal an die beweglichere, ungeschraubte, vielseitige Natur dieses Mannes gereicht hätte. Shakespeare hatte nicht den Vortheil wie Goethe, einen Lessing vor sich zu haben, der mit kritischem Geiste und durchdachten Musterbildern der dramatischen Dichtung eine Bahn gebrochen hatte. Es müßte denn sein, daß verlorene Stücke von größerem Werthe, wenn auch nur Eins, ihm ein Licht gezündet hätten; wie denn eine Andeutung vorhanden ist, daß für Romeo und Julie eine solche vortreffliche dramatische Vorarbeit existirt hat. Alles übrige, was wir von dramatischer Kunst vor Shakespeare in England vorfinden, ist nur wie ein stummer Wegweiser zu einem unbekannten Zielpunkt, durch einen Pfad voll üppigem Gesträuppe und romantischer Wildheit, der eine Naturschönheit ahnen aber nicht genießen läßt. Der die Bahn offen legte und zu einem Endziele voller Befriedigung führte, war allein Shakespeare. Jedes einzelne Talent um ihn her hat er weit und ganz außer aller Vergleichung überboten; die einzelnen Eigenschaften, die dieser oder jener einseitig hegte, band er in Maaß und Einklang zusammen; er schlug erst in die chaotische Masse der dramatischen Erzeugungen den elektrischen Funken, der die Elemente zu binden fähig war. Lernen konnte er von allen Dichtergenossen um ihn her nur das, wie man nicht dichten solle. Und dieß muß er nach seinen

ersten Versuchen, in denen er sich an Vorbildern jenes Schlages auf=
rankte, schnell gefühlt und begriffen haben, da er in seinen ersten
selbständigen Werken frühe eine ganz unbetretene Richtung einschlug
und sogleich eine bis dahin unerreichte Höhe gewann; das beste Stück
seiner dichterischen Nebenbuhler ist mit dem geringsten seiner ersten
Versuche nicht zu vergleichen. Ein Mann wie Chapman, der unter
den dichtenden Zeitgenossen Shakespeare's in einzelnen Fällen unstrei=
tig am nächsten an Shakespeare heraurückt, hat irgendwo geäußert,
„das Glück regiere die Bühne, und Niemand kenne die verborgenen
Ursachen der seltsamen Wirkungen, die von dieser Hölle aufsteigen
oder von diesem Himmel herabfallen". Nichts ist vielleicht sprechen=
der als dieser Satz, um die gesammte Schauspieldichtung vor und
um und nach Shakespeare zu charakterisiren und von der seinigen zu
unterscheiden; die Dichter alle machen den Eindruck, als ob sie tastend
nach einem unbekannten Ziele suchten, wo die Volksgunst sicher läge.
Aber Shakespeare begann damit, die Million zu verachten und, indem
er nach dem Beifalle der wenigen Einsichtigen strebte, hob er sich auf
die Höhe, die ihn ein größeres Kunstgesetz und einen höheren mora=
lischen Zielpunkt zugleich finden ließ. So ist es eine allgemeine Sitte
unter jenen Dichtern gewesen, daß sie zu zwei, drei, ja fünf Ein
Stück zusammenarbeiteten; sie ist das sprechendste Zeugniß, daß ihnen
aller Begriff und Fähigkeit zu wahren Kunstwerken abging. Shake=
speare arbeitete nach Ideen, die einem geprüften Geiste und einer
tiefen Lebenserfahrung entsprangen, und konnte dazu die Hand me=
chanischer Gehülfen nicht gebrauchen. Er erscheint auch hierin einzig
und ganz abgesondert. Wenn man aber Anstand und Zweifel erheben
wollte über die Ansicht, die Shakespeare durch eine so große Kluft
von seinen Vorgängern trennt und ihn so mächtig über sie wie einen
Riesenbaum über das Gesträuch am Boden hinwegragen sieht, so
darf man zum Beweise, daß hierin nicht zu viel geschieht, nur auf
seine Nachfolger sehen. Daß seine Vorläufer hinter ihm zurückblieben,
wo Alle den ungebahnten Weg erst zu ebnen hatten, das wäre in

keiner Weise auffallend; aber daß die jüngeren Zeitgenossen und Nach=
folger, die das großartige Beispiel s e i n e r Werke vor sich hatten, zur
Zeit des höchsten Flors der Bühne, unterstützt von jeder Aufmunte=
rung, unter hunderten von Producten auch nicht Eines lieferten, das
in einem höheren Sinne die Existenz eines Vorbildes wie Shakespeare
auch nur ahnen ließe, das beweist wohl am unwidersprechlichsten,
wie sehr dieser Mann über die Sehweite seiner Umgebung hinaus=
gewachsen war. Menander's Komödie ist von Aristophanes' Genius
nicht so weit geschieden, wie das englische Drama nach Shakespeare
von diesem. Die ethische und ästhetische Tiefe beider ist in beiden
Fällen abhanden gekommen, fast ohne eine Spur zu hinterlassen.
Man durchlese die Werke der Munday, Marston und Webster, der
Ford und Field, der Massinger und Heywood, der Jonson und
Middleton, der Beaumont und Fletcher (die durch die Uebersichten in
den Studien von M. Rapp, durch die verdienstlichen Uebersetzungen
von Tieck, Graf Baudissin, Kannegießer und Bodenstedt auch in
Deutschland zum Theile bekannt geworden sind): eine ungemeine
Kraft= und Stofffülle liegt in ihren Stücken vor, die oft mit drei=
fachen Handlungen gesättigt für seelenkundige und bühnenkundige
Dramatiker eine unerschöpfliche Fundgrube darböten; überall aber
müßte das Kunstwerk erst aus dem Handwerk herausgearbeitet wer=
den. Man blickt in eine große, auf große Nachfrage hin rasch orga=
nisirte Industrie voll massenhafter, sorgloser, hastiger, nach dem
Stück bezahlter, nach den Wünschen des Haufens zugerichteter Fabrik=
arbeit, gelegentlich geleitet von einem buchhändlerischen Arbeitsgeber
wie Ant. Munday, der selbst wohl ein Dutzend Stücke in Compagnie
mit zwei drei anderen Poeten gefertigt hat. Hier zeugt Alles in den
beschäftigten Geistern von Saft und Blut, von Leben und Bewegung,
von üppiger Schafflust, von fertiger Gewandtheit einen grellen Ge=
schmack mit grellen Wirkungen zu befriedigen; aber die bildende Hand
jenes Meisters ist nirgends zu erkennen, der s e i n e Werke nach den
Forderungen eines höchsten Kunstideales erschuf. Mißbrauchte Frei=

heit und Kraft, verunstaltete Form, verzerrte Wahrheit, verzwergte Größe, dieß sind überall die Grundzüge in den Arbeiten dieser Dichter. Im schroffsten Gegensatze gegen das französische Theater aller Regel spottend, aller Kritik erledigt, wirren sie ohne allen ordnenden Geist gemeinhin einen wilden Haufen schlecht verbundener Ereignisse des gegensätzlichsten Charakters in einem aufregenden Wirrwarr von Bouffonerie und Greueln zusammen, und lassen wohl eine Handlung voll scheußlicher Verworfenheit in ein Lustspiel, und eine versöhnlich sich lösende Verwicklung in ein Trauerspiel auslaufen; sie suchen die Erhabenheit in der Ueberspannung, die Kraft im Excesse, das Tragische im Schauerlichen; sie spannen das Schauderhafte bis zum Abgeschmackten, sie lockern die Ereignisse in Abenteuer, sie verkehren die Motive zu Launen, sie schrauben die Charaktere in Caricaturen. Bei Ben Jonson ist Shakespeare's witzig-heitre Lebensansicht zur bitteren Satire, sein Idealismus zum Realismus, seine blühende Poesie zur prosaischen Nüchternheit, seine reizend mannichfaltige phantasiegestaltete Welt zu einer Trödelkammer voll seltsamer Requisiten, seine Schilderung der ewigen Natur und Sitte der Menschen zur Darstellung der ephemersten Wunderlichkeiten, seine typischen Charaktere zu grillenhaften Launern geworden. Auf der anderen Seite sind zahllose Stücke der minder originalen unter den Dichtern jener Tage voll von unmittelbaren Rückerinnerungen an Shakespeare in Scherz- und Redeweise und äußerer Färbung in Entwürfen, Situationen und Charakterformen; aber wer nur wenige Vergleichungen anstellen will, wie bei Massinger der gesteigerte Jago (im Herzog von Mailand) oder der christliche Shylock (Eine neue Weise alte Schulden zu bezahlen) gerathen sind, oder wie bei Ford 'tis a pity she's a whore) die glühende Wärme der Liebe in Romeo und Julie auf eine blutschänderische Leidenschaft zwischen Bruder und Schwester übertragen ist, der wird schnell die Weite der ästhetischen Kluft ausmessen zwischen diesen Schülern und jenem Meister. Noch viel weiter klafft der Abstand zwischen ihnen in ethischer Beziehung. In einer Menge der neben und nach Shakespeare entstandenen Dramen wird man in eine verpestete Sphäre der mittleren und untersten Londoner Stände versetzt, wo die Sitten heidnischer waren (sagt Massinger) als unter den Heiden, die Laster (führt Ben Johnson aus) verfeinerter als in der Hölle. Die Ge= sellschaft, in der man sich hier bewegt, so heißt es in einer ernsten Moralität aus dieser Zeit (lingua 1607), sind leidenschaftliche Ver= liebte, elende Väter, verschwenderische Söhne, unersättliche Curti= sanen, schamlose Kupplerinnen, stumpfsinnige Narren, freche Para= siten, verlogene Diener und kühne Sykophanten. Diese Figuren und Gegenstände waren den Dichtern noch nicht scheußlich genug: sie warfen sich daneben vorzugsweise auf die italienische Gesellschaft wie sie die Geschichte und Novellistik des Jahrhunderts zeichnet, eine Welt voll Fäulniß, die mit gewaltsameren gesteigerten Lastern in nackterer Schamlosigkeit und Verstocktheit einen frechen Prunk treibt. Nicht genug mit dieser charakteristischen Wahl der abstoßendsten Ma= terien, sie konnten sie auch nicht treu genug in der derbst realistischen Naturwahrheit abbilden ohne jede ideale Perspective. Ja nicht genug mit dieser photographischen Aufnahme, sie hielten der Zeit lieber gar den Hohlspiegel vor, um das Misgestalte noch verunstal= teter zu zeigen. Schwarzsichtig auf diesen Schattenseiten in ihren Stücken verweilend, die oft nur das Interesse von Criminalgeschichten erregen, mit Schweigen die Lichtseiten jenes übersaftigen englischen Geschlechtes, seine politische und religiöse Kraft, verdeckend, halten die meisten dieser Poeten doch noch an dem ethischen Beruf ihrer Kunst= übung fest, aber sie fallen dann wie Ben Jonson in eine herbe und harte Abschreckungstheorie, die in des Dichters Amte noch mehr als in dem des Strafrichters ihres Zweckes verfehlt. Wo sie positiver (wie Heywood und Massinger thun) dem sittlichen Gedanken dienen, da gerathen sie in einen andern Abweg: des innern Maaßes ver= lustig, das bei Shakespeare die menschlichen Thaten nach den reinen ewigen Sittengesetzen mißt, weisen diese Romantiker der englischen Literatur in idealistischer Ueberspannung auf conventionell sublimirte

Tugenden hin und stellen die Beispiele übertriebener Begriffe von
Ehre und Treue im Stile des spanischen Dramas auf. Noch das
häufigere aber ist, daß die Poeten, mitten in dem Bewußtsein ihres
Berufes, aus der Verwilderung von Geschmack und Kunst die Sit=
ten veredelnd emporzuheben, die Hand, von der Schwerkraft der ver=
derbten Lebenszustände niedergezogen, in krampfhafter Anstrengung
sinken lassen, ja daß sie sich leichtsinnig dem Zuge der Verderbniß
überlassen und die Gebrechen der Zeit, nach abgestumpfter Reizbar=
keit des Sittengefühls, mit verführerischem Griffel zeichnen. Dieser
innere Zerfall erklärt es zur Genüge, warum die dramatische Dichtung
Englands, rasch wie sie aufgeschossen und üppig wie sie aufgewuchert
war, ebenso rasch wieder abwelkte; warum ihr stetiger Gegner, der
puritanische Religionseifer, sie so bald überwand um sie abzulösen in
dem Geschäfte, zu dem sie sich nicht stark genug erwies, die Gesell=
schaft durch eine sittliche Revolution zu reinigen. Uns wäre denk=
bar, daß für Shakespeare's frühzeitige Entfernung von der Bühne,
aus London, aus seinem Dichterberufe diese Ausartung der Bühne
allein der genügende Grund gewesen wäre; er konnte sein eigenes
Werk nicht mehr erkennen in dem wüsten Treiben derer, die sich seine
ergebensten Schüler glaubten. Denn die geistige Weite seines ge=
schichtlichen Ueberblickes der Welt, der tiefsinnige Zug seiner dichteri=
schen Schöpfung, seine moralische Feinfühligkeit waren mit einander
jenem Geschlechte ein verschlossener Buchstabe. Dieß Alles macht in=
dessen aus Shakespeare's Erscheinung keineswegs ein Wunder. Die
leidenschaftliche Theilnahme des Volkes an der Kunst der Bühne, der
lebensfrohe Verkehr am Hofe, das Treiben einer großen Stadt, die
Blüte eines jugendlichen Staates, die Fülle ausgezeichneter Männer,
berühmter Leute zu See und Land, im Kabinette und im Felde, die
sich in London zusammendrängten, die kirchliche, die politische Er=
hebung rund umher, die wissenschaftlichen Entdeckungen, die künst=
lerischen Fortschritte auf anderem Boden, All das wirkte zusammen,
um den Künstler zu fördern, dem das Auge auf dieser ganzen Be=

wegung gefesselt ruhte. So ist auch Shakespeare's großer Zeitge=
nosse Franz Bacon in der Geschichte der europäischen Cultur keine
Ausnahme, obwohl er damals in England eben so allein stand wie
Shakespeare. Diesem für seine dramatische Kunst lag Alles vor,
was nur theatralisches Werkzeug, Mittel und Vorbereitung heißen
konnte. Kein großer Dramatiker irgend einer andern Nation hat für
seine Kunst einen Unterbau von so beneidenswerther Weite und
Stärke, eine solche Vollständigkeit von wohl zugerichtetem Baumate=
riale vorgefunden, wie sie Shakespeare die ältere Ueberlieferung und
die gegenwärtige Uebung bot: aus den Mysterien die Bedingung
der epischen Fülle des Stoffs, aus den Moralitäten den idealen ethi=
schen Gedanken, aus den komischen Zwischenspielen den Grundzug
der realistischen Naturtreue, aus dem Mittelalter die romantischen
Stoffe der episch=poetischen und historischen Literatur, in der Gegen=
wart die großen Leidenschaften eines politisch hochangeregten Volkes
und einer durch die religiösen, wissenschaftlichen und industriellen Be=
wegungen der Zeit tief aufgewühlten privaten Gesellschaft. Das
höhere Kunstideal, den feineren Formbegriff, den er in dieser Gat=
tung noch nicht in England vorfand, konnte er, so weit er nicht aus
eigenem Geiste schöpfte, aus dem Alterthume herüberholen und aus
anderen verfeinerteren Zweigen der Dichtung, wo die Sidney und
Spenser arbeiteten. Was aber noch außer diesem Allem am nächsten
und unmittelbarsten auf Shakespeare's Schauspieldichtung wirkte und
von einem Einflusse war, den wir leider nicht genug ermessen können,
war die Blüte der Schauspielkunst. Es ist gewiß, daß Shakespeare
von dem Einen Richard Burbadge mehr lernte, als er von zehn Mar=
lowe's hätte lernen können. Und wer für unseren Dichter nach einer
unmittelbaren Stütze sucht, an der sich seine junge noch schwankende
Kunst emporrichtete, der braucht nach keiner anderen zu suchen.

Wir müssen daher zunächst noch eine kurze Betrachtung dem
Schauspielwesen in Shakespeare's Zeiten gönnen.

Die Bühne.

Mit dem Wachsthume der dramatischen Dichtung hielt die Geschichte der Bühne in London gleichen Schritt. Begünstigt von der
unterhaltungsbedürftigen Königin Elisabeth, nach ihrem Tode von
dem gelehrten König Jakob in aller Weise gefördert, von dem prunk-
süchtigen Adel unterstützt, von dem schaulustigen Volke in steigendem
Grade begehrt, nahm das Schauspiel in der Hauptstadt und im Lande
seit den 70r Jahren des 16. Jahrhunderts einen außerordentlichen
Aufschwung. Was vorher meist nur eine rohe, unschuldige Ergötzlichkeit von Handwerkern zu ihrem eigenen Vergnügen gewesen war,
was die Dienerschaften des Adels nur vor ihren Herren, was die
Mitglieder der Gerichtshöfe in Gray's Inn und im Temple vor der
Königin oder vor ihres Gleichen in engem Kreise gespielt hatten,
was die Kinder der königlichen Kapelle oder die Chorknaben von St.
Pauls vor dem Hofe in der Schauspielkunst versucht hatten, das
drängte nun in die Masse des Volkes hinunter, in den ganzen Umfang des Landes hinaus. Die heilige und sittliche Tendenz der
Mysterien und Moralitäten wich dem Uebermuthe des Schwankes
und der Posse; die selbstvergnüglichen dilettantischen Dichtungsver-
suche schlugen in ein ernstes mit allem Eifer der Neuheit betriebenes
Fachbestreben um; das Schauspielen, vorher eine bescheidene Fähigkeit, die unter dem Scheffel gehalten ward, trat in das öffentliche Leben und ward ein Gewerbe, das seinen Mann zu nähren anfing.
Eine förmliche Aufregung für die neue Kunst ergriff, in einem Maaße
wie es nur wieder in Spanien zur Zeit Lope de Vega's erlebt war,
das Volk bis in die untersten Stände, und gleich anfangs fehlte es
nicht an den Excessen des Uebermuthes auf der jungen Bühne, die sich
in der Gunst des Hofes und des ganzen Volkes doppelt sicher wußte.
Der Lord Mayor und Aldermanhof von London suchten mit einer
merkwürdigen Beharrlichkeit dem Unwesen nicht allein, sondern selbst
dem Wesen, dem Bestande dieser Kunst ein Ende zu machen; der

königliche Geheimrath dagegen war die Zuflucht der Spieler, vor
allen der regelmäßigen Gesellschaften, die unter dem Schutze der
Krone oder unter dem Namen eines großen Herrn des Adels in der
Stadt und auf dem Lande ihre Darstellungen gaben. Oft gaben
sich diese abligen Truppen mit Recht oder Unrecht für königliche
Spieler aus, und unter dem Vorwande, daß sie sich üben müßten
für ihr Spiel vor der Königin, schlugen sie ihre Bühnen in Wirths=
häusern auf (denn es gab in der Zeit, von der wir reden, noch keine
förmlichen Theatergebäude), wohin nun selbst die unterste Hefe der
Bevölkerung strömte. Neben ihnen gab es Vagabunden und Aben=
teurer, die ohne amtliche Ermächtigung spielten und daher der Ge=
genstand wiederholter Verbote wurden. In dem kirchlichen England
kostete es Mühe, den Sonntag, ja die Zeit des Gottesdienstes selbst
von diesen entweihenden Darstellungen freizuhalten; die Spielhäuser
waren überfüllt, die Kirchen leer; am Hofe behaupteten sich die
Spiele am Sonntage lange Zeit und den Katholischen war es eine
Schadenfreude, auf diesen Unfug des neu begründeten Protestantis=
mus hinzuweisen, den der Londoner Stadtrath selbst im Gegensatze
gegen den Gottesdienst einen Teufelsdienst nannte. Bei den abend=
lichen Versammlungen der niedrigsten Londoner Gesellschaft in den
Wirthshausbühnen gab es Streit und Lärm, Börsenschneiden und
allerhand unsittliche Scenen; auf der Bühne Feuersgefahr; während
der Zeit einer Seuche Beförderung der Ansteckung. Außer diesen
gröberen polizeilichen Uebelständen war der Stadtrath besorgt über
die Veröffentlichung unzüchtiger Reden und Handlungen, über das
Verderbniß der Jugend, über die Geldverschwendung der Armen,
die ihre Pfennige in's Schauspiel trugen. Wenn auf die wiederhol=
ten Erlasse des Stadtraths gegen die Bühnenerzesse die königlichen
Spieler sich bei dem Geheimenrath beklagten und die Einübung ihrer
Spiele für den Hof und ihre Nahrungsbedürfnisse vorschützten, so
erwiderte der Stadtrath: es sei nicht nöthig, daß sie sich vor der nie=
drigsten Gesellschaft übten; sie sollten in Privathäusern spielen; und

was ihren Unterhalt angehe, so sei es nie üblich gewesen, daß man aus diesem Spiele ein Gewerbe machte! Diese Angriffe dienten nur dazu, die junge Bühne erst recht zu festigen. Das herausfordernde Wort Gewerbe ward gleichsam aufgenommen; man bildete eine geregelte Kunst aus, die nun ihre eigenen Tempel suchte. Die Obrigkeit nahm die Kunst, wie Shakespeare in den Sonnetten sagt, in ihren Zaum: aber ihr Wettlauf zum Ziele ging nur um so angestrengter voran. Im Jahre 1572 erschien eine Acte „zur Bestrafung der Vagabunden", der Spieler die nicht unter einem der Reichsbarone standen. Im folgenden Jahre schlugen Mayor und Aelterleute von London dem Grafen Suffex ein Ansuchen zu Gunsten eines Dr. Holmes zur Herrichtung von Spielräumen rücksichtslos ab. Als im Jahre 1574 die Diener des Lordkämmerers, Grafen Leicester, an deren Spitze James Burbadge stand, ein Patent erlangten, das sie ermächtigte in Stadt und Reich zu Lust und Vergnügung der Königin wie „zur Ergötzlichkeit ihrer liebenden Unterthanen" zu spielen, erschwerte die City der Gesellschaft ihre Ermächtigung durch eine Verpflichtung, ihre halben Einkünfte zum Besten der Armen zu steuern. Bald darauf aber, und vielleicht aus Anlaß dieses Widerstandes, erhielt James Burbadge durch den mächtigen Einfluß seines Herrn die Erlaubniß zu Errichtung eines Theaters außerhalb der Gerichtsbarkeit der Stadt, aber dicht an der Stadtmauer, in dem aufgelösten Kloster der schwarzen Brüder (blackfriars) bei der gleichnamigen Brücke; zu gleicher Zeit entstand das „Theater" und der „Vorhang" in Shoreditch, nicht weit davon. Um 1578 gab es schon acht verschiedene Theater in und bei London City, worüber die Puritaner untröstlich waren. Um 1600 war die Zahl der Theater = Gebäude, die ausschließlich zu diesem Zwecke errichtet waren, auf elf gestiegen; unter Jakob I. zählte man der entstandenen oder hergestellten Spielhäuser siebenzehn, eine Zahl, die das heutige London, so ungeheuer angewachsen, bei weitem nicht besitzt. So kamen die besseren Spieler aus wandernden zu stehenden Gesellschaften, was, wie Hamlet sagt,

für ihren Ruf und Vortheil besser war. Die Kunst befestigte sich da=
durch zu Entwickelung und innerem Werthe. Ihr Ansehn und ihre
Bedeutung, die Geltung der Künstler, ihre Stellung und Einfluß
stieg ungehindert empor. Wer sollte gegen den allmächtigen Lord=
kämmerer, den Hauptförderer alles Theaterwesens, aufkommen? wer
gegen das Vergnügen der Königin, die 1583 zum erstenmale zwölf
königliche Schauspieler in ihren Dienst nahm, darunter die zwei sel=
tenen Männer Robert Wilson und Richard Tarlton, Komiker von
dem gewandtesten extemporirten Witze, unter denen der letztere für
die Zeit ein Wunder an komischer Kraft war. Die Aldermen von
London mußten es haben, daß sich dieser „Fürst der Lustigkeit", dem
Alles verziehen wurde, der sich vor der Tafel der Königin in seinem
Spotte an den Raleigh und Leicester vergriff, in einem (erhaltenen)
Jig über ihre „langöhrige Familie" lustig machte, die keine Narren
sehen wolle, außer in ihrem Collegium in Masse! Schonten die
Schauspieler doch auf ihren Bühnen nicht die regierenden Fürsten,
nicht den Staat, die Politik und Religion. Seit dem Fall der Ar=
mada verspottete man den König von Spanien und die katholische
Religion, und auf der anderen Seite hatten die Puritaner, die Erb=
feinde des Schauspiels, die Geißel der Satire zu fürchten. Nicht
allein das „Theater" in Shoreditch, auch die Chorknaben von St.
Pauls erlaubten sich, die Puritaner in ihren Spielen zu verhöhnen,
und um 1589 wurde deßhalb zwei Gesellschaften das Spiel untersagt.
Später, unter Jakob I. unter dem die Begünstigung des Schauspiel=
wesens noch stieg, gab man auf dem Blackfriars=Theater anstößige
Stücke, gegen welche bald die großen Räthe, bald die Aldermen,
bald die fremden Gesandten Beschwerde erhoben. Diese Sitte, öf=
fentliche Charaktere, Staat, Gesetz, Regierung und lebende Privat=
leute auf der Bühne anzugreifen, ist nach Thomas Heywood's Ver=
sicherung gerade durch jene Kinder aufgekommen; die Dichter legten
ihnen ihre Ausfälle in den Mund, indem sie ihre Jugend als einen
Schild und Vorrecht für ihre Invectiven gebrauchten. Bald kehrten

die Knaben ihren Uebermuth gegen die Bühne selbst. Um die Zeit wo Hamlet geschrieben ist, hatten es diese Kinder in der Gunst des Publicums und der Schreiber „über Hercules und seine Last", d. h. über das Globetheater, das berühmteste unter allen, gewonnen, und machten sich über die erwachsenen Schauspieler, über die „gewöhn= lichen Bühnen" lustig; auf diese unflüggen Nestlinge und ihren Muth= willen blickt daher Shakespeare im Hamlet tadelnd hin, da sie doch selbst zu „gewöhnlichen Spielern" heranwachsen wollten. Aber eben diese kühne Einmischung in das Treiben der großen Hauptstadt ge= fiel; die übrigen Bühnen ahmten sie nach und trieben es soweit, wie man seit Aristophanes in einem neueren Staate nicht wieder ge= gangen ist.

Alle diese Züge zusammengefaßt machen anschaulich, daß der kräftige, üppige Trieb nach der neuen Kunst, von dem Volke selbst in allen Klassen genährt und unterhalten, mächtig genug war, dem Widerstande der gewaltigsten Vorurtheile, der mächtigsten Stände, der Geistlichen und der Obrigkeiten, der Kirche und der Polizei selbst in verwegener Ausgelassenheit zu trotzen. Alles gedieh in dem schön= sten Flor; die Unternehmer der Schauspiele machten steigende Ge= winne; die hervorragenden Künstler, ein Edward Alleyn, ein Richard Burbadge, selbst unser Shakespeare starben als große Gutsbesitzer und reiche Leute. Es war vergebens, daß die Religiosen in den ein= bringlichsten Schriften gegen die Bühne eiferten, vergebens daß Schauspieldichter selber ihr profanes Werk bereuend von dieser Schule des Misbrauchs zurückriefen. Von 1577—1579 an, wo North= brooke's Tractat gegen Würfeln, Tanzen, Spielen, u. f. und Gosson's „Schule des Misbrauchs" den Kampf gegen die Bühne mit allen Autoritäten der Kirchenväter und der heidnischen Autoren, aus christ= lichen und catonisch=sittlichen Gesichtspunkten begannen, schlingt sich eine stete Polemik für und wieder, in Poesie und Prosa, durch die ganze Zeit der höchsten Blüte der Theater hindurch bis zum Jahre 1633, wo Prynne's Histriomastir, eine siebenjährige Arbeit, erschien,

zu einer Zeit, wo die Puritaner und ihre bühnenfeindliche Ansicht
schon mehr Macht und Bestand erhielten. Vor dieser Zeit fruchtete
alle Bekämpfung nichts. Die dramatischen Dichter wucherten wie
ihre Arbeiten. Es ist das Tagebuch eines gewissen Philipp Henslowe
erhalten, eines Pfandleihers, der den meisten Gesellschaften Geld
vorschoß: aus seinen Notizen geht hervor, daß zwischen 1591—1597
nur von den Truppen, mit denen Er in Geschäftsverbindung stand,
110 verschiedene Stücke gespielt wurden. Zwischen 1597—1603 hat
er 160 Stücke verzeichnet; und nach 1597 waren nicht weniger als
dreißig dramatische Autoren in seinem Solde; darunter Thomas Hey=
wood, der allein 220 Stücke geschrieben oder doch an ihrer Bearbei=
tung einen Antheil hatte. Von all diesem Reichthum ist vieles ver=
loren worden, da man auf den Druck der Stücke keinen Werth legte.
Der Eifer des Sehens blieb um so größer, je weniger man las.
Aber auch nachdem seit dem Drucke der Werke von Ben Jonson und
Shakespeare das Lesen aufkam, der Werth der Bühne abnahm, blieb
der Drang und Geschmack für diese Kunst noch lange in Blüte. Man
sah und las nun die Werke; 1633 sagte Prynne in seinem genann=
ten Werke, es seien in zwei Jahren über 40,000 Exemplare von dra=
matischen Texten verkauft worden, da sie beliebter seien als Predigten.
Die Zeit am Schlusse des 16. Jahrhunderts, als Shakespeare seinen
Romeo, seinen Kaufmann, seinen Heinrich IV. aufführte, gab das
Signal zu der eigentlichen Ausdehnung der Bühnendichtung; erst
jetzt kamen zahlreich die professionirten Dichter auf, die das Werk
ihres Lebens an diese Kunst setzten. Von da an ward man sich des
innern Werthes dieser Bühne bewußt, deren Ruhm weit über die
Grenzen reichte. Mit welchem Selbstgefühle preist Thomas Hey=
wood in seiner Apologie für Schauspieler (1612), daß die englische
Sprache, die rauheste, gebrochenste, gemischteste der Welt, nun, durch
die Schauspielkunst ausgebildet, zu einer sehr vollkommenen Sprache
geworden und in den Besitz der trefflichsten Werke gekommen sei, so
daß nun viele Nationen an dieser vorher verachteten Sprache Gefallen

fänden. Die Fremden aller Weltgegenden trugen den Ruhm der
englischen Schauspieler hinaus, und bald weiß man von englischen
Truppen, die in Amsterdam spielten, ja die ganz Deutschland durch-
zogen, wo wir in deutscher Uebersetzung Stücke der englischen Bühne
besitzen, die man jetzt aus den elenden Reimen eines Ayrer wieder
in's Englische zurück übersetzt.

Die Gesellschaft zu der Shakespeare trat, als er nach London
kam, war schon damals und blieb nachher immer die ausgezeichnetste.
Es waren die Diener des Lordkämmerers Grafen Leicester, die um
1589 die Schauspieler der Königin hießen; in ihrer Zahl waren die
Landsleute Shakespeare's, die ihn wahrscheinlich hinzogen. Wir
sagten vorhin, daß James Burbadge, an der Spitze dieser Gesellschaft, das Theater in dem Kloster der schwarzen Brüder gründete,
das schon immer als Niederlage für die Maschinerie und Garderobe
zu den Aufzügen und Masken am Hofe gedient und daher wohl die
Aufmerksamkeit Burbadge's auf sich gezogen hatte. Die Lage dieser
Bühne im Mittelpunkte von London, der verlockende Reiz ihrer Leistungen wetteiferten, diesem Theater den ersten Rang zu sichern und
die höchste Bedeutung wie die größten Erfolge zu geben. Wie rasch
das Glück war, das die Gesellschaft machte, geht daraus hervor, daß
sie um 1594 ein zweites geräumigeres Theater baute, den Globe,
nicht weit von dem Südende der Londonbrücke; dieß war ein offener
Raum, wo in der guten Jahreszeit gespielt wurde. Während des
Baues des Globe spielte zugleich die Gesellschaft des Lordkämmerers,
wie es scheint, eine Weile in Verbindung mit der Gesellschaft des
Lord Admirals in Newington, so daß sie überall gesucht und beschäftigt war. Die Gesellschaft des Admirals war der mächtigste Nebenbuhler von Blackfriars. Beide Truppen schlüpften bei allen Gelegenheiten, wo die Obrigkeit gegen die Theater wüthete, durch, weil ihre
Bühnen nicht als gewöhnliche Spielhäuser angesehen wurden, sondern als die Vorbereitungsanstalten für die Spiele, die die Königin
verlangte. Um 1597 war wieder irgend ein Anstoß auf den Bühnen

gegeben worden; der Geheimerath selbst befahl dießmal, das „Thea=
ter" und den „Vorhang" in Shoreditch niederzureißen und ebenso alle
anderen „gewöhnlichen Schauspielhäuser" in Middlessex und Surrey.
Aber alle diese Befehle scheinen oft, nur um den Schein zu retten,
von dem Geheimenrathe erlassen zu sein, um, wie Collier sagt, dem
Eifer gewisser Individuen genug zu thun; die Neigung sie auszufüh=
ren schien von vornherein zu fehlen. Die Truppe des Admirals, die
im Winter im Vorhang, im Sommer in der Rose spielte, hatte um
1597 jenen Anstoß gegeben, dennoch ward in dem Vorhang, der
nach jenem Befehle niedergerissen werden sollte, später wieder gespielt,
und in der Rose, die Henslowe 1584 zum Theater eingerichtet hatte,
blieb sie so ungestört wie die Truppe des Lordkämmerers im Globe.
1598 wurden beide Gesellschaften neu ermächtigt; und um 1600 ver=
ließen Henslowe und Alleyn, die die Truppe des Admirals leiteten,
das verfallende Haus der Rose und bezogen auf der Westendseite
die Fortuna in Goldenlane, wahrscheinlich um dem Globe entfernter
zu sein; und hier machte Edward Alleyn, der Nebenbuhler Richard
Burbadge's, bald hernach Grundbesitz=Käufe, die ihn als einen un=
gewöhnlich begüterten Mann zeigen.

Die Bühne in Blackfriars, bei der die genialen Freunde Shake=
speare und Richard Burbadge wirkten, rühmte sich stolz die feinste
und gebildetste in London zu sein. Mit diesem Vorzuge darf man
nicht glauben daß irgend ein äußerer Glanz und Luxus verbunden
gewesen wäre. Eine glückliche Einfalt und Genügsamkeit herrschte
über allem Aeußeren der Aufführung. Die Gebäude waren schlecht,
und von Holz erbaut; man nannte "private" Theater die mit Dach ver=
sehenen; die öffentlichen waren unbedeckt; Gallerie und Logen schon
abgetheilt wie jetzt; auf dem besten Logenplatze bezahlte man Einen
Schilling. Die eigentliche Spielzeit war früher, so lange die Spiele
nicht öffentlich waren, im Wintercurs, auf Weihnachten, Neujahr,
Drei König und Fasten. Nachdem das Schauspiel aber ein Gewerbe
worden war, spielten die öffentlichen Theater das ganze Jahr hin=

durch; unter Elisabeth täglich. Trompeten und eine ausgehängte Fahne verkündigten die herannahende Zeit des Anfangs, der Nachmittags um drei Uhr Statt hatte. Musik von einem obern Balcon über der jetzt sogenannten Bühnenloge herab eröffnete das Stück; die Zuschauer belustigten sich vor dem Beginne mit Rauchen und Spielen, mit Obst essen und Bier trinken, wie das auch noch in Deutschland vor nicht langer Zeit hier und da Statt hatte; rohe junge Leute donnerten und lärmten und zankten sich um angebissene Aepfel: so heißt es in Heinrich VIII. Die vornehmen Gönner und Kenner drängten sich mit ihren Sitzen auf die Bühne oder lagerten sich hinter die Coulissen. Der Prolog der nach dem dritten Tusch auftrat war gewöhnlich in schwarzen Sammet gekleidet. Zwischen den Acten mußte Possenreißerei und Gesang, am Ende des Stückes ein Jig des Narren, mit Trommel und Pfeife, unterhalten. Den eigentlichen Schluß machte ein Gebet der knieenden Schauspieler für den Regenten. Auf Tracht und Bekleidung ward das meiste verwendet; sie scheinen zum Theil prächtig gewesen zu sein. Aus den Papieren der Brüder Alleyn weiß man, daß sie gelegentlich für einen Sammetrock über 20 Pfund bezahlten; und die Anhänger des Alten fanden es himmelschreiend, daß man „zweihundert Schauspieler in seidenen Gewändern daher prangen sehe, dieweil achthundert arme Leute hungerten in den Straßen". Dagegen war alle Scenerie äußerst dürftig. Versenkungen gab es frühe. Bewegliche Decorationen kamen erst spät auf; bei Trauerspielen war das Theater mit schwarzen Teppichen ausgehängt. Ein aufgestelltes Brett trug den Namen des Orts, an den man sich denken sollte: so war es leicht, Schiffe darzustellen, leicht die Scene zu wechseln, und natürlich, daß man die Einheit des Orts nicht achtete. Eine Erhöhung, ein Vorsprung in der Mitte der Bühne mußte als Fenster, als Wall, als Thurm, als Balcon, als eine kleinere Bühne auf dem Theater, z. B. für das Zwischenspiel im Hamlet, dienen. Aus diesem armen Nothbehelf trat man übrigens bei den Darstellungen am Hofe schon frühe heraus. Gemalte Scenen, Häu-

fer, Städte und Berge, selbst Gewitter mit Donner und Blitz gab
es da schon um 1568 zu sehen. Bewegliche Decorationen kamen zu=
erst 1605 in Orford bei einer Darstellung vor König Jakob vor und
breiteten sich dann in den nächsten Jahren aus, so daß es bald förm=
liche Scenenveränderungen gab. Wenige Jahre ehe Shakespeare
nach London kam, schilderte der edle Sir Philipp Sidney („Apologie
der Dichtkunst" 1583) die rohe und naiv einfache Beschaffenheit der
Volksbühne nach seinen vornehmeren und gelehrten Vorstellungen
von dramatischer Kunst in einer spottenden, aber sprechenden Weise.
„In den meisten Stücken, sagt er, hat man Asien auf der Einen Seite
und Afrika auf der Andern, und dazu so viele andere Nebenreiche,
daß der Spieler, wenn er auftritt, immer damit beginnen muß zu
sagen wo er ist. Es kommen drei Frauen und sammeln Blumen,
dann müssen wir die Bühne für einen Garten halten; sogleich hören
wir von einem Schiffbruch auf demselben Platze, wir sind also zu
tadeln wenn wir ihn nicht für einen Felsen nehmen. Es erscheint
auf ihm ein furchtbares Ungeheuer mit Dampf und Feuer, dann sind
die armen Zuschauer genöthigt, ihn für eine Höhle zu achten; inzwi=
schen fliegen zwei Armeen herein, dargestellt durch vier Schwerter
und Schilde, und welches Herz wollte dann so hart sein, den Platz
nicht für ein Schlachtfeld zu halten?" Ganz in dem ähnlichen Tone
spottet Shakespeare selbst noch in dem Prologe zu Heinrich V. des
unwürdigen Gerüstes, auf das der Dichter den großen Gegenstand
zu bringen wagt, der Hahnengrube, die die weiten Felder von Frank=
reich darstellen soll, der kleinen Zahl von Statisten und Mitteln, da
man mit vier bis fünf elenden und schartigen Klingen, schlecht geord=
net, in lächerlicher Balgerei den Namen Agincourt entstellen werde!
Man würde einen Fehlschluß gegen Natur und Erfahrung
machen, wenn man aus dieser Aermlichkeit des Außenwerkes auch
auf eine rohe Schauspielkunst schließen wollte. Wir haben in Deutsch=
land an einerlei Ort das Theater aus der Scheune in ein Haus zum
Nothbehelf und dann in ein prachtvolles Gebäude emporsteigen sehen,

während der geistige Genuß, Interesse und Geschmack vielleicht ge=
rade im umgekehrten Verhältnisse immer im Abnehmen war. In
dem an die Kunst gewöhnten und bald durch sie verwöhnten Ge=
schlechte muß die Phantasie bald alle die Reizmittel haben, die in
prächtiger Decoration und Staffage gelegen sind; der einfache noch
frische Sinn einer Gesellschaft, welcher die kleinsten gebotenen Ge=
nüsse neu und übermächtig sind, bedarf dieser künstlichen Steigerun=
gen und Stacheln nicht. In ihm regt sich die Einbildungskraft auch
auf den kleinsten Anstoß hin. Darum darf Shakespeare in eben
jenem Prologe zu Heinrich V. so zuversichtlich darauf rechnen, „auf
die einbildsamen Kräfte" seiner Zuhörer zu wirken; darf ihnen zu=
muthen, die Unvollkommenheit der Bühne mit ihren Vorstellungen
zu ergänzen, Einen Mann in tausend zu zertheilen, und in ihrer Ein=
bildung die Herresmacht zu schaffen, die die Bühne nicht liefern kann.
Je weniger für die Sinne Zerstreuendes geboten war, desto mehr
heftete sich die ganze Achtsamkeit der Zuschauer auf die geistigen Lei=
stungen der Spieler, desto mehr waren diese auf das Wesen ihrer
Kunst gewiesen. Man bedenke wie viele Ablenkung durch falschen
Sinnenkitzel den Spielern und Zuschauern erspart, wie sehr die
Sammlung auf das Wesen der Sache erleichtert war nur durch den
Einen Umstand, daß keine Frauen spielten. Die Sitte der Zeit hielt
streng auf diesen Punkt; als 1629 französische Schauspieler in Lon=
don erschienen, unter denen Frauen mitspielten, wurden sie ausge=
zischt. Die Schauspieldichtung ward durch diese Sitte weiterhin
verführt, nur um so freier und frecher zu werden, für die Schauspiel=
kunst bot sie die greiflichsten Vortheile. Wie viele Ränke hinter den
Coulissen, wie vieles, was den sittlichen Charakter des Schauspielers
gefährdet, fiel mit dieser Einen Gewohnheit hinweg, die zugleich
in weit tiefgreifenderen Folgen die feinste Ausbildung der Spielkunst
förderte! Es mußten die Frauen von Knaben gespielt werden; dieß
machte die Knabentheater zu einer Nothwendigkeit; sie aber wurden
eine Schule der Schauspieler, wie wir sie in neuerer Zeit gar nicht

besitzen. Und welcher Schauspieler! Aus diesen Schulen gingen die Field und Underwood hervor, die schon als Knaben berühmt waren; und wie mußten doch auch die Knaben schon gebildet sein, die eine Cordelia, eine Imogen auch selbst nur für rohere Gemüther erträg= lich spielen sollten! Und waren das rohe Gemüther die damals sich für die Bühne interessirten? ein Franz Bacon, der selber in Gray's Inn einmal in seiner Jugend zu einer Darstellung mitwirkte? und jene Raleigh, jene Pembroke, jene Southampton, die regelmäßig, wenn sie in der Stadt waren, die Bühnen besuchten? Wir wollen nicht zu viel Werth darauf legen, daß der Hof die Spieler der Black= friarsgesellschaft vor Allen hervorzog, daß König Jakob wie Elisabeth Shakespeare's Stücke nach dem Zeugnisse Jonson's ganz besonders liebten; immerhin wird der Hof die gebildetste Stätte gewesen sein, wo ein Dichter wie Shakespeare seine Werke auszustellen wünschen mochte! Was setzt es doch für geistige Empfängniß und Beweglich= keit voraus, wenn die Königin, gewöhnt an die gröbsten und hand= greiflichsten Schmeicheleien der Lilly und Peele, doch auch jene feinste im Sommernachtstraum, voll zauberhafter Poesie und Anspielung, zu würdigen verstand? Aber auch außer dem Hof hatte Shake= speare's Bühne die edelste Gesellschaft um sich gesammelt. Auch von den öffentlichen Zuhörern, die in den Logen von Blackfriars saßen, durfte der Prolog zu Heinrich VIII. sagen, sie seien als das erste und erwünschteste Publicum der Stadt bekannt. Der Dichter, der für dieses Theater wirkte, hatte dieß Publicum gebildet; wie hätte er sonst eine so lange Zeit so beharrlich seine tiefsinnigen Werke ge= schaffen, um sie an die Rohheit zu vergeuden? Aber er bildete auch seine Schauspieler. Schauspielkunst und Schauspieldichtung sind hier in der seltensten Wechselwirkung gewesen; nie hätte Burbadge an den Stücken Marlowe's und Ben Jonson's werden können was er an Shakespeare's geworden ist; und weder hätte dieser den tiefen Zug seiner Dramen beibehalten, noch den Gedanken seiner Werke oft so kunstvoll verschleiern, noch seine wunderbarsten Charaktere oft wie

absichtlich zu räthselhaften Aufgaben bilden können, wenn er nicht die
Männer zur Seite gehabt hätte, die ihm in die Tiefe folgten in die
er hinabstieg, die seine Schleier zu heben und seine Räthsel zu lösen
verstanden.

Sich eine Vorstellung von dem Spiel der älteren Schauspieler
zu machen, als sie an überladener Declamation litten, ihre tragische
Kunst im besten Falle an Marlowe's gewaltsamem Bombast übten
und ihre komischen Wirkungen in niedriger Possenreißerei suchten,
darf man sich nur der Schilderungen in Shakespeare's eigenen
Stücken erinnern. Noch aus den alten Mirakelspielen her erwähnt
er im Hamlet die Rollen des Sarazenengottes Termagant und des
Tyrannen Herodes, in denen sich die Spieler überboten an tragischer
Wuth. Und seine Anspielungen auf die Figur des Lasters aus den
Moralitäten bestätigen, daß diese Rolle mit der gewöhnlichsten Possenreißerei ausgestattet und gespielt ward. Was das tragische Spiel
angeht, so schildert er in Troilus und Cressida malerisch und sprechend
die mitleidswerthe Uebertreibung des daher stolzirenden Helden, „dessen Witz in seinen Kniekehlen" liegt; der es herrlich findet, das höl-
zerne Zwiegespräch und Echo zu hören zwischen seinen gespreizten
Schritten und dem Bretterboden; der „wenn er spricht in rohe Töne
ausbricht, die von der Zunge des brüllenden Typhon ausgestoßen
noch Bombast scheinen würden!" Das sind dieselben robusten haarbuschigen Bursche, von denen Hamlet spricht, die „den Termagant
überboten und den Herodes überherodisirten", die sich darin gefielen
eine Leidenschaft in wahre Fetzen zu zerreißen, nur um die Ohren der
Gründlinge (im Grund des Theaters, im Parterre, der Gesellschaft
unsrer obersten Gallerie) durch Brüllen zu erschüttern; dieselben, die
schreitend und schreiend, in Ton und Gang weder Christen noch
Heiden glichen. Das gefiel; „es ward gepriesen und das höchlich"
von dem Publicum, das sich an Titus Andronicus und an den
grausamen Tragödien der Marlowe, Kyd und Chettle erbaute; aber
unsern Dichter und seinen feinfühlenden Hamlet verdroß es in der

Seele und Er wollte diese unfähigen Lärmmacher gerne gepeitscht sehen, die die Natur so abscheulich nachahmten. Was das komische Spiel angeht, so ist die Eine Figur des Tarlton, und was wir von seiner Persönlichkeit und seinem Spiele wissen, hinreichend den Standpunkt der älteren Zeit zu bezeichnen. Ihn konnte Shakespeare noch gesehen haben; er starb 1588. In den untersten Ständen geboren, nach den Einen ursprünglich ein Schweinehüter, nach den Andern ein Wasserträger, kam er durch seinen wunderbaren Humor wohl an den Hof und auf die Bühne zu gleicher Zeit. Liest man die Streiche und Scherze, die von ihm erzählt werden, so findet man ein Gegenstück zu unseren Eulenspiegel und Claus Narr. Ein populärerer Mann ist seiner Zeit wohl kaum in England gewesen; mit dem mythischen Vertreter des Volkshumors, dem Robin Goodfellow, von dem die englischen Mährchen dieselben Streiche erzählen wie unsre Volksbücher von Eulenspiegel, brachte man ihn in eine Art Verbindung, nannte ihn seinen Gesellen und schrieb nach seinem Tode ein Gespräch zwischen Robin und Tarlton's Geist. Er war Volksnarr, Hofnarr und Narr auf der Bühne zugleich. Im Leben, auf den Rundreisen seiner Truppe, unter der niederen Gesellschaft, übte er Schelmenstreiche und Witze aus dem Drang seiner Natur; am Hofe, als Kammerbedienter der Elisabeth, „sagte er der Königin mehr Wahrheiten als die meisten ihrer Kapläne und heilte ihre Melancholie besser als alle ihre Aerzte". Auf der Bühne war er kein anderer als der er im Leben war. Klein, häßlich, etwas schielend, mit platter Nase, erheiterte er das Publicum, wenn er auch nichts sprach, wenn er nur den Kopf auf die Bühne streckte; mit denselben Worten, die in eines Andern Munde gleichgültig ließen, machte er den Schwermüthigsten lachen. Mit diesem Beifalle trieb er aber auch einen Misbrauch, der mit einer ächten Kunst nicht bestehen konnte. Er und die Narren seiner Zeit betrachteten das Stück, in dem sie spielten, nicht anders als den Hof und die Straßen, wo sie ihre Rolle fortsetzten, die immer die gleiche war. Sie blieben nicht blos

in gewissen Scenen, sondern während des ganzen Stückes auf der
Bühne, improvisirten ihre Scherze nach Gelegenheit, unterhielten
sich, stritten sich, neckten sich mit dem Publicum und das Publicum
mit ihnen, und in diesen Reibereien war Tarlton Meister. Nach
seinem Tode ward William Kempe, der sein Schüler war, auch der
Erbe seines Ruhmes und seiner Unarten; er spielte in Shakespeare's
Gesellschaft, trennte sich aber zweimal von ihr, und das Einemal gerade um die Zeit, als Hamlet geschrieben ward. Sehr möglich daß
Shakespeare eben ihm die berühmte Stelle nachrief, die geradezu ein
Verdammungsurtheil dieser Spielart ist. „Laßt die, die eure Narren
spielen, sagt sie, nicht mehr sprechen als für sie niedergeschrieben ist;
denn es gibt deren, die selbst lachen wollen, um eine Anzahl dürftiger
Zuschauer auch lachen zu machen, obgleich in der Zeit irgend ein
nothwendiger Punkt in dem Stücke zu beachten war; das ist kläglich
und zeigt einen höchst erbärmlichen Ehrgeiz in dem Narren der so
thut". Es ist gewiß, daß seit Shakespeare's Auftreten dieser geistreiche Kunstverderb aufgegeben ward. In einem Lustspiele von 1640
blickt Brome auf die Zeit Tarlton's und Kempe's, wo die Narren
ihren Witz vergeudeten, während die Dichter den ihren zu besserem
Gebrauche gespart hätten, als auf eine längst abgelegte zurück, in der
die Bühne von Barbarei noch nicht frei gewesen sei.

Von diesen Uebertreibungen in Scherz und Ernst rief Shakespeare die Spieler zur Wahrheit und zur Einfalt der Natur zurück.
Der Spieler, der sich durch Blödigkeit aus seiner Rolle bringen läßt,
der Andere, der durch Aufgeblasenheit seine Rolle überbietet, galten
ihm für gleich unfähig. Den Schauspieler über die Wirklichkeit
emporzuheben, so weit die Kunst diese Steigerung verlangt, muß
allemal dem Dichter überlassen bleiben; besitzt dieser die ideelle Ader,
in seinem Gedichte die Niederung der gemeinen Wahrheit und Wirklichkeit zu überwinden, dann hat der Schauspieler alle seine Kräfte
daran zu setzen, seiner gehobenen und von der Kunst geadelten Rede
die ganze schlichte Wahrheit und Treue der Natur hinzu zu geben.

Dieß ist der Sinn jener unsterblichen Worte, die Hamlet als die po=
sitive Regel dem, was er verworfen hatte, gegenüberstellte, Worte,
die auf der inneren Seite jedes Bühnenvorhanges in Gold gewirkt
geschrieben stehen sollten. In unseren Tagen sind die Schauspieler
kaum mehr zu finden, die nur diese Worte nach ihrem Sinne vorzu=
tragen verständen; und doch wird nur der, der ihnen in seiner ganzen
Kunst nachzukommen wüßte, auf dem sicheren Wege sein, ein großer
Künstler zu werden. „Sprecht die Rede, so lauten die Worte, leicht
von der Zunge weg; denn wenn ihr den Mund so voll nehmet, wie
viele eurer Schauspieler thun, so möchte ich meine Verse eben so gern
von Ausrufern sprechen hören. Sägt auch nicht zuviel mit den Hän=
den in der Luft, sondern behandelt Alles gelinde. Denn mitten in
dem Strome, Sturme, und wenn ich sagen mag Wirbelwinde der
Leidenschaft müßt ihr euch eine Mäßigung aneignen, die ihr Ge=
schmeidigkeit gibt. Doch seid auch nicht allzu zahm, sondern laßt euch
von eurem eigenen Gefühle leiten; paßt die Handlung dem Worte
und das Wort der Handlung an, vor Allem darauf bedacht, die Be=
scheidenheit der Natur nicht zu überschreiten. Denn Alles so Ueber=
triebene ist gegen die Absicht des Schauspiels, dessen Endzweck, früher
und jetzt, war und ist, der Natur gleichsam den Spiegel vorzuhalten;
der Tugend ihren eigenen Zug, der Schmach ihr eigenes Bild und
dem Jahrhundert und Körper der Zeit seine Gestalt und sein Abbild
zu zeigen. Wird dieß nun übertrieben oder zu schwach dargestellt, so
kann es zwar den Ungebildeten zum Lachen reizen, aber den Einsich=
tigen kann es nur verdrießen; und der Tadel dieses Einen muß in
Eurer Schätzung ein ganzes Schauspielhaus voll von Anderen über=
wiegen". Gewiß, nichts ist vernichtender, als wenn diese Sätze als
Maaßstab an das, was man jetzt Schauspielkunst nennt, angelegt
werden; aber nichts auch größer, als wenn sie an diese Kunst in ir=
gend einem Falle angelegt werden können, ohne zu vernichten.

Diese goldenen Regeln sind in Shakespeare's Zeit und Umge=
bung nicht bloße Lehre geblieben. Richard Burbadge war in der

Schauspielkunst der Zwillingsgenius, dem Shakespeare's Dichtung nichts zu steiles und schwieriges bieten konnte. Wahrscheinlich drei Jahre später als unser Dichter geboren, ist Burbadge drei Jahre nach ihm gestorben. Dieß war gleichzeitig, als Jakob's Gattin, Königin Anna starb; sein Tod ward zum Misfallen der höfischen Leute weit mehr betrauert als der ihre. „Er ist dahin, klagt eine Elegie auf seinen Tod, und mit ihm welch eine Welt ist dahin! Nehmt ihn für Alles in Allem, er war ein Mann, unerreicht und unerreichbar für alle Zeit. Welch eine weite Welt in diesem kleinen Körper! Er selbst eine Welt — der Erdball (der Globe, der Schauplatz seiner Ehren) die passendste Stelle für ihn!" Sein Spiel muß die Praxis von Hamlet's Theorie, die Darstellung von Shakespeare's Dichtung gewesen sein. So wie an seiner Kunst sich die Dichtung Shakespeare's höher emporschwang. „Er machte Dichter", ist das stolze Wort der angeführten Elegie; „denn daß sie einen Burbadge hatten, ihren Vers zu sprechen, das füllte ihren Geist mit göttlicherer Entzückung". In Prosa und Poesie sprechen die Zeitgenossen mit Begeisterung von seiner anmuthvollen Erscheinung auf der Bühne, die, obgleich er nur klein von Statur war, „Schönheit dem Auge und Musik dem Ohre" war. Nie ging er ohne Beifall von der Bühne hinweg; er allein gab einem Stücke Seele und Leben, das in der Schrift des Dichters todt war; so lange er anwesend war, fesselte er Blicke und Gehör mit magischer Gewalt in so schweigende Ketten, daß Niemand Macht hatte zu sprechen oder hinwegzusehen. In Stimme und Mienen besaß er Alles, was entzückend ist; so reizend, sagt die Elegie, stand ihm seine Rede, so stimmte sein Gang zu seiner Rede, so zierte seine ganze Erscheinung beides, daß nie ein Wort fiel ohne die richtigste Wägung, als ein überflüssiger Ballast. Sein ganzes Spiel und Erscheinen änderte er, ein wunderbarer Proteus, mit Leichtigkeit von dem alten Lear zu dem jugendlichen Perikles; jeden Gedanken und jede Empfindung las man durchdringend deutlich auf seinem Gesichte. In seinem Mienenspiele förderte ihn die

Kunst des Portraitirens, die er, wenn man den Lobgedichten auf ihn trauen darf, mit gleichem Geschicke übte wie seine Schauspielkunst. Dieser Eine Zug, den wir aus seiner Bildungsgeschichte wissen, deutet an, daß auch ihm so wenig wie Shakespeare Alles mühelos zufiel, daß beide vielmehr zu ihren ungemeinen Naturanlagen unge= meinen Fleiß und Studien hinzuthaten, um mit dem eigenen Ver= mögen nicht hinter den überkommenen Gaben zurückzubleiben. In Shakespeare's Stücken spielte er jede schwierigste Rolle; nur in eigentlich komischen Rollen trat er nicht auf. Man weiß aus aus= drücklichen Zeugnissen, daß er Hamlet, Richard III., Shylock, den Prinzen und König Heinrich V., Romeo, Brutus, Othello, Lear, Macbeth, Perikles und Coriolan gab. Wenn gleich es nach den An= deutungen im Hamlet damals wie heute gewisse Rollenformen gab, wie den König, den Helden, den Liebhaber, den Bösewicht, so sieht man, für Burbadge gab es diese nicht. Sein Spiel in diesen ver= schiedensten Rollen wird immer gleich groß gewesen sein: die unge= meinsten Schwierigkeiten schien er zu suchen und sein Shakespeare sie ihm zu bieten. Sehr möglich, daß Shakespeare den Perikles nur bearbeitete, um seinem Freunde Gelegenheit zu geben, in wenigen Stunden ein viel erschüttertes Leben in allen Altersstufen vor dem Zuschauer vorübergehen zu lassen. Wenn man aus den Winken der erwähnten Elegie auf Burbadge's Tod, in der seine Hauptrollen hier und da mit einigen charakterisirenden Merkmalen bezeichnet sind, so viel folgern darf, so wagte er in Hamlet, was kein Spieler nach ihm wieder gewagt hat und wagen wird: er gab den Helden nach der Vorschrift des Dichters in jener weichen, fetten Körperfülle, die Ruhe und Unbeweglichkeit so gern erzeugt und in der höchsten Leiden= schaft mit jenem „knappen Athem", der so organisirten Menschen eigen ist. Eine Hauptrolle, in der er mehr als in Allen das Herz rührte, war, der Elegie zufolge, der „bekümmerte" Mohr. Das Eine Bei= wort scheint zu sagen, daß er in die Grundtiefe des Shakespeare'schen Charakters hinabdrang und in seinem Spiele das Hauptgewicht auf jenen Gram der Enttäuschung legte, der der „Wiederkehr des Chaos", der ausgebrochenen Wuth der Eifersucht vorausgeht: auf die Stelle, wo der Charakter Othello's wahrhaft entwickelt werden muß, wenn er nicht als ein willenloser und seiner selbst unmächtiger Barbar und das Stück als eine rohe Grausamkeit erscheinen soll. Die Tiefe der Einsicht und die Tiefe des Gefühls wären in dieser Auffassung, wenn wir in das Eine Wort nicht zuviel hineinlegen, gleichmäßig zu bewundern. Der Gipfel seines Spiels muß aber sein Richard III. gewesen sein. Der Dichter hat hier Alles zusammengethan, was einem Schauspieler die unüberwindlichsten Schwierigkeiten zu bereiten scheint. Ein unansehnliches, häßliches Geschöpf, das zugleich als ein Held an Tapferkeit handelt und als ein Verführer der Schönheit bezaubert; der Leitton durch diese nicht zusammenstimmenden Züge eine meisterhafte Heuchelkunst, die dem Schauspieler auferlegt, den Schauspieler im Leben auf der Bühne darzustellen, — eine solche Aufgabe überragt Alles, was dieser Kunst jemals zur Bemeisterung geboten werden konnte. Die Anekdote von der durch Burbadge's Spiel im Richard bezauberten Londonerin, die wir früher erzählten, mag wahr sein oder erfunden, so beweist sie, daß er die liebenswürdige Seite des glatten Heuchlers vortrefflich dargestellt haben muß; für den Nachdruck, mit dem er die kraftvolle Seite des Charakters hervorhob, spricht eine andere, beglaubigtere Anekdote, die es beweist, wie er mit dieser Seite auf die derberen Naturkinder einen unverlöschlichen Eindruck gemacht hatte. Von einem Bischoff Corbet existirt die poetische Beschreibung einer Reise, die der Verfasser in England machte. Er berichtet darin, Jahre nach Burbadge's Tod, wie er nach Bosworth kam. Dort erzählt ihm sein Wirth die Schlacht bei Bosworth, wo Richard III. blieb, als ob er dabei gewesen sei oder alle Historiker geprüft hätte; der Bischoff merkt durch, daß er blos in London Shakespeare's Stück gesehen hatte ; und das bestätigt sich, als er sich an der lebhaftesten Stelle vergaß und die Kunst und die Geschichte vermischte: „Ein Königreich für ein

Pferd, rief Richard", so wollte er sagen, und sagte B u r b a d g e statt Richard.

Richard's Nebenbuhler war Eduard Alleyn; obgleich er nicht zu Shakespeare's Truppe gehörte, ist es billig ihn zu erwähnen. Collier hat in den Schriften der Shakespearegesellschaft seine Memoiren geschrieben. Er spielte vielleicht schon seit 1580 und war um 1592 bereits in großem Rufe. Er war am liebsten in erhabenen Rollen gesehen, muß aber auch in komischen Partien aufgetreten sein, weil von ihm gerühmt wird, daß er die Tarlton und Kempe überboten habe. Er spielte die Helden in Greene's und Marlowe's Stücken, den Roland, den Barabas, den Faust und Tamerlan, und das Publicum schien sich über den Vorzug seines Spiels und Richard's zu streiten. Ob er in Shakespeare'schen Stücken je gespielt hat, wird zweifelhaft gemacht; er gab Lear, Heinrich VIII., Perikles, Romeo, Othello; man vermuthet aber, daß die Stücke durch Bearbeitung auf der fremden Bühne eingebürgert werden mußten. Da die Gesellschaften Burbadge-Shakespeare's und Alleyn's während des Baues des Globe 1594—96 in Newington-Butts nebeneinander spielten, so ist es immerhin möglich, daß eine Uebereinkunft getroffen war, die Alleyn den Gebrauch der Shakespeare'schen Stücke gestattete. Daß Alleyn in der That Burbadge erreicht habe, möchte man bezweifeln. Seine Neigung ist so wenig wie Shakespeare's diesem Stande und dieser Kunst treu geblieben; er verließ die Bühne vorübergehend schon 1597, und 1606 für immer. Man kann bemerken, daß er seitdem außer seinen Geldgeschäften nichts mehr mit Bühne und Schauspielern zu thun hatte. Er hatte große Besitzthümer, gewiß nicht blos durch seine schauspielerischen Vortheile, erworben: er besaß zuletzt die Gutsherrschaften Dulwich und Lewisham, war einziger Besitzer der Fortuna und Haupteigenthümer an dem Blackfriarstheater; außerdem besaß er Ländereien in Yorkshire und Besitzthümer in Bishopsgate und im Kirchspiel Lambeth. Häuslich, sparsam mildthätig, ein freundlich edler Mann war er immer gewesen; da er

keine Familie hatte, so entschloß er sich, sein Vermögen auf die Stif=
tung des Dulwich Collegiums anzulegen, eines Hospitals zur Ver=
pflegung alter und Erziehung junger Armen. Die Gründung dieser
großen Anstalt ward 1619, sieben Jahre vor Alleyn's Tode gefeiert;
der Schauspieler beschämte die übelen Nachredner dieses Standes,
und es ist ein sonderbarer Zufall, daß derselbe Geistliche Stephan
Gosson, der lange vorher so heftig gegen Spiel und Spieler geeifert
hatte, ein nächster Zuschauer bei dieser wohlthätigen Stiftung war.

In solche Umgebung kam Shakespeare, als er nach London
übersiedelte, und zu jener Gesellschaft Burbadge's, wo er seine Lands=
leute fand, hinzutrat. Er selber bestieg als Schauspieler die Bühne.
In jener Zeit, als man Dramen um des Lesens willen nicht schrieb,
als die Trennung der Schauspielkunst und Dichtung noch nicht Statt
hatte, war es nicht ungewöhnlich, daß die dramatischen Poeten zu=
gleich Schauspieler waren; Greene, Marlowe, Peele, Ben Jonson,
Heywood, Webster, Field u. A. vereinigten beide Künste. Was
Shakespeare in dieser Kunst geleistet habe, darüber scheinen sich die
Aeußerungen der Zeitgenossen und die Ueberlieferungen bei den Le=
bensbeschreibern zu widersprechen. Chettle nennt ihn in seiner Kunst
vortrefflich; Aubrey sagt, er habe außerordentlich gut gespielt, Rowe
dagegen, er sei ein mittelmäßiger Spieler gewesen. Vielleicht streiten
diese Angaben weniger miteinander, als es scheint. Collier's Ver=
muthung, es habe Shakespeare nur kleine Rollen gespielt, um im
Schreiben weniger gestört zu sein, hat etwas sehr Natürliches und
Wahrscheinliches. Wir wissen, daß er den Geist von Hamlet's Vater
spielte, und diese Rolle, heißt es, sei der Gipfel seines Spieles ge=
wesen; und einer seiner Brüder, Gilbert wahrscheinlich, erinnerte sich
in hohem Alter, ihn in der Rolle des Adam in Wie es euch gefällt
gesehen zu haben. Dieß sind untergeordnete, aber bedeutende Rollen;
ganz recht sagte Thomas Campbell, daß der Geist im Hamlet einen
guten, ja großen Spieler verlange. Es war aber damals eine ge=
wöhnliche Sitte, die abermals für die größere Ausbildung der

scenischen Kunst spricht, daß Spieler von Rang mehrere Rollen, neben der Hauptrolle noch ganz niedere Partien spielten: dieß gab dem Ganzen Harmonie, erhielt die Gleichmäßigkeit des Genusses und des künstlerischen Eindrucks und befähigte die Dichter, auch diesen unter= geordneten Figuren volles Leben und Ausprägung zu geben. Wenn also Shakespeare, um seinem dichterischen Berufe obzuliegen, nur kleinere Rollen spielte, so spricht dieß noch nicht gegen seine schau= spielerische Befähigung; wenn er mehrere Rollen der genannten Art spielte, so spricht es vielmehr dafür. Allerdings aber hinderte eben dieser Umstand, daß er in diesem Kunstzweige jemals außerordent= lich sich hätte ausbilden oder hervortreten können. Zudem lag die Vergleichung einmal mit Burbadge zu nahe, und dann die Ver= gleichung des Schauspielers Shakespeare mit dem Dichter, bei der jener jedenfalls zu kurz kommen mußte. Was ihn aber innerlichst hinderte, als Schauspieler so groß zu werden, wie als Dichter, das war seine sittliche Zerfallenheit mit diesem Stande. Sie hätte ihn von der Erreichung der höchsten Stufe dieser Kunst immer zurückge= halten, wenn sie ihn auch nicht bewogen hätte, die Bühne frühzeitig zu verlassen. Auf diese Vorgänge aber kommen wir später ausführ= lich zurück.

Shakespeare's erste dramatische Versuche.

Wir haben die Zustände der Bühne, auf die Shakespeare bei seiner Uebersiedelung nach London trat, wir haben die Beschaffenheit der Schauspieldichtung anzudeuten gesucht, zu deren Pflege und Aus= bildung er dort den Marlowe und Greene, den Lodge und Chettle zur Seite trat. In der kurzen ersten Periode seiner dramatischen Dichtung sehen wir ihn mehr oder weniger in den Eigenheiten dieser Dichter befangen, wir beobachten aber zugleich, wie schnell er sich aus der Härte und Rohheit ihrer Producte loszuringen sucht; zuerst ein abhängiger Schüler, erscheint er bald als ein werdender Meister. Dieß Verhältniß drückt sich vollständig darin aus, daß seine ersten Stücke nur Bearbeitungen älterer Dramen waren, die wir zum Theile zur Vergleichung besitzen, daß sich der Bearbeiter aber schnell über seine Vorbilder erhob und schon nach wenigen Jahren wie ein Riese uber sie hervorragte. Perikles und Titus sind, das eine aus inneren Gründen, das andere nach einer überkommenen Notiz, solche Stücke von einer anderen Hand, die Shakespeare nur überarbeitete. Der erste Theil von Heinrich VI. verräth wenigstens drei Hände, die daran Antheil haben. Von den zwei letzten Theilen ist das Original erhalten, dem Shakespeare Schritt um Schritt mit der Feile folgte. Zu der Komödie der Irrungen lag dem Dichter wahrscheinlich schon eine englische Behandlung der Plautinischen Menächmen vor; die

Bezähmung einer Widerspänstigen ist nach einem roheren Stücke bearbeitet. Diese Schauspiele halten wir übereinstimmend mit den
meisten englischen Kritikern für die ersten dramatischen Versuche unseres Dichters und überblicken sie hier in Einer Folge. Wir belauschen
den schaffenden Geist des jungen Dichters in der Werkstätte, wo er
noch selber gebildet ward.

Titus Andronicus und Perikles.

Es ist unbestritten, daß Titus Andronicus, wenn überhaupt ein
Werk von Shakespeare, eine seiner ersten Arbeiten ist. Ben Jonson
(in der Induction zu Bartholomew fair) sagte im Jahre 1614, es
werde der Andronicus (womit doch wohl unzweifelhaft dieses Stück
gemeint ist) seit 25—30 Jahren gegeben; es würde daher auf alle
Fälle aus den ersten Jahren von Shakespeare's Anwesenheit in London sein. Es gibt aber unter den Lesern, die Shakespeare lieb gewonnen haben, wohl wenige, die nicht bewiesen zu sehen wünschten,
daß dieses Stück nicht von dem Dichter herrühre. Diesem Wunsche
entspricht die Aeußerung eines Ravenscroft, der 1687 dieses Trauerspiel umarbeitete, und der von einem alten Bühnenkenner gehört
haben wollte, das Stück sei von einem andern Verfasser und Shakespeare habe „nur einem oder zwei Hauptcharakteren einige Meisterstriche zugefügt". Unter den Meistern der englischen Kritik sind die
gewichtigsten Stimmen getheilt. Collier und Knight schreiben es
ohne alles Bedenken Shakespeare zu und der erstere findet sogar, in
Uebereinstimmung mit seinen Urtheilen über Marlowe, daß dem
Stücke in Beurtheilung seines poetischen Werthes Unrecht geschehen
sei. Nathan Drake, Coleridge (etwa mit Ausnahme einiger Stellen),
Ingleby schieben es als unächt bei Seite; und Al. Dyce meinte, die
Yorkshire Tragödie habe mehr Anspruch, in die Reihe der Shakespeare'-
schen Stücke aufgenommen zu werden als Titus.

Was man gern wünscht das glaubt man gern. In diesem Falle

aber stehen gewichtige Gründe, die für Shakespeare's Autorschaft zeugen, dem Wunsche und dem leichtfertigen Glauben entgegen. Das ausdrückliche Zeugniß eines kundigen Zeitgenossen, Meres, der im Jahre 1598 eine Reihe Shakespeare'scher Stücke nennt, führt Titus unter diesen ausdrücklich an. Die Freunde Shakespeare's selbst haben es in die Ausgabe seiner Werke aufgenommen. Beides steht mit der Ueberlieferung des Ravenscroft allerdings nicht im Widerspruch, hindert aber in jedem Fall, das Stück geradezu als untergeschoben auszuscheiden.

Wie sich diese Zeugnisse einander entgegenstehen, so führt auch die innere Beschaffenheit des Stücks und die Gründe, die man daher leitet, mehr zu Zweifeln als zur Gewißheit. Es ist wahr, Titus Andronicus gehört in Materie wie im Stil vollkommen der älteren Schule an, die von Shakespeare beseitigt ward. Aus seinen Werken kommend fühlt man sich hier fremd und abgestoßen; liest man das Stück aber in Einer Reihe mit Kyd's und Marlowe's Werken, so ist man auf einerlei Boden. Wer von Shakespeare's schauerlichsten Tragödien erschüttert hereintritt in die gehäuften Gräuel dieses Trauerspiels, der empfindet ohne Mühe, welch ein Unterschied ist zwischen jener feinsinnigen Kunst, die das Unheil das sie schildert in seiner ganzen Entsetzlichkeit mitfühlt und rasch darüber hinwegführt, die auch kein Unheil über die Menschen hereinbrechen läßt das sie nicht in eigner Schuld und Natur tragen, und der Rohheit hier, die sich stumpfsinnig an der leidenden Unschuld, an der zur Schau getragenen Qual, an ausgeschnittenen Zungen und abgehauenen Händen in behaglicher Breite der Schilderung freut. Wer den bösartigsten aller Charaktere, die Shakespeare geschildert hat, mit diesem Aaron vergleicht, der den Tag verflucht an dem er nichts übles gethan, der wird durchfühlen, daß dort immer ein Rest von Menschheit erhalten bleibt, wo hier nur ein „widriges Thier" unnatürliche Worte ausspeit und unnatürliche Thaten verübt. Wenn nun der ganze Eindruck, den man aus dieser blutigen Materie und ihrer Behandlung davon

nimmt, mit fast überwältigender Ueberzeugung gegen die Shakespeare'=
sche Herkunft des Stückes spricht, so ist es immer gut, sich aller der
Verhältnisse in der Zeit und in dem Dichter zu erinnern, die dieser
Ueberzeugung ein Gegengewicht halten können. Die Feinfühligkeit,
die der Dichter in seinem Alter erwarb, mußte nicht nothwendig eine
Eigenschaft gleich seiner ersten Jugend sein. Wäre das Stück wie es
ist aus seiner jugendlichen Feder geflossen, so ist es wahr, es müßte
ein gewaltiger, ja fast gewaltsamer Umschwung in seiner sittlichen
und ästhetischen Natur frühe und gleichsam mit Einem Schlage in
ihm vorgegangen sein. Aber ein solcher Umschlag ist in den viel we=
niger kraftvollen Dichtercharakteren unserer Goethe und Schiller auch
vorgegangen; er hat in einem grelleren oder feineren Grade in jedem
Falle in Shakespeare Statt gehabt. Es wäre die Frage, ob in der
ersten Heftigkeit der Jugend, die sich so gern in menschenfeindliche
Stimmungen zwingt, der gewaltige Ausdruck des Hasses, des Rache=
und Blutdurstes, der dieses Stück beherrscht, in jener Zeit, in diesem
Menschen, irgend mehr bedeutet, als Schiller's Räuber, als Gersten=
berg's Ugolino im achtzehnten Jahrhundert und in den milderen Ge=
schlechtern Deutschlands bedeuteten. Indem ein Dichter von solchem
Selbstgefühle wie Shakespeare seinen ersten Wettlauf wagte, lag es
ihm nahe sich mit dem sieggewohntesten seiner Zeitgenossen zu messen;
das war Marlowe. Ihn mit seinen eigenen Waffen zu schlagen,
wäre der sicherste Weg zu einem plötzlichen Siege gewesen. Und wie
sollte ein angehender Dichter gerade diesen Weg verschmähen? In
jener Zeit waren Blut= und Schreckenscenen auf der großen Bühne
des wirklichen Lebens nicht so selten wie heute; auf der Bühne der
Kunst empfahlen sie gerade ein Stück dem Geschlechte, dem der stär=
kere Nervenreiz der wohlthätigere war. Es ist aus Ben Jonson's
angeführtem Zeugnisse klar, daß Titus ein gerngesehenes Stück war,
das sich auf der Bühne, ebenso wie Schiller's Räuber, in stetem
Beifall erhielt. Dieser Billigung des Volkes ferner konnte der Dich=
ter des Titus noch eine höhere zur Seite stellen. Wer er sein mochte,

er war eben so sehr wie der Dichter von Venus und Lucretia von den frischen Erinnerungen der klassischen Schule noch erfüllt. Lateinische Citate, Vorliebe für Ovid und Virgil, für die Fabeln von Troja und die trojanische Partei, stete Beziehungen auf alte Mythologie und Geschichte beherrschen das ganze Stück; man hat eine Anspielung auf Sophokles' Ajax, man hat Anklänge an Stellen des Seneca darin gefunden. Gewiß war die ganze tragische Sage Roms und Griechen= lands dem Dichter gegenwärtig; man weiß daß sie des gräuelvollen Stoffes voll ist. Ihn sammelte der gelehrte Poet, gleichsam um aus altanerkanntem poetischem Stoffe sein Stück und dessen Handlung zusammenzusetzen. Wie Titus seine Rache vor Tamora verstellt, spielt er die Rolle des Brutus; wie er seine Tochter ersticht, die des Virginius; das schaudervolle Schicksal der Lavinia ist die Mythe von Tereus und Progne; Titus' Rache an den Söhnen der Tamora die von Atreus und Thyest; andere Züge erinnern an Aeneas und Dido, an Lucretia, an Coriolan. Aus diesen Flicken vieler Fabeln seine Eine Fabel bildend und den Stoff vieler alter Tragödien in Eine zu= sammenfügend mochte der Dichter glauben, den Seneca auf's sicherste überboten zu haben.

Was von dem Stoff und Inhalt des Stückes gilt, dasselbe gilt auch von der Form. Bei Coleridge entschied schon der bloße Versbau und Stil gegen die Aechtheit desselben. Denn in diesem regelmäßigen Blancverse hat Shakespeare sonst nirgends geschrieben. So ist auch der bilderlose Vortrag, ohne den tiefsinnigen Hang zu gewählten Ausdrücken, zu ungewöhnlichen Wendungen, zu sinnigen Sprüchen Shakespeare sonst nicht eigen. Der großartige typhonische Bombast in dem Munde des Mohren und das übertriebene mimische Spiel seiner Wuth überbietet noch jenes Ueberherodisiren des Herodes, das wir den Dichter im Hamlet so verabscheuen sehen. Doch kann man auch hier sagen: einem Anfänger wie Shakespeare sei es natürlich gewesen, sich von dem falschen Geschmacke der Zeit hinreißen zu las= sen, einem Talente wie ihm ein leichtes, diese fremde Schreibart nachzubilden. Wenn wir für die Aechtheit der erzählenden Gedichte Shakespeare's kein Zeugniß hätten, so würde auch sie kaum Jemand für seine Werke gehalten haben. So gut er den Conceptenstil der Schäferpoesie, die Lyrik der Italiener, den Ton des sächsischen Volks= liedes mit Meisterhand nachzuahmen wußte, eben so leicht, ja viel leichter mußte es ihm sein, den betäubenden Stil eines Kyd und Marlowe zu treffen. Dabei muß man zugestehen, daß wenigstens stellenweise der Vortrag Shakespeare nicht ganz fremd ist. Der zweite Act hat vieles von jener ovidischen Ueppigkeit, jener Schilderei und jenen Concepten, die wir auch in Venus und Lucretia finden, an die sogar einzelne Stellen und Ausdrücke erinnern können. Dort witterte auch Coleridge die Hand von Shakespeare, der in diesen Dingen die feinste Spürung hatte.

In diesen Zweifeln für und wider, in diesen gegentheiligen Erwägungen fühlt man sich bei der Ueberlieferung jenes Ravenscroft am meisten beruhigt, daß Shakespeare im Titus nur ein älteres Stück überarbeitet habe. Das Ganze klingt auch nicht sowohl wie das Anfangswerk eines großen Talentes, sondern mehr als das Pro= duct eines mittelmäßigen Geistes, der sich in einer gewissen freudigen Sicherheit schon auf seiner Höhe fühlt. Was aber in unserer Ansicht gegen die Shakespeare'sche Autorschaft entscheidend spricht, ist die Rohheit der Charakteristik, der Mangel der gewöhnlichsten Wahr= scheinlichkeit in den Handlungen und die Plumpheit ihrer Motivirung. Der Stil eines jungen Schriftstellers läßt sich verbilden, sein Ge= schmack geht fast nothwendig im Anfang irre; was aber tiefer liegt als all dieß Kleid und Zier der Kunst, die Beurtheilung der Men= schen, die Herleitung der Beweggründe ihres Handelns, die allge= meine Anschauung menschlicher Natur, dieß liegt in seinem ursprüng= lichen Theile in uns angeboren, und sein auszubildender Theil pflegt sich im Schutze des Instinctes frühe zu bilden. Welches Stück von Shakespeare wir immer für sein erstes halten wollen, überall, selbst in seinen Erzählungen sind die Charaktere mit sicherer Hand gezeich=

net; die Linien mögen noch schwach und blaß sein, nirgends sind sie mit eckiger oder verzerrender Hand gezogen wie hier. Und dann: Shakespeare hat für die abenteuerlichsten Handlungen, die er nach überlieferten Stoffen zu behandeln unternahm, die natürlichsten Beweggründe zu finden gewußt, und dieß schon in seinen frühesten Stücken, nirgends aber hat er so die Fabel seines Stückes auf die platteste Unwahrscheinlichkeit gegründet wie hier. Man darf sich nur der Hauptzüge des Stückes und des Helden erinnern. Titus, durch Kriegsruhm in die Lage gesetzt über den Kaiserthron von Rom zu verfügen, macht Saturnin in edelmüthiger Treue zum Imperator, will ihm gegen den Willen seiner Söhne seine bereits an Bassianus verlobte Tochter Lavinia zur Gattin geben, und tödtet sogar in seinem treuen Diensteifer einen der widerspänstigen Söhne. Zugleich schenkt er dem neuen Kaiser die gefangene Gothin Tamora, der er so eben als ein Racheopfer für seine gefallenen Söhne die ihrigen getödtet hatte. Der Kaiser sieht sie, verläßt die Lavinia und heiratet die Gothin; und Titus, der so den schnöden Undank dessen erfahren hat, dessen Wohlthäter und Erhöher er war, erwartet nun Dank von Tamora für ihre Erhöhung, der er kaum erst die Söhne geschlachtet! Die Rachebrütende aber läßt durch ihre Söhne des Titus Schwiegersohn ermorden und seine Tochter Lavinia entehren und verstümmeln. Der Vater ahnt nichts von ihrer Rache; die Tochter hört über die Urheber der That reden und rathen, hört ihre Brüder beschuldigen, ihren Gatten (Bassianus) ermordet zu haben; der Zunge beraubt kann sie nicht sprechen, es ist aber auch als ob sie nicht hören könnte; man fragt sie nicht, sie weiß bei keiner falschen Vermuthung nur den Kopf zu schütteln. Erst spät wird durch Zufall der Weg gefunden, ihr einen Stab in den Mund zu geben, womit sie die Namen der Thäter in den Sand schreibt. Der stumpfsinnige Polterer, der bisher Brutus in der That und nach dem Sinne des Namens war, spielt nun den Brutus, und mit der ähnlichen plumpen Verstellung läßt sich nun die schlaue Tamora in die Schlingen der Rache locken, wie vorher Titus selbst. Wer diese rohe psychologische Kunst vergleicht mit den feinen Zügen, mit denen gleich in des Dichters Erstling, Venus und Adonis, selbst unter der Verbildung einer geschrobenen Darstellungsart, die zwei handelnden Figuren so gefällig und natur-treu umschrieben sind, daß sie der bildende Künstler mühelos dem Poeten nachzeichnen würde, der wird es nur schwer für möglich hal-ten, daß derselbe Dichter selbst in seinen äußersten Verirrungen zu dieser Abstumpfung jener feineren Natur gekommen wäre, die er sonst nirgends verleugnet.

Fragt man, wie es möglich war, daß Shakespeare mit dieser feineren Natur ein solches Stück auch nur zur Bearbeitung gewählt habe, so muß man nicht vergessen, daß der beginnende Dichter in seinem Geschmacke immer der Menge huldigen wird, daß die Berech-nung auf ihren Beifall im Anfang mehr auf ihn einwirken wird als die Forderung des Kunstideals. Eben dieß muß auch die Wahl des Perikles erklären; selbst wenn es sich erweisen sollte, daß Shake-speare dieß Stück erst in einer reiferen Zeit sich durch Bearbeitung angeeignet hätte. Wie gerne spielt das große Genie einmal mit einem kleinen Stoffe, um den es das Publicum empfänglich versam-melt sieht! So hat auch unser Goethe den Text der Zauberflöte und die komischen Charaktere sehr untergeordneter Lustspiele gelegentlich zu bearbeiten nicht verschmäht! Stücke wie Titus und Perikles wa-ren mehr auf die Sehweite des gewöhnlichen Publicums gestellt; daß der Perikles im glücklichen Wurfe des Volkes Beifall gewann, weiß man aus ausdrücklichen Zeugnissen; auf den Titeln der Aus-gaben heißt es ein vielbewundertes, in Prologen anderer Schau-spiele ein glückliches Stück; der Prolog des Perikles selbst sagt, es sei dieser Gesang bei Festen und Feiertagen gesungen und Herren und Frauen zur Erholung gelesen worden. Dieser Beifall galt dem Stoffe, der aus einem griechischen Romane des 5.—6. Jahr-hunderts stammt. Aus dem Pantheon von Gottfried von Viterbo ging die Geschichte (deren Held nur auf der englischen Bühne

Perikles, sonst überall Apollonius von Tyrus heißt,) in alle Welt
und Sprachen aus, in Romane, Volksbücher und Gedichte. In
England ist die Sage schon in's Angelsächsische übersetzt gewesen; der
Dichter unseres Schauspiels konnte sie schon in zwei englischen
Bearbeitungen zur Benutzung vor sich haben, in Lorenz Twine's
(pattern of painfull adventures, 1576) prosaischer Uebersetzung der
Gesta Romanorum, und in der poetischen Erzählung der confessio
amantis (vor 1393) von John Gower, einem Zeitgenossen Chaucer's:
beide Quellen sind in Collier's Shakespearebibliothek abgedruckt.
Die Sage vom Apollonius trat in die Reihe jener allbeliebten Romane, deren Stoffe in der Zeit vor Shakespeare so oft zu Schauspielen verarbeitet wurden. Die Vielheit der Abenteuer und Handlungen reizte das schaulustige Volk, wie auch bei uns die romantischen Schauspiele eines Kotzebue sich neben Goethe's und Schiller's
Werken des großen Beifalls erfreuten. Die Liebhaberei an dem
Stoffe des Perikles trug sich so aus der epischen Form auf die dramatische über, wie roh er in ihr auch bearbeitet war. In diesem
Stücke ist die Kunst, eine Erzählung in eine dramatische Handlung
umzubilden, eben die Kunst, deren Shakespeare in dem sichersten
Tacte von früh auf Meister war, noch ganz auf der Kinderstufe.
Das Epos ist nur theilweise in Scenen gesetzt; was die Darstellung
nicht ausführen kann, wird durch Erzählung oder durch pantomimi-
sche Bilder ergänzt; die Prologe sind sehr bezeichnend dem alten Erzähler Gower in den Mund gelegt; er führt gleichsam das Stück auf,
und führt es erzählend fort, wo die Scene stockt; wie ein Bänkel-
sänger sein Wachstuchbild, so deutet er die stummen Auftritte in den
vierfüßigen Jamben und der alterthümelnden Sprache der alten
Quellen, die in Shakespeare's Zeit anklangen wie uns die drolligen
Verse des Hans Sachs. Mit gutem Humor belächelt der Prolog
selber die schnellwachsende Scene, in welcher der Zuschauer den Le-
benslauf des Helden von seiner Jugend bis zu seinem höchsten Alter
durchfliegt; der lahme Fuß seines Reimes muß die geflügelte Zeit

weiter tragen und den Gedankenflug der Zuhörer zu Hülfe rufen, um die langen Meilen zu kürzen und die Meere in Nußschalen zu durch=segeln. Hier ist keine Einheit der Handlung, sondern nur eine Ein=heit der Person; hier ist keine innere Nothwendigkeit des Geschehen=den, sondern eine äußere Gewalt, der blinde Zufall gestaltet die Abenteuer des Helden. Auch eine Einheit des Gedankens, wie ihn Shakespeare immer zur Seele seiner Stücke nahm, verbindet die Theile nicht; höchstens knüpft eine moralische Tendenz den Anfang und das Ende des Stückes zusammen. Der dramatische Dichter legt dem (Prolog) Gower, in dessen Erzählung er eben diese Moral schon vorfand, am Schlusse des Stückes selbst die Hinweisung auf den grellen sittlichen Gegensatz in den Mund, zwischen der Tochter des Antiochus, die im Glücke schwimmend ohne Reiz und Versuchung in unnatürlicher Blutschande lebt, und der Tochter des Perikles, die vom Unglücke gepeitscht und in den Schlingen der Gewalt und Verführung eine Heilige bleibt und aus Sündern Heilige macht. Wie in dem Titus Andronicus der Gedanke, die Leidenschaft der Rache in ihren reinen und unreinen Beweggründen und Spielarten darzustellen, zwei= und dreifach gesättigt festgehalten ist, so ist hier der Gegensatz der Keuschheit und Unkeuschheit die sittliche Lehre, die, nach Art der Moralitäten, grell und fadenscheinig am Anfange und Ende des Stückes hervorblickt; sehr fern von jener feinen künstlerischen Ver=schleierung, mit der Shakespeare seine sittliche Lehre in der Handlung und Thatsache verbirgt. Wie nachdrucksvoll aber im Perikles die Moral hervorgehoben ist, alle die mittleren Scenen des Stückes haben mit diesem Gedanken gleichwohl keinen Zusammenhang, es müßte denn sein um zu erklären, wie die Heldin der zweiten Hälfte geboren ward, oder um den Helden aus seiner Jugend an einem Faden dürftiger und trockener Auftritte zu seinem Alter herüberzu=führen. Fast alle englischen Kritiker sind einig, dieses Gerippe des abenteuerlichen, rohen, schlecht versificirten Stückes Shakespeare ab=zusprechen; man weiß, daß es ein älteres Drama dieses Namens gab; in dieses aber hat dann Shakespeare einige Züge eingetragen, die man mit besserem Rechte Meisterstriche nennen kann, als die er im Titus hinzugethan haben mag.

Wer den Perikles aufmerksam liest, findet mit Leichtigkeit, daß alle jene Scenen, wo in dem Stoffe eine natürliche Anlage ist, wo sich große Leidenschaften entwickeln, vorzugsweise die Scenen, wo Perikles und Marina spielen, in abstechender Fülle aus der Mager= heit des Ganzen heraustreten. Shakespeare's Hand ist hier unver= kennbar; so in der feinen Behandlung des Incests im Anfange des Stückes; in der Scene des Seesturmes (III, 1); ganz besonders im letzten Acte, wo das Wiedersehen des Perikles und seiner Tochter — eine Scene, die schon in der Erzählung Twine's eigenthümlichen Reiz hat — eine Schilderung bildet, die mit den besten Leistungen des Dichters Schritt halten kann. Der tiefsinnige Zug der Rede, die Metaphern, die inhaltvolle Kürze und natürliche Würde, alle die eigenthümlichen Züge Shakespeare'scher Rede liegen hier zu Tage. Auch diese vervollkommneten und volleren Scenen sind nur Skizzen; Umriß ist auch die Behandlung selbst der beiden Hauptcharaktere; aber es sind meisterhafte Umrisse, die mit den breiten Ausführungen der barbarischen Charaktere im Titus in einem seltsamen Gegensatze der Zartheit stehen. Es ist eine ungewöhnliche Rolle, die Marina in dem Hause des Lasters zu spielen hat; der Dichter fand diese Sce= nen schon in den alten Erzählungen angelegt; es galt sie in dem Cha= rakter zu begründen. Aber wie diese Marina erscheint, den Neid waffnend mit ihren Reizen und Gaben, die Nachstellung entwaff= nend; wie sie auf die Bühne tritt, Blumen streuend für ihre gestor= bene Amme; wie wir sie kennen lernen als ein so süß zartes Geschöpf, das nie eine Fliege tödten konnte, Einmal aus Versehen einen Wurm zertrat, und um ihn weinte; wie sie ihr Vater schildert: „gleich einem Pallaste, in dem die gekrönte Wahrheit wohnen sollte, gleich der Ge= duld, die die Ausschweifung außer Wirksamkeit lächelt", so ist dieß wohl eine Natur, die fähig scheint, unter den Unreinsten lauter zu

bleiben und, wie ihre Verfolgerin sagt, aus dem Teufel einen Puritaner zu machen. Dieser Charakter liegt klar am Tage; der des Perikles ist tiefer gelegt. Nathan Drake fand ihn von Hoffnung getragen, kühn, unternehmend, das Muster der Ritterschaft, den geschworenen Diener des Ruhmes und der Liebe. So kann man preisend
misverstehen. Dieser romantische Dulder trägt vielmehr gerade die
schärfsten Züge, die ihn dem vagen Charakter der Ritterschaft ent-
rücken. Ein Zug der geistigen und Gemüthstiefe, ein Zug der Melancholie gibt ihm jene reizbare Natur, die ihn wohl, wo er arglos
ist, gleichgültig gegen Gefahr läßt, sobald er aber in das Arg der
Menschen gespäht, mehr zaghaft als kühn, mehr aufgeregt als unternehmend macht. Die Beweggründe, die ihn bestimmen die lebens-
gefährliche Werbung um Antiochus' Tochter zu wagen, hat der Dichter nicht voraus geschildert, aber nachträglich angedeutet. Der Mann,
der, als er die Schmach des Hauses übersieht in das er gerathen ist,
so schnell und scharfsinnig die Gefahr erkennt die ihm droht; der die
böse Natur des sündigen Vaters im Nu durchschaut, als er bemerkt,
daß er nicht mehr vor seiner eigenen Schmach erröthet und auf ihre
Entdeckung so geschmeidig wird; der eben so sittig als klug das durchschaute Verhältniß nicht offen, kaum vor sich selbst zu nennen wagt,
und vor sich hin in tiefsinnigen Gedanken seine Lage erwägt, der
Mann, der Räthsel spricht, kann auch fähig gedacht werden, Räthsel
zu lösen. Und Er, dessen Phantasie nachher seine einmal aufgeregte
Furcht mit den Vorstellungen von tausend Gefahren ausfüllt, dessen
Gemüth die finsterste Schwermuth ergreift, er erscheint auch in diesen
Zügen als eine Natur von so vortretend geistigen Eigenschaften, daß
er mehr auf diese als auf das bloße Glück vertrauend unternehmen
durfte, das gefahrdrohende Räthsel der Tochter des Antiochus zu errathen. Aufregung, Furcht und Mistrauen treiben ihn dann in die
weite Welt und bewegen ihn bei seinem Glücke in Pentapolis, wie
in der Gefahr in Antiochien; dem Unglücke sich beugend, mehr edel
und zart als keck, verbirgt er sich sorgsam und fürchtet in ganz anderer

Lage dieselben Schlingen wie bei Antiochus: dieß sind wohl absicht=
liche Zusätze des letzten Bearbeiters, denn in der Sage und in den
englischen Erzählungen derselben nennt Perikles seinen Namen und
Herkunft gleich anfangs. Die Gefühligkeit seines Wesens, die ihn
sorglich im Augenblicke des ruhigen Handelns macht, macht ihn er=
regt im Unglücke und raubt ihm die Widerstandkraft im Leiden. Die=
selbe heftige Bewegung, dieselbe Versenkung in Schwermuth, den=
selben Wechsel seines Inneren, den er im ersten Acte nach seinem
Abenteuer in Antiochien an sich selbst bemerkt, erleben wir daher
steigend in ihm wieder nach dem vermutheten Tode seines Weibes
und seines Kindes; wie damals wirft er sich wieder in die weite
Welt und überläßt sich maaßlosem Grame, der Menschen und seiner
selbst vergessend, bis ihn die unerkannte Tochter sich selbst wiedergibt
und er zugleich mit sich selber auch Tochter und Gattin wiederfindet.
Der ekstatische Uebergang von Leid zu Freude ist hier mit eben der
Meisterschaft angedeutet, wie vorher die plötzlichen Abfälle aus Hoff=
nung und Glück in Melancholie und Trauer. Wir sagten, es ist dieß
nur in Umrissen hingeworfen; aber diese Umrisse ausführend in be=
stimmtere Gestalt zu bringen, ist einem großen Schauspieler ein wei=
ter Raum in dieser Rolle gegeben. Wir vermutheten daher oben,
Shakespeare möchte dieses in allen anderen Theilen höchst unbe=
deutende Stück nur deßhalb zur Bearbeitung ausgewählt haben, um
seinem Burbadge, der diese Rolle spielte, eine schwierige Aufgabe
mehr zu bereiten.

Dieß würden wir für ausgemacht halten, wenn das Stück erst
um das Jahr 1609, wo es mit dem Beisatze „neulich aufgeführt"
zum erstenmale gedruckt erschien, von Shakespeare bearbeitet sein
sollte, wie Collier annimmt. In diesem Falle würden wir hier das
Stück an unrechter Stelle besprochen haben. Dryden aber, in einem
Prologe den er 1675 zu der Circe von Karl Davenant schrieb, nennt
es ausdrücklich Shakespeare's erstes Stück und entschuldigt damit
seine Schwächen. Man muß gestehen, es ist schwer zu glauben, daß,

auch selbst in einem Zwecke wie der angegebene, Shakespeare in jener Zeit seiner höchsten Reife ein Stück wie den Perikles zum erstenmale sich sollte angeeignet haben. Vergleicht man die verfänglichen Sce= nen des vierten Actes mit dem ähnlichen in Maaß für Maaß, einem Stück das vor 1609 geschrieben ist, so glaubt man ungern, daß Shakespeare diese überwürzte Speise für die Million in dieser Zeit geschrieben oder auch nur aus der Hand eines Anderen stehen ge= lassen hätte. Wir möchten daher (wie auch Staunton thut) lieber annehmen, daß Shakespeare das Stück schon bald nach seiner Ent= stehung aus der Hand des ersten Dichters (um 1590) sich zu eigen gemacht. Um die Zeit, als das Stück mit Shakespeare's Namen (1609) gedruckt wurde, mag es dann vielleicht für Burbadge's Spiel neu zugerichtet und durch dasselbe zu seinem neuen Ruhme gelangt sein. Daß es damals frisches Aufsehen erregte, geht schon daraus hervor, daß aus dem eben aufgeführten Stücke und aus Twine's Er= zählung Georg Wilkens 1608 eine Novelle zusammensetzte* : „die Geschichte des Perikles, wie sie neulich durch den würdigen und alten Poeten Gower aufgeführt ward". In ihr liest man die jambischen Verse und die Stellen unseres in Prosa umgesetzten Stückes vielfach heraus, aber in einer Weise, die uns schließen läßt, es sei das Stück wohl in einer vollkommneren Gestalt damals gegeben worden, als in der wir es heute lesen. Shakespeare's Feder (so leicht unter= scheidbar ist sie) ist in dieser übertragenen Prosa in Ausdrücken wieder erkannt worden, die sich nicht in dem Stücke finden, die aber auf der Bühne gesprochen worden sein müssen. Als Perikles III, 1) das im Meersturme geborene Kind empfängt, sagt er: Du wirst so rauh be= willkommt von der Welt, wie nie ein Fürstenkind. Dazu setzt die Novelle (p 44. ed. Mommsen) die Anrede: Armes Zollgroß Natur (poor inch of nature), drei bloße Worte, aus denen ein Jeder unse=

---

* Aus einem Exemplare der Züricher Bibl. neu herausgegeben von Tycho Mommsen. Oldenburg 1857.

ren Dichter heraushören wird. So lesen wir denn vielleicht dieß
Stück in einer Gestalt, die es weder trug, als Shakespeare die erste,
noch da er die letzte Hand daran legte.

Heinrich VI.

Unsere Bemerkungen zu den beiden Stücken, die wir besprochen
haben, waren wesentlich kritischer Natur, denn es kam in der That
weniger darauf an ihren geringen Werth zu bestimmen, als ihre Ent=
stehung und den Antheil den Shakespeare an ihnen hatte. Auch bei
den drei Theilen der Historie von Heinrich VI. wird die Erör=
terung meist kritischer Art sein, vorzugsweise aber die zu dem ersten
Theile, dessen Betrachtung von der der beiden letzten ganz abge=
trennt werden muß. Die beiden letzten Theile von Heinrich VI. sind
von Shakespeare nach einem vorhandenen Originale gearbeitet, das
unseren Dichter schon frühe auf den Gedanken geleitet haben mag,
nicht allein diese beiden Stücke durch seine Bearbeitung sich anzueig=
nen, sondern auch die ganze Reihe seiner Historien nicht nur den
Thatsachen nach, sondern sogar dem leitenden Gedanken nach ihnen
anzuschieben. Zu dem ersten Theile dagegen besitzen wir keine Quelle;
er ist seinem Inhalte nach nur sehr locker mit den letzten Theilen ver=
bunden und diese Verbindung ist erst später in das Stück hineinge=
tragen. Die zwei letzten Theile enthalten das Gegenstück zu Shake=
speare's Richard II. und Heinrich IV.; wie diese Stücke die Erhebung
des Hauses Lancaster, so stellen sie die Vergeltung des Hauses York
dar; der erste Theil dagegen behandelte in einer ursprünglichen Ge=
stalt wohl nur die französischen Kriege unter Heinrich VI. und die
inneren Zwiste, die die Verluste in Frankreich veranlaßten. Der
Satiriker Thomas Nash spielt 1592 (in Pierce Penniless' suppli-
cation to the devil) auf ein Stück an, in dem der tapfere Talbot,
der Schrecken der Franzosen, gleichsam vom Grabe erstanden auf der
Bühne wieder triumphire. Ob nun diese Anspielung auf unser Stück

ober auf einen anderen Heinrich VI. geht, der wie wir wissen 1592 von Henslowe's Gesellschaft gespielt ward, so ist doch dieß in der That der wesentliche Gegenstand desselben; was sich auf den empor= kommenden York und seine politischen Plane bezieht, ist ohne Zweifel von Shakespeare erst zugesetzt, um das Stück mit den beiden Folge= theilen zu verbinden. Daß Shakespeare an dem Stücke anderen An= theil habe, als eben diesen, ist mit Bestimmtheit zu verneinen; seit Malone's ausführlicher Abhandlung über die drei Theile von Hein= rich VI. bis auf Dyce spricht man ihm in England diesen ersten Theil am liebsten ganz ab. Er sieht schon durch den außerordentlichen Prunk mit vielfältiger Gelehrsamkeit Shakespeare nicht gerade ähn= lich; auch nicht in der Schreibart. Coleridge hieß die Rede Bedford's am Anfange des Stückes mit dem Blancverse in Shakespeare's ersten ächten Stücken vergleichen, und wenn man sie dann Shakespearisch finde, so werde er sagen, man habe Ohren, aber kein Ohr. Hat der Stoff den Dichter bewogen, sich das Stück zur Ergänzung der zwei folgenden Theile anzueignen, so ist ohne Frage sein Antheil daran ein sehr geringer. Daß er selbst, nach der damaligen Sitte, das Stück ursprünglich in Gesellschaft mit anderen Dichtern gearbeitet habe, ist uns nicht glaublich, weil ein Mann von dem Selbstgefühle Shakespeare's die ganze Unnatur dieses Gebrauches früh empfinden mußte. Wohl ist dagegen wahrscheinlich, daß das Stück, das er be= arbeitete, verschiedene Hände gleichzeitig beschäftigt hatte, weil sich deren mehrere ganz deutlich unterscheiden lassen.

Kein Stück ist so gut zu brauchen, um daran zu entwickeln, wie Shakespeare, sobald er Er selbst war, seine dramatischen Arbeiten nicht schrieb. Seine historischen Stücke folgen in den geschicht= lichen Thatsachen meistens der Chronik von Holinshed und halten sich streng an Reihenfolge und Ordnung, alle Mythe verschmähend. Der erste Theil von Heinrich VI. dagegen folgt einer anderen historischen Erzählung (Hall) und nimmt aus Holinshed und anderen unbekann= ten Quellen Einzelnes hinzu; sehr grobe historische Verstöße, Ver=

I. 10

mischung der Personen, eine merkwürdige Verwirrung in der Zeit=
rechnung, dazu eine Reihe von ganz ungeschichtlichen Zusätzen charak=
terisiren die Behandlung dieser Historie, wie sie sich Shakespeare
nirgends erlaubt hat. Die Geschichte der Gräfin von Auvergne, die
verdreifachte Feigheit Fastolf's, die Wiedereinnahme Orleans' durch
Talbot, der Ueberfall von Rouen, die Gefangennahme Margareten's
durch Suffolk sind lauter Erfindungen, zum Theil aus patriotischem
Eifer hervorgegangen. Dergleichen schien nicht Shakespeare's son=
stige Ansicht von einer dramatischen Historie zu sein, die er überall
möglichst strenge an den ächten überlieferten Stoff band. Es kann
nicht unsere Absicht sein, diese geschichtlichen Irrthümer auseinander=
zusetzen, da wir Shakespeare's historische Stücke nicht unter diesem
Gesichtspunkte betrachten; wir dürfen einfach auf Courtenay's Com=
mentarien über die historischen Stücke Shakespeare's 2 Bände) ver=
weisen, wo diese Betrachtungsweise ausschließlich angelegt ist.

Nehmen wir das Stück rein aus dem dramatischen Gesichts=
punkte und betrachten es als eine Bühnenarbeit, so bietet es, wie wir
sagten, im Gegensatz zu Shakespeare's sonstiger Verfahrungsweise
eine vortreffliche Lehre. Es ist hier keine Einheit der Handlung, ja
nicht einmal wie in Perikles eine Einheit der Person. Faßt man die
einzelnen Scenen scharf in's Auge, so fallen sie in der Art locker aus=
einander, daß man ganze Reihen davon ausscheiden kann, ohne das
Stück dadurch schlechter, ja vielleicht nicht ohne es dadurch besser zu
machen: ein Versuch den man selbst in Perikles nicht weit treiben
könnte. Dieß darf man nur oberflächlich inne geworden sein, um zu
fühlen, wie sehr die dramatischen Kunstwerke vor Shakespeare ent=
fernt waren von jenem planmäßigen inneren Bau, der eine Zerstücke=
lung ohne Entstellung nicht zuläßt.

Man kann in diesem ersten Theile von Heinrich VI. die Scene
zwischen Talbot und der Gräfin Auvergne (II, 3.) weglassen, und
das Stück verliert nur einen unwesentlichen dramatischen wie ge=
schichtlichen Auswuchs.

Man kann die Werbung Suffolk's um die gefangene Margarete ausscheiden, und man wird finden, daß dann V, 4. mit V, 3 zu Einer Scene viel natürlicher zusammenschmilzt; die Hinrichtung der Jungfrau, die jetzt ganz nutzlos aufgeschoben wird, schließt sich dem frühern an, ohne daß man auch nur eine Zeile zu ändern brauchte. Wäre dieser Auftritt Zusatz, so müßte die damit in Zusammenhang stehende letzte Scene (V, 5), in welcher der König Margareten zu seiner Gattin wählt, gleichfalls angeschoben sein. Man scheide auch sie aus, und man wird finden, daß das Stück alsdann mit dem Frieden Winchesters (V, 4.) einen vollkommenen, ja mit dem Hauptinhalte weit besser stimmenden Schluß hat.

Die Scenen von Talbot's und seines Sohnes Tod (IV, 5. 6.) haben ohne Zweifel, da sie sich auf den Haupthelden beziehen schon in dem ursprünglichen Stücke gestanden, sind aber unmöglich von demselben Verfasser, der das Stück in seinen Haupttheilen geschrieben hat. Sie sind von einer lyrisch elegischen Färbung, an sich nicht ohne poetische Schönheit, aber völlig undramatisch. Ganz im Gegensatze von Coleridge und Collier würden wir gerade in dieser sentimentalen Aber die Feder Shakespeare's am allerwenigsten vermuthen.

Man kann die Scene von Mortimer's Tod (II, 5.) und seinen politischen Unterricht an York herausheben, ohne sie zu vermissen. Die folgende erste Scene des dritten Actes schließt sich dann enge an die früheren Zwiste an. Noch mehr: man kann den Auftritt im Tempelgarten, wo der Streit zwischen der rothen und weißen Rose anhebt, und dann Alles was im Folgenden auf diese Scene, auf York und sein Thronverhältniß und seinen Streit mit den Lancasters Bezug hat, ausscheiden, und es bleibt dann erst ein einheitlicheres Stück übrig, das die französischen Kriege und daneben die heimischen Factionen behandelt, durch welche der Kampf in Frankreich entmuthigt und der große Fall der englischen Sache veranlaßt wurde.

Selbst diese Ueberwirkungen des Factionsgeistes in den Gang der französischen Kämpfe scheinen nicht alle in dem ursprünglichen

Stücke gelegen zu haben. Das Eingreifen des Streites zwischen
Sommerset und York in den Gang der Kriege und seine Einwirkung
auf Talbot's Tod scheint nach der ganzen Haltung der betreffenden
Scenen ein Zusatz des letzten Bearbeiters. Talbot ist in Noth; die
zwei Herzoge Sommerset und York werden von Lucy um Hülfe an=
gegangen in zwei aufeinander folgenden Auftritten (IV, 3. 4), die
zwischen jene elegischen Talbotscenen in einem ganz anderen Stile
eingeschoben sind; sie weigern sich aus gegenseitiger Feindschaft; da=
durch sieht Lucy voraus, daß Talbot zu Grunde gehen wird und be=
klagt seinen Fall gleichsam als schon geschehen. Nun folgt Talbot's
Todesscene; kaum ist York's Name, um eine flache Verbindung mit
jenen beiden Scenen herzustellen, genannt dabei; von seinem Streite
mit Sommerset nichts; über Talbot's Leichnam erscheint dann Lucy
und klagt nun über seinen Tod in einem Tone, als ob er weder da=
von etwas gewußt noch auch nur geahnt habe!

Scheidet man alle diese Handlungen zwischen York und Som=
merset, Mortimer und York, Margarete und Suffolk aus, und liest
sie abgetrennt für sich, so sieht man auf eine Reihe von Scenen, die
Shakespeare's Vortrag in seinen historischen Stücken eben in der Art
erkennen lassen, wie man sich denken würde, daß er am Anfang sei=
ner Laufbahn geschrieben haben möchte. Hier ist der geschickte, witzige
Gang der Rede und der Keim seiner bilderreichen Sprache, hier sind
schon die feinen geistreichen Erwiderungen, die gewähltere Form der
Ausdrücke; hier in Mortimer's Todesscene und in der Lehre seiner
tiefverstellten schweigenden Politik an York ist, wie auch Hallam ur=
theilt, schon ganz die Shakespeare'sche Innigkeit und Menschenkennt=
niß in ähnlichen pathetischen oder politischen Scenen seiner anderen
Stücke; Alles nicht in jener Fülle und Meisterschaft wie später, aber
wohl in der Anlage, die die spätere Ausbildung errathen läßt. Diese
Stellen stechen dann entschieden ab gegen die trivialen langweiligen
Kriegsscenen, und die wechselnd bombastisch und platt geschilderten
Zwiste zwischen Gloster und Winchester; die Einen wie die Anderen

halten sich ganz auf der gewöhnlichen Heerstraße der Poesie und ha=
ben freilich auch so noch des frischen poetischen Stoffes, wie ihn eine
jugendliche Kunst spielend dahin wirft, genug, daß sie Schillern zu
seiner Jungfrau von Orleans einzelne schöne Züge, ja den Haupt=
gedanken seines Stückes zu liefern vermochten. Setzen wir für aus=
gemacht, Shakespeare habe alle jene Scenen erst eingeschoben, so
kann man sich vollständig erklären, warum. Sie verbinden diesen
ersten Theil auf's engste mit dem zweiten und dritten, mit dem er
sonst in keinerlei Verbindung gestanden hätte. Der York, der Haupt=
held der beiden letzten Theile, erscheint hier in seinen Anfängen; die
Margarete, die dort neben ihm die vorderste Figur bildet, ist hier in
ihrer Entstehung; die letzte Scene des ersten Theils ist auf das ab=
sichtlichste in engsten Zusammenhang mit der Anfangsscene des zwei=
ten Theiles gesetzt. Den später geschriebenen Richard II. hat dann
Shakespeare, wie er in einem geschichtlichen Gegensatze zu diesen
Theilen Heinrich's VI. steht, auch in einen sehr sichtlichen dramati=
schen Bezug zu eben diesen zugefügten Scenen gesetzt. Wie dort das
gefährliche Emporkommen des Hauses Lancaster von dem Zweikampfe
Norfolk's und Heinrich's seinen Ausgang nimmt, so hier der Streit
der beiden Rosen von der Ausforderung zwischen Vernon und Basset;
wie dort der schwache Richard den Lancaster erst zurücksetzt und be=
droht, dann schont und durch Schonung ihn erhebt, so emancipirt
hier der junge schwache Heinrich VI. den gekränkten, seiner Ehren
beraubten York zu seinem eigenen Verderben. So hätte Shakespeare
durch die Zugabe dieser Scenen zwar den ersten Theil Heinrich's VI.,
als ein abgetrenntes Stück gesehen, noch loser gemacht als er schon
ursprünglich war, aber er hat dagegen die drei Theile unter sich so
verbunden, daß sie ein einheitliches Bild von der Regierung Hein=
rich's VI. und zugleich in dem Emporkommen York's ein vollständiges
Gegenstück zu dem Emporkommen des Hauses Lancaster abgeben, zu
dessen Schilderung er wahrscheinlich schon den Plan machte über der
Bearbeitung Heinrich's VI.

Die beiden letzten Theile von Heinrich VI. betrachten wir
füglich als ein einziges Stück, als eine dramatische Geschichtschronik
in zehn Acten: weder der äußere Bau, noch ein innerer Gedanke
hält beide Theile anders als mechanisch von einander getrennt. Die
Vorgänge in Frankreich, der Hauptgegenstand des ersten Theiles,
sind hier in den tiefsten Hintergrund gedrängt; der Leser bemerkt
kaum die knappen Stellen, wo man erfährt, daß Sommerset nach
Frankreich gesandt wird und diesen kostbaren Besitz für England völlig
verliert. Der Inhalt beider Theile ist der Kampf der Häuser Lan=
caster und York, das Versinken von Englands Macht unter dem
schwachen heiligen Heinrich VI., und das Emporkommen York's, des
Vaters Richard's III. Später hat Shakespeare das Gegenstück zu
diesem Werke geschaffen, die vorausgegangene Erhebung des Hauses
Lancaster, das Emporkommen Bolingbroke's über den schwachen
weltlichen Richard II. Im zweiten Theile (VI, 1.) ist in einer Stelle,
die Shakespeare's Eigenthum ist, ausdrücklich darauf hingewiesen,
daß Heinrich's VI. Fall die Sühne sei für den unrechtmäßigen Mord
Richard's II. durch die Lancaster. Aus andern Stellen läßt sich
nachweisen, daß Shakespeare die Chronik von Holinshed bereits zur
Hand hatte, als er die Originale der beiden letzten Theile Hein=
rich's VI. umschuf: er mochte die ganze Geschichte des Kampfes der
beiden Häuser gleich über dieser ersten seiner historisch = dramatischen
Arbeiten übersehen, ihren poetischen und historischen Werth erkannt
und früh den Plan zu dem Cyclus historischer Stücke gefaßt haben,
den er bald nach dieser Arbeit ausgeführt hat.

Wir haben bereits gesagt, daß Shakespeare in den beiden letzten
Theilen Heinrich's VI. zwei Stücke nur überarbeitet hat, deren Ori=
ginale erhalten und von Halliwell in den Schriften der Shakespeare
Gesellschaft neu herausgegeben sind *. Diese Werke, die eine natür=

---

* The first part of the contention betwixt the two famous houses of
York and Lancaster und the true tragedy of Richard duke of York. Die

liche Muthmaßung auf Robert Greene zurückführt, mit Shakespeare's
Bearbeitungen zu vergleichen, heißt in die innerste Werkstätte seines
jugendlichen poetischen Genius hineinblicken. Hätten diese beiden
Stücke nichts gethan, als Shakespeare's Auge auf die höhere ge=
schichtliche Welt hinübergelenkt, so wären sie schon dadurch in der
Geschichte seines Geistes von der entschiedensten Bedeutung.

Für die englische Bühne war es ein außerordentliches Glück,
daß sie bei ihren ersten Entwickelungen auf die Stoffe der inländischen
Geschichte fiel. In den Quellen, aus welchen die Dramatiker ander=
weitig zu schöpfen pflegten, den Ritterromanen, alten Mythen und
Geschichtssagen, Novellen und Volksbüchern von abenteuerlichem
Inhalte, war die Unnatur groß, der Ungeschmack größer; die Kunst
der dramatischen Dichter war schwach; wo der Stoff ihrem freien Er=
findungsvermögen viel Raum ließ, artete das Geschaffene in Ver=
zerrungen aus; so entstanden solche Werke wie Titus und Perikles.
In den naiven und schlichten Chroniken ihrer heimischen Geschichte
dagegen fanden die Dramatiker in jenen Bürgerkriegen einen großen,
mächtigen Stoff vor, eine Natur die ihnen gleichartig war, ein han=
delndes Volk das sie kannten, vortretende Charaktere die ihnen ver=
ständlich waren, sie fanden die psychologische Wahrheit fertig und
vorräthig, an der sie in ihren romantischen Versuchen vergeblich
herumriethen. Gerade als Shakespeare zu dichten anfing, trieb dieses
vaterländische Drama, wie wir oben sahen, den ersten Saft. Unter
den ersten Historien nannten wir Greene's Heinrich VI.; er ist fast
der ganzen Reihe der vorshakespeare'schen Stücke dieser Gattung über=
legen. Die Chronik der Geschichte ist darin oft nur übertragen und

ältesten Drucke sind von 1594 und 1595, und tragen nicht Shakespeare's Namen.
Die Tragödie vom Herzog von York ist von den Dienern des Grafen Pembroke
gespielt worden, für die Greene, aber Shakespeare niemals schrieb. Nach Shake=
speare's Tode sind 1619 beide Stücke mit seinem Namen zusammengedruckt von
einem Papier, der auch andere zweifelhafte und unächte Stücke Shakespeare's ge=
druckt hat.

trocken in Scene gesetzt, aber gerade dieß bringt nur um so lebhafter
den Werth zu Tage, der an und für sich in einem bedeutenden, der
einfachen Natur entlehnten Stoffe gelegen ist.

Die deutschen Leser kennen diese beiden Stücke nicht und können
sie daher auch nicht mit Shakespeare's Ueberarbeitung vergleichen;
es ist aber nöthig, daß wir von ihnen sprechen, wie sie in ihrer ur=
sprünglichen Gestalt sind, um zu zeigen, was sie Shakespeare dar=
boten, was in ihnen das anregende für seine historischen Dramen
gewesen ist, und was er in seinem Heinrich VI. (2. u. 3. Thl.)
hinzuthat.

Wenn Tieck behauptete, im Plane lasse sich nichts bei Shake=
speare, selbst sein Edelstes und Bestes nicht, mit der Geschichtstragödie
von Heinrich VI vergleichen, und es wachse darin der Geist mit dem
Gegenstande, wenn Ulrici die Composition wahrhaft Shakespearisch
nannte, so verrathen beide, daß sie Stoff und Form nicht trennen und
daß sie die Chroniken, denen diese Dramen folgen, nicht mit der
dichterischen Behandlung verglichen haben. Von Plan und Anlage
kann in einem Stücke nicht viel die Rede sein, welches unter wenigen
Ausnahmen und Irrthümern dem Gange der Chronik einfach folgt,
die verschiedenen Schichten des Stoffes nacheinander abschält, und
wie die Chronik eine Reihe von Scenen vorführt, die (wie die Anek=
bote von dem Waffenschmied und dem lahmen Simpcor) nur in einem
sehr losen Verbande mit dem großen Gange des Ganzen stehen. Wer
die Erzählungen von Hall und Holinshed neben Heinrich VI. liest,
der wird die sehr genaue Abschrift des erzählten Textes selbst an Stel=
len gewahren, wo er sie am wenigsten vermuthet hätte. Der volks=
thümlich humoristisch gehaltene Aufstand von Cade im zweiten Theile
liegt schon so sehr in der geschichtlichen Quelle vor, daß selbst die
einzelnen Reden der Rebellen sich zum Theile wörtlich in der Chronik
von St. Albans finden, wie sie Stow in seiner Erzählung von Wat
Tyler's und Jack Straw's Aufstande anführt. Einzelne hochpoetische
Stellen, die Prophezeihung Heinrich's VI. über Richmond, die kecke

Antwort des gefangenen Prinzen von Wales, die Ermordung des jungen Rutland u. A. sind nicht nur der Chronik entlehnt, die letztere Scene macht auch bei Holinshed einen ergreifenden poetischen Ein= druck. Wo nach Tieck's Ausdruck mit dem Gegenstande der Geist in diesen Stücken wächst, ist es nur weil dieß auch in dem Stoffe der Chronik der Fall ist; man darf nur dem zweiten Theile gegenüber bei Holinshed die Stellen nachlesen, wo nach Gloster's Ermordung die Geschichte anfängt reicher und fesselnder zu werden, eben wie das Drama auch. Der Inhalt ist eben das Große und Anziehende in diesen Stücken, und er ist es auch in der schlichtesten geschichtlichen Form. Das Schauspiel dieser großen Lawine des Zusammensturzes aller Kräfte in dem vaterländischen Staate, diese Auflösung aller Bande, dieses Chaos, in dem Unthat die Unthat verschlingt, Ver= brechen aufsteigt über Verbrechen und eine unerbittliche Nemesis den frevelnden Menschen dicht auf den Fersen folgt, dieß Alles hat in sich einen mächtigen Zug, der den Dichter emporreißt, mehr als er von dem Dichter geschaffen zu werden brauchte. Dieses Gemälde von dem allmählichen Schwinden aller Staatskräfte ist weit mehr ein Bild rein geschichtlicher Wahrheiten und großer Erfahrungen in natürlicher Folge, als ein Entwurf dichterischer Schönheiten, die durch harmo= nische Ineinanderfügung wirken; was ihm aber den tiefen, den Wir= kungen der Kunst gleichen Eindruck auf das Gemüth verleiht, das ist die moralische oder poetische Gerechtigkeit, die wir in dem Dichtwerke nicht vermissen wollen, und die in dem Geschichtswerke des obersten Meisters nirgends vermißt wird, wo, wie in allen Revolutionszeiten, die Triebfedern, Handlungen und Schicksale der Menschen offener vor uns da liegen. Wir sehen im zweiten Theile zuerst den Protector des Reichs an seiner eigenen Schwäche und sein Weib an ihrem ver= brecherischen Hochmuthe zu Grunde gehen. Sie fallen durch die Ka= balen des verfeindeten, in dem schlechten Zweck aber verbündeten Adels, der seit Richard II. Englands Unheil gewirkt hatte. Der Fall Suffolk's wieder und die Rebellion von Cade ist ganz dargestellt als

eine verschuldete Strafe der Aristokratie, als eine Erhebung der lei=
denden unteren Klassen gegen den Druck, die Gewissenlosigkeit und
die Härte des Adelsregimentes. Diese Volksherrschaft ihrerseits sehen
wir dann schleunig in ihrer eigenen Raserei und Thorheit untergehen.
Auf den Trümmern des schlau benutzten Adels und des aufgehetzten
Volkes aber erhebt sich nun York zu der Würde eines neuen Pro=
tectors, gestützt auf die Volksgunst und auf die eigenen kriegerischen
Thaten und Verdienste. Am Ziele seiner Bestrebungen läßt er sich
zum Meineide verleiten, und die Rache folgt auf dem Fuße: er fällt
mit einem seiner Söhne, Rutland, einen erschütternden Fall. Der
König selbst, der in thatloser Schwäche und beschaulicher Frömmig=
keit zwischen dem Zerfalle aller Dinge als ihre letzte Ursache, halb
unzurechenfähig, steht, wird nun auf Verführung der Königin auch
seinerseits meineidig und fällt in die Gewalt und unter das Schwert
seiner Feinde. Aus dem Blute Rutland's und des Prinzen von Wales
entspringt dann eine neue Saat von rächenden Schicksalen. Es fällt
der Clifford, der jenen gemordet, es wankt der Eduard auf dem
Throne, der bei des Prinzen Ermordung anwesend war, es fällt der
tapfere Warwick, der zuletzt aus persönlicher Gereiztheit seiner alten
Partei noch untreu wird. Durch alle diese Unfälle und Straffälle
geht die Königin Margarete unangetastet wie eine Schicksalsgestalt
hindurch, um die feinste Rache der Nemesis zu erfahren: als eine Ge=
fangene auf den Thron von England gekommen, als eine Bettlerin
beritten geworden, hetzte sie nach dem Sprichwort das Pferd zu
Tode, und sieht all ihre Glorie zu eigener Qual überlebend zu Grabe
gehen; die Quelle aller dieser Leiden, soll sie dieselben bis auf die
Hefe ausleeren. Diese ganze Entwickelung nun aber, das sieht man
wohl, ist nur Geschichte und nicht poetischer Plan und Composition;
diese Handhabung der Gerechtigkeit selbst, die so planmäßig und dich=
terisch aussieht, ist der Chronik einfach entnommen. Bei der Stelle
wo der Prinz von Wales (3r Thl. V, 5.) erstochen wird, machen die
Chroniken von Hall und Holinshed die ausdrückliche und nachdrück=

liche Bemerkung: „für diese ruchlose That hätten die meisten der
Thäter in ihren späteren Tagen den gleichen Kelch getrunken, in Folge
der verdienten Gerechtigkeit und gebührenden Strafe Gottes". In
diesem Geiste schrieb man damals und schreibt man in jeder ursprünglichen Zeit die Geschichte überall. Dieser Gedanke ist nachher von
Shakespeare in Richard III. an den Schicksalen eben jener Thäter
ganz im Einzelnen, ganz mit dem gleichen Nachdrucke ausgeführt
worden. Man könnte sich zu der Vermuthung versucht fühlen, Shakespeare habe aus diesem Stücke und dieser Geschichte von Heinrich VI.
die Forderung der poetischen Gerechtigkeit gelernt in seine Kunst herüber zu nehmen; sie ist gleich in der Fortsetzung Heinrich's VI., in
Richard III., fast zu grell gehandhabt, um überall dichterisch schön
heißen zu können; es ist ihr in allen späteren Dichtungen Shakespeare's mit der größten Gewissenhaftigkeit, in vielen mit einer bewundernswürdigen Feinheit genügt. Diese Forderung ist in jedem
Falle nicht aus einem Systeme der Aesthetik noch aus dem Vorbilde
alter Meister in des Dichters dramatische Kunst eingegangen, sondern
rein aus derselben Beobachtung der menschlichen Natur und Geschicke,
zwischen denen auch jede ältere naive Geschichtschreibung die enge
Verbindung erkennt, die den Menschen überall als den Schmied
seiner eigenen Schicksale zeigt.

Diesen bedeutenden Stoff der Geschichte nun hat Robert Greene
in seinen beiden Stücken, wenn sie von ihm sind, mit Verständniß
ergriffen, aber in einer sehr ungleichen Behandlung dramatisirt, die
sich rein nach der Bedeutung der Materie und ihrer Ausführung in
seinen Geschichtsquellen richtet; Beweis genug, wie wenig künstlerische Gestaltung dabei im Spiele war. Und hier liegt der große Unterschied dieser und der Shakespeare'schen Historien, daß in den
letzteren, wo sie auch der Chronik mit gleicher Treue folgen, der
Dichter gerade dort gewöhnlich am größten hervortritt, wo ihn die
Chronik verläßt. Im zweiten Theile Heinrich's VI. ist in dem dritten
Acte eine tüchtige und kräftige Anlage; die Volksscenen von Cade's

Aufstande sind schon bei Greene voll glücklicher humoristischer Lebendigkeit. Im dritten Theile ist der erste Act, der Fall York's, in einem hohen Pathos und ohne die herkömmlichen Uebertreibungen der älteren dramatischen Schule gehalten; in den Reden York's und Margaretens konnte Shakespeare die ächte Sprache großer Leidenschaften lernen und er fand sich hier nicht bewogen, Vieles von seinem eigenen hinzuzugeben. In dem zweiten Acte, wo sich York's Söhne emporraffen, herrscht durchgängig eine treffliche Kriegskraft vor, und auch hier hat Shakespeare mit dem richtigsten Gefühle seine bessernde Hand zurückgehalten. Von dem dritten Acte an aber, und besonders im vierten und fünften, wo sich an dem schwachen wollüstigen Eduard und seiner Bettelkönigin die Geschichte von Heinrich VI. noch einmal im Kleinen abspiegelt, beginnt eine Staatsaction ohne viele pathetische Bewegung; mechanisch und eilig folgen sich die Scenen, ohne weiter ein fesselndes Interesse zu erregen; sie sind knapp selbst bei Shakespeare, der sich gleichwohl alle Mühe gegeben hat, aus den noch viel knapperen, skelettartigen Scenen des älteren Stückes etwas zu machen, ihren Inhalt zu dehnen, die sonderbare Hast zu dämpfen, mit welcher der erste Dichter zum Ende will. Noch in Shakespeare's Bearbeitung kann der Leser diese dilettantische Naivetät beobachten. In der achten Scene des vierten Actes geht Warwick eben nach Coventry, und im selben Augenblicke weiß das Eduard, als ob sie sich auf der Treppe begegnet wären; V, 5. wird der Prinz von Wales getödtet und in der nächstfolgenden Scene weiß es bereits der Vater. Die Eiligkeit zum Ende ist so groß, daß sie sich in stehenden Redensarten förmlich ausdrückt. Die Fragen: was fehlt nun noch? was folgt? was bleibt noch übrig? wiederholen sich in den beiden letzten Acten zu verschiedenen Malen. Ungleich, wie dem Gesagten zufolge der geschichtliche Stoff in Scene gesetzt ist, sind auch die Charaktere gezeichnet. Was dem Dichter aus der Geschichte mit starken Zügen entgegen trat, das behandelte er mit offenem Verständniß und theilweise mit glücklicher Vorliebe; der Volksliebling Warwick, der

Schöpfer und Vernichter von Königen, der kohlschwarzhaarige, der stotternde polternde Günstling und Förderer der Yorks, war eine solche Figur, die sich von selber schrieb und spielte; für jene haarbuschigen Heldenspieler, die Hamlet verspottete, eine dankbarste Rolle. Jener Cardinal Winchester, voll Ehrgeiz und Priestertücke, mit den rothfunkelnden Augen und dem von Haß geschwollenen Herzen, das zuletzt in der Pein des Gewissens aufbricht; jener trotzige Aristokrat Suffolk, unwürdig im Glück, in der Gefahr gehoben, in den Tod gehend mit der Würde und der Erinnerung an jene großen Männer des Alterthums, die in ähnlicher Weise durch niedere Hände gefallen sind, dieß waren Charakterformen, denen ein Dichter wie Greene oder Marlowe gewachsen war. Auch York und die Frauenrollen, auf die wir zurückkommen, sind vortrefflich gehalten. Die tiefer angelegte Natur eines Humphrey dagegen ist meist nur umschrieben, und eine so zarte heilige Gestalt vollends wie Heinrich VI. ist ganz im schweigenden Hintergrunde geblieben und hat erst bei Shakespeare Leben und Seele erhalten. Ungleich also sind die Charaktere, ungleich ist die Organisation der einzelnen Partien, ungleich ist auch der poetische Vortrag. An einzelnen Stellen nicht ohne große und natürliche Bewegung, sind die Stücke im Ganzen trocken und mager; nirgends so ungeschickt, daß Shakespeare viel wegzuwerfen nöthig gehabt hätte, aber auch an sehr wenigen Stellen in so natürlicher Fülle, daß er nichts hinzuzuthun gefunden hätte. Wie in der Charakteristik der Personen, so ist in dem Vortrage mancher starke und glückliche Pinselstrich, aber ohne Schmelz und Verarbeitung der Farben; an Assonanzen, Wort- und Reimspielen ist der Dichter nicht arm; manche sprichwörtliche Stelle von allgemeiner Wahrheit, manches vortreffliche poetische Bild blickt mitten aus versificirter Prosa heraus, und es ist eine Eigenthümlichkeit dieser Bilder und Gleichnisse, daß sie sehr viel von Jagd, Thieren und Thiereigenschaften hergenommen sind, daß sich viele gleichsam physiologische Concepte darunter finden, wo in dem harten Geschmacke des Titus Andronicus menschliche Organe, Lippen, Mund oder Augen belebt und in oft ekeln Verrichtungen breit ausgemalt werden.

An diese so beschaffenen Stücke trat nun Shakespeare heran, um sie durch eine Verarbeitung seiner Bühne anzueignen. Er that es mit der Ehrfurcht eines Schülers, dieß verräth sich in der Scheu, zu streichen; er that es mit der Geschicklichkeit der künftigen Meisterschaft, dieß verräth sich in dem Drange der Verbesserung, in dem er fast keine Zeile stehen ließ wie sie stand. Vieles von den Härten des Zeitgeschmacks ist auch bei ihm zurückgeblieben, ja das Aehnliche von ihm zugefügt worden. Die Freude am Gräßlichen und Blutigen blickt nicht allein aus jener Trauer Margaretens über Suffolk's Kopf und der Schilderung Warwick's von der Leiche des ermordeten Humphrey, die Shakespeare vorfand, sondern auch aus den Worten Eduard's an Warwick heraus (V, 1): „diese Hand um dein Haar gewunden, soll, weil dein Kopf noch warm ist und neu abgeschnitten, mit deinem Blute in den Staub schreiben" u. f., die von Shakespeare herrühren. Vieles von jener hyperbolischen Poesie italienischen Geschmacks begegnet auch hier, deren meistes Theil Beschreibung, Häufung künstlicher Epitheta, falscher Prunk mit mythologischen Bildern und gelehrten Citaten ist. Der Schwulst in jenen Stellen, wo von einem Ocean voll Salzthränen und von den verschlingenden Tatzen des Löwen die Rede ist, ist oft gerügt worden; die weitgesuchte, überspannte Liebessehnsucht der Königin Margarete (II, 2) erinnert ganz an den Stil der Lucretia. Im Ganzen aber hat der natürliche, einfach geschichtliche Stoff den Dichter aus dieser verkünstelten Redeweise herausgerissen. Seine Neigung zu seltener, ungewöhnlicher Rede, die Fülle von Figuren und Bildern, der Schwung seiner poetischen Anschauung hat ihn selten zur Ueberschwenglichkeit geführt, sie diente ihm nur, dem dürren Gerippe seines Vorgängers Fleisch und Blut zu geben. Der natürliche Gedankengang, die Fülle des Gefühls, die Ordnung, in der sich die Leidenschaft entwickelt und ihre Ausdrücke sich bewegen, Alles, worin sich die eigentliche Kraft des

Dichters offenbart, stellt ihn, wenn man vergleicht, neben den ersten
Verfasser wie einen geborenen Meister. Man lese das Original in
seinen bewegteren Stellen, man wird es fast überall dürftig und
mangelhaft finden; was man dunkel vermißt und entbehrt, das hebt
uns der ächte Dichter aus der Seele heraus und setzt es mit einzigem
Maaße und natürlichem Gefühle hinzu. Es ist ein fester Stamm, an
dem er sich aufrankt, in dem er aber durch seine umgebende Wärme
gleichsam Blüten und Blätter erst zum Ausschlagen treibt. Wer die
Originale mit Shakespeare's Bearbeitungen vergleichen kann, der
lese im zweiten Theile die Scene zwischen Gloster und seiner Frau
(II, 4) und achte, wie dort in den Reden der Herzogin die Gedanken
unnatürlich springen und wie Shakespeare mit verbindenden Mittel=
gliedern die Lücken auszufüllen versteht; er lese (II, 3, 1) den An=
schlag zum Sturze Humphrey's, wie die Königin dort mit der Be=
rathung plump und ohne Vorbereitung hereinbricht, wie dagegen
Shakespeare den Weg dahin glättet und ebnet. Nachdem Humphrey
ermordet ist (III, 2), hat die Königin dort nur den einfachen Gedan=
ken der kalten Ueberlegung: ich stand mit Gloster schlecht, man wird
glauben, ich tödtete ihn. Aber Shakespeare läßt sie die Künste weib=
licher Verstellung entfalten, und indem sie die bewegte Brust hinter
Selbstbeklagung birgt, welch Aufgebot leiht er ihr von Falschheit,
Täuschung und Heuchelei! Man folge ihm von da vorzugsweise zu
den Selbstunterredungen des listigen York. In seinem ersten Mono=
loge legt er (in dem ältern Stücke) in kalter Berechnung seine poli=
tischen Plane auseinander; er berichtet dürftig wie der Chronist über
die thatsächlichen Verhältnisse; keine Regung des Gefühls, keine le=
bendige Anschauung der Lage. Dieß beflügelt Shakespeare durch
poetischen Schmuck, durch Züge des Charakters, durch Fülle der
Rede, durch Veranschaulichung der Verhältnisse; man erfährt nicht
allein, daß York den Volksmann Cade zur Rebellion gebrauchen will,
sondern auch wer Cade ist und warum er ihn zu dieser kühnen Rolle
gebrauchen kann. Eben so haftet York in einem weiteren seiner Mo=

nologe (III, 1) an dem einfachen faktischen Berichte und der nächst=
liegenden Betrachtung: Ich brauche Truppen, ihr gebt mir sie, ich
werde sie gebrauchen. Was aber Shakespeare hinzuthut, ist die dort
mangelnde Empfindung und Leidenschaft: die treibenden Vorstellun=
gen einer tief von Ehrgeiz aufgewühlten Seele, die arbeitsame Ge=
schäftigkeit eines Gehirns, in dem sich die aufstrebenden Gedanken
jagen, deren jeder von Würde träumt, zeichnen das Gemälde des al=
leinstehenden, mit sich selbst verkehrenden Mannes, nicht die kalte
Herzählung der Thaten die in der Zukunft liegen, deren Beweg=
gründe allein dieser seiner einsamen Gegenwart angehören. Dort er=
hält man den Eindruck, als ob der frostige Berechner sogar seinen
Ehrgeiz planmäßig entwürfe wie seine Thaten, wo hier die bewegende
Kraft seiner Seele, ihn selber bemeisternd, arbeitet, über den Hin=
dernissen und Fördernissen seiner Entwürfe brütet und die Hand=
lungen leichthin vorbildet, zu denen sie den Willen und die Thatkraft
spornt und aufreizt.

Man fühlt wohl aus dem Gesagten, daß es vorzugsweise die
Entwickelung der Charaktere ist, in welcher Shakespeare's Talent
bei Vergleichung der beiden Werke an's Licht springt. Ein Reihe der
Figuren des Stückes interessirte ihn nicht viel; es ist merkwürdig und
zeugt schon so frühe von Shakespeare's natürlicher Neigung, allem
Trivialen aus dem Wege zu gehen, daß darunter die dankbare Hel=
denrolle des Warwick obenan steht. Diesen Charakter, denselben
Volkshelden und Volksgünstling, denselben in Heftigkeit stotternden,
im Selbstgefühl ruhmredigen Kriegsmann hat er nachher im Percy
geschildert und dieses glorreiche Gegenstück müssen die Lobredner die=
ser Stücke vergleichen, wenn sie deren Verhältniß zu dem vollendeten
Dichter genau bestimmen wollen. Den Cardinal Winchester und den
Herzog von Suffolk hat Shakespeare nach den angelegten Umrissen
ausgezeichnet, ohne große Vorliebe für diese Figuren, nicht ohne ein=
zelne Meisterstriche, die ihn verrathen würden, wenn man ihn als
den Bearbeiter nicht kennte: wo in dem alten Stücke Suffolk die

Mörder Humphrey's fragt, ob sie ihn besorgt hätten, da charakterisirt Shakespeare den Mann mit der schneidend herzlosen Frage: „Nun, habt ihr dieß D i n g befördert?" Den vortrefflichen Gegensatz der beiden Mannweiber, Leonore und Margarete, fand Shakespeare vor; an diesen beiden Charakteren hat Greene mit dem meisten Glücke und Fleiße gearbeitet; die Eifersucht und der Haß zwischen der reichen besitzstolzen, ehrgeizigen Herzogin von unbesieglicher Seele und der emporgekommenen Bettlerin von boshaft grausamer Naturart ist vortrefflich schon von ihm motivirt. Der rachsüchtige, furienartige, aller Selbstbeherrschung baare Charakter der Königin, deren unveränderliches, larvenartiges Gesicht die Starrheit ihrer Seele ausdrückt, ist in der Scene von York's Tod, wo sie in grausamem Uebermuthe wie die Katze über der Maus spielt, in grellen, aber treffenden Zügen geschildert; mit diesem Kieselherzen in etwas zu versöhnen, hat ihr Greene wahres, vielleicht zu weiches Gefühl für Suffolk, den Schöpfer ihres zweideutigen Glückes, gegeben. Hier hatte Shakespeare wenig hinzuzuthun, das Wenige ist vortrefflich im Geiste der Anlage. Man vergleiche z. B. in der Scheidescene Leonorens von ihrem Gatten jenen eingeflochtenen Zug: wie der ehrgeizigen Frau nach ihrem Falle das Fingerdeuten der Menschen das Schrecklichste ist, und wie sich ihr zügelloser weltlicher Ehrgeiz plötzlich in Todessehnsucht verkehrt hat. Charaktere von feinerem Zuschnitte, die Shakespeare's tiefere Natur in Anspruch nahmen, sind Gloster und Heinrich VI. Dem Herzog Humphrey von Gloster, der hier ganz verschieden von dem Gloster im ersten Theile erscheint, sind die großen Eigenschaften einer vollendeten Milde und Herzensgüte, salomonischer Weisheit, Freiheit von jedem Ehrgeiz, strenger brutusartiger Gerechtigkeit im Amte gegen Jedermann, selbst gegen sein Weib geliehen, mit der er gleichwohl in seinem privaten Charakter ihre letzte Schmach gutmüthig theilt. Die Größe seiner Selbstbeherrschung, die in Gegensatz gegen die zügellose Leidenschaft seines Weibes gebracht ist, hat Shakespeare mit einem seiner glücklichen

Züge in's Licht gehoben. In dem heftigen Auftritte (II, 1, 3.), wo sein und seines Weibes Fall vorbereitet wird, geht er in dem ältern Stücke ab und kommt wieder ohne Grund; Shakespeare erklärt dieß als einen absichtlichen Gang, mit dem der loyale Mann seine Aufregung und Hitze zu dämpfen suchte. Es ist zu viel edle und stille Größe auf Humphrey gehäuft, als daß sein Fall nicht verletzen müßte, der nur eine Ausführung der Fabel von dem Lamme ist, das dem Wolfe das Wasser getrübt haben sollte. Shakespeare's Zuthat ist es, daß er in den Kranz seiner Tugenden die thörichte Sicherheit auf seine Unschuld flicht, die ihn in's Verderben führt, die ihn sorglos läßt unter den Verfolgungen seiner Feinde, obgleich er wußte, daß York's ehrgeiziger Arm nach dem Monde griff; im Momente seines Falles wird er zu spät scharfsichtig und erkennt sein Schicksal und das des Königs voraus. Daß Schwäche ein Laster sei, hat Shakespeare in diesem Charakter angedeutet und in Heinrich VI. näher ausgeführt. Diese Figur hat er eigentlich ganz ausgebildet; Greene schob den König wie die Chronik als eine Null schweigend zurück, aber Shakespeare zog ihn hervor und z e i ch n e t e seine Nichtigkeit. Ein Heiliger, dessen Bücherherrschaft England verdarb, mehr gemacht zum Pabste als zum König, mehr für den Himmel passend als für die Erde, ein König, wie Shakespeare zusetzt, der mehr wünscht ein Unterthan zu sein als je ein Unterthan wünschte König zu werden, ist er in seiner Unthätigkeit der Quell aller Unthaten die das Reich zerrütten. Sanftmuth macht Räuber kühn; mit diesem Satze ist der Schwäche des Königs der Stab gebrochen und Shakespeare zeigt das anschaulich in seinen Verhältnissen zu den Einzelnen und zu dem Ganzen. Den verfolgten Protector (dieß Alles sind Shakespeare's Ausführungen) vertheidigt er (II, 3, 1.) mit Beredsamkeit und läßt ihn hernach doch fallen: dieß stellt seine Unmacht bestimmter heraus. Als Humphrey abgeführt wird, leiht das ältere Stück dem König zwei trockene Verse, wo Shakespeare in langer Rede das Bild der Schwäche meisterhaft entfaltet, wo er den macht=

losen Mann sich selbst der Kuh vergleichen läßt, die hülflos ihrem
Kalbe nachblökt, das zur Schlachtbank geführt wird. Als man her=
nach (III, 2) geht, um nach dem ermordeten Herzoge zu sehen, hat
das ältere Stück wieder nur zwei kahle Verse für Heinrich, dieweil
ihm Shakespeare ein bewegtes Gebet in den Mund legt, und in al=
lem diesem die Regung vorbereitet, in der sich hernach der schwache
Fürst an Warwick aufrankend zu einem Act der Strenge gegen Suf=
folk aufzuraffen vermag. So wie hier der fromme König seinem ge=
liebten Protector gegenüber die frömmsten Thaten der Dankbarkeit
und Anhänglichkeit ungeübt läßt, so vergißt der Heilige dem Reiche
gegenüber seine heiligsten Pflichten: er wird meineidig aus Schwäche,
er enterbt seinen Sohn aus Schwäche, und thut so was das Thier
nicht seinen Jungen geschehen läßt; er gibt sich, nachdem er sich ein=
gebildet, er müsse die Sünden des Lancaster'schen Hauses büßen, in
fatalistischem Gleichmuthe dem blinden Geschicke preis, und während
der Bürgerkrieg wüthet, wünscht er sich (III, 2, 5. in einem ganz
von Shakespeare eingeschobenen Monologe) zum Hirten, in die Ruhe
der Beschaulichkeit und einfacher Pflichterfüllung zurück. Jene ab=
stracten Bilder des Bürgerkriegs, wo der Sohn den Vater, der Va=
ter den Sohn erschlagen hat, die Scenen die unsern Schiller so
mächtig berührten, hat das ältere Stück schon in dürftigen Umrissen,
aber Shakespeare hat sie erst durch seine Ausführung sprechend ge=
macht und durch ihre Verbindung mit jenem idyllischen Monologe
des Königs ihnen erst ihre Tiefe gegeben, wo sie ihn an die höhere
Pflichterfüllung in seiner königlichen Stellung mahnen, die er in
seinem ruhesüchtigen Egoismus vergißt.

Kann dieser König Heinrich Shakespeare's eigene Schöpfung
heißen, so fand er dagegen seinen Richard Gloster schon in dem drit=
ten Theile ganz vorbereitet. Den aufstrebenden Sinn seines Vaters,
den Adlerblick in die Sonne, den vollendeten Ehrgeiz, die Gleichgül=
tigkeit gegen die Mittel zum Zwecke, die Tapferkeit, den Aberglau=
ben, der die Stimme des Gewissens bei ihm vertritt, die fertige Ver=

stellungskunst, das Schauspielertalent eines „Roscius", die treulose Politik eines Catilina leiht ihm schon Greene in seinem Stücke. Wie vortrefflich aber Shakespeare auch hier nachgearbeitet hat, sehe man in dem Monologe (III, 3, 2.,, wo die ehrgeizigen Entwürfe des Mannes mit seinen Gaben, sie zu verwirklichen, Rath pflegen; es ist das Gegenstück zu dem ähnlichen Monologe des Vaters York, (II, 3, 1.) und läßt voraus empfinden, wie weit der Sohn über den Vater hinausgehen werde. Die Hauptfigur der beiden Stücke, Richard York der Vater, ist fast durchgängig so gehalten, als ob in ihm die Natur des schrecklicheren Sohnes sollte vorgebildet werden. Fern gesuchte Politik, Arglist und Verstellung eines besonnenen, in sich fest entschlossenen Mannes mischen sich bei ihm nicht in dem Grade, aber in derselben, scheinbar widersprechenden Weise wie bei Richard, mit Derbheit, Unlust zum Schmeicheln, Unfähigkeit zum Kriechen, mit bitterer und lauter Unzufriedenheit. Mit derselben Sicherheit und Ueberlegenheit wie Richard ist er jetzt bereit, eine Entscheidung auf die Spitze des Schwertes zu stellen, und ein andermal, die Karten schweigend zu mischen und die Zeit in Geduld zu erwarten; von demselben Strebsinne und Ehrgeize sind beide gleich beseelt. Von der gleichen Gunst der Natur beglückt wie der Vater, würde der Sohn Richard dieselben guten Eigenschaften entwickelt haben, die dem Vater zu seinen gefährlichen Gaben hinzugeliehen sind. Häßlich, verbildet und verachtet, ohne ein Recht auf den Thron und ohne eine nahe Aussicht auf die Befriedigung seiner königlichen Entwürfe, wie er ist, vergiftet sich sein fressender Ehrgeiz selbst; in dem Vater, der die Blüte der Ritterschaft von Europa heißt, der von seinem Rechte überzeugt und auf seine Verdienste stolz ist, ermäßigt sich die Strebsamkeit in eine gesetzlichere Form. Bei dem Tode seines Sohnes Rutland bricht seine bessere Natur mit Gewalt zu Tage. Er ist ehrlich genug (II, 5, 1.), auf die vorgespiegelte Ungnade seines Feindes Sommerset hin sein Heer entlassen und seine Söhne zu Geiseln geben zu wollen; er ist mäßig genug, und er erscheint, wenn

er unverführt von seinen Söhnen geblieben wäre, bereit, seine Thron=
ansprüche bis zu Heinrich's VI. Tode auszusetzen, den er dem Laufe
der Natur nach nicht erleben würde; er arbeitet für sein Haus, und
nicht wie Richard für sich. Seine Ansprüche und die seines Hauses,
mit denen er sich gegen den rathlosen und thatlosen Heinrich auf=
wirft, gründet er nicht auf das boshaft gesteigerte Bewußtsein per=
sönlicher Ueberlegenheit, wie nachher Richard, sondern auf ein gutes
Recht, auf seine Gunst im Volke, auf seine Verdienste in Frankreich
und Irland. Er fühlt sich Heinrich gegenüber königlicher an Ge=
burt, an Art und Gesinnung. Er spricht vergeltend an den Lancasters
die Worte aus, nach denen einst Bolingbroke seiner an Richard II.
gehandelt hatte: wer nicht zu herrschen weiß, der soll gehorchen.
Dieser Gegensatz York's gegen Heinrich VI. bewegt die beiden Stücke.
Der Gedanke, wie sich die Ansprüche des erblichen Rechtes eines un=
fähigen Königs, der das Vaterland in den Abgrund stürzt, zu den
Ansprüchen des persönlichen Verdienstes verhalten, welches das Vater=
land vom Ruine errettet, dieser Gedanke springt aus dem geschicht=
lichen Stoffe von Heinrich's VI. Regierung unwillkürlich heraus;
der Dichter der älteren Stücke hat ihn unsicher ergriffen, Shake=
speare hat ihn mehr verstanden und verfolgt. In der Bearbeitung
dieser beiden Stücke wird dieß nicht auffallend sichtbar. Shakespeare
ist hier zu mechanisch und furchtsam der Anordnung des Ganzen
gefolgt; auch hier muß man sagen: das Drama gebiert der Geschichte
folgend diesen Gedanken weit mehr, als daß dieser Gedanke das
Drama geistig durchdränge und dadurch eigentlich belebt und ge=
schaffen hätte. Dieß ist aber in dem Gegenstücke der Fall, das
Shakespeare später seinem Heinrich VI. in vollendeter Meisterschaft
gegenüber und vorangestellt hat: in der Erhebung des Hauses Lan=
caster, in Richard II., Heinrich IV. und V. Dort werden wir fin=
den, wie Shakespeare den Stoff mit dem Geiste beherrscht und ord=
net; hier ist die Materie in aller Weise das Vorwaltende und Ge=
bietende; und in diesem Gegensatze liegt in zwei Worten der Werth

dieses Heinrich VI. gegen jene späteren Werke unseres Dichters voll=
kommen bezeichnet.

Es hat Jedermann zu jeder Zeit gefunden, daß in Heinrich IV.
Shakespeare mehr Er selbst ist, als in Heinrich VI.; bei Vergleichung
seiner Bearbeitung der beiden letzten Theile dieser Historie muß man
eben so bestimmt zugestehen, daß hier mehr ist als Marlowe und
Greene. Dieß hat man gleich bei Shakespeare's ersten Versuchen,
seiner Bühne fremde Werke anzueignen, unter den dichtenden Zeitge=
nossen empfunden, die mit neidisch eifersüchtigen Blicken auf den
neuen Nebenbuhler hinsahen. Zwei interessante Notizen darüber, die
eine unsicher, desto sicherer die andere, sind aus den ersten Jahren
seiner Thätigkeit in London überliefert. In einem Briefe von Tho=
mas Nash an die Studenten beider Universitäten (vor Greene's Me=
naphon 1589) findet sich folgende Stelle: „Es ist heutzutage eine
gemeine Praxis unter einer Art Umsattlern, die alle Künste durch=
laufen und bei keiner gedeihen, das Noverint *-Gewerbe zu verlassen
wozu sie geboren waren um sich mit den Dingen der Kunst zu be=
fassen, Leute die kaum ihr Galgengebet (miserere) wenn sie es nö=
thig haben sollten lateinisch aufzusagen wüßten; aber der englische
Seneca gibt manche guten Phrasen ab, wie „Blut ist ein Bettler"
u. dergl.; und wenn du ihn schön bittest, so wird er dir eines kühlen
Morgens ganze Hamlets — ich wollte sagen Hände voll tragischer
Reden liefern". Wäre es erweisbar, daß eine erste Bearbeitung von
Hamlet durch Shakespeare schon damals vorgelegen hätte, so wäre
kein Zweifel, daß vorzugsweise ihn diese Hiebe hatten treffen sollen,
und daß ihn Nash der Advocatenstube entlaufen wußte oder glaubte.
Wahrscheinlich bleibt es immer, da Nash einer der genauen
Freunde Robert Greene's war, der gegen Shakespeare's bessernde
und meisternde Hand gleich aufgebracht war: worauf sich die zweite

---

* Das Anfangswort aller Contracte und gerichtlichen Urkunden: Noverint
universi etc.

gewiſſere Notiz bezieht. Greene, den man eben aus den folgenden
Mittheilungen als den erſten Verfaſſer der beiden letzten Theile Hein=
rich's VI. vermuthet, ſtarb im Jahre 1592, vor welche Zeit nicht
allein ſeine Arbeit an dieſen Stücken ſondern auch Shakeſpeare's Um=
arbeitung fallen muß. Der Dichter ließ einen Brief zurück, den
Chettle unter dem Titel: „für einen Groſchen Witz, erkauft mit einer
Million Reue" 1592 nach Greene's eigenem Wunſche herausgab und
der an Beider dramatiſche Freunde Marlowe, Lodge und Peele ge=
richtet war. Der ſterbende Freund ermahnte ſie darin reuig, allen
Verkehr mit dem Schauſpielweſen aufzugeben, und dieß unter ande=
ren in folgenden Worten: „Niedrig geſinnte Menſchen ihr drei, wenn
ihr euch mein Elend nicht warnen laßt; denn an keinem von euch
kleben dieſe Kletten ſo feſt wie an mir; jene Puppen, meine ich, die
aus unſerem Munde reden, jene Narren in unſere Farben gekleidet.
Iſt es nicht ſeltſam, daß ich, dem ſie Alle verbunden waren, daß ihr,
denen ſie alle verbunden waren, wenn ihr in den Fall kommt, in dem
ich jetzt bin, von ihnen plötzlich werdet verlaſſen werden? Ja traut
ihnen nicht! Denn da iſt ein Krähen=Emporkömmling, geſchmückt
mit unſeren Federn, der mit ſeinem

,Tigerherzen in Schauſpielerhaut gehüllt'

ſich dünkt, er ſei wohl fähig einen Jamben ausbombaſten zu können,
wie der Beſte von euch; und der als ein abſoluter Johannes Fac=
totum in ſeiner Meinung der einzige (Shakescene) ,Bühnerſchüt=
terer' im Lande iſt. O könnte ich eueren ſeltenen Geiſt erbitten, in
erſprießlicheren Berufen zu arbeiten, und dieſe Affen euere vergangene
Herrlichkeit nachahmen zu laſſen!" Die Stelle ſpricht mit deutlichem
Wortſpiele von unſerm (Shakespeare) „Speererſchütterer"; ſie ſpricht
von ihm als einem Emporkömmling, als einem Johannes Factotum,
der er der Blackfriarsgeſellſchaft als ihr einziger Dichter geweſen ſein
mochte. Die Stelle ſagt von ihm, er habe ſich mit fremden Federn
geſchmückt, mit „unſern Federn", ein Beweis, daß dieſe Stücke von
dieſen Dichtern zuſammen oder von Einigen oder von Einem unter

ihnen verfaßt sind; denn daß gerade eine Aneignung und Umar=
beitung dieser Stücke gemeint ist, geht aus dem parodirten Verse her=
vor, der ähnlich („o Tigerherz in Weiberhaut gehüllt") im dritten
Theile Heinrich's VI. vorkommt. Shakespeare, scheint es, hat sich
über diesen Ausfall beschwert. Chettle der Herausgeber der Gree=
ne'schen Schrift entschuldigte denselben, es scheint gerade so weit er
Shakespeare angeht, in einer „Epistel an die Leser" vor seiner Schrift
„Gutherzens Traum" (Kindhearts dream). Darin heißt es unter
Anderem, einer oder zwei Schauspieler hätten Greene's Brief als
eine Beleidigung genommen. Mit keinem davon sei er bekannt ge=
wesen; mit dem Einen (Marlowe) sei es ihm einerlei ob er es je=
mals werde; den anderen habe er nicht so geschont, wie er es seitdem
wünschte gethan zu haben. Denn er habe selbst gesehen, daß sein
Benehmen nicht weniger friedlich [er meint, schriftstellerischem Hader
entgegen] sei, als er selbst ausgezeichnet in seiner Schauspielkunst.
Ueberdieß, fügt er bei, haben mich verschiedene angesehene Männer
über die Rechtschaffenheit seiner Handlungsweise berichtet, die seine
Ehrenhaftigkeit bezeugt und über seine heitere Anmuth im Schreiben,
die seine Kunst beweist. — So hätten wir denn hier ein erstes Zeug=
niß, das Shakespeare in seiner neuen Laufbahn als Dichter, als
Spieler und als Mensch gleich große Ehren zugesteht.

Die Komödie der Irrungen und die Zähmung der Widerspänstigen.

Dürfen wir die beiden Lustspiele, die Irrungen und die Wider=
spänstige, zu den Werken der ersten Periode Shakespeare's zählen wo
er von fremden Originalen abhängig erscheint, so sieht man, wie der
junge Dichter sich gleich, ohne einseitige Vorliebe, in glücklicher
Mannichfaltigkeit an allen Gattungen und Stoffen versuchte. Er
hatte im Titus eine heroische Tragödie, im Perikles ein romantisches
Schauspiel, im Heinrich VI. eine Historie bearbeitet; in den Irrungen
eignete er sich ein Intriguenlustspiel an und in der Widerspänstigen

eine Komödie, die halb Intriguen- und halb Charakterstück ist. Daß nun die Widerspänstige dieser frühesten Periode wirklich angehöre, dafür spricht allerdings bis jetzt nur die innere Evidenz; die Irrungen aber sind nach einer Anspielung in dem Stücke (III, 2.) zur Zeit der französischen Bürgerkriege gegen Heinrich IV. (1589—93) geschrieben, wahrscheinlich bald nach 1591, als Esser zu Heinrich's IV. Beistand geschickt ward, und fallen also unbestritten in diese erste Zeit.

Der Komödie der Irrungen (eine Bezeichnung, die nach dem Nachweis in Halliwell's Prachtausgabe später wie sprichwörtlich ward,) liegen bekanntlich die Menächmen von Plautus zu Grunde, die Shakespeare in einer englischen Uebersetzung, wahrscheinlich von W. Warner, lesen konnte, ein Buch, das aber erst später als Shakespeare's Stück geschrieben scheint und (1595) gedruckt ist, und, außer der Grundlage des Stoffes, in Sprache und Vortrag keinerlei Aehnlichkeit damit hat. Man weiß, daß eine Historie der Irrungen (history of errors) 1577 und später am englischen Hofe gespielt worden ist, wahrscheinlich eine Bearbeitung des Plautinischen Stückes, die Shakespeare sich und seiner Bühne angeeignet hat. Wie weit in diesem Vorläufer unserem Dichter vorgearbeitet sein mochte, ist natürlich nicht zu sagen. Gegen Plautus aber ist sein Stück innerlich und äußerlich gehoben, bei dem es nicht viel mehr als eine Posse ist. Coleridge hat auch Shakespeare's Stück so genannt; aber uns scheint keineswegs mit dem gleichen Rechte. Wir werden uns hüten, einer Komödie, deren Inhalt ganz auf eine Reihe heiterer Zufallsspiele gebaut ist, allzutiefe Philosophie unterzulegen, um nicht ein zu schweres Gebäude der Auslegung auf ein zu leichtes Fundament von Dichtung aufzubauen. Gleichwohl scheint uns in den Irrungen jener Zug Shakespeare'schen Tiefsinnes, mit dem er jedem flachsten Stoffe der Ueberlieferung eine große innere Bedeutung abzuringen wußte, in einem ersten Beispiele vorzuliegen, in dem uns die feine geistige Beziehung, die der Dichter der Materie abgewon=

nen hat, um so merkwürdiger auffällt, je derber und kecker alles
Aeußere der Fabel behandelt ist. Die Irrungen und Verwechslungen,
die aus der Aehnlichkeit der beiden Zwillingspaare entstehen, sind bei
Shakespeare noch viel weiter getrieben und unwahrscheinlicher auf
den Zufall gebaut, als bei Plautus. Bei diesem ist nur Ein Bru-
derpaar, deren Einer nicht einmal weiß daß sie einerlei Namen führen, die beide nicht wissen daß sie sich ähnlich sind: so sind die Irrungen einfacher und möglicher gemacht. Nach Shakespeare's Anlage dagegen muß der Vater dem Einen Sohne von der Aehnlichkeit, die er bei der Geburt mit seinem Bruder hatte, gesagt haben.
Daraus brauchte allerdings noch nicht zu folgen, daß sich eben diese
Aehnlichkeit unter den Erwachsenen erhalten habe; wohl aber mußte
die Namensgleichheit dem suchenden Syrakuser immer vorstehen: daß
die Leute in Ephesus ihn kennen und mit Namen nennen, mußte
ihm um so mehr auffallen und ihn stutzig machen, als mit seiner Er-
kennung in Ephesus Lebensgefahr für ihn verbunden ist. Die Unwahrscheinlichkeiten seiner Quellen zu tilgen, ist sonst überall ein Bestreben gewesen, das Shakespeare's Menschen- und Seelenkenntniß
mit am schärfsten charakterisirt; hier ist in dieser äußeren Beziehung
kaum ein Versuch dazu gemacht. Es ist nur der Ort der Handlung,
Ephesus, gleich anfangs als der verderbte Sitz aller Gaukler, Be-
schwörer und Betrüger dargestellt, und der gutmüthige Syrakuser
Antipholus wird dann auch unter den Verwickelungen, die sich allerdings bis zur Katastrophe hin in einer meisterhaften Weise steigern,
so weit getrieben, daß er sich eher für behext hält, als daß er auf die
einfache Vermuthung kommt, auf die ihn der eigentliche Zweck seiner
Reise immer und immer wieder hätte führen müssen.

Aber was denn in diesen äußeren Beziehungen an geschickter
Begründung versäumt ist, fällt doch kaum in die Wage, wenn man
sieht, welche innerlichen Bezüge dem ganzen wunderlichen Handel
dieser Verwechslungen und Verwickelungen von dem Dichter gegeben
worden sind. Diese komischen Theile sind auf einen ganz tragischen

Hintergrund gezogen, der den tollen Scenen im Vordergrunde zwar
keinen Eintrag thut, sie vielleicht nur um so mehr hervorhebt, aber
doch jeden Augenblick bedeutsam genug hervortritt, um den flachen
und flauen Eindruck einer bloßen Posse, deren Kern wie Schale die
Verwechslung jener ähnlichen Brüderpaare bildete, gar nicht auf=
kommen zu lassen. Die Feindseligkeiten zwischen Syrakus und Ephe=
sus bilden den hell dunkeln Grund, auf dem das ganze Gemälde
aufgezogen ist, dessen komische Theile kaum fesselnder und spannen=
der zu nennen sind, als die tragischen. Das Schicksal des gefange=
nen Vaters der seine verlorenen Söhne sucht, der in einem Werke
der Liebe begriffen dem Tode verfällt, dessen inneres Leiden zuletzt
(V, 1) bis zu dem Grade steigt, daß er sich von dem wiedergefunde=
nen Sohne nicht erkannt sieht und verleugnet glaubt, hebt das Stück
weit über den Charakter einer bloßen Posse empor. Sehr zarte in=
nere Beziehungen knüpfen diesen tragischen Theil mit dem komischen
zusammen; Beziehungen, welche der Dichter in die überkommene
Fabel mit jener Totalität seiner geistigen Natur verwebt hat, daß
man schlechterdings im Zweifel bleibt, ob er mehr in dunkelem In=
stinct oder mit vollem Bewußtsein dabei verfuhr. Wir blicken in
eine Doppelfamilie und ihre früheren und jetzigen Schicksale hinein,
in welcher ganz eigenthümliche, nicht blos äußere, sondern auch in=
nere Irrungen Statt haben. In dieser Familie liegen seltsam die
Gegensätze von Familiensinn und schweifendem Geiste neben einan=
der, erzeugen wechselndes Glück und Unglück, und bewirken troß in=
nerer Seelenverwandtschaft und Familienanhänglichkeit Störungen
und Zerwürfnisse, und troß äußerer Aehnlichkeit Entfremdung und
Verwirrung. Der alte Aegeon erzählt in der vortrefflichen Exposi=
tion des Stückes die Geschichte der Doppelgeburt beider Zwillings=
paare. Er war vor ihrer Geburt von seiner Frau weggereist nach
Epidamnum; die Frau eilte ihm, ihrer Entbindung nahe, von Sy=
rakus dahin nach. Was sie bewegen konnte, das hat der Dichter
weniger im Dunkel, als zu errathen gelassen; nur soviel hat er an=

gedeutet, daß es, wenn auch ein zärtlicher, doch ein eigenmächtiger Schritt war; und das andere ist von selbst klar, daß der Schritt jene gegensätzlichen Eigenschaften des Familiären und zugleich des Un= häuslichen in sich schließt. Geschah es aus Eifersucht, der Leiden= schaft, die, in sich von eben so gegensätzlicher Natur, die Liebe stört und doch nur in Liebe ihre Quelle hat? Man sollte es glauben; denn diese Aemilia weiß nachher so eindringlich warnend und strafend von dieser Untugend ihrer Schwiegertochter zu predigen. Sie ge= biert nun in Epidamnum ihre Zwillinge, und aus Stolz auf dieß Paar bewirkt sie, wieder gegen die Meinung ihres Gatten, die Heim= reise, auf der sie der Schiffbruch überfällt, der Mann und Frau, Mutter und Vater, und mit jedem je ein Paar der Zwillinge, ihre Söhne und deren Pflegebrüder und künftige Diener trennt. Die Syrakuser Familie, der Vater und Ein Sohn fühlen nach langen Jahren die Wirkungen jenes Familienzuges wieder; der Sohn geht sieben Jahre auf Reisen, um die Verlorenen, Mutter und Bruder, zu erforschen, wiewohl er die Thorheit einsieht, einen Tropfen im Meere suchen zu wollen; den Vater zieht die gleiche Liebe, Auf= opferung und Thorheit wieder diesem Sohne nach: es wirkt ein leb= hafter Trieb in ihnen, wie einst in der Mutter, die Familie zu ver= einigen, und eben dieser Trieb trennt sie immer mehr und droht sie zuletzt sogar gewaltsam und auf immer zu trennen. In der Familie in Ephesus, zwischen dem verschlagenen Antipholus mit der Mutter und seinem Weibe Adriana gibt es eine andere Irrung, zu der schon in Plautus' Menächmen die Anleitung gegeben ist. Die Frau ist eine Keiferin (shrew) aus Eifersucht; sie quält ihren schuldlosen Mann und beraubt sich muthwillig seiner Liebe, sie treibt ihre Em= pfindlichkeit bis zu Selbstvergessenheit und Verleugnung aller Weib= lichkeit. Und diese moralische Irrung führte geradezu die äußerlichen Irrungen zwischen den beiden Brüdern herbei, bis zuletzt auf Einer Stelle durch die zurückgezogene erfahrene Mutter Aemilia dieses in= nere Misverständniß geheilt und jenes äußere aufgeklärt wird, beides mit dem gleichen Gewichte. Der Leser fühlt wohl, wie schön durch diese fein verschleierten Beziehungen selbst dem abenteuerlichen komischen Theile des Stückes ein höherer Werth verliehen ist, als daß man von dem Stücke den Eindruck einer flachen Posse davon tragen könnte.

Es ist nicht unmöglich, daß auf den Punkt des Zerwürfnisses dieser Familien durch die Eifersucht und die zänkische Natur der Frauen von dem Dichter nicht allein ein ästhetischer, sondern auch in Folge persönlicher Erfahrungen ein pathologischer Nachdruck gelegt ist. Wir sagen das als eine bloße Vermuthung, auf die wir nicht viel Werth legen wollen; es ist auch sehr möglich, daß das, was uns durch ein sonderbares Zusammentreffen auffällt, bloßer Zufall ist. Wir haben oben schon angedeutet daß gerade in Shakespeare's ersten Jugenddichtungen die Eindrücke, die er aus seinen eigenen häuslichen Verhältnissen mit nach London nahm, hervorzublicken schienen. In Heinrich VI. hat er die Charaktere der männischen Weiber Margarete und Leonore mit vielen sprechenden Zügen schärfer als sein Vorgänger gezeichnet; und wie beredt läßt er seinen Suffolk am Schlusse des ersten Theils, in einer Scene die wir als sein Eigenthum vermutheten, gegen die neigungslosen Heiraten eifern: denn gezwungene Ehe ohne Liebe sei nichts anderes als eine Hölle, ein Leben voll Zwist und Haber, dieweil ihr Gegentheil ein Segen sei und ein Vorbild von dem Frieden des Himmels! Hier in der Komödie der Irrungen weckt er der eifersüchtigen Zänkerin Adriana das Gewissen, als Aemilia den geglaubten Wahnsinn ihres Mannes ihr Schuld gibt, ihrem giftigen Schreien und Schmähen, mit dem sie ihm Mahl und Schlaf störte und ihn der Schwermuth und Verzweiflung preisgab. Ihr gegenüber hat er ihre sanfte Schwester gestellt, die erst gehorchen lernen will, ehe sie lieben lernt, die aus dem Beispiele des Thierreiches die Lehre nimmt, daß die Frau billigerweise dem Manne untergeordnet ist, der unter Sorgen und Mühe den Unterhalt des Lebens beschafft. In der Zähmung der Widerspänstigen, einem Stücke das in einer vollständigen, inneren und äußeren

Verwandtschaft mit den Irrungen steht, schildert Shakespeare dann, wie die böse Sieben an der Schwelle der Ehe zu ziehen sei und wie sie durch Bändigung zu der Einsicht gebracht wird, die der sanften Luciana natürlich ist. Ihre Rede am Schlusse des Stückes spricht das Verhältniß von Weib zu Mann, wie es Shakespeare ansah, in scharfen Zügen aus. Der Denkart jener Zeit ist dieß ganz gemäß; unserem verbildeten Gefühle ist es Uebertreibung, der gezierten Huldigung gegen das weibliche Geschlecht scheint es Barbarei oder Ironie. Was allzu nachdrucksvoll und stark scheinen möchte, gibt dort der Widerspruchsgeist der Redenden hinzu, und in dem Dichter mag die eigene bittere Erfahrung hinzu geholfen haben. Es ist gewiß auffallend, daß Shakespeare diese unweibliche Charakterform in ihren ehelichen Bezügen nie wieder geschildert hat; es ist, als ob er sich in diesen Stücken seiner Eindrücke hätte entladen wollen, wie er zunächst in einer Reihe erotischer Stücke seine Liebesader ausblutet. So wäre es wohl möglich, daß diese Erstlingsproducte an diesen Stellen in des Dichters persönliche Existenz verwachsen wären, daß sie, ganz wie Goethe's Mitschuldige mit ihrem abstoßenden Inhalte, auf innere Erfahrungen des eigenen Lebens zurückwiesen.

Die Zähmung der Widerspänstigen hat mit der Komödie der Irrungen namentlich in den Theilen, die Petruccio's und Katharinens Verhältniß nicht betreffen, eine schlagende Familienähnlichkeit. Die römische Schule, die Manier, in welcher die Italiener des 16. Jahrhunderts, die Ariost und Machiavelli, die plautinische Komödie erneuerten, sah schon Schlegel diesem Theile des Stückes richtig ab. Sie erklärt sich ganz einfach dadurch, daß Shakespeare in eben diesem Theile wesentliche Züge aus den Untergeschobenen (supposili) von Ariost entlehnt, die 1566 von Gascoygne in's Englische übersetzt waren. Wie die Figur des Zwick in den Irrungen, so sind hier der Pedant und der Pantalon Gremio reine Figuren der italienischen Komödie und der ganze Intriguentheil des Stücks ist völlig in dem Geschmacke dieser Schule ausgeführt. Wie in den Irrungen, so treten die langen sogenannten doggrel (Knittel) Verse und die Sprache des vorshakespeare'schen Lustspiels so sehr hervor, wie nur noch einigemale in den frühesten selbstständigen Lustspielen, den Veronesern, verlorener Liebesmühe u. a., wie in den Stücken der reiferen Periode Shakespeare's nie wieder. Wie dort ist der Vortrag ungleich, der Dialog oft ungelenk; einzelne andere Stellen dagegen an gutem Geschmacke, an Gewandtheit des Verses und der Sprache dem ausgebildeten Stile des Dichters gleich. Wie dort ist auf die äußere Wahrscheinlichkeit der Fabel und Verhältnisse wenig Rücksicht genommen. Wie in den Irrungen der ephesische Dromio, so ist hier der winzige Grumio die rohere Gestalt eines natürlichen Narren, wie sie Shakespeare nur in seinen ersten Lustspielen mit so viel Vorliebe aufzuführen und auszuführen liebt. Wie in den Irrungen, so ist auch hier in dem Theile, der sich um die Werbung Lucentio's um Bianca dreht, die Kunst der Charakteristik unausgebildet: der alte reiche Werber Gremio, der schnüffelnde Vater Minola, sind von jenen flachen stehenden Charakteren aller Intriguenkomödien; und so ist in den Irrungen zwischen dem heftigen ephesischen Antipholus, der seinen tölpelhaften Dromio herkömmlich prügelt, und dem sanfteren Syrakuser, mit dem sein witziger Diener mehr auf dem Fuße eines Spaßmachers steht, nur ein allgemeiner Charakterunterschied gezogen. In beiden Stücken ist die Nähe des Dichters bei seinen Schulreminiscenzen auffallend; kein anderes unbestrittenes Stück von Shakespeare bietet für seine Belesenheit und Gelehrsamkeit so viele Belege wie die Zähmung. In der Anrede des syrakusischen Antipholus an Luciana (V, 2.) in der er sie Sirene nennt und sie fragt, ob sie ein Gott sei, ist ein rein homerischer Anklang; diese selbe Stelle mit demselben Eindruck findet sich in der Zähmung (V, 5.) wieder, wo Katharina eine ähnliche Stelle aus Ovid gebraucht, die dieser dem Homer entlehnt hat, und wo der antike Ton noch durch die vierte Hand nachklingt. Diese durchgehende Manier der ersten Zeit hätte längst entscheiden sollen, das Stück in

die früheste Periode des Dichters zu setzen. Das fühlten auch alle
Kritiker; so Malone, Delius, auch Collier, der mehrere Hände an
dem Stücke beschäftigt glaubte. Es ist unzweifelhaft, daß des Dich=
ters eigene Hand mehrfach daran beschäftigt war; so wie wir das
Stück jetzt lesen, muß später hineingearbeitet sein, wie wir ja auch
von anderen seiner Stücke mit Gewißheit annehmen. Allzu deut=
liche Anspielungen weisen auf spätere Stücke gleichzeitiger Dichter,
die Einleitung auf Fletcher's women pleased hin, ein Stück das
nicht vor 1604 geschrieben ist. Daß der Name Baptista in der
Zähmung richtig als ein Mannsname, dagegen im Hamlet als ein
Frauenname gebraucht ist, war Collier ein Beweis, daß die Komödie
später als Hamlet (1601) geschrieben sei. Wer aber die Feinheit er=
wägt, mit der Shakespeare um eben diese Zeit in Viel Lärmen um
Nichts die beiden Figuren des Petruccio und der Katharina gleich=
sam in einer höheren Sphäre wiederholte, der wird nie glauben,
daß derselbe Dichter um dieselbe Zeit dieses Stück ursprünglich gear=
beitet habe.

Die Hauptfigur unseres Lustspiels (the shrew) gehörte zu den
Lieblingsgegenständen einer frohsinnigen, lachlustigen Zeit; Gedichte
und Schwänke erzählten von keifischen Weibern; in einer Farce, Tom
Tiler und sein Weib, wurden die Leiden eines unterjochten Ehemanns
schon 1569 von Kindern aufgeführt; in Chettle's Griseldis bildet
die Episode von dem wälschen Ritter und der shrew, die er heiratet,
das Gegenstück zu der geduldigen und sanften Heldin des Stücks.
Von einem Unbekannten existirt dann die Zähmung einer Wider=
spänstigen, das Stück auf welches Shakespeare seine Zähmung
der Widerspänstigen gründete. Das ältere Stück ist 1594, wo es
schon mehrmals aufgeführt war, gedruckt; dieß hindert nicht, daß es
geraume Zeit älter sei. Es ist in einer bekannten Sammlung von
Steevens (six old plays) abgedruckt worden. Der intriguenhafte
Theil des Stücks ist viel roher als bei Shakespeare; auch wo die
Scene beibehalten ist, ist sie weit plumper als in dem Originale.

Die Auftritte eines heiteren Schlags, wie die zwischen Katharina und Grumio und die mit dem Putzhändler und Schneider, sind am meisten so vorbereitet, wie sie geblieben sind. Der Abstand zwischen dem bombastischen Pathos der Scenen zwischen den Verliebten und den gemeinen Unflätigkeiten der burlesken Partien ist so groß, daß man auch hier wieder inne wird, was der Dichter selbst in seinen gröberen Erzeugnissen Alles verschönert hat; es begegnen hier ein= zelne Ausdrücke, für welche Shakespeare's Feder, wie unfein sie un= serem Geschlechte vorkommen mag, zu allen Zeiten zu keusch war. Die Vergleichung beider Stücke weist nicht ein Verhältniß aus, wie das des Shakespeare'schen Heinrich VI. zu Greene's, sondern der Dichter hat durch die durchgehende Veredlung von Stoff und Form dieses Werk zu seinem Eigenthume gemacht.

Wir deuteten schon an, daß die Zähmung der Widerspänstigen aus zwei gegensätzlichen Theilen besteht. Die Geschichte des gebilde= ten Lucentio, der zwar von Studentenstreichen voll, doch wenigstens vielleicht auch um Lernens Willen nach Padua kommt, begleitet von einem gewandten Diener, der auf dem Fuße ist mit seinem Herrn die Rolle tauschen zu können, seine schlaue und feine Werbung um die wohlgezogene Bianca, die in allen schönen Künsten bewandert ist, bildet ein Intriguenspiel von feinerer Anlage im italienischen Ge= schmacke. Das Gegenstück hierzu, die Werbung des groben Petruccio um die zänkische Katharina, ist ein ächtes Volks=Charakterspiel. Mit diesem letztern Theile, dem Mittelpunkt des Stücks, wollen wir uns allein beschäftigen, um zu sehen, wie der Dichter den Uebergang aus der flacheren Personenzeichnung, die man in allen Intriguenstücken gewöhnt ist, zu der gründlichern Entwickelung der Charaktere macht, durch die er uns weiterhin in seinen Werken überall verwöhnt hat.

Der Handel zwischen Petruccio und Katharina läßt sich zu einer bloßen Posse, und zwar zu einer ganz gemeinen Posse, er läßt sich, wenn man will, bis in den Koth herabziehen. Es ist traurig zu sagen, daß ein Mann wie Garrick das wirklich gethan hat. Er hat

das Stück unter dem Titel Katharina und Petruccio zu einem Spiele
von drei Acten zusammengezogen, hat den feineren Theil, die Werbungen um Bianca, herausgestrichen und den derben Rest in eine
plumpe Carikatur herabgewürdigt. Das Spiel des Paares war
nach dem Gebrauche, der nachher stehen geblieben ist, ein roh ausge-
lassenes: Woodward spielte damals den Petruccio in solcher Wuth,
daß er seine Mitspielerin (Mrs. Clive) mit der Gabel in den Finger
stach und als er sie von der Bühne wegreißt zu Boden warf. So
wird das Stück noch jetzt in London als eine Schlußfarce, mit allen
widerlichen Ueberladungen einer ganz gemeinen Possenreißerei gegeben, selbst nachdem 1844 in Haymarket das ächte Stück mit Beifall wieder gegeben worden ist.

Wenn ganz England in Garrick's Rücken stände, so würden wir
dreist behaupten, daß unsere Komödie von dem Dichter so nicht gemeint war. Das Stück ist holzschnittmäßig allerdings behandelt; der
Gegenstand, falls er nicht in pedantische Moralisation fallen soll, erträgt gar keine andere Behandlung. Selbst in dem gewöhnlichen
Verkehr wird die Frage von der Unter- oder Ueberordnung des Weibes immer in übertreibenden Scherz gezogen; der derbe Humor
mußte dem Gegenstand seine Färbung geben. Den beiden Figuren,
um die es sich handelt, geht der Schmelz höherer Naturen ab; das
mußte so sein, denn unter anders gearteten konnte das Verhältniß
nicht Statt haben. Der werbende Mann, Petruccio, ist aus grobem
Thone geformt; er kommt nicht wie Lucentio um des Studirens willen nach Padua, sondern um Geld zu heiraten. Man bietet ihm
diese reiche Widerbellerin an, im Scherz, und er geht, das sieht selbst
sein Grumio durch, in einer Art launiger Renommisterei darauf ein.
Von feiner Art und Sitte ist er nie gewesen; er geht schlecht gekleidet
einher; seine Diener auf den kleinsten Anlaß am Ohr zu ziehen und
zu prügeln, ist ihm geläufig; dabei ist er aber gereist und erfahren,
hat die Menschen kennen und zu behandeln gelernt. Die Keiferin zu
bändigen kann ihn nicht schrecken, da er sich bewußt ist, neben männ-

licher Kraft die Spiele des Scherzes und der ſchmeichelnden Galanterie zu verſtehen und im äußerſten Falle das Feuer der Widerſpänſtigen
nicht wie ein Wind nur ſchüren, ſondern wie ein Sturm ausblaſen
zu können. Er iſt Soldat, Jäger und Seemann, jedes Eine ſchon
genug, um eine ſchroffe Mannheit auszubilden, eine disciplinariſche
Natur, die unnahbar und imponirend iſt. Er wird von Katharina
mit einem Holzapfel verglichen, und ich wüßte auch nicht, womit
man gewiſſe harthäutige muskelſtramme Geſichter gedienter Soldaten
ſprechender vergleichen könnte.

Katharina, um die er zu werben unternimmt, iſt eine böſe
Hummel, ein Füllen das aus den Strängen ſchlägt, kurz angeknüpft,
raſch und zufahrend, aber voll guten Kernes, an deren Weſen Petruccio ſchon darum Gefallen hat, weil ihr am rechten Orte, wie im
letzten Acte der Wittwe gegenüber, das gerade Herz rückſichtslos
überläuft. Sie iſt von dem Vater verzogen, ein unartiges Kind,
das nicht bitten und danken kann, das ſeine ſanfte Schweſter mishandelt, ſie bindet und ſchlägt. Auf die Spitze ihres zänkiſchen Weſens iſt ſie getrieben durch die Bevorzugung ihrer Schweſter von
Seiten des Vaters, hauptſächlich aber durch den Neid auf die zahlreichen Bewerber, die ſich um Bianca drängen, während ſie die Ausſicht hat, im unvermählten Stande zu bleiben. Zu jenen ſchönen
weiblichen Seelen, die in dieſer Ausſicht und in dieſem Schickſale
unverbittert bleiben und die der weiblichen Natur eigene Harmonie
nicht verlieren, gehört ſie nicht. Es iſt vielmehr der Schlüſſel ihres
Charakters und ihrer Handlungsweiſe dem ungezogenen Werber
gegenüber, daß ſie verbittert über ihr drohendes Loos iſt, „die Affen
zur Hölle führen zu ſollen"; ein ſprichwörtlicher Ausdruck für das
Schickſal der Unvermählten, den auch Beatrice in viel Lärmen um
Nichts von ſich gebraucht. Sie will einen Mann, Er will Geld, ſo
iſt ihnen beiden der Weg zu einander gebahnt. Das alte Stück, das
Shakeſpeare vor ſich hatte, ſagt es geradezu, ſie wolle einen Mann
und das ſei die Quelle ihrer Zänkiſchkeit; und Petruccio weiß das

dort und spricht es auch aus und baut eben darauf seine Kühnheit.
Aber dergleichen platte Natur nachzusprechen, war nicht Shakespeare's
Art; so bequem machte er es seinen Spielern nicht; er überließ ihrer
Geschicklichkeit, das was sich von selbst versteht in das Spiel einzu-
tragen. In der Bewerbungsscene sind alle Worte Katharinens abstoßend und schnöde; sie sagt nicht Ja und doch sind sie nachher verlobt. Diese Stelle hat alle Spieler geirrt; sie ist immer für wunderlich
und unvollkommen angesehen worden; ihre Aufführung in der Garrick'schen Bearbeitung ist ganz abscheulich. Für zwei geschickte Spieler
ist aber in dieser Scene Alles gegeben, was die Charaktere eben verlangen. Er überfällt sie mit Worten, mit Schmeicheleien, die sie
niemals gehört hat; wie er sie mit Diana vergleicht, fällt ihr erstes
ruhiges, nicht zänkisches Wort. Der Geist des Widerspruchs und
die Gewöhnung macht sie auch gegen ihn und seine Derbheit grob
und abstoßend, aber sobald sie sieht daß es ihm Ernst ist, muß sich
der Sturm bei ihr legen. Die Spielerin, die diese Rolle naiv auf-
faßt, wird gewonnenes Spiel haben; sie muß naiv aufgefaßt werden,
nicht als eine Zänkerin von Profession, sondern als ein raschblütiges
Kind, das in den Tölpeljahren stehen geblieben ist. Sie soll nicht
ein für allemal ihre Rolle durchtoben; vor der neuen Erscheinung
ihres Bewerbers soll sie vielmehr in einer drolligen Verblüfftheit
stehen; sie soll nicht dem Werbenden böse Gesichter schneiden, sondern
ihm ein offenes, durch Neugier und Ueberraschung von ferne bewegt-
tes Antlitz zeigen, ihn gerade ansehen mit einem klaren Auge, das
nicht recht traut und gern trauen möchte, das trotzt und mitten im
Trotze nachgiebt. Dieser Naivetät ist von dem Dichter voller Raum
gegeben. Indem Petruccio Katharinen mit seinen Schmeicheleien
überschüttet, flicht er ein, was ihr die böse Welt alles nachsage;
darunter übertreibt und lügt er, sie hinke; sie wird nun unwillkürlich
ein Paar schlanke Schritte machen, um ihn eines besseren zu überzeugen; darauf stichelt er dann, und sogleich steht sie in Widerspruch-
geist und Beschämung still. Sobald die Zeugen kommen, lügt er, sie

habe ihm am Halse gehangen und Kuß auf Kuß —; wenn das die
Spielerin der Katharina hoch aufnimmt und sich ungebärdig darüber
erweist, so ist freilich nicht zu begreifen, wie dann die Verlobung
für ausgemacht gilt. Indem er das entscheidende Wort spricht: Küsse
mich Käthchen, am Sonntag soll die Hochzeit sein, gebraucht
er scheint's den Refrain eines altbekannten Liedes, was die Zuver=
sicht, die in dieser gebieterischen Werbung liegt, humoristisch mildert.
Ihre Antwort ist, sie wolle ihn lieber gehängt sehen, und dieß kann
nur gesagt werden in voller Windstille schon nach gelegtem Sturm,
kann nur halb forschend halb schmollend, besiegt und widerstrebend
zugleich gesprochen werden. Sie geht dann mit ihm gleichzeitig ab,
ohne Ja gesagt zu haben; aber sie hat schweigend, ja widersprechend
eingewilligt. Das ist des Dichters Absicht. Sie könnte gar nicht
Ja sagen, da sie so lange nur auf das Nein des Widerspruchs ein=
geübt war. Beatrix in Viel Lärmen um Nichts, ein so viel feiner
angelegter Charakter, kann es eben so wenig, dieß liegt natürlich in
diesen Charakteren, die selbst dem Scheine von Empfindsamkeit tief
abgeneigt sind. Der Werber erleichtert ihr den Uebergang auf eine
feine, von seiner psychologischen Ueberlegenheit zeugende Weise: er
flicht geschickt ein, sie hätten das so ausgemacht, daß sie noch eine
Weile ihre keifische Rolle fortspielen solle. Er faßt sie dann bei einer
weiteren schwachen Seite; er geht, um ihr Putz in Venedig zu kau=
fen; sie soll schön zur Hochzeit sein; sie zeigt auch bei andern Gelegen=
heiten, daß sie Weib genug ist, daran Freude zu haben. Und was die
kurze Zeit seiner Abwesenheit in ihr gewirkt und geändert hat, verräth
sie nachher bei seinem Ausbleiben mit dem Einen Seufzer: Ich wollte
Katharina hätte ihn nie gesehen, — der nur noch unter schleichendem
Eifer, weich und unter Thränen gesprochen ist, wo der Vater selbst
einen Ausbruch ihres alten Grimms am natürlichen Orte fände. Dieß
Alles ist, scheint es, sehr geschickt und will geschickt gegeben sein.
Der Stoff, darunter möge der darstellende Künstler wohl unterschei=
den, der Stoff ist Derbheit, aber die Form ist voll Feinheit; diese

Aufgabe, die Grobheit darzustellen, will auf eine zarte Weise ge=
löst sein.

Für die Spielerin der Katharina ist diese Bewerbungsscene der
schwierige Punkt; für den Spieler des Petruccio die Kur der Zäh=
mung. Sie erscheint ganz als übertriebene Carikatur; wer aber den
rechten Humor hineinzulegen weiß, wird auch diese Uebertreibung zu
einiger Bescheidenheit der Natur zurückführen. In Garrick's Posse,
wenn Petruccio kommt in tollem Aufzuge, eine tolle Vermählungs=
scene feiert, in toller Eile abreist, sind alle Mitspieler entsetzt und
erschreckt. Aber so ist es bei Shakespeare nicht angelegt; Grumio
findet das Alles nur zum Sterben vor Lachen. Die Art, wie er sie
bändigt, so grob sie auch erscheint, hat doch dieselbe feine Methode
wie seine Werbung. Mit seiner Abreise nach Venedig, seinem Aus=
bleiben, seiner seltsamen Erscheinung, beginnt er mit ihr eine geistige
Hungerkur, die auf Erwartung, auf Spannung, auf Enttäuschung
arbeitet. Die körperliche Hungerkur folgt dann nach, um gleichsam
das wallende Blut in ihr auch physisch zu dämpfen. Wie er sie durch
Ueberraschung gewann, durch Uebertäubung stillte, so bändigt er sie
erst durch Ueberspannen, dann durch Zurückschrauben ihrer geistigen
und körperlichen Natur. Der letztere Theil der Kur ist ganz die Me=
thode, Falken zu ziehen durch Hunger und Wachen. Alle die Ent=
behrungen, die er ihr anmuthet, theilt er aber mit ihr; er entzieht
ihr Schlaf und Essen unter dem Vorwande der Liebe und Sorgfalt
für sie. Geschieht das, wie es pflegt, in einer durchweg brutalen
Weise, so macht man des Dichters Absicht zu nichte, nach der ihr
jeder Anlaß, sein Verfahren nur übel zu nehmen, genommen werden
soll. Man wird uns jene Stelle entgegen halten, wo Petruccio sei=
ner Neuvermählten zumuthet, die Sonne für den Mond zu erklären:
aber an dieser Stelle wird nur noch die Probe auf eine bereits fertige
Rechnung gemacht, hier löst sich sichtbar die strenge Zucht in ein
humoristisches Spiel auf, und eine gute Spielerin nimmt das so.
In England ist's vielleicht eine alte Ueberlieferung, daß gleich nach

dieser Stelle, wo sie nachgegeben hat, wo sie nun völlig geheilt ist, und wo sie nachher in einer gleichgültigen Rede die Sonne zu erwähnen hat, die Spielerin sich zu Petruccio hinwendet und das Wort schelmisch fragend ausspricht, ob er auch einwillige, daß die Sonne scheine. Ein Zug dieser Art, von geistreichen Schauspielern eingeflochten, erleuchtet ganze Scenen und Charaktere Shakespeare'scher Stücke besser, als lange Commentare. Dieser feine Zug ebnet den Weg zu der spätern Fügsamkeit des bekehrten Weibes ganz vortrefflich, wo sie zuletzt jene Lehre der Unterwürfigkeit predigt, noch ein wenig in der Spur des alten Trotzes, der aber nun gegen die Trotzigen gerichtet ist.

———————

Dieß sind denn die sieben Stücke, die an dem Anfange der Laufbahn unseres Dichters liegen; sehen wir noch einmal auf sie zurück, um im Ueberblick ihr Gemeinsames zu erkennen, was sie von den späteren Arbeiten Shakespeare's unterscheidet. Mehr oder weniger verrathen alle den ungebildeten Volksgeschmack der vorshakespeare'schen Zeit in Stoffen und in Formen. Die Barbareien im Titus, die Rohheiten im Perikles, einzelne Härten in Heinrich VI., der derbere Charakter der beiden Lustspiele, die Behandlung des jambischen Verses im Titus und der Knittelverse in den Lustspielen, all dieß verflicht diese Stücke noch mit der Geschichte der englischen Literatur jener Zeit, wo Shakespeare die Marlowe und Greene noch nicht verdunkelt hatte. Wir hatten vor diesen Stücken Shakespeare nur als den Verfasser seiner beschreibenden Gedichte kennen gelernt. Von ihnen herübertretend in diese unter sich selbst so verschiedenartigen Schauspiele kann man sich durch die dramatische Form und die abweichenden Stoffe verleiten lassen zu glauben, man habe mit einem ganz anderen Dichter zu thun. Dem ist aber bei schärferem Zusehen nicht so. An Erinnerungen an die italienische, mehr gelehrte Schule von Dichtern, denen er sich in seinen erzählenden Gedichten anreihete, fehlt es in allen diesen Stücken nicht. Der Perikles ist schon der Quelle nach aus jenen romantischen halbantiken Erzählungen hergeleitet, denen die italianisirenden Dichter so nahe standen; aus der Arkadia von Sidney, dem Hauptvertreter jener Schule, sind viele Ausdrücke darin treu abgeschrieben. Im Titus klingt jene ovidische Lüsternheit der erzählenden Gedichte in dem Inhalte des zweiten Actes sehr vernehmlich an; bei der einzigen Gelegenheit dazu in Heinrich VI., dem Abschiede Margaretens von Suffolk, tritt dieser selbe Ton augenblicklich hervor. In dem kurzen Zwiegespräche zwischen Luciana und Antipholus in den Irrungen erinnert der gegensätzliche, epigrammatische Vortrag sehr deutlich an die Concepte in der Lucretia. In der Zähmung endlich hat Shakespeare die Komödie eines berühmten italienischen Meisters zu seiner Bearbeitung benutzt, wie er in den Irrungen nach dem Vorgange der Italiener ein römisches Lustspiel nur erneuert hat. Die sämmtlichen Stücke zeigen den Dichter noch der Schule und ihren Beschäftigungen nahe; in keinem seiner späteren Dramen steht er so tief in den Reminiscenzen des Alterthums und hat den Kopf so überfüllt mit den Bildern, Sagen und Figuren der alten Geschichte. Im Titus fanden wir die ganze Fabel aus lauter Stücken antiker Sage und Geschichte zusammengesetzt. Wie in Kyd's spanischer Tragödie längere Stellen lateinischer Dichter, so hat hier die Strophe einer Horazischen Ode Eingang gefunden. Im Perikles haben wir, wie in einem Senecaischen Stücke, die Erscheinung der Diana und jene Scenen, die so deutlich an Odysseus' Einkehr bei den Phäaken erinnern. Aus den Irrungen und der Zähmung hoben wir vorhin erst jene homerischen Anreden heraus. Wie die Lucretia und Venus, so sind alle diese Stücke übervoll voll Anspielungen auf griechische Mythologie und alte Geschichte. In diesen Anspielungen spielt dann die trojanische Sage in ihrem ganzen Umfange eine Hauptrolle, und zwar überall von dem Virgilischen Standpunkte aus wie in der Lucretia. Aus der Stelle, wo er in Heinrich VI. auf den Diebstahl der Pferde des Rhesus anspielt, liest man heraus, wie der junge Dichter von trojanischer Lectüre frisch erfüllt war. Das Bestreben, mit Gelehrsamkeit zu prunken, ist in diesen Stücken allen erkennbar, und für den Anfänger nicht uncharakteristisch. Den ersten Theil von Heinrich VI. wollen wir zum Belege nicht anführen, weil er größtentheils dem Dichter abgesprochen werden muß: sonst ist dort mit der Belesenheit im alten Testamente, in der römischen Geschichte, in den Romanen der Palladine bis zu Froissard's Chronik wahre Prahlerei getrieben. Aber auch in dem zweiten und dritten Theile sind in Shakespeare's Zusätzen die Anführungen aus alter Mythe und Geschichte sehr gehäuft, und in der Art, wie er dem älteren Dichter einmal statt des Catilina den Machiavelli, und ein andermal statt des Seeräubers Abradas den Bargulus unterschiebt, ist förmlich die Gelegenheit das eigene Wissen auszulegen gesucht. Besonders aber die Zähmung der Widerspänstigen kann sich mit dem ersten Theile Heinrich's VI. messen in vielfältigem Prunk mit Belesenheit. Die Absicht, Sprachkenntnisse zu verrathen, findet sich außer in Verlorener Liebesmühe in keinem späteren Stücke Shakespeare's in der Weise wieder, wie in allen diesen sieben: er hat die Sprachbrocken, wie er sie hier in gutem Ernste gebraucht, später nur wieder angewandt in Zwecken der Charakteristik und des Scherzes. Im Titus sind nicht nur, wie bei fast allen vorshakespeare'schen Dichtern, einzelne lateinische Stellen, sondern auch französische Ausdrücke in das tragische Pathos hineingekommen; im Perikles werden die Devisen der Turnierenden in allen Sprachen verlesen und darunter eine spanische mit einem Sprachfehler (più für mas). Auch in Heinrich VI. begegnen diese fremden Sprachbrocken in Stellen, die Shakespeare's Eigenthum sind: der alte Clifford stirbt mit einem französischen, der junge Rutland mit einem lateinischen Spruche. So sind auch in den beiden Lustspielen lateinische, französische, spanische, italienische Worte und Sätze gehäuft. Unsichere und unausgebildete Formen also, roherer Geschmack in der Materie und in der Kunst sie zu verarbeiten, die Nähe bei der Schule, die Anlehnung an das Alterthum und an den gelehrten Dichterkreis der italianisirenden Romantiker Englands, der Eifer, belesen und vielwissend zu erscheinen, wären die Züge, die diese Erstlingswerke Shakespeare's gemeinsam kennzeichnen. Selbst ihre Verschiedenheit in Materie, Ton und Vortrag rührt von dem weiteren gemeinsamen Merkmale her, daß sie sämmtlich älteren Werken nachgebildet sind. Der Fortschritt des Dichters zeigt sich dabei klar und sprechend. Er ist in den drei ersten Stücken von seinen Vorarbeiten beherrscht, von dem Gewichte des fremden Einflusses niedergehalten und erscheint daher in ganz verschiedener Manier; in Heinrich VI. zweiter und dritter Theil, ringt er mit einem Zeitgenossen, in den Irrungen mit Plautus um die Palme; in der Zähmung wirft er die Form seiner Vorarbeit ab und stellt sich auf eigene Füße. Die Bedeutung, die dieses Aufranken an anderen Meistern und Werken für die Bildung Shakespeare's hatte, ist nie genug in Anschlag gebracht worden: der glücklichste Takt leitete den früh stolzen Genius auf diese bescheidenen Wege. Keinem Talente ist mehr zu mistrauen, als dem, das in früher Jugend gleich auf Originalität lossteuert; der Dünkel führt es auf diese Irrbahn und die Unnatur wird das Ziel sein, zu dem es gelangt. Jeder große Künstler hat eine solche Zeit der Schule gehabt, wo er sich einem früheren Meister vertraut, wo er sich an fremde Muster fesselt, um an ihnen zu lernen. Der Schüler, der über dieser Hingebung seine Selbständigkeit verliert und in Nachahmung aufgeht, hätte doch niemals eigene Wege gefunden. Das wahre Talent aber blickt in seiner Lehrzeit nur so angespannt in den fremden Geist, um aus der innigsten Kenntniß desselben die Unterschiede des eigenen Geistes um so schärfer kennen zu lernen und sich dann um so selbständiger zu trennen. So hatten sich Raphael und Titian, so haben sich Goethe und Schiller an fremden Meistern erst in ihre Kunst eingeübt; die letzteren eben an unserem Shakespeare selbst. Und so that dieser wieder. Er blickte an Plautus und Seneca frühe und spät, und fern von jeder Anmaßung, hinauf; im Anfange wohl selbst an

Marlowe und Greene. Bei diesen freilich mußte er bald fühlen, daß er nur lernen konnte, wie er es nicht machen mußte; er hob die Greene'schen Stücke, indem er sie bearbeitete; er schmückte sich mit fremden Federn, warf ihm dieser vor, aber er konnte sich bewußt sein, daß er den fremden Federn wieder Schmuck verliehen hatte. Die Sitte, nach der sich damals die Dichter der verschiedenen Theater ihre Stoffe einander entnahmen und sie neu verarbeiteten, war der dramatischen Dichtung ungemein günstig. Man lernte aus den Vortheilen und dem Schaden der anderen Bühnen die Lieblingsmaterien des Publicums kennen und vergriff sich auf diese Weise selten im Stoffe. Viele Hände beschäftigten sich dann über einerlei Gegenstand; ihre Bearbeitungen fielen dem öffentlichen Urtheile anheim; der Stoff und seine Bedeutung, die Charaktere und ihre Behandlung läuterten sich. Aehnlich war es in dem antiken Drama gewesen. In jener Jugend der Welt gab es der dramatischen Stoffe aus Mythe und Geschichte überhaupt noch wenig; an jedem der wenigen versuchte sich jeder namhafte Dichter einmal; die stets erneuerten Behandlungen verklärten sich da allmählig zu der reinen Gestalt, die wir an den griechischen Tragödien bewundern. Nur etwas entfernt Aehnliches geschah auf der englischen Bühne, obgleich es hier bei den breiteren, stoffreicheren Werken um so nöthiger gewesen wäre, daß das Gleiche noch gründlicher geschehen wäre. Bei Shakespeare aber kann man in steigenden Graden sehr deutlich bemerken, wie er immer meisterhafter lernte, in älteren Schauspielen, die er sich zur Bearbeitung nahm, immer mehr Schale wegzuwerfen und in den Kern der Stoffe und ihren geistigen Lebenspunkt vorzudringen. Diese Kunst trug er dann auch auf seine epischen, erzählenden Quellen über, und lernte den flachsten Novellenstoffen psychologische und sittliche Tiefe zu geben.

Zweite Periode der dramatischen Dichtung Shakespeare's.

Wir treten aus der erſten Periode der dramatiſchen Laufbahn unſers Dichters, wo er nur als Bearbeiter fremder Werke erſcheint, in eine zweite herüber, die wir etwa mit den Jahren 1592—1600 umgrenzen. In dieſer kurzen Zeit ſchwingt ſich der Dichter in einer faſt unbegreiflichen Thätigkeit vom Schüler zum Meiſter auf und durchlebt eine Geiſtesgeſchichte gewiß der merkwürdigſten Art, ob= wohl wir nur Winke und Vermuthungen haben, ihre Natur näher zu beſtimmen. Die Werke dieſer Jahre kann man nicht leſen, ohne von den meiſten den Eindruck zu empfangen, daß der Dichter eine glück= liche, gehobene Zeit durchlebte, als er ſie ſchrieb. Die ungetrübte Heiterkeit, der muthwillige Kitzel der aus allen Luſtſpielen dieſer Jahre, der Uebermuth der aus Heinrich IV. ſpricht, läßt ohne Zwang auf ebenſo viel inneres Selbſtgefühl wie auf äußeres Wohlbehagen des Dichters ſchließen. Auch werden wir ſpäter finden, wenn wir aus der Betrachtung der Werke dieſer Epoche auf Shakeſpeare's Le= bensgeſchichte zurückkommen, daß ſein raſcher Erfolg als Spieler und Dichter, ſein Anſehn in der höheren Geſellſchaft, ehrende Bekannt= ſchaften und Freundſchaften, eine glückliche äußere Lage, die ihn be= fähigte ſeinen Eltern in ihrer Noth wirkſam beizuſpringen, daß dieß Alles, ſage ich, eine Reihe von günſtigen Schickſalen ausweiſe, ganz geeignet, den jungen Dichter in die glückliche Stimmung zu verſetzen, wo sein Talent so schnell, so unermeßlich wuchern konnte. Am Ende dieser Periode scheint sich dann ein Schatten über dieses Glück zu werfen, der Shakespeare den Anstoß zu einer ernsteren Betrachtung und noch tiefern Durchbringung des menschlichen Seins und Lebens gab. Es ist auffallend, daß, nachdem zwischen 1590—1600 das Lustspiel in der Reihe seiner Werke sehr entschieden vor dem Trauer= spiele vorgeherrscht hatte, nachher umgekehrt das Trauerspiel und das ernste Schauspiel in so entschiedenem Uebergewichte erscheint, daß uns eben dieser Gegensatz nöthigt, von dort an eine dritte Periode der Shakespeare'schen Dichtung zu datiren.

Die Werke dieser Periode sind in sich fast jedes Einzelne bedeu= tungsvoll und groß; die Gruppe als Ganzes betrachtet bietet noch eine besonders merkwürdige Erscheinung dar durch die große Vielseitigkeit, die sich in den behandelten Stoffen ausspricht. Sie spalten sich in drei ihrer innersten Natur nach verschiedene Theile. In den Anfängen dieses Zeitabschnittes begegnen wir einer Reihe von Stücken wesentlich erotischen Inhalts, deren Mittelpunkt die Leidenschaft und die Werke der Liebe bilden: die beiden Veroneser, Verlorne Liebesmühe, Ende gut Alles gut, der Sommernachtstraum, Romeo und Julie. Ihnen zur Seite liegen, bis auf Eine, die sämmtlichen Historien, die Shakespeare nach Heinrich VI. bearbeitet hat, trockenen, realeren Inhaltes, die Welt des äußeren Lebens und Wirkens jener Gefühlswelt wie in absichtlichem Gegensatze, in glei= cher Breite, mit gleichem Nachdruck entgegengestellt: Richard II. und III., König Johann, Heinrich IV. und V. An dem Schlusse des Zeitraumes liegt dann eine dritte Gruppe von Lustspielen ganz nahe zusammen, in denen Shakespeare, in der heitersten Freiheit und Freu= digkeit des Geistes, scheint es, diese Gattung auf die höchste Stufe der Vollendung erhoben und ihren heitern Charakter am reinsten und ungetrübtesten festgehalten hat, was dann den plötzlichen Uebergang zu den Tragödien der dritten Periode seiner Dichtung um so über= raschender macht. Jedem Einzelnen dieser Werke immer mit ganzer

Sicherheit das Jahr seiner Entstehung anzuweisen ist nicht möglich; sie fallen aber nach dem übereinstimmenden Urtheile aller befugten Kritiker sämmtlich in die angegebene Periode oder wenig darüber hinaus. Die Geschichtstücke und die Liebesstücke sind von dem Dichter gemischt durcheinander gearbeitet worden, die geschichtlichen nicht in chronologischer Reihe, sondern wie es die Lust am Stoffe mit sich brachte. Wir werden uns daher bei der Besprechung dieser Werke nicht ängstlich an die Zeitordnung binden, sondern nur die drei Reihen im Großen getrennt verfolgen und dann innerhalb jeder einzelnen, mit möglichstem Anschluß an die wahrscheinliche Chronologie, die einzelnen Stücke durchgehen und beachten, ob sich irgend ein geistiger Faden darin entdecken läßt, der uns neben der Zeitrechnung vielleicht noch eine andere Reihenordnung der Gedanken und Empfindungen nachweist.

1. Erotische Stücke.

Wir sprechen zuerst von der Reihe der erotischen Stücke, in denen Shakespeare mehr oder weniger ausschließlich das Wesen und die Natur der Liebe dargestellt hat. Von dieser Art sind die oben genannten Stücke alle, während in Shakespeare's späteren Dramen die Liebesverhältnisse nur noch in den Lustspielen den Mittelpunkt, und zwar nur der Intrigue, nie mehr, so wie hier, zugleich den geistigen Kern der Stücke bilden; während sie in seinen Tragödien immer nur so weit vortreten, wie sie in der großen Mannichfaltigkeit des Lebens eben auch nur Eine Seite unserer Existenz darstellen. Bei unseren deutschen Dichtern, selbst den größesten, nimmt diese Seite unseres Wesens einen viel zu breiten Raum ein, als daß dieß dem Reichthum ihrer Dichtungen, im Vergleich zu Shakespeare's Werken, nicht den größten Eintrag hätte thun müssen. Sie fühlten nichts von jenem natürlichen Drange des englischen Dichters, sich in dem großen Wirkungskreise des äußeren Lebens, in der Geschichte, festzusetzen, um dem persönlichen Gemüthsleben ein Gegengewicht zu halten. Wo sie selbst in historischen Stücken einen Liebeshandel nur als Episode einflochten, überwog bei ihnen die Vorliebe für diesen gemüthlichen Theil und der dichterische Glanz und Nachdruck heftete sich auf ihn. Von dieser unserer empfindsamen Dichtung gilt im großen Ganzen, was Shakespeare in Verlorener Liebesmühe sagt: daß nie ein Dich= ter gewagt die Feder zu ergreifen, ehe er sie in Liebesseufzer einge= taucht. Aber so war es bei ihm selber gleichwohl nicht. Wir können aus den angedeuteten Lebensverhältnissen Shakespeare's schließen, daß er in seiner Jugend eine Weile das gewesen sein mag, was er in Verlorener Liebesmühe und den Veronesern einen der Liebe Ge= weihten und Angelobten nennt, und dieß zwar in eben der Periode, wo er die Liebesstücke erschuf die wir zunächst betrachten wollen. Aber es war auf alle Fälle nur eine Periode, eine vorübergehende Zeit, worin er von dieser Leidenschaft persönlich beherrscht und dich= terisch mit ihr beschäftigt war; und in diese dichterische Beschäftigung wieder verlor er sich keineswegs mit ganzer Hingebung, sondern sorgte in dem glücklichsten Triebe einer vielseitig geschaffenen Natur dafür, seinen Schilderungen des übermächtigen Gefühlslebens mit der Be= trachtung der großen Geschichtswelt äußerer Thaten das Gleichge= wicht zu halten.

Verliert man selbst diese großartige Zweiseitigkeit aus den Augen, versenkt man sich ganz und nur in diese Liebesstücke aus dieser Zeit, so behandelt er, selbst wieder in dieser ausschließlichen Richtung, den Vorwurf ganz anders als unsere deutschen Dichter. Die idealen Lie= beshelden unseres Schiller, die schwach sinnlichen unseres Goethe sind durch das empfindsame Element, das die neuere Poesie überall der Liebesdichtung einmischt, von einer ganz eintönigen Färbung; auf unserem Theater gibt es daher eine stehende Charakterform des Liebhabers, die der damit betraute Spieler so ziemlich auf einerlei Weise abspielt. So war es nicht in Shakespeare's Umgebung, es ist wenigstens in seinen Werken nicht darauf angelegt. Die weite Aufgabe, die Leidenschaft der Liebe, behandelte Shakespeare in einer weit groß= artigeren Weise. Er schilderte sie nicht allein auf sich selbst bezogen, sondern in den mannichfaltigsten Verbindungen mit anderen Leiden= schaften und in den verzweigtesten Beziehungen zu anderen mensch= lichen Verhältnissen; es ist ihm ein Bedürfniß, sie in ihrem ganzen Wesen, in allen ihren Wirkungen, ihren guten und schlimmen Eigen= schaften gleich in jenen ersten fünf Stücken, die wir diesem Vorwurf ganz gewidmet finden, in einer möglichsten Fülle und Mannichfaltig= keit darzustellen. Er zeigt in den Veronesern, wie sie sich zu dem Menschen verhält der sich ihr ganz preis gibt und zu dem Thatkräf= tigen, der ihr fremd steht. Er zeigt in Verlorener Liebesmühe, wie sie durch ascetische Gelübde unter jugendlichen Genossen unnatürlich unterdrückt werden soll und wie sich das rächt. Er zeigt in Ende gut Alles gut, wie sie von männischem Hochmuth und Standesstolz ver= schmäht wird und wie sie den mit Treue und Hingebung überwindet. Er zeigt im Sommernachtstraum in einer bewundernswürdigen Allegorie die Irrungen der blinden, aller Vernunft beraubten Liebe, die den Menschen in ein Traumleben ohne Besinnung dahinreißt. Er zeigt endlich in dem hohen Lied der Liebe, in Romeo und Julie, wie diese gewaltsamste aller Leidenschaften zwei menschliche Wesen in ihrer furchtbarsten Macht ergreift und, gesteigert in den günstigen Naturen durch ihre ungünstigen Schicksale, sich auf die Höhe treibt, wo sie sich selbst überstürzt und vernichtet. Und nachdem der Dich= ter, bis zu diesem äußersten Punkte vorgeschritten, diese Seite der Menschennatur nach ihrer Weite und Tiefe durchmessen hat, kehrt er gleichsam persönlich unbetheiligter in sich zurück und gönnt ihr in sei= nen späteren Werken einen so breiten und ausschließlichen Raum nicht mehr wieder.

Diese Vielseitigkeit der Liebe, ihre mannichfaltigen Beziehungen und Wirkungen auf die menschliche Natur, hat von allen Dichtern aller Zeiten Shakespeare ganz allein in größerem Umfange geschil=

dert. Wer die ganze epische und dramatische Dichtung von Franzo=
sen, Italienern und Spaniern durchfliegt, der wird alle Liebesver=
hältnisse bis zur Langenweile in einerlei Form und Auffassung behan=
delt finden. Diese Manier war eine Ueberlieferung des Mittelal=
ters, wo die ritterliche Sitte und Galanterie die sinnlichen Triebe
geistig verklärte und eine schwärmerische Frauenverehrung in Leben
und Dichtung drang, die das Alterthum nicht kannte. Diese Zeit
sah die Liebe als einen Quell der Sittigung, ja als einen Quell der
Kraft und Thaten an, und die Dichtergeschlechter der folgenden Zei=
ten faßten sie nur von dieser ihrer veredelnden Seite auf, in einer
Vorliebe und Ausschließlichkeit, die ein Kenner des Lebens wie
Shakespeare nicht theilte. Er hatte auch ihre Schattenseiten erfah=
ren: wie sie die Kraft der Thaten zu lähmen, die Sitten zu gefähr=
den, in Verderben und Verbrechen zu stürzen eben so fähig ist, als
für ein reines Leben zu gewinnen und Geist und Seele zu adeln.
Diese doppelte Natur und zweideutigen Werth der Liebe und ihrer
Wirkungen hat Shakespeare schon in seiner ersten Jugend durchschaut.
In Venus und Adonis wirft die Göttin nach dem Tode ihres Lieb=
lings einen Fluch auf die Liebe, der im Keime gleichsam die ganze
Entfaltung dieser Materie in sich schließt, wie sie Shakespeare in der
Reihe seiner Dramen niedergelegt hat. Es lohnt der Mühe, die
Stelle in ihrem ganzen Umfange zu hören. „Hinfort, so lautet sie,
soll Sorge der Liebe steter Begleiter sein; sie soll gefolgt sein von
Eifersucht, und süßen Anfang, bitteres Ende haben; nie unter Gleiche
getheilt sein, sondern unter Hoch und Niedrig, so daß der Liebe Lust
nie ihrem Leide gleichkomme. Sie soll sein unstet, falsch, betrüge=
risch; knospen und welken in Einem Athemzuge; im Grunde Gift,
am Rand mit Süßigkeit umzogen, daß sie das treueste Gesicht be=
trüge. Den Stärksten soll sie am schwächsten machen, den Weisen
stumm schlagen und den Narren sprechen lehren. Sie soll karg sein
und verschwenden; das hinfällige Alter soll sie tanzen lehren, den
trotzigen Raufbold in Ruhe bannen, den Riesen niederwerfen und

den Armen mit Schätzen beladen. Sie soll sein rasend toll und albern milb, und den Jüngling alt, den Greis zum Kinde machen. Sie soll argwöhnen, wo keine Ursache ist, und nicht fürchten, wo sie am meisten mistrauen sollte; sie soll erbarmend sein und allzustreng, höchst trügerisch, wo sie gerecht erscheint, und störrisch, wo sie schein= bar lenksam ist. Sie soll Furcht dem Muthe und Muth der Memme verleihen; soll Ursache werden zu Krieg und schrecklichen Thaten, und Zwietracht säen zwischen Sohn und Vater, dienstfertig und förbernd jedem Zwiespalt, wie trockener Zunder für das Feuer ist". Man muß sich erinnern, daß dieß in einem Alter geschrie= ben ist, das in der ersten Stärke der Gefühle die Liebe sonst nur im Lichte der Verklärung sieht, und daß es in einem Ge= dichte niedergelegt ist, welches gerade den sinnlichen Trieb in der her= kömmlichen Weise junger Dichter zu vergöttern schien, man muß sich der Zeit und des Ortes dieser Stelle erinnern, um ihren Werth und ihre Bedeutung recht zu würdigen. In den Liebesstücken der Periode, die wir betrachten wollen, ist die Reihe dieser Gedanken bei leben= volleren Gelegenheiten mannichfaltig wiederholt und in köstlichen Sätzen und Sprüchen niedergelegt; und weit mehr als dieß, sie ist auch in dem Kreise der Shakespeare'schen Werke in Charakteren, Lagen und lebendigen Bildern in einer Fülle und Tiefe veranschaulicht und verkörpert, wie das von keinem anderen Dichter wieder geschehen ist. Und es ist nicht etwa, im Widerspruche mit aller herkömmlichen Dichtung, auf jenem Fluche der Liebe in diesen Gemälden allein ver= weilt, auch ihr reichster Segen ist in eben so vielen Gegenstücken, mit eben so vieler Innigkeit und mit der gleichen Lebendigkeit ent= faltet. Wie in dieser Leidenschaft der reiche Habsüchtige niedergewor= fen und getäuscht, der Arme gehoben und bereichert wird, lesen wir im Kaufmann von Venedig. Wie sie den Gimpel zum Verschwender, den Weichlichen zum Raufbold macht, ist in Roderigo versinnlicht. Wie sie den Weisen schlägt, wie schwer sie mit Vernunft und Be= sinnung zu paaren ist, stellt Maaß für Maaß vor die Augen. Daß sie die Narren sprechen lehre und die Alten zu Kindern mache, in wie treffenden Caricaturen haben das die burlesken Theile von Shake= speare's Lustspielen entwickelt! Wie sie den allerfeinsten Sinn am liebsten aufsucht, aber auch gefährdet, ist in jenem reizenden, oft wiederholten Bilde und Beispiele ausgesprochen, daß auch der Wurm die zarteste Knospe am frühesten annagt; und wieder in anderen Ge= mälden wie im „Sturme" erscheint die reizendste Unschuld von diesem Geiste ergriffen, ohne in ihrer makellosen Reinheit auch nur leise ver= sehrt zu werden. Wie die Liebe unstet, falsch, betrügerisch ist, wie sie meineidig wird und die Schwüre wie Stroh im Feuer des Blutes aufzehrt, ist in den Veronesern veranschaulicht, aber auch wie die treue Liebe, voll innerer Schönheit, den leichten Sinn des Untreuen mi Thaten der Aufopferung beschämt. Die niedersten und höchsten Täu= schungen dieser dämonischen Leidenschaft sind in Troilus und Cressida in das hochironische Gemälde jenes troischen Kampfes gelegt, in die Parodie des unsterblichen Liedes von jener Liebe, die die Ursache zu so langem Kriege und so schrecklichen Thaten geworden. Und dann wieder, diesem bewegten äußeren Schauspiele ein ganz geistiges Ge= mälde gegenüber: wie sie alle Sinne und Lebensgeister steigert, Er= zeugerin und Erzeugte der Phantasie, der ewige Gegenstand und die ewige Quelle der Dichtung ist, in welchen reizenden Zügen und Symbolen ist dieß in die magischen halbdunkeln Bilder des Sommer= nachtstraumes eingewoben! Wie die Liebe den Mann im Müssig= gange (love in idleness) überrascht, wo der Charakter in äußerer Unthätigkeit erschlafft, wie sie dann sein ganzes Wesen ausfüllt und ihn von der Natur des Mannes abtrünnig macht, ist in Romeo, in Proteus, in Antonius dargestellt; im Othello aber wehrt sich die Natur des Helden dagegen, daß ihn Amor in die Fesseln träger Ge= nüsse schlage und ihm die Schärfe des Geistes und der Thatkraft stumpfe. Wie Eifersucht das Gefolge der Liebe ist und argwöhnisch macht wo keine Ursache ist, und arglos wo Mistrauen am Orte wäre, hat eben dieses Trauerspiel von Othello und das Wintermährchen

zum Gegenstande; wie dagegen dieß „grünaugige Scheusal" durch
eine harmonische Natur und vertrauende Treue überwunden wird, entwickelt im Gegensatze die Geschichte von Posthumus und Imogen.
Wie die Liebe unter Hoch und Niedrig getheilt ist, wie sie auch einmal bitter anfängt und süß endet, ist in Ende gut Alles gut geschildert; aber das Grundthema jenes Fluches der Liebesgöttin, wie der
Liebe Lust nie ihrem Leide gleichkommt, wie sie süßen Anfang und
bitteres Ende hat, im Grunde Gift am Rande Honig ist, wie sie
knospt und welkt in Einem Augenblicke, wie sie von ungestümer Art
zu verzweifelten Entschlüssen leitet und wie ein Blitz vergänglich sich
in sich selbst verzehrt, das ist in dem Gedichte von Romeo und Julie
für die Ewigkeit entworfen. Es umfaßt den ganzen Vorwurf, den
andere Gedichte und Dichter so tausendfach unter sich theilten, in Einem
überreichen Erzeugnisse. Daß die Liebe in ihrer vollen Kraft mit
Standesvorurtheilen und Convenienz in stetem, unheilvollem Kampfe
liegt, das ist der Mittelpunkt aller tragischen Liebesgemälde in Leben
und Dichtung von jeher gewesen. „Liebe ist nicht Liebe, wo sie mit
Rücksichten vermengt ist", dieß ist das Kennzeichen, womit die Natur
und der Dichter die Leidenschaft in ihrer höchsten Gewalt bezeichnen;
in dieser ihrer Stärke ist der Stoß der Natur auf die Sitte, allmäch-
tiger, schrankenloser Gefühle auf die nothwendigen Schranken des
gesellschaftlichen Lebens unvermeidlich, und in diesem Zusammenstoße ist die tragische Natur dieser Leidenschaft begründet, die nie ein
Dichter mit dieser überlegenen Ruhe und doch auch lebendigen Bewegung, mit dieser Gemüthserregung und doch sittlichen Unbefangenheit, mit dieser Unmittelbarkeit eigener Erfahrung und doch geistiger
Unparteilichkeit zugleich geschildert hat wie Shakespeare in Romeo
und Julie. Es ist das einzige Stück, hat der kalte Lessing gesagt, an
dem die Liebe selber gleichsam zu schreiben geholfen hat.

Die beiden Veroneser.

In der Reihe der erotischen Stücke dieser Periode stellen wir in Uebereinstimmung mit den meisten englischen Kritikern die b e i d e n V e r o n e s e r voran; man setzt sie 1591 noch vor die Irrungen. Die einzelnen langen Knittelverse in den burlesken Partien, die häufigen Alliterationen, viele lyrische, im Sonnettenstile gehaltene Stellen von sehr zarter aber wenig dramatischer Poesie, setzen das Stück in des Dichters früheste Zeit. Intriguen= und Charakterlustspiel liegt hier nicht wie in der Zähmung neben einander, sondern ist verschmol= zen. Die Handlung erinnert in ihrem Haupttheil an die Geschichte von Felix und Felismena (in der Diana von Montemayor), die Shakespeare aus einer älteren dramatischen Behandlung dieses Ge= genstandes (the history of Felix and Philiomena 1584.) oder auch aus der Handschrift einer erst 1598 gedruckten Uebersetzung der Diana von Bartholomew Yong bekannt sein konnte; sie ist etwas arm und leichthin; die Züge feinerer Charakteristik dagegen fangen gleich in diesem ersten selbständigen Stücke des Dichters an in einem Reich= thume vorzutreten, wie er in den Figuren der sieben blos überarbei= teten Stücke, mit Ausnahme etwa von Petruccio und Katharina, noch nicht gefunden wird.

Das Stück handelt von dem Wesen und der Kraft der Liebe, und vorzugsweise von ihren Beirrungen der Ueberlegung und der

Sitte, ganz allgemein, und es ist nicht wohl gethan, einen schärfer abgegrenzten Gedanken hineinzulegen. Die zweiseitige Natur der Liebe ist gleich hier mit jenem gleichmäßigen Nachdrucke nach beiden Seiten hin und in jener vollkommenen Unbefangenheit hervorgehoben, die schon Goethen an Shakespeare so überraschend war. Diese gegensätzliche Aufgabe zu lösen, erleichtert sich der Dichter mit einem ästhetischen Kunstgriffe, der ihm ganz eigenthümlich ist, dem wir in diesem Jugendwerke gleich in besonderer Deutlichkeit begegnen und den wir fast in seinen sämmtlichen Dramen immer werden wiederkehren sehen. Bau und Anlage des Stückes ist nämlich in einem strengen Parallelismus ausgeführt; die Charaktere und Sachen sind so scharf in Beziehungen und Gegensätze zu einander gebracht, daß nicht allein das Gleichartige sich unter einander, sondern auch das Entgegengesetzte sich gegenseitig zu erklären dient. Wir wollen auf diesen Punkt den Nachdruck unserer Erörterungen legen.

Ein Freundespaar trennt sich in der ersten Scene, Valentin und Proteus. Schon die Namen haben eine Bedeutung, die auf gegensätzliche Charaktere hindeutet. Valentin, von einer tüchtigen biederen Natur, ist ein Mann der Thatkraft; von Ehre getrieben sich in die äußere Welt, in Hof- und Kriegsdienste zu werfen, reist er so eben nach Mailand ab; er ist von der einfach schlichten Art eines Landjunkers, ohne feingesiebte Sprache; Mund und Herz ist bei ihm Eins; seine Großmuth von keinem Zweifel berührt; selbst edel hält er auch den Schlechten für gut; sein Gemüth ist von jeder Bewegung rasch ergriffen, sein Handeln von Reflexionen nicht gestört. Ein goldener Freund, bereit zu jedem größten Opfer der Freundschaft, ist er dagegen noch ohne Regungen für das andere Geschlecht; sein Spott liegt vielmehr auf der Liebessucht seines entzündlicheren Freundes. Dieser Proteus, ganz im Gegentheile, ist ein Mann des Gedankenlebens, voll verlockender Tugenden und Fehler, voll vollendeter Gewandtheit des Geistes. Es heißt von ihm, er habe nicht so viele Sünden, um sein Gutes aufzuwiegen; dieß Gute zeigt sich in dem

Stücke (und dieß ist ein entschiedener Fehler) nicht in Thaten, sondern nur in der Ueberlegenheit seiner Anlage. Der Liebe ganz hingegeben, völlig ausgefüllt von ihrem Trachten und Streben, klagt er
sich selbst an, seine Jugend in gestaltloser Unthätigkeit zu verbringen;
in Gefahr genußsüchtig und selbstsüchtig den Mannescharakter zu
verleugnen, erscheint er als einer jener jungen Geister, die wie die
vorgerücktesten Knospen von dem Wurme zu frühe angenagt sind. Die
Einseitigkeit des Triebes in beiden soll nun gleichsam zur Strafe ihre
Ergänzung erhalten: mitten aus seinen glücklichen Liebeswerbungen
heraus wird Proteus zu seiner Verzweiflung dem Freunde Valentin
von seinem Vater nach Mailand nachgesandt, um sich wie Er an dem
äußeren Leben zu schulen; den Valentin aber trifft für seine ganz auf
äußere Thaten gestellte Neigung — so legt er es selber (II, 4.) aus —
die Strafe, daß sich in Mailand des Herzogs Tochter Silvia in ihn
verliebt. Für Valentin ist diese neue Lage ein Zuwachs der Erfahrung und Bildung, den er sich in seiner Weise aneignet, für Proteus ist die angemuthete Veränderung ein Zwang, gegen den sich
seine eigenliebige Natur sträubt. Die Art, wie sich beide in diesem
Wechsel nehmen, entwickelt sich auf die feinste Weise aus der gegebenen Anlage ihrer Charaktere. Den geraden, arglosen, auf seine
männlichen Zwecke gerichteten Valentin muß die Liebe aufsuchen,
wenn sie ihn treffen will; die Tochter des Herzogs kann ihn schon
als ein Gegenstand fesseln, der zugleich seinen aufstrebenden Ehrgeiz
reizt. Aber, wie man es von ihm erwartet, er benimmt sich in den
Werken der Liebe als ein Neuling; seine erwachende Neigung verräth er durch offenes Anstarren das aller Welt auffällt, und durch
hochfahrende schnöde Begegnung gegen Silvia's Bewerber Thurio,
seinen Nebenbuhler. Als sie seiner Bescheidenheit entgegenkommt
und ihn in ihren Briefen umwirbt, versteht er sie nicht und sein
Diener Flink muß ihm ihre Absicht erst auslegen. Sein Bärengang,
sein krähendes Lachen sind nun dahin; sein Freund Proteus fände
nun Stoff über die Verwandlung zu lachen, die die Liebe mit ihm

angestellt hat. Thatlustig geht er, da der Standesunterschied eine Verbindung undenkbar macht, auf den Plan, Silvia zu entführen, in der ihm eigenen Besinnungslosigkeit ein; statt sich vor den Schlingen des Herzogs zu hüten, geht er arglos und zuversichtlich hinein, sich selber mehr zu verstricken. Nachdem ihn für seinen Entführungsplan Verbannung getroffen, gibt er sich einer Räuberbande willenlos und unbedenklich hin; die Verzweiflung treibt ihn, die thätige Lebensweise sagt ihm zu, der Mann, der ihn auffordert, rührt ihm das Herz mit dem ähnlichen Schicksale, das auch Er erlitten hatte. Zu diesem Aeußersten hatte ihn die Verrätherei seines Freundes getrieben. Denn Proteus, wie er nach Mailand gekommen war, hatte im Augenblick seine Julie vergessen. Seine Liebe ist vor allen Dingen Selbstliebe. Ganz in den Einen Hang verloren, nach Mailand gekommen, von Julie getrennt, erträgt er in seiner liebebedürftigen, schwachen Natur nicht einen Augenblick die ungewohnte Leere und Verödung. Wie Romeo, von seiner Geliebten verschmäht, desto heftiger in eine neue Liebe verfällt, so der von Julien getrennte Proteus; er wirft sein Auge auf die Geliebte des Freundes und, von dieser Einen Verirrung ergriffen, verfällt er von Fehler in Fehler und durchrennt nun alle Sünden. Von dem Sinnesrausche einmal bethört, weiß er mit der feinsten Sophistik alle Unthaten zu entschuldigen und zu beschönigen. Falsch und wankelmüthig vergißt er seine Eidschwüre an Julie, er bestrickt den Herzog, er verräth den Freund, er geht in der Schlechtigkeit so weit, daß er Verleumdung als Mittel anbietet, um Valentin bei Silvia vergessen zu machen und daß er sich selbst zum Verleumder hergibt. Sein Benehmen gegen den Nebenbuhler Thurio zeigt, wie er ein Kenner der Liebe ist, wie er mit Meisterschaft ihre Künste übt, wie er sich solch einem Gegner gegenüber sicher und siegreich weiß. Er lehrt ihn die Geheimnisse der Liebe, wohl wissend, daß er nichts davon begreift; Er, selbst ein Dichter, heißt ihn Silvia mit Liedern umwerben, da er weiß, daß er doch nur ein elendes Reimwerk zusammenschweißen wird. Der Dichter

hat uns durch den Liebesstil der drei Liebenden köstlich auf ihre Be=
gabung zur Liebe hindurchblicken laffen. Er theilt uns das Gedicht
Thurio's mit, eine armselige gereimte Plattheit, die die deutschen
Ueberseßer gar zu treuherzig für ganz ernst gemeinte Shakespeare'sche
Lyrik genommen haben. Der Dichter hat ächte Poesie genug, um es
nicht scheuen zu dürfen, dem albernen Werber ein albernes Gedicht
zu leihen und, indem er ein unverdienstliches Poem einflicht, sich ein
neues Verdienst der Charakteristik zu erwerben. Das Gedicht, das
Valentin an Silvia (III, 1.) richtet, ist in derselben charakteristischen
Art; in dem üblichen Conceptenstil der Liebe verfaßt zeugt es von
ziemlicher Schwerfälligkeit des Reimtalents und ist mehr Kopfarbeit
als Erguß eines heftigen Gefühles. Von Proteus haben wir nur
die Bruchstücke und verlorenen Worte, die uns Julia aus seinem zer=
rissenen Briefe mittheilt: „gute Julia — der liebewunde Proteus —
der arme, aufgegebene, der heißliebende Proteus an seine süße Julia"
— eben genug Worte um uns zu sagen, daß dieß unter den dreien
der Mann ist, der die eigentliche Redekunst der Liebe versteht. Mit
diesem Briefe hatte er das freie Herz der unbewehrten, arglosen Julie
im Sturm genommen; bei der von Valentin eingenommenen Sil=
via, so viel Kriegskunst der Liebe versteht er wohl, bedarf es förm=
licher Belagerungskünste, und darum besetzt er jeden Zugang zu ihr,
schafft sich an Vater und Nebenbuhler Helfer und Bundesgenossen
und versucht sich mit den Listen der Verleumdung einzuschleichen.
Aber er hatte Alles berechnet, nur nicht einen Frauencharakter, der
eben so viel männlich Kräftiges als Er weiblich Schwaches an sich
hatte.

Die beiden Geliebten stehen gekreuzt zwischen den Freunden in
dem ähnlichen Gegensatze. Die blonde Julie, Proteus' Freundin,
ist in dem Maaße eine rein weibliche, wie Valentin eine rein männ=
liche Natur. Züchtig, befangen, auf strenge Ehrbarkeit haltend läßt
sie sich von Proteus suchen, und will es kaum gestatten, daß er sie
suche; sie will ihrer Lucette nicht glauben, daß das eingeschlossene

Feuer das heftigste ist, denn noch hat sie diese Erfahrung nicht ge=
macht, die sie später fast mit denselben Worten von sich aussagt. Als
Proteus' Liebe die erste Erhörung bei ihr findet, bleibt sie in ihrem
heimlichen Gedankenleben das gleiche holde Wesen; im Augenblick
des Abschiedes findet ihr volles Herz keine Worte. Aber nun ge=
trennt von Proteus erfährt sie die ähnliche Verwandlung ihres We=
sens wie Valentin; es zündet in ihr die Raschheit und Heftigkeit
seiner Leidenschaft, so wie Silvia's leichtsinniger Muth zur Flucht in
Valentin. Sie reist dem Manne ihres Herzens nach, sie träumt sich
Elysium am Ziele, an dem sie durch Proteus' Treulosigkeit grausam
aus ihrem Traume geweckt werden soll. Es kann sie das Bedenken
nicht zurückhalten, daß sie mit diesem Schritte ihren weiblichen Ruf
auf's Spiel setzt. Sie erfährt an sich, wie die reinste schuldloseste
Liebe die Hindernisse auf ihrem Wege am schwersten erträgt. Die
Geliebte des Valentin ist zu diesem sanften Geschöpfe ganz so als
Widerspiel gehalten, wie Proteus zu Valentin. Die kastanienbraune
Silvia, waghalsig, sorglos (reckless) wie sie heißt, geht etwas über
die Sphäre der weiblichen Natur hinaus; sie ist weniger gemüthvoll
als Valentin und Julie, mehr geistreich und gewandt, dem project=
reichen Proteus ähnlich; neckisch gefällt sie sich den Thurio hinzuhal=
ten und zu verspotten; sie ist von dem raschen Witz, den Shakespeare
allen seinen kühneren, vordringlichen Frauencharakteren geliehen hat.
Sie selbst ist es, die Valentin entgegenkommt, die die Hoffnungs=
losigkeit ihrer Liebe einsieht und den Plan zur Flucht angibt; sie
durchschaut den Proteus und sein Gewebe der Treulosigkeit; sie gibt
zuletzt ihren Stand und ihren Vater dran, um Valentin nachzuziehen
und wählt sich, menschenkennend und ihrer Sache sicher, in Eglamur,
der selbst geliebt und seine Geliebte verloren hat, den treuesten und
ehrenhaftesten Begleiter.

Die Verwickelung löst sich am Ende durch ein abenteuerliches
Zusammenfinden Aller in einem Schlusse auf, der allen Beurtheilern
rasch, abgebrochen und unkünstlerisch schien. Auch ist es unleugbar,

daß hier alles Aeußere der Intrigue fahrläſſig behandelt iſt. Bei
alle dem ſoll man ſich hüten, unbedacht auszuſetzen. So iſt gerade in
dieſem Falle von pſychologiſcher Seite die Entwickelung am meiſten
angefochten worden, wo ſie gerade am geſichertſten iſt. Sie iſt we=
ſentlich herbeigeführt durch das Anerbieten Valentin's, ſeinem treu=
loſen Freunde ſeine Geliebte zu opfern. Das fand Charles Lamb
und Andere einen nicht gerechtfertigten Anfall von überſpanntem
freundſchaftlichem Heroismus. Aber dieſer Zug liegt ganz in Valen=
tin's Charakter. Daß er dem Dichter nicht abſichtslos nur ſo ent=
fallen iſt, läßt ſich wieder aus dem bloßen Parallelismus der Anlage
erkennen. Denn auch Julia zeigt ſich uns von der ſelben Seite der
Entſagung aus der gleichen Gutmüthigkeit und Selbſtentäußerung,
die in ihr wie in Valentin der Gegenſatz gegen Proteus' Eigenliebe
iſt. Sie hat bei Proteus Pagendienſte genommen, ſie beſtellt ſeine
Botſchaften an Silvia in der Abſicht, den Wolf in ſeiner Heerde zu
ſpielen, aber Silvia nimmt ſie ſo ein, daß ihre feindſelige Abſicht
auf der Stelle entwaffnet iſt. Valentin in dem heftigſten Wechſel
der Gefühle iſt in dieſer Entwickelungsſcene auf der Spitze ſeiner
raſch empfindenden und raſcher handelnden Natur. An den Freund
länger und mehr gefeſſelt als an Silvia, und nach ſeiner Art das
Schlechte in dem Gutgeglaubten nicht begreifend, hat derſelbe
Mann, der den gehaßten Thurio gleich hernach vor den Augen des
Herzogs mit Tod bedroht, in dem Augenblicke, da er den Verrath
des Freundes erfährt, da er ihn ſogar gewaltſame Hand an Silvia
legen ſieht, keinen Grimm, kein Rachegefühl gegen ihn; nichts als
den ſchweren Seufzer der Enttäuſchung: „Es thut mir weh, daß ich
dir nicht mehr trauen darf und der Welt abſagen muß um deinet=
willen". An einen Beſitz Silvia's darf der Räuber ohnehin nicht
denken; den reuigen Freund wieder zu gewinnen, bietet ihm der Gut=
müthige ſein größtes Opfer. Ihn überwältigen, nach ſeiner Weiſe,
die Gefühle im erſten Anlauf; Proteus im Gegentheile findet ſich
aus ſeinen Irrungen zurecht auf eine Erwägung ſeiner Julie, die

mehr zu seinem Kopf als seinem Herzen spricht und mehr sein Würde=
gefühl als sein Gemüth mit treffendem Vorwurfe aufstachelt.

Das Alles ist schon sehr fein angelegt, voll treffender Charak=
terzüge und sehr aus Einem Guß. Gegen Shakespeare's spätere
Werke ist es immerhin leichtere Waare; aber dennoch schwer genug,
um ganze opera omnia unserer Romantiker aufzuwiegen, die an die=
sem Stücke ihres Dichterhelden zu tadeln wagten, daß Liebesphrasen
die Liebe und Heldenphrasen den Helden darstellen sollten. So
sagte Franz Horn; eine andere Bemerkung machte Tieck, die von
eben so oberflächlicher Betrachtung zeugt. Er fand, daß die niedrig
komischen Scenen unter den Dienern Flink und Lanz nicht mit dem
Stoffe verknüpft seien, sondern an sich zum Lachen aufforderten.
In dieser Weise, haben wir früher erfahren, arbeiteten die Dichter
vor Shakespeare die burlesken Partien ihrer Dramen, um dem Ge=
schmacke des Pöbels zu dienen. Und so sind auch noch in Shake=
speare's Anfängen, in den Irrungen und der Zähmung, die Dromios
und Grumios und ihre rohen Späße ein Nebenwerk ohne Bedeutung,
so weit sie nicht als thätige Figuren in die Verwickelungen der Hand=
lung eingreifen. Dieß ändert sich aber gleich hier in den Verone=
sern, und seitdem gab Shakespeare der Nothwendigkeit, in die auch
er sich versetzt sah, der Lachlust des Publicums zu genügen, jene
Wendung voll Geist und Geschick, die wir gleichfalls schon früher
angedeutet haben: er gab hinfort seinen niedrig komischen Partien
stets einen engen Bezug auf die Haupthandlungen des Stückes.
Nicht allein sind die Diener Flink und Lanz ihren Herren gleichfalls
in jener charakterisirenden Gegenüberstellung beigeordnet, der witzige
Flink dem einfachen Valentin, der plumpe Lanz dem gewandten Pro=
teus; nicht allein sind sie neben ihre handelnden Herren als unbe=
theiligte Beobachter gestellt, deren äußerster Einfalt augenfällig ist
was in der Verblendung der Leidenschaft dem Witze der Weisen ent=
geht: so daß Flink die Liebe der Silvia vor seinem Herrn, und selbst
der einfältige Lanz die Schelmstreiche seines Gebieters durchschaut;

fondern fie find auch der Haupthandlung durch Handlungen in eige=
ner Sache parodirend zur Seite gestellt, in einer Weise, die felbst
dem Gemeinsten einen hohen sittlichen Werth gibt. Die Erzählung
des Lanz von seinem Abschiede mag als eine Parodie von Juliens
stummem Scheiden von Proteus angesehen werden; die Scene, wo
Flink sich in Lanzens Liebesverhältnisse eindrängt und dafür ge=
schwungen werden soll, carifirt die falsche Eindringung des Proteus
in Valentin's Liebe; aber den tieferen Sinn haben die Geschichten
des rohen Lanz mit seinem räubigen Hunde, die Scenen gerade, die
dem zarteren Leser unstreitig am widerlichsten auffallen. Dem täp=
pischen, „halbthierischen" Gesellen, der mit seiner Bestie mehr sym=
pathisirt als mit den Menschen, ist sein Hund sein bester Freund.
Für ihn hat er Schläge ausgehalten, er hat seine Unthaten auf sich
genommen und ihm Opfer aller Art gebracht. Zuletzt will er, auf=
opfernd wie Valentin und Julie, diesen Freund sogar selbst hergeben,
sein bestes Gut dahingeben, um seinem Herrn einen Dienst damit
zu thun. Mit dieser Entsagungsfähigkeit ist der blöde Naturmensch
dem glänzenden Muster menschlicher Begabung, dem Proteus, ge=
genüber gestellt, der eigensüchtig Freund und Geliebte verräth. Und
diese feine Beziehung des niederen zu dem edleren Theile des Stücks
ist dann mit der Entfernung von aller Moralisation in die Handlung
so geschickt versteckt, daß es dem gebildeten Betrachter des Stücks die
objective Wirkung der Handlung, und wieder dem Gründling des
Parterres seine reine Freude an der gemeinen Natur auf keine Weise
stören kann.

Verlorene Liebesmühe und Ende gut Alles gut.

Die Komödie, die in der verbreitetsten deutschen Uebersetzung, dem alliterirten Titel (love's labour's lost) zu Gefallen, sinnloser Weise Liebesleid und Lust genannt ist, gehört unbestritten zu den ältesten Dramen des Dichters und wird mit den Veronesern fast gleichzeitig sein. Die Eigenheiten der Jugendstücke Shakespeare's sind hier vielleicht am gehäuftesten bei einander. Die vielfältige Erwähnung mythologischer und altgeschichtlicher Figuren, der gelehrte Anstrich, die italienischen und lateinischen Sprachbrocken, die hier allerdings schon komischen Zwecken dienen, die ältere englische Versbildung, die hier mehr als irgend wo sonst gehäuften, fast auf die Hälfte des Stückes ausgebreiteten Reime und die zahlreichen doggrel Verse — all das stellt dieß Werk zu den früheren Arbeiten des Dichters. Die Alliteration, ein stilles Vermächtniß der angelsächsischen Literatur, und in englischen Volks- und Kunstgedichten viel üblicher als in irgend einer anderen Sprache, begegnet hier noch häufiger als in den erzählenden Gedichten, in den Sonnetten und in den Veroneser; sie ist dem Pedanten Holofernes in seiner Dichtung ausdrücklich geliehen, der diese Kunst „den Buchstaben affectiren" nennt. Der Stil ist vielfach dem der Shakespeare'schen Sonnette ähnlich, ja ausdrückliche Reminiscenzen finden sich zwischen dem 127. und 137. Sonnette Shakespeare's und den hier eingeflochtenen Sonnetten und anderen Stellen (IV, 3.) des Stückes. Der Ton der italienischen Schule herrscht in demselben mehr als in irgend einem anderen vor. Die Ueberladung mit Witz ist nur mit der ähnlichen Ueberfülle von Concepten in den erzählenden Gedichten Shakespeare's und der italienischen Manier überhaupt zu vergleichen, der er anfangs huldigte.

Die Komödie macht durch diese Ueberfüllung mit lachlustigen und lachenerregenden Figuren, mit Witzlingen und Carikaturen, den Eindruck eines übermüthigen Scherzstückes; dennoch fühlt wohl Jeder beim Durchlesen einen gewissen Zwang und wird, eben der Ueberhäufung wegen, der komischen Wirkungen nicht recht froh. An Form und Bewältigung des Stoffes ist es unstreitig eins der schwächsten Stücke des Dichters; dennoch ahnt man einen tieferen Gehalt, den man nicht gleich findet, den man sich schwer auseinanderlegt. Man kennt keine Quelle zu dem Inhalt des Stückes, der sich zwar (wie Hunter aus Monstrelet's Chroniken nachgewiesen hat,) in dem Einen Punkte der Geldzahlung von Frankreich an Navarra (II, 2.) an eine historische Thatsache, einen Gebietstausch zwischen beiden Kronen anlehnt; der Dichter, der sonst dem zweideutigen Verdienste der Selbsterfindung seiner Fabeln fast niemals nachgetrachtet, scheint demnach selbst den Stoff ersonnen zn haben, der an einem auffallenden Mangel an Handlung und Charakteristik leidet. Alles dreht sich um einen geistreichen Verkehr in Witz und Ascetik, in Scherz und Ernst herum; die flach gehaltenen Charaktere der Männer sind Geistesformen, die mehr aus der Bildung des Kopfes als des Willens hervorgehen; uberall gesuchte Scherze, hohe und oft hohle Reden aber keine Handlung, und dennoch glaubt man herauszufühlen, daß dieser Mangel nicht ein absichtsloser Fehler, sondern ein beabsichtigter Zweck sei. Es ist eine bunte Mischung von abenteuerlichen und sonderbaren Figuren, die meist keinen recht gesunden Boden von Natur verrathen, und doch ist dieß wieder dem Dichter selbst so bewußt, daß man ihm vertrauen möchte, er werde in ihrer Zusammenstellung seinen Grund gehabt haben, den es eben zu suchen gelte. Und wirklich findet man

bei näherem Zusehen, daß dieß Stück einen tieferen Zug hat, in dem
Shakespeare's kunstfertiger Geist schon seine Meisterschaft entfaltet;
man erkennt darin das erste seiner Werke, in dem er, wie späterhin
immer, nach einem einzigen sittlichen Zielpunkt hingearbeitet hat, der
sogar weit weniger versteckt liegt, als in anderen seiner Stücke.

Wir wollen an die letzte Bemerkung anknüpfen, die wir zu den
Veronesern machten: daß Shakespeare die Gegenstände, Gestalten
und Scherze der älteren niederen Komödie beizubehalten nicht verschmähte, daß er sie aber durch die tiefsinnigen Beziehungen, die er
ihnen gab, zu adeln wußte. Dieß bewährt sich hier an einem viel
glänzenderen Beispiele als in den Veronesern. In den burlesken
Theilen von Verlorener Liebesmühe begegnen wir zwei Lieblings-
figuren oder Caricaturen der italienischen Komödie, dem Pedanten,
dem Schulmeister und Grammatiker, und dem militärischen Renom-
misten, dem Thraso der lateinischen, dem capitan Spavento der
italienischen Bühne. Diese stehenden Charaktere hat Shakespeare
mit solcher Lebendigkeit geschildert, daß man vermuthet und nachzuweisen gesucht hat, der Dichter habe in ihnen wirkliche Personen
seiner Zeit, in Armado einen eitlen Phantasten Monarcho (so nennt
er ihn einmal), in Holofernes den italienischen Sprachmeister Florio
in London abgebildet. Die Züge sind in beiden so aufgetragen, wie
sie nur in der derbsten Volkskomödie sein könnten. Armado, der sol-
datische Prahler auf dem Friedensfuß wie Parolles im Kriege, erscheint in der lächerlichen Gespreiztheit und Geziertheit eines „Kindes
der heißen spanischen Phantasie", in affectirtem Gegensatze gegen
alles Gemeine, großsprechend aber arm, ein Phrasenmacher aber
höchst unwissend, feierlich ernst und lächerlich eckig, eisenfresserisch
und memmenhaft, majestätisch und von den niedrigsten Neigungen.
Der Schulmeister Holofernes steht zwischen den vielen verliebten Gestalten der Komödie als ein ausgetrockneter blutleerer Pedant, ein
eingebildeter Wortheld und Buchstabenklauber, ein armer Poet aus
des Carmeliters Mantuanus Schule, phantastisch eitel auf sein eitles

Wissen. Beide Zerrbilder verzerren sich noch mehr, wenn man sie neben den Gegenstücken sieht, die ihnen der Dichter zur Seite gestellt hat: dem steifen, beschränkten, melancholischen Armado den kleinen Motte, der leicht wie sein Name, ganz Scherz und Muthwille, ganz Beweglichkeit und Schlauheit ist; dem Pedanten Holofernes das Naturkind Costard (Schädel), dessen Mutterwitz des Gelehrten spottet, der „von dem Almosenkorb der Worte" lebt. Die beiden Figuren, sieht man, sind Caricaturen, die aus der einfachen Natur herausgetreten sind, gestellt auf die Sucht Aufsehen zu erregen, auf Prahlerei, auf Eitelkeit und leere Ruhmsucht, gegründet auf ein Scheinwissen und eine Scheintapferkeit.

Aber diese beiden Originale und ihre grobe Ruhmsucht hat Shakespeare dann einer feineren Gesellschaft zur Seite gestellt, die an demselben Gebrechen leidet, nur daß unter Bildung und Geist bei ihr das Gift tiefer verborgen liegt. Der Hof von Navarra hat sich auf drei Jahre den Studien und der Eingezogenheit geweiht. Der junge König, von einem ascetischen Hang ergriffen, verlangt im Geiste der Liebeshöfe und gelübbesüchtigen Ritterschaft jener Gegenden, daß seine jungen Hofleute mit ihm den Hof und seine Lustbarkeit in eine Akademie der Beschaulichkeit verwandeln, den Leidenschaften und weltlichen Begierden absterben, den Umgang mit Frauen auf die Weile verschwören. Er ist auf derselben Fährte, sich in eine leere Ruhmsucht zu verirren; er will Navarra zu einem Wunder der Welt machen. Das Stück beginnt etwas in Armado's Stil mit des Königs majestätischen Worten: „Laßt den Ruhm, dem alle nachjagen, auf unseren ehernen Grabmalen leben und uns zieren in der Unzier des Todes!" In seiner Umgebung ist Dumain (ein guter Junge, von allen Tugendhaften geliebt, mit dem Geist aber nicht mit dem Willen ausgestattet Uebles zu thun, stoisch genug um sich unter den französischen Damen nachher die pockennarbige Katharina zu wählen) dem König nahe gerückt als der Willigere und Fähigere, in seine

I.   14

enthaltsamen Entschlüsse einzugehen. Biron aber und, ihm an Geist und Witz verwandt, der schlanke, anstellige Longaville widersetzen sich ernstlicher dem abenteuerlichen Plane. Biron, der immer Amor's Geißel verspottet hatte, darf sich fühlen, von dieser Seite den vorge= schlagenen Satzungen so gut nachzukommen wie Einer; desto be= rufener fühlt er sich zu warnen, nicht mit Eiden zu spielen die man verspielen werde, da das junge Blut nicht den alten Decreten gehor= chen werde. Ein Epikureer, an gut Essen und Schlafen gewöhnt, wendet er sich unwillig von der wüsten und öden Aufgabe des Kasteiens hinweg, er nennt alle Ergötzlichkeiten eitel, aber die eitelste die, die mit Mühe gekauft Mühe einträgt; seine leichtere Na= tur verschmäht vor Allem diese schwerfällige Eitelkeit des Studiums, das sich überschießt; er vergleicht diese Ruhmsucht ausdrücklich mit der eitlen Ruhmesjagd der Buchgelehrten, der Wortkrämer und Au= toritätenmänner.

Der König hat sich den Armado gewählt, um als Minstrel ihnen während ihres Einsiedlerlebens die Zeit zu vertreiben; wie er auf dessen prahlerische Ader herabsieht, mit einer ähnlichen Gering= schätzung blickt Biron auf des Königs gelehrte und ascetische Eitel= keit; einer noch leichteren Eitelkeit aber ist Er selbst verfallen, für die ihn Rosalinens Strafspruch trifft. Von scharfsichtigem Auge und scharfsinnigem Geiste, von hinreißender beweglicher Redegabe, hat er sich angewöhnt, jeden Gegenstand im lächerlichen Lichte zu sehen und nichts heilig zu achten. Die feurige schwarzaugige Rosaline, die für diese geistige Gabe keineswegs stumpf ist, sondern in den Gefechten des Witzes sich siegreich gegen ihn hält, glaubt ihn An= fangs in den Grenzen anständigen Witzes zu erkennen; sie könnte ihn sonst nicht lieben. Sie stimmt aber zuletzt in das Urtheil der Welt ein, die ihn für einen Mann ansieht, ganz ausgefüllt mit verwun= dendem und schonungslosem Spotte. Und sie leitet diese üble An= gewöhnung ganz aus der Eitelkeit her, die sich an dem „nichtigen Beifall freut, den die schalen lachenden Hörer dem scherzenden Narren

zollen". Sie sieht ihn derselben hohlen Sucht nach wesenlosem Bei=
fall hingegeben, wie Er die Anderen, die ihm zur Seite stehen.

An Stellen, die für den Gang der eigentlichen Handlung un=
wesentlich sind, hat der Dichter auf die Absicht, nach der er hinar=
beitet, wie deutlich sie schon aus dieser Zusammenstellung hervor=
springt, noch deutlicher hingewiesen. Im Anfang des vierten Actes
knüpft die französische Prinzessin an eine herbeigezogene Unterredung
mit dem Förster die Bemerkung: daß Ruhmsucht sich verabscheuens=
werther Verbrechen schuldig mache, wenn sich das Herz und sein
Streben, um Lob und Rufes willen, auf diese Außendinge richte.
So nun kommt es mit diesen Männern der ascetischen Gelübde,
wenigstens im Auge eben dieser Französin. Ganz recht hatte Biron
die Genossen gewarnt, daß der Eifer des Studiums sich so gerne
selbst überschieße, und dem nachrennend was er wollte, zu thun ver=
gäße was er sollte. Sie hatten gleich beim Schwure vergessen, daß
ihr Gelübde in Bezug auf den Frauenverkehr gar nicht zu halten
war, da die Tochter des kranken Königs von Frankreich in nothwen=
digen Geschäften gekommen war. Ihr Umgang ist nicht zu ver=
meiden; sie wird mit ihrem Gefolge in den Park gelagert. Diese
Französinnen und ihr Begleiter Boyet sind nun dem fantastischen
Bund der Männer entgegengesetzt; sie kommen heiter, geschmückt,
praktisch auf den ernsten Zweck ihrer Reise gerichtet, der kein ge=
ringerer ist, als Navarra die Provinz Aquitanien abzugewinnen.
Dabei sind sie in der Laune des guten Gewissens, in Scherz und
Witz den navarresischen Herren überlegen; auf den ausgelernten
Hofmann, den alten Spötter Boyet und seine Witzgabe, sieht Biron
anfangs neidisch und giftig als auf einen Kleinkrämer herab, findet
aber doch später, als sein Zorn verraucht ist, daß er nothwendig mit
ihm Freund werden müsse. Die Wahrheit der Biron'schen Voraus=
sagungen bewährt sich nun an den Asceten. Die Französinnen freuen
sich ihrer Thorheit, sicher ihren Zweck desto leichter und die jungen
Herren noch dazu zu gewinnen; die geschworenen Enthaltsamen,

14*

Biron so wenig ausgenommen als Armado und Schädel, verlieben sich sämmtlich und werben, selbst der Spötter aller Dichtung, Biron, in herzbrechenden Sonnetten und sophistisiren sich, als sie gegenseitig ihre Schwäche entdecken, den Eid als einen unstatthaften Verrath an der Jugend von der Seele. Aber so nehmen es nicht die Französinnen. Als die edlen Herren erst in ihrer russischen Maske kommen, werden sie von den Frauen in einem pikanten Spotte verleitet, in der Verkleidung jeder der unrechten Dame zu schwören und so noch einmal im Irrthum, wie vorher mit Wissen, meineidig zu werden. Sie treffen sie mit ihren Spötterzungen schärfer als mit Messerschneiden; und als der König dann den Gelübdebruch entdeckt und die Damen an den Hof lädt, beschämt ihn die Prinzessin mit ihrer Weigerung: sie wolle nicht Ursache ihres Eidbruches sein. Daß man aber die Französinnen nicht für allzustrenge Sittenrichter halte, deren Urtheil von dem des Dichters selbst vielleicht gar zu fern abläge, dafür hat Shakespeare selbst gesorgt, indem er uns in ihre Unterhaltungsweise unter sich und mit ihrem Boyet blicken läßt, die selbst dem Bauer Schädel durch ihre manierliche Pöbelhaftigkeit und feine Obscönität auffällt. Es mag dabei ein Stich auf französische Sitte im Spiele sein, wie ihn ein englischer Dichter damals nicht leicht bei bequemer Gelegenheit versäumte; gewiß aber ist auch jene weitere Absicht des Dichters dabei thätig gewesen, die Meinuug seines Stückes so wenig als möglich dunkel zu lassen.

Wenn aber mit allem, was wir anführten, die Absicht des Dichters in Verlorner Liebesmühe noch nicht klar sein sollte, so ist die Wendung des überlustigen Lustspiels am Schlusse bis in's auffallende getrieben, um sie auf's grellste deutlich zu machen. Die Herren lassen vor den Damen ein Spiel von ihren Minstrels und Clowns aufführen und rächen sich an dem Dirigenten Holofernes für ihr eigenes verschüttetes Maskenspiel dadurch, daß sie auch ihm sein Schauspiel verschütten, eines jener simplen Volksspiele, wie sie Shakespeare im Sommernachtstraum verspottet, aber den guten

Willen ehrend wie mit gerührter Seele verspottet, einen jener un=
schuldigen Späße, „die am besten gefallen, weil sie selbst nicht wissen
wie". Mitten in tollem Scherz und übermüthiger Thorheit aber
fährt ein Misklang in das Stück: der König von Frankreich ist ge=
storben und Trauer und Abschied unterbricht die Lust. Der befangene
König spricht seine räthselhafte Werbung, der befangene Biron will
ihn deutlich machen und geräth selbst in Verlegenheit und Verwir=
rung; die Prinzessin aber verweist den schuldbeladenen, meineidigen
König auf ein Jahr in eine Einsiedelei, wenn er erhört sein will;
Rosaline den Spötter Biron in ein Krankenhaus, wo er Ein Jahr
den Siechen vorscherzen und seinen Fehler wo möglich ablegen soll.
Der Liebe Mühe ist vorerst verloren; Hans hat kein Gretchen, gegen
die Gewohnheit der Komödie; es ist ein Lustspiel, das in Thränen
endet. Es ist gewiß dieser Schluß gegen alles ästhetische Herkommen,
aber die Wendung ist echt Shakespearisch; denn diesem Dichter war
die sittliche Gerechtigkeit überall eine strengere Aufgabe als die
Strenge der Kunstregel.

Wir haben, vielleicht fast allzudeutlich, hervorgehoben, wie
Shakespeare in diesem Stücke die eitle Ruhmsucht in allen ihren Ge=
stalten straft; man kann aber in Deutschland nicht deutlich genug
sein, wenn man gewisse Unarten der Kritik austreiben will, die uns
Shakespeare vielfach in ein ganz falsches Licht gerückt haben. Der
Ausgang des Stücks war unsern Romantikern zu hart und ihrer
laren Moral zu scharf; sie witterten, des Dichters Strenge nicht ge=
wachsen, überall Ironie, wo er in dem bittersten Ernst arbeitete.
Biron, so legte sich Tieck den Schluß des Stückes aus an welchem
Menschen von einfältigen Sinnen nichts zu deuten haben, Biron,
indem er verspreche, zwölf Monate im Krankenhaus zu scherzen,
werfe einen Seitenblick auf die Gefährten: „Diese würden zwölf
Monate witzig und gelehrt disputiren, von ihrer Liebe dichten, Spaß
treiben, und auch Armado werde ihnen nicht fehlen, Schädel sich
ihnen nicht entziehen, die neue Bekanntschaft mit Holofernes werde

auch nicht aufgegeben werden. Diese Umgebung sei das Hospital!!" Man fühlt aber wohl, daß eine Art moralischen Stumpfsinnes dazu gehört, zu glauben, daß nach diesem erschütternden Ende Sophistik, Muthwille und Scherz wieder von vorn anfangen und das Lustspiel wieder in sich selbst zurückkehren könne.

Diese wunderliche Vorstellungsart hängt mit der Vorliebe zusammen, die unsere Romantiker für die humoristischen Charaktere in Shakespeare's Dramen empfanden. Die Biron, die Benedict, die Mercutio waren vor allen anderen Gestalten ihre erklärten Lieblinge. Auch sind sie alle, wie der Dichter sie entwarf, von der Natur vortrefflich angelegte Charaktere: geradaus und fern von aller Empfindsamkeit, Verschmäher und Widersacher der Liebeständelei, derbe Realisten, gescheidte Köpfe, mit der witzigen stechenden Zunge voraus und meist mit dem Schwerte hinterdrein, Witzbolde und Raufbolde zugleich. Daß Shakespeare persönlich seinen Theil an dieser Art Natur hatte, läßt sich nachweisen; daß diese Natur nur ein Theil an ihm war, liegt in der ganzen Form seines vielseitigen Geistes mit Nothwendigkeit begründet. Daß er sich jene Gestalten nicht mit jener ausschließlichen Vorneigung unserer Romantiker dachte, noch idealisiren wollte, folgt daraus eben so natürlich, und läßt sich dem Unbefangenen auf's unwidersprechlichste nachweisen. Wer die Scherzscenen, die Witzjagden zwischen Boyet und seinen Damen, zwischen Biron und Rosaline, zwischen Mercutio und Romeo, Benedict und Beatrice u. s., Scenen, die hier zum erstenmale ausgeprägter und in weit größerer Fülle als sonst wo vorkommen, achtsam liest und vergleicht, der erkennt sehr bald, daß sie auf einem allgemeinen menschlichen und zugleich zeitlich-örtlichen conventionellen Grunde ruhen. Sie beruhen vorzugsweise auf Wortspielen und Wortverdrehungen; dieser Grund ist ein Eigenthum aller Zeiten. Wer noch heute die Witze muthwilliger Männergesellschaften zergliedern will, wird immer finden, daß sie vom Wort- und Silbenstechen ihren Ausgang nehmen. Was dann die conventionelle Beigabe ist, ist die be stimmte Form, in der diese Wortwitze bei Shakespeare auftreten. Diese Form war in der englischen Gesellschaft nach einer gewissen Uebung und Vorschrift ausgebildet, die der scherzhaften Unterhaltung den Charakter eines regelmäßigen Gefechtes gab. Man fängt aus dem Munde des Gegners, an dem man sich reiben will, einen Satz, ein Wort auf, das man dreht und umkehrt zu einem Hiebe auf ihn; er parirt und schlägt zurück, indem er in der Wortparade des Feindes eine ähnliche Schwäche erspäht; je länger in diesem Gange ausge= halten und getroffen wird, desto besser; wer nicht mehr kann hat ver= loren. Bei Shakespeare heißt Armado in diesem Stücke einen solchen Wortstreit ein Argument; man bezeichnet ihn deutlich als einen Gang wie im Ballspiel, wo die Worte geschleudert, gefangen, zu= rückgeworfen werden, wo der verliert, der das Wort wie den Ball fallen läßt; man vergleicht diese Witzwetten mit Kämpfen, die zwi= schen Boyet und Biron z. B. mit Seegefechten. Diese Form nun, in der sich hier Witz und Satire bekämpfen, ist keineswegs Shake= speare's Eigenthum; sie findet sich auf der ganzen englischen Bühne und ist auch auf diese nur geradezu aus dem Leben übertragen. Was uns von des Dichters geselligem Leben erzählt wird, läßt uns ganz auf dieselbe Art von Scherzen in seinem persönlichen Verkehre hin= durchblicken. Die Ueberlieferungen nennen Shakespeare einen schön gestalteten Mann, von offenem, liebenswürdigem, heiterem Wesen, einen guten Gesellschafter von stets bereitem, gefälligem und sanftem Witze. In dem Sirenenklub in der Freitagstraße traf er sich mit Beaumont, Fletcher, Selden, Ben Jonson und anderen geistreichen Zeitgenossen, und dort wurden nach einer Erwähnung von Beau= mont an Ben Jonson „Worte gehört so voll witzigen Humors, als ob jeder beabsichtigt hätte, all seinen Witz in Einen Scherz zu pressen". Besonders wird des Zusammentreffens zwischen Shakespeare und Ben Jonson gedacht, die sich nach Fuller's Worten zu begegnen pflegten, „wie eine spanische Galeone, höher gebaut in Gelehrsam= keit, solid aber langsam in ihren Bewegungen, und wie ein englisches

Kriegsschiff, das kleiner im Bau, leichter an Segeln sich bei aller Gezeit drehen, durch den Wind wenden und in der Schnelligkeit seines Witzes von allen Winden Vortheil ziehen konnte". So daß hier diese Witzgefechte aus Shakespeare's Leben in demselben Bilde verglichen sind, wie in Verlorener Liebesmühe die zwischen Boyet und Biron. Will man zu diesen Zügen noch deutlichere Belege haben, wie weit diese Art und Form von Witzkämpfen im Volke ausgebreitet war, so muß man Tarlton's Späße aufschlagen. Dort kann man finden, daß der lustige Mann bald mit einem schelmischen Knaben, bald mit einem Hausmeister, bald mit einem Konstabel in solche Witzwechsel eintritt, wo ganz wie in der Komödie die Aufgabe, der Stolz und der Sieg darin beruht, den Gegner wie hier der Kunstausdruck ist,) zu einem non plus zu treiben, d. h. witzmatt zu machen und zum Schweigen zu bringen. Man sieht aus Allem, daß diese humoristischen Gefechte eine Zeitsitte waren, der sich Shakespeare nicht entziehen mochte, die er aber so wenig wie eine andere Sitte schonte, wo sie zur Unsitte ward. Man begreift, daß ein so weitverbreiteter Gebrauch bei Menschen von äußerlicher Lebensgewandtheit eine stehende Mode werden mußte, wo sie dann für Shakespeare und seinen vielbewegten Geist das Langweilige aller Gewohnheiten gehabt hätte. Man begreift ferner, wie bei diesen professionirten Witzbolden die Gewöhnung dahin führen mußte, die heitere Laune in Spott ausarten zu machen, den gefälligen sanften Scherz in rücksichtslosen Hohn zu verkehren, zu Händeln zu verleiten, den Witzbold zum Raufbold auszubilden. Solche Naturen hat Shakespeare in Biron und Mercutio geschildert, und dieß ganz in der vollen Unparteilichkeit, mit der er jeder Erscheinung ihr Recht anthat. Der gleiche Sinn für Scherz und Ernst, je nach den Anforderungen des Lebens und der Gelegenheit, war das Ideal der menschlichen Geselligkeit, dem Shakespeare gehuldigt hätte. Denn wie durchdrungen er davon war, daß bescheiden heiterer Scherz die Wahrhaftigkeit und Freiheit des Geistes bewahrt und fördert, so wußte er doch auch dieß, daß die

Lacher von Profession nie durch die Oberfläche der Dinge dringen, wo, wie Baco sagt, der Sitz des Scherzes ist. Er hat daher überall den Tüchtigeren seiner Humoristen den tüchtigsten Theil des Lebensernstes mit zur Ausstattung gegeben. So hat er seinen Benedict in Viel Lärmen um Nichts schon zu einer vollkommeneren Gestalt als Biron geschaffen. Dort verkehrt Beatrice mit Benedict in demselben muthwilligen Tone des Scherzes, wie hier Biron und Rosaline; ein ähnlicher tragischer Miston unterbricht die Lust dort wie hier; des Dichters Absicht ist in dem ästhetisch viel feiner gebauten Stücke dieselbe: der furchtbare Ernst des Lebens tritt plötzlich an das lachsüchtige neckische Paar und beide gewinnen sich und uns erst dadurch ganz, daß sie diesen ernsten Anforderungen Ernst entgegenzubringen wissen, was Biron nach Rosalinens Strafgebot erst lernen soll. Mit einer Vorliebe aber von fast ganz pathologischem Charakter zeichnete Shakespeare seinen Prinzen Heinrich, der ein Wesen wie von zwei Naturen, ein Held wie keiner und ein Lacher wie keiner, der zwischen Thätigkeit und Erholung, zwischen erhabener Anspannung seiner Kräfte und muthwilliger Abspannung je nach der Anforderung des Augenblicks in dem glücklichsten Gleichmaaß getheilt steht. Auch sonst hat der Dichter seine eigentliche ernste Ansicht über jene scherzhafte Zeitsitte für den, der deutlich sehen will, so deutlich als möglich ausgesprochen. In Ende gut Alles gut schildert der König den alten Grafen von Roussillon als ein Ideal von Ritterschaft und Bildung. Er besaß, sagt der Lobredner, den Witz, der auch an der heutigen Jugend gesehen wird. Aber die jungen Leute des Tages scherzen in ihrer jugendlichen Ausgelassenheit so lange fort, bis ihr eigener Spott auf sie zurückfällt, ehe sie ihren leichten Jugendmuth in Ehre des Alters kleiden konnten. In des Grafen Stolz und Witze dagegen war nicht Hochmuth und Bitterkeit; war sie darin, so hatte sie ein Gegner seines Gleichen herausgefordert. Seine Ehre, wie ihre eigene Uhr, wußte genau die Minute, wo er eine Einwendung, eine witzige Erwiderung zu machen hatte, und dann gehorchte seine Zunge diesem Zeiger der Ehre. Am Ende einer Lustbarkeit und heitern Zeitvertreibes pflegte er in gutartige Melancholie und ernste Betrachtung zu fallen. — Man sieht wohl, dieß schildert mit wahrem Wohlgefallen einen Ehrenmann, der die beiden Seiten von Scherz und Ernst in jenem begehrenswerthen Gleichmaaße abgewogen besaß, das der modischen Jugend gerade entgegengesetzt ist, die nichts als spotten gelernt hat, und deren „kurzlebige Witze, wie es in unserem Stücke heißt, verwittern wie sie wachsen".

––––––––––

Aus einem von Meres herrührenden, oft erwähnten Verzeichniß Shakespeare'scher Stücke, die im Jahre 1598 fertig waren, wissen wir, daß darunter ein Lustspiel war: der Liebe Mühe ist belohnt (won). Hunter hat vorlängst den fehlgeschlagenen Versuch gemacht, dieß Stück in dem „Sturm" zu suchen; neuerdings hat ein Anony=mus (der Verfasser der Streitschrift Collier Coleridge and Shake-speare 1860. p. 130.) die bestechendere Vermuthung auf Viel Lär=men um Nichts aufgestellt, die man nur gerade aus dem Grunde wird ablehnen müssen, weil sie allzutreffend ist: denn warum sollte der Dichter einen so scharf bezeichnenden Titel mit einem nichtssagen=den vertauscht haben? Man wird daher wohl thun, sich bei der frü=hern Vermuthung Farmer's u. A. zu beruhigen, daß Ende gut Alles gut das Stück ist, das in einer ersten und ältern Bearbeitung jenen Titel getragen habe. In einer Stelle des Epilogs (all is well ended, if this suit is won) liegen gleichsam beide Titel verschmol=zen. Die Annahme wird um so wahrscheinlicher, da das Stück ganz offenbar und nach Uebereinstimmung Aller eine Umarbeitung erlitten hat, die nicht allein den Titel betraf. Coleridge bezeichnete in seinen Vorlesungen über Shakespeare zwei verschiedene Stile in dem Stücke; die gereimten Stellen, die überschlagenden Reime, der Sonnettenbrief der Helene weisen auf die Gestalt des Stücks zurück, die es wohl gleichmäßiger trug als es mit jenem ersten Titel der Verlorenen Lie=besmühe zur Seite gestellt war, deren Schreibart jene Partien unge=

fähr entsprechen. Bei weitem der größte Theil des Stückes dagegen
muß eine völlige Umgestaltung erlitten haben, denn die Prosascenen,
die Monologe, die an Tiefsinn und Gezwungenheit oft an Hamlet
und Timon erinnern und alle Versetzungs=, Interpunctions= und
Supplierkünste der Ausleger herausfordern, die komischen Theile die
in Inhalt und Form die Fallstaffscenen in's Gedächtniß rufen, fallen
sichtbar in die reifste Periode des Dichters, man nahm die Jahre
1605—1606 an. Wir besprechen das Stück aber an dieser Stelle,
der Zeit seiner muthmaßlichen Entstehung nach, und nach dem Ge=
gensatze, den es nicht allein äußerlich, sondern auch innerlich gegen
Verlorene Liebesmühe bildet.

Tritt man aus dem zuletzt besprochenen Stücke in Ende gut Al=
les gut herüber, so fühlt man den äußeren Unterschied unmittelbar
und ahnt einen inneren; man tritt aus dem gezierten, überspannten
italienischen Stile von Shakespeare's erster Zeit in den volksthüm=
lich englischen Ton herüber, der späterhin seine Werke beherrscht, und
diesem Uebergang in der Schreibart entspricht der Stoff dieses Ge=
genstückes und seine psychologische Verarbeitung haarscharf. In Ver=
lorner Liebesmühe ist Biron einer jener humoristischen, aller Em=
pfindsamkeit abgesagten Charaktere, der in den eigenthümlichen Lie=
besdienst des navarresischen Herrenkreises nicht paßt, unter denen die
Liebe eine Art Grübelei aus Müßiggang geboren ist und wie ein
Phantasiebild betrieben wird mit Sonnetten und Gedichten, die mehr
Kopfarbeit als Herzensregung sind, mit versteckten Geständnissen,
die mehr Witz als Gefühl verrathen, ein Minnedienst mit Methode
aber ohne natürliche Wahrheit, von vielen Worten und wenigen
thatsächlichen Beziehungen oder erprobten Empfindungen. Als diese
schauspielmäßige Umwerbung Schiffbruch leidet, kehrt in Biron die
wahrere Natur zurück und er verwirft jenen romanischen Liebesdienst
und Poesiedienst mit der ganzen Derbheit eines Sachsen; er ver=
schwört die Tafftphrasen, die seidenen, glatten Redensarten, die drei=
fach geraubten Hyperbeln, die pedantischen Figuren und gespreizte

Ziererei, und er gelobt: hinfort solle sein werbendes Herz nur in gro=
bem Ja und geköpertem Nein reden. So hat Shakespeare seinen
Prinzen Heinrich werben lassen, sein Musterbild unaffectirter Natur.
In Ende gut Alles gut aber hat er in Bertram einen Jungen gezeich=
net, der wie Biron ein Liebeverächter ist, aber in der Rolle bleibt bis
zu dem Extreme, daß er auch zur gröbsten und derbsten Werbung
nicht kommt, vielmehr selbst umworben werden muß. Der werbende
Theil in dem Liebesverhältniß dieses Stückes ist seltsamerweise das
Weib. Aber auch in ihrer Werbung ist, als ob das Stück in mög=
lichst grellen Gegensatz zu Verlorener Liebesmühe gestellt werden
solle, aller Empfindsamkeit, Ziererei und Unnatur aus dem Wege ge=
gangen. Sie wirbt mit Thränen, ihre Liebe spricht durch erworbene
Verdienste, die Poesie des Verhältnisses liegt in der That= und Auf=
opferungsfähigkeit eines von aller geistigen Kränklichkeit freien Cha=
rakters. Dort hatten die navarreser Herren einen politischen Grund,
den Frauenverkehr nicht zu verschwören, sie warfen sich in einer con=
ventionellen Grille auf die ganz grundlose Laune, die Natur un=
natürlich zu unterdrücken. Dieser affectirten Entsagung der hohen
ruhmsüchtigen Herren steht hier ein bescheidenes, weibliches Wesen
gegenüber, die ihren an Rang weit abstehenden Pflegebruder liebt,
die in sich und außer sich alle möglichen Gründe hätte, ihre
Leidenschaft zu unterdrücken und ihr zu entsagen, in der aber die volle
gesunde Natur, Gottes Größe im schwachen Gefäße, durchdringt
durch so viele Schranken, die unüberwindlich scheinen, geschweige
sich willkürlich unnatürliche Schranken zu setzen. Dem entsprechend
ist denn in diesem Stücke, in seiner Fabel und in den leitenden Cha=
rakteren Alles schlichte Natur, thatinniges Streben, Handlung ohne
viele Worte, wo dort angenommenes Wesen, poetisches Spiel, flache
Unterhaltung ohne viel Handlung ist. Und wie dort unter den Red=
seligen der Gedanke des Stückes viel und oft in ausdrücklichen Stel=
len gesagt und wiederholt ist, so ist er dagegen hier in den Charak=
teren und Thatsachen mehr schweigend niedergelegt.

In der Fabel des Stückes sind nur die komischen Partien, die
Figuren des Parolles, Lafeu, des Narren, der Gräfin, Eigenthum
und Erfindung des Dichters; der eigentliche Stoff und Kern ist der
Novelle Giletta von Narbonne von Boccaz entlehnt, die Shakespeare in englischer Uebersetzung in Painter's Pallast des Vergnügens (1566) lesen konnte. Das Stück ist am merkwürdigsten, um
aus ihm das Verhältniß Shakespeare's und seines Dramas zu seinen erzählenden Vorbildern romanischer Quelle kennen zu lernen,
um inne zu werden, welch andere Naturkraft in dem germanischen
Poeten herrscht und welch andere, gesteigerte Anforderungen die dramatische Dichtung macht, die das strenge Auge zum Kritiker hat, gegen die erzählende Novelle der das leichtgläubige Ohr ein viel scho-
nenderer Richter ist.

Der berühmte italienische Novellist erzählt, wie die Pflegetochter
des Grafen von Roussillon, die Tochter seines Arztes, sich in dessen
Sohn Bertram verliebt habe; wie dieser nach Paris gereist sei; wie
die Liebende Pläne geschmiedet habe, ihm zu folgen; wie die Krankheit des Königs ihr dazu einen Vorwand entgegenbrachte; wie sie
ihn heilt und sich dafür den Grafen Bertram zum Gatten ausbittet
und ihn gegen seinen Willen erhält; wie er verschmäht, sie als Gattin anzuerkennen, es sei denn, daß sie zwei unmögliche Bedingungen
erfülle, die er ihr stellt. Von einer Motivirung aller dieser seltsamen Handlungen ist in der Novelle von Boccaccio nicht die Rede.
Giletta ist nicht allein schön, sondern auch reich, und insofern hat
Bertram schon weniger Grund, sie zu verschmähen; desto mehr von
der andern Seite ihrer grenzenlosen Aufdringlichkeit. Sie sinnt
darauf, dem abgereisten Geliebten nach Paris nachzueilen, sie hat
den vorbereiteten Plan, mit der Heilung des Königs ihn zu gewinnen; wie er ihr die Bedingungen stellt, brütet sie sogleich über dem
Entwurf, selbst das Unmögliche möglich zu machen. Das hört man
in der Erzählung mit stumpferem Ohre an, aber sehen könnte man
es nicht. Ein mannsüchtiges Weib, das aller Weiblichkeit baar so

weit aussehende Pläne machte und durchsetzte, würde von einem
Manne, der es erst verschmäht hatte, nachher noch mehr verschmäht
werden; auf der Bühne würde kein Mensch daran freundlichen Antheil nehmen, es würde widerlich werden.

So leicht hat sich denn auch Shakespeare seine Arbeit nicht gemacht. Die Art, wie er die beiden Personen, um die es sich handelt, und ihr Verhältniß aufgestellt hat, wie er die abenteuerlichsten
Unternehmungen einem Mädchen leiht, die doch zuletzt in Weiblichkeit und Sitte der Liebe werth erscheinen soll, wie er vor dem unwahrscheinlichsten aller Stoffe nicht zurückschreckt, vielmehr die Schwierigkeiten noch häufte im Bewußtsein sie zu besiegen, dieß dünkt uns
in diesem Stücke außerordentlich bedeutend. Der Dichter nimmt die
Fabel so auf, wie sie ihm gegeben ist. Er nimmt sie mit aller romantischen Wunderlichkeit, für die ihm das Gefühl so wach ist wie
irgend einem unter uns. Er hat das mit noch abenteuerlicheren Geschichten noch oft und spät, ebenso und immer gethan; es ist eine
Art poetischer Rechtgläubigkeit in ihm, mit der er den Kern des überlieferten Stoffes überkommt, heilig hält und unangetastet läßt. Er
bildet dann aber mit eben so vieler Rücksichtslosigkeit und Freiheit die
umgebenden Umstände und die Charaktere nach seinem Bedürfnisse
um; er motivirt sie und ihre Handlungen so, daß sie etwas Aehnliches wie ihnen die Mythe zuschreibt, Etwas was unter aller Welt
und Menschen möglich und glaublich ist, in Wahrheit und Wirklichkeit gethan haben könnten. Für den Nüchternen steht dann die
Fabel blos als eine künstlerische Verkörperung da, als ein willkürliches Bild, für das man in prosaischer Auslegung irgend ein anderes, natürlicheres Verhältniß sich denken mag. Für den dagegen,
der sich über die Niederungen der Wirklichkeit in leicht erregter Phantasie erheben kann, wird es dieser trockenen Betrachtung nicht bedürfen. Ihm wird dieß gerade das Wunderbare in diesem Genius
dünken, wie er die ungewöhnlichsten Dinge so natürlich zaubert, wie

er uns mitten in dem abenteuerlichsten Stoffe vergessen macht, daß wir in dem Reiche der Träume und der Dichtung sind.

Der Dichter schildert das Mädchen nicht als reich, nicht als überströmend an Gefühlen und Anschlägen, sondern als arm, bescheiden, demüthig, sanft, ganz in weiblicher Natur beruhend. Von Liebe zu ihrem Pflegebruder ergriffen, ganz ausgefüllt von dieser Einen Sehnsucht, ist sie dennoch bis zur Entsagung ergeben, wie ein Reh, das mit dem Löwen Freundschaft gesucht hat und zerrissen wird. Sie drückt in ihren Monologen sogar keinen Wunsch aus; es thut ihm nichts, daß sie ihn liebt, dieß ist ihre Entschuldigung vor ihr selbst; sie betet ihn an wie der Indier die Sonne, die von ihm nichts weiß. Diese Selbstverleugnung ist bei ihr um so höher anzuschlagen, als sie von der Ungeduld einer in Wahrheit starken Leidenschaft bewegt ist, die ihre geschäftige Einbildungskraft in lauten Selbstgesprächen dem Lauscher verräth. Es war schön, sagt sie sich, obwohl eine Plage, ihn stündlich zu sehen. Mit dieser sich selbst bemeisternden, entsagungsvollen, bescheidenen Natur ist sie aber, was sich bei ausgezeichneten Frauen so gern und oft vereinigt, klug, gewandt und anstellig. Sie weiß, so heißt es von ihr, in ihre milden Worte wohl auch einen Stachel zu bergen. Sie hat die zweiseitige, aber für die ächte Weiblichkeit ihres Wesens durchaus nicht zweideutige Gabe, zugleich sittsam und beherzt, zum Dulden geschickt und zum Handeln entschlossen zu sein. Sie zeigt die Eigenschaft, in thätiger Entschlossenheit unter der Gunst der Umstände zu wachsen, ohne selbst bei männlich scheinenden Schritten den Grund ihrer Frauennatur zu verlieren. Sie wäre nicht (dieß eben erscheint in Boccazens Novelle so männisch und unweiblich) erfinderisch aus sich selbst, aber sie schrickt vor der Ausführung auch eines kühnen Gedankens nicht zurück, der ihr eingegeben wird; sie wüßte Pläne und Entwürfe nicht selbst zu schaffen, aber sie weiß, wenn das Schicksal sie entgegenbringt, sie mit allem Geschick zu ergreifen. Nicht zu ergreifen aus männlicher Dreistigkeit, sondern aus frommem Vertrauen und aus einer aus=

dauernden und festen Natur, die durch ihre arme Lage von Jugend an auf Selbständigkeit gewiesen war. Sie hat in der Bibel gelesen, wie Gott durch schwache Geschöpfe oft viel ausgerichtet hat, und hat sich daraus den Grundsatz gebildet, daß man gebotenen Glücksfällen entgegenkommen und die Kraft, die man erhalten hat, auch ge= brauchen muß.

Folgen wir dem so angelegten Charakter sorgsam durch die Ver= wickelungen des Knotens, den sie sich mit ihrer Liebe geschürzt hat, achtsam nichts unterzuschieben, was dem Dichter und seiner Helena fremd ist, aber auch eben so achtsam, ja nicht den kleinsten Zug zu verlieren, den er in ihre Schilderung niedergelegt hat. Noch ehe sie zum Handeln kommt, thun wir einen Blick in die Tiefe ihres Ge= fühls und in die unschuldige Verstellung, die die Verhältnisse sie zwingen damit zu paaren. Der Geliebte nimmt Abschied vom Hause, die Thränen stehen ihr nahe, sie darf sie nicht zeigen. Die Gräfin lobt sie, indem von ihrem verstorbenen Vater die Rede ist, da brechen ihre Thränen aus. Die Mutter schiebt es auf das An= denken an ihren Vater; Helene läßt sie dabei mit einer zweideutigen Rede; sie erlaubt sich die kleine Sophistik, nicht ohne sie vor sich selbst zu entschuldigen: ihre Thränen fließen aus einer so edlen Quelle, daß sie auch so ihrem Vater Ehre machten. Bertram reist ab; sie ist völlig ergeben; sie hat keine Ahnung, ihn gewinnen zu können; sie zehrt nur von dem Andenken an die Gemeinschaft mit ihm. Erst als der elende Parolles, sein Begleiter, dessen Art es ist, auch vor ehrbaren Personen unverschämter zu sein als billig ist, sie mit unschicklichen Witzen belästigt, als sich ihr so die schlechte Ge= sellschaft vergegenwärtigt, in der Bertram seine ersten Ausflüge macht, die Verführungen sich ihr vorspiegeln, denen er in Paris ausgesetzt sein wird, da regt sich in ihr die Eifersucht, und eine verzeihliche Schwäche, nicht eine männische Kraft, ist der Quell des Planes, ihm nachzureisen, ihn dort nicht in fremde Hände gerathen zu lassen, während sie zu Hause ihre Liebe rosten und altern ließe. Und unbe=

stimmt kreuzt sich mit diesen Vorstellungen der dunkle Gedanke, ob nicht dieser strebende Trieb ihr auch die Kraft geben könne, zum Ziel zu gelangen. Sie meint, ihn sich verdienen zu können, aber sie weiß nicht wie. Das Recept ihres Vaters gegen die Krankheit des Königs fällt ihr nur ein, um einen Grund zur Reise zu haben; sie hat aber keine Ahnung davon, die Heilung des Königs zum Erwerbe des Grafen zu benutzen. Diesen Gedanken gibt ihr die Gräfin ein, ihres Bertram's eigne Mutter, die aus ihren belauschten Selbstreden ihre Liebe erfährt und ihr günstig ist, die in ihre Jugend zurückblickend die ähnliche Natur in sich erkennt und nun wie eine praktische Matrone die Wege ergreift und angibt, die stracks zum Ziele führen können. Helene geht nun nach Paris, den König zu heilen; jedes Opfer, das Leben an diese gewagte Kur zu setzen, kostet sie nichts. Wenn man dieß im Auge hat, was sie jetzt, was sie früher, was sie später an den Mann ihres Herzens gesetzt hat, so tritt ihre Weiblichkeit, bei dem was folgt, desto glänzender in's Licht. Ihre Art zu wählen ist von der immer gleichen Liebenswürdigkeit; „ich nehme euch nicht", sagt sie, „ich gebe nur meine Pflicht, so lange ich lebe, in eure Hand". Begehrt von allen Anderen, selbst von denen, die zu dienen verschmähen, demüthig Herrin genannt, wird sie von Bertram verschmäht und tritt sogleich in der gewohnten Entsagung zurück. Der König aber, in Folge seiner lehnsherrlichen und vormundschaftlichen Gewalt über Bertram, gereizt über seine Weigerung und erpicht, ihn seinen Abstand von ihm eben so fühlen zu machen, wie er Helenen den seinen fühlen ließ, zwingt ihn zu der Heirat, worauf sie dann die Bedingungen von Bertram erhält, unter denen er sie als sein Weib anerkennen werde. Sie ist weit entfernt von der Giletta des Boccaz, die sogleich diese Bedingungen zu erfüllen brütet; sie hat ihn verloren und geht entsagend nach Hause zurück. Er hat ihr geschrieben, daß er in Frankreich nichts zu thun habe, bis er kein Weib mehr in Frankreich habe. Sie hört nun, daß er sich in den florentinischen Krieg begeben; sie muß glauben, er

habe es um ihretwillen gethan; aber sie will nicht Schuld sein, daß
er sich in Gefahren stürze und seine Heimat und Mutter um ihret=
willen meide.   Sie will sein Glück nicht stören, stiehlt sich wie ein
armer Dieb aus dem Schlosse ihrer Liebe, um nach St. Jago zu
pilgern; dann läßt sie nach Hause schreiben, daß sie da gestorben
sei.   Zu viel Heroismus für ein so weibliches Wesen, wie wir Helena
angesehen wissen wollen!   Der Dichter versetzt ihn daher mit dersel=
ben holden Schwäche, die ihre erste Reise nach Paris veranlaßte.
Sie nimmt ihren Weg über Florenz, um ihn da noch einmal zu
sehen, und dort kommt ihr nun zum Lohne ihrer Mühe und Treue
das Glück entgegen, den wunderbarsten aller Pläne auszuführen.
Sie hat auch diesen waghalsigen, für Bertram's gesetzmäßige Gat=
tin nicht ungesetzlichen Plan nicht ersonnen, aber ergriffen
mit derselben raschen Entschlossenheit, wie den früheren der Gräfin.
Es ist auch hier nichts Amazonisches im Spiele, es wirkt auch hier
die weiblichste Regung, sei es Eifersucht, sei es die Absicht, den Gat=
ten vor einem sündigen Schritte wie sein Schutzengel zu bewahren.
Es ist das Bild einer unschuldigen und starken Liebe gezeichnet, der
stets neue Hindernisse entgegentreten und die sich durch sie nur zu
neuen größeren Anstrengungen gereizt sieht.

So weit wäre diese sonderbare Verwickelung und Lösung nicht
allein äußerlich, sondern auch sittlich möglich gemacht für einen edlen
Frauencharakter, an dem wir warmen Antheil nehmen dürfen.   Es
bleibt eine neue Schwierigkeit.   Wie ist es denkbar, daß der Ge=
liebte, der Gatte gewonnen werde nicht allein zu einer gezwungenen
Verbindung, sondern zu wirklicher Liebe, nachdem er einmal ver=
schmäht hatte?

Der Charakter Bertram's ist in einen vollen Gegensatz gegen
Helena's gestellt.   Sie zeigt sich überall demüthig, zurücktretend, be=
scheiden, aber ganz reif, weise und besonnen, mit allen Gaben ausge=
rüstet, höher streben zu dürfen, ja instinctmäßig zu müssen.   Er da=
gegen ist hochmüthig, rasch und zügellos, anmaaßend obgleich ganz

rathlos, abhängig von der elendesten Gesellschaft, der Einsicht und
Ueberlegung eben so baar als bedürftig. Der Grund, warum er
die für Andere so begehrenswerthe Helena verschmäht, ist zunächst,
daß ihm die Regung der Frauenliebe überhaupt noch fremd ist. Sein
schmeichlerischer Begleiter Parolles, dem eine Heirat Bertram's
nicht taugt, nimmt ihn systematisch gegen diese Regungen ein; eine
Tochter Lafeu's hat er auch nur einmal so aus der Fernsicht des Hoch=
muths angesehen. Vor dem König nennt er als den Grund seines
Verschmähens seine Ahnen und seinen Rangunterschied. Hier liegt
der geistige Mittelpunkt des Stückes und der Kern der Verschieden=
heit beider Charaktere. Wie die Helden in Verlorner Liebesmühe
an der Einbildung auf eine Scheintugend leiden, so dieser an der
Eitelkeit auf ein Scheinverdienst. Für diesen Unterschied des Blutes
und des Standes hat Helena keinen Sinn; ihre starke Natur ist nir=
gends über die Sitte Meister, aber überall ankämpfend gegen bloßen
Brauch und Convenienz. Wenn sie nur die Möglichkeit gesehen
hätte, wie sie Bertram sich verdienen könne; daß sie ihn verdienen
könne, daran zweifelt sie nicht. Der Adel ihrer Seele gibt ihr die
Ansicht ein, daß die, die durch die mächtigste Kluft in Glücksgütern
getrennt sind, durch die Natur dahin gebracht werden, sich wie
Gleiche zu verbinden und wie Ebenbürtige zu vereinigen; unmöglich
scheine das nur denen, die kühner Wagnisse Anstrengungen genau
erwägen. Voll von diesem Selbstgefühle läßt sie ihrer Liebe freien
Lauf und fürchtet nicht die Schwierigkeiten auf ihrem Wege. Darin
kommt ihr die Gräfin, ihres Bertram's Mutter, entgegen. Sie hat
alle Seelenverwandtschaft mit Helena, sie blickt auf ähnliche Er=
fahrungen in ihrer Jugend zurück, als sie in ähnlicher Mischung
reiner Sitte und starker Gefühle, wie Helena sagt, Diana und Ve=
nus zugleich war. Sie sieht mit der Theilnahme eigner Sympathien
auf diese starke Leidenschaft, deren Gepräge ihr das Zeichen und Sie=
gel der Naturwahrheit scheint, und sie gibt der armen Pflegetochter
ihre mütterliche Gunst gegen den adelstolzen Sohn, den sie aus ihrem

Blute waschen will. Wie viel aber diese Gunst bedeutet, fühlt man
erst, wenn man die ganz aristokratische Haltung dieser Frau in
jener Scene (III, 1) gesehen hat, wo sie die Nachricht empfängt, es
habe ihr Sohn Helenen verworfen. Bei aller Unruhe die ihr die
trostlose Nachricht macht, bei dem Schmerz der Mutter, dem Mitleid der Pflegemutter und des Weibes, beobachtet sie doch den Anstand der Hausfrau und Wirthin in stolzer Meisterschaft über ihre
inneren Regungen; Schicksale haben sie so gestärkt, daß sie keinem
ersten Anlaufe von Freude und Gram weibisch erliegt. So wie die
Heldin des Stückes in Folge ihres Standes, die Gräfin in Folge
ihrer Erfahrungen und Grundsätze, so ist auch der tapfere alte Herr,
Lafeu, über das Vorurtheil der Standesunterschiede erhaben und
setzt Tugend und Verdienst vor Adel und Blut; er selbst erhob wohl
einmal Anspruch auf Bertram für seine Tochter. Ja der höchste Re-
präsentant aller Standeswürde, der König selbst, ist auf dieser erhabenen Stufe der Betrachtung, und sie motivirt sich bei ihm schon
aus der drohenden Nähe am Grabe, bei der er gestanden war.
„Sonderbar, sagt er, daß unser Blut, das zusammengegossen an
Farbe, Schwere und Wärme aller Unterscheidung spotten würde, sich
doch in so mächtigen Abstand scheidet. Wenn tugendhafte Thaten
von der niedersten Stelle kommen, wird die Stelle geadelt durch des
Thäters Thun; wo großer Rang sich bläht ohne Tugend, das ist
eine wassersüchtige Ehre. Das Gute an sich ist gut ohne Rang, und
so das Schlechte schlecht. Dort aber gedeiht die Ehre am besten, wo
wir sie mehr von unseren Handlungen ableiten, als von unseren
Ahnen". So sind denn alle Figuren des Stückes auf der Seite dieser Ansicht gegen Bertram gleichsam verschworen; selbst die lustige
Person, der Narr Lavatch, ist in jener beziehungsvollen Weise cari-
katurartig auf diesen selben Standpunkt gerückt, indem er sich im
Anfang mit einer thörichten, zur Bettelei führenden Leidenschaft
schleppt. So daß also nicht richtig scheint, wenn Ulrici sagt, es hätten einige Personen keinen Bezug auf die Grundidee des Stückes.

Denn selbst die Rolle der Diana läßt sich auf diesen Grundgedanken zurückführen, die den empfindlichen Stolz einer armen Familie, eines weiblichen Wesens auf das einzige, was sie hat, auf ihre fleckenlose Ehre, hintansetzt, indem sie auf ein immerhin peinliches Project eingeht, das aber einem tugendhaften Zwecke dient.

Der Gedanke, daß Verdienst vor Rang gehe, hat Shakespearen in der Periode in der wir stehen, wie wir noch sehen werden, sehr viel und nachdrücklich beschäftigt. Er ist die Seele dieses Stücks und dieses Verhältnisses zwischen Bertram und Helena. Wenn demnach innerer Hochmuth und jugendlicher Stolz auf seine Freiheit, und dazu der äußerliche Hochmuth auf seinen Stand die Gründe der Verschmähung Helena's bei Bertram waren, so würde es sich fragen, wie der Dichter diese inneren Hindernisse der Verbindung weggeräumt hat, nachdem die Verhältnisse die äußeren beseitigt und das Paar in äußerlicher Ehe verbunden haben. Die Meisterschaft, mit der dieß geschehen ist, wetteifert mit jener, mit der er die andere Hälfte dieses sittlichen Knotens gelöst hat.

Bei Bertram ist der Adel einer guten Natur angeboren, seine Ausartung in jenen Hochmuth ist nur Jugendverirrung. Seine Mutter nennt ihn einen unreifen Hofmann, eine wohl angelegte Natur, verdorben durch Verführung. Die gute Anlage seiner Natur selbst erleichtert diese Verführung. Seine äußere Erscheinung schon, ein gelockter Junge mit gewölbten Brauen und runden braunen Falkenaugen, der, wie der Narr ihn schildert, seine Stiefel besieht und singt, die Krause rückt und singt, die Zähne stochert und singt, kündigt eine bralle Natur an, die zugleich noch viel mit sich selbst beschäftigt ist, und für ein Anderes nicht viel Sinn übrig hat, als was sich wieder mit ihm beschäftigt. Ein inneres Gemüthsleben ist in seine Tölpeljahre noch nicht gedrungen. Er ist fern von all dem Witz eines Biron, fern von der Bildung jenes Königs von Navarra, fern von der Gefühligkeit eines Dumain; ganz ein Mann von Biron's geköpertem Ja und Nein, aber ohne Biron's Feinheit und

Geist; wortkarg, wie Shakespeare keine andere Hauptfigur wieder
gehalten hat; in seinem Briefstil eben so charakteristisch kurz, gedrun=
gen, ein wenig kraftgenialisch. Diese grobe, kurzangebundene, un=
höfische Aber springt in ihm in aufbrausenden Trotz über, wenn sie
gereizt wird. Ganz voll des ersten Jugendeifers ist er auf Ruhm und
Thaten gestellt; er ist am Hofe des Königs schon unwillig, daß man
ihn von dem florentinischen Kriege zurückhält; zweimal bitten kann
er nicht, er will sich wegstehlen. Nun folgt diese Wahl der Helena
und kreuzt ihm den Einen Gedanken, der seine Seele ausfüllt. Er
hat überhaupt in seinem Jugendmuthe noch nicht an's Lieben ge=
dacht; er fände in diesem Momente nichts in sich von Liebe für Nie=
manden der Welt; daß man ihm diese Frau vollends anbefehlen will,
reizt seinen ganzen Groll. In diesem Zorne nun, darauf achte man
wohl, und nicht in kalter Klügelei, schreibt er nicht allein Helena jene
Bedingungen vor, die gleichsam seine freieste Wahl nach der voll=
brachten Zwangsehe vorbehalten, sondern auch dem Könige nimmt
er sich vor noch brieflich zu trotzen. Fehlt etwas, ihn in diesem ver=
stockten Grolle festzuhalten, so ist es der niedrige Schmeichler Parol=
les, der ihn ganz umstrickt hält, der ihn ledig und frei, für seine
Schmarotzerkünste zugänglich erhalten will, der Helena haßt und sie
in gehässiges Licht zu stellen geschäftig ist. Der Fluch des Königs,
der den Unfolgsamen in den Taumel und rathlosen Sturz der Ju=
gend zu werfen droht, geht in Erfüllung; die ganze Unberathenheit
und Rathbedürftigkeit des arglosen Bertram legt sein Verhältniß zu
diesem Parolles, dem Armado in Waffen, zu Tage. Als ein Prahler,
ein Lügner, ein putzsüchtiger Kleiderheld, ein Elender, „der den
Schuft so überschuftet, daß die Seltenheit ihn freispricht", ein Ju=
gendverführer, ein hagerer Falstaff, der Bertram in Florenz auch in
die schlechten Händel mit Dianen verwickelt, ist dieser Renommist
Allen bekannt, nur Bertram nicht; wie ein Gitterfenster durchsichtig
nennt ihn Lafeu, der Bertram grob und deutlich aber vergebens
vor ihm warnt; ein Nichts nennt ihn der Narr, aber Bertram war

er Alles; Helena schien ihm zu niedrig zum Weib, aber dieser ist ihm
ebenbürtig zum Freunde; der gerade, offenliegende Junge konnte von
jeher Alles leiden nur keine Katze, und gerade unter dieses Schma-
rotzers Joch liegt er gefangen und seine arglose Seele ahnt ihn nicht
wie er ist. In Florenz erscheint er dann am grellsten in seiner gespaltenen Natur, gut und bös, tapfer und ruhmvoll, aber zugleich
lüderlich und verführt, einem Wüstlingsleben verfallen. Auf der
Spitze des Stücks sehen wir ihn in einem Strudel von Thätigkeit
und von völliger Verwirrung der Sinne und der Sitte befangen.
Im Begriffe Florenz zu verlassen, macht er sechzehn Geschäfte unter
der Begünstigung verkürzender Umstände ab; er nimmt in seiner
burschikosen Art von dem Herzog Abschied auf der Straße; er bereitet
die Reise vor; er schreibt an seine Mutter; er hat die Zusammenkunft mit Diana verabredet; er hat ihr den Ring, denselben Ring,
den von ihm zu erlangen er Helenen als eine Aufgabe der Unmög-
lichkeit gestellt hat, den Familienring auf dem gleichsam seine Hausehre steht, an ein leichtfertiges Weib, für die er sie halten muß, gegeben. Er hat sich, vom Blute übermeistert, damit das Recht vergeben, seine Familie und seinen Stand weiter gegen Helena geltend
zu machen. Jetzt erhält er die Nachricht von Helenens Tod. Als
er den Brief liest, verwandelt er sich wie ein anderer Mann; er
fängt an sie zu lieben, als er ihren Tod erfährt; wie sollte das Herz
ihn ganz kalt lassen, das um seinetwillen gebrochen ist? Er begräbt
sie nicht nur, er betrauert sie in seinen Gedanken. Was seine plötzliche Verwandlung noch nachdrücklicher macht: er hatte Diana geschworen, sie zu heiraten, wenn sein Weib todt wäre; der Gedanke
muß ihn quälen, wie viel freier sein Gewissen sein würde, wenn ihn
die Verschmähung Helenens nicht in diese Lage gebracht hätte.
Dennoch gibt er die Zusammenkunft mit Diana nicht auf; ja noch
mehr, aus Trauer geht er nicht nur in den Taumel des Sinnen-
rausches, sondern auch aus diesem wieder zu der possenhaften Scene,
die ihm seinen Freund Parolles entlarven soll. Mit Beidem sucht er

sich zu übertäuben, in der Lage einer inneren Zerstörung; denn die
Enttäuschung über Parolles muß ihn über seine eigene rathlose Un-
reife enttäuschen und ihn einen reuigen Griff in sein Inneres thun
lassen. Dieser inneren Demüthigung soll seine äußere Schlag auf
Schlag folgen; er soll gründlich lernen, seinen Hochmuth zu beugen
und seinem Stolze zu mistrauen. Der Tod Helena's, der Friede in
Florenz, der Brief des Herzogs an den König erklärt seine Rückkehr
an den Hof. Dort wird er überführt, seinen Ring an eine leichte
Dirne weggegeben zu haben, er wird blosgestellt und von Lafeu,
dessen Tochter er nun vermählt werden sollte, verschmäht, er geräth
in die Misachtung Aller, ja er kommt in den Verdacht, Helena ermordet zu haben. Seine Räthsel, sein Ring, die Qualen, die er damit bereitet hatte, fallen rächend auf ihn selbst zurück. So mürbe gemacht und gebeugt, wird er nicht nur einer lästigen Heirat, sondern,
was mehr ist, einer furchtbaren Last des Gewissens ledig, da sich die
Sache nun aufklärt; wie sollte er nicht das Weib, das ihm diese
Opfer gebracht, für den wohlthätigen Schutzgeist ansehen, der sein
Leben am besten berathen werde? Er steht vor ihr, der stolze Mann
des Ranges, dem sein Adel keine Tugend erworben, der leichtfertig
Adel und Tugend zugleich in die Schanze geschlagen, vor ihr, die
durch Tugend geadelt war und ihm die Symbole seines Adels gerettet hatte. Wie ein Mann aus der Klasse der strebsamen Neuerer,
von denen Baco sagt, daß im Vergleiche zu ihrer Regsamkeit „die
Edlen wie Statuen erscheinen", hat sie werbend mit Thaten den
Mann ihrer Liebe erobert; dennoch beharrt sie, auch nach vollbrach-
ter Bedingung und nach erworbenem Rechte, in ihrem weiblichen
Wesen, in ihrer alten demüthigen Weise, in ihrer gefaßten Resignation. Dieß bricht in ihm vollends, was noch von seiner Starrheit
nicht geschmolzen war. Als sie noch in Furcht und Erwartung die
schmerzlichen Worte sagt: „Ich bin nur der Name, nicht das Ding",
nicht sein Weib — preßt er, nach seiner wortarmen Art, in die Worte
„Beides! Beides! O Vergebung!" alle Reue, alle Zerknirschung,

allen Dank und alle Liebe zusammen; und es bedarf nur des Schau=
spielers, der diese Worte vorzubereiten, zu sagen und zu begleiten
weiß, um den Zuschauer für die Zukunft dieses Paares gänzlich un=
besorgt zu machen.

Bei wenigen Stücken fühlt man so sehr wie bei Ende gut Alles
gut, welchen außerordentlichen Raum der Dichter dem Schauspieler
für seine Kunst offen gelassen hat. Wenige Leser, aber noch viel
wenigere Leserinnen werden an die weibliche Natur Helena's Glau=
ben haben, auch nachdem sie unsere Auseinandersetzung gelesen und
unwidersprechlich gefunden haben. Der Gegenstand hat sie einmal
abgestoßen; und so weit wollen wir diesem Gefühle gern Rechnung
tragen, daß wir zugeben, Shakespeare hätte besser seine psychologische
Kunst und habe sie oft an dankbarere Materien gewandt. Aber selbst
wenn man sich über den Stoff nach unseren obigen Bemerkungen
weggeholfen hat, so wird man selten in sich den Maaßstab finden, so
kühne und männliche Schritte auf einem ganz weiblichen Wege mög=
lich zu denken. Nur wenn man es sehen würde und dem Auge
glauben könnte, würde man die volle und harmonische Wirkung die=
ses Kunstwerkes empfänglicher hinnehmen. Aber daß selbst das Auge
überzeugt würde, verlangt eine große Künstlerin. Und so auch Ber=
tram einen großen Künstler, wenn der Zuschauer inne werden soll,
daß dieß ein Mann sei, der so große Anstrengungen eines edlen Wei=
bes lohnt, dessen mühevolle Erwerbung einen dankbaren Besitz ver=
heißt. Daß dieser unempfindsame Jüngling ein Herz, dieser ver=
führte Wüstling ein gutes Herz habe, daß dieser Verschmäher für die
Verschmähte jemals ein Herz gewinnen könne, das liest sich aus
seinen kargen Worten freilich wohl heraus, aber die wenigsten Leser
sind heute so frei von Empfindsamkeit, daß sie dergleichen Dinge auf
so wenige Worte hin glauben möchten. Ganz anders würde dieß
sein, wenn sie in dem dargestellten Bertram die edle Natur, die
Zerrüttung seines Wesens in Florenz, die Zerknirschung, in die ihn
seine Sünden und seine Einfalt geworfen, mit Augen sähen, wenn

sie aus der ganzen Haltung des brüsken Mannes gewahr geworden wären, was in seinem Munde das Eine Wort Vergebung bedeute, wenn sie seine Brust sich heben sähen bei der letzten Erscheinung Helena's unter der Erleichterung seines Gewissens; man würde dann seinen letzten Worten Glauben gönnen, denn man hätte die große Verwandlung seines Wesens, von der man jetzt ein verlorenes Wort nur liest und überliest, vor Augen gehabt. Selten hat die Schauspielkunst eine so selbständige Aufgabe, wie in dieser Rolle Bertram's gehabt, aber noch seltener würde sich der Spieler finden, der sie auszufüllen wüßte. Für Richard Burbadge mußte diese Rolle ein Leckerbissen gewesen sein. Um die Zeit, wo sie diese letzte Gestalt erhielt, hat ihm Shakespeare (1605—8) auch Perikles und Petruccio zu gleich pikanten Aufgaben zugerichtet. Auf der Höhe ihrer Leistungen angelangt, schienen sich beide damals zu gefallen, diese blassen Charakterskizzen zu begehren und zu gewähren, wie um sich in der gemeinsamen Arbeit zu üben, Umrisse zu zeichnen und auszuführen oder Räthsel zu stellen und aufzulösen.

Ein Sommernachtstraum.

Wenn man Ende gut Alles gut unmittelbar zwischen Verlorener Liebesmühe und dem Sommernachtstraume liest, so fühlt man, wie dort die spätere Hand des Dichters hineinarbeitete, während die beiden anderen Stücke nahe zu einander rücken. Schon die Aufführung der drolligen Spiele durch die Clowns stellt beide Stücke zu einander, eben so sehr aber auch der Vortrag. Die Elfengesänge ausgenommen, in denen Shakespeare auf eine meisterhafte Weise den Ton der volksthümlichen Elfensagen beibehielt, trägt das Stück vorherrschend den italianisirenden Stil der ersten Periode seiner Dichtung. Die von Concepten blühende, beschreibende und malerische Sprache, die viel sichtliche Alliteration, die gereimten Stellen, die sich über alle leidenschaftlichen und lehrhaft gehaltenen Scenen ausbreiten, die in diesem Stoffe billig vortretende alte Mythologie, Alles setzt das Stück in die Nähe oder nicht allzuentfernt von Verlorener Liebesmühe. Wie in diesem Stücke ist die Fabel, die originelle Zusammenstellung der Figuren antiker Götter- und Geschichtssage mit den Wesen der sächsischen Volksmythe, Eigenthum und Erfindung des Dichters. Wie in Verlorener Liebesmühe sind ferner, ganz ungleich dem was wir in Ende gut Alles gut von Charakteristik kennen gelernt, die handelnden Figuren nur in sehr allgemeinen Umrissen von einander gehalten, am stärksten die kleine kecke, schon in

der Schule keifische und reizbare Hermia von der schlanken, halt=
losen, gegen sich selbst mißtrauischen und sich wegwerfenden Helena;
weniger der gerade offene Lysander von dem heimtückischeren und
flatterhaften Demetrius. Die Zeit der Entstehung des Stückes, das
wie Heinrich VIII. und der Sturm zu Ehren der Vermählung irgend
eines hohen Paars geschrieben sein mag, setzt man um 1594—96.
Die Hochzeit des Theseus ist der äußere Mittelpunkt des Stückes,
der die Clowns, die Elfen und den mittleren Menschenschlag zusam=
menführt. Das Stück ist eine Maske, eine Gattung von Gelegen=
heitsdramen, die der Privataufführung bestimmt waren, und die be=
sonders Ben Jonson ausgebildet hat. Ein eigenes Gesetz hat sich
diese Gattung so wenig wie das historische Drama in England vor=
geschrieben; mit dem gewöhnlichen Drama verglichen, weist sie (nach
Halpin's Bemerkung) einen unmerklichen Uebergang aus', der durch
Definition ununterscheidbar ist. Wie sich in dem historischen Drama
aus der wirklichen Natur und der Masse des Stoffes fast jede Unter=
scheidung von dem freien Drama herleiten läßt, so in der Maske
durch die Gelegenheit, die gebotene Beziehung und die allegorischen
Elemente, die hier Eingang fanden. Diese letzteren haben allerdings
dem Sommernachtstraum unter Shakespeare's übrigen Werken ein
ganz eigenthümliches Gepräge aufgedrückt.

Man empfindet bei dem oberflächlichsten Lesen, daß, noch mehr
als die menschlichen Figuren, die Handlungen in dem Sommer=
nachtstraum ganz anders behandelt sind, als in allen anderen Stücken
Shakespeare's. Die große Kunst des Motivirens, seinen eigentlichen
Zauberstab, hat hier der Dichter ganz bei Seite gelegt. Statt ver=
nünftiger Anlässe, statt natürlicher, aus den Verhältnissen und Cha=
rakteren fließender Beweggründe herrscht hier die Laune. Wir be=
gegnen einem Doppelpaare, das in wunderliche Irrungen verwickelt
ist, zu denen wir aber vergebens in der Natur der handelnden Men=
schen nach den wirkenden Triebfedern suchen. Demetrius hat, wie
Proteus in den Veronesern, eine Braut verlassen und umwirbt, wie

jener, die Braut seines Freundes. Dieser Lysander ist mit Hermia entflohen, um einen Ort zu suchen, wo das Gesetz von Athen sie nicht erreichen kann. Im Diebstahle, heißt es im Stücke, schleichen sich Beide in den Wald, in Wuth folgt ihnen Demetrius nach und in Liebe heftet sich wieder Helena diesem an die Fersen wie eine Klette. In einem gewissenlosen Durcheinander sündigt zuerst Hermia durch Ermangelung des gesetzlichen Gehorsams an ihrem Vater, und Demetrius durch Treulosigkeit an seiner Verlobten Helena, und Helena durch Verrath an ihrer Freundin Hermia, und Lysander durch Verspottung an seinem Schwiegervater. Der Streit des ersten Actes, der ohne deutliche innere Einflüsse entstanden vorliegt, ist im dritten Acte zu einer vollendeten Irrung unter ganz äußerlichen Einflüssen verwandelt. In dem Elfenreiche herrscht eine ähnliche Verwirrung zwischen Oberon und Titania. Das Spiel der ehrsamen Bürgersleute von Pyramus und Thisbe aber ist zu dem tragikomischen Mittelpunkte der Intrigue ein komikotragisches Gegenbild, von zwei Liebenden, die hinter ihrer Eltern Rücken „kein Arg daraus haben, sich im Mondschein zu werben" und durch eine bloße Laune des Zufalls zu tragischem Ausgange kommen.

Es ist, sieht man, ein Spiel der verliebten Laune, was die menschlichen Gestalten in der eigentlichen Fabel des Stückes treibt; Demetrius ist verlobt, dann gefällt ihm Helena nicht mehr, er tändelt mit Hermia und am Ausgange erinnert er sich dieses Treuebruchs nur wie einer Jugendtändelei. Aeußere Gewalten, nicht innere Beweggründe, scheinen diese Laune in Bewegung zu setzen. Zuerst die heiße Jahreszeit, die erste Mainacht, die Spukzeit dunkler Mächte, die die Gehirne erhitzt, denn auch sonst nennt Shakespeare gelegentlich eine Narrheit eine Sommertagstollheit, ein Hundstagsfieber, und im 98sten Sonnette heißt der April die Zeit, die den Geist der Jugend in alle Dinge legt und selbst den ernsten Saturn lachen und springen macht. Dann aber die Gewalt des Cupido, der im Hintergrunde des Stückes als wesenhafte Figur mitspielt, der die Urtheile

irrt, die Augen blendet, leichtsinniger Treuebrüche froh ist. Und zu=
letzt sehen wir die Liebenden vollends in der Hand der Elfen, die
ihre Sinne berücken und sie in jenen Taumel der Verwirrung brin=
gen, wo die Auflösung wie die Verwickelung von außen her eintreten
muß. Diese Täuschungen einer blinden Leidenschaft, diese Gaukel=
spiele der Sinnlichkeit bei dem Schlafe der Vernunft, diese Sinnes=
wandlungen und Verirrungen „siebender Köpfe", diese Handlungen
ohne höheren Mittelpunkt einer geistigen und moralischen Beziehung,
sind wie einem Traume verglichen, der mit seinen beängstigenden
Verwickelungen vor uns aufrollt, aus denen es keine Erlösung gibt,
als das Erwachen, die Herstellung des Bewußtseins.

Das Stück heißt ein Sommernachtstraum; der Epilog gibt sich
zufrieden, wenn der Zuschauer das Stück wie einen Traum ansehen
will; wie im Traume ist Zeit und Oertlichkeit in den Figuren ver=
wischt; ein gewisses Zwielicht und Dämmerung breiten sich über das
Ganze; Oberon will, daß Alle Alles wie einen Traum ansehen sol=
len, und so geschieht's. Titania spricht von ihrem Abenteuer wie von
einer Vision, Zettel von seiner Verwandlung wie von einem Traume,
Alle übrigen erwachen zuletzt aus einem Schlaf der Ermüdung und
haben von ihren Erlebnissen den Eindruck eines Traumes. Der nüch=
terne Theseus hält ihre Erzählungen für nichts anderes als Träume
und Phantasien. Schon diese äußerlichen Hindeutungen in dem
Stücke mußten es nahe legen, daß Coleridge und Andere auf die
Meinung kamen, der Dichter habe mit Absicht darauf hingearbeitet,
das Stück wie einen Traum vorübergleiten zu lassen. Uns nimmt
nur Wunder, daß man mit dieser Ansicht nicht zu dem inneren Kerne
gekommen ist, in dem diese Absicht des Dichters eigentlich einge=
schlossen liegt, von wo aus sie dem Stücke nicht allein einen Namen
gegeben, sondern eine freie dichterische Schöpfung des höchsten Wer=
thes hervorgezaubert hat. Denn das erwartet man wohl von unserem
Dichter, daß eine solche Absicht von seiner Seite nicht in der bloßen
Schale zu suchen sei. Träte sie nur in jenen poetischen Aeußerlich=

keiten, in dem duftigen Zauber der Rhythmen und Verse, in jener
ängstigenden Spannung, in jener dämmerigen Beleuchtung hervor,
so wäre dieß nur ein flaches Kunststück der Coloratur, mit dem allein
ein Dichter wie Shakespeare nie geglaubt hätte etwas Redewerthes
geleistet zu haben.

Kommen wir auf unsere ersten Betrachtungen des Stückes und
seines Inhalts zurück und suchen wir auf einem höheren, aussicht-
reicheren Wege zu demselben Ziele wirklich zu gelangen, das von
Coloridge mehr nur geahnt war.

Wir erwähnten, daß die Spiele der verliebten Laune, denen wir
zusahen, nicht von inneren Triebfedern der Seele in Bewegung gesetzt seien, sondern von äußeren Gewalten, durch Einflüsse von Göt-
tern und Kobolden, von denen der Dämon der alten Mythologie,
Cupido, nur hinter der Scene mitspielt, die Spukgeister des neueren
Volksglaubens, die Elfen dagegen den Hauptplatz der Bühne in
unserem Stücke einnehmen. Achtet man auf die Verrichtungen, die
der Dichter beiden, dem Liebesgotte und den Elfen geliehen hat, so
findet man auffallenderweise, daß sie ganz die gleichen sind. Die
Wirkungen des Einen wie der Anderen auf die Leidenschaften der
Menschen sind dieselben. Die Untreue des Theseus gegen seine vielen
Verlassenen, die Ariadne, Aigle, Antiope, Perigune, die man nach
der antiken Mythe dem Rausche sinnlicher Liebe, dem Cupido zuschreiben würde, sind im Sommernachtstraum der Elfenkönigin zugeschrieben. Noch ehe die Elfen in dem Stücke auftreten, ist Demetrius schon von den Bethörungen blinder Liebe getrieben und Puck
sagt ausdrücklich, nicht Er sondern Cupido habe diese Tollheiten der
Sterblichen begonnen; wie es auch bei Titania mit dem Knaben gedacht werden muß. Die Elfen aber setzen nachher diese Irrungen
ganz so fort, wie sie Cupido begonnen hat; sie steigern und heilen
sie; Ein Mittel, der Saft einer Blume, Diana's Knospe, soll die
Liebesverwirrung des Lysander und der Titania heilen; der Saft
einer anderen (Cupido's) Blume hatte sie veranlaßt. Diese letztere

Blume hatte die wunderbare Kraft durch eine Wunde von Cupido's Pfeile empfangen. Die Kraft, die sein Pfeil geschaffen, wußte der Elfenkönig zu erkennen und weiß sie zu nutzen; in die tiefsten Geheimnisse des Liebesgottes ist Oberon, aber nicht sein Diener Puck, auf's genaueste eingeweiht.

Diese berühmte Stelle, wo Oberon seinem Puck befiehlt diese Blume und ihren berückenden Zauber ihm zu holen, lautet in der deutschen Uebersetzung so:

> Mein guter Puck, komm her! Weißt du noch wohl,
> wie ich einst saß auf einem Vorgebirge,
> und eine Sirene, die ein Delphin trug,
> so süße Harmonien hauchen hörte,
> daß die empörte See gehorsam ward,
> daß Sterne wild aus ihren Kreisen fuhren,
> der Nymphe Lied zu hören?
> Zur selben Zeit sah ich (du konntest nicht)
> Cupido zwischen Mond und Erde fliegen
> in voller Wehr: er zielt' auf eine holde
> Vestal' in Westen thronend, scharfen Blicks,
> und schnellte rasch den Liebespfeil vom Bogen,
> als sollt' er hunderttausend Herzen spalten.
> Allein ich sah das feurige Geschoß
> im keuschen Strahl des feuchten Monds verlöschen;
> die königliche Priesterin ging weiter,
> in sittsamer Betrachtung, liebefrei.
> Doch merkt' ich auf den Pfeil, wohin er fiele.
> Er fiel gen Westen auf ein zartes Blümchen,
> sonst milchweiß, purpurn nun durch Amor's Wunde,
> und Mädchen nennen's: Lieb im Müßiggang.
> Hol' mir die Blume.

Diese Stelle hat in den Schriften der Shakespearegesellschaft durch Halpin Oberon's vision) eine geistreiche Auslegung erfahren, die uns beweist, daß man in diesem Dichter kaum je zu viel suchen kann, daß er selbst im freiesten Flug seiner Einbildungskraft den Boden der Wirklichkeit nicht verläßt, daß er in jedem noch so episodischen Zuge die tiefsinnigsten Beziehungen niederlegt. Wir wissen zwar wohl, daß in den Augen der trocknen Kritik diese Auslegung, die doch einen sehr festen thatsächlichen Anhalt hat, nur wenig Gnade gefunden; uns nicht sehr begreiflich: da jede neue und alte Forschung längst ausgewiesen hat, wie gerne dieser realistische Dichter in den kleinsten Anspielungen wie in den größten Entwürfen die lebendigen Beziehungen auf seine zeitliche und örtliche Umgebung suchte, wie er in seinen freiesten tragischen Schöpfungen sich an historische Zeitver- hältnisse anzulehnen liebte, ja die thörichtsten Reden und Handlungen seiner Clowns, seiner Todtengräber im Hamlet oder seiner Schaar- wache in Viel Lärmen um Nichts, auf wirkliche Verhältnisse gründete und ihnen gerade dadurch den Kern unanfechtbarer Naturwahrheit ge- geben hat, der sie vor allen anderen Carikaturen so handgreiflich aus- zeichnet. Wie sollte es ihn nicht natürlich getrieben haben, gerade einer so duftigen Allegorie eine möglichst feste thatsächliche Unterlage zu geben? Uns ist daher Halpin's Deutung dieser Stelle um so un- bedenklicher, als sie ihr die bestimmteste Beziehung zu dem innersten Sinne des ganzen Stückes gibt. Wir müssen daher, ehe wir weiter gehen, diese allegorische Erzählung und ihren Bezug auf den Grund- gedanken des Dramas näher betrachten.

Man war von jeher einig, daß unter der Vestalin, die in Westen thronet und an der Cupido's Pfeil abgleitet, die Königin Elisabeth, und die ganze Stelle als eine feine Schmeichelei für die jungfräuliche Fürstin gemeint sei. Wir lernen aber gleich an diesem Beispiele, wie Shakespeare, auch in dieser Hinsicht außerordentlich, seine höfi- schen Schmeicheleien, die er überhaupt auf's spärlichste zu Rathe hielt, durch tiefere poetische oder sittliche Beziehungen den unab- hängigen ästhetischen oder moralischen Zwecken seiner Dichtung dien- bar zu machen wußte. So in dieser Stelle, die nun eine sehr er- weiterte Deutung erfahren hat. Halpin bezieht den Cupido in voller Wehr auf die Werbungen des Grafen Leicester um Elisabeth und auf seine gewaltigen Anstalten auf Kenilworth zu diesem Zwecke (1575). Aus Beschreibungen dieser Feste (Gascoyne's princely pleasures 1576 und Lanehams letter 1575) weiß man, daß bei den Schau= und Feuerwerken die jene Feierlichkeiten verherrlichten, eine singende Sirene eine Rolle spielte, die auf Delphins Rücken schwamm, auf ruhiger Welle und während Feuersterne schossen; daß also die Merkmale zustimmen, die Oberon dem Puck angibt. Der Pfeil auf die Priesterin der Diana, deren Knospe die liebestillende Kraft besitzt, die über Cupido's Blume mächtig ist, prallte ab. Unter der Blume, auf die er verwundend niederfiel, versteht Halpin die Gräfin Lettice v. Essex, mit der Leicester in verborgenem Liebesver= kehre stand, als ihr Gatte in Irland abwesend war, der von diesem Handel unterrichtet 1576 von daher zurückkehrte und auf der Reise vergiftet ward. Die Blume war milchweiß, unschuldig, aber blut= roth von der Liebe Wunde geworden, was ihren Fall bezeichnet oder das tiefere Roth von ihres Gatten Ermordung. Ihr Name ist Liebe im Müssiggang, was Halpin auf die Unbeschäftigtheit ihres Herzens in der Abwesenheit ihres Gatten bezieht; denn auch sonst braucht Shakespeare diese Volksbenennung des Stiefmütterchens für eine Liebe, die den Menschen in Unthätigkeit, unbewaffnet, frei von jedem andern Sinnen und Trachten überfällt und ergreift. Indem Oberon zu Puck äußert, daß Er jenes Abenteuer bemerkt, welches der Diener nicht bemerken konnte, scheint der Dichter das strenge Geheimniß zu bezeichnen das auf dieser Geschichte lag, und das ihm bekannt sein konnte, weil sich, wie wir uns erinnern, an sie die Hin= richtung eines entfernten mütterlichen Verwandten Eduard Arden (1583) knüpft, und weil der berühmte Robert Devereux Graf von Essex, der Günstling Elisabeth's und nachher das Opfer ihrer Un= gunst, ein Sohn jener Lettice, frühe ein Patron und Gönner von Shakespeare war.

Wie bedeutungsvoll wird nun diese kleine allegorische Episode, die allerdings auch als poetischer Zierrat schon voll Reiz und Schön= heit ist! Während Spenser gerade damals in seiner fairy queen die Elisabeth als Feenkönigin verherrlicht hatte, setzt sie Shakespeare als ein Wesen entgegen, die dieser phantastischen Welt vielmehr un=

nahbar ist. Die Artigkeit gegen die Königin verwandelt sich in eine
sehr ernste Meinung: denn diesem Irrsinn der Liebe gegenüber betont sich von selbst das andere Extrem, der Sieg der Diana über Eu-
pido, des Geistes über den Körper, der jungfräulichen Beschaulichkeit
über die Gaukeleien der Liebe; und auch an anderen Stellen des
Stückes sind die dreimal selig gepriesen, die ihr Blut so meistern,
daß sie die Mädchenpilgrimschaft durchgehen. Was aber die Beziehung der Stelle auf den thatsächlichen Inhalt des Sommernachts-
traumes angeht, so deutet der Dichter für die Kundigen auf einen
Hergang des wirklichen Lebens zurück, der mit der Fabel des Stücks
in genauer Parallele liegt. Frevelhaftere, wüstere Thaten der blinden Liebesleidenschaft sind damals in Wahrheit verübt worden, als
die in dem Schauspiel vorgestellten. Ihr berückender Zauber, in
eine Blume verkörpert, wirkt in die Verwickelungen der Liebenden in
dem Stücke herüber. Und was dieser Darstellung an Wahrscheinlichkeit oder psychologischer Ausführung abgehen mußte, da die duftige Allegorie des Dichters nicht mit zu viel Prosa der Charakteristik
beschwert werden sollte, mag sich nun der eingeweihtere Zuschauer
mit poetischer Gläubigkeit aus dem Zaubersafte der Blume erklären
oder mit pragmatischer Nüchternheit aus der Analogie des wirklich
Geschehenen motiviren, das der Dichter in diese köstliche Allegorie
verklärt hat.

Aber es ist Zeit, daß wir von dieser Abschweifung auf unseren
Hauptweg zurückkommen. Wir hatten gesagt, das Stück scheine an-
gelegt, wie ein Traum behandelt zu werden, nicht blos in äußerlicher
Färbung und Gestaltung, sondern auch in innerlicher Bedeutung.
Die Irrungen des blinden Sinnesrausches, die den Mittelpunkt der
Fabel bilden, scheinen uns den Irrungen eines Traumlebens alle-
gorisch gleichgestellt zu sein. Vernunft und Bewußtsein ist in jenem
Taumel wie in dem Traume ausgetrieben; Cupido's Freude an
Treubrüchen, Zeus' Lachen über den Meineid der Liebenden macht
die Handlungen derer, die in des Liebesgottes Gewalt sind, gleich-

sam unzurechenbar erscheinen, wie die Sünden die wir im Traume
begehen. Wir haben ferner gefunden, daß die Wirkungen und Ver=
richtungen Cupido's und der Elfen in dem Stücke überall ineinan=
dergreifen oder sich ablösen. Und dieß nun scheint uns die Absicht
des Dichters am stärksten zu bestätigen, daß er in der That das sinn=
liche Liebesleben mit einem Traumleben allegorisch vergleichen wollte;
der Tausch der Verrichtungen Cupido's und der Elfen ist dann die
eigentliche poetische Verkörperung dieser Vergleichung. Denn Shake=
speare's Elfen ist das Reich der Träume überwiesen; sie sind we=
sentlich nichts anderes als personificirte Traumgötter, Kinder der
leichten Phantasie, die nicht allein (wie Mercutio sagt, die eitle Er=
zeugerin der Träume, sondern auch der Launenspiele oberflächlicher
Liebe ist, die die englische Sprache mit demselben Worte (fancy)
bezeichnet.

Dunkel wie im Traume liegt diese Bedeutung der Elfen in
dem uralten Volksglauben der germanischen Stämme selbst und
Shakespeare hat diese Vorstellung nur mit jenem instinctiven Griffe
des Genies aus der embryonischen Ungestalt auf einen Augenblick in
reizende Form gebildet. Alp und Elfe ist derselbe Name; unter Alp
denkt sich das Volk überall einen Traumkobold. Der Name des El=
fenkönigs Oberon ist nur französirt von Alberon oder Alberich, ein
Zwergelfe, der frühe in alten deutschen Gedichten erscheint. Die Ge=
stalt des Puck, oder wie er eigentlich heißt des Robin Goodfellow,
ist in wörtlicher Uebersetzung keine andere, als die unseres „guten
Knecht Ruprecht"; und es ist eigen, daß von diesem Namen bei uns
das Wort Rüpel abgeleitet ist, mit dem wir allein den Begriff des
englischen clown wiedergeben können, eben der Rolle, die Puck in
dem Reiche der Elfen bei Shakespeare spielt. Der Elfenglaube, in
Scandinavien weit verbreiteter als in England, war in Schottland
und England wieder weit lebendiger ausgebildet als bei uns. Robin
Goodfellow besonders war schon seit dem dreizehnten Jahrhundert
ein Liebling der Volkssagen, auf dessen Namen alle listigen Streiche

gesetzt wurden, die wir von Eulenspiegel und Andere von Anderen
erzählen. Seine „tollen Streiche und lustigen Schwänke (mad
pranks and merry jests) sind 1628 in einem Volksbuche gedruckt,
das Thomas für seine kleine blaue Bibliothek bearbeitet hat; Collier
setzt die Entstehung des Buches wenigstens vierzig Jahre höher
hinauf, so daß es Shakespeare bekannt sein konnte. Unstreitig ist es
für sein Elfenreich die Hauptquelle; die lyrischen Theile im Sommernachtstraume sind in Ton und Farbe ganz dem dort erhaltenen
nachgebildet. Schon in diesem Volksbuche nun erscheint Robin, obgleich nur vorübergehend, als Sender der Träume; Oberon, der hier
sein Vater ist, und die Elfen sprechen durch Träume zu ihm, ehe er
in ihre Gemeinschaft aufgenommen ist. Was er aber so in der rohern
Gestalt des fragmentarischen Volksglaubens überkam, bildete Shakespeare in seiner kleinen Schöpfung in eine reizende und geordnete
Welt aus. Er hat hier im Kleinen das Verdienst, das Herodot dem
Homer zuschreibt: wie dieser dem großen Götterhimmel und seinen
olympischen Bewohnern, so hat Er dem Feenreiche Gestalt und Ort
gegeben und seinen wohligen kleinen Bürgern mit der natürlichen
Schöpferkraft des Genies die Seele eingehaucht, die ihre Natur und
ihren Beruf, ihr Wesen und ihre Verrichtungen aus Einem lebendigen Mittelpunkte gestaltet. Er hat hier dem Unsichtbaren faßliche
Gestalt und dem Todten Leben gegeben, und so nach des Dichters
höchstem Preise gerungen; und es scheint, nicht ohne Bewußtsein
dieser seiner Thätigkeit schrieb er gerade in diesem Stücke mit dem
erhobenen Scheitel des Selbstgefühls jene Stelle nieder: „daß des
Dichters Auge, in schönem Wahnsinn rollend, von Himmel zu Erde,
von Erde zu Himmel blitzt; daß wie die Einbildungskraft die Bilder
von unbekannten Dingen verkörpert, des Dichters Feder sie in Gestalten wandelt und dem luftigen Nichts eine örtliche Wohnung
und einen Namen gibt; daß die Phantasie so wie sie eine Freude
empfindet, auch einen Bringer dieser Freude erschafft". So hat er
hier gethan; er hat die Bringer der neckisch gaukelnden, süß einwie-

genden und quälerisch neckenden Träume, unfaßbare Luftgebilde, in
körperliche Gestalt gekleidet; und was er, indem er dieß that, ge=
leistet hat, das wird man erst inne, wenn man sich von der strengen
Anlage und inneren Folgerichtigkeit dieser kleinen Welt Rechenschaft
gegeben hat.

War es Shakespeare's Absicht, von den Elfen jenen dunkeln
gespensterhaften Charakter ausdrücklich zu entfernen (III, 2.), in dem
sie in der scandinavischen und schottischen Mythe erscheinen, war es
sein Wille sie als freundlichere Wesen in eine heitere und harmlosere
Beziehung zu den Menschen zu setzen, wollte er sie in ihrem we=
sentlichsten Amte als Bringer der Träume, in ihrer Natur als per=
sonificirte Träume bilden, so ist in äußerer und innerer Gestaltung
ihres Treibens und Wesens diese Absicht in einer wunderbaren Har=
monie durchgeführt. Den dämonischen Geschöpfen ist ihr Reich in
dem würzigen blüthenduftigen Indien angewiesen, dem Lande wo
die Menschheit im Zustande des Halbtraumes lebt. Sie folgen von
dort her der Nacht und ihren Schatten, wie Puck selber sagt, wie ein
Traum. Luftig und schnell wie der Mond umkreisen sie die Erde,
meiden die Sonne ohne sie zu schauen, suchen das Dunkel und lieben
den Mond und tanzen in seinem Scheine, und vor Allem gefällt
ihnen Zwielicht und Dämmerung, die eigentliche Brütezeit unserer
Träume im wachenden und schlafenden Zustande. Sie schicken und
bringen den Menschen die Träume; und man darf nur an die Schil=
derung der Königin=Hebamme Frau Mab in Romeo und Julie den=
ken, einem Stück das gleichzeitig mit dem Sommernachtstraume fällt,
um sich zu überzeugen, daß dieß das wesentliche ihnen überwiesene
Geschäft und das Mittel ihrer Wirkung auf die Menschen ist. Voll
Tiefsinn ist dann aber, wie Shakespeare ihren inneren Charakter die=
sem äußeren Berufe entsprechend gebildet hat. Er schildert sie als
Wesen ohne feineres Gefühl und ohne Moralität, wie wir auch im
Traume den Anstoß zarterer Gefühle nicht empfangen und ohne sitt=
liche Regung und Zurechnung sind. Sie verführen die Menschen

sorglos und gewissenlos zur Untreue; die Wirkungen der Verwechs=
lungen, die sie anstiften, machen ihnen keine Gemüthseindrücke; sie
nehmen keinen Antheil an der inneren Qual der Liebenden, sondern
freuen und wundern sich nur über ihre äußeren Irrungen und ihr
thörichtes Gebaren. Der Dichter schildert seine Elfen ferner als
Wesen ohne höhere Intellectualität. Wer ihre Reden aufmerksam
liest, wird finden, daß ihnen nirgends eine nachdenkende Betrachtung
geliehen ist. Nur in Einer Ausnahme macht Puck eine spruchartige
Bemerkung über die Untreue der Männer, und wer sich in diese Ge=
stalten und ihr Wesen hineingefunden hat, wird auf der Stelle fühlen,
daß hier dieses einzige mal aus dem Tone gefallen ist. Sie können
nicht unmittelbar innere Eindrücke auf die Menschen machen; ihre
Macht ist nicht geisterhaft auf den Geist gerichtet, sondern überall
durch Körperliches vermittelt, durch Erscheinung, Gestalt, Verwand=
lung und Nachahmung. Titania hat zu ihrer Freundin keine innere
geistige Beziehung, sondern bloßes Wohlgefallen an ihrer Gestalt,
ihrer Anmuth, ihrer Nachahmungsgabe. Als sie von ihrer Vision
erwacht, keine Reflexion: Ich war in einen Esel verliebt, sagt sie,
wie hasse ich den Anblick! nur die Vorstellung des Sichtlichen und
Thatsächlichen wirkt in ihr nach. Mit ihrem Gatten keine Scene
der Versöhnung; ihr Groll besteht in Trennung, ihre Versöhnung in
einem Tanz; von einer Betrachtung, einer Gefühlsäußerung keine
Spur. So genügt, um Puck an etwas Vergangenes zu erinnern,
nicht eine abstracte Zeitangabe, sondern es bedarf der sinnlichen be=
gleitenden Merkmale. Sie sind dargestellt, diese kleinen Götter, wie
Naturseelen, ohne die höheren menschlichen Geistesfähigkeiten, Herr=
scher im Reiche nicht der Vernunft und Sitte, sondern der sinnlichen
Vorstellungen und der Reize der Einbildung; und darum sind sie
gleichmäßig die Träger der Phantasie, die in dem Wahne der Liebe
und der Träume wirkt. Ihr Sinn geht daher nur auf das Körper=
liche. Sie führen ein üppiges, wohliges Natur= und Sinnenleben;
die Geheimnisse der Natur, die Kräfte von Blumen und Kräutern

sind ihnen anvertraut. In Blumen schlafen, durch Tänze und Ge=
sänge eingewiegt, den Mondstrahl abgewehrt, gefächelt von Schmet=
terlingsflügeln, das ist ihre Wonne; Blumenputz und Thauperlen
ihre Freude; wenn Titania ihren Liebsten locken will, bietet sie ihm
Honig, Aprikosen und Trauben, und einen Tanz. Dieß Natur= und
Sinnenleben würzen sie dann, in Kraft der Phantasie, mit dem
Wohlgefallen und der Begierde nach allem Ausgesuchten, nach dem
Schönsten und Artigsten. Mit Schmetterlingen und Nachtigallen
sympathisiren sie; mit allem häßlichen Gethier, mit Igeln, Spinnen,
Fledermäusen führen sie Krieg; Tanz, Spiel und Gesang sind ihre
höchsten Genüsse; sie rauben schöne Kinder und schieben Wechsel=
bälge unter; das häßliche Alter, zahnlose Gevatterinnen und Tanten,
die täppischen Gesellen des Spiels von Pyramus und Thisbe, quälen
sie, das Artige und Reinliche lohnen und lieben sie. So schon in
der Volkssage; den Zug, daß sie auch die Ehrbarkeit unter den Men=
schenkindern begünstigen und das Laster verfolgen, hat Shakespeare
wohl in den lustigen Weibern von Windsor, aber nicht in diesem
Stücke aus ihr herüber genommen. Der Sinn des Schönen ist viel=
mehr das Eine, was hier die Elfen über das Thierische nicht nur,
sondern auch über das niedrig menschliche Wesen, wo es von aller
Phantasie und Kraft des Schönen entblößt ist, erhebt. Im Geiste
der Elfen also, die diesen Sinn des Artigen so fein ausgebildet haben,
ist es dreifach komisch, daß sich die zierliche Titania in einen Esels=
kopf verliebt. Die einzige Qual, die diese Wesen bewegt, ist die
Eifersucht, die Begierde, das Schöne vor dem Anderen zu besitzen;
dem Zank, dem entstellenden, gehen sie aus dem Wege; ungestörte
Freude ist ihr stetes Ziel und Begehren. Aber in dieser lieblichen
Gaukelei sollen sie weder dem Menschen beständig erscheinen, noch
auch unter sich selbst in eintöniger Eintracht verkehren. Sie sind
auch voll von Schalkstreichen und Neckereien, die sie sich selbst und
den Menschenkindern spielen, nie schädliche aber viel quälende
Schwänke. Dieß ist vorzugsweise die Eigenschaft des Puck, der

„dem Oberon scherzt", der der Narr (lob) an diesem Hofe ist, ein derberer Kobold, dargestellt mit Besen oder Dreschflegel, in ledernem Kleid und mit braunem Gesicht, ein schelmischer aber auch tölpel= hafter Geselle, zu allen Wandlungen geschickt, geübt auf geflissentliche Schelmstreiche, aber auch täppisch genug, Irrungen und Misgriffe gegen seine Absicht zu machen.

Wir Menschen vermögen nichts aus dem reichsten Schatze der Phantasie heraus zu bilden, was wir nicht wirklichen menschlichen Verhältnissen und Eigenschaften abgelauscht hätten. So ist es auch in diesem Falle nicht schwer, in der Gesellschaft die Typen der mensch= lichen Natur zu finden, die Shakespeare zum Urbilde für seine Elfen vorzüglich tauglich erachtet hat. Es gibt, namentlich unter den Frauen der mittleren und oberen Stände, solche Wesen, die höheren geistigen Bedürfnissen nicht zugänglich sind, die ihren Gang durch das Leben machen ohne ernstere und tiefere Beziehung auf Grund= sätze der Sittlichkeit oder Zwecke der Intellectualität, die dagegen für alles Schöne, Gefällige, Anmuthige eine entschiedene Neigung und Befähigung haben, ohne auch in diesem Gebiete wieder zu höheren Erfindungen der Kunst zu gelangen. Sie greifen, wie der Augen= blick es bietet, in diese greifbare Welt wohl selbst mit geistreichen An= schlägen ein, leicht, gewandt, zu Schelmereien und Neckereien aufge= legt, zu Rollenspielen, Gestaltannehmen, Verkleidungen und Vera= tionen immer geschickt, weil sie in Festen, Vergnügungen, Spielen, Scherzen die einzige Würze des Lebens suchen. Diese leichten, ge= fälligen, neckischen, sylphidischen Naturen, die von Tag zu Tag leben und das geistige Bewußtsein von einem Gesammtzwecke des Lebens nicht kennen, deren Leben ein gaukelnder Traum voll einzelner Würze, voll Reiz und Zierde, nie ein Dasein von höherem Werthe sein kann, hat sich Shakespeare mit einzigem Tacte als die Urbilder gewählt, mit deren festen Zügen er seinen luftigen Elfen Gestalt und Le= ben gab.

Man erkennt nun leicht, warum gerade in diesem Werke die

bäurischen Tölpel und Clowns, die schauspielende Gesellschaft mit ihrem burlesken Stücke, in so derben Gegensatz gegen dieß zarte und duftige Spiel der Elfen gesetzt ist. Der Gegensatz des Materiellen und Plumpen gegen das Luftige, des Unbeholfenen gegen das Schöne, des ganz Phantasielosen gegen das, was selbst Phantasie, was ganz aus Phantasie gewoben ist, hebt beides gegenseitig noch mehr hervor. Das Stück der Rüpel ist gleichsam das Gegenstück zu des Dichters eigner Arbeit, die des Zuschauers nachdenkende und nachbildende Phantasie in vollen Anspruch nimmt, sich in diesem luftigen Reiche zurechtzufinden, während man dort der einbildenden Kraft des Zuschauers gar nichts zutraut. Die hausbackenen Gesellen, die blos um Geldgewinn, um so viel Pfennige Jahrgehalt dichten und spielen, die unwissenden Histrionen von feisten Händen und groben Köpfen, deren ganze unfertige Kunst das Auswendiglernen ist, glauben Mond und Mondschein redend darstellen zu müssen, damit Alles handgreiflich werde, sie zeigen die Coulissen durch Personen und das, was hinter den Coulissen vorgehen sollte, durch Zwischenreden. An ihrem groben Treiben reiben sich daher die Elfenhäuptlinge mit ihren derbsten Neckereien und die phantastische Zuschauerschaft der Verliebten spottet ihrer Aufführung. Theseus aber ist dann zwischen diese Gegensätze und Gegenstücke gestellt in ruhiger und besonnener Betrachtung. Er zieht von dem überphantastischen Spiele der Liebe und ihrer Zaubereien ungläubig ab; zu dem aller Phantasie baaren Spiele der Clowns heißt er die Einbildungskraft hinzubringen. Das Reale, das in diesem Kunstwerke ganz „Nichts" geworden ist, und das ideale Nichts, das in des Dichters Hand diese anmuthige Gestalt gewonnen hat, ist in Extremen sich entgegengesetzt; in der Mitte der geistige Mensch, der an beiden sein gemessenes Theil hat, der das Eine als Kunst, als Dichtung ansieht, was die Liebenden, geborene Dichter, gelebt haben, und der das Andere, was sich als Kunst darbietet, nur für dankenswerthe Dienstwilligkeit und einfältige Gabe aufnimmt.

Die Zusammenfügung dieser geschickt gewonnenen Gegensätze zu einem Ganzen bewundern wir gerade an diesem Werke; die Zeit nach Shakespeare wußte es nicht zu ertragen und spaltete es auseinander. Nach beiden Seiten hin hat dann diese ästhetische Elfendichtung und jene burleske Carikatur des Dichters ihre eigenen Wege und Wirkungen gemacht. Noch 1631 scheint der Sommernachtstraum in seiner vollen Gestalt aufgeführt worden zu sein; man weiß, daß es in diesem Jahre in des Bischofs von Lincoln Haus an einem Sonntage geschah und daß ein puritanischer Gerichtshof deshalb den Spieler des Zettel verurtheilte, 12 Stunden in der Portierstube des bischöflichen Hauses mit seinem Eselskopfe zu sitzen. Schon im siebzehnten Jahrhundert aber wurden die lustigen Witze des Webers Zettel (the merry conceited humours of Bottom the weaver) als abgetrennte Posse gegeben. Man schreibt die Bearbeitung dem Schauspieler Robert Cor zu, der zu den Zeiten der Bürgerkriege, als die Theater verboten waren, im Lande herumzog und unter der Fahne der Seiltänzerei dem von religiöser Heuchelei gedrückten Volke die Freude kleiner Darstellungen verschaffte, die er selbst unter dem bezeichnenden Namen drolls ausarbeitete, in denen die Bühne gleichsam zu den alten schnurrigen Zwischenspielen zurückkehrte. In der Gestalt, die Cor dieser Farce von Zettel gab, ward sie nachher von unserem Andreas Gryphius nach Deutschland verpflanzt, bei dem der Schulmeister und Pedant, Squenz, die Hauptperson geworden ist. Wie viel sprechendes übrigens diese burlesken Theile des Stückes in Shakespeare's Zeit für das Publicum haben mochten, das solchen Aufführungen in der Wirklichkeit noch nahe stand, wissen wir uns nicht genug vorzustellen, so wie wir auch diese Partien nicht mehr aufzuführen verstehen. Man hatte damals, wie zu den Carikaturen in Verlorener Liebesmühe, so auch zu diesen die Urbilder noch lebendig vor sich.

Auf der anderen Seite ward Shakespeare's Elfenreich die Quelle einer ganzen Elfenliteratur. Das Reich der Feen war schon

in das Ritterepos lange Jahrhunderte vor Shakespeare eingegangen.
Die ältesten walisischen Mährchen und Romane kennen schon die
Berührungen der Menschen mit dieser unsichtbaren Welt. Einen
Roman dieses Geschmackes, von Launfall, konnten die Engländer zu
Shakespeare's Zeit in einer Uebersetzung aus dem Französischen lesen.
Der Roman von Huon von Bordeaur ferner war frühe 1579) von
Lord Berners in's Englische übersetzt. Aus ihm oder aus dem Volks-
buche von Robin Goodfellow konnte Shakespeare den Namen
Oberon's entlehnt haben. Der Elfenkönigin hat er wohl aus Ovidi-
scher Lectüre her den Namen Titania gegeben, während sonst bei den
Zeitgenossen und auch bei Shakespeare im Sommernachtstraum
Frau Mab die Elfenkönigin genannt wird. In jenen alten Ritter-
romanen nun, bei Chaucer, in Spenser's allegorischer Feenkönigin,
sind die Feen ganz andere Wesen, ohne ausgeprägten Charakter und
Geschäft; sie fallen mit der ganzen Ritterwelt in Einerlei eintöniger
Beschreibung und innerer Haltlosigkeit zusammen. Für Shakespeare
aber ward die sächsische Elfensage ein Anhalt, um dieser romantischen
Kunst der schäferlichen Dichter zu entsagen und zu dem derben Volks-
geschmacke seiner Landsleute überzugehen. Er konnte aus Spenser's
Feenkönigin melodische Sprache, Kunst der Beschreibung, den Glanz
romantischer Gemälde und den Duft visionärer Gebilde lernen; aber
seine stolzen, anspruchvollen romantischen Erfindungen von dieser
Feenwelt warf er hinweg und griff nach dem kleinen Schwanke von
Robin Goodfellow, wo der einfältige Glaube des Volks in reiner
und anspruchsloser Gestaltung niedergelegt war. Ganz so warf man
auch bei uns in Deutschland bei der Herstellung des Volkslebens in
der Reformationszeit die ritterlich-romantischen Vorstellungen von der
Welt der Naturgeister ab, man ging auf den Volksglauben zurück
und man kann nichts lesen, was an Shakespeare's Elfenreich so sehr
erinnert, wie unseres Paracelsus Theorie der Elementargeister.
Von der Zeit an, wo Shakespeare sich den dunklen Gedanken dieser
Mythe und ihren schlichten Ausdruck in Prosa und Versen angeeignet

hat, möchte man sagen, wird in ihm immer mehr der sächsische Volks=
geschmack vorherrschend. In Romeo und Julie und dem Kaufmanne
von Venedig liegen die Sympathien nach beiden Seiten hin noch
nebeneinander, fast nothwendig, da der Dichter hier noch in ganz
italienischen Stoffen arbeitet. Die gleichzeitige Beschäftigung aber
mit den historischen Stücken bürgerte dann den Dichter gleichsam in
seiner Heimat erst ganz und völlig ein; und die Schilderung der
unteren Volksklassen in Heinrich IV. und V. zeigt, wie er sich wohl
dabei fühlt. Seit der Entstehung dieser Stücke hört bei ihm der
Conceptenstil, die Reimlust, die Einschaltung von Sonnetten und
ähnlichen Formen kunsthafter Lyrik auf, und das charakteristische
Wohlgefallen an dem einfältigen Volksliede aus der Spinnstube,
das hier in den Elfengesängen beginnt, tritt an die Stelle des abge=
legten Geschmacks. Das gegebene Beispiel in der Ausbildung der
Elfenwelt nutzte übrigens wenig. Lilly, Drayton, Ben Jonson und
andere Zeitgenossen und Nachkommen bemächtigten sich in ihren
Dichtungen des Feenreiches und zum Theil sichtbar auf den Anstoß
Shakespeare's hin, aber keiner hat den gebahnten Weg ihm nach=
zugehen verstanden. Man zeichnet unter den mancherlei Producten die=
ser Art Drayton's Nymphidia aus, ein Gedicht, das sich um die Eifer=
sucht Oberon's gegen den Feenritter Pigwiggen dreht, das die Wuth
des Königs in Don Quirotischen Farben malt, den Zweikampf beider
ganz im Stile der Ritterromane behandelt und, wie diese, einen
Hauptreiz in den vielen Beschreibungen der kleinen Wohnungen,
Geräthe und Waffen der Elfen sucht. Dieß vergleiche man mit der
magischen Schöpfung Shakespeare's, die ihre Weihe ganz durch die
ehrfürchtige Vertiefung empfängt, in welcher der Dichter die Volks=
mythe in naivem Ernste festhält, ihren kindlichen Glauben un=
berührt und ihren Gegenstand unentheiligt läßt; man vergleiche dieß
mit einander und man wird an einem der faßbarsten Beispiele den
ungeheuren Abstand unseres Dichters selbst von den besten seiner
Zeitgenossen empfinden.

Wir weisen so oft auf die Nothwendigkeit hin, daß man Shake=
speare's Stücke aufführen und sehen müsse, um sie, die auf die ver=
einte Wirkung der Dicht= und Schauspielkunst gebaut sind, vollständig
würdigen zu können. Es wird daher passend sein, der Aufführungen
Erwähnung zu thun, die gerade diese schwerste aller Bühnenaufgaben
neuerer Zeit auf allen größeren Bühnen Deutschlands gefunden hat.
Um ja nicht misverstanden zu werden, schicken wir voraus, daß, so nach=
drücklich wir auf jenem Satze bestehen, wir doch für die Praxis unter
den jetzigen Umständen vor allen zu kühnen Versuchen Shakespeare'=
scher Darstellungen warnen. Wenn man Dramen aufführen will, in
denen der Schauspielkunst eine so selbständige Stelle angewiesen ist
wie hier, so muß man vor Allem eine Schauspielkunst, und eine selb=
ständige und gebildete Kunst, besitzen. Die Schauspielkunst aber ist bei
uns mit der Dichtkunst verfallen und wird sich unter den ganz anders
wohin gerichteten Bekümmernissen der Zeit schwerlich wieder erholen.
Ein reicher, kunstsinniger Fürst, der für die höchsten dramatischen Ge=
nüsse Sinn und Opfer mit= und darbringen möchte, könnte sie sich
vielleicht dadurch schaffen, daß er auf eine Vacanzzeit im Jahre die
besten Künstler von sämmtlichen Bühnen an Einem Orte zur Besetzung
einiger weniger Shakespeare'scher Stücke gastlich zusammenlüde.
Selbst dann müßte ein gründlicher Kenner des Dichters eine oberste
geschickte Leitung hinzubringen. Und wenn dieß Alles beschafft wäre,
würde man sich an ein Stück wie den Sommernachtstraum am aller=
spätesten wagen. Diese Elfenspiele konnte man in England damals
auf die Bühne bringen, wo man frühgebildete Knaben zu diesen
Rollen hatte; ohne diese Bedingung ist es ganz lächerlich, das
Schwierigste mit ganz ungeeigneten Kräften erzwingen zu wollen.
Wenn ein Mädchen im hohen Discant die Rolle des Oberon sprechen
soll, den bildende Künstler ganz richtig mit vollem Barte, in der
Würde des ruhigen Regierers dieser schwebenden Welt darstellen,
wenn der derbe Kobold Puck von einer gezierten Schauspielerin ge=
spielt wird, wenn Titania und ihr Gefolge ohne jede Weihe und

Würde in Tänzertracht und in der hüpfenden Bewegung des Tanzchors um sie her erscheinen, in Balletmanieren, dem widerlichsten, was die moderne Unnatur geschaffen hat, wie schwindet da der duftige Reiz dieser Scenen und dieser Figuren, die im reinen luftigen Gewande erscheinen, in ihrem Spiel eine gewisse erhabene Naivetät festhalten, in dem Handel zwischen Titania und Zettel verstehen müßten, den possenhaften Charakter in eine züchtige Ferne zu stellen, der ganzen Scene den ruhigen Zauber eines Bildes zu geben, das sich nicht zu heftig bewegt, geschweige daß der tölpelhafte Geselle über Gebühr vordringlich die Hauptfigur darin würde. Wenn diese Elfengestalten uns heutzutage unmöglich zu spielen sind, so sind uns die Clowns eben so unerreichbar. Die gemeine Natur der Handwerker, wo sie sie selbst sind, ist allenfalls noch für unsere Spieler verständlich; da aber wo sie ihr Kunstwerk aufführen, wo sollte in einem heutigen Spieler die Selbstverleugnung gefunden werden, daß er diese thörigtsten aller Thorheiten, statt ihre Uebertreibung noch einmal zu übertreiben, statt mit Selbstgefälligkeit auf's Lachen zu arbeiten und sich wohl gar selbst zu belächeln, mit der heiligsten und feierlichsten Wichtigkeit, wie im Schweiße des Ernstes darstellen sollte, ohne welche Eigenschaft der allernächste und gröbste Zweck dieser Scenen, daß sie lachen machen sollen, ganz unausbleiblich verloren geht. Die mittlere Menschenklasse endlich, die zwischen Elfen und Clowns sich bewegt, die Liebenden, die von dem Taumel der Bethörung umhergetrieben werden, welch ein Eindruck, wenn man sie im Wahnwitz der Leidenschaft im Walde umherirren sieht, in Glacéhandschuhen, im Rittercostüm, im Tone der gewöhnlichsten Unterhaltungssprache der feinen Welt, ohne alle Wärme, ohne einen Anhauch von dieser reizvollen Poesie! Wie kommt dieser Theseus, der Verwandte des Hercules, mit dieser Amazone Hippolyta in den Ritterstaat der spanischen Mantel= und Degenkomödie? Gewiß wird man in dem phantastischen Spiele eines unbegrenzten Traumes, wo Zeit und Ort verwischt sein soll, diese Figuren nicht in der strengen Tracht des griechischen Alter=

thums auftreten lassen, aber man wird noch viel weniger, indem man Eine Bestimmtheit des Costüms vermeidet, in die andere überspringen und Ritterkleid und eine Garde Schweizer Trabanten nach Athen verlegen. Mit diesem Misgriffe war nur noch der zu vergleichen, daß eine störende, den raschen Gang der Handlung unzeitig aufhaltende Musikbegleitung beigegeben wird, die dieß phantastische Werk, diese leichte und feine Handlung, dieß ätherische Traumgebilde mit einem Marschlärm von Pauken und Trompeten unsanft stört, eben da, wo Theseus sich über das luftige Gewebe dieser Erscheinungen ausläßt? Und zwischen all dieser Modernität ist dann das einfache Bühnengerüste der Shakespeare'schen Zeit festgehalten worden, als sollten wir in alle Mittellosigkeit jener Tage zurückkehren! und dann war doch auch diese Einfachheit wieder von aller zeitüblichen Pracht umgeben! So widersprechende Elemente so unverstanden nebeneinander gestellt, so schöne Aufgaben so unvollkommen gelöst, machen jedesmal den Freund Shakespearischer Aufführungen wünschen, daß man ihnen unter den gegenwärtigen Bedingungen lieber gänzlich entsage.

Romeo und Julie.

Wir haben zu finden geglaubt, daß Shakespeare die zwei Lust=
spiele Der Liebe Mühe ist verloren und belohnt in einem absichtlichen
Gegensaße zu einander entworfen habe; wir werden später sehen,
daß seine gedankenreiche Muse sich noch häufiger gefiel, auch andere
Dramenpaare in solch eine innere Beziehung zu einander zu setzen;
es ist möglich, daß er auch den Sommernachtstraum als ein förm=
liches Gegenstück zu Romeo und Julie gestellt hat, worin das gleiche
Grundthema in dem möglichst starken und grellen Gegensaße behan=
delt ist. Das Lustspiel schien uns ungefähr in dem Jahre (1595) ent=
standen zu sein, in welchem der Dichter die letzte Hand auch an diese
Tragödie gelegt haben mag, an der ihn fast alle Herausgeber durch
eine Reihe von Jahren seit 1591 beschäftigt denken. Wir besitzen von
dem Stücke einen ersten unrechtmäßigen Druck von 1597, den Einige
für eine verstümmelte Raubausgabe der Tragödie ansehen, wie wir
sie (im Wesentlichen nach der verbesserten und vermehrten Quartaus=
gabe von 1599 lesen, die neuesten Editoren aber für den zwar
verderbten) Text einer älteren Bearbeitung des noch jüngeren Dich=
ters halten*. Man beobachtet bei ihrer Vergleichung die bessernde

---

* Beide Bearbeitungen sind in Mommsen's schon angeführter kritischer Aus=
gabe von Romeo und Julie (Oldenb. 1859) zusammengestellt.

I.   17

Hand des Dichters in eben so belehrungsvollen Zügen, wie in Heinrich VI. ; man erkennt aus einer Reihe von Meisterstrichen den wachsenden Geist in allen bedeutenden Zusätzen, die fast immer die feinsten Spitzen der poetischen und psychologischen Ausarbeitung und Vollendung betreffen: wenn es gilt, den Strafreden des Prinzen Escalus einen volleren rhetorischen Körper zu geben, die Tiefe der Leidenschaft in den Liebenden, die verderbliche verdeckte Glut in Romeo's wühlendem Geiste anschaulicher zu zeichnen, die aufschluß= reichen Lehren des Mönches schärfer einzuprägen, die natürliche Folge der Seelenbewegungen in den heftigeren Erschütterungen des Paares ohne Sprünge und Lücken auszuführen. Schon in der älteren man= gelhafteren Anlage ist übrigens die Kunst der Charakteristik von sol= cher Kraft und Sicherheit, daß sie, wenn dem Dichter nicht vortreff= liche nachweisliche Quellen und vielleicht noch vortrefflichere muth= maßliche vorgelegen hätten, desto mehr an's wunderbare grenzen würde, je unreifer noch bei seinem ersten Angriffe des Werkes seine Jahre waren. Denn die Züge einer Jugendarbeit trägt das Werk in äußerer formaler Beziehung in aller Weise. Die vielen, oft über= schlagenden Reime, die Form, die Gedanken, die Ausdrücke der Sonnettendichtung Shakespeare's selbst und seiner Zeitgenossen kenn= zeichnen deutlich die Jahre seiner Entstehung. Es fällt auf, daß in diesem bewunderten Stücke der hochpathetischen, schwülstig=tiefsinni= gen Ausdrücke und gezwungenen Bilder mehr vorkommen, als in den meisten anderen Werken Shakespeare's ; auch geht der Vortrag an mehreren und mit an den schönsten Stellen über das dramatische hinaus. Beide Eigenheiten erklärt die bloße Jugend des Dichters hinlänglich; die Eine erklärt sich auch vielfach aus der nächsten Quelle, die er vor sich hatte, einem englischen Gedichte von Brooke, das von Concepten und Antithesenwerk strotzt; die Andere, der undramatische, mehr lyrische Vortrag in einzelnen Stellen hängt mit dem Stoffe selber innerlichst zusammen und zeugt von der Genialität, die wir vor allem in Shakespeare's psychologischer Kunst bewundern, auch in

seinem Gebrauche und seiner Behandlung der bloßen äußeren poeti=
schen Form.

Wir werden in unserer Erklärung der Shakespeare'schen Stücke
selten auf den blos formalen Schönheiten derselben verweilen; sie zer=
gliedern heißt sie zerstören; und wer von ihnen nicht unangeleitet
berührt wird, dem wird sie auch keine Erläuterung näher bringen.
Dennoch ist dieser Dichter in allen seinen Wegen so außerordentlich
und ungewöhnlich, daß in dem vorliegenden Stücke der ästhetischen
Analyse gewährt ist, auch selbst diesen dichterischen Zauber an einigen
Stellen gleichsam zu bannen, die Sonde bis zu einer Tiefe der Dich=
tung einzusenken, wogegen uns alles andere Poesiewerk flach erschei=
nen möchte. Wir wollen diese Betrachtung kurz vorausschicken, um
später in der Erklärung der dramatischen Handlung ganz ungehindert
vorschreiten zu können.

Jeder Leser muß fühlen, daß in Romeo und Julie, trotz der
strengen dramatischen Haltung des Ganzen, in einzelnen Theilen ein
wesentlich lyrischer Charakter vorschlägt. Dieß liegt in der Natur des
Gegenstandes. Wo der Dichter uns die Liebe von Romeo und Julie
im Zusammenstoße mit äußeren Verhältnissen zu zeigen hat, ist er
uberall auf dramatischem Boden; wo er die Liebenden in glücklichen
Lagen, in dem idyllischen Frieden seliger Vereinigung schildert, tritt
er nothwendig auf den lyrischen Boden herüber, wo Gefühle und
Gedanken allein sprechen, die Handlungen zurücktreten, die das
Drama verlangt. Drei solcher Stellen von wesentlich lyrischer Natur
sind in unserem Stücke: die Liebeserklärung Romeo's auf dem Balle,
Juliens Selbstgespräch bei dem Anbruch der Brautnacht und die
Scheidescene Beider am Morgen nach dieser Nacht. Wollte sich der
Dichter hier, wo seine großartige Kunst der Charakterisirung und
Motivirung nicht den vollen Raum hat wie in den dramatisch be=
lebten Theilen des Stückes, mit diesen auf gleicher Höhe halten, so
mußte er dem lyrischen Ausdrucke den größtmöglichen Gehalt und
Reiz zu geben suchen. Er that das; jeder Leser wird gerade zu diesen

reizvollen Stellen immer am liebsten zurückkehren. Indem Shakespeare aber nach dem wahrsten Ausdrucke, nach der reinsten dichleri-
schen Form in eben diesen Stellen suchte, läßt sich ein Kunstgriff, wir
werden besser sagen ein Naturgriff nachweisen, den er gebrauchte, um
diesen Stellen den tiefsten und weitesten Hintergrund zu geben. Er
hat sich in allen drei Stellen an stehende lyrische Dichtungsarten angeschlossen, die der jedesmaligen Lage entsprechen, und sich mit den
herkömmlichen Bildern, Formen und Vorstellungen der betreffenden
Gedichtarten ganz gesättigt. Die drei Gattungen, die wir meinen,
sind: das Sonnett, das epithalamische (Hochzeit-) Gedicht und das
Tagelied.

Die Liebeserklärung Romeo's an Julie auf dem Balle ist allerdings nicht in die übliche Grenze eines Sonnettes eingeschlossen, doch
ist Bau, Ton und Behandlung ganz dieser Form angepaßt oder von
ihr hergeleitet. Diese Gattung ist von Petrarca der Liebe gewidmet
worden, an den in diesem Stücke der Liebe zu erinnern nicht vergessen
wird. Von seinem Beispiele her ist in dieser Gattung fast immer nur
die geistige Seite der Liebe in aller Verklärung und Heiligkeit gefeiert
worden; man hat, von verschwindenden Ausnahmen abgesehen, nie
unternommen, den sinnlichen Trieb der Liebe in ihr zu besingen. Jede
ächte Herzensliebe nun, die nicht auf bloßen sinnlichen Rausch gestellt ist und das geistige und sittliche Wesen des Menschen mitergreift,
ist in ihrem Anfang und Entstehen immer ganz innerlicher Natur; es
kann uns eine schöne Form für den Augenblick sinnlich ergreifen, auf
die Dauer fesseln wird uns nur das gesammte Wesen eines Menschen,
und die erste Erfassung eines solchen ist immer eine rein geistige. Es
ist also so sinnig wie wahr, daß der Dichter sich an diese kanonische
Gattung, in der die Lyrik die ersten und reinsten Liebesregungen ausspricht, angeschlossen hat in dieser ersten Begegnung, in der sich der
werbende Mann der Geliebten wie einem Heiligenbilde in der Ehrfurcht der Unschuld nähert und sich mit seiner Erklärung ganz in geistiger Sphäre bewegt.

Der Monolog der Julie vor der Brautnacht (III, 2.) erinnert, — dieß hat Halpin in den Schriften der Shakespearegesellschaft in seiner Weise voll Geist nachgewiesen, — an die lyrischen Epithalamien, die Hymeneen, die Hochzeitgedichte der Zeit. Der Leser möge diese wundervolle Stelle lesen, die Spielerin sie spielen mit jener äußersten Sinnigkeit, die die lauten Worte wie zu stillen Gedanken ermäßigt. In der allegorischen Mythe dieser hochzeitlichen Gedichte, wies Halpin nach, spielte Hymen so lange die Hauptrolle und hielt sich Cupido verborgen, bis an der Thüre der Brautkammer der ältere Bruder seinen Dienst dem jüngeren abtrat. Man muß annehmen, Julie kannte diese Lieder und diese Vorstellungen und braucht in ihrem Selbstgespräche die ihr geläufigen Bilder. Julie setzt die Anwesenheit des Amor, nach den Vorstellungen jener Gedichte, als selbstverstanden voraus; sie bezeichnet ihn mit dem Beinamen des Ausreißers (runaway *, der δραπετίδας des Moschus), der ihm herkömmlich zufiel, weil er seiner Mutter zu entlaufen gewohnt war. Sie wünscht die Nacht herunter, daß Romeo unbemerkt zu ihr eile; selbst das Auge jenes Flüchtlings möge sich schließen; er möge, heißt dieß, seinen Dienst, die Brautkammer zu erleuchten, in diesem Falle nicht versehen, wo Heimlichkeit und Dunkel geboten ist. Halpin meint, daß der blinde Cupido ein Emblem eben solcher geheimnißvollen Eheverbindungen gewesen sei, denn auch in Imogen's Schlafzimmer, die eine solche heimliche Ehe eingegangen war, stehen zwei blinde Cupidos. Die Abwesenheit der Hochzeitfeste unter glücklicheren Auspicien leiten Julien natürlich auf diese Gedanken. Niemand anders sang ihr das Hochzeitlied, sie singt es sich gleichsam selbst; und dieß wirft einen weiteren melancholischen Reiz über diese Stelle, denn die Abwesenheit der hymeneischen Feste galt schon im Alterthum für eine üble Vorbedeutung, und so bewährt sie sich hier.

---

* Diese Lesart erklärt Staunton mit Recht für unanfechtbar, und Halpin's Auslegung scheint uns durch Grant White's Anfechtung (in Shakespeare's Scholar 1854.) gänzlich unerschüttert.

In der Scene der nächtlichen Zusammenkunft Romeo's mit Julie suchen die italienischen Novellisten nach ihrer rhetorischen Art nur Gelegenheit zu langen Reden; Shakespeare zieht über sie den Schleier seiner Züchtigkeit, die ihm bei höheren Anforderungen nie abgeht, und er läßt nur den Nachhall der Seligkeit und der Gefahr des liebenden Paares empfinden. Hier spielt nicht wie bei dem Son=nette Geist und Scharfsinn in die Abschiedsscene ein, sondern Ge=fühle und Ahnungen; die düsteren Streiflichter des weissagenden Gemüthes blicken durch das Dunkel einer glücklichen Vergangenheit, welche die peinliche Gegenwart des Abschiedes endet. Des Dichters Vorbild in dieser Scene (III, 2) ist eine Gattung dialogischer Ge=dichte, die in der Zeit des Minnegesanges entstanden war, das Tage=lied. Diese Tagelieder gab es auch in England; in dem Liede auf das in Romeo und Julie selbst [IV, 5] angespielt, und das in dem ersten Bande der Papiere der Shakespearegesellschaft gedruckt ist, wird eine solche Lage ausgedrückt. Der stets gleiche Inhalt dieser Lieder ist, daß zwei Liebende, die sich in geheimer Zusammenkunft nächtlich besuchen, einen Wächter bestellen, der sie beim Tagen weckt, wo sie dann unwillig zur Trennung unter sich oder mit dem Wächter streiten, ob das Licht von Mond oder Sonne, der weckende Gesang von Nachtigall oder Lerche herrührt; ganz wie dieß der Inhalt auch dieses Dialoges ist, der wohl jedes andere Tagelied an poetischem Reiz und Werthe weit überbietet.

So hat denn dieß Trauerspiel, das in der Durchführung seiner Handlung immer als ein Vertreter aller Liebesdichtung gegolten hat, an diesen Stellen auch von formeller Seite drei Hauptgattungen, die die erotische Lyrik vertreten können, in sich aufgenommen. Wie es sich tiefsinnig aus der innersten Natur der Liebe das wahrste und tiefste angeeignet hat, so hat sich der Dichter auch in jene äußeren Formen eingesenkt, die der menschliche Geist in diesem Gebiete und Stoffe in der Dichtung vor langen Zeiten geschaffen hatte. Er hat lieber nicht originell sein wollen, als sich in der Form vergreifen; er hat lieber den Ausdruck und die Gattungen abgeborgt, die lange Jahrhunderte gebildet und ausgebildet hatten, worin eben der Prüf= stein ihrer Aechtheit und Dauerhaftigkeit gelegen ist; so daß sich nun die lyrische Liebesdichtung aller Zeiten gleichsam in diesen angewand= ten Formen, Bildern und Ausdrücken in diesem Trauerspiel der Liebe wieder erkennt.

Die Fabel unseres Dramas hat man bis auf Xenophon's Ephe= siaca zurückgeführt. Die wesentlichen Elemente derselben liegen in der zweiunddreißigsten Novelle von Massuccio (1470), von wo sie Luigi da Porto geborgt hat, der gewöhnlich als der ursprüngliche Erzähler der Geschichte von Romeo und Julie genannt wird la Giu- lietta, 1535). Shakespeare's Stück fließt aber zunächst nicht einmal mittelbar aus dieser Quelle, sondern aus einer Novelle Bandello's (1554), wo einem Dramatiker, der sich dieses Gegenstandes bemäch= tigen wollte, schon ein ganz anders vorbereiteter Stoff geboten wurde, als von Boccacio in seiner Giletta von Narbonne. Aus dieser Er= zählung la sfortunata morte di due infelicissimi amanti (Bandello II, 9.) entlehnte Arthur Brooke, ein auch sonst genannter Dichter der vorshakespeare'schen Zeit, den Stoff seiner versificirten Erzählung, Romeus and Juliet, die zuerst 1562 erschien und 1587 wieder gedruckt ward. Eine italienische poetische Erzählung des Gegenstandes in Oc= taven L'infelice amore de i due fedelissimi amanti Giulia e Romeo, scritto in ottava rima da Clitia, nobile Veronese. Venezia 1553 ist schon vor Bandello erschienen; ob sie neben diesem von Brooke benutzt worden ist, wissen wir nicht zu entscheiden, da sie uns nicht zu Gesicht gekommen ist. Dagegen preist er in seiner Vorrede von 1562 ein dramatisches Stück, das diesen Gegenstand mit mehr Beifall auf die Bühne gebracht habe, als er seinem Werke versprechen könne. Dieß müßte, wenn Brooke es benutzt hätte, und wenn man aus seiner eigenen Arbeit darauf zurückschließen sollte, wohl das bedeutendste Drama vor Shakespeare gewesen sein. Ob es dieser gekannt und vielleicht nur umgeschaffen habe, wissen wir nicht. Wohl wissen wir, daß er Brooke's Gedicht vor sich hatte, wo die Färbung, die Fabel, die Charaktere der Amme, Mercutio's und der beiden Hauptfiguren schon so vorbereitet sind, daß der Dichter bei dem unverhältnißmäßig schwierigeren Stoffe doch auch unverhältnißmäßig leichtere Arbeit hatte, als in Ende gut Alles gut. Brooke's Gedicht hat die Materie, die übrigens schon in den italienischen Novellen an wahrer Kunst der Motivirung sich sehr vortheilhaft auszeichnet, aus der flachen Redekunst der Südländer in die Tiefe nordischer Gefühle, aus dem Charakter romanischer Eleganz in das germanische Gemüth voll wühlender Leidenschaft übersetzt. Er läßt an Kraft und Fülle die italienischen Novellen weit zurück, ja selbst eine gewisse Ueberladung zeugt von des Dichters Reichthum an Empfindung. Mehrere feine Pinselstriche des Shakespeare'schen Stückes treten erst recht in's Licht, wenn man diese Erzählung gelesen hat; man wird dann, wie wir noch oft in anderen Fällen finden werden, an einem handgreiflichen Beispiele gewahr, wie vieles Shakespeare nicht selten hinter wenigen Worten und Andeutungen versteckt hat. Tritt man freilich aus Brooke's Gedichte in Shakespeare's Tragödie herüber, so ist nun in diesem Drama wieder der Gegenstand unendlich gehoben und noch einmal wird im Siebe ächt germanischer Natur das viele Anhängsel romanischer Convenienz und rhetorischen Flitters hinausgestoßen. Dort wechselt, bei Brooke, ein sinnlicher Kitzel mit dem Gegengewichte kalter Moral, Lüsternheit mit Weisheit, Ovidische Ueppigkeit mit pedantischem Lehrton; Gegensätze, über die Shakespeare mit der reinen Naivetät eines Dichters weggehoben hat, der vor seinem Gegenstande aufgeht und verschwindet. Dort ist Alles Spiel der Fortuna, Zufall, Verhängniß, eine rührende Geschichte zweier Liebenden, die ein Wechsel von Glück und Unglück so und so geleitet hat; aber bei Shakespeare ist das Stück die nothwendige Geschichte aller starken Liebe, die in sich lebenvoll, wahr und tief von nichts außer ihr bestimmt und geleitet ist, die vielmehr übermächtig jede andere Leidenschaft und Regung überragt, die übermüthig an den Schranken der Convenienz rüttelt, übermäßig mit sich und ihren Befriedigungen allein beschäftigt der Vorstellungen kalter Besonnenheit spottet, ja überkühn das Schicksal selbst herausfordert und sich zu ihrem eigenen Verderben mit seinen Satzungen überwirft.

Wollen wir von hier aus gleich nach dem Mittelpunkte dieses Werkes vordringen, so hat uns der Dichter in größerer Deutlichkeit, scheint es, als er sonst pflegt, einen doppelten Weg dahin gebahnt. Faßt man die beiden Hauptfiguren in ihrer Anlage und ihren Verhältnissen einfach auf, so tritt schon aus dieser unbefangenen Betrachtung des bloßen Thatsächlichen die Idee des Ganzen von selbst in's Licht; die Handlung allein und ihre Motive lassen sich nicht verfehlen. Zum Ueberflusse hat der Dichter dann aber auch in gerader Lehre die Anleitung gegeben, die der Leser oder Zuschauer aus den Triebfedern und dem Ausgange der Handlung etwa nicht gefunden haben sollte. In diese zwei Richtungen müssen denn auch wir unsere Betrachtung theilen; und wir wollen zuerst die letztere einschlagen, die uns auf dem kürzeren Wege, aber allerdings unter beschränkterer Aussicht, zum Ziele führt.

Die älteste biblische Mythe stellt Arbeit und Mühe als einen Fluch dar, der dem Menschengeschlechte auferlegt sei; ist dem so, so hat die Gottheit dem bittern Loose beigemischt was es versüßen kann: die rechte Thätigkeit gerade ist das, was des Menschen Beruf am schönsten adelt und was jenen Fluch zum reichsten Segen verwandelt. Umgekehrt: es sind uns Triebe und Leidenschaften zur Erhöhung unserer Lebensgenüsse mitgegeben; aber im unrechten Maaße verfolgt wandeln sie ihren Genuß und Segen in Fluch und Verderben. Von keinen Wahrheiten ist die Welt der wirklichen Erfahrung so voll und auf keine weist die Dichtung Shakespeare's häufiger und nachdrucksvoller zurück.

Die nächste Quelle Shakespeare's für sein Drama, Arthur Brooke, streute schon in seine Erzählung die Betrachtung ein, daß das Erhabenste im Menschen durch große Leidenschaft gewirkt wird,

daß ihr aber die Gefahr inne wohne, den Menschen über sich selbst
und seine natürlichen Schranken hinwegzuheben und dadurch zu zer=
stören. In unserem Drama ist die Leidenschaft der Liebe in diesem
höchsten Reize und dieser höchsten Gewalt geschildert, die zugleich
von ihrer veredelnden und ihrer verderblichen Kraft das vollgültige
Zeugniß gibt. Der Dichter hat sich zwischen die guten und schlim=
men Eigenschaften dieses Dämons, nach der überlegenen Art die wir
nun schon an ihm kennen, mit jener erhabenen Unbefangenheit und
Parteilosigkeit gepflanzt, daß es ganz unmöglich ist zu sagen, ob er
größer von der erhebenden, oder kleiner von der herabziehenden Kraft
der Liebe gedacht habe. Er hat ihre reinen und gefährdenden Wir=
kungen, ihren natürlichen Adel und ihre angeborenen Ränke mit
dem Gleichmuth geschildert, daß wir eben so betroffen stehen von der
Bewunderung dieser alles niederwerfenden Kraft, wie von der Ver=
wunderung über die Schwäche, in die sie ausartet. Nur wenige
Menschen sind fähig, diesen Standpunkt des Dichters einzunehmen
und seine Darstellung von diesen beiden Seiten gleich mächtig und
in gleicher Unbefangenheit auf sich wirken zu lassen. Die meisten
neigen vorherrschend nach der einen Seite allein hin, und die Leser
von sinnlicherem Feuer sehen die Macht der Liebe in diesem Paare
als eine ideale Gewalt, als eine gesetzmäßige begehrenswerthe Herr=
schaft an; die Anderen von mehr sittlicher Strenge nehmen sie als
eine übermäßige Tyrannei, die alle anderen Triebe und Reize ge=
waltthätig erstickt hat.

Shakespeare hat in dem Stücke die entgegengesetzten Enden
aller menschlichen Leidenschaft, Liebe und Haß, in ihrer äußersten
Macht gezeigt; und wie er im Sommernachtstraum dem Taumel der
flatterhaften sinnlichen Liebe gegenüber ein fast wohlgefälliges Ge=
wicht auf den Gegensatz der jungfräulichen Enthaltsamkeit gelegt hat,
so hat er hier in die Mitte der von Haß und Liebe bewegten Welt
den Bruder Lorenzo gestellt, den Lebenserfahrung, Eingezogenheit
und Alter den Neigungen beider entziehen. Von ihm, der gleichsam

die Stelle des Chors in diesem Trauerspiele vertritt, ist auch der leitende Gedanke des Stückes in aller Vollständigkeit ausgedrückt, der
durchweg dahin läuft, daß das Uebermaaß jedes an sich noch so
reinen Genusses seine Süße in Bitterkeit wandelt; daß die Hingebung an ein einziges noch so edles Gefühl dessen Uebermacht bedingt; daß diese Uebermacht Mann und Weib aus ihrer natürlichen
Sphäre rückt; daß die Liebe nur eine Gefährtin des Lebens sein,
nicht aber Beruf und Leben völlig ausfüllen soll; daß sie in der vollen
Gewalt ihres ersten Anlaufs ein glücklicher Rausch ist, der seiner Natur nach nicht in gleicher Stärke anhalten kann; daß sie, wie des
Dichters Bild sagt, eine Blume ist für den Wohlgeruch, deren Gift
aber, wenn sie als Nahrung verschlungen wird, tödtlich zum Herzen
bringt. Diese Sätze sind dem weisen Lorenzo von dem Dichter fast
in einer moralistischen Methode, mit stufenmäßig gesteigertem Nachdrucke, in den Mund gelegt, als wollte er auf's umsichtigste sorgen,
daß kein Zweifel über seine Meinung bleibe. Er sagt sie in seinem
ersten Monologe am Bilde der Pflanzenwelt, mit der er sich beschäftigt, blos lehrend und wie beziehungslos; er spricht sie dann, als
er die Liebenden traut, im Momente wo er sie fördert, warnend
aus, und wiederholt sie endlich gegen Romeo in seiner Zelle, als er
diesen sich und sein eigenes Werk vernichten sieht, strafend und
voraussagend, was das Ende sein wird.   Nichts ist, sagt der heilige Mann in der ersten dieser Stellen
(II, 3), nichts ist so Geringes und Schlechtes auf der Erde, das
nicht sein Gutes eigen hat, und nichts so gut, das nicht, übersteigert
über seinen ächten Gebrauch, seiner Natur und Geburt untreu wird
und in Misbrauch übergleitet. Die Tugend selbst wird Laster, wenn
sie misangewandt ist, so wie das Laster zuweilen du rch die Handlungsweise geadelt wird. So liegt in dieser Blume Gift und Arznei; durch Geruch erfreut sie alle Sinne, gekostet trifft sie mit tödt-
lichem Schlage. So lagern auch zwei entgegengesetzte Gewalten
(kings) im Menschen wie in Kräutern, Anmuth und störrischer Ei-

genwille (grace and rude will), und wo die schlimmere vorherrscht, die Pflanze frißt der Wurm des Todes bald. Man sieht wohl, daß dieß die beiden Eigenschaften sind, die Romeo zu einem Helden der Liebe und zu einem Sklaven der Liebe machen; im Glücke, bei seiner Julie, entfaltet er seine Anmuth in jenem reichem Maaße, das ihn so schnell zum Sieger über ein so begabtes Wesen macht; im Unglück zerstört er all den Reiz dieser Gaben durch den Eigensinn und Trotz (wilfulness = rude will), den ihm Lorenzo zum Vorwurfe macht. — In der zweiten der bezeichneten Stellen fordert Romeo an der Schwelle seines Glückes den Liebeswürger Tod heraus, sein Aeußerstes zu thun, wenn er Julien nur sein nennen darf, und in warnendem Kopfschütteln sagt ihm Lorenzo in einer Stelle, die der Dichter in seine Ueberarbeitung erst nachgetragen hat, indem er von jenen Sätzen vom Uebersteigern des Guten, über den reinen Gebrauch die Anwendung macht: so wilde Freude nimmt ein wildes Ende und stirbt in ihrem Triumphe, wie Feuer und Pulver, die sich im Kusse verzehren. Der süßeste Honig ist widrig in seiner eignen Köstlichkeit und im Geschmacke erstickt er die Begierde. Drum liebe mäßig; langwährende Liebe thut so! — Ganz so blickt auch das strafende Wort Lorenzo's, als er den kindisch blöden Mann in weibischen Thränen, entartet aus seiner Mannesnatur, in seiner Zelle verzweifelnd niedergeworfen sieht, auf jene ersten lehrenden Sätze von dem Misbrauch aller edlen Gaben zurück. Du schändest, sagt er ihm (und auch dieß in einer der letzten Ausarbeitung erst zugesetzten Stelle), deine Gestalt, deine Liebe und deinen Geist, wie ein Wucherer, der reich an Allem ist und nichts in jenem ächten Gebrauche braucht, der Alle Drei erst schmücken sollte. Deine edle Gestalt ist eine Form von Wachs, wenn sie von der Kraft des Mannes abtrünnig wird; deine Liebe nur hohler Meineid, wenn sie die Geliebte tödtet, die du zu hegen gelobtest; dein Geist, die Zierde von Gestalt und Liebe, misgeartet in der Leitung beider, fängt Feuer durch deine eigene Besinnungslosigkeit, wie Pulver in eines ungeschickten Kriegers Flasche und, was dein Schutz sein sollte, zerschmettert dich. — Mit diesem bezeichnenden Bilde sehen wir nachher Romeo zum Tode stürmen, als er sich von dem Apotheker das Gift verschafft, das die Brust vom Athem entladen soll, so heftig, wie schnell entzündetes Pulver aus der tödtlichen Kanone Schlunde blitzt. Dreimal hat der Dichter mit diesem selben Gleichniß die entzündende Glut dieser Liebe bezeichnet, die den seligen Rausch und Schwindel in sich zu rasch verrauschen und verschwinden macht, und er konnte keinen sittlichen Lehrspruch wählen, der die Absicht seiner Darstellung so einfach sprechend dargelegt hätte, wie eben dieses Bild.

Aber so wie in Verlorner Liebesmühe Tieck an dem Ausgange gemäkelt hat, so haben sich Schlegel und Andere dieser Moral widersetzt, die Bruder Lorenzo aus der Fabel zieht. Die abweisenden Worte Romeo's an den heiligen Mann, den Greisen, der mit kaltem Blute dem Liebenden leicht Sitte und Philosophie zu predigen habe, die Worte: „er könne nicht sprechen von dem, was er nicht fühle", sind der Wegweiser unserer Romantiker für ihre Beurtheilung Lorenzo's und seiner Weisheit gewesen. Daß die Worte in der innersten Zerrüttung von einem Verzweifelnden gesprochen sind, den Trotz gegen Trost und Leidenschaft gegen jede Besinnung unempfänglich macht, kam bei ihnen nicht in Anschlag. Und doch erweist sich dieser Lorenzo gerade in jener Scene weder als ein pedantischer Sittenprediger, noch als ein trockener Stoiker. Er nimmt nur zu viel mitempfindende Rücksicht auf die Liebenden, er geht auf einen gefährlichen Plan ein, um dem Paare seine Verbindung zu sichern, der ihn fast selbst verdirbt. Er versucht es wohl, diesen verzagenden Mann der Liebe mit dem Labsal der Philosophie zu trösten, aber er gibt ihm auch solche reale Trostmittel an, die der Liebende selbst nicht besser hätte zu finden wissen, ja noch mehr, die er in seinem verzweifelten Trotze aus sich selbst nicht zu finden wußte, die ihn nicht nur trösten, sondern für den Augenblick auch heilen. Es gehörte nicht einmal Lorenzo dazu, dem blöden Manne jene Vorwürfe zu

machen, sondern selbst die Amme kann sie ihm, selbst seine Julie
könnte sie ihm machen. Wir gehen irre, das sagte Schlegel selbst,
wenn wir dieses Paar für Tugendideale nehmen wollen, aber wir
gehen in der Ansicht des Dichters noch mehr irre, wenn wir für ihre
Leidenschaft leidenschaftlich Partei nehmen wollen. Sonst haben
wir keine Wahl, als den Tragöden um eine unschöne und ungerechte
Grausamkeit zu tadeln. So wie ihr Tod auf ihr Leben folgt, meinen
wir nicht zu sagen, daß Shakespeare eine kleinmeisterliche Moral
handhabe, daß er Schicksal und Gottheit diese Menschen um dieses
Fehlers willen strafen lasse, weil ihn ein willkürliches Gesetz der
Sitte oder Religion verdammt habe. Shakespeare's weise Sitten=
lehre kannte, nach eben den Sätzen, die er Lorenzo in jenem ersten
Monologe in den Mund legte, keine solche Tugend und kein solches
Laster, auf dem ein für allemal dieser Lohn und jene Strafe stände.
Wir hörten ihn sagen, daß sich die Tugend oft durch Verhältnisse
zum Laster herabwürdige, das Laster zur Tugend erhebe; und wie er
hier eine Liebe, die aus dem reinsten unschuldigsten Grunde entsproß,
in ihrer Uebermacht, ihrem Ueberreiz, ihren selbsträchenden Aus=
artungen schildert, so hat er anderswo das, was wir schlechthin für
Sünde nehmen, in verzeihliche, ja in große Thaten gehoben; denn
wer würde sich bedenken, die kindliche Pietät so zu brechen wie Jes=
sica, wer würde nicht wünschen, so zu lügen, wie Desdemona lügt?
Shakespeare kennt nur menschliche Gaben und Anlagen, und eine
menschliche Freiheit, Vernunft und Willenskraft, sie gut und schlecht,
sinnlos oder mit Maaß zu gebrauchen. Er kennt nur ein Schicksal,
das sich der Mensch je nach diesem guten oder schlechten Gebrauche
selber schmiedet, wiewohl er die Gewalten außer ihm, wie Romeo
hier seine unglücklichen Sterne, als die Urheber anklagt. Die äuße=
ren Verhältnisse und die inneren Charaktere greifen bei ihm, wie in
dem wirklichen Leben überall, in Wechselwirkungen ineinander; sie
gestalten sich in dieser Liebestragödie gegenseitig, führen sich die einen
die anderen weiter, bis zuletzt die Räder der Geschicke und der Lei=

benschaften ineinandergreifend sich haftiger und haftiger treiben und im Ausgange überstürzen.

Weilt man so auf dem sittlichen Gedanken des Stückes und auf dem tragischen Ausgange, zu dem uns dieser Gedanke hindrängt, so muß es scheinen, als ob der Dichter mit mehr Gewicht auf der strengen Beurtheilung des überdenkenden Geistes, als auf dem An= theil des Gemüthes an dieser seltenen Liebe hafte und daß er sich zu sehr dorthin neige, als daß wir ihm jene gemessene Unparteilichkeit leihen dürften, die wir vorher an ihm rühmten. Aber wenn wir den Blick von der Abstraction auf die Handlung, von der herausgerisse= nen Idee auf die ganze Darstellung, auf die lebendige Wärme und Fülle der Verhältnisse, Verwickelungen, Triebfedern und Charaktere hinüberwenden, so schwindet dieser Vorwurf von selbst. Der Ge= danke, den wir aus den lehrhaften Stellen des Stückes herausge= hoben haben, wird dann mehrseitiger beleuchtet und belebt; es regt bei der Betrachtung des Thatsächlichen nicht allein die Lehre den ab= gezogenen Gedanken, sondern die volle Erscheinung aller zusammen= wirkenden inneren und äußeren Verhältnisse das ganze Gemüth an; das gesammte Wesen des Betrachters wird zum Urtheile gerufen, nicht sein Kopf und Geist allein. Darum ist die Anschauung der dargestellten Handlung in ihrer ungetrennten Fülle immer der einzig richtige Weg, zum Verständniß eines Dramas unseres Dichters zu gelangen.

Wir wollen daher, nach unserer Absicht, auch in dieser zweiten Richtung unser Drama durchmessen, auf dem weiteren und mannich= faltigeren Wege durch die Thatsachen und die handelnden Figuren. Wir werden an dem früheren Ziele wieder zum Ausgange kommen, aber ganz anders bereichert und eingeweiht.

Wir sehen zwei jugendliche Gestalten von dem höchsten äußeren und inneren Adel, mit weichen Herzen, mit aller sinnlichen Glut des südlichen Blutes ausgestattet, vereinsamt stehen in zwei Familien, die in Haß und Mord gegen einander entbrannt sind und die Stadt

Verona mit Blut und Aufruhr zu wiederholten Malen erfüllen. Auf dem dunklen Grunde des Familienhasses lösen sich die zwei Figuren desto reiner ab. In Dichtung und Geschichte sind diese Fälle nicht selten, daß gerade in der Trübe sittenloser Zeiten und Umgebungen die hellsten Erscheinungen auftauchen wie Lilien aus dem Sumpfe, und jene Iphigenien und Cordelien mitten in den zügellosen Ge= schlechtern von titanischer Leidenschaft haben dieß in alter und neuerer Poesie veranschaulicht. Romeo und Julie theilen den Todhaß nicht, der ihre Familien spaltet; sie sind in der Harmlosigkeit ihrer Natur diesem wilden Geiste fremd; eine Liebesbedürftigkeit ist vielmehr ge= rade auf diesem öden Boden in ihnen zu übergroßer Höhe gewach= sen, in Romeo erklärter, in Julie mehr unbewußt, bei jenem mehr im Gegensatze zu dem entbrannten Straßenkampfe, in dieser mehr in einer geheimen Abwehr gegen die nächste Umgebung in ihrem Hause. Das Haupt seiner Feinde, der alte Capulet selbst, gibt Romeo das Zeugniß, daß Verona sich seiner rühme als eines tugendlichen und wohlgesitteten Jünglings. Wie sehr, unter den steigenden Hemm= nissen auf der Bahn ihrer Liebe, sich ein Misverhältniß und Ueber= gewicht der gefühligen Kräfte und des Affectes in Beiden rasch und in getriebenem Wuchse ausbildet, so sind beide Charaktere doch ur= sprünglich auf eine Harmonie ihres geistigen und Gemüthslebens angelegt, mehr von inniger und tiefgehender, als von aufgeregter und ausschweifender Leidenschaft. Es ist nicht der Trieb der Sinne, es ist auch nicht blos jener eigenwillige Trotz, der sie zuletzt in über= eiltem Sturze auf gewagten und tödtlichen Wegen zusammenführt, sondern zugleich der Trieb einer rührenden Treue und Beständigkeit über die Grenze des Todes hinaus. Die Eigenschaft des störrischen Eigenwillens, die Lorenzo in Romeo tadelt, die auch in Julie bei ihrem Auftreten gegen der Eltern Heiratsplan in weiblicher Er= mäßigung wirksam ist, ist allerdings in beiden ein Erbstück des feind= seligen Familiengeistes, aber doch tief überdeckt von der friedlichen Einwirkung angeborner zarter Gefühle. Sie wird in ihnen aufgeregt

nur im Unglücke und unter dem Andrange unerträglicher Verhält=
nisse, aber sie ist auch dann in den harmlosen Geschöpfen nicht nach
außen schädlich, sondern kehrt ihre verderblichen Wirkungen nur gegen
sie selbst. Das was Lorenzo in dem menschlichen Wesen die Anmuth,
die Grazie nennt, womit bei Shakespeare der ganze äußere und innere
Adel der Natur in Erscheinung und Sitte gemeint ist, bildet dagegen
in beiden ihr eigentliches ruhendes Wesen, und wenn Romeo, nach
Lorenzo's Worten, in Unglück und Verzweiflung, unter den Einflüs=
sen seines Trotzes, seine Wohlgestalt, seine Liebe und seinen Witz,
d. h. seine sämmtlichen äußeren, geistigen und gemüthlichen Vorzüge
verunstaltet, so sind diese Vorzüge, diese gleichgemessenen, diese
wucherisch zugemessenen Gaben doch seine ursprüngliche Natur, die
in ihm wie in Julien in allem Glanze heraustritt, wo keine äußeren
Verhältnisse den Frieden ihrer Seelen kreuzen und stören. Man ver=
gleiche die Regungen dieser Liebe mit jener andern Art im Sommer=
nachtstraume, „die erzeugt aus dem Auge und deßhalb gleich dem
Auge voll flüchtiger Bilder, Phantasien und buntem Wechsel ist", um
in frischer Anschauung den vollen Abstand dieser Leidenschaft und der
hier und dort handelnden Menschen zu ermessen. In den Scenen,
wo sich die Liebe zwischen Romeo und Julie entwickelt und im Fluge
die Familienfeinde zum Braut= und Ehepaare macht, erscheint die
Erhebung dieser Naturen über den gemeinen Unfrieden um sie her
und über die persönlichen Vorurtheile, die sich daran zu heften pflegen,
in ihrer ganzen Stärke. Die Nichtachtung der Gefahr, die Bereit=
willigkeit zu jedem Opfer des Lebens, der Convenienz, der Pietät
bewährt die Reinheit und Stärke ihrer Liebe über jeden Schatten
eines Zweifels. In den noch idyllischeren Scenen, wo sich die Lie=
benden in dem Glückstande der Befriedigung fühlen, hat der Dichter
den Ausdruck der Liebe in solcher Weise poetisch gesteigert und ihm
eine solche Macht der Empfindung verliehen, daß uns die Wahrheit
und der Reiz der Poesie von der Wahrheit und dem Adel dieser Ge=
müther tiefer und tiefer überzeugt. Und dieß ist in solchem Maaße

gelungen, daß der poetische Hauch und der Zauber, der über die Lie=
benden gegossen ist, bei den meisten Lesern selbst die sittliche Strenge
des Dichters ganz übersehen und überhören macht, eine Thatsache,
die den oben erwähnten Vorwurf (seines überwiegenden Verweilens
auf den Schattenseiten dieser Leidenschaft, dieses Verhältnisses und
dieser Charaktere) gewiß vollständig beseitigt.

Wie uns Romeo, noch abgesehen von den späteren Entwicke=
lungen, schon vor seiner Begegnung mit Julie entgegentritt, ist aller=
dings die Versetzung dieser schönen und edlen Anlage seiner Natur
mit unheilverkündenden Bestandtheilen schon frühe entschieden. Die=
ser Romeo könnte jener Diener der Liebe, unser Gedicht das Buch
sein, von dem es in den Veronesern heißt: es sage, daß Liebe in dem
allerfeinsten Sinne wohne, aber es füge auch hinzu, daß Liebe den
zarten Sinn verwandele und wie der Wurm die Knospe so vergifte,
„daß schon das Grün im ersten Lenz verwelkt und jeder künftigen
Hoffnung schöne Frucht". Der weise Lorenzo sah es durch, daß in
die reizbaren Eigenschaften dieser tiefbewegten, still heftigen Natur
der Kummer verliebt und Elend mit ihr vermählt sei. Den Fa=
milienstreitigkeiten abgeneigt ist er frühe vereinsamt und der eigenen
Familie entfremdet. Ihm, den die widerwärtige Umgebung drückt,
ist das überwallende Gefühl eingeengt in eine Brust, die Niemand
findet, dem sie sich vertrauen möchte. Von seinem Geiste, von feine=
rem Gefühle stößt er Verwandte und Freunde ab die ihn suchen, und
wird abgestoßen von einer Geliebten, die er mehr in einer idealen
Gedankenliebe mit sich trägt. Verschlossen, rathverschmähend, melan=
cholisch, von karger Rede, in seinen wenigen Worten dunkel und
grübelnd, weicht er dem Tage aus, ein Traumdeuter, ein ahnungs=
volles Gemüth, von einer verhängnißvollen Natur. Seine Eltern
stehen ihm ferne, in dem Hintergrunde der Unbedeutendheit; mit
seinen nächsten Freunden und Verwandten hat er keine innige Be=
ziehung. Der friedliche, selbstgefällige, auf einen eingebildeten Ein=
fluß auf Romeo eingebildete Benvolio ist zu weit unter ihm; Mer=

cutio eine zu abliegende Natur. Er, und Tybalt auf der Gegenseite,
sind die zwei eigentlichen Träger, die unheilbaren Nährer des feindseligen Geistes beider Häuser. Tybalt erscheint als ein Raufer·von
Profession, unterschieden durch seinen schwarzgalligen Groll und durch
äußere Eleganz von dem heiteren und cynischen Mercutio, der ihn
einen Zierbengel nennt. Mercutio (dessen italienischer Name in
Clitia's Reimgedicht Marcuccio de' Verti heißt, im vollen Gegensatze zu Romeo, ist bildungslos, obscön und derb, häßlich, ein schnö-
der Spötter aller Empfindsamkeit und Verliebtheit, aller Träume und
Ahnungen, sprechsüchtig, daß er in seines edlen Freundes Auge in
einer Minute mehr spricht als er in einem Monate verantworten
kann; von so eingefleischter Gewöhnung an Witz und launige Auffassung aller Dinge, daß er selbst im Gefühle seiner Todeswunde
und in der Bitterkeit des Aergers über Urheber und Art der Verwundung die Ausdrucksweise seines Humors nicht verliert. Nach jener
Selbstschilderung, die er in den ironischen Ausfall gegen den guten
Benvolio kleidet, ist er ein händelsüchtiger Zänker, ein Geist des angeborenen Widerspruchs, auf seine stämmige Kraft voll allzu sicherem
Vertrauen, und als ein solcher erweist er sich in der Begegnung mit
Tybalt. Unsere Romantiker, nach ihrer Art in den lustigen Gesellen
blind verliebt, haben die Ansicht aufgebracht, Shakespeare habe den
Mercutio im dritten Acte weggeschafft, weil er nichts mit ihm anzu-
fangen gewußt, weil er seinen Hauptfiguren den Weg versperrt habe.
Die Ansicht streitet sich an Absurdität mit dem, was Goethe in seiner
unbegreiflichen Bearbeitungstravestie aus dieser Figur gemacht hat.
Mercutio selbst stellt sich in jener Scene mit Benvolio in seiner humoristischen Weise sein tragisches Horoskop: Zwei Menschen so voll
Zanksucht wie Er, sagt er zu Benvolio, sich selber treffend, würden
nicht Eine Stunde lang leben. Und diese Verherssagung erfüllt sich
an dem heißen Tage in der treibenden Hitze der Handlung alsbald an ihm und Tybalt: sie fallen ebenso ihrer haßsüchtigen Natur
zum Opfer, wie Romeo seiner liebebedürftigen und sind in keiner

anderen Absicht als dieser ihm gegenüber gestellt. Dem unbedeuten=
den Benvolio nun und dem groben Mercutio zur Seite, der den
Gegenstand seiner abgöttischen Liebe mit schmutzigem Spotte herab=
zieht, fühlt sich Romeo nicht aufgelegt, die stillen Freuden und Leiden
seines Herzens mitzutheilen, und diese gezwungene Verschlossenheit
wirft unheilbringend in seine Natur zurück und nach außen auf seine
Geschicke. Er trägt sich, wie wir ihn kennen lernen, mit der Liebe zu
einer Rosalinde, einem Wesen die der Gegensatz zu seiner späteren
Liebe ist, eine junonische Figur, weiß und von schwarzen Augen, an
Geist und Körper gröber als Julie, für glühende Liebe nicht gemacht,
eine Nichte Capulet's, die seine Werbungen verschmäht. Das un=
klare Bedürfniß seines Herzens bleibt in dieser Richtung unbefrie=
digt, er leidet nach Brooke's passendem Bilde die quälenden Foltern
eines Tantalus, und diese empfundene Leere trocknet sein Gemüth
aus wie einen Schwamm. Kein Wunder daß es sich nachher in
dem plötzlichen Rausche eines namenlosen Glückes übernimmt, das
allzumächtig auf diese unbefestigte Seele anstürmt, die von Sehn=
sucht und Entbehrung krank und ausgehöhlt von Kummer ist.

Die Julie, die ihm diese Rosalinde ersetzen soll, die Erbtochter
des feindlichen Hauses, lebt, ihm unbekannt, in weiblicher Art un=
bekümmerter in gleich kummervollen Verhältnissen. Ein zartes We=
sen, klein, von feinen Gelenken, ein Fahrzeug das für starke Stöße
und Stürme nicht gebaut ist, lebt sie in einer häuslichen Umgebung,
die für sie unbewußt innerlich abstoßender sein mußte, als die Stra=
ßenumgebung seiner Freunde für Romeo. Wie Romeo, wo er ge=
hoben vom Glücke und von seinem kranken Gefühle nicht gebeugt ist,
geistreich und scharfsinnig genug erscheint, sich selbst seinem Mercutio
an behendem Witze überlegen oder ebenbürtig zu zeigen, so ist auch
Julie von ähnlicher geistiger Gewandtheit: eine Italienerin voll
schlauer Fassung, von still sicherem Benehmen, auszuweichen und sich
zu verstellen gleich geschickt. Sie hat an Entschlossenheit etwas von
dem Vater geerbt; in schnellen und witzigen Repliken bleibt sie dem

Grafen Paris nichts schuldig; sie wird von dem Vater in seinem
Zorn nicht bedeutungslos ein Weisheitskrämer oder Disputant (chop-
logic) gescholten. Wie kann es ihr, in deren Geist so viele Bewegung, deren Gemüth so zart ist, in deren Natur man auf eine ursprünglich heitere Anlage zurückblickt, in ihrem elterlichen Hause be-
hagen, das geistlos, freudlos und friedlos zugleich ist? Der alte
Capulet ihr Vater ist nach der meisterhaften Zeichnung des Dichters
ein Mann von ungleicher Stimmung wie alle Jähzornigen, ganz
geschaffen, den pausenweise ausbrechenden und unterbrochenen Zwist
der Häuser zu erklären. Jetzt vergißt er im Eifer der Krücke, um in
alten Händen das alte Schwert zu führen, jetzt nimmt er in heiterer
Laune Partei gegen seinen raufsüchtigen Neffen für die Feinde seines
Hauses, die vertrauend seinen Ball besuchen. Einmal findet er die
Tochter zu jung zum Heiraten und zwei Tage nachher scheint sie ihm
reif zur Braut; zuerst gibt er, dem werbenden Paris gegenüber, das
Schicksal seiner Tochter wie der beste Vater ganz in ihre freie Wahl,
dann zwingt er sie im Ausbruch seiner Leidenschaft zu einer verhaßten
Heirat und droht ihr in brutaler Weise mit Schlägen und Ver-
stoßung. Aus Trauer über Tybalt's Tod geht er in jener Scene in
Wuth, aus Wuth nach der scheinbaren Fügsamkeit der Tochter in die
äußerste Lustigkeit über. Feine äußere Sitten waren von dem Manne
nicht zu lernen, der zu den Damen seines Balles wie ein Matrose
spricht, und innere Sittlichkeit nicht von ihm, der einst ein „Maus-
jäger" war und über die Eifersucht seiner Frau zu klagen hatte. Die
Mutter Capulet ist zugleich eine herzlose und unbedeutende Frau, die
sich bei ihrer Amme Raths erholen muß, die in dem höchsten Leiden
ihrer Tochter sich kalt von ihr scheidet, die ernstliche Gedanken hegt,
den Mörder Tybalt's, Romeo, vergiften zu lassen. Die Amme An-
gelica, in ihrem ganzen Charakter schon in der Erzählung von Brooke
angelegt, ist dann die eigentliche Herrin im Hause, die die Mutter
lenkt, die Tochter unterstützt, den Alten in seinem heftigsten Zorne zu
kreuzen nicht scheut, eine unzüchtige Rednerin, deren Umgebung nicht

dienen konnte Julien zu einer Diana zu machen, eine Erzieherin ohne
Sitte, eine Vertraute ohne aushaltende Treue, von der sich Julie
zuletzt in plötzlicher Entäußerung trennt. Zu diesen Umgebungen
kommt eine conventionelle Werbung des Grafen Paris hinzu, die
zum erstenmal das unschuldige Kind nöthigt, in ihrem Herzen zu
lesen. Bis dahin hatte sie höchstens für ihren Vetter Tybalt, unter
vielen unliebenswürdigen Gestalten ihrer Umgebung die wenigst un-
leidliche, eine schwesterliche Neigung empfunden. Wie wenig kindliche Gefühle aber die Tochter an diese Familie knüpfen, wird an jener Stelle bis zur Grellheit deutlich, wo ihr, noch ehe sie die
schlimmste Behandlung von Seiten ihrer Eltern erfahren hat, bei
dieses Tybalt's Tode die auffallende Aeußerung entschlüpft: wenn es
ihrer Eltern Tod gewesen wäre, so hätte sie sie wohl nur mit gewöhnlicher (modern) Trauer beklagt!

So ist die innere Lage der Beiden beschaffen, als sie sich auf
dem Balle zum erstenmale begegnen: sie, durch die Werbung des
Grafen, durch ihrer Mutter Anstiften getrieben, die besuchenden
Männer zum erstenmale in all ihrer Jugendfrische mit fragendem
Herzen anzusehen; Er, verstimmt in seiner hoffnungslosen Liebe zu
Rosalinden, nicht ohne Grund ahnungsvoll auf der Schwelle eines
feindlichen Hauses (wo in der That Tybalt über dieses Eindringen
seinen unheilstiftenden Haß gegen Romeo einsaugt,) aber lebensver-
achtend und von kühnen Freunden gestachelt, mit seiner verschmähenden Schönen andere Schönheiten zu messen. Die körperliche Schönheit ist bei beiden vorausgesetzt; bei ihrem ersten Anblicke sein Aus-
ruf: Schönheit zu reich zum Gebrauche, zu theuer für die Erde! Zu
diesen äußeren Gaben treten dann die inneren hinzu. Ihre geistige
Gewandtheit zu prüfen, schaffen sie sich selbst die Gelegenheit bei der
ersten Begrüßung; so daß diese seltene Verbindung der äußeren und
inneren Gaben im ersten Momente ihren fesselnden und reizvollen
Zauber wirkt. Seine erste Anrede an Julie auf dem Balle ist ein
feines Gewebe geistreicher Gedanken; ein Conceptenspiel umschleiert

die Erklärung und die Gewährung, das zu gegenseitigem Wohlgefallen räthselvoll begonnen, scharfsinnig verstanden und mit Gewandtheit fortgesponnen wird. Denn dieß eben macht den Reiz dieser
Scene aus, daß wie Romeo auf die süßen Erfindungen Juliens in
diesem Streite des Tiefsinns, so auch Julie, in stillfreudigem Eingehen auf seine Bilder, ebenso befriedigt auf seinen Geist und Witz
zu lauschen scheint wie auf seine Gefühle, daß sie sich seines Kusses
freut, aber auch daran, daß er „nach dem Buche" küßt, d. h. in geistreicher Wendung und Einkleidung, nach jener Regel des geschickten
Fortspinnens eines angegebenen Gedankenganges, wie sie in den
humoristischen Witzspielen der Zeit beobachtet ward. Fühle sich der
Leser hinein, daß zu jener körperlichen Schönheit, zu dieser geistigen
Ueberlegenheit nun noch der ganze und volle Eindruck der Unverdor-
benheit und Reinheit hinzukommt (der sittliche Eindruck, den wir gewöhnlich beim ersten Begegnen mit Menschen in richtigem Instincte
am sichersten und vollsten empfangen), so wird er nachher keinen Anstoß daran nehmen, wie mit vollen Segeln Beide in der nächsten
Stunde ihres Wiedersehens zu Einem Ziele steuern.

Wie die Gartenscene, die auf jene erste Begegnung folgt, zu
nehmen ist, hat der Dichter in dem Chor am Schlusse des ersten
Actes in kurzen Worten angedeutet. Romeo hat nur mit Lebensgefahr, Julie überhaupt keine Hoffnung auf ein Wiedersehen; Natur
und Neigung treiben die beiden Feinde in Liebe zu einander, und
dieß neue Band unlösbar zu machen, treiben die Verhältnisse nach.
Sie müßten die erste Gelegenheit zu ergreifen trachten, und das
Geschick tritt für Julie und ihre Sittsamkeit erleichternd hinzu: sie
verräth im nächtlichen Selbstgespräche dem lauschenden Romeo ihre
Gefühle und hat dann nichts mehr zurückzuhalten. Abgestoßen von
dem Werber Paris die Eine, der Andere von der verschmähenden
Rosalinde, stürzen sie um so bereiter in die geöffneten Arme. Wie
sollten sie, in der Mitte des entbrannten Kampfes ihrer Familien, in
dem Umsturz aller geselligen Schranken um sie her, die Convenienz

bedenken, und, wie es Julie nennt, in den Formen bleiben? Zwi=
schen der Hast des Abberufens, in der grausamen Wahl zwischen
Nichtwiedersehen und ewigem Angehören, trägt sie Romeo die Ver=
mählung an, unbedenklich entschlossen, den kühnen Schritt auch aus=
zuführen. Wie sich dabei Sittsamkeit und jungfräuliche Scham mit
Liebe und Hingebung, Unschuld mit Leidenschaft, der Wunsch glau=
ben zu dürfen mit der Furcht vor einem leichtsinnigen Spiele Romeo's
mit ihrer Schwäche zwiespaltig in ihrer offenen Seele streiten; wie
sie (ein weiteres Zeichen von ihrem gewürfelten Geiste) in der Hast
der Zeit, im Drange der Leidenschaft, alle zu erwägenden Verhält=
nisse, alle widerstrebenden Gefühle mit einem Worte wenigstens be=
rührt, da die Frist fehlt mit reiferem Nachdenken darauf zu weilen;
wie sie zugreift und abwehrt, sagt und widerruft, alle Liebe kundge=
ben und doch nicht leichtsinnig scheinen will, wie sie seine Schwüre
verschmäht und doch der Falschheit der Männer gedenkt, wie sie sich
ihres Glückes und der süßesten Ruhe freut und dennoch an diesem
nächtlichen Vorgange nicht Freude und ahnungsvolle Sorge darum
hat, dieß Alles jagt sich in wunderbarer Fülle in der flüchtigen Zeit
und öffnet ein Gemüth von unendlichem Reichthum und Tiefe. Man
braucht in diesem Schritte ein Heraustreten aus der weiblichen Na=
tur nicht zu leugnen, aber es ist in der Lage der Menschen und der
Verhältnisse, in inneren Beweggründen und äußeren Nöthigungen,
ja in der Unschuld des Kindes ohne Falsch und Arg und in ihren
besten Zwecken Alles gelegen, was diesen Schritt vor Gott und Welt
entschuldigen muß. Der weise Einsiedler selbst gibt in Billigung des
Zweckes, in der Aussicht auf die Herstellung des Familienfriedens,
seinen Segen zu dem heimlichen Bunde. Ihn macht nur die hastige
Gemüthsunruhe seines jungen Freundes besorgt; die verliebte Unge=
duld seines Beichtkindes Julie irrt ihn über die reine Unschuld ihres
Schrittes nicht. Der Leser hüte sich, von dieser Seite der inneren
Gemüthsbeschaffenheit an der Heldin des Stücks irgend einen Makel
zu suchen. Der Deutsche hat vielleicht ein Bedenken gleich bei dem

raschen Kuffe in der erften Begegnung: aber diefe Ehrenküffe in offe=
ner Gefellfchaft waren in und vor Shakefpeare's Zeit eine englifche
Landesfitte, an der man fchon in Frankreich, aber nicht in dem Lande
Anftand nahm*. In England wieder hat man fich in einer dort
fehr üblichen Scheinfittfamkeit an dem Monologe Juliens am Hoch=
zeittage geftoßen: aber nirgends gerade ift Scham und Reiz der Un=
fchuld fo bezaubernd ausgedrückt wie hier. Wir wiffen von der
Amme, daß dem unfchuldigen Kinde bei jedem Unerwarteten das
Blut fcharlachroth in die Wange fteigt; fo fagt fie es hier felber in
einem Bilde, das fie von dem wilden Falken hernimmt, der noch
keine Gefellfchaft duldet, daß über der Erwartung des Geliebten das
ungezähmte Blut die unruhigen Flügel in ihren Wangen fchlägt.
Was fie dabei denkt und fagt, kleidet fie — als ob fie eigene Gedan=
ken nicht dafür hätte — unbewußt in die Sprache jener Hochzeit=
lieder, die von den Edelften gebraucht und von den Tugendhafteften
angehört wurden. Der Dichter (bemerkt Halpin) den man einmal
für einen Barbaren hielt, thut fo das Letzte, um auf die Lippe feiner
fchuldlofen Heldin kein unfchickliches Wort zu legen, felbft nicht in
dem Augenblicke wo fie auf der Spitze ihrer glühenden Leiden=
fchaft fteht.

Und nun, nachdem wir diefe fo angelegten Naturen kennen ge=
lernt haben, wird fich uns aus ihnen felbft, nicht aus zufälligen
Fügungen der Glücksgöttin, das Schickfal der Liebenden und ihrer
Häufer in einer ergreifenden Folge von felbft verftändlich entwickeln.
Romeo hat gewiß in feinem Wefen nichts, was in einer thätigen
Weife den Streit der Familien unterhalten hätte, aber gewiß hat er

---

* In Cavendifh's Leben Wolfey's wird erzählt, wie der Graf von Crech einen
englifchen Edeln bei feiner Frau einführt. Sie redete den Gaft fo an: „Da Ihr
ein Engländer feid, wo es Sitte ift, alle Damen ohne Anftoß zu küffen, fo will
ich, obgleich es nicht die Sitte diefes Landes ift, fo frei fein Euch zu küffen, und
fo follt Ihr alle meine Damen begrüßen". Ganz fo macht in Heinrich V. Katha=
rina die franzöfifche Sitte gegen ihren Bewerber geltend.

auch in seiner verschlossenen Art nichts gethan ihn zu lösen. Diese hinterhaltende Natur wirkt jetzt wieder in ihm. Getragen von seinem jungen Glücke, kehrt er zwar plötzlich wie in ein neues Leben zurück und der kopfhängende Freund setzt den Mercutio durch seinen schlagfertigen Witz in Erstaunen; aber so weit geht seine heitere Laune nicht, daß sie ihn zu freier Mittheilung gestimmt hätte. Er verhehlt den Freunden seine begünstigte Liebe sorgfältiger als seinen Gram um Rosalinden; dieß selbstverschlossene Ausgenießen einer glücklichen Liebe ist sonst selten in des Mannes Art und Natur gelegen. Die Freunde waren seines Vertrauens unstreitig würdiger, als die Amme des Vertrauens der Julie; theilte er sich ihnen mit, so vermied Mercutio den muthwillig gesuchten Kampf mit Tybalt, so tödtete Romeo den Tybalt nicht, so war die erste Saat des rasch aufgehenden Unheils nicht gestreut. In rücksichtsvoller Mäßigung hat Romeo die Besonnenheit, Tybalt auszuweichen, dem Freunde ein Wort in's Ohr zu raunen aber nicht; viel weniger begreiflicherweise, das lodernde Feuer der Rache zurückzuhalten, als der triumphirende Mörder seines Freundes zurückkehrt. Wie er ihn getödtet hat, preßt er in seiner verstockten, schweigsamen Art in die Worte: Ich Narr des Glücks! die ganze Aussicht auf ein gefürchtetes Schicksal, wie später nach Juliens Tode in Einen Satz seine Verzweiflung und seinen Trotz; eine mehr aus sich herausgehende Natur hätte die beidenmale das Aeußerste durch Mittheilung vermieden. In ihm brennt ein verstecktes Feuer in gefährlicher Flamme; seine leisen Ahnungen werden wahr, nicht weil ein blindes Ungefähr sie eintreffen macht, sondern weil sein unseliger Zug ihn zu besinnungslosen Thaten treibt; er nennt Glück, was das Werk seiner eigensten Natur ist. Er wird nun von dem Herzoge verbannt; und jetzt zeigt uns der Dichter in einer merkwürdigen Parallele die Verschiedenheit der beiden Charaktere in der gleichen Lage des Jammers; die Natur der Geschlechter ist in diesen gegensätzlichen Scenen auf eine bewundernswerthe Weise gezeichnet. Das zärtere Geschöpf, im ersten Augenblicke verzweifelt, ist aus eigener Besinnung bald getröstet, bald sogar zum Trösten geschickt, bald auf heilende Mittel bedacht; der stärkere Mann dagegen ist ganz niedergeschmettert, ganz unfähig zu eigner Fassung, ganz unzugänglich für fremde Tröstung. Des Weibes Natur ist durch diese Allmacht der Liebe nicht so sehr ihrem Wesen entrückt, des Mannes Kraft und Selbstvertrauen hat die Ueberfülle dieses Einen Gefühls zerstört. Julie hat ihren Vetter verloren, sie hatte zuerst den Tod des Romeo gefürchtet, sie hat dann seine Verbannung zu beklagen, sie hat in ihrer hülflosen Lage mehr Ursache zu Jammer und Qual als Er, in ihre Erschütterungen mischt sich noch für einen Augenblick, wenn nicht Haß, so doch heftige Unzufriedenheit mit Romeo: all ihre Hoffnung beruhte ja auf der Herstellung der Familieneintracht, und diese hat Romeo durch Tybalt's Tod auf's neue in die Ferne gerückt. Sie eifert in ungerechter Heftigkeit gegen ihn, aber sie bereut es bald und wirft es sich vor, wenn sie an seine eigenen Gefahren denkt. Von diesem letzten Gedanken erfaßt findet sie Muth und Trost, Kraft zu tragen und zu handeln in jenem glücklichen Gleichmaaß des weiblichen Wesens schleunig wieder. Tybalt hätte ja ihn tödten können: sie heißt ihre Thränen zur Quelle zurückkehren; sie zählt sich die Trostgründe selber auf, auf die der unglückliche Romeo nicht einmal hört, da sie ihm sein Lorenzo aufzählt. Auch sie erschüttert der Gedanke an die Verbannung eine Weile mit aller Trostlosigkeit, aber sie ergreift rasch das natürliche Mittel der Beschwichtigung, das ihr die Amme angibt, die Trennung mit dem Wagniß der Vereinigung, der Liebe Leid mit ihren Freuden zu heilen. Ganz anders der heftige ungestüme Mann in Pater Lorenzo's Zelle, in dem bei dem Worte Verbannung die langverhaltene innere Bewegung in furchtbaren Jammer ausbricht und ihn der Besinnung und des Handelns unfähig macht, da er beides am nöthigsten hätte. Er hatte die Scene, die Ursache seiner Verbannung, in Aufregung selbst erlebt, er durfte sich in dem unheilvollen Zweikampfe gänzlich vorwurfsfrei fühlen, er hört seinen milden Urtheilsspruch aus dem

schonenden Munde des Freundes. Alles kommt in unendlich milderer
Form an ihn, als an Julie, die ihre verwirrte Amme noch mit irr=
thümlichen Sorgen folterte. Dennoch findet er in sich nichts von der
Kraft des Trostes und der Heilung, wie seine Julie in der gleichen,
ja in der schlimmeren äußeren Lage, aber in besserer innerer Verfas=
sung. Er stößt die Last des Segens, die sich auf ihn herabläßt, er
weist den Trost und die Aufmunterung des weisesten Freundes von
sich wie ein störrisches Kind, in einem fassungslosen Grame verzagt.
Der greise Einsiedler muß ihn warnen, daß „solche elend" sterben;
ja was in der Lage Romeo's mehr ist: er muß ihn mahnen, der
Freundin zu denken, für sie zu leben die für ihn lebt, für ihn denkt
und handelt. Nicht der Weise allein, selbst die Amme muß ihn und
seine Störrischkeit schelten, die selbst der drohenden Gefahr gegenüber
taub ist. Wie er die Hand nach dem Dolche führt, wie er besinnungs=
los niederstürzt, da sieht man ihn allerdings das Maaß seines Gra=
bes nehmen, besorgt um den Mann, den keine Vorstellung männ=
licher Pflicht und Würde, den nur die Aussicht auf den Gipfel seiner
liebenden Freude, auf die Zusammenkunft mit Julie, sich selber
wieder geben kann.

Der Dichter hat zweimal in erschütternden Wechseln der Liebe
Freud und Leid dem Paare zu kosten gegeben; wechselnd färbt zwei=
mal die Lust der Liebe ihre Wangen mit Roth und macht die Sorge,
ihr Blut auftrinkend, sie bleich; dieß alte Lied von aller Liebe, um
das sich tausend Dichter und Dichtungen mühten, ist nie in so vollen
Tönen gesungen worden. Die erste Katastrophe von Tybalt's Tod
folgte auf die Gartenbegegnung, und traf und versuchte Romeo här=
ter; die zweite, die Vermählung mit Paris, folgt der Brautnacht auf
dem Fuße und trifft und prüft Julien mit grausameren Streichen.
Wenn dort Romeo weniger zu unserem Gefallen bestand, so ist dieß
nun bei diesem zweiten Schlage bei Julien der Fall; hatte der Mann
dort von seiner männlichen Natur verloren, so entrückt sich Julie jetzt
auf Augenblicke ihrer weiblichen Sphäre. Eben durch das Glück von

Romeo's Gesellschaft gehoben, hat sie die feine Linie verloren inner=
halb deren sich ihr Wesen bewegte. Schon da die Mutter von ihrer
Absicht sagt, Romeo vergiften zu lassen, spielt sie in zu viel innerem
Muthwillen mit ihren Worten, wo sie wohl eher in Besorgniß sein
sollte; und als ihr die Mutter dann den unerbetenen Gatten ankün=
digt, hat sie die frühere Schlauheit verloren, mit einer milden Bitte,
mit einem geschickten Vorwande die Hochzeit zu verschieben; sie ist
schnöde gegen die Mutter, gerade und offen gegen den Vater, dessen
Laune und Jähzorn sie dadurch reizt, sie treibt nachher mit Beichte
und heiligen Dingen ein nicht allzu weibliches Spiel. Aber daß wir
auch hier das Mitgefühl für dieses Wesen nicht verlieren, so erhebt
sie sich auch zugleich in derselben Katastrophe gerade in der ganzen
sittlichen Höhe ihrer Natur. Da sie verlassen ist von Vater und
Mutter und zuletzt von der Amme herzlos zur Trennung von ihrem
Romeo berathen wird, sagt sie sich los auch von dieser letzten Stütze;
sie hebt sich groß über „die alte Verdammniß", Treulosigkeit und
Meineid, und will Herz und Hand tödtlich treffen, ehe sie sich in
verrätherischem Abfall zu einem Anderen wenden. Wenn Hemmnisse
die Liebe kreuzen, steigert sie sich zu der äußersten Höhe, wenn Zwang
und Gewalt sie vernichten wollen, dann wird Treue und Beständig=
keit die einzige Pflicht. Dieß ist es, was mitten in der tragischen Nie=
derlage dieser Liebe ihren Sieg verherrlicht. Wenn die Liebenden
zuvor in sinnlicher Glut arglos nach Glück und Genuß hinstrebten,
so eilen sie nun in sittlicher Treupflicht dem Tode entgegen, der sie
untrennbar verbinden wird, ohne Bedenken. Ueberreizt durch die
An= und Abspannungen von Glück und Jammer, aufgeregt durch
schlaflose Nächte, unkindlich geworden an der Schwelle einer aufge=
zwungenen Vermählung, öffnen sich bei Julien die Schleusen ihrer
Hoffnungslosigkeit, welche weibliche Verstellung vorher geschlossen
gehalten hatte, sobald sie allein ist: sie ist zum Tode gerüstet. Aber
noch verliert sie auch jetzt ihre weibliche Fassung nicht. Ihr erster
Gang ist nach Rath bei Lorenzo; ihr letzter Vorsatz der Selbstmord;

dieser feste Wille bringt den Mönch zu seinen verzweifelten Rath=
schlägen. Ein schauerliches Abenteuer, zu dem sich Julie unbedenklich
entschließt, obwohl kurz vor der Ausführung die weibliche Natur und
Zaghaftigkeit nach so viel Aufreizungen einen natürlichen Tribut ver=
langen; aber auch zugleich ein künstlich gewagtes Spiel, das wohl
mit der forglichen Julie, aber mit einem Manne von so ungeheurer
Leidenschaftlichkeit wie Romeo nicht zu spielen war. Er hatte mit
Lorenzo ausgemacht, durch seinen Diener Botschaft zu erhalten, aber
er hatte auch Julien versprochen, keine Gelegenheit zu versäumen,
seine Grüße zu bestellen; er hatte den Diener auch zu Julien geschickt.
So weit kreuzt die Ungeduld der Liebe die leidenschaftlose Hand des
vertrauten Wächters ihrer Schicksale. Balthasar kommt mit der
Trauerbotschaft von Juliens Tod; sie trifft auf den Mann, der ein=
sam, in seiner unheilvollen Stimmung nur von Tod und Gift, in
wachendem und schlafendem Zustande schon vorher geträumt und ge=
brütet hatte. Die italienischen Novellisten lassen dann Romeo in
langer Rede wüthen; bei Shakespeare entscheidet Ein Satz „Ist
es denn so, dann Sterne trotz ich Euch!") den störrischen Entschluß
voll Unbesonnenheit, in derselben wortlosen Verzweiflung eines still=
kochenden Blutes, die wir an ihm kennen. Er fordert das Schicksal
heraus, das ihm geholfen hätte, wenn er es hätte walten lassen; er
kreuzt es mit dem Eigenwillen des verstockten Trotzes, der, einmal
auf dem Wege des Unheils, nur allzu gern, wie in einer Freude der
Selbstvernichtung nach dem äußersten Ziele stürmt. In dieser Bewe=
gung begriffen wird uns Romeo von sittlicher Seite kaum mehr zu=
rechnungsfähig erscheinen. Die Stärke des liebenden Triebes, der
ihn mit übermächtiger Gewalt zu der letzten Verbindung mit seiner
Julie dahinreißt, die Innerlichkeit der Treue, die sich ohne einen
entfernten Schatten des Bedenkens unverbrüchlich gebunden fühlt
der todten Geliebten in ihre schauerliche Auswanderung zu folgen,
wird uns vielmehr in das einzige Gefühl einer schmerzlichen Bewun=
derung festbannen. Es waren ihm Briefe von Lorenzo versprochen,

er fragte zweimal danach, er kann sie nicht abwarten. Er reist nach
Verona trotz dem, daß Tod auf seiner Anwesenheit steht. Er kauft
das Gift, das schärfste das sein Leben wie eine Pulverentzündung
zersprenge; der geschlossene Laden muß sich am Feiertag öffnen; daß
er dem Apotheker Todesstrafe bringt, macht ihn nicht irre. Ueber die
Ursache des Unnatürlichsten keine Frage; er hat unterwegs die Er=
zählung seines Dieners von Paris' Werbung nur mit betäubten
Ohren, er hat sie nicht gehört. Er geht nicht zu Lorenzo, den ersten
Gang seiner Julie in der ähnlichen Lage. Der Tod ist sein einziger,
sein erster und nicht wie bei Julie sein letzter Gedanke! Er kam ja
doch nie zu spät und konnte nie versäumt werden! So kommt er auf
den Kirchhof. Er trifft in seinem grimmig wilden Muthe auf Paris
der ihn hemmen will, er weiß daß er den Mord eines schuldlosen
Unbekannten begehen wird, dieß Bedenken hält ihn nicht auf in seiner
blutigen Hast. Shakespeare selbst hat diesen Zug der Ermordung des
Paris der Erzählung der Novelle hinzugegeben. Nun sieht er seine
Julie unentstellt, in ihrer ganzen Schönheit und Frische, wie lebend
liegen; es macht ihn nicht stutzig. Er stürmt auf seinen Tod; es
treibt diesen eigenwillig willenlosen Geist nur der Eine Gedanke,
seine lecke Barke an den zerschmetternden Felsen zu treiben. Eine
größere Macht, der wir uns nicht widersetzen können, so sagt der edle
Lorenzo, hat die rettenden Plane zerstört. Es war wesentlich die
furchtbare Macht der Leidenschaft in Romeo; es bewährt sich an ihm,
was Shakespeare im Hamlet sagt, daß die Liebe mehr als irgend eine
andere Leidenschaft, die uns unterm Monde quält, ungestüm von Art
sich selbst zerstört und zu verzweifelten Entschlüssen leitet. Wir haben
keinen blinden Schicksalsfall anzuklagen und keine willkürliche
Strafübung des Dichters, sondern diese wühlende Natur, in der
Gewalt eines einzigen beglückend=unseligen Gefühles, zerbricht sich
selbst die Steuer seiner Erhaltung und übt an sich seine eigene Ge=
rechtigkeit. Der Dichter konnte die nicht leben lassen, die sich selbst
verdarben. Und es ist eine klägliche Weichherzigkeit, daß man hier

und da in Bearbeitungen das Paar hat leben lassen, zur großen
Freude des Publicums, das dem Tiefsinne des Dichters nicht ge=
wachsen war. So wie es auf der anderen Seite in den alten No=
vellen und später in Garrick's Bearbeitung des Stückes eine wider=
liche Barbarei ist, daß Julie erwacht, während Romeo noch lebt.
Darüber hat Schlegel vortrefflich geredet. Der Qual und Erschütte=
rung war vorher schon genug; die schuldlosere Braut, an die Geschicke
des Mannes in Glück und Unheil gebunden, hat wohl verdient, im
Drange der Schicksale wie ohne Besinnen rascher zum Ende zu kom=
men, und es wird ihr billig erspart zu erfahren, wie nahe und mög=
lich die Rettung gewesen war. Bei den italienischen Novellisten galt
es nur um Verlängerung der Folter und vor Allem um die Gelegen=
heit zu einer letzten pathetischen Rede. Diesen äußersten Erschütte=
rungen ist unser Dichter aus dem Wege gegangen; er hat sie nur
weise vorangeschoben, da wo Julie Tybalt's Tod erfährt, wo Romeo
verzweifelt bei Lorenzo erliegt, Scenen, die die italienischen Novellen
nicht haben, die in dem Drama vortrefflich dem Zwecke dienen, uns
mit diesen reizbaren Naturen erst bekannt zu machen und uns auf die
Katastrophe ihrer Schicksale vorzubereiten. Am Ende, wo das Aeu=
ßerste geschehen war, war es menschlicher, mit Qualen sparsam zu
sein und vielmehr der Seele die Fassung wieder zu geben. Ueber dem
Grabe dieser ungemessenen vereinzelten Liebe erlischt der unversöhn=
liche allgemeine Haß, und den Familien und der Stadt wird der
Friede wiedergegeben. Wie diese Heftigkeit der Liebe nur unter dem
einengenden Hasse der Familien und unter der steten Furcht der Stö=
rungen entstehen konnte, so schien der Haß der Familien nur gelöscht
werden zu können durch diesen Opfertod ihrer edelsten Glieder. Die
Fülle der Liebe, die sie getödtet, fließt über nach ihrem Tode und ihr
vergossenes Blut befruchtet die Versöhnung, die früher nicht wurzeln
konnte. Das Glück ihrer Liebe war, wie es im Sommernachtstraum
heißt, flüchtig, wandelbar, kurz wie ein Schall, ein Schatten, ein
Traum; schnell wie der Blitz, der in schwarzer Nacht in einem Winke

Himmel und Erde beleuchtet und gleich darauf von der Finsterniß wieder verschlungen wird; aber in diesem Blitze entlud sich auch die gewitterschwangere Luft, die über dem Staate von Verona hing, und auf die letzte vorübergehende Verfinsterung folgt die erste dauernde Heitere.

———

Der Kaufmann von Venedig.

Wir haben die erotischen Stücke Shakespeare's in einer ununter=
brochenen Reihe zusammengestellt, deren Endpunkt nach Inhalt und
Bedeutung Romeo und Julie bildet. Der Kaufmann von Venedig,
der nach Sinn und Materie in diese Reihe nicht gehört indem der
Liebeshandel darin nur eine nebengeordnete Bedeutung hat, fällt der
Zeit seiner Entstehung nach wohl noch vor Romeo und Julie und den
Sommernachtstraum. Nach Henslowe's Tagebuch ist im Jahre 1594
eine „Venetianische Komödie" gegeben worden, und es wäre möglich,
daß dieß unser Stück gewesen war, weil damals die Truppe von
Blackfriars vereinigt mit der Gesellschaft die Henslowe leitete in
Newington Butts spielte. In den äußeren Formen, in der Versifi=
cation, in den wenigen doggrel Versen und verschlungenen Reimen,
die sich in dem Stücke finden, würden wir den Beweis für das höhere
Alter desselben weniger suchen, als in einigen innerlichen Kennzeichen,
die es mehr zu den früheren Stücken hinaufrücken. Die Anspielun=
gen auf antike Mythe sind hier viel häufiger, als in Romeo und
Julie; die größere Unzartheit in der Unterhaltung edler Frauen die
Shakespeare später immer mehr ablegte, ist dem, was sich dieser Art
in Verlorener Liebesmühe und in den Veronesern findet, zu verglei=
chen. Lanzelot scheint fast, selbst dem Namen nach, nur ein Ableger
von dem Lanz in den Veronesern zu sein; das Gegenbild des Verhält=

nisses Jessica's zu ihrem Vater in der Scene Lanzelot's mit dem seinigen ist ganz in der Art gehalten, wie das Aehnliche in den Veronesern; wie er dem Alten den Weg weist, dieß erinnert ganz an die Scherze der römischen Komödie. Dieß Alles sind Familienähnlichkeiten mit den älteren Stücken, denen Romeo und Julie schon mehr entwachsen ist.

Die Fabel des Kaufmanns von Venedig ist aus zwei ursprünglich getrennten Erzählungen von dem Rechtshandel um das Pfund Fleisch und von den drei Kästchen zusammengeschmolzen. Beide finden sich in der bekannten Sammlung der gesta Romanorum: die Anekdote mit den drei Kästchen sehr kurz und einfach, aber mit dem ähnlichen Inhalt der Inschriften, wie in unserem Stücke. Die der Hauptfabel verwandteste Erzählung findet sich in dem Pecorone von Giovanni Fiorentino (aus dem vierzehnten Jahrhundert, gedruckt 1554) in sehr roher und abenteuerlicher Gestalt. Das Verhältniß, das bei Shakespeare zwischen Freund und Freund (Bassanio und Antonio) Statt hat, spielt dort zwischen Pflegevater und Pflegesohn. Der Letztere wirbt um eine Frau von Belmont, die mit Circeischer Arglist ihre Freier und so auch diesen berückt und ihm zweimal sein Schiff nimmt. Das drittemal rüstet er sein Schiff mit fremdem Geld, gegen Verpfändung des Pfundes Fleisch von Seiten seines Pflegevaters; er gewinnt dießmal, klüglich gewarnt, die Frau, die auch nachher den Richter in dem Processe macht. Selbst das Spiel mit den Ringen, das den Hauptinhalt des fünften Actes unseres Dramas bildet, fehlt nicht: so daß nur an die Stelle der Zauberkünste der Frau von Belmont die Anekdote der drei Kästchen gesetzt und das dreimalige Unternehmen auf Eines zurückgeführt ist. Man hat richtig bemerkt, wie geschickt diese Zusammenschiebung zweier gleich wunderlicher Abenteuer war, um die Uebereinstimmung herzustellen, die zu künstlerischer Illusion unentbehrlich ist. Der Anstrich des Unwahrscheinlichen in beiden Theilen versetzt wirksamer in die romantische Welt, als es ein vereinzeltes Abenteuer dieser Natur hätte thun

können; die Bildlichkeit des Testamentes paßt zu der des Processes;
die geschickte Verbindung bringt jene Wahrscheinlichkeit hervor, die
wir aus der Wiederholung ähnlicher Verhältnisse abstrahiren, auch
wenn sie uns an und für sich ganz fremdartig sind. Englische Uebersetzungen der erzählenden Quellen dieser Fabel gab es, so viel wir
wissen, zu Shakespeare's Zeit nicht. Vielleicht aber ist der Stoff des
Stückes, und zwar in dieser Verschmelzung der beiden ursprünglich
getrennten Erzählungen, schon vor Shakespeare in einem älteren
Stücke bearbeitet gewesen. Gosson spricht in seiner „Schule des Miß-
brauchs" (1579) von einem Stücke „der Jude", dessen Inhalt „die
Habsucht weltlicher Freier und die Blutgier der Wucherer" darstelle.
Man sieht wohl, daß dieß so treffend auf die beiden vereinigten Bestandtheile unseres Stückes, die Freier der Portia und Shylock paßt,
daß kaum zu zweifeln ist, es habe jenes Stück diese Materie bereits
behandelt; so daß dann Shakespeare auch im Kaufmann schon ein
älteres Stück zur Benutzung vor sich gehabt hätte. Was in jenem
muthmaßlichen Vorläufer des Kaufmanns geleistet sein mochte, kann
man natürlich nicht wissen; in jenen alten Novellen war für Shakespeare kaum das Gerippe zu gebrauchen. Aus jenen Anekdoten voll
der unwahrscheinlichsten Abenteuerlichkeit hat er ein Stück voll der
tiefsten Lebensweisheit gebildet, das, wenn man die romantische Einkleidung und die Steigerung der Leidenschaften abstreifen will, mehr
als viele andere seiner Werke als ein Spiegel angesehen werden
kann, der gerade die gemeine Wirklichkeit der Welt vortrefflich abbildet.

Nichts vielleicht ist für das Verständniß Shakespeare's so be-
lehrend, als neben unseren eigenen Betrachtungen seiner Werke un-
terweilen, bei auffallenderen Gelegenheiten, die Erklärungen anderer
Ausleger herlaufen zu lassen, um in einer Reihe doppelter Erläuterungen durch Vergleichung dem Wesen Shakespeare'scher Dichtung
näher und näher zu bringen. Wir werden dadurch inne, wie sehr
verschieden die Gesichtspunkte sind, aus denen man diese Gedichte

auffassen, und wie man selbst nicht ohne einen gewissen Grad und
Schein von Richtigkeit mehrere Ansichten über Einerlei Stück auf-
stellen kann: was nur ein Beweis für den Reichthum und die Vielseitigkeit dieser Werke ist. Zugleich wird uns dieß Anlaß geben, uns
selbst zu prüfen, ob wir die reine Empfänglichkeit nicht verlieren, die
Dichtungen unseres Meisters so unbefangen als möglich auf uns wirken zu lassen, um der Einen Idee möglichst nahe zu rücken, die den
Dichter bei seiner jedesmaligen Schöpfung selbst bewegte, und diese
Eine aus den vielerlei Ideen auszuheben, die jede bedeutendere jener
Schöpfungen in den denkgewandten Köpfen unserer Tage anzuregen
fähig ist. Es wird uns ferner durch jene vergleichende Erklärung
Gelegenheit werden, wiederholt zu zeigen, wo eigentlich der Schlüs-
sel zu Shakespeare's Werken zu finden ist und welcherlei Art die leitenden Gedanken sind, nach denen er seine Stücke gestaltet hat.

Ulrici bemerkte schon ganz richtig, daß in diesem Stücke der bindende Faden bei den auseinandergehenden thatsächlichen Verhältnissen sehr versteckt liegt. Der Dichter hat sich hier weit nicht die
Mühe gegeben, wie in Romeo und Julie, durch ausdrückliche Lehre
seine Absicht nahe zu legen. Ulrici (und so auch Rötscher) fand den
Grundgedanken des Kaufmanns von Venedig in dem Satze: sum-
mum jus summa injuria. Mit Geschick und Scharfsinn hat er die
einzelnen Theile auf diesen Mittelpunkt zurück bezogen. Der Proceß,
in dem Shylock den Buchstaben des Rechts geltend macht und von
dem Buchstaben des Rechts rächend getroffen wird, tritt so in die
richtige Mitte des Stücks. Die Willkürlichkeit der letzten Bestimmung, in der Portia's Vater die ganze Strenge seines väterlichen
Rechtes geltend zu machen scheint und, wie Portia selbst klagt, dem
Eigner sein Recht vorenthält, rückt den zweiten Bestandtheil des
Stückes, die Geschichte mit den Kästchen, mit jenem Haupttheile in
der gleichen Idee zusammen. Jessica's Flucht von ihrem Vater bildet dazu den Gegensatz: dort ist das Recht Unrecht, und hier das Unrecht Recht. Auf der schärfsten Spitze erscheint die Verwickelung von

Recht und Unrecht zuletzt in dem Streite der Liebespaare im letzten
Acte. Selbst Lanzelot's anfängliche Erwägungen über das Recht
und Unrecht seines Weglaufens, sein Tadel der Jessica im vierten
Acte fällt in diesen Gesichtspunkt hinein. Es wird endlich das Ge=
wicht begreiflich, das Portia in ihrer Rede an Shylock auf die Gnade
legt: nicht das strenge Recht, nur mildernde Billigkeit kann die Ge=
sellschaft zusammenhalten.

Allein schon wenn wir auf die äußerliche Zurichtung des Stückes
sehen, so lassen sich auf diesen Gedanken nicht alle die wesentlichen
handelnden Figuren zurückbeziehen, eine Forderung, die man an alle
reiferen Werke unseres Dichters stellen darf. Bassanio, der unter
den handelnden Hauptfiguren der zwei getrennten Abenteuer, An=
tonio und der Portia, eigentlich die bindende Mittelperson ist, hat
mit jenem Satze nichts zu thun. Die Freunde und Schmarotzer des
Antonio, die Freier der Portia ebensowenig. Der Vater Portia's
überdieß heißt ein frommer heiliger Mann, der die Verordnung mit
den Kästchen aus Wohlwollen, in einer Art Eingebung, keineswegs
in strenger Anwendung väterlicher Gewalt hinterlassen hat. Wollten
wir aber auch diese Gründe, die wir aus der Verflechtung der han=
delnden Charaktere mit dem Grundgedanken des Stückes entnehmen,
gar nicht in Anschlag bringen, so würden wir glauben, daß man
einen Satz der Reflexion, wie den obigen, aus fast keinem der Shake=
speare'schen Stücke ohne Zwang herauslesen wird. Auf solche Sätze,
auf solche Erklärungen kommt man nur, wenn man die Fabel, die
Handlung in diesem oder anderen Stücken als den Mittelpunkt be=
trachtet, um den es sich handelt. Ulrici thut so: er nennt dieß Stück
ein Intriguenlustspiel, wie er noch unendlich viel unpassender auch
den Cymbeline bezeichnet, der doch zu jenen großartigsten Werken
des Dichters gestellt werden muß, die wie Lear gleichsam den Reich=
thum eines Epos in den engen Raum eines Dramas bannen. Für
Ulrici ist die Fabel des Stückes das Gegebene; für uns, die wir die
Gattungen nicht so scheiden da sie auch Shakespeare nicht geschieden

hat, dem vielmehr aus jedem Stoffe naturwüchsig nach inneren Ge=
setzen eine eigen gestaltete Form entsprang, für uns ist sie nur das
Gewordene. Dieser Shylock knüpft erst den Knoten dieser Handlung
mit diesem Antonio, durch diesen Bassanio zusammen; diese Menschen
und ihre Charaktere und Triebfedern sind unserem Dichter vor dem
Knoten, der sich aus ihrem Zusammenwirken erst schlingt. Es sei,
daß der Stoff dem Dichter überliefert war, und daß er sich, hier wie
in Ende gut Alles gut, auch an die wunderlichste aller Materien ge=
wissenhaft gebunden halte: das was ihn und seine Dichtung erst
macht, worin er seine freieste Bewegung behauptet, von wo aus er
den Bau seiner Stücke entwirft und selbst die gegebene Handlung
erst wiederschafft, sind immer die Menschen und die Beweggründe
ihrer Handlungen. Hier ist der Dichter immer Er selbst, immer
groß, immer erfinderisch und ursprünglich; die Fabel seiner Stücke
ist meist entlehnt, oft abenteuerlich, ohne Wahrscheinlichkeit und an
sich ohne Werth. Er läßt sie unbekümmert stehen, als ein dichteri=
sches Symbol für jedes Aehnliche, was in der Wirklichkeit möglicher
wäre; er forscht nach der Menschennatur, nach den Eigenschaften und
Leidenschaften, die ungefähr solch eine Handlung zu erzeugen fähig
wären, und er gibt nun das Triebwerk dieser Leidenschaften, dieser
Gemüths= und Charakteranlagen, in einem einfachen Bild der An=
schauung, aus dem man zu einem zusammengesetzten Erfahrungssatz,
wie der obige ist, wohl niemals hingeleitet wird. Was man den
leitenden Gedanken, die wirkende Seele in Shakespeare's Stücken
nennen kann, das spricht immer ein einzelnes Verhältniß, eine ein=
zelne Leidenschaft oder Charakterform schlicht und einfach aus. Was
die Natur und Art der Liebe und der Eifersucht ist, was dort die
Ruhmsucht für Seifenblasen aufwirft, wie hier die Unentschlossenheit
sich um ihre Aufgabe krümmt, das sind die Bilder, die Anschauun=
gen, die uns Romeo und Othello, Verlorne Liebesmühe und Ham=
let vorführen, und aus denen uns des Dichters Absicht auch ohne
allen Lehrspruch und Betrachtung, selten aus der Handlung und

Fabel an sich betrachtet, immer bei näherer Untersuchung der Trieb=
federn der Handelnden entgegenspringt. Ganz so, wie Shakespeare
selbst im Hamlet von der Kunst verlangte: daß sie der Natur den
Spiegel vorhalte, ein Abbild des Lebens, der Menschen und ihrer
wirkenden Kräfte gebe, wodurch sie zwar sittlich und sittigend, aber
auf dem reinsten dichterischen Wege wirkt, durch Abbild, durch leben=
dige Darstellung und poetische Erfindung. Des Menschen Tugenden
und Laster anschauen und kennen, sie abspiegeln und kennen lehren,
in ihren Quellen, ihrem Wesen und Wirken und ihren Folgen, und
so zwar, daß er den Zufall dabei ausschließt und die Willkür bannt,
die in einer geordneten Welt keinen Raum haben kann, das ist die
ganze Aufgabe, die Shakespeare an den Dichter, die er an sich selber
gestellt hat.

Wir wollen sagen, welche Betrachtung der Kaufmann von Ve=
nedig in uns selber angeregt hat. Wir haben oben gehört, wie Gos=
son die Moral eines Stückes, dessen Inhalt wir als denselben mit
dem des Kaufmanns vermutheten, bezeichnete: es habe die Habsucht
weltlicher Freier und den blutigen Sinn der Wucherer dargestellt.
In Shakespeare's Zeit faßte man Gedanken und Absicht eines Büh=
nenstücks immer in einen solchen einfachen, praktisch moralischen Be=
griff. In einer ähnlichen Weise müßte man, um im Geiste der Zeit
zu bleiben, den Kern der Stücke jener Zeit immer bezeichnen, und
man sollte dabei selbst die Gefahr nicht scheuen, trivial zu erscheinen.
Wir können nach unserer Weise in mehr abgezogener und anspruchs=
vollerer Form sagen: das Verhältniß des Menschen zum Besitze zu
schildern, sei die Absicht des Dichters im Kaufmann von Venedig
gewesen. Je alltäglicher dieß scheinen möchte, desto bewunderns=
werther ist das, was Shakespeare in seiner Verkörperung dieses Ge=
genstandes außerordentliches, tiefsinniges und poetisch großes ge=
leistet hat.

Wenn wir zurückblicken auf die Stücke, die wir bisher durchge=
gangen, noch mehr aber wenn wir die übrigen Werke dieser Periode

der Dichtung Shakespeare's alle durchlaufen haben und an deren
Schlusse auf sein Leben zurückkommen, werden wir unseren Dichter
in fast allen Werken dieses ganzen Zeitraums gleichsam mit einem
einzigen großen Gedanken ringen sehen, der uns zuletzt ihn selbst in
einen ähnlichen Kampf verwickelt zeigen wird, in dem seine edlere
geistige Natur die niedere äußere Welt überwindet: gewiß eines der
merkwürdigsten Schauspiele aus dem inneren Leben eines Menschen,
wie fragmentarisch auch die Züge sind, mit denen wir es zeichnen
müssen. Wir haben schon oben angedeutet, daß wir in den historischen Stücken, welche fast sämmtlich in eben diese Zeit gehören, des
Dichters Beschäftigung mit dem Einen Grundgedanken nachweisen
werden: es führe in dem großen Weltleben, in Staaten- und Regen-
tengeschichte nicht minder wie im Privatleben, alle Betrachtung darauf hin, daß Verdienst, Thaten, Charakter, Bildung, innerer Werth
und Größe über Ahnenrecht, Rang und äußere Ansprüche hinausgehen. In den Stücken, die wir zuletzt durchlaufen haben, hat der
Dichter überall einen widerstrebenden Stand genommen gegen alles
Scheinwesen, gegen falsche wandelbare Freundschaft und Liebe, gegen
eiteln Prunk mit Gelehrsamkeit, mit Geistesheroismus, mit Witz,
gegen alles Scheinverdienst und Einbildung auf Ahnen und Adel,
gegen Scheintapferkeit und Renommisterei, selbst gegen die Schein-
gestalt des Mannes, der unter dem Gewicht einer edelsten Leidenschaft erlegen ist. Wir wollen an dieser Stelle auf einen Zug aufmerksam machen, der, wenn irgend Einer in Shakespeare's Werken,
gradaus zu einer Anschauung der personlichen Natur des Dichters
führt. Auf keinen Gegenstand kommt Shakespeare so oft in Sprüchen
und in satirischen Ausfällen bis zur heftigsten Bitterkeit zurück, als
auf die damals auffommende Zeitsitte, falsches Haar und Schminke
zu tragen und Jugendzier und Frische in dieser Weise auf Haupt und
Wange zu lügen. Nichts drückt einfacher als dieser Zug den innerlichen Abscheu aus, den Shakespeare in einer ganz wahren und unverstellten Natur gegen jeden Flitter und Firniß im physischen wie im

moralischen Menschen in sich trug. Die Summe von all dem ist, daß des Dichters Geist und Gedanke frühe hinwegstrebte von dem äußerlichen nach dem inneren Wesen, nach dem Mark und Kern eines ächten und würdigen Lebens und Daseins, und daß er in diesem höchsten Sinne, immer größer und weiter schauend, seine Dichtungswerke empfing, zeitigte und gebar.

Hier in diesem Stücke nun ist dieser vielbeschäftigende Gedanke von dem Dichter in seinem eigentlichen Kern und Mittelpunkt zusammengefaßt worden. Der Gott der Welt, das Bild des Scheins, das Symbol alles Aeußerlichen ist und heißt das Geld bei Shakespeare und im Sprichworte überall. Das Verhältniß der Menschen zum Besitze, zum Gelde prüfen, heißt ihren inneren Werth auf die feinste Wage legen und von einander scheiden, was am Unwesentlichen, an den „auswendigen Dingen" hängt, und was sich in innerer Natur zu einer höheren Bestimmung in Beziehung setzt. Als Abzeichen des Scheins ist Gold und Silber verführend und prüfend zum Stoffe von Portia's Kästchen genommen, und Bassanio's Rede über den Kästchen zeichnet die eigentliche Meinung des Stückes: Der äußere Schein ist oft am wenigsten das Wesen; die Welt wird stets durch Zierde berückt. Im Recht kein schlechter Handel, in Religion kein Irrthum, in dem nicht ein geschickter Redner, eine ehrbare Stirne die Verwerflichkeit mit einem schönen Scheine verbärge; kein Laster das nicht das Zeichen einer Tugend anzunehmen verstände; keine Feigheit die nicht das Aussehen des Muthes borgte. Seht auf Schönheit, und ihr werdet finden, daß sie nach dem Gewichte (des Reichthums) verkauft wird. So weiß man, daß jene krausen goldenen Locken, die mit den Lüften ihr loses Spiel treiben, mit ihrer untergeschobenen Schönheit nur die Ausstattung eines zweiten Kopfes sind: der Schädel, der sie trug, schon in der Gruft! — „Zier also, so schließt Bassanio's Erwägung, ist die trügerische Küste zu einer gefährlichen See, die schöne Schärpe die eine indische Schönheit verschleiert; in Einem Worte: die Scheinwahrheit, die die schlauen

Zeiten anlegen, auch den Weisesten zu fangen". Darum wendet sich der Wählende von dem Gold und Silber weg, als dem gemünzten und faßbaren Abbilde jenes ungewissen Scheines, und wendet sich zu dem Blei, das mehr droht als gleißend verspricht. Und so ist nicht sein Verhältniß allein, sondern einer reichen Gruppe von Menschen Verhältniß zu dieser vergänglichen Scheinhabe, dem Golde, in unserem Stücke geschildert. Ein Reichthum von Figuren und Lagen entwickelt, wie der Besitz in den Menschen Barbarei und Grausamkeit, Haß und Verstocktheit, Angst und Gleichgültigkeit, Spleen und Leichtsinn erzeugt, und wieder wie er die höchsten Tugenden und Eigenschaften herausfordert und prüfend bewährt. Wesentlich aber tritt dabei das Verhältniß des äußeren Besitzes zu einem ganz innerlichen Hange, zur Freundschaft, hervor. Und dieß ist zwar von dem Dichter in die ursprüngliche Fabel hineingelegt, aber nicht willkürlich ineinandergefügt, sondern nach der innersten Natur aus dem gegebenen Stoffe entwickelt. Denn die Frage nach des Menschen Verhältniß zum Besitze wird immer zugleich eine Frage nach seinem Verhältnisse zu dem Menschen sein, da er nicht von dem Menschen getrennt zu denken ist. Der Geizige, der Anderen den Besitz zu entziehen und an sich zu reißen sucht, wird hassen und gehaßt werden. Der Verschwender, der gönnt und mittheilt, wird lieben und geliebt werden. Das Verhältniß beider zum Besitze, ihr Reichthum oder ihre Armuth, wird, so wie es sich ändert, auch ihr Verhältniß zu den Menschen ändern. Darum ist die alte Fabel von Timon, von unserem Dichter in ihrem innersten Sinne behandelt, zugleich eine Geschichte der Verschwendung und eine Geschichte der falschen Freundschaft. Und so hat Shakespeare in diesem gegenwärtigen Gedichte zwischen den aufgestellten Bildern des Geizes und der Verschwendung, des harten Wuchers und der leichtsinnigen Vergeudung das Bild einer ächten Verbrüderung aufgepflanzt, so daß das Stück auch eben sowohl ein Lied von wahrer Freundschaft heißen kann. Der uneigennützigst geistige Hang ist dem eigennützigst äußerlichen, das ächteste Wesenhafte dem unwesentlichen Scheine gegenüber gestellt. Denn selbst die Geschlechtsliebe in ihrer reinsten und innerlichsten Gestalt ist durch die Beigabe des sinnlichen Genusses nicht in dem Maaße frei von Egoismus, wie die Freundschaft, ein Hang unserer Seele, der ganz auf die Abwesenheit aller Selbstsucht und Eigenliebe gegründet ist, und dessen Reinheit und Höhe an nichts so natürlich erprobt wird, als an dem geraden Gegensatze, dem Besitzpunkte, der des Menschen Selbstsucht und Eigennutz am gewaltigsten aufregt.

Und nun werden wir sehen, wie die scheinbar auseinandergehen= den thatsächlichen Verhältnisse unseres Stückes auf eine wunderbare Weise ineinandergreifen, und mit welcher Weisheit die Hauptfiguren zu einander geordnet sind.

In der Mitte der handelnden Gruppe steht mehr in einer lei= denden Stelle der königliche Kaufmann Antonio, von neidenswer= them, unermeßlichem Besitze, ein Timon, ein Shylock an Vermögen, aber über die Wirkungen, die dasselbe auf diese macht, in einer ganz edlen Natur weit erhaben. Zwischen dem Freigebigen und dem Geiz= hals, dem Verschwender und Wucherer, zwischen Bassanio und Shy= lock, zwischen Freund und Feind gestellt, ist er von den Lastern auch nicht ferne angefochten, denen diese verfallen sind; von der Sorge um seine Habe, die ihm die Salanio und Salarino zutrauen, die in ihrem Besitze ihre Sklaven sein würden, ist in ihm nicht die kleinste Spur zu entdecken. Aber ein anderes Uebel hat sein großer Besitz über ihn verhängt, die Krankheit der Reichen, die durch nichts er= schüttert und geprüft worden sind und den Drang der Welt nie er= fahren haben. Eine Schwermuth hat ihn erfaßt, deren Quelle Nie= mand kennt; er hat ein Vorgefühl irgend einer Gefahr, wie es Shakespeare allen feinfühligen, reizbaren Naturen zu leihen pflegt. In seinem Spleen hat er, wie alle hypochondre Menschen, ein Wohl= gefallen an heiterer Gesellschaft; er ist von einer Zahl von Schmarotzern und Schmeichlern umgeben, worunter Eine edlere Figur, Bassanio, mit dem allein ihn ein tieferer Zug der Freundschaft zusammenknüpft.

Er ist freundlich, mild, freigebig gegen alle, ohne ihre Streiche zu
wissen, ohne ihre Luft zu theilen; die Beweglichkeit, der Humor des
geschwätzigen Gratiano, dem das Schweigen schlimmer als das
schlimmste Gefängniß geschienen hätte, ist ihm ein Nichts; seine
Freude an ihrem Umgang ist eine passive, wie seine allgemeine Un=
empfindlichkeit es mit sich bringt. Seine Natur ist ruhig und schwer
bewegt; wie ihn sein Vermögen und dessen Verwaltung sorglos läßt,
so spricht er ein Pfui über die Vermuthung, daß er verliebt sei; von
keiner Untugend berührt, aber auch von keiner Tugend in Bewegung
gesetzt, erscheint er leidenschaftlos, fast ein Automat. Dieß ist eine
doppelt glückliche Stellung, die ihm der Dichter mitten unter den thä=
tigeren Charakteren des Stückes gegeben hat: denn wäre er von we=
niger negativer Größe, so würde er alle Anderen in tiefen Schatten
werfen, so würden wir an seiner Gefahr nachher einen zu peinlich
aufregenden Antheil nehmen. Daß er aber darum nicht ganz fühl=
los erscheine! Denn in Einem Stücke zeigt er doch, daß er Galle,
daß er Fleisch und Blut mit uns Anderen theile. Dem Wucherer,
dem Juden Shylock gegenüber sieht man ihn in einer Leidenschaft,
die halb aus sittlichen und geschäftlichen Grundsätzen, halb aus Un=
duldsamkeit und religiös=nationaler Abneigung fließt. Der Ehren=
punkt des Großwaarenhändlers gegen den Wechsler und Wucherer
treibt ihn bis zu den grellen Ausbrüchen des Hasses, daß er Shylock
wohl an der Börse schimpft über seinen Wucher, ihn einen Hund
nennt, ihn tritt, ihm in den Bart speit. Dafür empfängt er eine
Lehre für sein Leben in dem Processe mit dem Juden, den er sich in
seiner gleichgültigen Fahrlässigkeit über den Kopf wachsen läßt.
Diese Lebensgefahr ergreift ihn und rückt den scheinbar Fühllosen
uns plötzlich nahe; er leidet, daß hoch und niedrig sich für ihn ver=
wenden; er selbst tritt Shylock mit einer Bitte an; seine Lage zehrt
ihn ab; die Erfahrung ist nicht an ihm verloren; sie ist eine Krise,
sie ist die Schöpfung eines neuen Lebens für ihn; er sucht zuletzt, da
er Herr und Meister über ihn ist, seinen alten Haß gegen Shylock

nicht mehr hervor, und in Baſſanio's Glück und geprüfter Freund=
ſchaft liegt für den aufgerüttelten Mann der Apathie hinfort die
Quelle eines verjüngten und veredelten Daſeins.

Unbekannt mit dieſem Freunde Baſſanio's lebt auf Belmont
deſſen Geliebte Portia, das Gegenbild des Antonio, auf die Shake=
ſpeare alle die thätigen Eigenſchaften gehäuft hat, die er dem An=
tonio entzog, ohne daß dieß in dem beſcheiden im Hintergrund ge=
haltenen weiblichen Weſen ſo übermächtig hervorſteche, wie wir
glaubten daß die ähnlichen Eigenſchaften, in dem Manne vereinigt,
dieſen allzugroß über die andere Charaktergruppe erhoben haben wür=
den.   Gleichwohl iſt Portia auch ſo die bedeutendſte Geſtalt in un=
ſerem Drama, und auch deſſen eigentlicher Mittelpunkt, da der Kno=
ten um ihretwillen, ohne ihre Schuld und ihr Wiſſen, geſchürzt und
durch ſie und ihr wiſſentliches Verdienſt auch gelöst wird.   Sie iſt
eben ſo königlich reich wie Antonio, und wie dieſer von Schma=
rotzern, ſo iſt ſie von Werbern aller Welt umlagert.   Auch ſie iſt wie
Antonio, und mehr als Er, von jeder ſtörenden Einwirkung ihres
Beſitzes auf ihr inneres Weſen ganz frei.   Sie führt ihres Vaters
Willen aus, um ſich vor einem Ehegatten ſicher zu ſtellen, der ihre
Schönheit nach dem Gewichte kaufen möchte.   Ohne dieſen Willen
war ſie aus ſich ſelbſt auf dieſem Wege; von fürſtlichen Freiern um=
worben liebt ſie den Baſſanio, von dem ſelber ſie wußte, daß er ganz
arm ſei.   Auch ſie wie Antonio iſt melancholiſch, aber nicht aus
Spleen, nicht aus ſchwerem Blute, nicht ohne Anlaß, nicht aus je=
ner Langenweile des Reichthums, ſondern gerade aus Leidenſchaft,
aus ihrer Liebe zu Baſſanio, aus Sorge um den zweifelhaften Aus=
gang jener Wahl, die ihre Liebe an den Zufall zu verrathen droht.
Eine ganz überlegene Natur ragt ſie über Antonio und Baſſanio her=
vor, wie Helena über Bertram, mehr als Roſaline über Biron und
Julie über Romeo: es ſcheint daß Shakeſpeare damals ſeine Frauen=
charaktere ſchuf und ausſtattete aus der Anſicht, daß das Weib aus
beſſerem Stoffe gemacht ſei als der Mann.   Um der Reinheit ihres

Wesens willen wird sie mit einem Heiligenbilde, um ihrer Willens=
stärke mit Brutus' Portia verglichen; Jessica nennt sie ohne Gleichen
auf Erden, für ihren Gatten ein irdisches Paradies. Die schönsten
und widersprechendsten Eigenschaften, männliche Entschlossenheit mit
der weiblichsten Zartheit, sind in ihr verschmolzen. Sie ist musik=
sinnig und thatkräftig, muthwillig und ernst; sie ist heiter und fromm
zugleich, fromm nicht vor aber nach der That; und auch ihre Um=
gebung ist so gewählt; ihre lustige Freundin Nerissa ist dieser selben
Art, voll Neckerei und Muthwille, aber von so frischer Kraft und
solcher Anhänglichkeit an Portia, daß sie ihrem Gratiano nur ihre
Hand für den Fall verspricht, daß Bassanio's Wahl einen glücklichen
Ausgang hat. Diesem Manne ihrer Liebe stellt sich Portia dar wie
ein roher Edelstein, obwohl sie ihn weit übersieht; sie gibt sich ihm
in der weiblichsten Bescheidenheit hin, obwohl sie ihn zu lenken fähi=
ger ist. Sie ist allen Verhältnissen überlegen, das ist ihr höchster
Preis; sie würde sich in jeden Gatten gefunden haben, darum durfte
ihr der Vater diese Wahl vorschreiben; er durfte es thun mit dem
unbedingtesten Vertrauen: sie weiß den Inhalt der Kästchen, aber
sie verräth ihn nicht. Sie hat dem Bassanio einst mit ihren Augen
die erste Botschaft geschickt und jetzt hielt sie ihn gerne einige Monate,
ehe er wählt, um einen kurzen Besitz wenigstens sicher zu haben, aber
kein Wink erleichtert ihm seine Wahl. Und doch hat sie mit heißem
Blute zu kämpfen, das gern über das Testament hinwegspränge;
es ist für sie eine Versuchung, aber sie besteht sie mit Ehre und Festig=
keit. Nur die ganz würdelosen Freier* weiß sie mit ihrem Betragen
zu scheuchen, rasch im Urtheil, in der Kenntniß der Menschen ge=
wandt und sicher in ihrer Behandlung; so überlegen in dem Allem,
daß man nachher ihr Auftreten als Richter vollkommen begreift.

---

* Portia's humoristische Ueberschau derselben muß auf einem verbreiteten
Hang der Zeit beruht haben, sich auf diese Weise an fremden Nationalcharak=
teren zu reiben, da Sully eine ganz ähnliche Revue seinem Heinrich IV. in den
Mund legt.

Berühmte Schauspielerinnen, Mrs. Clive zu Garick's Zeit, haben diese Urtheilsscene zu einer Posse benutzt um lachen zu machen, wo das höchste Pathos spielt und ein erhabener Charakter die feinsten und heiligsten inneren Zwecke verfolgt.

Zwischen beiden, Portia und Antonio, steht Bassanio, des Einen Freund, der Anderen Geliebter, zwischen den unermeßlich Reichen ganz arm, in seinen Vermögensverhältnissen zerstört, leichtfertig, auf Kosten des Freundes verschwenderisch. Er scheint ganz zu der schmarotzenden Klasse der Freunde Antonio's zu gehören. Von Gemüthsart ist er mehr zu dem lustigen Gratiano geneigt als zu Antonio's bitterm Ernste; mit der Frage: Wann werden wir lachen? tritt er auf die Bühne; und alle heiteren und losen Streiche theilt er mit den leichtfüßigen Genossen. Noch einmal leiht er 3000 Dukaten, um einen wunderlichen Argonautenzug nach „dem goldenen Vließe" zu machen, um sie an ein blindes Abenteuer, an die Zufallswerbung einer reichen Erbin zu setzen. Der Freund muß seine Sitte brechen nie auf Zins zu borgen, muß den Handel mit dem Juden eingehen auf jene blutige Bedingung und der Abenteurer nimmt dieses Darlehen mit diesen Opfern an. Und ehe er auszieht, noch am selben Tage und Abend, kauft er mit diesem Gelde seinen Dienern schöne Livreen und hält ein lustiges Gelage zum Abschied, während welchem des geladenen Juden Tochter von Einem der freigeistigen Gesellen entführt wird. Ist nicht Alles, als ob er nur der Scheinfreund dieses reichen Mannes wäre, um sein Geld zu leihen, und nur der Scheinliebhaber dieser reichen Frau, um mit ihrem Gelde seine Schulden zu bezahlen?

Aber dieser stille Antonio schien den Mann unter dem schlechten Scheine als von besserer Art zu kennen. Er kannte ihn wohl als etwas zu verschwenderisch, aber nicht unheilbar, als Einen, der sich auch einzuschränken bereit und fähig war. Er kannte ihn als den, der stets im Auge der Ehre stand, und er lieh ihm ohne Zweifel an seine Rechtlichkeit. Sein Vertrauen war unbegrenzt, und er tadelt ihn mehr, weil er zweifelt ob er sein Aeußerstes für ihn thun werde, als wenn er ihm Alles durchgebracht hätte. In seiner Schwermuth kettet ihn gerade nur dieser Mann an die Welt; ihre Freundschaft bedarf nicht glänzender Worte, sie ist scheinlos ächt. Das Auge voll Thränen beim Abschied sagt dem Bassanio, was er Antonio werth ist; die Annahme gerade des Darlehens muß Antonio's Vertrauen bezahlen. Den derben und rücksichtslosen Gratiano, dessen Scherze dem Freund unverfänglich, der Welt ein Anstoß sind, bedeutet er ernst zu Anstand und Sitte auf dem Werbezug um die edle Portia, und jener Abschiedsschmaus diente zu einer tugendhaften Sünde, dem unnatürlichsten Vater die lieblichste Tochter zu entziehen. Da er zu Portia kommt, geht er in ihren weiblich weichlichen Antrag, zwei Monate ihren Umgang sicher zu genießen, nicht ein: er will nicht auf der Folter liegen und bringt mit männlichem Entschlusse auf die Entscheidung. Seine Wahl, die Beweggründe seiner Wahl zeigen ihn eben als den Mann nicht des Scheins, sondern des ächten Wesens: seine bedeutsame Rede über dieß Grundthema des Stückes steht hier in dem wahren Kern und Mittelpunkte desselben. Die Scene seiner Wahl, unter Musik, unter der Begleitung von Portia's angstvollen Blicken und marternder Qual muß gesehen werden, um genossen zu werden: Beider Liebenswürdigkeit und Innigkeit spielt hier in dem höchsten Glanze. Als er das Bildniß gewahrt, ahnt er wohl sein Glück, aber er wagt es noch nicht zu hoffen und vertieft sich ergriffen nur in das Kunstwerk; als die Rolle ihm seinen Sieg verkündet — ein Tusch der Instrumente wird seine Worte erst in ihr rechtes Licht heben — will er sich dennoch erst bei dem Urbilde die Bestätigung holen; und sie, die vorher zitternd jeder seiner Bewegungen folgte, faßt sich bei dem glücklichen Entscheide in seliger Mäßigung und gibt dem geblendeten Manne des Glückes erst durch ihre Rede voll weiblicher Hingebung seine Besinnung wieder.

Bassanio's Wahl ist vom Glücke gekrönt, oder richtiger: seine weise Erwägung der Zwecke des Vaters und seiner räthselhaften Auf-

I. 20

gabe findet ihren verdienten Lohn. Seine schöne Lehre vom Schein soll aber auch auf der Stelle erprüft werden, ob sie auch That und Wahrheit sein werde. Sein abenteuerlicher Zug ist gelungen durch seines Freundes Mittel und Darlehen. In demselben Momente aber, da er auf dem Gipfel seines Glückes ist, ist nun sein Freund auf der Spitze des Unglücks und der äußersten Lebensgefahr, und dieß eben durch das Mittel und Darlehen, das Bassanio zu seinem Glücke ge= holfen hat. Mitten in die Blüte seiner bräutlichen Seligkeit fällt der Schauer der Nachrichten von Antonio. Jetzt zeigt sich die Aecht= heit des Freundes. Die Nachricht stört seine ganze Natur auf. Er geht am Hochzeittage — Portia selbst will nicht, daß er zuvor ihr Gatte werde —, um den Freund zu retten, um das geborgte Geld dreifach zu zahlen, in der Hoffnung das Recht im Nothfall biegen zu können. Aber seine Portia bewährt auch hier ihre überlegene Art. Sie sieht schärfer, welche unvermeidliche Grube der unmenschliche Jude Antonio gegraben hat; sie ergreift den sichersten Gedanken, mit dem Recht und Gesetze selber zu retten; sie hat dabei den Plan, den Mann ihrer Liebe zu prüfen. Auch hier wirkt der Gedanke der An= lage des ganzen Stückes auf's innigste mit. Ihr war ja durch die Anordnung ihres Vaters eine eigene Wahl versagt; ihr Wohlge= fallen an Bassanio ruhte nicht auf langer Kenntniß; der zufällige Bund scheint ihr erst durch eine ernste Probe die rechte Weihe und Bürgschaft zu erhalten; sie will ihn und seinen Freund, sie will ihn an seiner Freundschaft prüfen. Sie faßt, wie Bräute gern thun, die Freundschaft ihres Geliebten auf's ideellste auf: Lorenzo preist sie wegen ihres hohen Begriffs von Freundschaft, noch ehe er weiß was sie ge= than hat; sie will sich von der Art dieser Freundschaft überzeugen, um aus ihr auf die Natur von Bassanio's Liebe zu schließen. Sie rettet ihren Freund aus Verzweiflung und den Freund ihres Freun= des vom Tode in derselben Stunde, da sie unter ihren Foltern ihren Werth beobachtet. Antonio hat in dieser Katastrophe zu büßen, was er an Shylock durch Härte gesündigt, Bassanio was er durch Leicht=

finn, durch Verschwendung, durch Theilnahme an den Prellereien des Juden verschuldet: Beider bestes Theil kommt unter diesen Leiden in ihrer Liebe zu einander zu Tage, und Antonio's Worte, die Siegel dieser Freundschaft, müssen Portia tief in's Herz bringen. Aber mit gleich großer Erschütterung hört sie die Worte ihres Bassanio: daß er sein Weib, sein jüngstes Glück preis geben wolle, um das Unglück zu verhüten, das er veranlaßt habe. Diese ihre Hintansetzung muß sie entzücken; das war die Feuerprobe bestanden. Indem sie das Wort in einen Scherz kehrt, hat sie die tiefste Bewegung zu bemeistern: mit dem Worte ist erst die Sühne gegeben, die Bassanio schuldig war. Er verdient sich durch die Bereitwilligkeit zu diesem Opfer erst den Freund, den er durch die Werbung dieses Weibes und die Werbemittel, die ihm Antonio gegeben, dem Tode nahe gebracht, und er verdient sich dadurch erst das Weib, die nicht glücklich gewonnen heißen konnte durch ein Glücksloos, das zugleich das Unheilsloos des Freundes war. Diese Prüfung Bassanio's wird von Portia im letzten Acte des Stückes fortgesetzt. Man hat von diesem Acte immer gesagt, er sei zur Befriedigung des ästhetischen Bedürfnisses zugefügt, um den peinlichen Eindruck der Gerichtsscene zu verwischen, aber er dient zugleich auch dazu, dem moralischen Interesse, in einer letzten Bewährung der Aechtheit dieser Freundschaft, genug zu thun. Der rettende Richter fordert von Bassanio zur Belohnung den Ring, den ihm seine Frau wegzugeben verboten hatte. Antonio selbst bittet ihn darum den Ring zu geben und legt seine Freundschaft in die Wage gegen den Befehl der Frau; Liebe und Freundschaft sind in einem letzten für den Zuschauer heitern, für den Geprüften sehr ernsten Zusammenstoße: die Freundschaft muß es davon tragen, wenn die Liebe ächt sein soll. Er setzt das Weib dem Freunde nach, da er das Weib nur durch den Freund erhalten hat. Und er bewährt so in einem Falle, der für ihn eine peinliche Wahl stellte, daß es ihm mit jenem Worte ein Ernst war, das Weib dem Freunde zum Opfer fallen zu lassen, damit der Freund nicht dem Weibe zum Opfer falle.

Er bewährt in diesem brutusartigen strengen Spruche gegen das was ihm das Liebste war, daß er dieser Portia würdig sei.

Dieß sind die Züge verschiedener aber der edelsten Verhältnisse, Beziehungen und Verwickelungen zwischen Mensch und Mensch, zwischen Werth und Besitz. Shylock ist das Gegenbild, das man kaum zu erklären braucht, obwohl freilich in dieser Zeit der Verwilderung von Kunst und Sitte die Gemeinheit und Verrücktheit so weit gehen konnte, aus diesem Auswurf der Menschheit auf der Bühne einen Märtyrer zu machen. Der Dichter hat diesem Charakter allerdings, um ihn nicht ganz unter all unser Interesse herabsinken zu lassen, die Empfindung seiner Paria-Lage gegeben, und hat seinen Haßausbrüchen gegen Christen und Aristokraten auch ächte Beschwerdegründe unterlegt. Er hat auch den Wucherer nicht aus dem Christenhasse der Zeit gegen alles was jüdisch war gezeichnet, sonst hätte er Jessica nicht ihren lieblichen Charakter zugetheilt. Aber von der Emancipation der Juden freilich wußte er nichts und am wenigsten von der Emancipation eben dieses Juden, den Burbadge zu Shakespeare's Zeit in abschreckender auch äußerer Gestalt, mit langer Nase und rothem Haar gab, und dessen innere Häßlichkeit, dessen verhärtete Natur weit weniger von Religionshaß bestimmt ist, als von dem schrecklichsten aller Fanatismen, dem des Geizes und Wuchers. Er haßt wohl die Christen als Christen, und so auch den Antonio, der ihn mishandelt hat, aber er haßt ihn weit mehr, weil er ihm aus einer Uneigennützigkeit, die er niedrige Einfalt nennt, den Handel verdirbt, weil er nicht auf Zins leiht, den Zinsfuß herabdrückt, ihm eine halbe Million geschadet hat. Ihn hat der Reichthum zum entferntesten Gegentheil von dem gemacht, was Antonio dadurch geworden war, der überall gleichgültig, unvorsichtig, sorglos, großartig erscheint. Dagegen ist Shylock kleinlich besorgt, vorsichtig umschauend, systematisch ruhig, innerlich immer abspringend beschäftigt wie der ächte Sohn seines Geschlechts, kein kleinstes Mittel, keinen kleinsten Zweck verschmähend, klügelnd auf den Pfennigerwerb, so weit hin

auf die Zukunft und auf kleine Erfolge aussehend, daß er den ge=
fräßigen Lanzelot in Bassanio's Dienst gibt, daß er bei Bassanio
gegen seinen Grundsatz zu Nacht ißt, nur um den Verschwender ärmer
machen zu helfen. Dieser Zug ist ihm mit wahrer Meisterschaft von
dem Dichter geliehen, um nachher die barbarische Bedingung zu er=
klären, unter der er Antonio jene verhängnißvolle Summe darleiht.
Shakespeare hat nach seiner Art das Aeußerste gethan, um diesen un=
wahrscheinlichsten Grad der Grausamkeit (die nach Baco's Worten
jedem Guten ohnehin als eine fabelhafte tragische Fiction erscheint,)
glaublich zu machen. Antonio hat Shylock mißhandelt; er hat im
Augenblick des Anleihens Lust ihn wieder zu mißhandeln; er fordert
ihn auf ihm zu leihen als einem Feinde; er schiebt ihm fast den Ge=
danken unter, den der Jude wie zum Scherz zur Bedingung des Dar=
lehens stellt, das er im Ernste, Er, der um Wucher Geschmähte, dem
Manne der nie auf Zins borgt, großmüthig nun auch ohne Zins da=
hingeben will. Dieselbe abgefeimte Berechnung und Aussicht liegt
dem unter, die auf alle Fälle Einen Vortheil zieht; im Einen Falle
den Schein der Uneigennützigkeit, im Anderen die Gelegenheit zu
einer furchtbaren Rache. Hätte der Jude wirklich theilweise mit dem
Gedanken an eine solche Rache nur gespielt, so thut der Dichter Alles,
den Scherz zum gräßlichen Ernste werden zu lassen. Das Geld hat
aus dem Herzen dieses Menschen Alles Menschliche getilgt, er weiß
von Religion und Sittengesetz nichts, als wenn er die Bibel zur
Rechtfertigung seines Wuchers anführt; er weiß von keiner Gnade
als zu der er gezwungen werden kann; in ihm wohnt nichts von
Billigkeit und Erbarmen, nichts von verwandtschaftlichem Gefühle.
Seine Tochter wird ihm entführt; er wüthet nicht weil sie ihm ge=
raubt wurde, sondern weil sie ihn bei ihrer Flucht beraubt hat; er
wollte sie todt vor sich sehen, wenn nur die Juwelen und Steine in
ihren Ohren wären, begraben zu seinen Füßen, wenn nur die Du=
caten in ihrem Sarge. Das Geld zu ihrer Verfolgung angewandt
reut ihn; wie er von ihrer Verschwendung hört, bringt ihn der ret=

tungslose Verlust seiner Ducaten in neue Wuth. In dieser Lage schnaubt er schon nach Rache, noch ehe eine Aussicht dazu da ist, gegen Antonio, der durch lange Kränkungen Grimm und Haß in dem Juden gespeichert hat, mit dessen Beseitigung sein wucherischer Handel ohne Gegner ist. Die Verhärtung und Versteinerung spielt in ihm fort, bis er auf der Spitze seiner Bosheit in die Grube fällt die er gegraben hat, und dann, nach den Begriffen des Zeitalters, in den Handlungen Antonio's und des Herzogs erfährt, wie Gnade in christlicher Gesinnung andere Thaten wirkt, als der unbarmherzige Götze der Welt, der ihm allein seine Gesetze schrieb. Dieß schauerliche Gemälde von den Wirkungen der Besitzgier, wie stark es aufgetragen ist, wird dem doch keine Caricatur scheinen, der je in Geschichten von Spielern und Geizhälsen auf ähnliche Erscheinungen aus der wirklichen Welt gestoßen ist.

In dem Sinne nun, den wir dem Kaufmann von Venedig geben, gehen die sämmtlichen, auch Nebenfiguren des Stückes vollkommen auf. So die selbstsüchtigen Werber der Portia, die von Glanz und Schein bestochen fehlwählen. So die schmarotzenden Genossen Antonio's, die ihn mit seinem Glücke verlassen, die redenden Halbfreunde, die seine Gefahr früher ahnen als er selbst und nicht einmal an Bassanio schreiben. So Lorenzo und Jessica, ein verschwenderisches leichtsinniges Paar, die vom Zwange los, ihr entwandtes Gold ohne Weiteres in Genua verprassen und für Affen hinweggeben und gleich als ausgehungerte Leute nach Belmont kommen. Die kleine Jessica ist von dem Dichter nicht höher gestellt, als sie ohne Mutter in einer Umgebung von Shylock und Lanzelot werden konnte, bei einem übrigens ganz kindlich naiven, treuen, makellosen Gemüthe, und, wenn man Lorenzo's Worten und ihrem sicheren Herausfühlen der Größe Portia's trauen darf, von einer Anlage zu wirklicher Weisheit. So wie sie ist, ist sie ganz ein sittiges Kind, das die Unnatur der Verhältnisse an der Schwelle des moralischen Bewußtseins zwingt, sich ihres Vaters zu schämen, von ihm zu fliehen

in Pagenkleider versteckt, die ihrer leicht erregten Schamhaftigkeit
peinlich sind. So zartfühlend weiblich, hat sie keinen Gewissens=
scrupel, sich selbst und seine Dukaten und Juwelen ihrem Vater weg=
zustehlen. Ein neues Verhältniß dieses Wesens zur Habe tritt her=
aus: es ist das des unerfahrenen Kindes, das mit ihrem Werthe
ganz unbekannt ist, das sie ohne Arg und Besinnen für Tand hin=
wegwirft, das in dem väterlichen Hause weder Familiensinn noch
Haussinn und Haushalt kennen gelernt hatte. Darin ist Lorenzo ihr
nur zu verwandt, obwohl er sie weiß machen möchte, er sei als Mann
das was Portia als Weib ist; Antonio, der sie besser kennt, nimmt
Beide unter seine Vormundschaft und verwaltet ihnen ihre Erbschaft.
Auch Lanzelot läßt sich auf jenen allgemeinen Gedanken des Stückes
zurückbeziehen. Gefräßig und roh wie er ist, hat auch er einen Hang
zur Unwirthschaftlichkeit; so wie er Bassanio kennt, würde er es besser
in dem Hause des Juden haben, aber er geht aus einer Art Ehr=
gefühl lieber zu dem armen Freigebigen, als daß er bei dem reichen
Geizhalse aushielte. Sonst ist die Scene mit seinem Vater, wie
schon oben angedeutet ward, in einen parodischen Gegensatz zu dem
Verhältnisse Jessica's zu dem ihrigen gebracht. Der Nachdruck jener
Scene liegt in den Worten, daß der Sohn eines Vaters doch immer
herauskommen müsse, daß sich kindliches Gefühl nie verleugnen
könne, selbst nicht bei einem so plumpen und rohen Gesellen wie
dieser ist. Wie viel mehr sollte es bei einem so ätherischen Wesen wie
Jessica! Aber daß er es eben nicht ist, das ist der stärkste Schatten,
den der Dichter auf Shylock geworfen hat; er hat damit keinen auf
Jessica werfen wollen. Sie ist verdammt, sagt Shylock. Wohl,
antwortet ihm Salarino, wenn der Teufel ihr Richter ist.

2. Historische Stücke.

Wir haben die Gruppe der erotischen Stücke aus der zweiten Periode der dramatischen Dichtung Shakespeare's an uns vorübergehen lassen; wir wenden uns zu der Gruppe der Historien, die sich der Zeitrechnung nach in folgender Weise ordnet. Richard III., der sich dem Stoffe nach eng an die drei Theile von Heinrich VI., die wir besprochen haben, anschließt, ist auch der Zeit nach unter den selbständigeren Shakespeare'schen Historien zuerst geschrieben. Die Bearbeitung der letzten Theile von Heinrich VI. fällt nicht lange vor 1592; den Richard III. setzt Collier 1593, die neueren Herausgeber nehmen an, daß er etwas später, nicht lange vor dem ersten Drucke des Stückes (1597) geschrieben sei. Der so geschlossenen Tetralogie von der Erhebung und dem Falle des Hauses York stellte dann Shakespeare die Tetralogie von der Erhebung des Hauses Lancaster gegenüber: Richard II., gleichfalls 1597 gedruckt, muß zwischen Richard III. und Heinrich IV., wohl nicht lange nach dem ersteren Stücke, geschrieben sein; die zwei Theile von Heinrich IV. 1597—98, Heinrich V. 1599. Abgetrennt nach Stoff und Inhalt ist von dieser Reihe der König Johann, aber der Zeit nach fällt auch Er in diese zweite Periode des Dichters (vor 1598). Nur Heinrich VIII. gehört der späteren dritten Periode an und wird aus diesem und aus andern Gründen an anderer Stelle von uns besprochen werden.

Der Dichter bewegt sich hier in einer rein entgegengesetzten Sphäre. Bisher haben wir ihn in dem Bereiche des privaten Lebens, der persönlichen Existenz, beschäftigt mit der Herzensgeschichte einzelner Menschen oder mit den Ausgeburten ihres Gehirns gesehen; hier, in der Reihe der historischen Stücke, ist er in das große äußere Weltleben, in Staat und Geschichte vertieft und von politischen und vaterländischen Gedanken, nicht blos von sittlichen Ideen und psychologischen Wahrheiten bewegt. Und der Dichter zeigt sich in diesem Gebiete der Thaten und des großen Ehrgeizes nicht minder heimisch, als in den Regionen des innerlichen Gefühls- und Gedankenlebens der Menschen. Gebunden von der geschichtlichen Ueberlieferung und der nüchternen Wirklichkeit des Stoffes ist er als Dichter nicht minder groß, als in den phantastischen Gebilden der Lustspiele, die seine freie Erfindung sind. Welch einen unermeßlichen Spielraum diese doppelte Ausbreitung des Shakespeare'schen Geistes seiner Dichtung gab, liegt vor Augen; welch eine Ueberlegenheit der menschlichen Begabung diese zweiseitige Natur ausdrückt, wollen wir nur an Einer, uns Deutschen leicht faßlichen, Vergleichung zu verdeutlichen suchen. Es ist Goethe's mehrfache Klage gewesen, daß ihm in seiner deutschen Umgebung das große Staats- und Geschichtsleben abging, in dem Shakespeare stand, daß ihm der große Markt eines Volksverkehres fehlte, der ihn früh an den umfassenden geschichtlichen Weitblick gewöhnt hätte; und wir müssen wohl bekennen, daß unter diesem Mangel sein dichterischer Genius, wie groß wir ihn auch achten, verengert und verkümmert ward und unter dem geblieben ist, was er im anderen Falle hätte leisten und wirken müssen. Wir haben das, was Shakespeare in sich vereinigte, nur getrennt in unseren beiden Dramatikern: das große Geschichtsleben der äußeren Thaten in den historischen Dramen Schiller's, dem die gemüthliche Seite des Menschen nicht aus so reichen und feinen Erfahrungen wie Goethen geöffnet war, und dagegen das innere Seelenleben des Einzelnen bei Goethe, dem umgekehrt die Geschichte fremd und un=

heimlich war. Durch diese Trennung ist dem Gefühls- und Gedankenleben, der Welt der Empfindungen und Ideen in den Dichtungen
des Einen gemeinhin der große Hintergrund des Volks- oder Staats-
lebens entzogen, auf dem Shakespeare fast immer auch seine Gemälde
des privaten und einzelnen Lebens aufzieht, und in den Geschicht-
stücken des Anderen vermissen wir die psychologische Vielseitigkeit und
den Reichthum des Individuellen, das in Shakespeare's Historien
niemals mangelt. Wir besitzen ein Ganzes in zwei Hälften, was
weit nicht dasselbe ist, als das Ganze im Ganzen zu haben. Denn
wir parteien uns aus diesem Grunde unter zwei Schriftsteller, wo
England ganz und ungetheilt diesem Einen gehört; wir verblenden
uns in der Leidenschaft dieser Parteinahme für den Einen, während
beider Naturen und Wesen zusammengefaßt erst das Bild einer vollendeten Menschheit ausmacht, das der Hingebung ganz würdig ist.

Betrachten wir die Reihe der historischen Dramen Shakespeare's
für sich und suchen nach ihrem Werthe als einer unterschiedenen Gattung dramatischer Werke, so fällt die vaterländische und politische
Bedeutung derselben zuerst in's Auge. Die Engländer besitzen an
dieser Gruppe von Schauspielen, wie Schlegel sagte, eine große
dramatische Epopöe, mit der kein anderes Volk etwas zu vergleichen
hat. Fast sämmtliche historische Stücke, auch die Nichtshakespeare'schen
eingeschlossen, deren Stoff aus der englischen Geschichte genommen
ist, erschuf die englische Bühne in nicht viel mehr als Einem Jahr-
zehnt, in dem glücklichsten Zeitpunkt der glücklichen Regierung Elisabeth's, wo eine seltene nationale Erhebung das ganze englische Volk
durchdrang. Schon früher einmal war das Nationalgefühl Englands
zum erstenmale groß geworden und sein ritterlicher Ruhm war zu einer
Zeit, da die Völker einander noch sehr unbekannt waren, durch ganz
Europa gedrungen, als das kleine Inselvolk unter jenen Eduard III.
und Heinrich V. siegreich in Frankreich Fuß gefaßt hatte. Nachher
war seine Macht und sein Selbstgefühl in den inneren Parteikämpfen
und unter dem Verluste der früheren Eroberungen gänzlich herab-

gesunken, und hatte sich nur langsam seit Heinrich VII. wieder erholt.
Erst in Elisabeth's Zeit nahm die englische Geschichte wieder eine
solche Gestalt, die auch die Massen an das Vaterland erinnerte und
dem Volksgefühle neue Nahrung bot. Die gefeierte Königin ward
über die Waffen und die Ränke ihrer Feinde, der Franzosen, der
Päbste, der Spanier Meisterin und das Schicksal kam ihren Ver=
diensten dabei wunderbar entgegen; das englische Volk lernte sich auf
dem überlegenen Standpunkte des Protestantismus gegen die finstere
Religion des Spaniers fühlen; die englische Seemacht ward damals
begründet und feierte gleich in ihren ersten Anfängen die versprechend=
sten Siege. Wenn man den Wirkungen dieser öffentlichen Verhält=
nisse des Staates auf die Literatur in England nachspürt, so fällt
man zunächst auf unsere geschichtlichen Dramen. Wie spiegelt sich
da in Shakespeare's König Johann und in dem älteren Stücke, das
ihm zu Grunde liegt, das protestantische Selbstgefühl ab und wie
fest und sicher werden in Heinrich VIII. die Stützen gepriesen, die
der wahren Gottesverehrung den ersten Eingang in England ge=
schafft haben! Wie beredt spricht in Richard II., in Heinrich V. u. VI.
der patriotische Geist des Dichters nicht allein, sondern auch das
Selbstgefallen eines Volkes, das sich in glücklichen Erfolgen wieder
selbst hat erkennen lernen! Wie schlägt die politische Ader, wie drängt
sich mehrfach bei Shakespeare jener themistokleische Rath vor, der
England einschärft, all' seine Macht und Vertrauen auf seine Küsten
und seine Schiffe zu setzen, der Rath, der unzähligemale von Rednern
der Parlamente mit Shakespearischen Citaten wiederholt worden ist!
Die ganze Zeit wirkte auf die Erschaffung und den Geist dieser
historischen Stücke, und diese selbst wieder wirkten auf den patrio=
tischen Geist des Volkes zurück. Ist doch eine Hauptabsicht dieser
Werke, das englische Volk an die frühere Periode seiner politischen
Größe wieder zu erinnern, und ihm seine Eduarde, seine Heinriche,
seine Talbot, die Schrecken der Franzosen, wieder vorzuführen. Wie
viel dieß aber bedeuten mußte in einer Zeit, wo die Selbstvergessen=

heit der Völker an der Ordnung war, wo Wenige Geschichte lasen,
dieß leuchtet von selbst ein. Eine volksthümliche, nicht einmal zu
lesende, sondern eine angeschaute Geschichte, die bald durch die Dar=
stellung beschämender Zerwürfnisse und Niederlagen drückte, bald
durch die Schilderung alter Großthaten emporriß und begeisterte,
welch ein Besitz mußte das damals sein für ein verjüngtes, phantasie=
reiches Volk, da noch viel später, da noch heutzutage diese Stücke für
den Engländer dieselbe Bedeutung behielten, da Staatsmänner wie
Marlborough und Chatham von sich bekannten, daß die erste Quelle
ihrer englischen Geschichtskenntniß Shakespeare gewesen sei. Welche
englische Brust, ruft Thomas Heywood in seiner Apologie für
Schauspieler (1612) aus, wenn wir in unseren vaterländischen Hi=
storien einen kühnen Engländer dargestellt sehen, hegt und pflegt
nicht seinen Muth und Ruhm mit den besten Wünschen, als ob der
Darsteller der Dargestellte wäre? Welche Memme, die einen tapfe=
ren Landsmann sieht, sollte nicht beschämt sein über ihre eigene Feig=
heit? Welcher englische Fürst, wenn er Heinrich V. oder das Bild
jenes ruhmvollen Eduard III. anschaut, wie er Frankreich verheert,
wie er einen großen König in seinem eigenen Lande gefangen nimmt,
würde nicht plötzlich begeistert werden von einem so königlichen Schau=
spiele? — Wo wäre der Mann, heißt es an einer anderen Stelle
dieser Schrift, wo wäre der Mann von noch so geringer Fähigkeit,
der nicht über alles Merkwürdige sich zu unterhalten wüßte von Wil=
helm dem Eroberer, ja von Brutus' Landung an bis auf diesen Tag?
Da die historischen Stücke auch den Geschichte lehren, der sie nicht
in der Chronik lesen kann, da diese Spiele geschrieben sind zu diesem
Zwecke, die Unterthanen Gehorsam zu lehren, den vorzeitigen Unter=
gang der Empörer, das blühende Glück Derer darzustellen, die sich
treu erweisen und von verrätherischen Anschlägen ferne halten!

Diese allgemeine politisch = patriotische Bedeutsamkeit dieser
Stücke ist ungleich größer, als ihr geschichtlicher Werth an sich. W.
Schlegel ging so weit, zu sagen, es seien in Shakespeare's Historien

„die Hauptzüge der Begebenheiten so treu aufgefaßt, ihre Ursachen und selbst ihre geheimen Triebfedern so lichtvoll durchschaut, daß man daraus die Geschichte nach der Wahrheit erlernen könne". Dem ist keineswegs so; und schon aus Einem Grunde nicht. Die genauen Züge der Geschichte und die wahren Triebfedern der Handlungen lernt man überall nur durch die gewissenhafteste Vergleichung und Prüfung der möglichst vielen und möglichst gleichzeitigen Quellen kennen. Shakespeare aber war weit entfernt, dieß Geschäft des Historikers auf sich zu nehmen, und er hat nur weise daran gethan. Er ist wesentlich nur Einer einzigen Quelle gefolgt, der Chronik von Holinshed, die 1577 in zwei Foliobänden, und vermehrt 1586—87 erschien. Wie er diese Autorität und wenige andere historische Quellen benutzte, wie weit er ihnen folgte oder von ihnen abwich, hat Courtenay in einem besonderen Werke commentaries on the hist. plays of Sh 1840 im Einzelnen nachgewiesen; und er kommt zu dem Ergebnisse, daß der historische Werth dieser Stücke nicht so hoch angeschlagen werden darf, ein Ergebniß, das dem Dichter keinerlei Abbruch thut, vielmehr nur größere Ehre bringt. Shakespeare hat bei der Benutzung jeder und aller seiner Quellen nur Ein Gesetz gehabt, das er auf die trockenste Geschichtschronik wie auf die phantastischste Novelle gleichmäßig anwandte: er suchte nach Natur und innerer Wahrheit; und diese nahm er als sein Eigenthum in Beschlag wo er sie fand, und ihr Gegentheil verwarf er, welche Autorität sie ihm auch bieten mochte. Er fand Geschichtszüge und Motive in der einfältigen Natur des Alterthums bei Plutarch, so wie sie seiner menschlichen Betrachtungsweise unbedingt zusagten, und er schrieb sie in seinen römischen Stücken mit merkwürdiger Selbstverleugnung gerade nur ab; er fand umgekehrt rohe Abenteuer ohne Motive in einem chronicalischen Fragment vom Prinzen Hamlet und gestaltete daraus selbsterfinderisch jenes tiefsinnige Gedicht aus Handlungen und Triebfedern, die ganz sein Eigenthum heißen müssen; er fand in einem mittleren Verhältnisse der Brauchbarkeit zwischen diesen beiden

Quellen annalistische Geschichte vermischt mit unsicheren Sagen und
Mythen bei Holinshed und beobachtete dieser Chronik gegenüber
nur dasselbe Verfahren, das die Freiheit und Unfreiheit seiner Be=
nutzung immer modificirte je nach der Natur der Quelle, die gerade
vorlag. Er schob eine Reihe von Thatsachen, die sich einer einheit=
lichen Behandlung darboten, zusammen, er achtete das Gesetz der
inneren Wahrheit, nicht das der Chronologie und was Alles äußere
Wahrheit heißen kann; er begriff verschiedene Handlungen unter
Einerlei Ursache und bezog sie auf Einerlei Urheber zurück, um den
Reichthum der Geschichte nutzen zu können, ohne doch die Einheit der
Handlung aufzugeben; er sonderte andere Thatsachen aus, die sich
dieser Einheit nicht fügten. Der Historiker hat sich zu hüten, aus
Quellen, wie die Holinshed'sche Chronik ist, die Motive der handeln=
den Menschen errathen zu wollen; sie zu erfinden wäre von seiner
Seite eine gänzliche Verkennung seiner Wissenschaft und ihrer Zwecke;
gerade hier in dieses geheime Allerheiligste der Geschichte dringt der
Dichter mit seiner poetischen Pragmatik verwegen ein. Wo der Histo=
riker, der strengsten Wahrheit in jeder einzelsten Angabe vereidet, die
Ursachen der Ereignisse und die Triebfedern der Handlungen mehr
nur errathen lassen darf aus der nackten Erzählung der Thatsachen,
da verbindet der Dichter, der diesen Thatsachen nur eine allgemeine
sittliche, nicht factische Wahrheit zu entnehmen sucht, die Handlun=
gen und die handelnden Menschen in lebendiger, anschaulicher Be=
ziehung von Ursache und Wirkung durch poetische Fiction. Je freier
und kühner er hierbei verfährt, wie Shakespeare in Richard III., desto
poetisch ansprechender wird seine Behandlung der Geschichte werden,
desto mehr wird sie aber auch historischen Werth verlieren; je wahrer
und der Wirklichkeit näher er bleibt, wie in Richard II., desto mehr
wird seine Dichtung an geschichtlichem Sinn gewinnen und an poeti=
schem Schein einbüßen. Shakespeare hat auch hier sich nicht ein für
allemal eine steife Regel vorgeschrieben; er ließ sich durch die Natur
des Stoffes bald zu jener freieren, bald zu dieser gebundeneren Be=

handlung bestimmen. Nur Ein Gesetz schien er in dieser Gattung festzuhalten: daß er zu dem Zwecke der poetischen Organisation eines geschichtlichen Stoffes nicht, wie Schiller that, auch erfundene Haupt=handlungen einflocht, die in den geschichtlichen Hergang eingriffen, ohne irgendwie der Geschichte zu gehören. Wo er am weitesten in dieser Hinsicht ging, in Heinrich IV., da geschah es zur Ausstattung eines besonders individualisirten Charakters wie Heinrich V., bei dem ihm die ethischen Zwecke über die politisch=historischen hinaus=gingen; auch da aber greifen diese Zuthaten nicht eigentlich in die geschichtlichen Ereignisse ein. Allgemein ist es bei diesen Historien ein Stolz der Dichter und eine natürliche Eigenthümlichkeit der Gat=tung, daß hier die Wahrheit mit der Dichtung Hand in Hand gehen sollte. Es ist mehr als wahrscheinlich, daß Heinrich VIII. den in die=ser Hinsicht charakteristischen Doppeltitel führte: Alles ist wahr. Aber diese Wahrheit ist, wie wir zeigen, durchaus nicht in dem prosaischen Sinne des Historikers zu nehmen, bei dem sie bis in das kleinste Ein=zelne und nach ihren verschiedensten Seiten in dem geschichtlichen Stoffe gesucht wird; sondern es ist nur Eine höhere und allgemeine Wahrheit, die aus einer Reihe von geschichtlichen Thatsachen von dem Dichter herausgehoben wird, die aber eben dadurch, daß sie aus geschichtlichen, wahren und wirklichen Thatsachen hervorgeht und durch solche gestützt und getragen wird, allerdings eine doppelte Ge=währ, der Dichtung und Geschichte zugleich, erhält. Das historische Drama, aus diesen Bestandtheilen gemischt, wird daher dem phanta=sievollen Geschichtsfreunde und dem realistischen Dichtungsfreunde am besten zusagen.

Von dieser Seite betrachtet ist es eine sonderbare Grille unserer Romantiker gewesen, daß sie Miene machten, diese Historien Shake=speare's über alle seine Werke hinwegheben zu wollen, sie, die doch der realistischen Poesie so wenig zugeneigt waren. Eine Reihe dieser Stücke wird allerdings mit dem gleichen Vergnügen gelesen, wie die freieren Tragödien Shakespeare's, aber vielleicht nur, weil eine

psychologisch interessante Hauptfigur wie in Richard III., oder weil
gerade unhistorische Bestandtheile wie in Heinrich IV. anziehen. Eine
strenge Grenz- und Scheidelinie zwischen Historie und freiem Drama
hat Shakespeare auch nicht gezogen; manche dieser Stücke sind durch
die Gunst der Stoffe oder die Größe des Dichters zu Tragödien geworden, an die jeder ästhetische Maaßstab gelegt, an die daher auch
ein reiner Kunstgenuß gefordert werden darf. Gerade da aber, wo
die Historie am allerreinsten ist, wie in Richard II., da haben wir
uns durch eine schwere Materie durchzuarbeiten, die den Flug des
Dichters und unsern Nachschwung zu hemmen scheint, die gleichsam
mit historischem Studium überwunden werden muß, aber wenn sie
überwunden ist, allerdings auch einen neuen, einen hinzukommenden
Genuß bietet, den man in nichthistorischen Dramen vergebens suchen
wird. Wir wollen, ehe wir die Historien Shakespeare's einzeln betrachten, vorauszuschicken suchen, worin diese doppelte Eigenschaft gelegen ist, die der geschichtliche Stoff dieser Gattung zuträgt, der auf
der einen Seite einen geistigen Werth hinzugibt, auf der anderen dem
ästhetischen Werthe Eintrag thut.

Was den letzteren Punkt zuerst angeht, so flößt dem Dichter die
geschichtliche Wahrheit so große Ehrfurcht ein, er fühlt sich durch sie
so sehr gebunden, daß er dadurch wenigstens an Freiheit der Wahl,
viel aber auch an Freiheit der Bewegung einbüßt. Wenn er unter
den mittelalterigen Novellen und Mythen nach Materie suchte, so
war seine Wahl ungleich ausgedehnter, und er konnte immer nach
dem kühnsten poetischen Stoffe greifen; die Motive vollends waren
ihm völlig anheim gegeben. Aber in der vaterländischen Geschichte
wog oft ein Gegenstand wie Heinrich V. geschichtlich sehr schwer, der
poetisch sehr leer war; Ursachen und Beweggründe waren hier vielfach
mit der Thatsache vorgeschrieben. Der historischen Fabel den Reiz zu
geben, wie der Mythe und Legende, die schon in ihrem Entstehen
poetisch vorbereitet ist, und die Elasticität, kraft der sich eine frei erfundene Fabel zu einer spannenden Katastrophe hebt, und das Inter-

esse, das in einer fesselnden Verwickelung und Lösung gelegen ist, ist
dem Dichter nur möglich, wenn er, wie in Macbeth, eine historische
Mythe, das heißt eben keinen streng historischen Stoff vor sich hat;
es ist ihm höchstens noch in einzelnen seltenen Fällen möglich, wo
die Geschichte der Dichtung auffallend entgegenkommt. Wie aber die
Geschichte gewöhnlich läuft, so bietet sie eben nur den alltäglichen
Verlauf der Wirklichkeit dar und entbehrt der poetischen Reizmittel.
Zu jenem vollkommensten Drama, in dem nach Aristoteles in die
Handlung eine fesselnde Verwickelung und Lösung, Misverständniß
und Aufklärung natürlich verwachsen ist, wo in Folge dieser Verwickelung ein plötzlicher Wechsel von Glück zu Unglück, oder von Unglück
zu Glück eintritt, zu diesem poetischsten dramatischen Gebilde bietet
die Geschichte sehr selten einen günstigen Stoff dar. Nicht die glückliche, spannende, für die Wirkung auf Mitleid und Furcht künstlerisch
berechnete Stellung der Thatsachen ist in Heinrich V., in Heinrich VI.,
in Richard II. das vorherrschend fesselnde, das zum Theil in der poetischen Form gelegen ist; der Verlauf der Handlung ist vielmehr plan
und eben, das Erhebende liegt in der Größe der Thatsachen, in dem
Stoffe mehr als in der Form, und das vorzüglich anziehende ist der
geschichtliche Werth des Inhalts. Wie mit der Fabel, so ist es mit
den Charakteren. Eine Reihe geschichtlicher Thatsachen konnte dem
Dichter eine behandelnswerthe Wahrheit darbieten, aber sie knüpfte
sie nicht an Charaktere, die den bestechenden Glanz der Poesie, des
Romantischen und Heroischen an sich trugen; dieß hielt ihn nicht ab
die Geschichte Heinrich's V. zu dichten, der nicht eine Figur von
großartigem Pathos und tragisch ergreifenden Affecten ist, sondern
dessen Leben mehr in dem ruhigen Flusse des Epos verläuft und einen
ethischen Charakter von scheinloser Größe entwickelt, der dann eben
durch diese höchste Eigenschaft doch den denkenden Leser ebenso anziehen
kann, wie die hochgespannte Leidenschaft eines Macbeth oder Othello.
Und wie es mit Fabel und Charakteren ist, so ist es auch wieder in
der äußeren Darstellung. Oft ist die Historie nur eine Zusammen-

stellung gegebener Thatsachen und ihrer gegebenen Ursachen, dra=
matisirte Chronik. Die Scenen, die die Staatshandlung fortspinnen,
entbehren des blühenden Reizes poetischen Vortrags, oft auch der
individuellen und scharfen Charakteristik der Handelnden. Untersucht
man freilich genauer, so findet man wohl, wie auch hier die psycho=
logischen Lücken der Chronik fein und verständig ausgefüllt sind, und
wie das scheinbar leichte Werk der Versification chronicalischer Ge=
schichtsscenen an innerer Schwierigkeit reich ist. So ist auch der
Vortrag in diesen geschichtlichen Stücken weniger poetisch erhaben,
der nüchterne Stoff der Wirklichkeit bindet der poetischen Rede die
Flügel; aber auch von dieser Seite kann man einen höchsten Vortheil
finden, den die stoffartige Natur dieser Stücke der englischen dramati=
schen Dichtung gebracht hat: sie leitete vom Reim, von dem Con=
cepten= und Antithesenwerk, von allem falschen Glanze der Poesie ab,
und es ist augenscheinlich, daß Shakespeare, erst indem er und nach=
dem er diese Schule durchgemacht hatte, seine vollendete dramatische
Darstellungsweise erlangte. Alles zusammengefaßt folgt aus dem
Gesagten, was jeder auch ohne diese Zergliederung im Gefühle trägt,
daß der poetische Reiz dieser historischen Stücke gegen die freien Dra=
men Shakespeare's aus natürlichen Gründen zurücksteht, die in dem
geschichtlichen Stoffe liegen; daß aber eben dieser geschichtliche Stoff
wieder auf einen anderen eigenthümlichen Werth hindeutet, den die
nichthistorischen Dramen weniger eigen haben. Es bleibt übrig,
uns auch diesen Werth deutlicher zu veranschaulichen.

Dem historischen Schauspiel läßt sich das frei=poetische Drama
von Seiten des Stoffes auch als das private, häusliche Schauspiel
gegenüber denken, in dem eine allgemeine sittliche Idee waltet, die
sich dort in eine politische erweitert. Die Personen der nicht histori=
schen Dramen handeln in sittlicher Verantwortlichkeit gleichsam nur
gegen sich selbst und den kleinen Kreis in ihrer Nähe, den ihre Tha=
ten erreichen; die geschichtlichen Figuren dagegen tragen eine weitere
politische Verantwortlichkeit, indem ihre Handlungen auf ungleich

weitere Kreise hinauswirken. Das Thun der Menschen, denen die Leitung der Staaten gegeben ist, trifft ganze Länder und Völker und wirkt weit über die Zeit hinaus, die ihr eigenes Leben ausfüllt. Läßt sich der Fabel eines nichtgeschichtlichen Dramas durch glückliche Wahl oder Erfindung, in der Schilderung riesenmäßiger Leidenschaften, eine unermeßliche Tiefe und innerer Gehalt geben, so besitzt dagegen eine glücklich gewählte geschichtliche Fabel von Natur eine unermeßliche Weite und einen breiten Gehalt, der durch die Ausdehnung des Hintergrundes, des zeitlichen wie des räumlichen, d. h. eben durch den geschichtlichen Boden bedingt wird, den daher auch kein nichtgeschichtliches Drama aufweisen kann. Diese ausgedehntere Verantwortlichkeit, die ausgreifendere Wirksamkeit des politisch Handelnden ist es, die zur Annahme eines anderen Moralgesetzes, eines anderen sittlichen Maaßstabes der Geschichte gegenüber, als in Beziehung auf das private Dasein, nöthigt. Es werden in dem öffentlichen Leben Fehler zu Lastern erweitert und wieder Verbrechen zu verzeihlichen Fehlern gemildert durch das bloße Maaß der größeren Verhältnisse. Wir sehen mit geringer Theilnahme auf dem geschichtlichen Boden die Einzelnen als Opfer fallen, wenn ihr Fall dem Ganzen frommt; wir sehen die, die sie hinopfern in milderer sittlicher Schuld, wenn sie als die Träger höherer Zwecke erscheinen. Umgekehrt erscheint uns die Schwäche des Charakters im Privatleben oft nur ein lächerlicher, ein unschädlicher, ja wohl gar ein wohlthuender Fehler; aber in Heinrich VI. haben wir gesehen, daß sie auf dem Thron die furchtbare Wucht der schroffsten Laster aufwiegt, weil sie einen ganzen Staat zerrüttet und zerstört. Dem Brackenburg im Egmont hat Goethe wohl mit dem Namen dieselbe Charakteranlage geben wollen, die Brackenbury in Richard III. trägt; diese Eine Vergleichung des bedauernswerthen Schwächlings der Liebe und des verabscheuenswürdigen passiven Werkzeugs von Richard's blutigen Entwürfen lehrt mit Einem Blick, welch umfassenderes Interesse die bloße öffentliche und politische Stellung derselben Menschennatur

verleiht, die im häuslichen Leben in einem ganz anderen Lichte er=
scheinen mag. Diesen erweiterten Gesichtskreis nun, diesen größeren
ethischen Maaßstab gewinnt der Dichter durch seinen Eintritt in die
geschichtliche Welt, durch die Hereinziehung der Breite der Geschichte
in den engen Raum des Dramas. Shakespeare kannte ohnehin kein
positives Moralgesetz, das von vornherein auf alle Fälle paßte. Sei=
nem weiten Blicke kommen daher diese Stoffe einladend entgegen,
die ihm des Menschen Wirken und Thun wieder in einem ganz neuen
Gesichtspunkte zeigten. Er fand in diesen Materien Ideen, die einer
poetischen Betrachtungsweise fähig und von einer ganz anderen Natur
waren, als die der gewöhnlichen Tragödie und Komödie; die Ge=
danken, die uns aus diesen Stücken entgegenspringen, sind nicht blos
allgemein sittlicher, sondern zugleich politischer Natur. Sie sind als
solche nicht der strengsten formellen Concentration fähig; ihre Dar=
stellung verlangte und bedingte eine größere Folge von Zuständen
und Veränderungen, die die Folgen politischer Handlungen allein
versinnlichen können; wäre es denkbar, daß ein Dichter einen poli=
tischen Gedanken faßte, ohne von der Geschichte angeregt zu sein, so
müßte er die geschichtliche Breite erfinden, um die Natur politischer
Handlungen und ihrer weitgreifenden Wirkungen sichtbar zu machen.
Nichts ist daher natürlicher, als daß Shakespeare für seine dramatische
Behandlung der Geschichte den Raum eines Dramas zu enge fand,
und daß seine Historien sich zweimal in Tetralogien gruppiren, die
beide Einerlei Gedanken verarbeiten, der an einem geringer ausge=
dehnten Stoffe nur unvollkommen zu versinnlichen war. Die Dar=
stellung nun solcher Ideen, die über den häuslichen Kreis hinaus=
gehen, solcher Charaktere, deren sittliche Entwickelung eben so viel
Breite als die leidenschaftliche Natur tragischer Persönlichkeiten Tiefe
verlangt, solcher Handlungen die der Zusammendrängung zu einer
Katastrophe unfähig sind und mehr epische Fülle bedingen, hat Shake=
speare in seinen Historien geliefert und hat die dramatische Dichtung

so um eine neue Gattung bereichert, die dem ernsten Leser weniger poetischen Genuß, aber desto weiteren Stoff zur Betrachtung bietet.

Wir haben oben, als wir Heinrich VI. besprachen, hervorgehoben, daß Shakespeare, schon als er diese Stücke nach dem Originale von Greene bearbeitete, die Geschichte des Kampfes der rothen und weißen Rose bereits im Ganzen übersah, den poetischen Werth dieser Ereignisse durchschaute und wahrscheinlich schon bei jener ersten Handanlegung den doppelten Plan faßte, zunächst den tragischen Untergang des Hauses York zu Ende zu führen, indem er an den letzten Theil Heinrich's VI. den Richard III. anschloß; dann aber dieser Tetralogie die andere von dem Emporkommen des Hauses Lancaster gegenüberzustellen. Wir sagten dort auch, der Gedanke der den ganzen Cyclus dieser acht Stücke überherrsche, sei die Frage, wie sich die Ansprüche des Erbrechts der Unfähigen, wenn auch Guten, die Thron und Vaterland gefährden, verhalten zu den Ansprüchen des Verdienstes der Fähigen, wenn auch Schlechten, wenn sie den Staat retten und erhalten. Wir wollen diesem Thema nachgehen, indem wir zunächst den Schluß der York'schen Tragödie, Richard III., betrachten.

———

Richard III.

Es wurde schon früher beiläufig angeführt, daß ein lateinisches Drama über Richard III. von Dr. Legge vor 1583 in Cambridge dargestellt wurde, und daß ein englisches Trauerspiel, the true tragedy of Richard III. 1594 gedruckt erschien, das aber schon um 1588 gedichtet sein mag. Beide sind in den Schriften der Shakespeare-gesellschaft gedruckt; das erste ist eine in drei Stücke ausgedehnte Stil- und Versübung, die nur weil der Verfasser die gleiche chronicalische Quelle benutzt an Shakespeare's Werk hier und da erinnert; das sehr unbedeutende englische Stück dagegen wird Shakespeare vor sich gehabt haben, obwohl seine Arbeit kaum Eine Reminiscenz ausweist. Richard III. ist Shakespeare's erste Tragödie von unbezweifelter und eigener Autorschaft; sie ist in Einem Zusammenhang mit Heinrich VI. geschrieben, als dessen unmittelbare Fortsetzung. Gleich die Eingangsscene, in der Richard seinen Weg überdenkt, ist die Folge des ähnlichen Selbstgesprächs in Heinrich VI. (III, 3, 2.). In vielen Zügen der Charakteristik deutet der Dichter auf jene Stücke zurück; Richard's Plan, den Clarence zu verdächtigen, ist dort schon vorbereitet; die ganze Stellung der alten Margarete geht auf den Fluch zurück, den York in Heinrich VI. (III, 1, 4.) über sie aussprach. Noch ist hier wie in Heinrich VI. die reine dramatische Form nicht so durchgehend festgehalten, wie gleich hernach in Richard II. In den Scenen, wo die Trilogie der gemeinschaftlichen Klage der Frauen (II, 2. und IV, 1.) wie ein Chor wechselt, ist die dramatische Wahrheit der lyrischen oder epischen Form und den Concepten im Geschmack der italienischen Schäferpoesie noch geopfert; diese Auftritte erinnern unmittelbar an die Stellen in Heinrich VI., wo die Vater- und Sohnesmörder über den Erschlagenen klagen. Die Form der Stichomythien in jenen Scenen ist dem antiken Drama entlehnt, an das die älteren Stücke Shakespeare's so häufig erinnern. So ist auch die Behandlung der Dira, des gesprochenen Fluches und seiner Erfüllung, ganz im Geiste des Alterthums; und in ihr wieder verräth die ungeschickte Häufung der Verwünschungen jener furchtbaren Margarete noch den tragischen Anfänger. Bei alle dem ist Richard III. gegen Heinrich VI. ein außerordentlich fortgeschrittenes Stück. Schon in der Kenntniß der historischen Thatsachen ist Shakespeare hier sicherer und genauer als sein Vorgänger in Heinrich VI., den er von dieser Seite her nicht verbessert hatte; der Anschluß an die Chronik in allen ihr entnommenen, eine Zeit von vierzehn Jahren umspannenden Handlungen ist außerordentlich treu. Der dichterische Vortrag, wie sehr er noch an Heinrich VI. zurückerinnert, hat an Rundung, an Fülle und Wahrheit erstaunlich gewonnen; man vergleiche nur mit dem Besten in Heinrich VI. gleich im Anfang (I, 2.) die Reden der Anna, wie innerlich belebt sie von dem Hauche der höchsten Leidenschaft sind, wie rein und natürlich ihr Abfluß, wie der Ausdruck nur ein Echo der Gefühle ist. Die Charakteristik der Figuren hat an Mannichfaltigkeit und individueller Schärfe reichlich zugenommen; mit so wenigen Mitteln so vollendete Charakterbilder in so lebendigen und gefälligen Farben aufzustellen, wie die beiden Prinzen, ist Shakespeare selbst nicht oft wieder gelungen. Auch in dieser Charakteristik aber ist noch die Eigenheit, die mehr auf Shakespeare's frühere Arbeiten trifft, daß sie plan, offen, überdeutlich ist: während gleich hernach schon in Richard II. jene Neigung eintritt, die Schlüssel zu den Charakteren so tief als möglich zu bergen. Was endlich aus innerer Evidenz am stärksten für eine frühe Entstehung Richard's III. spricht, ist die Sättigung dieses Trauerspiels mit tragischen Motiven und Momenten, die Häufung der blutigen Unthaten, die der Dichter zum Theil ohne die Gewähr der historischen Quellen auf den Helden gewälzt hat, und die bittere Schärfe, mit der er die geschichtliche Lage entwickelt: wie er an einem verfallenen, schnöden Geschlecht die grausen Folgen der Bürgerkriege zeigt, und wie sich unter den Verworfenen, und auf ihrem Untergang, der Verworfenste emporhebt, bis auch Er sich selbst in dem allgemeinen Falle begräbt.

Wollen wir zuerst diese Unterlage, auf der Shakespeare sein Trauerspiel aufbaut, genauer erkennen, so fördert es sehr, wenn man sich der sämmtlichen Stücke über den Krieg der weißen und rothen Rose in der Zeitordnung erinnert. In Richard II. steht der verzogene Heldensprößling des schwarzen Prinzen, jung und schwach, unter großen strebenden Männern eines stolzen kriegerischen Adels. In Heinrich IV. erscheint dieser Adel in einem gewaltigen Wettkampfe mit den neuen Machthabern. In Heinrich's V. Umgebung ist der vaterländische Heldenmuth eine Art Gemeingut geworden. Noch in Heinrich's VI. Zeit ragen diese Heldengestalten, die Talbot, Bedford, Salisbury herüber; dann gehen sie im Kampfe in Frankreich und in den heimischen Bürgerkriegen unter. Unter Eduard IV. fällt jener Graf Warwick, der letzte Vertreter des Adels vom alten Schlage, dessen Sturz den Untergang der bewaffneten Aristokratie und den Anfang einer neuen bürgerlichen Ordnung bezeichnet. Der Friede, der auf das große blutige Schauspiel der inneren Kämpfe zunächst unter Eduard IV folgte, ist in den letzten Acten Heinrich's VI. und in den ersten Richard's III. von Shakespeare treffend charakterisirt. Der Bürgerkrieg hatte aufgehört; ein Hauskrieg in der herrschenden Familie aber bildet die schreckliche Fortsetzung und macht den königlichen Pallast zuletzt zu einem Schlächterhaus. Um einer albernen Prophezeihung willen verfolgt der König seinen treuen Förderer, seinen Bruder Clarence. Die emporgekommene arme Familie seiner Frau umlagert habsüchtig und in schnöbem Uebermuthe den Thron und düngt den Haß, der unter den Brüdern des Hauses York ohnehin schon wucherte. Schon in Heinrich VI. verachteten die beiden jungen Brüder die gemeine Neigung des Königs, seine Verbindung mit einer niederen Familie; in Richard III. setzt er sein üppiges Leben mit Mistreß Shore fort und sein Hastings theilt es mit ihm. Diesen aufrichtigen Freund des Königs, der noch nach seinem Tode dem Plane Gloster's entgegen auf Seiten seiner Söhne steht, werfen die Verwandten der Königin in's Gefängniß, und nur die Gunst jener buhlerischen Zauberin, die den König gefesselt hält, befreit ihn wieder. Dieß säet bei ihm einen Tobhaß gegen die Umgebung der Königin, den Gloster in ihm und in Buckingham schürt. In diese Zustände fällt das Siechthum des Königs; auf seinem Todbette wird zwischen den Grey und Rivers, den Verwandten seiner Frau, und den Hastings und Buckingham, ihren Gegnern, wie die Chronik sagt, ein „verstellter Friede" gemacht, hinter dem heimliche Anschläge lauern. Die öffentliche Stimme vergleicht (II, 3., wie schlecht es einst schon ging, als um Heinrich VI. so viele Verwandte und große Räthe blos von Vaters Seite standen, da jetzt vollends die Verwandten von Vater und Mutter Seite sich voll Eifersucht und Misgunst entgegenstehen: der Instinct der menschlichen Seele, diese Worte fand Shakespeare schon in der Chronik, ahnte eine nahende Gefahr. Der Stand der Dinge, sagt Holinshed, und die Sinnesart der Menschen war so, daß Niemand sagen konnte, wem er trauen, wen er fürchten sollte. Eine allgemeine Brut der Feindseligkeit und Heuchelei, der Umstellung und Verstellung war gelegt, und Shakespeare ist geschichtlich vollkommen gerechtfertigt, wenn er die Zeit als eine leere Wüste an Menschen und Charakteren darstellt, die in den ungeheueren Verheerungen der Bürgerkriege getilgt waren, als ein Saatfeld der Ränke und der schleichenden Bosheit, die in dem plötzlichen Umschlag zum Frieden und zu circeïschem Wohlleben am Hofe emporgewuchert waren. Vielleicht gibt es nichts, was so plötzlich in den historischen Sinn unseres Dichters und zugleich so tief in den großen sittlichen Ernst einweihen kann, mit dem er seine Werke ar= beitete, als wenn man seine Schilderung der Zeiten Eduard's IV. mit dem ersten Theil des Stückes dieses Namens von Thomas Hey= wood vergleicht, wo der Verkehr des Königs mit dem Gerber von Tamworth und der Jane Shore in der Harmlosigkeit dargestellt wird, als ob man mit einer wohligen Zeit und einem Unschuldsstand der Gesellschaft zu thun hätte.

In diese Zeit und Umgebung tritt nun der furchtbare Gloster hinein mit dem gefährlichen Bewußtsein der Ueberlegenheit seiner Begabung und mit dem durchdringenden Scharfblick in die Schlech= tigkeit und Unfähigkeit dieser Menschheit zugleich. In dieser Welt, wo jeder das Gute, das ihm Vortheil brachte, für das Gute an sich hielt, hat er gelernt, sich seine Weltordnung aus dem Princip des Bösen aufzubauen; sein blindes, ungeadeltes Selbstgefühl hebt ihn über die untergeordneten Geister, der Stolz seiner Intelligenz über das Sittengesetz hinweg. Daß dem Klugen und Starken die Welt gehöre, war der Grundsatz seines Machiavelli, den der Dichter ihm schon in Heinrich VI. zum Muster und Meister gab; er sah, in Ent= fernung zwar, den Thron vor sich liegen, den er zum Ziele seines Ehrgeizes nahm; die stumpfen Menschen um ihn her wirft er nieder, ihm als Stufen dahin zu dienen. Es kommt Alles darauf an, daß dieser Charakter verstanden werde, wenn das ganze Stück verstanden werden soll. Die englische Bühne hat sich allezeit für dieses Werk um dieses Charakters willen im höchsten Grade interessirt. Die größ= ten Schauspieler Englands, die Burbadge, Garrick, Kean, haben Richard III. als eine Lieblingsrolle behandelt, die sogar der kleinen Gestalt der beiden ersteren besonders angepaßt zu sein schien. Kemble hat eine eigene Schrift über die Auffassung dieses Charakters ver= faßt. Schon in Shakespeare's Zeit (1614) schrieb ein Dichter, viel= leicht Christopher Brooke, ein Gedicht in Stanzen, „der Geist Ri=

charb's III.", das in den Schriften der Shakespearegesellschaft ge=
druckt ist; es ist darin preisend auf Shakespeare's Schauspiel ange=
spielt. Der Geist Richard's ist aufgeführt, wie er seinen Charakter,
sein Leben und Ende schildert: das Gedicht ist interessant um zu
zeigen, wie sich jene Zeit auf Menschenkenntniß verstand, und wie
man schon damals in die Seele eines solchen Charakters verständig
und einsichtig einzubringen suchte. Wir müssen nicht zurückbleiben,
bei einer so großartigen Aufgabe für die Schauspielkunst alle Züge
achtsam zu sammeln, die uns der Dichter zur richtigen Erfassung die=
ses Charakters aufgezeichnet hat.

Die Chroniken Holinshed's und Hall's enthalten das Leben
Richard's wesentlich in einer Uebersetzung der lateinischen Biographie
dieses Königs von Thomas Moore, der seine Nachrichten vielleicht
noch von einem Zeitgenossen hat, dem Erzbischoffe Morton, dem=
selben, der in unserem Stücke als Bischoff von Ely vorkommt. In
dieser seiner Quelle fand Shakespeare die folgenden knappen aber
scharfen Züge zur Charakteristik seines Helden: Richard wurde mit
Zähnen geboren, häßlich, seine linke Schulter höher als die rechte.
Bosheit, Zorn und Neid waren seinem Gemüthe, ein rascher scharfer
Witz seinem Geiste eigen. Er war ein guter Feldherr; freigebig, um
sich unstete Freundschaften zu machen; um sich die Mittel dazu zu
schaffen, ein Räuber der Mittel gebrauchte, die ihm stete Feindschaf=
ten zuzogen. Geheimnißvoll, ein tiefer Heuchler, demüthig von
Aussehen, war er zugleich anmaaßend und hochfahrend von Herzen,
trotzig sogar im Tod, freundlich außen und innen voll Haß, küssend
wenn er zu tödten dachte, grausam nicht immer aus bösem Willen,
aber aus Politik. Wenn seine Sicherheit oder sein Ehrgeiz im Spiele
war, schonte er nicht Freund und Feind. — Von diesen Winken, die
sich nicht selten zu widersprechen scheinen, hat Shakespeare nicht Einen
fallen lassen und man könnte sagen, er hat ihnen nicht Einen hinzu=
gesetzt; in die todt daliegenden Züge hat er aber Leben, in das Wi=
dersprechende Zusammenklang gebracht in einer Weise, die allerdings

das Nachdenken des tiefsinnigsten Künstlers auf der Bühne und seine seltensten Gaben herausfordert.

Wie den Edmund im Lear der Vorwurf der Nebengeburt, der auf ihm lastet, zuerst auf den Pfad verbrecherischer Anschläge leitet, so drückt auf Richard das Misverhältniß seines strebenden Geistes zu der Misgestalt seines Körpers, über die er von frühe auf die Liebe selbst seiner Mutter entbehrte, über die er den Spott seiner Feinde hören muß, die ihm sein Schatten zu jeder Stunde zeigt, über die zu grübeln sein Zeitvertreib ist. Der Gedanke nagt ihn an, sich an dem Unrecht der Natur dadurch zu rächen, daß er ein Schurke werden will, um ihres körperlichen Werkes durch die Ungestalt zu spotten, die er seiner Seele zu geben denkt. In dem Geräusche der Waffen, zur Zeit der Kriege, überstrahlte sein Kriegsruhm diese Mängel der Natur und er hatte zu der Grübelei über sie nicht Muße. Jetzt aber, in den üppigen Tagen des Friedens, wo Eduard und seine Günst-linge mit den Shores buhlten, gelten die Kriegeskünste nichts mehr und zu den Werken der Liebe fühlt er nun erst wie ungeschaffen er sei; die Uebellaune an der Zeit wetzt seine Uebellaune über sein Aus-sehen; und diese wieder die andere. Seine politischen Plane stacheln ihn gleichwohl, das Werk der Liebe auf dem Fuße dieser seiner übel-launigen Betrachtungen zu versuchen, und er besteht die Probe, in-dem er als lustiger Bräutigam wirbt und gewinnt, wo es am un-glaublichsten scheint; der Dichter raubt ihm sogleich den Vorwand, seine Schlechtigkeit mit seiner Häßlichkeit zu entschuldigen. Aber in-dem er nun Ursache findet, sich an seinem Schatten zu weiden, indem er diesen Boden der Selbstverachtung verliert auf dem er seine schur-kischen Anschläge pflanzen wollte, gewinnt er freilich um so größere Verachtung der Menschen aus der Erfahrung, daß sich ihm, dem Hinkenden, in Einem Nu die junge schöne Wittwe des glänzenden, ächt königlichen Eduard von Wales ergibt, der er ihren Gatten vor nicht lange erschlagen hat.

Wurzelt ein Theil der Verbitterung und des verbissenen Grimmes, der in Richard's Natur liegt, in dieser Selbstverachtung seiner äußeren Erscheinung, so liegt dagegen seine Menschenverachtung in der freigebigen Ausstattung begründet, die die Natur seinem Geiste zu Theil werden ließ, und in dem Selbstgefühle, das ihm die Vergleichung mit den Menschen seiner Umgebung eingab. Von vollendeter Gewandtheit in der Rede, von aufgewecktem Geiste, von stechendem Witze schildert ihn Shakespeare wie die Chronik überall; in seiner gleißnerischen Werbung um Anna, in seinen Sarkasmen, in seinen doppelsinnigen Reden spielt diese Gabe des beißenden und giftigen Witzes durch. Die ähnliche Gewandtheit zeigt er in seiner Behandlung der Menschen, und in ihr springt die selbst dem Meister der Verstellung kaum verstellbare Verachtung Aller um ihn her zu Tage. Den dummtreuen Clarence berückt er mit Thränen; den offenen Hastings macht er bis zuletzt glauben, daß er sich Alles gegen ihn erlauben dürfe; die verhetzten Feinde am Hofe gängelt er, indem er im Hintergrunde bleibt, zu Haß und Mord; dem ehrgeizigen Buckingham scheint er lenksam zu folgen, indem er ihn zum Bahnbrecher auf allen seinen heimlichen Wegen gebraucht; seine Feinde läßt er aussaugen von den Freunden und Werkzeugen, die er zugleich auspreßt und dann wegwirft. Alle die Grey, die Buckingham, die Stanley sieht er, als die Segel seines Ehrgeizes noch voll geschwellt sind, für gutmüthige Gimpel an, Alle in gleicher Weise, da doch nur der Eine sich ganz so erweist, der Andere später von ihm selber tiefblickend und klug gefunden wird, der dritte vollends ihn in den Schlingen seiner eigenen Künste zuletzt selber fängt. Mit grausamer Geringschätzung und tödtendem Stiche der Ironie läßt er den treuherzigen Hastings sich seiner Gunst bei ihm rühmen, indem er ihn dem Tod in die Krallen wirft; mit höhnischer Verachtung nennt er den Buckingham sein Orakel, seinen Propheten, da er am gefügigsten an seinem Seile tanzt; mit einer plumpen Komödie läßt er sich von Mayor und Bürgerschaft von London die Krone antragen in einer Scene, die man nur aufführt, wenn man die Masse der Menschen

für alberne Zuschauer der Possen ansieht, die wenige Künstler von
Geschick auf der Weltbühne zu spielen geschaffen sind. Die erste
Rolle auf dieser Bühne, den Helden und König zu spielen, das ist
in dieser verachteten Umgebung das Ziel seines Ehrgeizes geworden,
das ihn um so mehr anzieht, je entfernter es ihm die Verhältnisse und
eine zahlreiche vorberechtigte Verwandtschaft gerückt haben.

Das Gefühl seiner geistigen Ueberlegenheit, seiner politischen
und kriegerischen Gaben, das ihn mit Bewußtheit den Weg der Verbrechen betreten läßt, das ihn zum Spötter und Verächter der Menschen macht, macht ihn auch zum Verächter jedes sittlichen Gesetzes
und prägt die freigeistige Natur in ihm aus, die sich über jedes Band
des Blutes, jede Schranke des Rechts und jedes moralische Bedenken hinwegsetzt. Auf Sitte und Gefühl halten, das nennt er bei
Elisabeth sich kleinlich in großen Dingen benehmen. Das Gewissen
nennt er blos ein Wort für Feige, von Anfang an erfunden, um
den Starken im Zaume zu halten, und diesen Zaum hat er zerrissen.
Es scheint ihm einerlei, da er zuletzt im Zuge der Verzweiflung ist,
was das Jenseits nach diesem Leben bringen werde. Mit diesem
niedergedrückten Gewissen erscheint er herzloser als die Mörder, die
er für Clarence und die Prinzen gedungen; mit schrecklicher Kälte
scherzt er auf des „guten ehrlichen" Clarence Tod sinnend über die gewisse Beute; er liebt die hartgesottenen Bursche, die er mit jenen
Worten Suffolk's in Heinrich VI. „dieß Ding", seinen Bruder, be-
fördern heißt; er spricht im Ausdrucke roher Empfindungslosigkeit
von dem „Kerl", dem Leichname des ermordeten Heinrich's VI. So
breitet er Schrecken um sich her und übt die Kunst der Tyrannen,
sich gefürchtet zu machen. Die Spannung nach den ersten Hin-
richtungen nutzt er, um mit Riesenschritten weiter zu gehen, bis er so
tief im Blute watet, daß ihn Sünde zu Sünde fortreißt. Mit Wonne
sieht ihn die rachehungrige Margarete wie einen gierigen Hund über
die Frucht aus seiner Mutter Schooße raubsüchtig herfallen.

Mit dieser Rohheit, mit dem wilden Wesen, mit der Soldaten-

natur des in Krieg und Blut Aufgewachsenen, mit dem Aristokraten=
stolz auf seine hohe Geburt scheint es nun im Widerspruch zu stehen,
daß er zugleich mit der Gabe der vollendeten Verstellung ausge=
stattet ist und bald in gleißender Demuth, bald in bestechender Lie=
benswürdigkeit, bald im Heiligenschein des frommen Büßers auf=
tritt. Die Chronik schon leiht ihm in Einem Athem die Eigenschaf=
ten des gefälligen Wesens und des anmaaßenden Herzens; und der
Dichter auch hat ihn schnell wechselnd in unbeherrschten Ausbrüchen
der Wuth und des Trotzes und dann wieder in dem Schmelz honig=
süßer Rede, jetzt in dem Wesen und Schein des leicht durchschau=
baren oder auch undurchdringlichen Heuchlers und dann wieder in
aller Natur eines Rauhgesitteten und eines zu den Künsten der
Schmeichelei und Verstellung ganz Unfähigen vorgeführt. Man hat
gezweifelt ob diese verschiedenen Eigenschaften sich mit einander ver=
trügen. Sollte ein Mann, dem die Heuchelei so natürlich war, so
weit in Rauhheit und Rohheit der Sitten gehen, daß er bis zu jenem
Grade blutdürstiger Gewöhnung käme? Oder wenn diese Grau=
samkeit seine eigentlichere Natur war, sollte ein solcher Wüthender
gerade jener vollendetsten Verstellungskunst Meister sein? Oder
wäre es denkbar, daß der Mann, der so selbstbewußt und besonnen
in kalter Berechnung den Weg des Schurken zu betreten beschloß,
Furcht und Schrecken nur in geflügelter Absicht um sich breitete und
seine blutigen Thaten, wie die Chronik andeutet, ohne eigentlichen
Hang der Natur, nur aus Politik vollführte? Der Dichter, wie
seine geschichtliche Quelle, hat Richard's stolzen strebsüchtigen Ehr=
geiz, der in der Ueberlegenheit seines Geistes geboren ist, zur Trieb=
feder seiner Handlungen und die Heuchelei zum Hauptmittel und
Werkzeug seiner Plane genommen. Daß Richard dieß Mittel in
seinem Wesen fand, reift erst in jenem Monologe in Heinrich VI.
(III, 3, 2.) die weitreichenden Entwürfe seines Ehrgeizes. Der
Dichter hat diese Eigenschaft in die Mitte dieses Charakters gepflanzt;
das Verhältniß und die Lage, in die er sie zu dem übrigen Wesen

dieses wunderbaren Ungeheuers gebracht hat, wie er es in den An=
deutungen der Chronik vorgeschrieben fand, dieß ist einer jener
psychologischen Meistergriffe, mit denen dieser Mann so oft das Ei
des Columbus gestellt hat.

Die Charakterform, die wir uns gemeinhin zur Heuchelei ge=
schickt denken, ist die der schleichenden und listigen Schwäche, wie in
unserem Stücke Elisabeth erscheint, wie Stanley, der ein Fuchs schon
in der Chronik genannt wird. Aber dieser Charakterform wäre nie
ein großes tragisches Interesse abzugewinnen gewesen. Konnte nicht
in die Uebung dieser Verstellungskunst eine Kraft gelegt werden, die
sie zu einem wenn auch zweideutigen Verdienste erhob, so war es un=
möglich, für den heuchlerischen Helden eine Theilnahme zu erzielen.
Shakespeare hielt also die Züge der Geschichte oder seiner Geschichts=
quelle fest. Sein Richard ist ein Krieger von unzweideutiger Tapfer=
keit. Er hat in seiner Natur, was aller Heuchelei gerade am meisten
entgegengesetzt zu sein scheint. Er hat Heftigkeit und auffahrendes
jähzorniges Wesen angeboren, von seiner Mutter geerbt hat er die
reizbare Empfindlichkeit nicht Tadel hören zu können, er war in sei=
ner Kindheit eigensinnig und launisch, in den Schultagen verzweifelt,
wild, wüthend, in der Jugend kühn und verwegen; seiner giftigen
Zunge Lauf zu lassen hat er ein natürliches Bedürfniß; mitten in
seiner Liebesheuchelei und Schmeichelei bricht sein Trotz stellenweise
hervor; und wo er ganz und nur auf's Heucheln gestellt ist, liebt er
es sich in solche Lage zu bringen, daß er diesem Naturell keinen
Zwang anthun muß. Seinen ungerechten Haß und unheimliche
Nachstellung gegen die Verwandten der Königin birgt er hinter der
Maske des offenen und gerechten Zornes über angeblichen Haß von
ihrer Seite. In diesem brüsken Naturell, das allen Einwänden,
Schwierigkeiten und Gefahren eine kecke Stirn zeigt, ist, wie man
sieht, sogar ein Widerwille gelegen zu kriechen und sich zu beugen;
und nur dem Streben nach der Stelle, wo jeder sich vor ihm beugen
soll, bringt Richard das Opfer, jeden tauglichen Schein anzulegen.

Daher ist er im Verlaufe seines Lebens erst im gesetzten Alter dazu gekommen, die Heuchelei in sich auszubilden, zugleich stolz und listig, schlau und blutig, milder aber verderblicher zu erscheinen. In Folge eines Entschlusses und Planes ist er dazu gekommen, nicht nur ein Schurke zu werden, sondern auch seine Schurkerei und ihre Ziele möglichst zu bergen. Für einen so angelegten Menschen gehört Selbstüberwindung und nicht gemeine Geistes- und Seelenkraft dazu, die heuchlerischen Gaben, wie tief angeboren er sie in sich fand, zu dem Grade zu bilden, daß sie seine angeborene Wildheit beherrschen. Und daher kommt es, daß in dem Ausgang seines Schicksals, als ihn das Unglück überfällt, als seine innere Stärke bricht, als die Spannkraft dieser Selbstbeherrschung nachläßt, der Heuchlermantel plötzlich von seiner Schulter gefallen ist: dann kehrt seine alte und erste Natur wieder, die heftige Störrischkeit seines Wesens tritt neu hervor, er verliert den Kopf, den er auf der langen Bahn seiner ehrgeizigen Strebungen so gut beisammen hatte, sein gequältes Innere verräth sich in jedem Nu, wie er in Gedanken und Absichten wechselt und springt und sich verwirrt. Aber vorher, so lange er seiner selber Meister ist, treibt er die Kunst der Verstellung zu der Höhe, daß er die schöne Wittwe, der er Verwandte und Gatten getödtet, sich mit der Zauberkraft der Rede und mit einer Werbekunst, die an Romeo's Innigkeit erinnern kann, erschmeichelt, daß er das Anspeien der Umworbenen erträgt, daß er ihr, seines Erfolges bereits sicher, sein Schwert bieten darf ihn zu durchbohren; er treibt die Heuchelei zu der Höhe, daß er als der Verfolgte und Bedrohte erscheint, wo er Alle untergräbt und vernichtet; daß er den plumpen Polterer spielt, wo sein Haß am verstecktesten und giftigsten schleicht; daß er seine brutalen Sitten fürchten macht, wo seine feinsten Ränke zu fürchten sind: so daß der Schauspieler wohl zu unterscheiden hat, wo seine Heftigkeit ausbrechende Natur und wo sie angenommene Rolle ist. Er treibt die Verstellungskunst zu der Höhe, daß Er, der Schrecken der Menschen, sich sanft und mitleidsvoll, zu kindisch thö-

richt für die Welt nennen, mit christlichen Werken und Uebungen um=
geben, daß Er, an Körper und Seele ein Teufel, im Lichte des
Engels erscheinen darf, daß ein Feind wie Rivers an seine Frömmigkeit, ein ehrlicher Mensch wie Hastings an seine völlige Unfähigkeit
sich zu verbergen, eine Anna an seinen reuigen Rückblick auf sein
blutiges Kriegshandwerk, der fallende Clarence an seine brüderliche
Liebe glaubt. Auf der letzten Stufe zu dem Throne spielt er dann,
mit Buckingham wetteifernd in Heuchelei, jene plumpen Scenen,
die ihn aus weltverschmähender frommer Beschaulichkeit auf den Kö=
nigssitz zu nöthigen scheinen sollen: in dem äußersten Stadium läßt
er in Ungeduld die Maske der Feinheit fallen, mit der er bisher die
gespielte Heuchlerrolle selber versteckt hatte. So bald er am Ziele
ist, geht er Buckingham mit frecher Zumuthung des Mordes an und
fragt bei dem ersten besten Pagen nach einem Miethlingsdolch, er
findet nicht länger nöthig Heimlichkeit zu treiben, er zwingt sich nicht
im geringsten, dem Buckingham Unmuth und Ungnade zu bergen.
Nur da ihm aus Richmond's Rüstungen Gefahr droht, da er dessen
Verbindung mit der Tochter der verwittweten Königin hindern will
durch seine eigene Verbindung mit ihr, da, der schlauen Elisabeth
gegenüber, sucht er noch einmal genöthigt dieselben Zauberkünste und
mit derselben Meisterschaft, wie einst bei seiner Werbung um Anna,
und mit demselben Erfolge hervor. Gleich darauf aber, da die
Flüche der Margarete sich an ihm erfüllen und ihm seine Sicherheit,
sein Selbstvertrauen, seine Macht über sich selber rauben, zerfällt
seine Kunst zugleich mit seinem Glücke.

Die Fäden sind schwach, mit denen der Charakter Richard's an
die gute Seite der menschlichen Natur geknüpft ist; ohne eine solche
Gestalt in den beglaubigten Büchern der Geschichte gefunden zu
haben, hätte Shakespeare vielleicht nicht gewagt, weder sie selbst,
noch später seinen Edmund und Jago zu schildern. Der Dichter hat
gesucht, für ihn dadurch zu interessiren, daß er die Fäden die ihn an
das Böse ketten, desto stärker gemacht hat. Die Stärke seines

Willens ist nicht allein gegen Andere, sondern auch gegen seine eigene Natur gekehrt, und diese Ueberwindungskraft fordert allemal die menschliche Bewunderung heraus. Selbst jene Betäubung seines Gewissens ruht nicht auf einer angeborenen Verhärtung und Verstocktheit, sondern auf einem Siege über dessen ernsteste Regungen. Hier hat der Dichter an die feinste Stelle den Einen Faden gelegt, der dieses Scheusal dennoch mit der lichten Seite des menschlichen Wesens verknüpft. Ungläubig wie er sich zeigt, ist dieser Held der Bosheit gleichwohl von Aberglauben nicht frei; darin verräth sich das doch nicht ganz bezwungene Gewissen, darin die verdrückte Spur des guten Keims in ihm. Wo die Margarete (1, 3.) ihre Flüche über ihn ausschüttet, unterbricht er vor dem entscheidenden Worte ihre Rede und sucht ihren Fluch auf sie selber zurück zu leiten. Er leugnet freigeistig die Wirksamkeit der Flüche, aber nur weil er in der That ihre Wirkung fürchtet. Es ist Richmond's Größe von Heinrich VI. schon prophezeiht worden, diese Erinnerung schon schlägt ihn bei dessen Unternehmungen mit lähmender Kraft. Ein Wahrsager hat ihm seinen Tod prophezeiht, bald nachdem er Richmond gesehen, dieß mahnt ihn schon ängstlich (der Zug ist der Chronik entlehnt), wie er den Namen Rougemont nennen hört. Als er auf den Mord der unschuldigen Prinzen denkt, besinnt er sich auf die Sprichwörter im Volksmunde, die jungem Witze kurzes Leben verheißen, als ob er einen Trost darin suchte, sich hinter einen solchen Schicksalsspruch zu verstecken; denn auch bei den Frauen, die er bethört, sucht er seine Unthaten auf das unvermeidliche Schicksal zurückzuführen. Diese leise Stimme, die am Tage Bewußtsein und Wille in ihm zurückdrängt, bricht sich des Nachts, wenn seine geistigen Kräfte ruhen, Bahn durch die Hemmungen; er ist immer von schrecklichen Träumen geplagt und vor dem Tag der Schlacht mit Richmond steigen (auch nach der geschichtlichen Sage) jene quälenden Geister der von ihm Gemordeten vor ihm auf und schlagen ihn mit Verzagen; das unterdrückte Gewissen rächt sich des Nachts und in der entscheidenden Nacht erdrückt es ihn. Der alle höheren Mächte sich gerne in realistischer Freigeistigkeit ausgeredet und heuchelnd den Himmel selbst bethört hätte, unterliegt zuletzt ihrer offenen Gewalt. Die schrecklichen Mahnungen treiben ihm kalte Tropfen auf die Stirne, die kurzen Fragen der Beängstigung verrathen ihn, die er in beklemmtem Athem ausstößt, er erliegt in dem letzten Versuche sich selbst zu schmeicheln, sich selber Selbstliebe zu heucheln, in dem letzten Versuch seiner er=schöpften Kraft, Herr über die innere Stimme zu werden: die tausend Zungen seines Gewissens gewinnen es über die tausend Zungen sei=ner Selbstverhüllung. Aber so weit geht immer noch seine Kraft, daß er auch jetzt den verzweifelten Kampf mit den inneren Mächten fortkämpft, daß sich „tausend Herzen groß in seinem Busen regen", als er sich mit gebrochenen Kräften zu den Wunderthaten seiner Schlacht erhebt und, nach dem Winke der Chronik, in seinem Trotze untergeht. Er fiel, sagt der Verfasser des Geistes Richard's, da Größe größer als sie selbst sein wollte, und diese Ueberhebung der Willenskraft macht den Schrecklichen zu der ächt tragischen Gestalt, die einen Antheil erzwingt trotz aller der Ruchlosigkeit, die von ihr abstößt.

Dem Schauspieler ist nie eine größere Aufgabe gestellt worden. Es ist der Reiz und die Größe dieser Aufgabe nicht darin gelegen, daß der Spieler, wie Steevens sagt, abwechselnd den Helden und Liebhaber, den Staatsmann, den Bouffon, den Heuchler, den ver=härteten und reuigen Sünder zu machen hat; nicht darin, daß er zwi=schen der höchsten Leidenschaft und dem familiärsten Ton der Unter=haltung, zwischen dem Ausdruck der Zuversicht bald in die Kraft des Kriegers, bald in die List des Diplomaten, bald in die Redekunst des schmeichlerischen Liebhabers zu wechseln und in dem reichsten Stoffe zu scharfen Uebergängen und zur feinsten Schattirung, zu allen pan=tomimischen und rhetorischen Künsten zu wirken hat, sondern darin, daß er aus allen diesen Tönen den Leit= und Grundton herausfinden soll, der sie alle verbindet. Der Dichter hat die Züge der Chronik

herüber genommen, aber in der Hauptsache eine durchgreifende
Aenderung vorgenommen. Die Chronik scheint Richard die Heuchelei
zum Naturell geben und die Grausamkeit in ihm mehr als ein kaltes
Werk der Politik darstellen zu wollen; der Dichter dagegen hat ihm
den Hang zu aller Verwilderung eingeboren und umgekehrt die Heu=
chelei zu einem gewählten Mittel seines Ehrgeizes gemacht. Die
entscheidenden Monologe in Heinrich VI. und im Beginne unseres
Stückes machen dieß unzweifelhaft. Die ganze Rolle hat der Dich=
ter vielleicht mit Absicht in einen für den Künstler ungemein interes=
santen Gegensatz zu Heinrich V. gebracht. In seinen frühern Jahren
führt der Prinz Heinrich aus Naturdrang ein wildes wüstes Jugend=
leben, in einer Art unfreiwilliger — Verstellung nicht, sondern Ver=
bergung und Verhüllung seiner edleren Natur; er folgt seinem bür=
gerlichen Hange nach niederen Vergnügungen, wobei er sich in
hellem Bewußtsein vornimmt, diese Rolle künftig in seiner könig=
lichen Stellung abzulegen. Richard dagegen, dessen rauhe Natur die
Schicksale zuerst auf den Weg gelenkt haben, wo er in Kampf und
Schlacht, für seine Familie mehr als sich selber wirkend, wenn nicht
ein liebenswerther doch ein achtungswerther Mann geworden wäre,
besinnt sich bei der ersten Unterbrechung dieses äußeren Thatenlebens
auf eine Ablegung seines kriegerischen Hanges und auf eine weit
angelegte Diplomaten= und Intrigantenrolle, die ihn den Weg zur
Krone führen soll. Die merkwürdigsten entgegengesetztesten Rollen
sind in beiden Figuren dem Spieler geboten: in Heinrich, der mit
der erdenklichsten Entfernung von allem Komödienwesen als ein
Musterbild schlicht bürgerlicher Natur gespielt sein will, und in die=
sem Richard, der ein Proteus an Verwandlungskünsten ist, der selber
Roscius heißt und mit Schauspielerkünsten zur Krone gelangt.

Sobald dieser Charakter festgestellt und sein Mittelpunkt er=
kannt ist, ist auch der Mittelpunkt und der Gedanke des Stückes selbst
begriffen; denn Richard füllt diese Mitte ganz aus. Diese aus=
schließlich vorragende Stellung Richard's und seine hochtragische Na=

tur hat dieser Historie den Charakter mehr eines reinen Trauerspiels verliehen; wie in Shakespeare's freiesten Tragödien ordnen sich die sämmtlichen Personen des Stücks in eine innere Beziehung zu der Hauptfigur und dem Hauptbegriffe des Stücks, während sonst die Eigenheit der historischen Stücke ist, daß sie die Ereignisse und That- sachen auf weitere Gruppen handelnder Figuren auseinandertheilen, die unter sich nicht überall in dem engen Zusammenhange stehen, wie die Charaktere der frei entworfenen, von keinem geschichtlichen Stoffe gebundenen Stücke. Sobald man von Richard aus und im Verhält- nisse zu ihm die übrigen Figuren des Stückes betrachtet, so wird man das Band der Ideen mit Leichtigkeit erkennen, das sie zusam- menknüpft.

Der übermännischen Stärke in Richard sind zuerst die Frauen in der Blöße der weiblichen Schwäche gegenübergestellt. Die Anna, die er im Anfang des Stückes umwirbt, kann in dieser hinfälligen Weiblichkeit, die ohne alle sittliche Stütze geblieben ist, weniger Ver- achtung als Mitleid erregen. Sie haßt und heiratet; sie flucht der, die das Weib des Mannes wird, der ihren ersten Gatten getödtet, und sie unterwirft sich selbst diesem Fluche; und dann als sein Weib ist sie in dem Bunde mit seinen Feinden gegen ihn. So ist, sagt der Dichter des Geistes Richard's, so ist der Weiber Liebe und Treue nicht in Wolle gefärbt, die Zeit und die Männer beflecken beide. Es ist nicht oft gewagt worden, was der Dichter hier that: der eine Scene voll Unwahrscheinlichkeit vorführt, worin diese Anna die Hauptrolle spielt, deren Charakter in keiner Weise früher vorbereitet oder geschildert ist, wo in der unnatürlichsten Situation sich Eitelkeit, Selbstgefälligkeit und Schwäche im Momente darstellen müssen; die Rolle einer Matrone von Ephesus im Trauerspiele, die aber weder unglaublich noch gezwungen ist. Man muß dabei im Auge haben, daß der Mord ihrer Verwandten sich mit den unvermeidlichen Uebeln des Kriegs und der Abwehr entschuldigen läßt. Man muß den außerordentlichen Grad der Verstellung in Anschlag bringen, der auch kundigere Männer täuscht; weshalb der Künstler, der Richard zu spielen hat, zwar mehr als Schauspieler denn als Verliebter werben, aber doch bis an die Grenze der Täuschung selbst für den eingeweihten Zuschauer gehen muß. Man hat ferner zu erwägen, wie die Rolle der Reue und Buße einen tapfern Soldaten kleidet und wie verzeih= lich die weibliche Schwäche ist, die sich in dem Gedanken gefällt, einen solchen Reuigen stützen und retten zu wollen; man muß sich er= innern, daß die ungewohnte Milde von Unholden dreimal wirksamer ist als die Sanftmuth der Schwachen; und man hat in geschichtlichen Beispielen unserer Tage noch die Erfahrung gemacht, wie zarte weibliche Charaktere sich der Brutalität vermählt haben in dem Be= wußtsein, die männliche Barbarei wenigstens im Hause zu zähmen. Wie wenig der Dichter bei dieser Scene ein schlechtes Gewissen hatte, schien er dadurch beweisen zu wollen, daß er sie gegen Ende des Stückes noch einmal in der Werbung Richard's um die Tochter seiner Erbfeindin, bei der Mutter selber, wiederholt. Noch einmal betheuert Richard, daß er seine Unthaten nur aus Liebe zu der Beworbenen that, noch einmal spielt er den Büßer und weist auf bessere Zeiten, noch einmal lockt er die Mutter durch die Aussicht auf den Thron für ihre Tochter, er gewinnt sie durch die Vorspiegelung des Guten, das sie dem Lande durch ihre Einwilligung gewähre; und die Furcht, so gibt schon die Chronik an, wirkt ihr Theil mit, vor dem Manne, dem nichts zu weigern ist, ohne sich zu verderben. Dieß letztere schon stellt die Elisabeth in diesem Verhältnisse günstiger als Anna, da er diese umwarb, wo er noch nicht der Allmächtige war, der er jetzt ist. Aber es ist noch ein wichtigerer Punkt, der diese zweite Scene nicht als bloße Copie der ersten erscheinen läßt. Elisabeth verspricht zu gleicher Zeit dieselbe Tochter dem Prätendenten Richmond, dem Nachkommen der Lancaster, der nachher durch diese Verbindung die rothe und weiße Rose vereinigt und versöhnt. Elisabeth täuscht so den Täuscher Aller, und für den Fall des unglücklichen Ausgangs von Richmond's Unternehmen hat sie vielleicht der Tochter den Thron gerettet. So weit reicht die weibliche Schwäche ihres persönlichen und mütterlichen Ehrgeizes allerdings, so weit aber auch die Gabe der tiefinnerlichsten Verstellung, die dem Weibe so leicht von Natur eigen und sogar mit einer Art Arglosigkeit gepaart ist. Dieser Gegensatz Elisabeth's gegen Richard ist auf das glücklichste ergriffen. Sie ist schwach und zu jeder Gehässigkeit, zu jeder Familienantipathie durch ihre Verwandten zu stimmen, aber sie ist auch gut, in ihrem äußersten Grame mild und nicht fähig zu fluchen, wo sie es gern von Margreten lernen möchte. Mit dieser Güte und Schwäche überlistet sie den Argen und Starken, der ihr Haus vertilgt hat, denn sie ist klug und fernsichtig, sie ist die Mutter ihres geistverwandten Sohnes York, sie durchschaut Gloster von Anfang, sie sieht in Rivers' Fall sogleich den Untergang ihrer ganzen Familie voraus; sie faßt dann, auch geschichtlich, den Plan, in Richmond die Häuser York und Lancaster zu versöhnen, und sie ist die Seele der ganzen Verschwörung, die Richard's Fall entscheidet.

Das Seitenstück ihrer Schwäche ist der König; er ist das Gegenstück ihres Scharfblicks. Er wie sein Bruder Clarence bilden die Gegensätze sicherer Arglosigkeit gegen den heimtückischen Bruder, der sie beide mit und durch einander schlägt. So sind auch die Verwandten der Königin sicher und ohne Harm; ein habsüchtiger, neugebackener Adel, übermüthig, schnöde, nur dem groben Gloster gegenüber demüthig, in dessen offene Schlinge sie fallen. Noch schärfer ist der Gegensatz der Arglosigkeit in Hastings gezeichnet. Er ist offenherzig, treu, plauderhaft, aufrichtig, im harmlosesten Glücke, von losen Sitten, aber allem Mistrauen fremd; er traut auf Catesby wie auf Richard, er läßt sich Warnungen und Träume nichts anfechten; er triumphirt mit unvorsichtiger Freude über den Fall seiner Feinde, da ihm das gleiche Loos droht, er will im Vertrauen auf Gloster's Freundschaft im Rath seine Stimme für ihn abgeben, als dieser ihn bereits dem Tode geweiht hat, weil er mit der immer gleichen Offenheit und aller Verstellung unfähigen Natur geäußert hatte, die Krone werde auf Richard's Haupte schnöde entstellt sein. Die ganze Scene III, 4.), in der dieß vorgeht, ist sogar in den charakteristischsten Ein=zelheiten der Rede der Chronik entlehnt. Dagegen ist die Beziehung, in die Shakespeare den Brakenbury gestellt hat, sein Eigenthum: dieser spielt in der Chronik eine ganz andere Rolle als in dem Trauer=spiele. Er in passiver Weise, wie die Catesby und Tyrrel in activer, fördert die Plane und Thaten Richard's, die ohne diese bereiten Werkzeuge nicht den gleich leichten Verlauf gehabt hätten. Dieß sind die gemietheten Heuchler, die nach jedem Winke eine beliebige Rolle annehmen, nach jedem Winde sich drehen, die sich, wie Brakenbury, gar nicht fragen und ehrlich besinnen, was ihres Herzens Sinn ist, die „schuldlos an der Meinung" sein wollen und gewissenlos und stumpfsinnig geschehen lassen was da will. Ein feineres Werkzeug Gloster's ist Buckingham. Er ist ihm ganz zur Seite gestellt als ein blasseres Abbild seines Ehrgeizes und seiner Heuchelkunst. Er hat die kleineren Gegenstände seiner Vergrößerungssucht, wie Richard seine großen, und will diesen zum Werkzeuge dafür gebrauchen, wie dieser ihn. Gloster hilft ihm die ihm im Wege stehen, die Verwand=ten der Königin, wegzuräumen und Buckingham heuchelt seine Ver=söhnung, hinter deren Schild er ihnen den Tod bereitet. Dafür hilft er dann Richard den Weg zum Throne bahnen, und das mit den gleichen Künsten. Er dünkt sich ein ächter Schauspieler zu sein, der schreckhafte Blicke und erzwungenes Lächeln zu seinem Dienste hat, er hilft die Bürger bearbeiten, er spielt die Possenscenen in Baynards=castle mit. Er erscheint nur allmälig in Gloster's Schlingen gezogen; Margrete selbst sieht ihn anfangs als unschuldig an; ihre Flüche be=rühren ihn nicht; er glaubt nicht an Flüche, wie auch Gloster sich stellt, aber er muß es lernen; überall zurückbleibend hinter Richard, im Guten wie im Bösen, schaudert er vor dem Mord den ihm dieser zumuthet; da er verstimmt ist über die Vorenthaltung des Preises, den ihm Richard für seine Hülfe versprochen hatte, weiß er sich nicht weiter zu verstellen, während Gloster in seiner Verstimmung über

Hastings grade besonders vergnügt und heiter erscheint. — Ihm gegenüber steht dann wieder Stanley, als der eigentliche schleichende Heuchler, der wie Elisabeth in ihrer weiblichen Weise den Richard mit seinen eigenen Waffen besiegt. Mit Richmond verwandt hat er von Anfang an Ursache, vorsichtig zu gehen; er ist aus einem Feind der Königin Elisabeth ihr Freund geworden zu dem gemeinsamen Ziele; er hat das Auge überall; er warnt den Hastings, wiewohl vergebens; er unterhält mit Richmond langdauernde Verbindungen, die er auf die unscheinbarste Weise von einem Pfarrer unterhalten läßt. Die Geschichte selbst findet es unbegreiflich, daß Richard den verdächtigen Mann wie von Gott geblendet nicht verhaftete. Shake-speare sucht es vortrefflich zu erklären, indem er Stanley ganz die gleichen Künste leiht die Gloster besitzt. Wie dieser den Greys seine heimlichen Schliche unter offenem Unmuth zu verbergen suchte, so macht sich Stanley überall mit freier Stirne zum wachsamsten Be-obachter der Richmond'schen Plane; er bringt Richard zuerst die Nach-richt von Dorset's Flucht zu Richmond: er bringt ihm die Nachricht von Richmond's Landung; er überläßt ihm seinen Sohn zum Geisel und setzt in diesem Falle der Noth das liebste Leben auf's Spiel, um seine täuschende Rolle vollaus zu spielen, die ihm die Krone ein-trägt, die Richard Reich und Leben kostet. Richmond ist die einzig reine Figur, die eine bessere Zeit verkündigt. Der Dichter hat, um diesen Gründer des Hauses Tudor, den Großvater der Königin Elisabeth zu feiern, wenig thun zu müssen geglaubt, nachdem er seinen Gegner Richard so viel als möglich geschwärzt hatte. Der fromme Feldherr Gottes war wie die Prinzen, Eduard's Söhne, aus dieser schauderhaften Umgebung am Hofe zeitig entfernt worden; der Segen Heinrich's VI. ruhte auf ihm. Die Prinzen dagegen fallen der schreck-lichen Zeit noch zum Opfer. Darüber wollen wir unten bei dem König Johann eine Bemerkung machen. Die Zeichnung der beiden Knaben ist ein Meisterstück, das allen Greenes und Marlowes un-möglich gewesen wäre. Mit wie wenigen Mitteln ist in dem Prinzen

von Wales eine Anlage entwickelt, die eine vollkommene Menschheit
verspricht! In seinen Worten über seines Vaters Tod und Titel,
wie viel Zartgefühl und Bescheidenheit! In der tadelnden Frage an
seinen Bruder („ein Bettler?"), welch feiner Hinweis auf Schicklich=
keit! In der Replik an Gloster: Er fürchte keine Oheime und für
keine Oheime, die todt sind, welche Vorsicht und zugleich welche
Geistesschärfe in dem dreideutigen Satze! Und hiergegen in wie
schönem Gegensatze steht wieder der behende Witz des kühnen, früh=
reifen, vorwitzigen und geistreichen York, den er so feinfühlig selber
schwächt durch gutmüthige Abstumpfung des Stachels. In beiden,
könnte man glauben, seien die gegensätzlichen Eigenschaften von
Heuchelei und rücksichtsloser Offenheit ermäßigt auf die Eigenschaf=
ten, wie sie natürlich und menschlich sind, bei Eduard zu seiner Rück=
sichtsnahme und Vorsicht, bei York zu dem Drange der Aeußerung,
der selbst einen kecken Einfall schwer zurückhält aber doch schonend zu
mildern weiß, so daß auch diese beiden Figuren in einen feinen Bezug
zu dem Hauptgedanken des Stückes gesetzt wären.

Nachdem wir alle diese Seiten= und Gegenstücke neben Richard
betrachtet haben, darf es scheinen, als ob sie sämmtlich nicht mächtig
genug wären, der übermächtigen Natur des Helden ein entsprechen=
des Gegengewicht zu geben. Der Dichter hat auch in der That einen
noch gewaltigeren Gegensatz gesucht, um über dem tückischen Gang
des wühlenden Ebers ein höheres Auge zu zeigen, das ihn zu belau=
schen, und eine Macht, die ihn zu kreuzen fähig wäre; er hat seinem
steigenden Glücke ein gefallenes Glück gegenüber gestellt, seiner tiefen
Heuchelei eine Rücksichtslosigkeit, die ihr jeden Augenblick den Schleier
zerreißt, seiner Blutgier eine Sorglosigkeit, die des Todes spottet.
Es ist die Gestalt jener Margrete, der Wittwe König Heinrich's VI.,
die einst als eine Bettlerin nach England herübergekommen war,
alles Unheils Samen dahin gepflanzt, alles Unglück und Aller Haß
auf ihr eigenes Haupt gewendet hatte, und jetzt verbannt ist und am
Schlusse als Bettlerin nach Frankreich zurückkehrt. Ehe sie dieß aus=

führt (und dieß ist ganz eine dichterische Anordnung unseres Tra=
göden), weilt die Gehaßte noch in der Mitte der gehaßten Umgebung,
um das Ende des schrecklichen Trauerspiels an Allen zu erleben, nach=
dem sie selbst von der Scene bereits abgetreten war. Verarmt, von
abgestorbenem Ehrgeize, troßt sie der Gefahr und dem Tode, der auf
ihr Bleiben gesetzt ist; drängt sich in den Kreis ihrer Feinde und,
ganz unfähig sich zu beherrschen, ganz unwillig sich und ihr Inneres
zu verbergen, in machtloser Leidenschaft, in unkluger Offenheit, in
prophetischer Wuth wirft sie die schonungslosesten Vorwürfe, die rück=
sichtslosesten Wahrheiten und die furchtbarsten Flüche — wie die
laute Posaune des Gerichts Gottes — auf die gesunkene Menschheit
um sie her. Und diese Worte haben mehr Wucht und Macht, als
alle die Blutthaten Richard's und seine listigen Ränke, und ihr Hun=
ger nach Rache wird mehr gestillt als Richard's Durst nach Größe.
Der alte York in Heinrich VI. hatte sie einst verflucht, als sie den
weiblichen Greuel beging, ihm ihr Tuch in seines Sohnes Rutland
Blut getaucht zu reichen; sein Fluch war an ihr erfüllt worden, als
sie Thron, Gatten und den Sohn verlor, den Richard ihr erstach und
bei dessen Fall alle die Rivers, Grey, Hastings und Vaughan mit=
schuldig anwesend waren. An diesem Tage aber ging die Kraft des
Fluches von York auf sie über, und sie geltend zu machen an allen
ihren Feinden schnaubt ihre rachsüchtige Seele. Das vielfache Weh,
das sie an ihren Feinden erlebt, versüßt ihr das eigene Elend, und
sie möchte ihr müdes Haupt aus dem Joche ihres Jammers schlüpfen,
um es der gehaßten Elisabeth zu überlassen. Wir haben früher (zu
Heinrich VI.) gesagt, daß auch die Chronik schon bei dem Tode des
Sohnes der Margrete die Bemerkung macht, daß alle diese Anwesen=
den später den gleichen Kelch getrunken „in Folge der verdienten Ge=
rechtigkeit und gebührenden Strafe Gottes“. Dieses Gericht ist in
der grausigen Margrete und ihren Flüchen verkörpert, aus der die
Straferinnys ihre furchtbaren Orakel spricht. Mit einer auffallenden
Grellheit, Deutlichkeit und Vervielfältigung hat Shakespeare diese

Verwünschungen sprechen, wiederholen und sich erfüllen lassen. Mar=
grete hat den Fluch über alle jene Mitthäter der Unthat an ihrem
Sohne geworfen und er kommt an allen zur Reise; er erfüllt sich an
dem sterbenden Eduard; er erfüllt sich an Clarence, der meineidig
geworden war, als er für Lancaster zu fechten gelobt hatte; er erfüllt
sich an Hastings, der falsche Versöhnung vor dem sterbenden Eduard
geschworen hatte; er erfüllt sich an Elisabeth, die, nur noch der eitle
Schein von ihr selbst, ohne Bruder, ohne Gatten, fast ohne Kinder
zurückblieb; auf Buckingham selbst fällt ihre bloße Warnung, die sie
an den noch Schuldlosen richtete, wie ein Fluch, da er schuldig ge=
worden war. Es ist nicht genug, daß Margrete diese Flüche über
Alle ausspricht, die meisten, Buckingham, Hastings, Anna, rufen
auch über sich selbst unter sündigen Verheißungen die Verwünschung
herab, und wenn sie eintrifft, wird noch einmal an die richtige Vor=
hersage erinnert. Auf Richard selbst endlich häufen sich, an ihm er=
füllen sich diese Racheflüche am deutlichsten und auch Er ruft selbst in
dem Momente seines ungezähmtesten Trotzes IV, 4) den Fluch auf
sich selber herab. Ja noch nicht genug: seine eigene Mutter, die
Herzogin von York, die, in die Mitte zwischen Elisabeth und Mar=
grete gestellt, die heftigen Aufloderungen der Einen und die milde
Fassung der Andern nach Zeit und Anlaß wechselnd besitzt, die eigne
Mutter Richard's sagt ihm (IV, 4), ihre Gebete würden auf der
Seite seiner Feinde sein; und sie wünscht, ihr Fluch möge am Tage
der Schlacht schwerer auf ihm lasten als seine Rüstung. Von diesem
Einen Fluche ist dann in den Scenen vor der Schlacht von Bosworth
ein trefflicher Gebrauch gemacht, der mehr werth ist, als alles Ue=
brige, wozu der Dichter diese Verwünschungen genutzt hat. Ohne
daß auf jenen mütterlichen Ausspruch zurückgeblickt würde, ohne daß
sich Richard seiner erinnerte, bürdet ihn dort (V, 3) sein Helm, so
daß er sich ihn leichter machen läßt, und lasten ihm die Lanzen im
Arme, die er mit leichteren tauscht. Dieß ist besser als die gehäufte
Einprägung der scharfen Flüche und ihr buchstäbliches und immer

erneuertes Eintreffen; und besser auch ist die Verwünschung der vorübergehend gereizten Mutter bei einem herausfordernden Anlaß, als
das stehende Uebermaaß der Racheflüche Margretens. Aber nur das
Uebermaaß und die Häufung wird zu tadeln sein, nicht die Sache
selbst. Man hüte sich, auf die Seite der Ausleger zu treten, welche
die Einführung der Margrete überhaupt und ihr Schelten am Hofe
thöricht finden, wie die Werbung Richard's auf der Straße. Aber es
ist ein weiser Gegensatz, der dieses Auftreten Margretens bedingt,
und selbst die grelle Hervorhebung ihrer Flüche und ihrer Erfüllung
hat eine weise Absicht. Je versteckter die Sünden dieser Heuchlerbrut
geübt wurden, desto sichtbarer und lautbarer sollte sie die Strafe er-
eilen; es sollte gegen die Heimlichkeit und den Trug der Menschen die
klare Vergeltung Gottes um so deutlicher erscheinen; und an den Uebel-
thätern, die den Himmel selbst zu berücken dachten, die an die rächende
Gewalt und den Fluch nicht glauben der in bösen Thaten selber gelegen ist, soll der Eingriff der ewigen Gerechtigkeit recht faßbar und
greifbar erscheinen. Auf dem Wege zum Tode sagt Buckingham:
„Der Allseher, mit dem ich tändelte, hat mein heuchlerisch Gebet auf
mein Haupt gekehrt und mir im Ernste gegeben, was ich im Scherze
bat". Und eben so entlädt sich auch auf Richard's Scheitel der eigene
Fluch, den er muthwillig auf sich herabbeschwor.

Richard II.

Die Zeitbestimmung von Richard II. ist bereits oben angedeutet worden; wir vermutheten, daß er bald nach Richard III. geschrieben sei. Leidenschaftlich gehobenere Stellen, auch Eine (V, 3) die einen tragischen Stoff fast in humoristische Behandlung zieht, sind noch in Reimpaaren verfaßt; auch überschlagende Reime und Alliterationen kommen noch vor. Der ganzen tiefsinnigen Anlage und Charakteristik, so wie der Führung der geschichtlichen Fabel nach ist das Stück, gegen Richard III. gehalten, fortgeschritten; abgesehen von dem Bühneneffecte, nennt es Coleridge mit Recht das erste und bewunderungswürdigste von Shakespeare's rein historischen Stücken, in denen die Geschichte die Fabel bildet, nicht blos wie in Heinrich IV. leitet. Die geschichtlichen Handlungen, die Richard umfaßt, gehen vom September 1398 bis Februar 1400. Alles Wesentliche der Thatsachen ist streng aus der Chronik von Holinshed beibehalten; wo sich Shakespeare Freiheiten erlaubt, ist es in jenen Aeußerlichkeiten, die er nirgends achtete, wo er sie dichterischen Zwecken dienstbar machen konnte.

Eine dramatische Vorarbeit hatte Shakespeare auch bei diesem Stücke, die uns aber nicht bekannt ist. Wir wissen nur aus dem Berichte eines Dr. Forman, daß 1611 auf Shakespeare's Bühne ein Stück von Richard II. aufgeführt ward, das nach den Angaben des

Inhalts die früheren Jahre der Regierung Richard's behandelte, und weit factenreicher und blutiger als Shakespeare's Werk gewesen sein muß. Ein interessanter geschichtlicher Vorfall knüpft sich an dieses Stück. Als Graf Esser im Jahre 1601, um seine Feinde aus der Umgebung der Königin zu vertreiben, die Londoner Bürgerschaft zu einem Aufstande reizen wollte, ließen seine Vertrauten, Sir Gilly, Merrick u. A. die Tragödie von Richard II. vor dem Ausbruche der Verschwörung in offenen Straßen und Häusern spielen, um die Gemüther zu erhitzen, und Elisabeth erfuhr von dieser Aufführung und spielte im Gespräche, indem sie sich Richard II. nannte, darauf an. Es ist kein Zweifel, daß dieß so im Zwecke der Empörer gebrauchte Stück dieser ältere Richard II. war, denn Shakespeare's Drama ist zwar ein Revolutionsgemälde, aber doch so milder Art, und es nimmt gerade für den entthronten König, und am meisten eben in der Absetzungsscene, so innige Theilnahme in Anspruch, daß es sich zu jenem Zwecke sehr unvortheilhaft darbieten würde; in den Ausgaben vor 1601 war ohnehin die ganze Scene der Absetzung Richard's im vierten Acte, obgleich sie von dem Dichter gleich anfangs niedergeschrieben sein muß, nicht einmal abgedruckt, wie sie gewiß auch unter Elisabeth's Regierung nicht gespielt wurde. Nichts ist übrigens natürlicher, als daß man bei dem außerordentlich praktischen Charakter dieser historischen Stücke, auch der Shakespeare'schen, auf einen solchen Gebrauch derselben verfalle. Im vorigen Jahrhundert wurde Shakespeare's Richard II. zu der Zeit gegeben, als der englische Handelsstand 1744 auf einen Krieg mit Spanien drang und Robert Walpole dieser Volkspolitik Widerstand leistete; alle Stellen, die auf die Gefangenschaft des Königs unter seinen Schmeichlern gehen, wurden auf Walpole bezogen und mit lautem Geschrei begrüßt, andere Stellen über den Bankerut des gebrochenen Königs mit todtem und ehrfürchtigem Schweigen gehört.

Richard II. muß durchaus mit Heinrich IV. und V. in Einer Reihe gelesen werden, um ganz auf den Grund verständlich zu sein.

Die feinsten Züge zur Erklärung der Charaktere und der Handlungen
in dem ersten Stücke dieser Reihe sind in Stellen des dritten und
vierten erst niedergelegt, man könnte sagen absichtlich versteckt. Der
Hauptcharakter des vierten Stückes, Heinrich V., ist in dem ersten, in
Richard, schon erwähnt und sein wüstes Jugendbleben schon bezeich=
net, zu einer Zeit, wo er erst zwölf Jahre alt war. Die Figur des
Herzogs von Aumerle, der in Richard keine glänzende Rolle spielt,
wird, nachdem ihn seine Mutter hier (V, 3.) von der Strafe des
Hochverräthers gerettet und Gott gebeten hatte, diesen „alten Sohn
neu zu machen", spät in Heinrich V. von dem Dichter schweigend
wiedergebracht, ein neuer Mensch in der That, der mit der Helden=
zeit groß geworden ist und bei Azincourt den Heldentod stirbt. So
schlingen sich die feinsten Fäden um die vier Stücke, sie untereinander
zu verbinden; andere eben so feine Beziehungen setzen diese Lanca=
strische Tetralogie mit der York'schen in ein gegensätzliches Verhältniß.
Dem Dichter entging nicht die Aehnlichkeit der geschichtlichen Ereig=
nisse in dem Steigen und Fallen dieser beiden Häuser; hätte er die
zeitlich jüngere Geschichte des York'schen Hauses statt v o r der Ge=
schichte der Lancasters n a ch ihr behandelt, so hätte ihm dieß gestattet,
diese Beziehungen und Aehnlichkeiten in beiden Stoffen noch schärfer
zu zeichnen als so. Richard II. erscheint in dieser Tetralogie so, wie
Heinrich VI. in der York'schen. Ein junger Fürst, nicht ohne schöne
menschliche Anlagen, von Oheimen und anmaaßenden Protectoren,
von Schützlingen und Günstlingen umgeben, richtet beide Male das
Reich zu Grunde; beide gehen ihres ererbten Thrones verlustig durch
Usurpatoren und sterben gewaltsam im Gefängniß. Bolingbroke
untergräbt den Thron Richard's in sehr ähnlicher Weise, wie York
den des Heinrich VI.; der Eine fällt meineidig, ehe er das letzte Ziel
seines ehrgeizigen Weges erreicht; der Andere gelangt durch Glück
und Verdienst zu diesem Ziele und behauptet es durch würdige Ver=
waltung und reuige Buße. Die Vergeltung aber droht dem Einen
usurpatorischen Hause wie dem Andern; häusliches Zerwurfniß

herrscht in der Familie Heinrich's IV., wie unter den Söhnen Yorks unter Eduard IV. Nun aber theilen sich die Schicksale beider Häuser in einen schärferen Gegensatz, den wir bereits oben bezeichneten; aus dem unglückweissagenden Familienverhältniß unter den Lancasters taucht jener Heinrich V. empor, der mitten in einem wilden Jugend= treiben die großen Entschlüsse faßt, dem englischen Throne den Glanz der Eduarde wiederzugeben, während aus dem York'schen Hause jener Richard III. mitten in einer Laufbahn kriegerischen Ruhmes die Entwürfe macht, sich durch eine Kette von Schlechtigkeiten den Weg zum Throne zu bahnen. Ein großer Regent macht dort durch Tu= genden die Unthat der Lancaster auf eine kurze glorreiche Zeit verges= sen, hier häuft ein blutiger Tyrann durch Ruchlosigkeit das Aeußerste der Schmach auf das Haus York und reißt es zum Untergang. Wie in diesen äußeren Verhältnissen ein gewisser Parallelismus in beiden Geschichten nicht zu verkennen ist, so haben wir bereits mehrfach den gleichen Gedanken genannt, aus dem Shakespeare beide Tetralogien bearbeitet hat. Der Streit des Verdienstes mit dem Rechte um eine unbefestigte Krone konnte schon in Heinrich VI. der leitende, wenig= stens der hervorspringende Gedanke heißen; in Richard III. ver= drängte ihn eine mehr ethische Idee, die in diesem Stücke den rein geschichtlichen Charakter etwas beeinträchtigt; hier in Richard II. da= gegen tritt dieser Gedanke in aller politischen Reinheit aus dem histo= rischen Stoffe heraus und wird von dem Dichter mit aller Selbstän= digkeit ergriffen, um mit ihm die geschichtliche Materie zu einem freie= ren Kunstwerke von höherer und vollendeterer Organisation umzu= bilden, als die Geschichte in sich selber gestattet.

Richard II. war der Sohn des schwarzen Prinzen*), des tapferen Aeltesten unter Eduard's III. Kindern. Er war nach der geschichtlichen Ueberlieferung bildschön; und auch Shakespeare hat ihm im Gegen= satz zu Richard III., den seine Häßlichkeit treibt sich an der Natur zu

---

* Zur Erläuterung der genealogischen Verhältnisse unter den Hauptper=

Wir lassen dieses und der folgenden Stücke fügen wir hier die Uebersicht der Nachkommenschaft Eduard's III. bei, so weit sie in unseren Stücken vorkommt. Die den Namen der Söhne Eduard's beigefügten Zahlen bedeuten ihre Reihenfolge nach dem Alter in der Zahl der sämmtlichen Söhne Eduard's.

Eduard III. † 1377.

Eduard Prinz von Wales. 1. † 1376.
- Richard II.

Lionel Herzog v. Clarence. 2.
- Philippa, vermählt mit dem ersten Grafen von March.
  - Roger Graf v. March.
    - Edmund Mortimer*), Graf v. March. geb. 1392.
  - Sir Edmund Mortimer, Schwiegersohn Owen Glendower's.
  - Elisabeth, bei Shakesp. Kate, Lady Percy.

John Gaunt v. Lancaster. 3. † 1399. 59 J. alt.
- Heinrich Hereford (Bolingbroke), nachher Heinrich IV.
  - Heinrich V.

Edmund Langley v. York. 5.
- Graf Calis= Herzog v. Aumerle, burh), Rebell gegen gefallen bei Heinrich V. Agincourt.
  - Richard Plantagenet, Herzog v. York.

Thomas Woodstock, Herzog von Gloster. † 1397, ermordet.

*) Bei Shakespeare mit seinem Oheim Sir Edmund Mortimer in Eine Person verschmolzen.

rächen, nicht ohne Absicht die schöne Gestalt verliehen, die nach Baco
„den meistentheils leichtfertig macht, den sie ziert und den sie bewegt";
er nennt ihn aus Percy's Munde eine süße Rose, gibt ihm die äuße=
ren Züge seines Vaters und läßt seine inneren gelegentlich in ihm
erkennen: die milde Natur des Lamms und die heftige des Löwen,
die der Dichter in dem schwarzen Prinzen vereinigt nennt, treten
beide in ihm zu Tage. Die erstere ist nicht wohl zu verkennen; sie
wird noch zuletzt in den vielen Zeichen der Anhänglichkeit sichtlich,
die er in der Zeit empfängt wo es gefährlich ist sie zu äußern, und
nach seinem Tode in der Sehnsucht nach ihm, die in den wider ihn
verschworenen Gegnern erwacht. Die andere Eigenschaft ist in zer=
streuten einzelnen Zügen mehr verborgen. Er erscheint überall als
ein heißes Füllen, leicht reizbar, ein heftiges Feuer, das sich schnell
verzehrt; er vergleicht sich selbst mit dem glänzenden Phaeton, der
unfähig und kühn die störrischen Rosse handhaben wollte; in Augen=
blicken seines Unglücks erwacht der Trotz eines angeborenen Adels
mitten aus seinem Grame, und in seinem Tode zeigt er sich eben so
„voll von Tapferkeit als königlichem Blute". Aber diese schöne An=
lage ist ganz verwischt; schon in den jungen Jahren seines Lebens
und seiner Regierung hat er allen guten Ruf verloren; er ist um=
geben von einer Schaar von Geschöpfen und Günstlingen, Aus=
saugern und Raupen des Reiches, die sein Ohr mit Schmeicheleien
verstopfen und mit üppigem Dichtungswerk vergiften, die ihn herrsch=
süchtig, hochfahrend, unfähig machen, ein Wort des Tadels und der
Ermahnung, sei es selbst aus dem Munde eines sterbenden Oheims,
zu hören; die ihn mit italienischem Modetand verflachen, mit jeder
niederen Eitelkeit umgeben, zu Prunksucht und Verschwendung ver=
führen. In Heinrich IV. wird sein Leben und Treiben in einer aus=
führlicheren Stelle beschrieben, als es in unserem Stücke selber ge=
schieht. Der leichtfüßige Richard, heißt es dort, ging auf und ab
mit schalen Spaßmachern und raschlobernden Witzlingen, machte
seinen Stand und sein Königthum gemein mit possenreißenden

Thoren, ließ seinen großen Namen von ihrem Spotte entweihen und
gab seine Haltung so weit auf, daß er lachte über die spottsüchtigen
Knaben und sich an den Gleichnissen der eitlen Bartlosen ergötzte;
er ward ein Gefährte der Straße und gab sich der Popularität zu
Lehen, so daß, da er täglich von des Volkes Augen verschlungen
ward, sie sich am Honig sättigten und an dem Geschmacke der Süße
bald verekelten, wovon ein wenig mehr als ein wenig viel zu viel
ist. — Von Scenen dieser Art hat uns Shakespeare in Richard II.
nichts oder wenig gezeigt: nur von ferne blickt man auf den zutrau-
lichen Ton des Umgangs durch, auf dem die Aumerle und Bushy
mit König und Königin stehen. Der Dichter hat diesen heiteren
leichtsinnigen Verkehr im Hintergrunde gelassen, was vielleicht, das
Stück von Richard II. für sich betrachtet, ein Mangel wäre; aber er
hatte das allzu Aehnliche in Heinrich IV. zu schildern und mußte die
Wiederholung scheuen; er gab diese fröhlichen Gemälde in dem heiteren Schauspiele und ließ sie in diesem tragischen Stücke weg. An
ihre Stelle setzte er weislich, um nicht das Trauerspiel der vaterländischen Geschichte belachen zu machen, die ernste und tragische Seite
dieses Treibens. Von seiner Umgebung gehetzt hatte Richard seinen
ehrlichen, gutmeinenden Oheim Gloster, der sich nach der geschichtlichen Ueberlieferung ein Protectorat über den jungen König ange-
maaßt hatte, ermorden lassen und dieß machte seine übrigen Oheime,
die Lancaster und York, um ihre Sicherheit besorgt, wenn sie auch,
wie die Chronik sagt, den Stachel ihres Misvergnügens bargen.
Von jener Umgebung ausgesogen sieht Richard seine Kasse leer,
greift zu Zwangsanlehen, zu Erpressung von Steuern und Straf-
geldern, und gibt zuletzt das englische Reich in Pacht an seine Schmarotzer, nicht mehr ein König, nur noch ein Gutsherr von England.
Ein Verräther an diesem unbesiegten Lande hat er auch durch Ver-
träge von den Eroberungen seiner Väter aufgegeben. Zuletzt greift er
auch das Privateigenthum an und zieht die Güter des gestorbenen
alten Lancaster und seines verbannten Sohnes ein, was die Herzen

der Gemeinen und des Adels empört. Dieser Verfall des ausge-
sogenen Landes, dieser Umsturz des Rechts, diese Gefahr des Eigenthums, die in Irland ausgebrochene Empörung, die Bewaffnung
des Adels zu Selbsthülfe, alle diese Anzeichen lassen in den zwei
ersten Acten die aufgehende Saat der Revolution beobachten, die
der verführte König gestreut hatte. Die Vorbedeutung des Falls
Richard's II. liest die Volksstimme (II, 4) in dem allgemeinen Merkmale aller Umwälzungszeiten:

> Der Reiche bangt, Gesindel tanzt und springt,
> D e r in der Furcht, was er besitzt, zu missen,
> D i e ß , zu besitzen durch Gewalt und Krieg.

Neben den zerstreut nur angedeuteten Zügen, welche die Unfähigkeit des Königs und sein Schwanken zwischen unzeitiger Herr-
scherkraft und Schwäche bezeichnen, hat der Dichter nur Ein Ereigniß
zur näheren dramatischen Veranschaulichung gewählt, an das sich gerade die Katastrophe von Richard's Schicksal knüpft, den ritterlichen
Handel zwischen Bolingbroke und Norfolk, mit dem das Stück beginnt. Coleridge sagte von dieser Scene, sie scheine eingeführt, um
im Voraus die Charaktere Richard's und Bolingbroke's zu schildern;
Courtenay gar war so kühn zu meinen, sie sei eben eingeführt weil
sie Shakespeare in der Chronik fand. So aber hat Shakespeare
nicht geschrieben. Er hat spät noch in Heinrich IV. (II, 4, 1.) mit
sehr nackten Worten zum Ueberflusse gesagt, daß er mit dieser Scene
begann, weil sie eben der Anfang aller der Leiden war, die auf König Richard und nachher auf seine Entthroner fielen. Norfolk's
Sohn sagt dort: O damals, als der König seinen Stab niederwarf,
da hing sein Leben dran, und das Leben Aller, die seitdem das Gericht und das Schwert unter Bolingbroke traf! Allerdings dient
dann die Scene, wie sehr sie an sich nothwendig ist, wesentlich dazu,
die beiden Hauptcharaktere, Richard und Bolingbroke, den verfallen-
den König noch in seiner Glorie und Macht, den aufkommenden in
seinem Unglücke und seiner Verbannung, einander gegenüber zu stellen

in ihrem erften und fogleich entscheidenden Zusammenstoße. In seiner Anklage gegen Norfolk umstellt Bolingbroke den König ganz von ferne mit feindlichen Anschlägen. Auf dem Könige und seiner Umgebung ruht in der öffentlichen Meinung die Schuld von Gloster's Mord; als das nächste Werkzeug tritt später Aumerle hervor; Norfolk trifft nur die Schuld der Mitwissenschaft und der Verhehlung, deren er sich selber anklagt; aber der Volkshaß wälzt sich mit auf ihn wie auf den König. Diese Lage benutzt Bolingbroke, wie wir im zweiten Theile Heinrich's IV. (IV, 1.) ausdrücklich erfahren, jenen Haß zu nähren und die Gunst des Volkes auf sich zu ziehen, indem er die Lancaster ehrenhaft beforgt um eine heilige Familiensache hinstellt. Er weiß, daß Norfolk an dem Morde Gloster's nicht schuldig ist, aber eben so tapfer als politisch wagt er freigeistig das Gottesurtheil anzutragen, denn er räumt in ihm die einzige kräftige Stütze des Königs und zugleich einen Feind seiner Familie hinweg. Die Nachgelaffenen des ermordeten Gloster spornten die Lancaster zur Rache, deren eigene Sicherheit im Spiele war; der alte Gaunt zwar ftellt die Rache Gott anheim, aber sein Sohn Bolingbroke hält sie für gesicherter, wenn sie in seiner menschlichen Hand ist. Der ehrwürdige Alte, dem Shakespeare höhere Jahre leiht als die Geschichte, hat dem Sohne die Elemente vererbt aus dem sein tiefverborgener Charakter gemischt ist. Der greise Held hat seines Vaterlandes Wohl im Busen getragen und sein patriotischer Sinn gewinnt in der Sterbestunde über seine Unterthanentreue so viel, daß er dem sündigen Richard in Worten der höchsten Begeisterung für das ruhmvolle Vaterland schneidend vorwirst, was er aus diesem Paradiese gemacht hat. Der Gram um das Land und der Gram um seinen verbannten Sohn stürzten ihn in's Grab. Mit seinem vaterländischen Sinne mischt sich, sieht man, Familiensinn und Eigenliebe; beides ist auch in dem Sohne mächtig. Des Sohnes weitgreifende Hauspolitik begleitet und bestimmt sein ganzes Leben; sein vaterländisches Gefühl bricht aus der rührenden Klage über seine Verbannung hervor, die

man mit Recht nicht allein sehr schön, sondern auch sehr englisch ge=
nannt hat. Zu beiden Zügen kommt die diplomatische Schlauheit,
die auf's Tiefste in dem Charakter angelegt und darum mühelos ver=
borgen ist. Auch sie kann der Sohn von dem Vater überkommen zu
haben scheinen; denn man kann eine kluge Absicht nicht feiner mit
Edelmuth paaren, als der alte Gaunt, da er im Staatsrath für die
Verbannung seines Sohnes, die ihm nachher das Herz bricht, mit=
stimmt, in der Meinung, mit seinem zu strengen Spruche die Ande=
ren gerade zu einem milderen Urtheil zu stimmen. Ganz von solch
einer grundtief verborgenen Politik hat Shakespeare den Sohn ge=
zeichnet, der sich nur in Einem Zuge in Richard II. ohne Maske zeigt,
im Uebrigen durch die drei Stücke auch dem aufmerksamen Leser ein
Räthsel bleiben kann, bis ihm die letzte Lebensstunde endlich ein Ge=
ständniß an seinen Sohn entlockt. Ganz in diesem räthselhaften
Dunkel ist nun auch die Anfangsscene zwischen Bolingbroke und
Norfolk gehalten. Die Absichten und Beweggründe, die den ersteren
antreiben, haben wir so eben angedeutet, aber wir haben sie weither
geholt aus späteren Aufschlüssen; im Augenblicke der Handlung ist
unklar, was er bezweckt, und Norfolk's Haltung vermehrt das
Dunkel. Die Stimme der Unschuld und der Ehre spricht aus ihm,
am meisten aus seinem Selbstgeständnisse, fast eben so sehr aus der
festen Berufung auf seine Treue gegen den König. Sie geht so weit,
daß er den Schleier über der Unthat, der er geziehen wird, nicht weg=
nimmt, auch nicht, nachdem des Königs Spruch auf ewige Verban=
nung ihn „unerwartet" getroffen hat, der auf anderen Lohn als diese
Schmach gehofft. Auch verurtheilt ihn der König, wie man gleich=
falls erst ganz spät in Heinrich IV. (II, 4, 1.) erfährt, wider Willen,
weil die allgemeine Erbitterung sich auf ihn abgeladen, die Schwär=
merei der Volksgunst aber sich bereits auf Bolingbroke geworfen
hatte, der bei seinem Abzuge sich schon wie ein herablassender Fürst
gegen die Menge benimmt. Der schwache Richard, dem Norfolk die Be=
reuung dieser That voraussagt, verbannt unköniglich den Mann, den

er liebt und der ihm der treueste Halt gewesen wäre, auf Lebenszeit,
und auf wenige Jahre den Andern, den er haßt, dessen strebende Ge=
danken er fürchtet, dessen Verbannung er in seinem Inneren treulos
für ewig beschlossen hat. Er stört den Kampf der beiden, deren Frie=
den er noch mehr fürchtet: er trifft den Feind und reizt ihn, ohne ihn
unschädlich zu machen; die ganze Rathlosigkeit eines Mannes von
gestörtem Gewissen, der weder zur rechten Gelegenheit streng noch
mild zu sein weiß, entwickelt sich in diesem Einen Falle. Die Chronik
zieht die Summe seiner Regierungsfehler in die Worte: er habe
gegen seine Freunde zu große Güte, gegen seine Feinde zu große
Gnade bewiesen. Beides ist richtig. In diesem Falle aber zeigt er
in der Strenge gegen den Freund, daß er noch inconsequent dazu ist,
und sich von der Macht der Meinung in einem unwesentlichen Punkte
bestimmen läßt, da er sie in dem wesentlichen überhört.

Shakespeare zieht ganz im Sinne des angeführten Satzes der
Chronik die politische Moral aus Richard's Regiment in der Gärt=
nerscene (III, 4.) und ihrer einfachen Allegorie. Der weise Gärtner
sorgt, die Zweige zu stützen, die wie unartige Kinder ihren Vater
beugen durch ihr übermäßiges Uebergewicht; die zu schnell wachsen=
den Sprossen schneidet er ab, die im Gemeinwesen zu hoch steigen;
das nutzlose Unkraut jätet er aus. Richard, der in seiner Familien=
eifersucht gegen Gloster die erste der drei Regeln, in seiner zu großen
Gnade gegen Bolingbroke die zweite, in seiner zu großen Güte ge=
gen seine Schmarotzer, die Bagot und Bushy, die dritte nicht beob=
achtet hatte, sieht nun den Fall der Blätter; ein Anderer jätet das
Unkraut aus, das unter seiner weitgebreiteten Krone wucherte, das
ihn zu stützen schien, während es ihn aussog. Hätte er das Reich
so gehegt und gepflegt, wie die Gärtner ihren Garten, so hätte er
seinen Großen gethan wie sie den Bäumen, denen sie zur rechten Zeit
die Rinde anzapfen, um ihr zu üppiges Wachsthum zu hindern, so
hätte er die überflüssigen Zweige beschnitten und er hätte ihre Früchte
erlebt und genossen und seine Krone erhalten.

Statt dessen that er Alles, was ihm seine Krone verwirken mußte. Wir haben des Königs Unberathenheit in dem Streite zwischen Bolingbroke und Norfolk gesehen. Kaum ist dieser Zwiespalt beseitigt, so stirbt der alte Gaunt; die irische Empörung heischt Abhülfe; der verschwenderische Fürst hat kein Geld; er zieht nun die Güter der Lancaster ein, was selbst den gutmüthigen, trägen und ruhesüchtigen York vorübergehend in Flammen setzt. Richard geht persönlich nach Irland und läßt den gereizten York, den schwächsten den er wählen konnte, als Statthalter von England zurück. Sogleich ergreift der verbannte Bolingbroke den Anlaß, in das leer stehende Reich zurückzukehren, unter dem Vorwande, sein rechtmäßiges Erbe in Besitz zu nehmen. Der besorgte Adel, die Percys, schlagen sich zu ihm; die elenden Freunde des Königs geben sogleich seine Sache verloren; der rathlose York geht über. Als Richard aus Irland zurückkehrt, hat er bereits nichts mehr vom Königthum, als sein Recht darauf. Er beredet sich mehr, als daß er davon überzeugt wäre, mit diesem Rechte Alles zu haben. Er kommt, vom Gewissen getroffen, ahnungsvoll, gelähmt und unthätig aus Irland zurück. In gewohnter Schwärmerei hofft er, als er den englischen Boden wieder betritt, daß die Erde mit ihm fühlen, die Steine ihm Krieger stellen würden, ehe ihr angeborener König dem Aufruhr unterliegen solle. Er gräbt sich in poetischen und religiösen Trost und verschanzt sich hinter sein göttliches Recht und Ansehen: nicht alles Wasser der See könne den Balsam von einem gesalbten Haupte waschen; der Athem weltlicher Menschen könne nicht den vom Herrn erwählten Stellvertreter absetzen. Er baut darauf, daß Gott und der Himmel, der das Recht bewache, gegen jeden Mann Bolingbroke's einen Engel für ihn im Solde habe. Er vergleicht seine königliche Würde mit der Sonne, in deren Abwesenheit zu Nachtzeit die Räuber schwärmen, vor deren strahlendem Aufgang im Osten sie aber zitternd entweichen. Aber bald zeigt ihn der Dichter mit einem schweigenden Rückblicke auf dieses Bild dem Räuber Bolingbroke gegenüber und dieser selbst

(III, 3; in manchen Ausgaben ist die Stelle York in den Mund ge=
legt) vergleicht ihn gerade so mit der im Osten auftauchenden Sonne;
aber die neidischen Wolken trüben den königlichen Anblick, sperren
ihm den Pfad und sind nicht so schnell verscheucht wie sich Richard
dachte. Gerade indem er auf den Beistand des Himmels so eifrig
pocht, kommt die grelle Botschaft, daß nicht allein keine Engel für ihn
in Bereitschaft stehen, sondern daß selbst die Menschen von ihm abge=
fallen sind. Da plötzlich weicht das Vertrauen auf sein gutes Recht
von ihm. Er ruft seinen Namen und Majestät wieder auf, aber auf
eine neue Unglücksbotschaft hin bricht sein Muth bis zur Entsagung
zusammen. Er macht später Northumberland gegenüber sein gött=
liches Recht noch einmal geltend, und daß keine menschliche Hand
sein heilig Scepter ohne Raub und Gewaltthat ergreifen könne.
Aber das Gedeihen vom Himmel ist jetzt schon sichtlich auf der Seite
der Gewalt; der, den das Volk trägt, steht sicherer, als der Gesalbte
Gottes.

Shakespeare schreibt hier eine unsterbliche Lehre über das Kö=
nigthum von Gottes Gnaden und das Recht der Unverletzlichkeit.
Sein Standpunkt ist auch hier jener zweiseitige der gänzlichen Partei=
losigkeit und Unbefangenheit, auf den wir nicht müde werden zurück=
zudeuten, als auf das größte Merkzeichen seiner außerordentlichen
geistigen Ueberlegenheit. Seine Ansicht legt er hauptsächlich dem
Bischoff von Carlisle in den Mund, dem erhabenen Musterbild ächter
Loyalität, der dem rechtmäßigen Könige treu zu Seite steht, aber
ihm die harte Stimme der Wahrheit nicht verhehlt; der dem unrecht=
mäßigen Usurpator in offener Versammlung trotzt, aber selbst ihm
durch diese Funken wahrer Ehre Gnade und Achtung abnöthigt. Ver=
tieft in sein Nachdenken über Schein und Wesen, dem wir Shake=
speare in dieser ganzen Periode seines Lebens hingegeben sehen, kann
er nicht den Heiligenschein des göttlichen Rechts für das Wesen des
Königthums ansehen. Keine Unverletzlichkeit kann das gesalbte
Haupt schützen, wenn es sich des göttlichen Besitzes selber unwürdig

gemacht; keine Rechtmäßigkeit und kein Balsam kann den Herrscher
von den Pflichten für das Land seiner Obhut lossprechen! Jeder
Beruf würde unserm Dichter von Gott scheinen und mit dem Be=
rufe jede Pflicht. Die Pflichterfüllung ist auch für den König die
erste Bedingung seines Bestandes; mit ihrer Vernachlässigung ver=
wirkt er Besitz und Recht, verliert er sich selbst, seine innere Würde,
Weihe und Kraft. So sagt auch Heinrich IV. seinem Sohne mit
deutlichen Worten: er sei, zügellos und seiner selbst vergessen wie er
damals war, nur der Schatten der Erblichkeit; der ehrenhafte Percy,
obzwar ein Empörer, verdiene der Erbe zu sein. Die pflichtvolle
Unrechtmäßigkeit ist gegen die pflichtvergessene Rechtmäßigkeit, sie ist
über sie gestellt von dem Manne, der sich einst mit jener emporge=
hoben hatte und der sich nun mit Pflichterfüllung seine Rechtmäßig=
keit sichern möchte. Es ist voll Aufschluß über Shakespeare's eigent=
liche Meinung, seinen König Johann mit diesem Stücke genau zu
vergleichen. Der Usurpator Johann behauptet die Krone mit guten
und schlechten Mitteln, so lange er das Vertrauen und seine Kraft
nicht verliert, so lange er ruchlose Thaten und nutzlose Grausamkeit
meidet und gut englisch gesinnt ist; sobald er seiner königlichen Pflicht
vergibt und England verkauft, so verliert er sich selbst und seine
Krone; er, der Usurpator, durchaus nicht anders als der legitime
Richard, der eben so sein Land verpachtet und eben so mit seiner
Pflicht sich selber aufgegeben hat. Zu dieser Königspflicht gehört
wesentlich, daß der Fürst, wenn er sein eigenes Recht gesichert wissen
will, das Recht Anderer wahre und schütze. Des Königs eigenes
Recht ist von Shakespeare nicht heiliger geachtet, als jedes andere:
diese Ansichten sind seit den Zeiten Shakespeare's und der holländi=
schen Republik in England tiefer und tiefer gewurzelt, bis sie Milton
in seiner defensio pro populo in allem Nachdruck predigte. Sobald
Richard das Erbe der Lancaster angetastet hatte, so hatte er ihnen
gleichsam ein Vergeltungsrecht in die Hände gelegt. Der schlaffe
York sagt ihm dieß auf der Stelle: wenn er der Zeit ihr Recht

nähme, so könne morgen nicht auf heute folgen, er könne nicht wei=
ter Er selbst sein, denn auch Er sei König nur durch Nachfolge und
Erbrecht; er ziehe mit dieser That tausend Gefahren auf sein Haupt,
verliere tausend wohlgesinnte Herzen und zwinge selbst seine zahme
Geduld zu Gedanken, die Ehre und Lehenpflicht nicht denken dürften.
Zu jener Königspflicht gehört ferner nicht allein die Abwesenheit
aller jener Laster der weichen Genußsucht, an denen Richard zu
Grunde geht, sondern an ihrer Stelle die Tugend der Thatkraft, die
auch jedes gemeinen Mannes erste Ehre ist. Der Himmel hilft uns
nur, sagt Carlisle zu Richard, wenn wir seine Hülfe ergreifen; und
Salisbury schärft ihm (III, 2.) die große Erfahrung aus den Ueber=
stürzungen revolutionärer Zeiten ein:

> Ein Tag zu spät, befürcht' ich, edler Herr
> Hat all dein Glück auf Erden dir verdunkelt.
> Der heut'ge Tag, der Unglückstag, zu spät,
> Wirft Freude, Freunde, Glück und Staat dir nieder!

Auf diese Mahnung erhebt er sich, da jetzt auch die Erhebung zu spät
ist. Vorher war ein jeder Anspruch der Aumerle und Carlisle an
seine Männlichkeit, jeder Vorwurf über seine Saumseligkeit verge=
bens, er war in sich versunken und schwelgte in seinem Unglücke wie
vorher in seinem Glücke. Und so muß ihn zuletzt noch sein Weib be=
schämen, als sie ihn auch an Geist und Verstand abgesetzt findet: sie
wollte ihn ungeduldig wie einen Löwen im Sterben mit der Tatze
die Erde schlagen sehen, aber Er wie ein Schüler nimmt die Strafe
geduldig hin und lehrt das Weib Entsagung, dem diese Lehre besser
zu Munde stände. Die Schwäche und Schuld ist von dem Dichter
meisterhaft geschildert, unter der die Revolutionen unversehens ge=
deihen; und er rollt uns in langer Reihe das Schauspiel der wirken=
den Mächte einer solchen Umwälzungszeit in diesem Stücke auf, ein
Gemälde von schwer zu erschöpfender Größe und Tiefe. Denn kein
Stück will so oft wie dieses und in so engem Verbande mit den nach=
folgenden gelesen sein, um ganz ergründet zu werden. Es ist un=

scheinbar, ohne scharfe Würze, aber einen geduldigen Fleiß belohnt es desto reicher. Den Inhalt sämmtlicher vier Stücke in eine Erzäh= lung zu zerlegen, die ganz in Shakespeare's Sinne motivirt wäre, würde eine weite Arbeit sein, von außerordentlicher Fülle. Wer sie von den Anfängen dieses Richard bis zum Schlusse Heinrich's V. mit gewissenhafter Erwägung jedes Einzelnen durchgelesen hat, dem scheint es wahrhaft eine ganze Welt durchlebt zu haben.

Der Dichter, der uns den jungen König in seinem Glücke nicht ausführlich hat kennen lehren, entwickelt seinen Charakter desto fesseln= der und genauer in seinem Unglück. Sobald mit der Landung Bo= lingbroke's der Wendepunkt seines Glückes gekommen ist, tritt, wo wir den kräftigen Regenten zu sehen wünschten, die gutartige mensch= liche Natur, die vorher im Glück und Uebermuth verdunkelt war, glänzend hervor, aber auch jetzt immer in Begleitung der Schwäche und Haltlosigkeit, die der Grundzug seines Wesens ist. Er hat der Stützen immer bedurft, und die kräftigen Stützen hat er nicht ertra= gen, er hatte sie an den Schlingpflanzen gesucht, die ihn selber zu Boden rissen; die Gaunt und Norfolk hatte er sich entfremdet. Daher fällt er im ersten Augenblick seines Unglücks einen unrettbaren Fall. Sobald die Nachricht von dem Abfall seiner Leute kommt, wird er bleich und verzagt; bei der zweiten Botschaft, die ihn mit einem neuen Unheil nur erst bedroht, wird er ergeben und bereit zu Thron= entsagung und Tod. Als ihn Aumerle an seinen Vater York erin= nert, schüttelt er sich noch einmal auf, aber sobald er hört, daß auch diese letzte Stütze gebrochen ist, verwünscht er seinen Vetter, daß er ihn von dem süßen Weg zur Verzweiflung noch einmal hinwegge= rissen; er verschwört jeden Trost und jede That; er läßt seine Truppen auseinandergehen; keiner Anstrengung mehr fähig will er zu keiner mehr gemahnt sein und thut sich selber jeder Versuchung dazu ab. Ein hochpoetischer Glanz fällt nun auf die Scenen der Erniedrigung und der inneren Vernichtung des romantischen Jünglings, dessen Phantasie in Gram und Unglück zu einer Höhe gesteigert wird, die

uns zurückschließen läßt auf die Stärke des Rausch's, in den er sich
früher in Lust und Freuden gestürzt hatte. Die Kraft, die ihn damals
ganz aus sich heraus gerissen hatte, wendet sich nun mit einer furcht=
baren Gewalt ganz nach seinem Inneren, und der Genußsüchtige
macht sich nun aus Leid und Gram einen Genuß und aus der Ver=
zweiflung eine Süßigkeit. Er nennt sich Anfangs einen Sklaven sei=
nes königlichen Jammers, später will er umgekehrt, des Throns ver=
lustig, doch der König seines Grames bleiben. Die Worte und Vor=
hersagungen des schnöde verletzten Gaunt sollen sich jetzt an dem
Schmäher des Sterbenden erfüllen. Es wird an Richard wahr jener
Spruch: daß Leid um so schwerer sitzt, wo es bemerkt, daß man
es nur schwach trägt. Es wird an ihm wahr das Wort: daß die
Eitelkeit, der unersättliche Rabe, wenn er seine Mittel verzehrt hat,
an sich selber nagt. Richard wunderte sich in der Todesscene Gaunt's
(II, 1.), wie der Gram in dem Munde des Sterbenden mit Worten
spielen könne, aber in der tödtlichen Krankheit seines Elends lernt
er sich viel tiefer in das Spiel der Worte und der grübelnden Gedan=
ken zu versenken. Gleich Anfangs im Beginne seiner Leiden brütet er
über Gräber= und Todesgedanken; er möchte die Geschicke aller ge=
fallenen Könige vor seinem Geiste vorübergehen lassen und dann,
(als ob ihm wieder die Worte des sterbenden Gaunt im Sinne lägen,
wo er ihm sagte, in dem kleinen Reif seiner Krone säßen tausend
Schmeichler, die sein Land verpraßten,) dann malt er im unglück=
lichen Gegensatze seiner jetzigen Lage sich das Bild der Krone so aus,
als ob in ihrem hohlen Raume der Schalksnarr Tod seinen Hof
hielte, der dem Träger der Krone gestatte, eines Athemzugs Weile
eine kurze Scene zu monarchisiren. Als er hernach seinen Feinden
gegenüber tritt (III, 3.), stellt ihn ein Anfall seiner königlichen Ein=
bildung dem schleichenden Northumberland in einem Scheine von
Kraft dar; auch war jetzt der Augenblick, mit Würde und Muth der
noch farblosen Meuterei Einhalt zu gebieten. Allein noch ehe nur
Bolingbroke irgend eine Rolle kund gegeben hatte, zu einer Zeit als

selbst in des schwachen York Nähe Niemand den Königstitel vor
Richard's Namen auslassen durfte ohne sich entschuldigen zu müssen,
läßt er plötzlich und ohne jeden Anlaß die Flügel ermattet hängen,
spricht er selbst von Unterwerfung des Königs; und wie er Aumerle
weinen sieht, geht sogleich die rege Phantasie wieder mit seinen Gedanken durch bis an die Grenze des Irrsinns: seine Reden erinnern
hier an den wühlenden Tiefsinn Lear's, der die Einleitung zu dessen
Wahnwitze ist. Er fragt, ob sie Spiel treiben sollen mit ihrem Leid,
und eine artige Wette mit ihrem Thränenvergießen machen: z. B.
ihre Augen auf Eine Stelle tropfen lassen, um ein Paar Gräber zu
höhlen. Auch hier, scheint es, blickt man schauerlich mitten aus
Jammer und Elend heraus auf den eitlen Verkehr und Zeitverderb
zurück, in dem Richard früher mit seinen Genossen lebte. Die Wortspiele und Concepte dieser Scenen sind als ungehörig getadelt worden, aber nirgends stehen sie in so tiefer und richtiger Absicht; die,
deren ganzes Treiben früher Witzelei und Silbenstechen war, vergrübeln sich in solcher Lage wohl natürlich in so maaßloser Weise und
gefallen sich in dem Ausschöpfen Eines Gedankens, der durch den
Anstoß der Verhältnisse in ihnen aufgeregt wird. Richard besinnt sich
daß er eitel spricht, und bemerkt daß man über ihn lacht; das
Schlimme ist, daß Northumberland seine thörichten Reden gehört hat
und ihn dem Bolingbroke als einen Wahnsinnigen bezeichnet. Was
die Rebellen nicht gewagt hätten, das bringt ihnen der kindische
Mann, den das Gefühl der Verlassenheit ganz darnieder geworfen
hat, von selber dar; er selbst spricht zuerst das Wort der Gefahr aus,
die ihn umlagerte, als er in seinen halbirren Reden den Northumberland Prinz, und Bolingbroke König nennt; er gibt vor aller Ohren sich
und sein Erbe in Bolingbroke's Hände, noch ehe es jemand begehrt
hatte. Auch in der Scene der Absetzung, die sich in das Wesen des
Königs trefflich einfügt und seiner Charakteristik die Krone aufsetzt;
hören wir ihn in die schönsten poetischen Bilder über sein Unglück
vertieft, sehen ihn mit einer Art Wollust in seinen Schmerz vergraben.

Er malt sich die Scene, über die ein Anderer gern rasch hinwegge=
kommen wäre, wie ein Schauspiel aus. Nur da sie ihm den Schimpf
zumuthen, seine eigene Selbstanklage zu lesen, rafft sich die stolze
Natur noch einmal in ihm auf und er sieht zu spät ein, wie kläglich
er an sich selbst zum Verräther geworden war. Auch wo wir später
noch Richard sehen auf dem Wege zum Gefängnisse und im Gefäng=
nisse, ist er selbst in seiner Resignation immer geschäftig, sich seine
schmerzvolle Lage schmerzlicher auszumalen, sein Leid gleichsam lecker
zum Schwelgen zu machen und den Kelch bis auf die Hefe zu leeren.
Den kleinen Raum seines Kerkers bevölkert er mit seinen ausschwei=
fenden Phantasien; er grübelt es aus, wie er ihn mit der Welt ver=
gleichen könnte. Ein Musikstück treibt ihn zu der Betrachtung, wie
er jetzt die Feinheit des Gehörs habe, das verletzte Zeitmaaß zu
tadeln, während er für die Harmonie seines Staates und seines
Lebens kein Ohr hatte, das verletzte Maaß zu hören. Er rieb die
Zeit auf, die nun ihn aufreibt; und so malt er sich wieder in einem
andern tiefsinnigen Gleichnisse als eine Uhr aus, zu der die Zeit ihn
gemacht habe. Es ist weise von dem Dichter, daß er dann zuletzt aus
den verschiedenen Sagen von Richard's Tod die wählte, die ihn uns
zum Schlusse noch in einer ehrenhaften Kraft zeigt, nachdem er uns
auch noch die Anziehungskraft seiner Liebenswürdigkeit beobachten
ließ; wir scheiden so von dem Bemitleideten auch nicht ohne Achtung
hinweg.

Richard hat dem Bolingbroke die Krone selbst zugesprochen, in=
dem er ihm sagte: „der verdient wohl zu haben, der den stärksten
und sichersten Weg kennt zu erlangen". Damit soll aber des Usur=
pators Angriff auf die Krone keineswegs gerechtfertigt sein. Ein ge=
schichtlicher, ein politischer, wie ein göttlicher Fluch liegt auf dieser
That, der sich wenn nicht an dem Thäter so doch an seinem Hause
rächen soll. Wenn Gott auch den sündigen König nicht schützt, so
schützt er darum nicht auch die sündigen Thaten seiner Gegner.
Richard und Carlisle sprechen vielmehr die Verkündung der Strafe

I. 24

aus: Gott werde Seuchen rufen, die die noch ungeborenen Kinder
der Rebellen treffen würden; für diesen Angriff der unheiligen Hand
des Unterthanen auf den König werde dieß Land genannt werden
das Feld von Golgatha und Schädelstätte, und die wehevollste Spal=
tung werde es heimsuchen.   Dieser Fluch erfüllt sich zunächst an den
Handlangern von Bolingbroke's Entwürfen: die Liebe zu den schlech=
ten Freunden, warnt Richard den Northumberland, werde in Furcht
umschlagen, die Furcht zu Haß, der Haß zum Verderb des Einen
oder der Beiden.   So kam's; Northumberland selbst zieht, wie die
Personen in Richard III., die Erfüllung des Fluchs auf sich nieder
mit den Worten: Meine Schuld sei auf meinem Haupte.   Den neuen
König aber trifft die Rache des Himmels nachher in dem Aufstand
der Percys, seiner Helfer, und in dem Bürgerkriege, der ihn nicht
zu der ersehnten Sühne seiner Uebelthat, zu einem Kriegszug nach
dem heiligen Lande, gelangen läßt.   Noch näher trifft ihn die Ver=
geltung in der inneren Qual, in der er von seinem eigenen Sohne
dasselbe Schicksal befürchtet, das er Richard gebracht, für ihn fürchtet
was Er an Richard gethan, da er als Prinz von Wales dasselbe aus=
gelassene Leben führt.   Der gute königliche Gebrauch, den Heinrich
von seiner angemaaßten Krone macht, versöhnt nicht sowohl den Him=
mel, als daß er seine Rache hemmt; so wie umgekehrt in Richard der
schlechte Gebrauch das gute Recht verdorben hatte.   Er heiligt die
erlangte Würde, er festigt sie zu sicherem Besitze, er vererbt sie seinem
Sohne, der sie zu neuer Glorie schmückt.   Aber laßt in dieser Linie
Einen unwürdigen ja nur schwachen Regenten kommen, wie Hein=
rich VI., schnell wird sich jener Fluch auf ihn entladen, und greller
als auf Richard, da auf diesen Usurpatoren dieselben Vorwürfe härter
lasten müssen, als auf jenem rechtmäßigen Herrscher.

Worin zeigt aber der Dichter jenen guten königlichen Gebrauch
der Krone, den wir an Bolingbroke rühmen? Der ganze Heinrich IV.
muß auf diese Frage Antwort geben; aber auch in Richard II. ist
bereits auf sie erwidert.   Sein ganzer Weg zum Königthum ist bereits

ein königlicher Weg; und kaum dort angelangt, zeigt er den Unter=
schied des geborenen Königs von dem blos erblichen in dem schlagend=
sten Gegensatze. Schon als er vertrieben von Richard aus dem Lande
wich, ging er wie ein König davon. Nach dem Tode seines Vaters
und der Beraubung seiner Familie kehrt er ohne Bedenken aus der
Verbannung eigenmächtig zurück und landet arm und hülflos an der
ihm verschlossenen Küste. Die unzufriedenen Percys, schon vor der
Landung mit ihm verschworen, eilen zu ihm hin; der Steward Wor=
cester thut es nicht aus Liebe zu ihm, sondern zu seinem geächteten
Bruder. Auf den Wegen, die Bolingbroke mit seinen Freunden zu
machen hat, schmeichelt er ihnen in liebreicher Rede und unterhält sie
in süßem Gespräche, aber nicht so, daß er sich diesen Helfern, von
denen er zur Zeit ganz abhängt, so verkauft, wie Richard seinen
Günstlingen, die doch ganz von ihm abhingen. Der besitzlose
Mann, der zur Zeit nur Dank hat und nur eine Anweisung auf die
Zukunft zu geben vermag, kann es ernstlich mit diesem Danke meinen,
ohne daß seine Absicht war, späterhin, wenn er König sein wird,
diesen seinen Helfershelfern zum Throne eine Stelle über dem Throne
einzuräumen. Die Anmaaßung, mit der sich Northumberland, die
„Leiter auf der Bolingbroke den Thron bestieg", einst gegen ihn stel=
len sollte, verkündigt sich schon vollständig in derjenigen, mit der er
ihm den Weg auf den Thron bereitet. Er und seine Umgebung, in
ihrer thätigen Dienstfertigkeit, Rührigkeit und Geschäftigkeit bilden
die Gegensätze zu Richard's meist unthätigen, verzagten Schmeichlern;
sie sind die bereitwilligen Schergen der Rebellion, die auf dieser
Seite Bolingbroke um eben so viel rascher vorwärts reißen, wie die
Umgebung Richard's dessen bessere Natur tiefer herabzieht. Der
bald glatt und geschmeidig, bald roh und gefühllos auftretende Nor=
thumberland ist es, der zuerst von Richard mit Weglassung seines
Titels spricht; er ist es, der die Schwüre Bolingbroke's, daß er nur
um seines Erbes willen komme, feierlicher und nachdrücklicher wieder=
holt; er ist der, der den König Richard in der Absetzungsscene

schadenfroh quält mit der Vorlesung seiner Selbstanklage, der den edlen Carlisle nach dem Ausbruch seines Rechtsgefühls und seiner Bürgertreue um Hochverrath eigenmächtig verhaften will. Aber wie edel steht hier überall Bolingbroke dem gemeinen Werkzeuge seiner Plane gegenüber: der vor dem armen Richard noch demüthig kniet und wenigstens den Schein des Anstands wahrt, wo Northumberland an seine Kniebeugung von dem aufwallenden König gemahnt werden muß; der dem boshaften Peiniger in der Absetzungsscene sein weiteres Dringen untersagt; der den verhafteten Carlisle, dessen Schmähung ihn in's Angesicht traf, begnadigt! Er kam noch vor Richard's Angesicht gefaßt auf eine stürmische Scene, vorbereitet zu einer Rolle verstellter Demuth; aber da Richard selber ihm die Krone entgegenträgt, so ist es vielleicht nur ein weiterer königlicher Zug seiner Natur, gewiß eine That des Staatsmannes, die ihn dem saumseligen, selbstvergessenen König mehr vortheilhaft als nachtheilig gegenüberstellt, daß er die Gelegenheit schnell mit beiden Händen ergreift. Nicht weniger geschickt hatte er allerdings sie vorbereitet. Noch ehe es sich persönlich um das Verhältniß zwischen ihm und Richard handelte, hatte er, nach Percy's späterem Berichte, im Gefühl seiner Größe angefangen, etwas höher als sein anfängliches Gelübbe zu schreiten. Er begann Decrete zu reformiren, die Mißbräuche abzustellen, durch gute Maaßregeln und Handlungen die Menschen zu gewinnen, er tilgte jene verhaßten Günstlinge, er maaßte sich ein Protectorat an und gewöhnte das Volk, königliche Acte von ihm ausgehen zu sehen ehe er König war. In dieser Weise, wie sich Wunsch und Anlage, Begierde und Gaben zum Herrschen in ihm vordrängten, stand allerdings die Insurrection schon ausgebrochen da, ehe sie sich in ihrem wahren Antlitz zeigte. Kalt und überlegt gegen den Phantasievollen, ein tiefer Staatsmann gegen den Romantiker und Poeten, ein scharfer Reiter, spornend den belasteten, schwerfälligen Richard, Er, der das Unglück seiner Verbannung mit männlicher Fassung trägt und mit unverweiltem Ausspähen auf Ab-

hülfe sich erleichtert, während Richard bei der bloßen Annäherung seines
Unglücks sogleich verfällt, Er erscheint überall als ein zu ungleicher
Gegner gegen diesen, als daß das beste Recht auf dessen Seite gegen
seine großen Gaben bestanden hätte. Verlöre er sich, berauscht vom
ersten Glücke, nicht so weit, daß er die Wege der Johann und
Richard III. beträte und die Winke zum Morde des Königs gäbe,
wenn auch nur entfernte und mittelbare Winke, und die eine ernste
Buße später zu sühnen trachtet, so würde man Bolingbroke's Weg
zum Throne nicht unschuldig, aber doch sehr entschuldigt finden. Sein
erstes Auftreten auf dem Throne in jedem Falle wirft Richard's
königliche Begabung tief in Schatten. Der Dichter hat die entgegen=
kommende Geschichte hier vortrefflich benutzt. Die Anfangsscene, die
uns Richard's Herrscherverfahren wesentlich veranschaulichen muß,
erhält im vierten Acte ein ganz gleichartiges Gegenstück, das Shake=
speare gebraucht, um in der ähnlichen Lage das ganz unähnliche Ver=
fahren Bolingbroke's zu erläutern. Von vier Edlen wird Aumerle
des Mordes an Gloster bezichtigt, wie einst Bolingbroke selbst den
Norfolk bezichtigte, den er jetzt ehrenvoll zurückrufen und in seine
Güter wieder einsetzen will. Nur Einer nimmt sich Aumerle's an,
und dieser ist ein Halbbruder König Richard's, ein verdächtiger
Bürge. Bolingbroke konnte den Aumerle, den erklärtesten Günstling
Richard's, dem Schwerte der vier Ankläger verfallen lassen und sich
einen Gegner wegräumen, aber er thut es nicht. Noch mehr. Eine
neu angezettelte Verschwörung Aumerle's wird dem König offenbart;
der Vater selbst ist der Ankläger des Sohnes; der Vater selbst pro=
testirt eifrig gegen seine Begnadigung; aber der noch unbefestigte,
unrechtmäßige Regent verschmäht die Vergießung von Verwandten=
blut, die Richard nichts kostete. Er begnadigt ihn; nicht aus
Schwäche, denn er bestraft die übrigen Verschworenen mit dem Tode;
er begnadigt ihn aus menschlichen und Familien=Rücksichten und er=
zieht sich in ihm einen Helden und Patrioten. Er thut wie es jener
Gärtner von dem rechten Könige wollte; er läßt Gnade und Ge=

rechtigkeit, Milde und Strenge nach weisem Ermessen walten. Und er nimmt sich dabei in jener sicheren Kraft und Ueberlegenheit, die ihm erlaubt, in eben jener Scene zu scherzen und der eifrigen Mutter York gegenüber behaglichen Humor walten zu lassen, wo er eben eine Verschwörung auf sein Leben entdeckt hat.

Die Gruppe der Charaktere ordnet sich in Richard II. nach den gegebenen Andeutungen sehr einfach. Dem unfähigen rechtmäßigen Könige und seiner rath= und thatlosen Umgebung gegenüber steht der aufsteigende Stern des durch und durch staatsmännischen und königlichen Usurpators und seiner überthätigen Gehülfen. Zwischen dem Kampf des Rechtes mit dem Verdienste steht Carlisle als der Mann der ächten Loyalität, die keine Rücksicht kennt als Treue und Pflicht, die dem Rechte, das sich selbst zerstört, die Wahrheit nicht verschweigt, und der Usurpation, die sich eigenmächtig erhöht, das Schild des Rechtes schonungslos entgegenhält. Ihm entgegengesetzt ist der alte York, den Coleridge in Folge einer nicht richtigen Auf= fassung des Charakters in einen falschen Gegensatz gegen Richard gestellt hat. Der treue Abdruck solcher wühlerischen Zeiten würde verfehlt sein, wenn diese Figur im Gemälde fehlte. Er ist das Ur= bild aller politischen Mattherzigkeit, der Neutralität in den Zeiten wo Parteinahme Pflicht ist, der feigen Loyalität, die sich dorthin kehrt wo Macht und Stärke ist. Als Richard noch in seiner Machtfülle ist, hält er das schon für weit gegangen, wenn er dem jungen Kö= nige die Tugenden seines Vaters rühmt. Als Richard die Lancasteri= schen Güter einzieht, wagt sein natürlicher Rechtssinn und die Sorg= lichkeit um das eigene Eigenthum, eindringende Warnungen zu re= den, aber da der König ihn, den Unschädlichen, zum Statthalter von England macht, läßt er sich begütigen. Bolingbroke landet und York durchschaut seine Entwürfe, er warnt ihn zu nehmen, wo er nicht sollte; seine Rechtlichkeit zeigt ihm auch hier die Wege, die ihn seine Schwäche nicht gehen läßt. Er möchte dem König dienen und seine Lehenspflicht erfüllen, aber er meint auch Bolingbroke's recht=

lichen Ansprüchen auf sein Erbe gegenüber Gewissens - und Ver=
wandtenpflicht zu haben. Daß er in diesem Augenblick an des Kö=
nigs Stelle stand, beachtet er nicht. Rathlos was zu thun, verliert
er in unsäglicher Verwirrung den Kopf, aber nicht den Charakter.
Er will neutral bleiben. Er sieht den Finger Gottes in dem Abfall
des Volkes, und läßt es gehen; er hat für Richard Thränen, wenige
Worte, keine Thaten. Bei solcher Loyalität gehen die Lande zu
Grunde, während sie bei Usurpationen wie Bolingbroke's gedeihen.
Daß aber diese Schwäche des Schwachen zu einem Grade gehen
kann, wo sie die unnatürlichste Verhärtung wird, und wo gegen sie
die Grausamkeit des Usurpators wie schuldlos absticht, hat Shake=
speare mit wahrer Meisterschaft entwickelt, als er York seinen eigenen
Sohn des Hochverraths anklagen und mit Hartnäckigkeit auf seinem
Tode bestehen läßt. Er geht so weit, dem Könige übles Gedeihen
zu wünschen, wenn er begnadige! Gewissenhaftigkeit und Treue
mischen sich in diesem Zuge ununterscheidbar mit der Furcht, sich
blosgestellt und in Verdacht kommen zu sehen. So ist die knechtische
Loyalität; sie ist unter dem Schwachen schwach und eine gebrechliche
Stütze, unter dem Starken wird sie stark und eine brauchbare, ver=
lässige Macht.

Heinrich IV.

Erster Theil.

Die beiden Theile von Heinrich IV., deren zweiter nach Collier's Nachweis vor dem 25. Febr. 1598 vollendet ist, setzen Richard II. unmittelbar fort; der erste umfaßt eine Zeit von nur zehn Monaten (zwischen den Schlachten bei Holmedon 14. Sept. 1402 und bei Shrewsbury 21. Juli 1403), der zweite den Zeitraum von da bis zu Heinrich's IV. Tod, neun Jahre. Shakespeare folgt auch in diesen beiden Stücken der Chronik von Holinshed, selbst in ihren Fehlern. So hat er sich von ihr verführen lassen, in seinem Edmund Mortimer zwei Personen dieses Namens, Oheim und Neffe, zu verschmelzen, was wir oben in dem angefügten Stammbaum bereits bemerkt haben. In den Geschichten der Empörung der Percys benutzt Shakespeare bis auf die einzelnsten Züge treu mit einer ungemein geschickten Verarbeitung den Stoff der Geschichte; die komischen und ernsten Partien von Prinz Heinrich's jugendlichen Ausgelassenheiten und dessen Zerwürfniß mit seinem Vater sind mit dichterischer Freiheit auf dem Grunde allgemeiner Andeutungen der Chronik ausgeführt. Diese Andeutungen würde sich der Dichter auch nicht haben verdächtigen oder verleiden lassen, wenn er die kritischen Schriften der Luders und Tyler gekannt hätte, die in unseren Zeiten die Vorwürfe der Jugendsünden Heinrich's V. zu beseitigen suchten. Diese unstreitig auch ge=

schichtlich) unumstößlichen Winke waren bereits vor Shakespeare in einem älteren, zwischen 1580 bis 1588 geschriebenen Stücke, the famous victories of Henry V., dramatisch benutzt worden; dieß ist ein rohes Stück, eine der werthlosesten Historien der vorshakespeare'= schen Zeit, aus der kaum einzelne Aeußerlichkeiten zu entlehnen waren. Aus Heinrich's Jugendstreichen hat die Chronik keine besonderen Einzelnheiten ausgeführt, als die Erzählung, daß der Prinz einst dem Oberrichter eine Ohrfeige gegeben und dafür von ihm festge= nommen wurde, und die Schnurre, daß er ein andermal in einem Kleide mit Nadeln besteckt zu Hofe gegangen sei, um damit anzu= deuten, daß er auf Dornen gehe, so lange die Krone nicht sein sei. Beide Züge hat das alte Stück aufgenommen, beide hat Shake= speare verschmäht; die Eine hat er voll Zartgefühls hinter die Scene geschoben, die andere alberne Sage in eine Handlung voll Rührung und feiner Charakteristik verwandelt. Auch sonst hat das ältere Stück unserem Dichter für die tollen Scenen unter Heinrich's Jugendge= nossen fast nichts als den Wink gegeben, diese einer populären Be= handlung so fähige Geschichtssage nicht vorbeizulassen und außerdem ein Paar Namen, die Taverne von Eastcheap, Gadshill, Ned, Sir John Oldcastle. Dieß letztere war, wie Halliwell* umständlich nachgewiesen hat, ursprünglich der Name des dicken Ritters bei Shakespeare. Man schließt dieß schon aus einigen Andeutungen in den Stücken selbst: des Prinzen Anrede (I, 1, 2.) an Falstaff, my old lad of the castle, hat nur so einen Sinn; sodann ist in den Quartausgaben des zweiten Theiles einmal vor einer Rede Falstaff's das Präfix Old. (Oldcastle) stehen geblieben. Zur Gewißheit wird die Sache durch eine Anführung des Schauspielers Nathaniel Field, der in diesen Dingen am besten unterrichtet sein konnte**.

Wir erwähnen dieß so weitläufig, weil sich an diesen bloßen

---

* Halliwell, on the character of Falstaff. 1841.

** In seinem Stücke, Amends for ladies, gedruckt 1618, heißt es: „Saht ihr nicht das Stück, Worin der dicke Herr, benannt Oldcastle, Euch treulich sagte,

Namen Umstände knüpfen, die zum Belege des großen Aufsehens
dienen, das Heinrich IV. bei seinem Erscheinen gemacht hat. In
der Reihe der Historien macht Shakespeare in diesen Stücken densel=
ben Sprung, wie in der Reihe der erotischen Stücke in Romeo und
Julie; die Wirkung aber muß ungleich größer gewesen sein. Denn
Romeo ist ein Werk, zu dessen Genusse nur die Feinstfühligen in
Shakespeare's gewähltem Publicum damals geschickt waren, in Hein=
rich IV. aber ist die reichste Nahrung für die Zuschauer aller Klassen.
Von solchem Reichthum und solcher Mannichfaltigkeit an fesselnden
und scharfgezeichneten Gestalten, die zugleich von so heimatlichem Zu=
schnitt und in einen so allgemein interessanten vaterländischen Stoff
verwebt sind, ich will sagen von so allseitiger und gewaltiger An=
ziehungskraft, hat Shakespeare überhaupt kaum ein Stück weiter ge=
schrieben. Als Heinrich IV. zuerst erschien, muß ein maaßloses Er=
götzen die Zuschauer jeder Naturart und jeder Bildung ergriffen
haben; eine tumultuarische Freude muß seine Wirkung gewesen sein;
denn in so heller Freudigkeit und zugleich in so ruhiger Bescheiden=
heit, wie in diesen Stücken, ist auf keiner Bühne irgend eines Volkes
das Genie jemals aufgetreten. Von dem Augenblicke ihrer Er=
scheinung an verändert sich in England auf Einen Schlag die Gestalt
der Bühnenleistungen und die Art und Weise der Dichter; erst wo
der bahnbrechende Genius in der Gewandtheit und Zugänglichkeit
arbeitet, daß man an seinen Producten die Mühe der Zeitigung nicht
mehr bemerkt, daß seine Kunst keine Kunst mehr scheint, reizt er mit
dem Scheine der Leichtigkeit die Masse der Nachahmer, und dieß ist
erst von diesen Stücken Shakespeare's zu sagen. Von jetzt an treten
jene Reihen der fruchtbarsten Dichter von Fach auf, die Ben Jonson,
Marston, Heywood, Middleton, Chapman u. A., wo vorher Alles
nur fragmentarisches Bestreben, furchtsamer Versuch und Dilettantis=

---

was das sei, die Ehre?" — mit deutlicher Beziehung auf den berühmten Mono=
log in Heinrich IV. (I, 5. 3).

mus war. Jetzt kam in die Stücke ein frischer freier Zug des Lebens, wo früher selbst in den Werken der Freigeister Greene und Marlowe noch so sehr der Schweiß der Kunst und Gelehrsamkeit zu merken war. Der Bühnendichtung schien jetzt erst die Zunge gelöst oder die Flügel gewachsen zu sein. Die Scenen aus dem niedern Leben lockten die Zuschauer wie die Dichter an; die gemeine Wirklichkeit und leider auch die wirkliche Gemeinheit ward der Charakter der Bühnendichtung, und diese unselige Wendung hatte der Dichter freilich nicht verschuldet, der gerade hier in dem höchsten sittlichen Ernste arbeitete. Zunächst wurden die komischen Figuren dieser Stücke nachgeahmt und wiederholt; der Shallow kommt mit diesem Namen in späteren Dramen als stehende Figur vor; der swaggerer Pistol ward zahllos nachgeahmt, und Chapman sagt 1598, das Wort swagger selbst sei ganz neu und so schnell aufgenommen worden, weil es durch eine natürliche Prosopopöie ohne Etymologie und Ableitung geschaffen sei. Der Charakter des Bühnenwunders Falstaff oder Oldcastle ward von Ben Jonson im Tucca in seinem Poetaster, von Fletcher in seinem Cacafogo nachgebildet. Aber nicht auf der Bühne allein machte diese Figur so tiefe Wirkung und Erregung; die Erscheinung war so außerordentlich, daß sie darüber hinausgriff und einen weiten Tumult in Familien und Parteien hervorrief. Shakespeare fand den Namen John Oldcastle in dem erwähnten älteren Stücke von Heinrich V.; in der Chronik fand er einen John Oldcastle, der Page bei jenem Herzog von Norfolk war der in Richard II. mitspielt, und das war auch nach Shakespeare sein Falstaff — Oldcastle in seiner Jugend gewesen. Als der Dichter seinen Heinrich IV. schrieb, wußte er nicht, wer dieser Oldcastle war, den er mit jener Bezeichnung (als Norfolk's Page) so deutlich gemacht hatte; es war dieß ein Lord Cobham, der als Lollarde und Wiklefit unter Heinrich V. den Verfolgungen der Kirche erlag. Die Protestanten sahen ihn als einen heiligen Märtyrer an, die Katholiken als einen Ketzer; sie ergriffen mit Begierde diese Schilderung der dicken Memme und gaben sie als ein Portrait des Lord Cobham aus, der in der That körperlich und geistig sein Gegenstück war. Die Familie beschwerte sich über diesen Misbrauch eines ihr theuren Namens, und Shakespeare erklärte im Epilog zu Heinrich IV., daß jener Cobham (auch in seinen Augen) ein Mär-tyrer und „dieß nicht der Mann" sei. Er änderte zugleich den Namen in Falstaff um, aber dieß nutzte nichts; spätere katholische Kirchenge-schichtschreiber erklärten trotz dieser ausdrücklichen Zurücknahme auch den Falstaff noch für ein Abbild des Ketzers Cobham. Sonderbares Schicksal aber, daß man nun auch hinter dem Namen Falstaff wieder eine geschichtliche Figur suchte, gleich als ob es unmöglich sei, daß eine so lebenvolle Gestalt nicht eine Figur der Wirklichkeit sein müsse. Man bezog ihn auf John Fastolf, dessen Feigheit schon in Hein-rich VI. gebrandmarkt ist mehr als die Geschichte dazu berechtigt; und auch dieß fand öffentlichen Tadel, obgleich Shakespeare noch ein-mal würde haben betheuern können, daß er an Fastolf so wenig ge-dacht wie an Cobham. Noch andere Anzeichen lassen sich aufzählen, welches allgemeine Aufsehen dieses theatralische Ungethüm machte. Man fand den Namen des Dichters und seines Geschöpfes zur Spe-culation geeignet. Einige Poeten hatten in Gemeinschaft mit Munday das Leben jenes Oldcastle (Cobham) dramatisch bearbeitet, sie ließen das Stück 1600 unter Shakespeare's Namen drucken; der Dichter beschwerte sich wahrscheinlich darüber, denn man besitzt Ab-drücke desselben Jahres, von 1600, auf denen sein Name wegge-lassen ist.

In den beiden Theilen Heinrich's IV. ist das politische Thema, das der Dichter in Richard II. begonnen hatte, fortgesetzt. Richard's Recht, hat er uns dort gezeigt, konnte ihn nicht seiner Pflichterfüllung entheben; er verlor, da er sie vernachlässigte, seine Berechtigung und seine göttliche Weihe. Die Rechtmäßigkeit als solche konnte selbst bei einer schönen Charakteranlage den König nicht bei seiner Krone schützen. Aus Heinrich's IV. Regierung soll uns anschaulich werden, daß der königliche Pflichteifer umgekehrt zwar die Usurpation aufrecht erhalten, aber das Unrecht, das in ihr begangen war, nicht sühnen könne, und daß ein widerrechtlich erworbenes Reich durch bloßes Verdienst, auch bei der geschicktesten und schlauesten Charakteranlage, nicht vor den größten Erschütterungen gesichert sei. Auch den Gedanken dieser geschichtlichen Vergeltung hat Shakespeare in der Chronik von Holinshed lesen können; sie nennt den Kelch des Bürgerkrieges wohlverdient von dem Volke, das Heinrich IV. gegen Richard unterstützt hatte, und die Strafen der Unruhen gerecht, die Heinrich IV. und seine Nachfolger für die Absetzung Richard's II. heimsuchten. Der Fluch des ermordeten Königs geht nun in Erfüllung. Dieß stellt Shakespeare nicht mechanisch, wie die Chronik, als eine willkürliche Strafschickung der Gottheit dar, sondern als die nothwendige Frucht einer natürlichen Saat in den Charakteren und Handlungen der Menschen. Der Graf Warwick, als er (II, 3, 1.) jenen Fluch dem König Heinrich auslegt, sagt ihm: es sei eine Geschichte in aller Menschen Leben, die die Natur ihrer Vergangenheit abbildet; wer diese betrachte, könne im Allgemeinen das Künftige wahrsagen, wie es sich aus seinen Anfängen entwickeln werde. So habe Richard vollkommen wohl ahnen können, daß Northumberland, der damals falsch gegen ihn war, aus diesem Samen zu größerer Falschheit aufwachsen werde, die dann auf die neuen Freunde ihre Wurzel ausbreiten werde. Wie dieß Northumberland trifft, so trifft es auch Heinrich IV. Auch in ihm entwickelt sich nur die frühere Charakteranlage in einem neuen Triebe, indem sie ihn gegen die Percys, seine Freunde und Förderer, mit demselben Mistrauen füllt, von dem diese gegen ihn erfüllt waren.

Das Charakterbild des Königs hat Shakespeare mit dem ganzen Tiefblicke, der ihm eigen ist, als ein Prototyp diplomatischer Schlauheit und vollendeter Meisterschaft des guten Scheines und aller Künste der Verbergung ausgeführt. Der Unterschied von dem was ein Mensch ist, und dem was er scheint, beschäftigt den Dichter auch in diesem Charakter, wie in Richard III. Aber Heinrich IV ist nur

mehr Meister im Verstecken als im Verstellen; er könnte nicht jede
beliebige Rolle wie jener mit Schauspielergeschick abspielen, er kann
nur die gute Seite seines Wesens allein sichtbar herauskehren,
Freundlichkeit und Herablassung vom Himmel stehlen, ein Prome-
theus diplomatischer Feinkünste, wie ihn Percy nennt, ein König des
Lächelns. Was ihn und seine tiefe politische Heuchelei von Richard III.
wie Tag von Nacht scheidet, ist, daß er eine solche gute Seite besitzt
und nur vorzukehren, nicht zu erheucheln braucht. Weit entfernt, daß
er wie dieser Mord auf Mord stiften und sich der eisenherzigen Mörder freuen, von Blut zu Blut immer tiefer waten und das Gewissen
ertödten könnte, hat er Richard's Tod mehr nur gewünscht als ange-
ordnet und den Mörder verwünscht und verstoßen; das Gewissen
regt sich in ihm der That auf dem Fuße und er wünscht einen großen
Schritt der Buße aus dem einmal veranlaßten Blutvergießen zurück-
zuthun. Wir finden ihn am Ende von Richard II. und im Anfange
dieses Stückes mit dem Gedanken beschäftigt, einen Kriegszug nach
dem heiligen Lande zur Sühne des Todes Richard's zu machen.
Wunderbar spielt in diesem versteckten Gemüthe, das sich selber klar
zu werden scheut, die Herrschaft einer weltlichen Natur mit dem Antriebe der Gewissensbisse ineinander; fromme ernsthafte Bußgedan-
ken reichen sich in diesem Vorhaben mit den feinsten politischen Beweggründen die Hand; Ernst des Vorsatzes und Neigung, den Vorsatz vereiteln zu lassen, streiten sich in einer Weise, die der Dichter
vollkommen deutlich in den Thatsachen, in Reflexionen aber nicht
deutlicher, als es einer solchen Natur eben natürlich ist, niedergelegt
hat. Man kann zweifeln, ob der weltliche Mann zur ernsten Ausführung des geistlichen Planes zu kommen zögert, oder ob nach des
Himmels Fügungen ihm nicht die Sühne jenes Mordes gegönnt
werden soll durch die natürlichen Folgen seiner früheren Thaten. Es
ist ihm mit dem Kreuzzuge Ernst, aber am meisten, wenn er krank
ist; dann ist Heer und Flotte in Bereitschaft. Es ist ihm geweissagt,
daß er in Jerusalem sterben werde (und er stirbt zuletzt in einem

Zimmer, das diesen Namen führt); wenn ihm der Tod nahe steht, ist die Eile und der Ernst nach der geweihten Sühnestätte größer; aber daß er auch in gesunden Tagen an den Reisezug denkt, verbürgt einen Ernst seiner Absicht überhaupt. Dieser Ernst wäre zu solchen Zeiten nicht so groß in ihm, wenn nicht politische Grundsätze der weisesten Umsicht ihn zu demselben Vorsatze mit trieben, zu dem ihn Weissagung und Aberglaube und Gewissen treiben. Er wollte die bösen Säfte des Landes ablenken, er wollte die aufgeregten Geister nach dem heiligen Lande führen, damit sie Ruhe und Stillliegen nicht verführe, zu nahe in sein Recht zu spähen; er vermacht sterbend dem Sohne die Lehre seiner Hauspolitik: daß er die schwindligen Gemüther in auswärtigen Kämpfen beschäftigen solle, damit Thaten, von ihnen ausgehend, das Gedächtniß früherer Tage, das Andenken an die Erwerbungsart ihres Thrones, tilge. Er lehrt dieselbe Politik, die ein eben so schlauer und umstellender Thronerwerber, der ähnliche Erbe einer Revolution und einer halb entgegengebrachten, halb erschlichenen Krone, in unseren Tagen in Algier zu üben suchte und für die er seine Söhne erzog, ohne daß auch Er der Unruhe entgangen wäre, die wie eine Nemesis über seinem wie uber Heinrich's Haupte hing. Eine solche Anschauung und Vergleichung einer solchen allgemeinen politischen Lehre und Wahrheit, die unser Dichter den Zügen der Geschichte entnahm, ist hinreichend, um die geschichtlich=politische Weisheit zu charakterisiren, die in diesem Kopfe neben so vielen anderen geistigen Eigenschaften ruhte, und die auch den Geschichtschreiber von Beruf anlocken darf, in seinen Büchern selbst für seine Kunst zu lernen.

Gerade als, im Anfang unserer Stücke, der König seinen heiligen Kriegsplan aufgenommen hatte, kreuzen ihn Kriegsgerüchte aus Norden und Westen; die Percys haben im Norden den Schotten Douglas geschlagen, in Wales hat Glendower, mit dem Heinrich schon zu Richard's Zeiten zu kämpfen hatte, den Mortimer gefangen. In diesen Nachrichten liegt ein doppelter Segen für Heinrich. Ein

tapferer Feind im Norden ist abgeschlagen und im Westen ist in der
Niederlage ein Glück, denn Mortimer ist ein Nachkomme des Herzogs Lionel von Clarence, des ältern Bruders von Heinrich's Vater
(Gaunt-Lancaster), der also ein näheres Thronanrecht hatte als
Heinrich IV. Die Gelegenheit ist günstig, den mächtigen nordischen
Adel, die Percys, seine alten Freunde, zu demüthigen, denn auch
sie ihrerseits sind durch den Sieg über Douglas mächtiger geworden,
sie sind durch die Verbindung des jungen Percy mit des Prätendenten Mortimer Schwester (oder Tante) längst gefährlich, durch Worcester's feindliche Stellung gegen den König und sein übermüthiges
Pochen auf das Verdienst der Percys um seine Krone lästig und be-
drohlich geworden. Das gegenseitige Mistrauen Falscher gegen
Falsche, jene altgelegte Saat, geht nach Richard's Prophezeihung
auf. Die Einen mußten glauben, nie genug für ihr Verdienst um
die Krone belohnt werden zu können, der Andere mußte fürchten,
ihnen mit dem größten Lohne nicht genug zu thun. Die in den
Künsten der Revolution bewanderten, die den König einst dem
Richard als unberechtigten Nebenbuhler entgegengestellt hatten, konnten jeden Augenblick ihm einen berechtigten Thronbewerber entgegen-
werfen. Der König, bewandert in den schleichenden Künsten der
Verschwörung, traut sie auch den Andern zu; diese Anderen, die ihn
das Werkzeug des Mordes Richard's hatten wegwerfen sehen, konnten fürchten, daß er sich auch ihrer gern entledigen möchte. Sie
machen bis zuletzt geltend, daß sie zur Empörung geschritten wären
ihrer Sicherheit wegen; der König gesteht zuletzt ebenso, daß ihre
Macht ihn seine Absetzung durch sie befürchten ließ. Die Spitze dieser Lage, wo Dankbarkeit, Freundschaft und Liebe in Neid culminirt
und dann zu Strenge, Haß und Kampf umschlägt, ist in der ersten
und dritten Scene des ersten unserer beiden Stücke vortrefflich dargestellt. Da gerade, wo die Percys dem König in der Besiegung
des Douglas einen Dienst erwiesen und sich treu bewährten, sucht
sein Mistrauen einen Anlaß zum Bruch; da grade wo er den jungen

Helden Percy am höchsten bewundert und seinem eigenen Sohne
vorzieht, sucht sein Argwohn oder seine Politik oder seine Eifersucht
oder Alles zusammen einen Anlaß an ihm; da wo der unbefangene
Blunt die Unschuld Percy's treu bemerklich macht, läßt der König
seine ganze unnachgibige Strenge walten; da grade wo Mortimer
besiegt und gefangen war, nennt er ihn einen Rebellen und das muß
ihn dazu machen. Seine faule und schnöde Politik späht auch in
Anderer Thun so hinein, als ob Alle die gleichen Meister machia=
vellischer Künste wären; er geht so weit dem Mortimer zuzutrauen,
er habe eine absichtliche Niederlage erlitten und seine Leute an Glen=
dower verrathen. Die offene Feindschaft, mit der der König schon
früher den tückischen Worcester von der Tafel des Rathes weggescholl=
ten, die Schärfe mit der er ihm jetzt den mürrischen Trotz einer
Dienerstirne gegen die Majestät vorwirft und ihn von sich weist,
treibt die früheren Freunde des Königs zum Abfall; das laut ge=
äußerte Mistrauen zeigt ihnen gradezu den Weg zum Bunde mit
ihren vorigen Feinden.

Gehässig wie der König sich in diesen Verhältnissen zeigt, be=
währt er sich doch in der Führung des aufgeregten Kampfes als der
alte zum Herrscher Geborene, wie ihn der Dichter in seinen Anfängen
schilderte. Angenagt wie er ist von peinlicher Unruhe, verzehrt von
Argwohn nicht allein gegen den Thronbewerber, der schwach ist, nicht
allein gegen Percy, der treuherzig bieder ist, sondern auch gegen den
eigenen Sohn, der in Jugendlust von nichts ferner als politischer
Nachstellung ist, geschüttelt von Gewissensscrupeln, die ihm alle diese
Schicksale als eine Strafe Gottes darstellen, ist er gleichwohl der=
selbe ungebeugte, auf seine menschliche Kraft vertrauende, zum Han=
deln schnell entschlossene Mann wie früher. In seinen Unternehmun=
gen gegen die Empörer ist Raschheit, Zusammenhang, Sicherheit
gleich groß; kein Verzug soll des Feindes Vortheil und Zahl ver=
mehren. Im Augenblick des Kampfes fehlt nach dem Ernst der Ent=
scheidung die Mäßigung zur Schonung, nach der Schlacht fehlt es

an Großmuth nicht. Der König besteht, wie er sagt, das Nothwen=
dige als eine Nothwendigkeit, und stellt sich in allem diesem, von
einem gefährlicheren Bürgerkriege bedroht, in einen großen Gegen=
satz gegen den rathlosen Richard, der eine rechtmäßige Sache gegen
einen erst werdenden Feind nicht zu verfechten wußte. Die Percys
erleiden im ersten Theile einen glorreichen Schlag in Waffen, im
zweiten Theile sinken sie diplomatisch auf eine grobe Weise betrogen.
Als so die letzten Widersacher Heinrich's zerschmettert sind, konnte
nun sein Glück in höchste Blüte treten, da gerade bricht er in Pein,
in Qual und innerem Unglück zusammen. Die Größe seines königs
lichen Gedankens und die Natur seines Verdienstes zeigt sich überall
darin, daß er, wie er bei Scepter und Seele schwört, seine Würde
und Berechtigung zum Thron nur in der Befähigung und in der
rechten Staatspflege gelegen sieht, und nicht in dem Erbbesitze. Die
Vorstellung quält ihn daher doppelt, daß seine Usurpation seiner Fa=
milie nutzlos sein werde, da er seinen Sohn in Wüstheit der Jugend
verloren und des Thrones unwürdig sieht. Der Scheue, Kluge,
Vorsichtige hat für die Unbesonnenheit, für die offene Natur, für die
verhüllte Weisheit dieses Sohnes kein Maaß in sich. Er sieht ihn,
wie Richard war, in schlechter Gesellschaft verdorben; er sieht Percy
ihm gegenüber, wie sich gegen Richard, obgleich Percy der stärkste
Gegensatz gegen ihn und der Prinz Heinrich der stärkste Gegensatz
gegen Richard war. Der Pragmatiker weiß nur die Verhältnisse,
nicht die Naturen zu schätzen, die über seinem Sehkreise liegen. Er
traut seinem Sohne zu, daß er mit Percy gegen ihn diene, wie er
selbst gegen seinen Vetter Richard gekämpft hatte; er fürchtet, daß er
ihm nach der Krone stehe und auf seinen Tod lauere, auch noch nach=
dem er ihm bei Shrewsbury das Leben gerettet hatte. In Allem
sieht er die Strafe Gottes und sie ist es. Sein krankes Gemüth ist,
als er auf der Spitze seines Glückes und im Hafen der äußeren
Sicherheit angelangt ist, am kränksten; es findet nicht Ruhe nicht
Rast; und aus tiefster Seele steigt ihm daher (II, 3, 1.) jene Klage,

daß er mit tausend künstlichen Mitteln den Schlaf nicht finde, der den Schiffsjungen im schaukelnden Mastkorbe erquickt. Sein Haar ist bleich geworden, die Ahnung überfällt ihn, daß Geschlecht auf Geschlecht den inneren Kampf und Krieg aufheben und fortsetzen werde; in maaßlosem Lebensüberdruffe sagt er, der glücklichste Jüng= ling, der diese Wechsel und Schicksale erlebte, werde das Buch schließen und niedersitzen und sterben. Da er nach dem Oriente wollte, störte ihn der Bürgerkrieg; da die Empörung zweimal riesengroß aufwächst, fürchtet er Alles von seinem eigenen Blute; da sie anfängt besiegt zu werden, wird er siech; da sie darniederliegt todkrank; und endlich selbst da er schon scheintodt war, muß er noch erleben, daß sein Sohn ihm die Krone wegnimmt. Er glaubt den Scheinbeweis von des Prinzen Herzlosigkeit und Nachstellungen zu haben. Du verdirbst, sagt er dem Sohne, (und in dieses poettsche Bild hat Shake= speare jene Chroniksage von des Prinzen nadelbestecktem Kleid ver= wandelt,) du verbirgst tausend Dolche in deinem Herzen, die du an deinem steinharten Herzen gewetzt, um eine halbe Stunde meines Lebens zu erdolchen. Er sieht in des Sohnes Leben den Beweis, daß er ihn nicht liebe, und in der Todesstunde noch das Bestreben, ihn es recht sicher wissen zu laffen. Als ihn des Sohnes Aufschlüffe beruhigen, überzeugen und seine Sterbestunde erleichtern, jetzt end= lich enthüllt sich der tiefe Heuchler und bekennt die Schleichwege und krummen Pfade, auf denen er die Krone erhalten hatte. Noch kurz vorher hatte er (II, 3, 1.) mit der gleichen Berufung auf Gott ge= schworen, daß nur die Nothwendigkeit ihn gezwungen die Macht zu küssen. Er hatte dort im Gespräch mit Warwick betheuert, daß da= mals, als Richard die Zerwürfnisse zwischen den Percys und ihm voraussagte, er noch keine Absicht auf die Krone gehabt habe. Die Ausleger bezeichnen dieß als eine Vergessenheit des Dichters, da da= mals, als er den Richard diese Prophezeihung sagen läßt, Heinrich schon König war; obgleich bei der ungemeinen Tiefe, mit der Shake= speare diesen ganzen Charakter angelegt hat, seine Absicht vielmehr

gewesen sein konnte, zu zeigen, wie der Lügner und Heuchler in die=
sen Augenblicken seiner Krankheit das treue Gedächtniß verliert und
in den Betheuerungen seiner Unschuld grade seine Schuld förmlich
und urkundlich verräth.

Den politischen Bezug und Verhalt der Dramen von Hein=
rich IV. zu Richard II. erkennt man aus dieser Analyse des Charak=
ters Bolingbroke's von selbst; die Stücke heben sich aber durch die
tiefe Behandlung der Hauptcharaktere aus dem Kreis der politisch=
historischen in die der zugleich ethischen Dramen, der freieren Schö=
pfungen und Charakterstücke Shakespeare's; es erscheint außer der
politischen Aufgabe in den Stücken auch ein sittlicher Gedankenmittel=
punkt, wie wir ihn ebenso, und aus eben dem Grunde, in Richard III.
gefunden haben. Auf diesen Kern der Stücke kommen wir, wenn
wir den Hauptfiguren nachgehen, dem Heinrich Percy und dem
Prinzen Heinrich von Wales.

Den Heinrich Percy macht Shakespeare, um einen vollkomm=
neren Gegensatz zu dem Prinzen zu gewinnen, mit diesem gleich=
alterig, obgleich er geschichtlich vielmehr gleichalterig ist mit König
Heinrich und zwanzig Jahre älter als der Prinz. Er ist die Seele
der Unternehmung gegen den König und die glänzende Figur in der
Reihe der Aufrührer, die vom Gegner selber Bewunderung und Liebe
erzwingt. Nie ist in aller Dichtung eine lebenvollere Gestalt entwor=
fen; die Ballade, die ihn feiern wollte, könnte ihre kühnsten Züge
und Bilder diesem Drama entlehnen. Kaum auch ist dem Künstler
der Bühne eine dankbarere Rolle geboten worden; die geschicktesten
Spieler der älteren englischen Schule, ein Betterton schwankte ob er
sich lieber Percy, oder die dankbarste aller Rollen, den Falstaff, in
diesem Stücke wählen sollte. Diesen Zweifel würde in Deutschland
schwerlich ein Schauspieler begreifen, der sich für Falstaff so befähigt
wüßte wie es Betterton war, weil ein thatengewohntes Volk dazu
gehört, diesen Charakter zu würdigen wie er es verdient. Denn
Heinrich Percy ist das Urbild aller ächten und ganzen Männlichkeit

und der handelnden Natur, die den Mann erst zum Manne macht.
In scherzender Uebertreibung charakterisirt ihn der Prinz vortrefflich
mit dem Einen Zuge, er bringe zum Frühstück 6—7 Dutzend Schotten
um und sage dann zu seiner Frau: „Pfui über dieß stille Leben; ich
muß zu thun haben!" Als das Muster aller ächten Ritterschaft hat
Shakespeare den löwenherzigen Jüngling mit eben so feinen als
großen Zügen gezeichnet. Er benennt ihn mit dem Namen des Kriegs=
gottes; seine Siege vergleicht das Gerücht mit Cäsar's; Achilles'
Wahlspruch ist der seine: es sei dieß Leben zu kurz um es unwürdig
zu verbringen; und als er gefallen ist, sagt Heinrich über seinem
Grabe, was so oft von Alexander gesagt wurde: ein Reich war als
er lebte zu klein für ihn, jetzt sind ihm zwei Schritte der schlechtesten
Erde genug. Blutjung noch, wie ihn der Dichter macht, hat er drei=
mal den Schotten Douglas geschlagen und all dessen Ruhm auf sein
Haupt gesammelt, zuletzt noch unsterbliche Ehre in Holmedon erfoch=
ten und dadurch den Neid des Königs gewaffnet. Ein scharfer Ehr=
geiz spornt ihn wie ein stolzes Roß, auf der Bahn der Kriegs= und
Ehrenthaten Keinen vorauf zu lassen. Wenn nur die Rede auf dieses
Thema fällt, nimmt seine Sprache den feurig übertriebenen Ausdruck
einer bis zur Leidenschaft gehenden Tapferkeit, eines selbst prahle=
rischen Heldenmuths an. Wo er einen Nebenbuhler nur ahnt, wie
in dem Prinzen, kann ihn grollende Eifersucht bis zu dem unritter=
lichen Ausspruche eines Entschlusses reizen, zu dessen Ausführung er
nie fähig wäre: daß er ihn mit einem Kruge Bier vergiften möchte!
Als er von Heinrich's stolzer Haltung vor der Schlacht bei Shrews=
bury hört, treibt ihn diese Eifersucht unbesonnen in das gefahrvollste
Werk. Die Gefahr hat für ihn immer und an sich einen anlockenden
Reiz; da der Stachel des Wetteifers hinzukommt, entscheidet ihn dieß
vollends, die schon beschlossene ungleiche Schlacht zu wagen, und in
der peinlichsten Ungeduld läßt er aufklärende Briefe ungelesen und
jede ernsteste Berufung auf sein Feldherrntalent, auf Vorsicht und
wohlverstandene Ehre unbeachtet. Sein Muth macht ihn zum So=

phisten, wie ihn seine rasche Leidenschaft ausnahmsweise zum Staats-
manne macht; beides Eigenschaften die seiner soldatischen Natur sonst
ganz entgegen liegen.   Denn sein Blut wallt leicht und heftig auf;
ein „Heißsporn", hitzig von Natur, ist er voller Launen, innerlich
oder äußerlich immer beschäftigt, in dieser Geschäftigkeit vergessen
und zerstreut, des Tags der Eßlust und Nachts des Schlafes beraubt,
von erregbarer Phantasie, leicht reizbar, und in Gereiztheit des Jäh-
zornes, des Widerspruchs, des Trotzes gegen alle Welt fähig.   In
solchen Momenten stockt seine Rede und entlädt sich in kollernder
Raschheit, aber es läßt ihm das Gebrechen gut, daß es die Jugend
wie einen Vorzug an ihm nachahmt.   In Ruhe, sich selbst überlassen,
allein, ist er lenksam und nachgibig, in seiner arglos treuen Natur
wie ein Lamm.   Unter vier Augen mit Glendower läßt er sich von
ihm neun Stunden mit Teufelsnamen unterhalten, obgleich es ihm
zum Ekel ist; in Anderer Gegenwart kreuzt er ihn mit Spott und
Vorwurf.   Bekämpft geizt er um ein Fleckchen Land, das er dem
Nachgiebigen nachwirft.   Von dem König angeklagt über die Weigerung der Gefangenen von Holmedon, entschuldigt er die Abschlagung
der Forderung; da ihn aber der König Lügen straft und bedroht, ist
er seines Stolzes und seines Zornes nicht weiter Herr.   In seiner
erhitzten Einbildungskraft, welche die Vorstellung einer großen Unternehmung ohnehin über die Grenzen der Geduld und Ueberlegung
hinwegreißt, wirft er divinatorisch kühne Empörungspläne hin, und
wie im heftigen Eifer seine Lebensgeister erregt sind, schiebt der politische Worcester seine altreifen Plane gegen Heinrich dem leicht-
fassenden und scharfsinnigen Zorne des heißblütigen Jünglings
unter.   Diese Blindheit des Eifers wirft den makellosen Helden in
landesfeindliche Verbindungen, den entschiedenen Mann in den Bund
mit Halben und Schwachen, den Krieger und Soldaten in Entwürfe mit tückischen Diplomaten, den Mann der Tapferkeit und
Treue in Bündnisse mit Verräthern und Memmen, den selbst Unvor-
sichtigen in Unternehmungen, die unvorsichtig entworfen sind.   Und

da ihm redliche Rathgeber diese Pläne und seine Freunde verdächtigen, grollt der Ehrliche dem ehrlichen Berather, weil er selber an Unehrlichkeit nicht glaubt. An dieser Leidenschaftlichkeit, an diesem Mangel an Ueberblick und Menschenkenntniß geht der vertrauende Mann unter, so wie der Mangel an Selbstbeherrschung, der ihn zu maaßlosem Aufbrausen und hochfahrendem Tadel dahinreißt, nach Worcester's Ansicht einen Hauptfleck auf der glänzenden Schönheit dieser Natur bildet. Denn im Uebrigen ist an diesem Manne keine unedle Ader. Ganz treu und von goldenem Herzen, von aller Tücke fern, der List und dem Trug unzugänglich wie er ist, steht seinem Wesen nichts so fern, als die schmutzige und faule Staatskunst und Diplomatie des Königs. Es brennt ihn wie mit Nesseln und peitscht ihn wie mit Ruthen, wenn er nur davon hört; und wo der König dem Mortimer zutraut, daß er sich absichtlich an Glendower gefangen gegeben habe, bricht sein Unmuth ihm in's Angesicht aus: nie lasse sich niedere Politik solche Wunden willig schlagen, um ihre Pläne so schmerzhaft zu verdecken. Weil er aller Unwahrheit so gänzlich abgeneigt ist, ist er auch den grillenhaften Aufschneidereien Glendower's so von Herzen gram. Lob und Schmeichelei kann er nicht hören, Tadel nicht verhalten, und wenn er selbst neue und unsichere Freunde damit vor den Kopf stoßen sollte. Er läßt sich treuherzig in solchen Augenblicken seine Heftigkeit und Derbheit vorwerfen und segnet verächtlich die empfohlenen feinen Sitten. Ein Feind aller Ziererei, alles Scheins, aller Eitelkeit ist er auch ein Feind aller falschen unmännischen Bildung. Er wollte lieber ein Rad die Achse kratzen hören als gezierte Poesie, lieber ein Kitzlein miauen hören, als ein Balladenkrämer sein; und Musiktreiben und Singen dünkt ihn dahin zu führen, Schneider zu werden oder Rothkehlchen abzurichten. Abgesagt diesen weichlichen Künsten ist er es auch aller falschen Empfindsamkeit. Die köstliche Scene zwischen ihm und seinem Weibe zeigt, daß er liebt weil er neckt; einen anderen Ausdruck fände diese ungekünstelte Männernatur auch nicht für ihre Liebe. Wie mochte Ulrici

dem albernen Horn nachschreiben, daß Heinrich Percy's Weib nur
seine erste Dienerin sei? Wo läge in Heinrich Percy's Charakter,
daß er zu Pferde sitzend seinem Weibe schwören will, er liebe sie un=
endlich — und daß dieß nur eine Redensart gegen eine Dienerin sei?
Diese Herzen ruhen innig und fest auf der sicheren Ueberlegenheit des
Mannes und dem goldenen Vertrauen der Frau, die die seltene
Eigenschaft besitzt, in ihres Gatten Scherzen und Neckereien den Ernst
seiner Liebe zu verstehen, und in deren Andenken dieß „Wunderwerk
von Mann" nie ausgehen kann. Um diesen Charakter und zugleich
unsere beiden Stücke auf den springenden Punkt zurückzuführen: die
Mannesehre lebt und webt in diesem Manne wie in ihrem eigensten
Hause, die Tugend des Soldaten im Gegensatze gegen die zweideuti=
gen diplomatischen Ehren des Cabinets, die den König auszeichnen.
Der ehrenhafte Douglas huldigt dem Heißsporne Percy als „dem
König der Ehre". Er ist das Thema der Zunge der Ehre, heißt es,
während Unehre des Prinzen Heinrich Stirne deckt. Er will jede
Gefahr bestehen, die von Nord nach Süden zieht, wenn Ehre sie von
Westen nach Osten kreuzt. Es dünkt ihm ein leichter Sprung, vom
Mond herab die glänzende Ehre zu reißen, oder sie vom Grund der
Tiefe an den Locken heraufzuholen, falls er sie allein, ohne Neben=
buhler, mit allen ihren Würden haben kann! Die Ungeduld seines
brennenden Ehrgeizes und seiner Ehreifersucht liegt hierin ausgedrückt,
die ihm Fieber macht, wenn er nur den Prinzen Heinrich loben hört.
Selbst seine Empörung wurzelt nach den Beweggründen, die ihn an=
treiben, in dieser Mitte seines Wesens. Die Percys denken mit
Reue an die Kränkung Richard's zurück, der Welt Zunge straft sie
um die alte Unthat, und der junge Held insbesondere wünscht diesen
Fleck von der Ehre des Hauses abzuwaschen. Noch diene die Zeit,
meint er, die verbannte Ehre herzustellen; es dünkt ihm unleiblich,
jene Schmach zu tragen und sich von dem abschütteln und wegwerfen
zu lassen, für den sie die Schande auf sich genommen. Seinem Eifer
ist es nicht möglich zu überdenken, daß die Mittel zu dieser Schmach=

tilgung neue Schmach auf sie häufen mußten, und daß die Beweg=
gründe eigensüchtiger erschienen. Die Empörung im Bunde mit
Landesfeinden, zu dem Zwecke das Reich zu theilen, der „übelgefärbte
Ehrgeiz" der sie in Bewegung setzt, bleibt ein Flecken auf seinem
Ehrenschilde, aber der einzige; und auch diese Schmach, sagt Prinz
Heinrich, soll in seinem Grabe schlafen und auf seinem Epitaphe
nicht gelesen werden. Diese Eroberung macht der Ehrenheld noch im
Tode über seinen Besieger. Er macht sie auch über den Leser. Das
hat Niemand naiver ausgedrückt als Hazlitt, der nicht böse gewesen
wäre, wenn Northumberland zeitig gekommen und die Schlacht bei
Shrewsbury günstig für Percy entschieden hätte.

So schon für sich betrachtet groß und bewunderungswerth,
wächst Percy noch ungemein, wenn man ihn in der Umgebung seiner
Mitverschworenen sieht. Könnte die Welt, fragt Falstaff, drei solche
Gegner auslesen wie den Kobolt Percy, den Erzfeind Douglas und
den Teufel Glendower? Aber wenn man Percy den Anderen zuge=
sellt sieht, gewahrt man erst wie hoch er ü b e r denen steht, die Fal=
staff n e b e n ihn stellte. Der Schotte Douglas steht ihm am nächsten;
er hat den bravsten Platz in seinem Herzen, so wie Douglas umge=
kehrt ihm sagt, kein Mann sei so machtvoll auf der Erde, dem er nicht
trotzte außer ihm. Treu wie Percy, tapfer ohne Rücksicht und Vor=
sicht wie Er, der Furcht unzugänglich wie Er, hat er auch etwas
von der Prahlerei, die Percy gleichfalls nicht fremd ist; und
so ist ihre herauspolternde Redeweise überhaupt sich ähnlich, in der
oft ihr Gedanke ohne Hinzuziehung eines Nebengedankens nicht klar
ist. Aber die geistige Höhe, der poetische Schmelz fehlt dem trockenen
Schotten, der sittliche Kern der Ritterschaft, der die Gestalt des Heiß=
sporns erst adelt; und darum unterwirft sich der alte Feind nach der
ersten persönlichen Berührung so willig dieser Oberherrschaft des
Geistes und erkennt Percy unbedingt als den Ehrenkönig an. Seine
Tapferkeit ist mehr eine instinctive gegen die von allen glänzenden
Ideen des Ehrgeizes bewegte des Percy; er ist der Sickingen in der

Schule eines Hutten. — Weit mehr ab steht der Walise Owen Glendower; ohne dieses Seitenstück würde Percy vielleicht in seiner romantischen Tapferkeit und Prahlerei als eine feine Caricatur erscheinen; sowie diese in Owen neben ihn tritt, rückt er auf die Stelle menschlicher Natur bescheiden zurück. Den Walisen bewegt die Eitelkeit zu allem dem, wozu Percy die Ehre und das edelste Selbstgefühl treibt; auch zu seiner Prahlerei, die bei Percy aus der Uebertreibungssucht der Heftigkeit fließt. Die falsche Scheinehre regt Glendower wohl an zu abenteuerlichen Kriegsthaten, aber es ist ihm mit dem Ruhm der natürlichen Stärke nicht genug: er geizt nach dem Rufe wunderbarer Vermögen und Kräfte, und er mag die abergläubische Welt gern beben sehen vor seiner Größe und die höllischen Mächte rühmt er sich zu beherrschen. Dem täuschenden Magier gegenüber setzt Percy seinen Stolz in bescheidene Wahrheit, dem wundersüchtigen entgegen steht seine schlichte rationelle Theologie, seine Ruhmredigkeit schilt er wälsche Schwätzerei, und wie sollte ihm sein Selbstlob gefallen, der das Lob Anderer nicht ertragen kann! Aus Eitelkeit vereinigt Glendower Gelehrsamkeit und Belesenheit, Musik und Poesie mit seiner Tapferkeit, die musischen Künste, die Percy dem Soldaten unanpassend findet; aus Eitelkeit und um in Allem Geltung zu haben, ist er in allen geselligen und höfischen Künsten bewandert, die Percy verachtet. Jene Nesseln der Ungeduld und Pein brennen ihn in der Scene, wo Owen's Tochter ihrem Mortimer singt; jenes weichliche Niederliegen, jener empfindsame Schwindel sind seiner Natur so zuwider und das ganze Treiben so himmelweit ab von dem gesunden Verhältnisse zwischen ihm und seinem Weibe. Die Unnatur seiner Verbindung mit ungleichen Menschen fühlt sein empfindlicher Instinct wohl heraus, doch ist er nicht fähig, eine Betrachtung an diesen Widerwillen zu knüpfen, die ihn warnte, die ihm Mistrauen einflößen könnte. Ewig seid wahr, hatte er zu Glendower gesagt, und spottet des Teufels; aber Glendower fürchtete den Teufel und ward gegen ihn unwahr und untreu.

Wie Mortimer, der als ein willenloses Werkzeug zwischen Allen steht,
ein Prätendent, der den schärfsten Sporn der Ehre, schon seines höch=
sten Zieles wegen, fühlen sollte, und den geringsten ihrer Triebe nicht
besitzt, wie Mortimer bewegt er sich langsam, zu dem Sammelplatz
der Empörer zu stoßen, und an dem Tag der Entscheidung bleibt er
aus, von Prophezeihungen abergläubisch zurückgehalten. — Noch
übler steht es mit Percy's eigenen Verwandten. Sein Vater Northum=
berland, glatt wie immer, ruhig und kalt an sich haltend, höchstens
gemacht der Verschwörung ein neues Mitglied werbend zu gewinnen,
nicht geschaffen in dem Waffenwerk zu helfen, wird im Augenblicke,
da es gilt, verstellt krank, er bricht sein Wort, er bleibt grundlos und
ehrlos zurück und versetzt dadurch der Unternehmung ihren Todesstoß.
So konnte die Schlacht gegen den König nicht gewonnen werden,
auf dessen Seite der edle Blunt und eine Reihe Anderer seines gleichen
fochten, die sich in königlicher Verkleidung für den König opferten!
Noch wäre trotz dem der blutige Untergang der Verschwörer vermie=
den worden, wenn Oheim Worcester nicht noch treu= und ehrloser
gewesen wäre als Vater Northumberland. Er, der den Knoten ge=
schürzt hatte, veranlaßt in derselben Tücke seine blutige Lösung. Es
ist geschichtlich, daß er des Königs Gnadenerbieten fälschte; in un=
serem Stücke bestellt er des Prinzen Herausforderung an Percy nicht,
die den Handel mit wenigem Blute ganz in dessen Sinne gesühnt
hätte. Er reißt den Neffen so in Verderben und Schmach zugleich,
den die Jugend und die Hitze seines Blutes vor Heinrich entschuldigt
hätte, der in seiner kindlichen Pietät keine ferne Ahnung hatte, wer
sein Vater und Oheim war.

Es würde jedem Dichter schwer werden, über diesen Helden=
charakter einen Andern emporzuheben. Am wenigsten aber sollte es
scheinen, daß Shakespeare seinen Prinzen Heinrich hätte über ihn
stellen wollen oder dürfen. So muß es wenigstens den Auslegern
nicht geschienen haben, die in Percy's Fall durch Heinrich eine Art
Ungerechtigkeit und, nach den früheren Verhältnissen beider, eine Un=

verträglichkeit fanden. Nennt ja doch sein eigener Vater den Prinzen, im Gegensatz zu jenem Ehrenkönige, fast einen König der Schmach, und erklärt Percy des Thrones für würdiger als den eigenen Sohn! Ist doch der Prinz in seinem Bunde mit räuberischem Gesindel un- ehrenhafter als Percy gegen den Staat im Kriege! Ficht er doch, alle Ritterfitte verspottend, Turniere aus mit dem Handschuh feiler Dirnen an dem Speere! Hat er doch selbst Hand an den Oberrichter gelegt und ist dafür in's Gefängniß gesetzt und aus dem Staatsrathe gestoßen worden! Wo läge in einem solchen Menschen das Anrecht und die Anlage, eines so glänzend begabten Helden, wie Percy, Meister zu werden, es sei denn, daß der Zufall der Geschichte oder eine unbegreifliche Laune des Dichters diesen Ausgang vorgeschrieben hätte, der mit den gerechten Gesetzen einer wohlorganisirten Welt nicht zu stimmen scheint, in die wir in der Dichtung versetzt sein wollen?

Zwar in seinem ersten Selbstgespräche deutet uns der Prinz an, daß er in vollem Bewußtsein über diesem wilden Treiben seiner Ju- gend stehe, daß er einst dieß lose Wesen von sich werfen und die ver- lorene Zeit einbringen werde. Neben dem Leichtsinne scheint Klug- heit und Ueberlegung mitzuspielen und hinter der Maske der Thor- heit ein Weiser zu reden. Diese doppelte Rolle wollen wir achtsam verfolgen, um der eigentlichen Natur dieses Kamäleons auf die Spur zu kommen. Denn wie leicht könnte doch jener Monolog auch nicht so fest und feierlich gemeint sein, wie er gesprochen wird! Hat doch Franz Horn nach seiner Art, wie Corporal Nym überall im Shake- speare Humor zu sehen, auch diesen Monolog für bloße Ironie des Dichters genommen.

Wie wir den Prinzen gleich bei seinem Eintritte erkennen, ist er in freundschaftlicher Gesellung mit Dieben und Schelmen, er macht ihren Schutz und Fürsprecher, er deckt mit seiner Person ihre Unthä- ten, er hehlt und verleugnet ihre Personen, er wohnt selbst ihren Raubanfällen bei. Aber auf der andern Seite vergütet er doch den

schlechten Streich dadurch, daß er den Raub mit Vortheil zurückbe=
zahlt, und er macht den schlechten Streich nur mit, wenn ihn ein
toller Streich begleitet; er gibt sich für einmal dazu her, wenn ein
guter Spaß für immer damit erzielt wird.

Denn freilich, einem guten Spaße aus dem Wege zu gehen,
wird ihm schwer. Von kitzlichem Geblüte, lachlustig, fröhlich, aus=
gelassen, gibt er sich einer wilden jugendlichen Freiheitsluft hin, die
Percy in ihm verachtet. Der kleinste Anlaß kann diese frohe Stim=
mung in ihm in Bewegung setzen, und dann ist er zu allen tollen
Streichen der Welt bereit. Er wird von seinem Vater angesehen wie
König Richard, in dessen Umgebung Possenreißerei, Sticheleien und
spitzige Reden waren; und so wird es auch dem Prinzen schwer, ein
Meister im Silbenstechen und Wortspielen wie er ist, einen guten
Witz bei guter Gelegenheit zurückzuhalten. Hat er sich doch mit voll=
endetem Geschicke eine Umgebung ausgesucht, wo alle Elemente zu=
sammen sind, durch deren Mischung und Berührung ein unermeß=
licher Stoff der Heiterkeit, der Neckerei und Fopperei beschafft wird.
Wenn nun diese Zügellosigkeit des Prinzen die Hoffnungen auf ihn
dämpfen muß, wenn seine Ausgelassenheit misdeutet werden kann,
so scheint doch auch wieder hindurch, daß sie ihm nur eine Erholung,
nicht eine Gewöhnung ist. Auch nach der Chronik fröhnt er diesem
Hange nur in den Zwischenräumen seiner kriegerischen und ernsten
Thätigkeit. Sein Falstaff tändelt auch in der Schlacht fort, aber
nicht Er; vor seinem Vater ist er ernst und voll kindlicher Pietät.
Es kann scheinen, als habe er nur das Bedürfniß, dem conventionel=
len Leben und seinem Gifte, das auf dem Throne am stärksten ist,
ein Gegengift zu bereiten, so lange es noch Zeit ist; er tobt sich aus
in dem Schauder der Jugend vor der Alltäglichkeit des Berufslebens.
Er mag erscheinen wie der junge Richard, aber er trägt doch nicht
den frohen Leichtsinn in ernste Geschäfte anhaltend hinüber, und er
tritt auf in einer Meisterschaft über sich selbst, von der in Richard's
Charakter keine Spur zu finden war. Konnte doch selbst ein Stück

kluger Berechnung mit in die Lustigkeit des Prinzen hineinspielen, dem die Gesetztheit nicht eben fremd war; „denn es ist eine über Vermuthen politische Sache, sagt Baco, vom Scherze leicht zum Ernst, vom Ernst zum Scherz leicht übergehen zu können". Er scheint sich zu nehmen wie ein Mann der die weise Maxime befolgen will, die derselbe Baco in die Worte gekleidet hat: „indeß die Philosophen streiten, ob Alles auf die Tugend oder auf die Lust zurückzuziehen sei, sammle du die Mittel zu beiden!"

Richard's II. Umgang war ein wenigstens äußerlich ebenbürtiger von Verwandten und Adeligen. Prinz Heinrich dagegen treibt sich mit Menschen der niedersten Klasse um. Nicht einmal der Geistesadel des Witzes ist es, was ihn ausschließlich anzöge und reizte. Sein Spiel mit dem kleinen Kellner zeigt uns seine harmlose Freude auch an dem unschuldigsten Scherze; er treibt sich mit Küfern herum, mit denen er den tiefsten Ton der Leutseligkeit angibt, so daß Falstaff gegen ihn als ein grober vornehmer Hans erscheint. Diese Herablassung tadelt der König an ihm, dessen Kunst es war, sich wie ein Feiertag selten aber dann festlich zu zeigen, haushälterisch mit der Freundlichkeit, die sein Sohn auffällig vergeudet. Nach jenem Monologe schien aber dieser eine nicht unähnliche Politik zu haben. Er wollte es der Sonne gleich thun, die sich hinter Wolken berge, um dann desto glorreicher und erwünschter zu scheinen; er übt seine geschickte Sündhaftigkeit aus demselben Grundsatze der seltenen Erscheinung, nur schien er, wenn er sich nicht zu viel vermaß, diesen Grundsatz wie ein großer Mann anwenden zu wollen. Nicht seine Person, das Kleid der Majestät, sollte das selten Erscheinende, die Ueberraschung, der Sonnenblick, der Feiertag sein, sondern seine Thaten. So lange er zu diesen nicht unmittelbar berufen war, scheute er sich nicht, von der gekünstelten Natur um den Thron herum sich herabzuwenden zu den originellen Gestalten, den ausdrucksvollen Schöpfungen in dem unteren Volke. Er hat Freude an der menschlichen Natur in ihrer offenen Blöße und nackten Gestalt; die Armuth des Geistes und der Bedürfnisse ist ein Stubium für ihn; seiner schlicht bürgerlichen Natur, im Gegensaß zu Percy's ritterlich aristo= kratischer Haltung, ist es unter den treuherzigen Burschen von East= cheap wohl, die ihn einen guten Jungen nennen und ihm für die Zeit seines Königthums ihre Dienste bieten. Vielleicht ist auch Po= litik darin, daß er sich die Herzen des Volkes zu gewinnen sucht, da auf den Adel so wenig Verlaß ist und seines Vaters Thron vor seinen Angriffen fortwährend wankt.

Mit diesen Neigungen verdirbt der Prinz viele Zeit; läßig, un= bekümmert, ist er, sobald ihn nicht ein bestimmtes Geschäft bindet, von dem Hofe weg, wie ein Sohn, dem in dem engen Hauskreise nicht behaglich ist. Zu seinen wüsten Streichen, zu seiner Tobsucht, zu seiner Herablassung kommt der Müßiggang dieses Schlemmer= lebens hinzu, weshalb ihm der König immer das thatenblühende Leben Harry Percy's entgegenhält. Dem Prinzen gilt zur Zeit sein Trinkgelag mit den Küfern für eine Schlacht, und er beklagt Poins, daß er viel Ehre eingebüßt, weil er dabei gefehlt habe. — Aber er blickt dann doch vor Vernon mit Selbsttadel und Anklage auf seinen Müßiggang hin, der auch in Percy's Augen ein Vorwurf für den Prinzen war; und er schien schon früher in einem verlorenen Worte andeuten zu wollen, daß Percy's Beispiel darum nicht an ihm ver= loren sein solle, da er zu Poins sagt: er sei noch nicht in der Stimmung des Heißsporns, dem ein Frühstück von erschlagenen Schotten ein müßiges Tagewerk ankündigte. Und daß er einmal in diese Stimmung kommen könnte, scheint doch in seiner Natur zu liegen, da selbst sein Vater von ihm sagt, er sei in früher Jugend schon kindisch zwar, aber auch tollkühn gewesen.

Der Prinz treibt endlich das, was sein Vater, was Percy als das heiligste und würdevollste ansehen, Ritterschaft und ehrende Kriegs= und Staatsthätigkeit mit fahrlässigem Leichtsinne und selbst Herabwürdigung und häuft statt Ruhmes und Ehre nur Schmach auf sein Haupt. Wie er die oberste Gerichtsperson des Reichs nicht

heilig hält, so scheint ihm auch das ritterliche Turnier nicht zu ge=
weiht, um nicht einen Spott damit treiben zu dürfen; da seines Va=
ters Thron erschüttert steht von den tapfersten Helden auf britischem
Boden, ist er fähig, eine possenhafte Komödie zu spielen und, auf
dem Feldherrnstabe spielend, kommt er, seine flotten Genossen zum
Marsch zu holen. Aber kann dieß Leichtsinn heißen, so könnte es
auch Gemüthsruhe sein. Ihm schaudert nicht im geringsten vor dem
schrecklichen Bunde der Percy, Douglas und Glendower. Liegt nicht
im Hintergrunde seiner Ruhe bei dieser Empörung ein felsenfestes
Bewußtsein und Selbstgefühl? Spielt nicht in dieser Sorglosigkeit,
diesem Muthwillen, dieser Ungebundenheit das beste Gewissen durch,
während sein Vater von Argwohn, von Seelenangst gedrückt in
seinem Glücke krankt? In der schweigenden Art, wie er den Verdacht
seines Vaters anhört, wie viel Demuth und gute kindliche Natur!
Und dann, als es gilt, als die scharfe Schlacht bei Shrewsbury
droht, überrascht es nach allem diesem zügellosen Leben und Treiben
nicht uns Alle wie es Percy überrascht, wenn Vernon jenes glän=
zende Bild von dem kühnen Adler= und Straußenflug des Prinzen
und seiner Gesellen entwirft? Scheint es nicht, als ob ihn nur die
Nothwendigkeit rufen dürfe, um ihn eben so tapfer und kriegslustig
zu zeigen, wie es Percy aus einem üppigen Drange seiner Natur zu
jeder Stunde ist?

Geringgeschätzt steht der junge Königssohn unter seinen Ge=
fährten, bei seinen Verwandten, bei seinen Feinden. Eine offenbare
Schmach überdeckt ihn in den Augen der Welt, sein Poins selbst
deutet seinen Charakter schlecht, seine Brüder geben ihn auf, sein
Vater hält ihn zu jeder Unthat fähig, die Ehre, die Percy auf seinen
Scheitel häuft, verdunkelt ihn um so mehr. Woran soll man sich hal=
ten in diesem Charakter, an den üblen Schein, den wir dargestellt
haben, oder an die Funken von Ehre und besserer Natur, die wir doch
überall hervorblitzen sahen und die auf einen Kern der seltensten Art
hindeuten könnten?

Jener Gedanke, den wir Shakespeare in dieser ganzen Periode seines Lebens verfolgen sehen, den wir in der Reihe der früher besprochenen nichthistorischen Stücke dieser Zeit schon in dem Gegenstande des Kaufmanns von Venedig auf der Spitze fanden, erscheint in diesem Charakter in seiner vollendetsten Ausbildung. Es ist der Schein gegen diesen wunderbaren Menschen. Er nährt gleichgültig, ja wohl selbst geflissentlich diesen üblen Schein, indem er und weil er des vollen Wesens einer ächten Menschheit in sich sicher ist. Er spielt mit der öffentlichen Meinung, im Bewußtsein, daß er sie jede Stunde Lügen strafen könne. Er hat auf die Anklage todwürdiger Sünden im stolzen Selbstgefühle keine Antwort, aber Thaten. Ein getheilter vielseitiger Mensch, läßt er das Leben von allen seinen Seiten auf sich wirken; er will es genießen, so lange es ihm Raum zum Genusse bietet, aber er will sich in dieser Muße der Erholung und des Scherzes, wie jener makedonische Philipp, wie jener ägyptische Amasis, nur stählen und stärken für die Zeit des Handelns und des Ernstes. Für die Poins ist es kein Verhältniß, wenn er von thörichten Streichen zu tapferer Arbeit und von dieser wieder zu eitlem Gerede sich wendet, aber in ihm spielt diese Zweiseitigkeit der Natur in den wunderbar schärfsten Farben. Possenreißer und Held, herablassend und stolz, ein König im Geschäfte der Fürsten und ein Bettler mit Bettlern, weiß er wechselnd jeden Ton der Gesellschaft und des Berufs, des Geschäfts und der Feier, der An- und Abspannung anzuschlagen, in jedem ein Meister. Der König muß ihm gleichsam wider Willen das Zeugniß geben, daß, obgleich er gereizt wie ein Kiesel sei, launisch wie der Winter, rasch wie ein Windsturm, er doch auch Milde besitze und eine Thräne für das Mitleid, eine Hand voll Wohlthätigkeit und Freigebigkeit habe. Zum Uebergang von Selbstvergessenheit in seinen tollen Launen zu dem Acte einer völligen Selbstbeherrschung kostet es ihm nur ein Besinnen; er hat in seiner Hitze den Lord Oberrichter geschlagen und im Augenblicke leistet er der Verhaftung Folge; der König selbst erkannte die

Selbstüberwindung in dieser Fügsamkeit gegen die eben verletzten
Gesetze an. Er ist der Ansicht, daß es in dem menschlichen Leben
gelte, jeder Lage und Gelegenheit ihr Recht zu thun, Allem seine Zeit
zu gönnen, Allem seinen Ort und seine Stelle anzuweisen, Nichts zu
verschmähen, was die Mannichfaltigkeit der Existenz uns entgegenbringt. Sich in die Eintönigkeit der königlichen Würde allstündlich
zu fügen, widerstrebt seiner freien Seele; in gespannter Anstrengung
nach Ruhm und Ehren zu jagen wie im Frohne eines aufgelegten
Geschäftes, widerspricht ihm den Ordnungen der Natur, die in ihren
Forderungen mäßig ist; den stoischen Ernst einer scrupulösen Gewissenhaftigkeit durchzuspielen, hatte er nicht Geduld und nicht Kraft
der Gewöhnung genug; den Zwang der Gewohnheit überhaupt
sich aufzulegen, war ihm nicht gegeben, selbst wenn die Gewohnheit
auf das Höchste gerichtet sein sollte. Was bei Hamlet ein gesproche-
ner Grundsatz ist, ist bei ihm ein ausgeführter:

> Wahrhaft groß sein heißt
> Nicht ohne großen Gegenstand sich regen;
> Doch eines Strohhalms Breite selbst verfechten,
> Wenn Ehre auf dem Spiel ist.

Und in diesem Grundsatze wesentlich ist er ein Gegenbild des hitzigen
Percy, der sich in seiner Leidenschaft allerdings um „das Neuntel
eines Haares" erzürnt, auch wo keine Ehre auf dem Spiele ist.

Diesem Principe folgend, nutzt der hagere, bewegliche, leichtfüßige Prinz seine Zeit, so lange sie ihm zu Scherz und Frohsinn
gegeben ist. Sobald er von seinem Vater gehört hat, wessen man
ihn fähig hielt, des Lauerns auf seines Vaters Tod, des Verraths
an seines Vaters Throne, erschrickt er, der Arglose, der nicht wußte,
daß man ihn so weit in der Meinung herabgebracht. Hinfort will er
mehr Er selbst sein und er beweist in seinem Kampfe, wie treu und
wie rettend er seinem Vater zur Seite steht. Wie er hört, daß ihm
Percy so maaßlos vorgezogen wird, da erwacht auch in ihm seine
Eifersucht gegen dieß Schooskind des Ruhmes. Denn tief ist auch

zu ihn jenes Feuer der Ehre gelegt, aber es will durch den Stahl größerer Anforderungen aus ihm herausgeschlagen sein. Er bekennt von sich selber, wenn Ehrgeiz eine Sünde sei, so sei er das sündigste Geschöpf der Welt. Nun sucht er die Begegnung mit diesem beneideten Ideal aller Ritterschaft im Einzelkampf und in der Schlacht, und er verkündet ihm, er wolle nicht weiter den Preis des Ruhmes mit ihm theilen; zwei Sterne, wie sie, könnten sich nicht in Einer Sphäre bewegen. Er hat es, da er schamroth vor seinem Vater stand, vorausgesagt, er wolle an dem Tage, da sie sich begegnen, mit all den Ehren, die auf dem Helme dieses Kindes des Ruhmes sitzen, seine Scham aus seinem Gesichte waschen, er wolle seine Unwürdigkeiten gegen Percy's Ehren austauschen oder dieß Gelübde mit seinem Tode tilgen. Jener Percy hatte die Ehren des Schotten Douglas auf sein Haupt gesammelt, und diese so gehäuften Ehren will ihm Heinrich wieder abnehmen; er soll nur der Factor seiner Ehre gewesen sein. Und so von diesem stilllobernden Ehrgeize getrieben trifft er mit dem flammenden Ruhmesdurste Percy's zusammen, der Bescheidene mit seinem Verächter, der Müßiggänger in Ritterschaft mit dem Meister, und er besiegt ihn, keineswegs weil es die willkürliche Laune des Dichters so wollte, sondern weil es die gute Sache so verlangte und die gute kraftvolle Natur des Prinzen so gestattete, in der gegeben war, was noch weit die großen Gaben Harry Percy's überstrahlte.

Denn nun, da der Sieg über Percy ihn bereits höher gestellt hat, nun erscheint eigentlich erst, was ihn größer macht als diesen Großen. Ueber dem Besiegten steht er mit Bewunderung, mit Vergebung, mit Rührung und Mitleid. Es war sein brennender Ehrgeiz gewesen, Percy zu schlagen; und nun es geschehen ist, ist diese Flamme sogleich gelöscht und macht den schönen menschlichen Regungen des Gemüthes breiten Raum. Ja noch viel mehr: er gönnt dem närrischen Falstaff die Ehre, den Percy getödtet zu haben, in der Absicht, des alten Freundes befleckte Ehre mit diesem abgetretenen

Ruhme wieder herzustellen; er zieht sein Selbstgefühl schweigend ein und verzichtet auf eine kaum erstrebte Glorie; er streift sich in freiwilliger Bescheidung den Glanz ab, der zum erstenmale auf sein verkanntes Leben fällt, im inneren Gefühle jener höchsten Ehre und Würde, der das Selbstbewußtsein genügt und die der äußeren Zier nicht bedarf. Die Betrachtung der menschlichen Gebrechlichkeit, die ihm der Fall dieses edlen Percy aufdrängt, die ahnungsvollen Worte, die ihm der Sterbende prophezeihend noch zurief, haben alle weltliche Eitelkeit in ihm getilgt und in diesem gehobenen Momente ist der epikureische Jüngling, der für jeden Anschlag der Gelegenheit einen tonvollen Klang in seiner Seele hat, der stoischsten Selbstverleugnung fähig. In diesem Augenblicke der feierlichsten Erhebung geht ihm der geglaubte Tod seines Falstaff nicht zu Herzen und in dem folgenden Augenblicke läßt er sein Verdienst, weit entfernt sich damit Ruhm zu wissen, schweigend auf den Unwürdigen übergleiten. Dieser Zug ist so wenig zufällig oder willkürlich, wie der von des Prinzen Tapferkeit und Kriegskunde. Denn in diesem Charakter liegen die Eigenschaften der Selbstverleugnung und der Selbstbeherrschung, das Verschmähen des Scheines, die Zurückziehung auf den innersten, verborgensten Werth und Kern der menschlichen Existenz sogar, und gerade, in seinen Fehlern schon ausgedrückt. Denn nur darum war er zügellos, weil er sich fühlte die Zügel in der Hand zu haben, nur darum herablassend und freigebig mit seiner Person, weil er sich königlich wußte, nur darum lässig und müßig, weil er leichter als ein Anderer gelernt hatte, nur darum nachgiebig dem Frohsinn überlassen, weil er wußte wie ernste Tage seiner warteten. Und in allem seinem Gehenlassen liegt vorherrschend der Zug zu Grunde, wahr zu sein und der Natur treu, ihr keinen Zwang zu thun, sie nicht zu überspannen; und in diesem ungezwungenen Zustande bewahrte sie ihm gesunde frische Kräfte, die mit spielender Leichtigkeit schafften, was Andere mit aller Anstrengung nicht gewannen. Denn seine scheinlose Gestalt gegen den strahlenden Percy gehalten, so verhält er sich zu diesem wie der sichere Besitzer der Ehre zu dem strebsüchtigen Bewerber um sie, die Baco „die Stätte der Tugend" nennt, nach welcher hin die Bewegung der Tugend stürmisch, innerhalb welcher sie ruhig ist. Daher hat Heinrich nichts von dem Gespannten und Gesteigerten, dem Pathetischen und Heftigen in Percy's Natur, und er macht sich lustig über dessen übertrieben rastlose Anspannung aller seiner Kräfte, da er ihn am Ziele dennoch einholt, sobald die Forderung und der Anspruch sich zeigt. Wenn die Gelegenheit und der Gegenstand seine Kräfte aufruft, erscheint er ruhmvoll ohne Anstrengung, tapfer ohne Prunk, zu einem neuen Leben umgeschaffen, ohne daß es ihm Opfer kostet. Die entgegengesetztesten Eigenschaften der Bildung und Liebenswürdigkeit wie der Thatkraft und Energie feiern in ihm die seltenste Verbindung, deren Percy nicht fähig wäre. Gegen dessen aufbrausendes Temperament ist er ganz gelassen; die stolze Meinung von sich selbst ist bei ihm Selbstgefühl in der stillsten Bescheidenheit. Percy hat über Heinrich immer eifersüchtig gegrollt, aber der sanfte Heinrich scherzt nur über ihn und nach seinem Tode hat er Thränen für ihn, die Percy nicht für Heinrich gehabt hätte. Er hat Anerkennung, wie für Douglas so auch für Percy, im Leben und im Tode, und selbst, wo er über ihn scherzt, wie über sein Verhältniß zu seinem Weibe, da scherzt er nicht aus Spottsucht, sondern aus Lachlust; denn gerade in diesem Stücke würde er Percy am ähnlichsten sehen, und nicht viel anders als Er um sein französisches Käthchen wirbt, wird auch Percy um das seine geworben haben. Gegen Percy's aufschäumende Leidenschaft hat er überall Selbstherrschaft zu setzen, gegen seine derben Sitten Leutseligkeit und freundliches Gewinnen, gegen seine überströmenden Affecte Mäßigung und Würde, gegen seine prahlerische Aber stille Hintansetzung seiner selbst, so daß in dieser Beziehung Percy gegen Heinrich gehalten leicht so erscheint, wie Glendower gegen Percy. Dieß Alles ist aber um so größer, als Heinrich All das was Percy Glänzendes besitzt, seine kühne Verwegenheit, sein stolzes Selbstvertrauen, alle

die Aeußerungen edler Leidenschaft gleichfalls eigen hat, sobald sie
nur ein entsprechender Anlaß herausfordert. Um es zusammenzu=
fassen: wo dieser seinen glänzenden Thaten und Eigenschaften noch
eine strahlende Unterlage zu geben sucht, gibt Er seinen Eigenschaften
in seinem Jugendleben eine trübe Folie, das Licht seiner Tugenden
birgt er hinter die Schatten seiner Fehler. Und dann: wo eben seine
ersten Thaten diese seine wahren Eigenschaften zum erstenmal ent=
hüllen, wischt er sie, da sie sich am glänzendsten abheben von dem
dunklen Grunde, mit gleichgültiger Sorglosigkeit noch einmal hin=
weg, vertrauend auf ein Etwas in sich, das über allen Schein er=
haben ist, wogegen alle äußere Ehre als leere Eitelkeit erscheint: auf
den Kern ächter Menschlichkeit und einer Willenskraft und Vorbe=
reitung für das Leben, die in der That wie eine Sonne durch alle
auch selbstgeschaffene Wolken hindurchdringen werden.

Es fällt in die Augen, in welchem Verhältnisse Falstaff, die
vierte Hauptfigur im ersten Theile Heinrich's IV., zu den Uebrigen
steht. Dem König Heinrich liegt es am Herzen, die erworbenen
königlichen Ehren sich und seinem Hause zu bewahren; eine warme
Ehrliebe treibt ihn, sich in dieser Sphäre in fleckenloser Achtung zu
erhalten; es grämt ihn daher, daß sein Sohn durch seine Zügellosig=
keit diese Ehre zu verwirken droht. Was in seinem eigenen Ruf und
Leben ihren Glanz trüben könnte, sucht er mit tausend Künsten tief
in sein geheimstes Innerste zu bergen. Er faßt die Ehre äußerlich auf
und bezieht sie nur auf den Stand und die Stelle die er einnimmt;
die Sittlichkeit hat nichts mit seiner Ehrliebe zu schaffen; nur der
Schein soll gerettet und die Ehre in der Achtung der Welt erhalten
werden. Bei Percy ist dieß anders. Die Ehre, die er anstrebt, will
er verdienen mit Handlungen und sittlichem Werthe; aus der Ehren=
haftigkeit des bravsten Herzens wächst sein Ehrgeiz empor, der von
edlem Stolze getragen bis zu einer Ruhmsucht anschwillt, die sich
durch Gefahren nur desto mehr reizen, ja selbst die Unrechtlichkeit der
Mittel zu ihrem Zwecke übersehen läßt. Wieder anders ist das Ver=

hältniß des Prinzen Heinrich zur Ehre. Er ist von demselben Ehr=
geize, von derselben Ruhmbegierde wie Percy beseelt, aber sie könnte
zu der krankhaften Sucht nicht steigen wie in Percy, weil sie noch in=
nerlicherer Natur ist. Nicht Stolz, sondern edles Selbstgefühl regt
ihn an; sich selber Genüge zu thun, gilt ihm noch mehr als in An=
derer Achtung zu stehen; er vergeistigt und versittlicht den Begriff der
Ehre zu wahrer Menschenwürde, und das Bewußtsein dieses Wer=
thes in sich tröstet ihn selbst über den schlechten Schein und die üble
Meinung der Welt. Dem Allem steht Falstaff als Gegensatz entgegen;
er ist neben diesen Ehrenhelden aller Ehre und Scham ganz baar:
und Würde selbst nur im Spiele nachzuahmen, ist ihm nicht möglich.
Rücksicht auf Anderer Urtheil, Bedürfniß eigner Achtung sind ihm
fremd geworden; die Selbstsucht ist das, was diese Maschine allein
in Bewegung setzt. Wir wollen diese merkwürdige Figur, die wie
ein lebender Bekannter in Aller Mund und Kunde ist, hauptsächlich
in diesem Gegensatze sehen. Sie in aller ihrer Fülle zergliedern zu
wollen, wäre ohnehin eben so schwer als undankbar, schon weil die
kritische Zerlegung eines komischen Charakters allemal nur zerstört,
ohne wie bei erhabenen Charakteren durch einen großen Begriff,
der aus der Zergliederung deutlicher hervorspringt, entschädigen zu
können.

Wir haben gesagt, daß Shakespeare seinen John Falstaff zum
Pagen bei dem Herzog von Norfolk macht. Schon da in seiner Ju=
gend, erfährt man, hat er Umgang und Streit mit einem Scrogan ge=
habt; diesen Namen eines bekannten Lustigmachers unter Eduard IV.,
dessen Schwänke 1565 gedruckt waren, benutzt der Dichter, um Fal=
staff's erste Umgebung und Verhältnisse zu bezeichnen. Seitdem ist
er 32 Jahre mit Bardolph, 22 Jahre mit Poins in dem Treiben
und Leben gewesen in dem wir ihn finden, er ist alt und Altmeister
in dem Handwerk des lustigen Verkehrs geworden, der geborene
Trinkkönig und Stammgast in den Häusern, wo Trank und Bissen
am feinsten sind. Es mag daher wohl sein, daß, obgleich er den

Oberrichter weiß machen will, er sei mit seinem runden Bauche ge=
boren, er doch vielmehr dem Prinzen die Wahrheit sagt, er sei in
seiner Jugend wie eine Gerte dünn gewesen, und daß ihn erst
Schlemmerei und Schlaraffenleben in der Länge der Zeit dahin an=
geschwollen hat, daß er nun seine Kniee nicht mehr sehen kann. Das
Bild einer thatlosen und thatunfähigen Masse, ist er ganz nur die
Personification der Kehrseite des Menschen, seiner thierischen sinn=
lichen Natur. Alles was des Menschen geistiges Theil ist, Ehre und
Sitte, Bildung und Würde ist seit frühe in ihm verschliffen und ver=
loren. Die Materie hat jede Leidenschaft in ihm erstickt, zum Guten
wie zum Bösen; er ist vielleicht gutartig geboren und nur durch Noth
und schlechten Umgang bösartig geworden, aber diese Bösartigkeit
auch ist so kurz wie sein Athem, nie dauernd genug um eigentliche
Bosheit werden zu können. Seine Gestalt und bloße Masse ver=
dammt ihn zu Ruhe und Genußsucht; Müßiggang, epikureisches
Wohlsein, Cynismus, Tagdieberei, die für seinen Prinzen nur Er=
holung sind, sind ihm Wesen, Natur und Sache des Lebens selbst;
und während ein Percy Eßlust und Schlaf unter den Aufregungen
seines strebenden Geistes verliert, ist umgekehrt bei Falstaff Alles
Sorge um die Subsistenz. Er bekennt sich daher kraft dieses thieri=
schen Unmaaßes und Vielbedarfs und der sittlichen Abstumpfung, die
seine Folge ist, zu dem Naturrecht der Thiere: wenn der Weißfisch
ein Köder für den Hecht ist, so sieht er nach dem Gesetz der Natur
keinen Grund, warum er die Einfältigen der Menschheit nicht schnap=
pen soll! Er treibt daher nicht allein sein Spiel in Unterdrückung
Aller, deren er im Stillen mächtig werden kann, ohne Sinn für Ei=
genthum, Wohlfahrt und Recht eines Anderen, er braucht auch seine
beweglicheren Genossen zu offenem Raub und Beutelschneiderei; er
umgibt sich mit den Gadshills, die in so üblem Rufe stehen, daß
ihnen die Kärrner der Landstraße nicht eine Laterne anvertrauen mö=
gen; selbst den Prinzen will er zum Hamen gebrauchen, die Staats=
kasse auszufischen; und seine Phantasie versteigt sich so weit, daß er

aus England nach dessen Thronbesteigung Gesetz und Galgen ver=
bannen und das Nachtgewerbe des Räubers adeln möchte.

Gegen jede staatliche, rechtliche, sittliche Ordnung hat ihn das
Uebergewicht der materiellen Natur stumpf gemacht und so auch ge=
gen jede geistige Würze. Die einzige, die er kennt, sein Witz selbst
muß seiner Subsistenz fröhnen: in den lustigen Weibern in Windsor
wenigstens rüstet er ihn ausdrücklich in diesem gewerblichen Zwecke.
Bedarf und Noth, heißt es in Tarlton's Schwänken, ist der Wetz=
stein des Witzes, und so ist's auch bei Falstaff. Dieß bezöge sich vor=
zugsweise auf seinen Scharfsinn zu betrügerischen Streichen, aber
auch die blos intellectuelle Seite seines Witzes mag man auf seine
physische Schwerfälligkeit zurückbeziehen. Seine bloße Erscheinung
reizt die Menschen sich an ihm zu reiben; er gewährt das Bild der
Eule an der sich die Vogel necken: diese Lage allein forbert seine
witzigen Kräfte zur Gegenwehr heraus, deren mehrstes Theil ohne=
hin nicht auf unmittelbarer Naturanlage beruht. An aller witzigen
und satirischen Kraft im Menschen ist der angeborene Theil nur all=
gemein in der verneinenden, realistischen, weniger auf's Handeln
gestellten Natur begründet; das wesentlichere in dieser Kraft ist ihre
Erziehung und Ausbildung, da sie ganz auf dem scharfen, geübten
Sinn der Vergleichung, mithin auf der beweglichsten Beobachtung
und Erfahrung beruht. Diese Gewöhnung wird zur anderen Na=
tur; sie mußte es in Falstaff um so früher und vollständiger werden,
je früher seine bloße Gestalt die Angriffe des Witzes auf ihn zog.
Falstaff sagt mit vollkommener Erschöpfung von sich selbst: kein
Mensch sei fähig, mehr Lachen erregendes zu erdenken als Er er=
finde, und über ihn erfunden werde; er sei nicht allein selbst witzig,
sondern auch die Ursache, daß Andere witzig sind. Der passive Theil
dieser Zweiseitigkeit ist aber nothwendig der ursprünglichere; und
wie schnell auch seine Begabung Falstaff aus der vertheidigenden
Lage in die angreifende überführen mußte, dennoch scheint es, als ob
seine Schwerfälligkeit ihn immer in jene zurückwürfe, als ob er der

Störungen seiner Ruhe, als ob sein Witz der steten und scharfen
Reibung bedürfe. Seine Umgebung ist ganz darauf berechnet. Die
geistreiche Beweglichkeit des Prinzen hält ihn in beständigem Athem;
der rothnasige Bardolph, das Stichblatt seines überlegenen, ruhigen
Humors, ist für die Erholung; aber auch den scharfen Poins, der
sich besser auf's Necken und Plagen als auf's Geneicktwerden versteht,
kann er nicht entbehren. Bei so kalten Leuten dagegen, wie der
Oberrichter und Lancaster, wird sein Witz kalt, und er sinkt in ge=
sunkener Gesellschaft. Was wir in der Erscheinung des Phlegmati=
kers tausendmal beobachten, ist in Falstaff auf's höchste gesteigert;
dem Menschen dieser Naturart sind die Gaben ruhigen Scharfblicks
und durchdringender Beobachtung und Menschenkenntniß eigenthüm=
lich und in dem Gegensatze ihrer geistigen Beweglichkeit mit der kör=
perlichen Unbehülflichkeit liegt die komische Kraft ihrer Erscheinung.
Sie ist desto größer, je trockener und unwillkürlicher der Witz ist; so
ist er bei Falstaff und es ist jedesmal eine traurige Verkennung dieser
Rolle, wenn die Spieler derselben, selbst ältere englische wie Quin,
die Absicht des Witzes zur Schau tragen; völlig zum Gegentheile
verdreht aber hat diesen Charakter Hazlitt, wenn er behauptet, Fal=
staff sei Lügner, Memme, Witzbold und Alles nur um Andere zu
vergnügen, um das humoristische Theil aller dieser Eigenschaften zu
zeigen; er sei ein Schauspieler in sich selbst eben so wie auf der
Bühne. Falstaff ist sich seiner Scherzgabe wohl so weit bewußt, daß
er weiß was den Prinzen lachen macht; aber in ihrer Ausübung in
jedem einzelnen Falle kann nur der volle Instinct der Gewöhnung
und Natur, nie ein berechnetes Spiel aus ihm sprechen. Vielmehr
liegt in der Unabsichtlichkeit des Witzes und in der Trockenheit der
Laune erst die volle komische Kraft; die Naturanlage des Mutter=
witzes wird sich immer so äußern; das Genie im Komischen wird
sich höchstens auf der ununterscheidbaren Grenzlinie zwischen Bewußt=
heit und Naturtrieb, wie aller Genius in jederlei Richtung, bewegen.
Gerade diese glückliche Mitte hat Shakespeare seinem Falstaff ange=

wiesen; und diese Mitte, und jene andere, nach der er eben so
sehr Zielscheibe als Schütze des Witzes, neckend und geneckt ist, weist
ihm seine sociale Stelle an, auf der man ihn immer hätte sehen sol=
len. Leben und Literatur jener Zeiten unterschieden seit lange den
Volks= und Hofnarren, den ungeschulten Mutterwitz in jenem und
die Maske der Weisheit in diesem, den natürlichen Narren (natural,
clown) und den gebildeten (fool), den Mann der durch Natur und
Außenseite die Lach= und Necksucht des Volkes reizt und den Anderen,
der zur Verspottung der anständigen Thorheit geschult ist, jenen
dem ein ausgeübter Spitzbubenstreich ein Witz heißt, und diesen, der
seine Schelmstreiche nur mit der Zunge vollführt. Beiderlei Gat=
tungen der Lustigmacher vereinigt Falstaff, nur nicht grade in amt=
licher Stellung, in seiner Person, mit einem natürlichen, obgleich
schwer zu unterscheidenden Uebergewicht des Ersteren, wie es in dem
berühmten Tarlton der Fall war, über den die Zeitgenossen sich fort=
während stritten, ob sein Witz natürlich oder künstlich sei. Wenn
man das Leben und die Wirklichkeit zu Falstaff's und seiner Freunde
Streichen kennen lernen will, ihr Herumtreiben auf dem Lande, ihr
Foppen untereinander, ihren Betrug an Wirthen, Mädchen und
Gimpeln, so muß man Tarlton's Schwänke lesen; dann wird man
zugleich inne, welch eine ideelle Gestalt der Dichter selbst dieser ge=
meinen Realistik gegeben hat. Will man aber die Seele, den Be=
griff von Falstaff's Natur und Wesen haben, so muß man auf ihn
anwenden, was Erasmus in seinem Lobe der Narrheit als das Cha=
rakteristische der Volks= und Hofnarren heraushebt. Sie nehmen,
sagt er, die Natur zu ihrem Führer; sie streifen die Schminke der
Bildung ab und folgen dem thierischen Instincte; sie haben kein Ge=
wissen, sie fürchten keine Gespenster, sie haben nicht Sorge noch Hoff=
nung, sie lachen und machen Andere lachen, ihnen verzeiht man Alles
was sie sagen und thun, sie haben keine Leidenschaft, keinen Ehrgeiz,
keinen Neid und keine Liebe, keine Scheu und keine Scham.

Wirklich ist in diesen Worten kein Gewissen und keine

Scham grade Alles ausgedrückt, was zu Falstaff's genauester Bekanntschaft leitet. Der Dichter leiht ihm zwar jeweilige Anfälle von
Gewissensbissen, um anschaulich zu machen, daß des Menschen bessere
Natur auch unter so großer materieller Herabziehung nie ganz verloren geht. Seine Genossen nennen ihn Mr. Remorse. Wenn er
in Furcht, in Krankheit, in Müßiggang ist, beseufzt er in unwillkür-
lichen Stoßseufzern seine Schlechtigkeit; an sein Ende ist er nicht
gerne erinnert. Aber dieß sind nur vorübergehende Anwandlungen,
die nicht haften. Der Dichter hat die Noth, die Schmach und die
Ehre, Herabwürdigung und Ermuthigung auf seine sittliche Erhebung hinarbeiten lassen, er ist aber, um mit Pistol zu reden, sem-
per idem geblieben. Dem Gesetz der Sitte abgestorben, möchte er
auch das Gesetz des Rechtes weggeräumt haben. Selbst jenes äußerlichste Ehrgefühl, der Wunsch wenigstens den guten Schein zu retten,
der geringste Grad des Schamgefühls also ist ganz in ihm vertilgt;
er braucht einen Vorrath guter Namen, aber er hat keinen Ernst sie
zu beschaffen. Stumpf und gefühllos beraubt er selbst die Armuth,
beweist sich unverschämt gegen den Niederen, kriechend gegen den den
er fürchten muß, von so wenig Sinn für Dank und Kameradschaft,
daß er hinter ihrem Rücken den Verleumder seiner Freunde und Wohlthäter spielt. In welchem Maaße alle Scham in ihm ertödtet ist, ist
dort am grellsten geschildert, wo er sein Schwert schartig hackt, um
einen Beweis seiner Heldenthaten zu haben, wo er durch diese Schlechtigkeit und durch sein freches Schwören selbst einen Bardolph schamroth macht. In seinem Monolog über die Ehre, das fühlte ohne
jede Analyse dieses Charakters jeder Leser immer heraus, liegt der
springende Punkt desselben; er sagt dort in thesi seinen Katechismus,
und der edle Blunt, der den Opfertod für seinen König gefallen ist,
ist ihm der thatsächliche Beweis für die Eitelkeit dieses Dings, das
man Ehre nennt. Eben dieser Kern, oder diese Nichtigkeit seines
Wesens, seine Ehrlosigkeit, stellt ihn in den großen und schlagenden
Gegensatz gegen die übrigen Hauptcharaktere unseres Stückes. Wie

bei Percy Ehre und Mannheit nach den Ansichten des Zeitalters in
Einen Begriff verschmelzen, so im Gegensatze bei Falstaff seine Ehr=
losigkeit und Feigheit. Die ritterliche Zeit sah den Grundton dieses
Charakters in seiner thrasonischen Windbeutelei; und auch uns übri=
gens erscheint Falstaff auf der Höhe und in der Fülle seiner Natur
in der Scene, wo er seine Verwünschungen über die Memme spricht
und dann seine eigene Memmenhaftigkeit und prahlerische Unver=
schämtheit zugleich aufdeckt. Hier spielt all seine Begabung im man=
nichfaltigsten Glanze: seine Feigheit setzt ihn dem Gespötte aus, wie
sonst seine Dicke; seine Lügen müssen ihn herausziehen; in dieser
Kunst ist er von kurzem Gedächtniß aber von langer Uebung, erfin=
derisch in Aufschneidereien, schamlos in seinen Erfindungen, in seiner
Schamlosigkeit von unverblüffter Fassung zu Ausflüchten, Winkel=
zügen, Verdrehungen und Kniffen. Alle diese Eigenschaften spielen
und verschlingen sich dermaaßen ineinander, daß es schwer ist, zu sa=
gen, welche der ursprüngliche Quell der anderen, welche die abgelei=
teten sind; zuletzt, wenn seine Schmach offenkundig ist und sein Ver=
druß sogleich schwindet über der Freude, daß die Beute gerettet ist,
kommen wir wieder auf die Uebermacht der Materie, auf die Sin=
neslust und die menschliche Thierheit als auf den Ausgangs= und
Zielpunkt seines ganzen Wesens zurück.

Es ist nicht wohl abzuleugnen, der Dichter hat alle diese Züge
(man erstaunt, wenn man sie so zusammenstellt!) seinem Falstaff ge=
liehen, die zusammengenommen gewiß einen Ausbund von Schlech=
tigkeit machen. Wie kommt es gleichwohl, daß wir den memmen=
haften Hans nicht als einen solchen verabscheuen, daß wir uns selbst
über ganz ungestörtem Wohlgefallen an ihm ertappen? Es sind sehr
zusammengesetzte Ursachen, die auf diese Milderung und Bestechung
unseres sittlichen Urtheils über diese Figur hinarbeiten. Wir ver=
mischen einmal leicht und unwillkürlich die Freude an der Zeichnung
des Dichters mit der Freude an dem gezeichneten Gegenstande selbst.
Die Lebendigkeit des Bildes, der Reichthum des köstlichsten Witzes,

der ungemein geschickte Griff in der Wahl des an sich Komischen in der bloßen Gestalt dieser Erscheinung, die glücklichste Verschmelzung des Ideellen mit dem Individuellen, die uns in Falstaff bald den allgemeinsten Gattungscharakter bald eine bekannte wirkliche Persönlichkeit erkennen läßt, All das ist mit solcher Meisterschaft gemacht, daß es verzeihlich ist, wenn Jemand von dem Kunstwerk die Zuneigung auf den Gegenstand überträgt. Aber auch der Gegenstand selbst hat in sich, was auf die Beurtheilung seines sittlichen Werthes bestechenden Einfluß übt. Von dem Parolles in Ende gut Alles gut sagt Shakespeare, er sei so vollendet in Schlechtheit, daß wir Gefallen daran finden; er habe den Schuft so überschuftet, daß die Seltenheit ihn freispreche. Auf diesem Wohlgefallen an Allem in seiner Art Vollendeten treffen wir uns auch bei Falstaff; wenn wir uns ernstlich fragen, ist das Gefallen, das wir an ihm haben, kaum ein anderes, als das wir auch an Reineke Fuchs haben: in Beiden ist der Gegensatz der nackten Natürlichkeit gegen Alles was Ordnung, Sitte, Gebrauch und höhere Grundsätze geheiligt haben, so vollständig, daß der komische Eindruck, den jeder glücklich gewonnene Contrast macht, eine andere, eine sittliche Erwägung nicht leicht aufkommen läßt. Zu diesem Einen Gegensatze, der auf unser Urtheil einwirkt, kommt noch ein zweiter hinzu. Es ist dieß der Contrast zwischen den großen sinnlichen Lüsten und Begierden dieses cynischen Epikureers und seiner geringen Fähigkeit zum Genuß, zwischen seinem gichtbrüchigen Alter und seiner Jugendheuchelei, zwischen der Leichtigkeit der Existenz, nach der sich sein schwerer Körper sehnt, und zu der ihn diese Last an sich selber nicht gelangen läßt. Das Uebergewicht dieser materiellen Bürde über die geistigen Kräfte möchte von Falstaff selber verschuldet sein; wir nehmen sie aber für eine Last, die einmal gegeben ist, die ihn, wie den Trunkenen sein erster Fehler, unzurechenfähig für die folgenden Sünden macht. Das Bild der menschlichen Gebrechlichkeit, Schwäche und Abhängigkeit von äußeren Dingen, das Falstaff darstellt, sänftigt auch unsere sittliche Strenge.

Aber dieß muß es freilich nicht in dem Maaße, daß wir Fal=
staff's eigenen Stumpfsinn in Beurtheilung seines Werthes beur=
kunden sollten. Hazlitt ging so weit zu sagen, wir hätten keinen
Tadel für Falstaff's Charakter, so wenig wie für den Schauspieler
der ihn spiele; wir betrachteten nur das gefällige Licht, in das er
gewisse Schwächen rücke, und kümmerten uns nicht um die Folgen,
da ohnehin schädliche Folgen nicht daraus entständen! Dem Prinzen
will er seine Behandlung Falstaff's nicht vergeben, denn den Dich=
tungslesern dieser Tage erscheine Falstaff a l s d e r b e s s e r e M a n n
u n t e r b e i d e n !! Dieß ist nun freilich der Gipfel sittlicher Stumpf=
heit, zu dem sich die ästhetische Kritik eines Mannes, der sonst
manche treffende Bemerkung über Shakespeare gemacht hat, unbe=
dacht verirrte. Aber zu dem Gegensatze, bis zu dem Urtheile z. B.,
das Nathan Drake gefällt hat, der aus diesem Charakter eine so ehr=
furchtwürdige und eindringliche Lehre der Sittlichkeit davon trug,
wie sie menschliche Schwäche nur darbieten könne, sind freilich nur
sehr wenige Ausleger oder Leser gelangt; und noch weniger Schau=
spieler würden sich finden die diesen Charakter auffaßten wie Hackett,
der, nach den Angaben solcher die ihn gesehen und nach einer schrift=
lichen Aufzeichnung, dieser verabscheuungswerthen Masse von Laster
und Sinnlichkeit von dem Dichter keine liebenswürdige und erträg=
liche Eigenschaft zu Bedeckung seiner sittlichen Ungestalt geliehen sah,
als seinen berückenden und glänzenden Witz und Humor. Und doch
gilt es, den Dichter, an dessen Unfehlbarkeit in sittlichen Dingen wir
mehr als an seine ästhetische Fehlerlosigkeit glauben dürfen, von dem
Vorwurfe zu retten, als habe er sich des seltsamen Widerspruchs
schuldig gemacht, seinen dicken Hans uns erst recht an's Herz wach=
sen zu lassen, um ihn uns dann ohne allen Grund erbarmungslos
herauszureißen. Unsere Romantiker haben Falstaff's Ausgang be=
dauert und die Strafe, die dem Gebesserten ein Gnadenbrod, dem
Unverbesserlichen Ungnade zur Wahl bietet, mißbilligt; ja sie haben
sogar vermuthet, daß Shakespeare einen anderen Ausgang gedichtet

hätte. Selbst auch ein sonst so strenger Moralist wie Johnson hat Falstaff's Laster zwar verächtlich aber nicht verabscheuungswürdig gefunden; Feigheit, Lüge, Sinneslust, Gemeinheit, Räuberei, Undank, alle Laster der Welt schienen grade darum freigesprochen werden zu sollen, weil sie in dieser Häufung bei Falstaff beisammen lagen. Die „schädlichen" Folgen, die grade noch kurz vor dem Act der Ungnade in Frau Hurtig's Hause zu Mord führen, wurden von den eifrigen Auslegern vollends gar nicht gesehen. Der Umgang Falstaff's (und dieß war freilich ein Meisterstück von Wirkung) schien nicht allein für den Prinzen, sondern auch für die Leser berückend und verführerisch geworden; das Wohlgefallen, uns gut unterhalten zu sehen, ließ den Tadel der Unsitte nicht aufkommen. So weit hatte der Dichter alle seine Zwecke über uns erreicht, so weit fühlten wir alle mit dem Prinzen. Aber bei seinem Strafspruch wollten wir ihn nicht weiter begreifen. Dort blieben wir hinter dem Prinzen an sittlicher Strenge, an Adel und innerer Menschenwürde zurück. Hinter dem Prinzen, und hinter dem Dichter; der sehr wohl wußte, was er that und was er seinen Heinrich thun ließ. Dieß liegt in dem ganzen Gange des zweiten Theiles von Heinrich IV. für den Aufmerksamen sehr deutlich ausgedrückt; nur daß dieses Stück in den Aufführungen gewöhnlich mit dem ersten Theile verschmolzen und größtentheils verdunstet wird wie es schon (einer 1844 aufgefundenen Handschrift zufolge) in König Jakob's Tagen geschah; und daß es selten mit der gleichen Aufmerksamkeit wie der erste Theil gelesen wird; vielleicht grade darum, weil Falstaff hier die glänzende Rolle nicht mehr spielt, wie dort. Fast scheint es aber, als habe die damalige Zeit sogleich die rechte Lösung dieser Charaktere des Prinzen und Falstaff's und ihres Verhältnisses zu einander nicht finden können, und als habe der Dichter daher in Heinrich V. und in den lustigen Weibern von Windsor recht absichtlich die Gelegenheit gesucht, sich über und über deutlich zu machen. Beide Stücke haben mit dem zweiten Theile Heinrich's IV. vielleicht den geringsten äſthetiſchen Werth von allen ſpäteren Werken unſeres Dichters, aber ſie haben einen um ſo größeren ethiſchen Werth. Sie ſetzen die Geſchichten des erſten Theils von Heinrich IV. faſt nur in ſittlichen Zwecken fort und ſie allein ſind genug, um zu zeigen, daß in Shakeſpeare's Zeitalter die Satzung der ſchmutzigen Aeſthetik der Romantiker und ihrer Epigonen nichts galt, welche die Dichtung von der Sittlichkeit ablöste.

Heinrich IV.

Zweiter Theil.

Ueber den zweiten Theil von Heinrich IV. können wir uns kurz fassen, da der politische und ethische Gedanke des ersten Theiles hier nur fortgesetzt, nicht etwa in einer neuen Gruppe von Charakteren und Handlungen durch einen neuen ersetzt wird. Die großen Charaktere in dem ersten Theile, die Glendower, Douglas, Percy sind verschwunden, der König ist körperlich gebrochen, in dem Prinzen scheint ein sittlicher Umschwung begonnen; der Raum, den Falstaff mit seinen Genossen einnimmt, wird breiter als zuvor, aber er verliert an Reiz. Die Bedrohung des Staates in dem kleinen Krieg dieser Freibeuter tritt um so greller hervor, je mehr die große Empörung der Percys zurücktritt. Auf die Anspannung der großen Kräfte in dem ersten Theile folgt eine allgemeine Abspannung in diesem zweiten, und nur ganz im Stillen rüstet sich eine neue Energie in dem Prinzen Heinrich, die sich dann in dem folgenden Stücke von Heinrich V. entfaltet. Sobald man sich die Tetralogie im Zusammenhange denkt, erscheint der niedrere Flug dieses dritten Stückes ästhetisch eben so geboten, wie er sich von ethischer Seite ausweist.

Diese Erschlaffung zeigt sich zunächst im großen Staatsleben an der schwachen Fortsetzung und dem schimpflichen Ende der Empörung. Ihre Seele ist mit Percy hinweg, dessen Muth jeden Bauer belebt

hatte, dessen Tod jetzt Alle entmuthigt. Sein Vater Northumber=
land, ein nichtiger Mann, sobald er auf sich selber gestellt ist, hat
einen Muthanfall im Augenblicke der Wuth und des Schmerzes, aber
bald läßt er sich von Weiberreden zu seiner Natur zurückführen; er
findet den Erzbischoff von York mit einem Briefe ab, wie früher
seinen Sohn; wie diesen, so rennt er jenen in's Verderben und flieht
nach Schottland. Die Empörung ist nun in die Hände York's ge=
legt. Sie soll jetzt mit religiösem Firniß geheiligt, nicht mit Tapfer=
keit ausgefochten werden. Der Umsturz des Königthums soll mit
Vorsicht ausgeführt werden, nicht mehr in der tollen Einbildung mit
der es Percy angriff. Sie bauen auf französische Hülfe, die Mor=
timer zuziehen soll; sie hoffen nicht auf den eigenen Muth so sehr,
wie auf des Königs leere Kisten und des Volkes Sättigung an ihm.
Schon unter Percy fehlten die Herzen der Sache der Verschwörung,
hier aber fehlen sie sogar den Verschwörern selbst. Die Tapferkeit
Mowbray's, des Sohnes Norfolk's, in dem die alte Feindschaft des
Hauses gegen Bolingbroke fortwirkt, wird hier so wenig gehört, wie
in Percy's Rathe die Vorsicht Vernon's. Und unter den überklugen
Leuten, die Alles durchspäht und überdacht hatten, findet sich zuletzt
doch nicht einmal die Vorsicht, bei dem gegenseitigen Vertrage der
Truppenentlassung mit dieser Maaßregel so lange zu warten, bis
auch der Gegner sie ausführt. Das oberflächliche Beginnen endet
thöricht, unter einem plumpen und schmählichen Betruge des Prinzen
Lancaster, der von dem verschmitzten Westmoreland geleitet ist. Unter
den ehrenhaften Gegnern bei Shrewsbury hätte die Anwesenheit
des Königs und des Prinzen Heinrich auf der einen, und Percy's
auf der andern Seite einen solchen Verrath unmöglich gemacht. Lan=
caster hat alle die Eigenschaften von Heinrich IV. geerbt, die der
Prinz von Wales abgestreift, der auch zu diesem Bruder kein Herz
hat, obgleich er seine Tapferkeit bei Shrewsbury anerkennt. Lan=
caster ist tapfer und ehrbar aus Pflichtgefühl, ernst aus Anstand,
klug aus Frühreife; den Platz, den sein Bruder im Rathe verloren,

hat er in überjungen Jahren erhalten. Wenn man Falstaff glaubt,
so reicht sein Witz gleichwohl nicht weit; er trinkt keinen Wein, ißt
nur Fische und kann schwer zum Lachen gebracht werden. Der Streich,
den er den Empörern spielt, schmeckt aus seines Vaters Schule; an
Ehrenhaftigkeit freilich bleibt dieser Sohn mit seiner Gelehrigkeit
hinter des Vaters Politik zurück in dem Maaße, als Prinz Heinrich
sie mit seiner Ungelehrigkeit übertrifft.

So wie hier in diesem Kreise die Handlungen und Charaktere
herabsinken, so ist es auch bei Falstaff und seiner Umgebung. Der
Gegensatz seiner inneren Entwickelung gegen die des Prinzen ist der
Faden, an dem dieses ganze Stück fortgeleitet ist, dessen Katastrophe
auch die Krise ihres beiderseitigen Verhältnisses ist; sie liegt am Ende
des Stückes und bedingt eine Fortsetzung, die auch sogleich im Epi=
loge angekündigt wird. Wir haben der Zeitigung dieser Katastrophe
also nachzugehen, ein Geschäft, nach dessen Beendigung wir kein
Wort zur Rechtfertigung des viel angefochtenen Ausganges oder des
Dichters weiter bedürfen werden. Von ethischer Seite erweist sich
dieß Geschäft als eine Goldwäsche, wenn man durch die schlammige
Oberfläche des Stückes erst durchgedrungen ist.

Wir haben gesehen, daß Falstaff am Schlusse des ersten Theiles
in der Schlacht bei Shrewsbury von dem Prinzen Heinrich die
Ehren des Sieges über Percy abgetreten erhielt. Von dieser Ent=
sagung des Prinzen geht ein großes Gerücht von Falstaff's Tapfer=
keit in alles Volk aus und er wird zu einer Art mythischer Figur;
der Oberrichter und die Gerichtsdiener, die Weiber, die Freunde und
die Feinde sind von seinem Heldenmuthe durchdrungen. Der Prinz
hat seine alten Sünden weggestrichen, der Tag jener Schlacht hat
die Anklage wegen seiner Räubereien getilgt, der Vorrath guter Na=
men, deren er bedürftig war, hat sich auf ihn gehäuft ohne sein Ver=
dienst, der Ernst der Zeiten ruft schon an sich auf zu ernsterer Zusam=
menfassung und der Prinz ist von dieser Mahnung bis in's Herz
getroffen. Den Falstaff muntert der würdige Oberrichter noch aus=

brüdlich auf, von dieser guten Lage seines Rufes Nutzen zu ziehen, daß es so bleibe. Nichts hat der Dichter und die wahrhaft fürsorgenden Freunde Falstaff's fehlen lassen, ihn auf der Stufe der Ehren zu erhalten, auf die ihn unverdient Zufall und Aufopferung des Prinzen gestellt haben. Der König hat absichtlich ihn und den Prinzen getrennt, um sie vor gegenseitiger Verführung zu hüten. Man hat den rohen Bardolph von ihm entfernt und ihm einen unschuldigen Pagen von noch unverdorbener Natur beigesellt, und zwar nicht blos, wie Er meint, um gegen ihn durch seine winzige Gestalt abzustechen, sondern ihn an feinere Umgebung zu gewöhnen. Und diese Wahl ist mit wahrer Weisheit und Rücksicht getroffen worden; denn der kleine Mann ist keineswegs von jenes Lancaster jüngferlicher Gemüthsart, er lernt seine Pinte bald auszustechen, er versteht Witz und Scherz und Gleichnisse wie ein Ausgelernter; sie sind aber feinerer Art, als sie Bardolph oder Peto verständen, sie sind zum Theil sogar so tief gelehrt, daß sie, obgleich sie die philologische Prüfung der Ausleger nicht aushalten, doch dem Prinzen selber imponiren. Zu dem Allem kommt noch, daß man Falstaff dem Prinzen Lancaster, dem ernsten und strengen, zugesellt hat, mit ihm in's Feld nach Norden zu ziehen, während der König mit dem Prinzen Heinrich nach Wales geht.

Aber dieß Alles tropft an Falstaff's Empfindungslosigkeit ab; es misfällt ihm All das, was der Prinz mit ihm anstellt. Halb hat er ihn schon aus seiner Gnade gethan. Ueber den Dienst, den er thun soll, ist er wüthend; noch säumt er in London, als der Prinz mit seinem Zuge nach Wales schon fertig ist. Statt daß der Ruhm von Shrewsbury ihn gehoben hätte, hat er ihn nur frecher und gemeiner gemacht. Wir finden ihn wieder, den Besieger des Percy, wie sein Credit so gesunken ist, daß er selbst Bardolph zum Bürgen braucht; wie er mit einem gemeinen Weibe, das er betrügen und betölpeln will, auf der Straße balgt und hadert; wie er, der den ewigen Tick hat sich mit seiner Ritterschaft zu brüsten, zum zweitenmale diesem Weibe die Ehe verspricht, nur um die einfältig Leichtgläubige ihrer armen Habe noch einmal zu berauben; wie er hinterrednerisch seinen Herrn verleumdet; wie er für all das von dem würdevollen Oberrichter, dem der Prinz einst ehrfurchtsvoll gewichen war, mit einem dreifachen Pfui gescholten in Schamlosigkeit beharrt, in Hohn ausbricht und im Stillen dem Oberrichter das Verderben schwört, das er am Tage von Heinrich's IV. Tod ihm zu bereiten gedenkt. Statt also seine Ehre zurechtzuflicken, reißt er ihr immer größere Schäden. Der kleine Page, statt auf ihn wirken zu können, ist bald dahin gebracht, daß, „obwohl ein guter Engel um ihn ist, schon der Teufel in's Uebergewicht bei ihm kommt". Der Prinz selber sucht Falstaff verkleidet auf; er sieht ihn zu immer tieferer Gesellschaft herabgesunken; und vor dem Auswurf der Menschheit hört er, wie er von ihm, seinem Wohlthäter, schlecht spricht, so daß selbst Poins von dem Prinzen schnelle Rache begehrt. In seinem Amte spielt er den alten Gauner; er hat seine früheren Rekruten, hundert und funfzig an Zahl, bei Shrewsbury mit kaltem Hohne „einpöfeln" sehen bis auf drei; jetzt wieder wählt er alles untaugliche Gesindel aus und läßt die Tauglichen gegen Bezahlung frei; betrogen in diesem Handel von Bardolph, betrügt Er wieder den Staat. Noch Einmal drängt sich ihm bei der Gefangennahme Coleville's eine unverdiente Ehre auf. Lancaster will seine That rühmen, wie sein Bruder die Thaten von Shrewsbury. Alles vergebens. Nun geht er nach Glocester und zieht die Schaals aus, die ihn und seinen Einfluß am Hofe zu nutzen denken. Wie die Nachricht von des Königs Tode kommt, jetzt soll sich der alte Traum der Schelmenherrschaft erfüllen. Die Gesetze von England, triumphirt er, seien nun zu seinem Befehle, über jede beliebige Ehrenstelle dürfe er nun für jeden Gimpel und Räuber verfügen. In der Wirthin Haus führt die neue Aussicht der Zeit gleich bis zu einem Morde; und als die Gerichte rasch eingreifen, schreit Frau Hurtig in den Himmel über den Jammer, daß das Recht die Macht unterdrücken solle, und wünscht Falstaff

zurück, ihr mit Gewalt zu helfen; und er verspricht ihr auch, die ver=
haftete Doll zu befreien. Da fällt er seinen grellen und wohlverdien=
ten Fall; Gerechtigkeit und Ordnung treten in ihre Rechte.

Die Scenen, in welchen Falstaff in diesem Stücke erscheint, sind
von so niedrigem Inhalte, daß die ästhetische und ethische Häßlich=
keit gerade nur durch diesen ernstesten Ausgang entschuldigt werden
kann. Auch wird jeder Leser fühlen, daß in diesem Theile das wohl=
gefällige Interesse an Falstaff bedeutend abnimmt, dessen Bild man
gewöhnlich nur aus dem ersten Theile entlehnt. Ja es fragt sich, ob
die Theilnahme an ihm nicht allzusehr sinken würde, wenn nicht
Shakespeare einen Kunstgriff gebraucht hätte, ihn in dem Maaße,
in welchem er auf der Einen Seite herabfällt, auf der andern wieder
durch neue Gegensätze zu heben. Der Dichter hat ihm neue Gestal=
ten zur Seite gestellt, die wir in allgemeinem Werthe noch weit un=
ter ihm finden und die ein günstigeres Licht gerade dann auf ihn zu=
rückfallen lassen, wo er dessen in unserer Schätzung am bedürftigsten
ist. Da ist der Schwadroneur Pistol, dessen Bild man nur ansehen
dürfte Hogarth hat den Schauspieler Theophil Cibber, dem man
den Beinamen Pistol gab, in dieser Rolle gezeichnet), um neben die=
ser Carikatur sogleich zu empfinden, wie menschlich Falstaff hiergegen
erscheint. Dieß ist ein Prahlhans von Fach, da es Falstaff nur in
der Verführung der Gelegenheit ist; ein Mensch wie aus einer an=
dern Welt, während Falstaff in allen seinen Schwächen unseres
Fleisches und Blutes ist; von falschem Geiste und verrenkter Natur,
wo Falstaff von gesunden Sinnen erscheint; ein Held vor den Nyms,
aber Falstaff ein Held gegen ihn; zu schäbig und schuftig selbst für
eine Doll, während Falstaff der Frau Hurtig als die treueste Seele
und das beste Gemüth gilt. Und wo dieser eine Fundgrube des äch=
testen Witzes ist, spricht Pistol gespreizt und affectirt in zusammen=
gerafften schwülstigen Phrasen elender Tragödien, oder, wie Nym
will, in den unverständlichen Formeln eines Beschwörers. Diesem
überphantastischen Gesellen entgegen steht dann der übernüchterne

Schaal, ein Prahler, ein Lügner, ein Schelm wieder eines andern Schlags. In welchen Glanz tritt Falstaff's ewig sprudelnder Witz neben diesem hohlen Kopfe, der sich nicht wie Pistol mit auswendig gelernten Schauspielbrocken gefüllt hat, der seine Gedankendürftigkeit vielmehr in der schnatternden Wiederholung gleichgültiger Worte verräth. Wie müßte auf der Bühne gegen dieses ruhig bewegliche, in einem kurzen Blitze viel beobachtende Auge Falstaff's der nichtssagende, leere Blick dieses Schaal, gegen jene cynische Sicherheit diese einfältigen Manieren abstechen; wie müßte sich die physische Kraft abheben, die sich Muth und Witz holt aus dem Sect, der dagegen den schmächtigen Squire stumm macht! Flößt die erfinderische Prahlerei Falstaff's über seine neuesten Heldenthaten, die sich nicht ohne Gefahr in gegenwärtigen Verhältnissen umtreibt, nicht eine Art Achtung ein, gegen die stereotype des Friedensrichters, der mit vergangenen Sünden groß thut, die er nie begangen hat? Ist es nicht eben so mit Falstaff's Aufschneidereien, die immer jung und frisch sind, während Dieser einförmige, stehende Lügen aus Gewöhnung sagt? Ist uns nicht der verlumpte Verschwender lieber als der Pedant und Knauser? Und ist nicht selbst der Amtsbetrug des dicken Ritters verzeihlicher, als die Bestechlichkeit dieses Richters? Und wer würde sich zuletzt auch grämen darüber, daß der geschwätzige, eitle Gimpel als eine sichere Beute in des schnell orientirten Falstaff Schlund fällt, da er ja selbst den Ritter eigensüchtig am Hofe misbrauchen wollte! So in diese arme Nachbarschaft gestellt, rückt Falstaff unserer Theilnahme wieder etwas näher. Ist ja doch selbst der gute Schaal noch nicht einmal der unterste auf dieser Stufenleiter! In dem Vetter Stille, dem Manne von „unbezähmbarer Lustigkeit, wenn er angestochen, von eselhafter Schwerfälligkeit, wenn er nüchtern ist", hat dieser große Thor noch einen Bewunderer!

Im geraden Gegensatze nun von Falstaff's Verfall führt der Dichter den Prinzen Heinrich gleichzeitig von seinen Verirrungen auf sein besseres Selbst zurück. Wir begegnen ihm auf seiner Heimkehr

aus Wales in Gesellschaft von Poins, den er am meisten unter sei=
nen ephesischen Freunden liebt, der auch am meisten unter ihnen etwas
auf sich selber hält. An seiner allgemeinen Stimmung scheint noch
wenig geändert; er macht sich noch mit seinen lockern Gesellen gemein
wie früher und wechselt seine derben und saftigen Witze mit ihnen;
er hat noch seine Gelüste nach Dünnbier, wie er es in dieser Ge=
nossenschaft zu trinken gewohnt war. Aber hier zum erstenmale schämt
er sich dieser bescheidenen Liebhaberei und macht sich einen Vorwurf
daraus, mit Poins und seines Gleichen umzugehen und in alle ihre
niedrigsten Geheimnisse eingeweiht zu sein. Der Gedanke an seines
Vaters Krankheit und möglichen Tod hat ihn weich gemacht; er ist
traurig bis zum Weinen. Sein Herz blutet innerlich, aber der Um=
gang mit seinen frivolen Gefährten hat ihn alles Anstandes des
Schmerzes und der Trauer entwöhnt. Poins legt ihm diese Ver=
wandlung für Heuchelei aus und hält seine vorherige Heiterkeit bei
der Aussicht auf die Krone für seine natürliche Stimmung. Das
prinzliche Blut regt sich in Heinrich. Du hältst mich, sagt er zu
Poins, an Verstocktheit für so weit in des Teufels Buch, wie dich
und Falstaff; laß den Ausgang den Mann erproben! Er erhält
Briefe von Falstaff in dem alten vertraulichen Tone, aber in der Art,
wie er sie aufnimmt, in der Art, wie er mit Poins sich unterhält,
wird eine innere Scheidung fühlbar. Ihn hat der Ernst der Ver=
hältnisse, die Krankheit seines Vaters, das Heranrücken der Zeit sei=
nes großen Berufes wach geschüttelt und die Vorsätze jenes ersten
Monologes, in dem wir ihn gehört haben, fangen an zur That zu
reifen. Er kann sich nicht mehr in jener unwiderstehlichen Laune den
Eitelkeiten mit seinen alten Freunden hingeben wie früher; es erinnert
ihn jeden Augenblick zwischen den Anregungen der alten Ader an seine
Würde. Wir spielen die Narren mit der Zeit, sagt er, und die Geister
der Weisen sitzen in den Wolken und spotten unser. Er fragt nach
Falstaff, er will gehen, ihn in Verkleidung zu belauschen, um ihn in
seiner wahren Farbe zu sehen; aber er geht nicht, in der alten Harm=

losigkeit sich an ihm zu freuen; es ist ein Zweck bei seinem Gange;
die Absicht soll die Thorheit aufwägen! Er findet Falstaff, wie wir
angedeutet haben, ganz verloren. Man kann dem Prinzen nicht nach=
sagen, daß er Falstaff früher zu Allem ermächtigt, daß er ihm Alles
erlaubt habe. Da er einst seinen Vater mit einem Cantor in Windsor
verglich, zerschlug er ihm den Kopf; auch mitten in der lustigsten
Herablassung hatte er seine prinzliche Stellung gegen ihn nie aufge=
geben. Jetzt findet er, daß er herzlos ihn bespottet in das Ohr eines
ganz verworfenen Geschöpfes, wie soll er sein Herz länger an ihn
verschwenden? Dieß freche Hinterreden ging ihm schon früher über
den Scherz, der auch nur in's Gesicht gelten kann. Die innere Ent=
fremdung fühlt sich auch hier durch; jetzt wird keine Komödie mehr
gespielt als die Botschaft vom Hofe kommt; die freie, hingegebne
Lust des früheren Verhältnisses ist weg. Der Prinz kommt an den
Hof zu seines Vaters Ende. Der letzte Argwohn rüttelt seine ver=
hüllte Natur völlig auf. Diese Eine Scene, die einer Erklärung nicht
bedarf, ist das ganze übrige Stück werth. Des Königs Scheintod
zernagt ihm sein Herz, Warwick findet ihn über der Krone sitzend wie
ein Bild des trauernden Jammers. Was das Reich von ihm zu er=
warten habe, darüber zagen die Herzen selbst der Unbefangensten in
Zweifel. Der tiefsehende Warwick hatte dem siechen König geschmei=
chelt, der Prinz habe jene wilde Gesellschaft nur studirt wie eine
fremde Sprache, deren unanständigstes Wort man lerne; in der Reife
seiner Zeit werde er sie abwerfen. Aber da die Reife der Zeit kam,
schien er anderer Meinung zu sein und er wünscht dem Thronerben
die Gemüthsart des schlechtesten seiner Brüder. Heinrich's tiefe Be=
wegung, da er als König erscheint, sehen seine Brüder mit Befrem=
den; den würdigen Oberrichter hält er in Spannung bis zuletzt: wo
er nun in ruhiger Majestät die Wolken vor seiner klaren und hellen
Natur hinwegzieht und mit dem Einen Worte Alle beruhigt, daß
gerade dieser ihm Vater sein solle, daß er ihn gerade vor Anderen
hören und seinen weisen Eingebungen folgen wolle. Wildheit und

Leidenschaft ist mit seinem Vater gestorben und begraben; sein Blut, bisher in Eitelkeiten aufgewallt, ebbt nun zurück und soll hinfort fluten in geordneter Majestät. Die Sinnesänderung, die bei dem Rufe gegen jene Aufrührer begonnen hatte, ist bei dem höheren Berufe, den Thron von England einzunehmen, vollendet und sie soll sich bald in seinem königl.chen Leben bewähren. Im unermeßlich größeren Maaßstabe zeichnet der Dichter auch hier die Bekehrung des erhaben= sten seiner Humoristen. Ihnen allen, dem Biron, dem Benedict gibt er auf, in häuslichen Verhältnissen ihre Fähigkeit zu beweisen, daß sie des Lebens Ernst wie seinem Scherze gewachsen sind. Dieser Forderung hat der königliche Heinrich in den größten Aufgaben des Staats= und Kriegslebens zu genügen. Und hier täuscht er dann in glänzender Weise „die Erwartungen der Welt, betrügt die Prophe= zeihungen und rottet die schlechte Meinung aus, die ihn gezeichnet hatte nach seinem Schein". Der Charakter, die Stücke, die sich um die Entwickelung dieses Charakters drehen, sind von diesem Be= griffe aus die großartigsten Seitenstücke zu dem Kaufmann von Ve= nedig, und machen in einer außerordentlichen Weise fühlbar, wie tief angeregt Shakespeare in diesen Zeiten den Werth der menschlichen Existenz, ihren wahren und ihren scheinbaren Werth in seiner Seele erwog. Dort war der Scheinwerth des Menschen in äußerem Besitz, hier ist der Scheinwerth der äußeren Geltung und Achtung darge= stellt; Geld und äußere Ehre, die Träger alles Scheines, die Götter derer, die am Scheine hängen, sind die Angelpunkte, um die sich diese Stücke drehen. Wie Bassanio leicht mit dem Gelde, so geht Hein= rich unachtsam mit dieser äußeren Ehre um; das verschiedene Verhält= niß verschiedener Menschen zum Besitz und zur Ehre zu zeigen, ist die Aufgabe dort und hier gewesen. Aus dem ungemeinen Nachdrucke, Umfang und Tiefe, womit dieß geschieht, hat man oft geschlossen, daß Shakespeare gerade an diese Stücke in einer selbst persönlichen Weise geknüpft sei. Hierauf wollen wir später zurückkommen.

Heinrich V.

Die Historie von Heinrich V., wie wir sie nach dem Texte der Folioausgabe von 1623 lesen, hat zuvor in einem mangelhafteren Entwurfe bestanden, den uns drei ältere Quartausgaben (1600. 1602. 1608.) nur leider in so verderbter Gestalt aufbewahrt haben, daß es kaum möglich scheint, sich eine genaue Vorstellung von der ersten Arbeit des Dichters zu machen, daß es uns daher gewagt und unzulässig dünkt, aus ihrer Vergleichung irgend welche Schlüsse zu ziehen über ihr bestimmtes Verhältniß zu dem verbesserten Stücke, das wir allein berücksichtigen. In dieser letzten Gestalt erscheint dasselbe in unmittelbarem Zusammenhange mit den vorhergehenden Historien geschrieben. Der Epilog zu Heinrich IV. kündigt das Stück bereits an; der Chor am Ende Heinrich's V. blickt dann am Schlusse der großen Arbeit dieser Tetralogie auf die frühere, auf die Historien von Heinrich VI. zurück, die oft auf dieser Bühne gesehen worden seien. Die Zeitbestimmung dieses Stückes ist aus der Anspielung des Chors zum fünften Acte auf des Grafen Essex Kriegszug nach Irland ganz sicher; diese Stelle muß zwischen April und October 1599 geschrieben sein. In äußerer Haltung ist das Stück dem zweiten Theile von Heinrich IV. ähnlich. Die Chöre scheinen anzukünden, daß hier die glänzendste Höhe der Erfindung erklommen werden solle; doch ist dieß mehr patriotisch und ethisch als gerade im ästhetischen

Sinne erreicht. Der Mangel an aller und jeder Verwickelung, die
Prosa der niederen Scenen hemmt den Flug der Dichtung; einige
dieser Scenen, wie die zwischen Katharina und Alice, zwischen Pistol
und le Fer möchte man sogar gerne vermissen. Stellenweise steigt
die Dichtung in diesem Stücke allerdings zum erhabensten Ausdruck,
und dieß besonders in den Chören. Diese ungleiche Form scheint
auch hier das Abbild des innerlichsten Wesens des dargestellten Gegenstandes zu sein. Die Ausleger sahen diese Chöre als ein Mittel
an, dem Stücke den epischen Charakter zu verleihen, zu dem der einfache Schlachtstoff sich mehr eigene. Aber diese Chöre sind in einem
dem epischen sehr entgegengesetzten kühnen, feurigen, bildreichen Vortrage gehalten; diese gehobenere Poesie dient Shakespeare vielmehr
dazu, den Helden seines Gedichtes in dem glänzenden heroischen Lichte
sehen zu lassen, in das er sich selbst nach seinem anspruchlosen Wesen
nicht setzen kann, in dem er auch von seiner Umgebung, auf dem
Gipfel seines Ruhmes angelangt, ausdrücklich nicht gesehen sein will.
Garrick fühlte sehr richtig, daß diese Chöre bei der Aufführung nicht
allein nicht wegfallen dürften, sondern auf's bedeutendste hervorgehoben werden müßten; er sprach sie selbst.

Unser Stück hat sein ganzes Interesse nur in dem Fortgespinnste
des ethischen Charakters des Helden. Nachdem uns der Dichter im
ersten Theile Heinrich's IV. sein sorgloses Jugendleben aufgerollt, im
zweiten Theile gezeigt hat, wie sich ihm bei dem Herannahen der
Zeit der Selbständigkeit der Stachel der Ueberlegung und Betrachtung in die Seele senkte, entwickelt er nun, da Heinrich auf der Stätte
seines Berufes angelangt ist, wie der König seinen einstigen Vorsätzen nachkommt. Wir werden sogleich auf der Schwelle von der
gänzlichen Umwandlung unterhalten, die mit ihm vorgegangen ist.
Der sündige Mensch ist in ihm durch Besonnenheit ausgetrieben, der
Strom der Besserung hat plötzlich die alten Fehler hinweggeschwemmt;
wie die gesunde Erdbeere neben geringerer Frucht am besten reift, so
hat in ihm die lebendige Praxis, der Verkehr mit dem niederen Leben

und der schmucklosen Natur alle die Gaben gezeitigt, die des Hofes
Etikette nicht in ihm erzogen hätte, und die jetzt seine Umgebung mit
Bewunderung an ihm gewahrt. Der Dichter läßt uns durch die
Prälaten, die sich in der ersten Scene über den König besprechen,
ausdrücklich sagen, daß es Wunder, wie in der Welt so auch in seiner Dichtung, nicht gibt, und daß wir die natürlichen Gründe dieser
wunderbaren Veränderung grade in der unversprechenden Schule des
scheinbar ungeschulten Mannes suchen müßten. Da war diese Vielseitigkeit ausgebildet, die sie jetzt an ihm bestaunen, nach der er in
allen geistigen und weltlichen Dingen, im Cabinet wie im Kriege
gleich bewandert erscheint. Jetzt vergeudet er nicht mehr die nun
kostbar gewordene Zeit, sondern wiegt sie bis zum letzten Korn; jetzt
ist seiner Leidenschaft der Zügel der Milde und Gnade angelegt und
schon vermuthet selbst das Ausland, daß seine einstige Ausgelassenheit die Außenseite des Brutus war, die Sinn und Geist im Kleide
der Thorheit nur barg.

Und wie richtig jene planvolle Sündhaftigkeit berechnet war,
wie ganz nach der Absicht der unverhoffte Sonnenblick aus dem ver-
hüllenden Gewölke heraus wirkte, das spricht sich vortrefflich in der
Scene aus, wo uns der König zuerst wieder begegnet, in dem großen
Geschäfte des französischen Kriegs mit seinen Räthen verhandelnd.
Die Kraft und der Muth der Menschen, das Glück und die Gunst
der Vorsehung verkündet sich in jedem Worte dieser Verhandlung.
„Wenn der Geist einmal, sagt Baco, sich edle Ziele gesetzt, so um-
stehen ihn sofort nicht nur die Tugenden, sondern auch die Götter".
Da erscheint Jeder, noch frisch in der frohgetäuschten Erwartung, wie
electrisirt. Der Gedanke der Ehre herrscht in jeder Brust. Alle
Stände sind ihm gleich ergeben, in heroischer Eintracht; seine Familie, Oheim und Brüder, der Adel drängt ihn zum Kriege; die
Geistlichkeit gibt ihm die größte Geldbewilligung, die je von ihr
einem englischen Könige gewährt worden ist; sie malen ihm die Hel-
denzeit der Eduarde vor und heißen ihn diese Thaten erneuern; Alles

athmet guten Muth und guten Willen. Wie von einem besseren
Geiste ergriffen scheinen selbst die Bardolph, Nym und Pistol ihre
Händel unter sich zu schlichten, um als geschworene Brüder gegen
Frankreich zu ziehen. Die Eumeniden des Aufruhrs, die Heinrich's IV.
Regierung störten und kreuzten, hört man fern abziehen. Die Ir=
länder, die gegen Richard II. empört waren, die Walisen und Schot=
ten, mit denen Heinrich IV. zu kämpfen hatte, erscheinen in des
Königs Heere landsmannschaftlich beisammen. Der Verrath einiger
bestochener Herren des Adels liegt mühelos vereitelt zu des Königs
Füßen. Des sterbenden Heinrich IV. Worte sind in Erfüllung: in
ihm schien die Krone blos eine Ehre, die mit rebellischer Hand er=
griffen war, und die Gefahr die daraus erwuchs war der Gegen=
stand, der die ganze Scene seiner Regierung füllte. Sein Tod ver=
änderte die Weise. Der junge König folgt der Hauspolitik, die ihm
sein Vater scheidend empfahl: er lenkt die üppigen Säfte ab in den
auswärtigen Krieg und wendet die Gedanken auf neue und größere
Dinge.

Diese Politik treibt Heinrich zu dem französischen Kriege; es
treibt ihn das Recht und der wohlbegründete Anspruch, von dem er
sich mit religiöser Gewissenhaftigkeit überzeugt; es treibt ihn sein
Ehrgeiz dazu, der ihn seine Jugend und ihren Müßiggang mit großen
Thaten einbringen heißt. Seine Geschichte, so will er, soll mit vollem
Munde von seinen Werken reden, oder er will seine Gebeine in un=
würdiger Urne begraben, auf der kein Epitaph zu lesen sei. Der
Hohn des Feindes und dessen spottender Stich auf seine toll ver=
brachte Jugend reizt zu dem gerechten Kriege, den er in standhaftem
Entschlusse aufgenommen, noch seine Leidenschaft auf, die sich in dem
Ausdruck eines gegenhöhnenden Ehrgeizes ausläßt: er habe in jenen
wilden Tagen den armen Sitz von England nicht geachtet, wenn er
sich aber auf seinen Thron in Frankreich schwinge, dann werde er
seinem Stande Ehre machen, und einem König gleich in solcher Glorie
sich erheben, die dort alle Augen blenden solle. In diesem Kriege ist

es, wo er sich zu dem sündigsten Manne der Welt bekennt, wenn
Ehrgeiz eine Sünde ist; denn nun hat er den großen Gegenstand vor
sich, wo es ihm groß dünken muß sich zu regen. Nun hat er es in
seiner Schlacht bei Agincourt vor sich, die kriegerischen Eduarde noch
zu überbieten, da er mit einer kleinen, kranken, ausgehungerten
Schaar eine wenigstens fünffache glänzende Macht der Franzosen zu
bekämpfen hat. Und in dieser Lage geizt er wahrhaft um den ganzen
ungeschmälerten Ruhm einer solchen verzweifelten Lage; er möchte
nicht so viel Ehre verlieren, um die ihn ein einziger Mann mehr
bringen würde, der aus England zu Hülfe eilte.

In diesen Aussprüchen kann etwas von dem gespannten Wesen
Percy's zu liegen scheinen, den wir doch diesem Heinrich grade ent-
gegensetzten; und wirklich, in solch einer Anspannung sehen wir den
König während des Krieges überall. Es wäre dieß ein Widerspruch
in diesem Charakter, wenn ihm überhaupt irgend etwas widerspräche;
zu dessen Natur und Wesen es doch gehört, daß er Alles ist, wozu die
Gelegenheit aufruft und die Anforderung an ihn ergeht. Wir haben
ihn in den Ausartungen einer faulen Friedenszeit schlaff und lässig
gefunden, jetzt ist er im Kriege, jetzt ist er Soldat, jetzt erscheint er
in Worten und Werken zusammengerafft und gespannt, gewaltig und
gewaltsam, der Greuel der Kriegszerstörung und der losgelassenen
Leidenschaften kundig, und bereit, sie am rechten Orte selbst zu ent-
zügeln. Im Frieden, sagt er selber, ziert nichts den Mann so sehr
wie bescheidene Stille und Demuth, im Kriege soll er die Wildheit
des Tigers nachahmen, die Sehnen spannen, das Blut aufrufen und
die sanfte Natur unter entstellender Wuth verbergen. Ganz so, nach
Grundsätzen weniger, als nach seiner Art sich von Ort und Zeit bestimmen zu lassen, erscheint der König zuerst in entschlossener Festigkeit dem französischen Gesandten gegenüber, dann sendet er dem höh-
nischen Dauphin Trotz und Verachtung zurück, dann kündigt ihn die
fränkische Botschaft an wie Jupiter in Sturm und Donner kommend,
und so sehen wir ihn vor Harfleur, die Bürgerschaft mit allen Schreck-

niſſen einer erſtürmten Stadt bedrohend. Einſt ſagte der **Prinz Heinrich**, noch ſei er nicht in Percy's Stimmung; aber jetzt iſt es der **König**. Nicht anders würde Percy's Ungeduld vor einer belagerten Stadt gezürnt haben; nicht anders würde Percy den ſchnöden franzöſiſchen Botſchaften gegenüber in Prahlerei ausgebrochen ſein, wie Heinrich von dem Boden des Prahlervolkes „angeſteckt" thut; nicht anders reizten Vernon's Reden bei Shrewsbury den Percy, als des Dauphins Sendungen dieſen; und noch bei ſeiner ſpäteren Werbung um Katharine iſt er ſo ganz nur Soldat, ſo fern von witzelnder Redekunſt, ſo abgeſagt den Vers- und Tanzkünſten, wie ſich nur Percy äußern könnte. Jetzt vergleicht die Welt ihn, wie der Dichter einſt den Percy, bald mit Cäſar bald mit Alexander. Jetzt erſcheint Er wie der Kriegsgott zornig, rückſichtslos und furchtbar, als er in der Schlacht bei Agincourt, wüthend über den Raubmord der flüchtigen Franzoſen, die Gefangenen erſchlagen heißt. Jetzt gleitet auch ſein Ehrgeiz, wie Percy's, leiſe in die gereizte Ehrſucht über, die, wo ſie ein Ziel in haſtiger Ungeduld erreichen will, die Mittel und Wege nicht ängſtlich wägt.

Was aber alle dieſe Aehnlichkeiten mit Percy ſogleich verwiſcht, das iſt die entgegengeſetzte Gelegenheit, die auf der Stelle auch die entgegengeſetzten Eigenſchaften in ihm hervorlockt, die Percy nicht beſeſſen hätte. Sich ſelbſt überlaſſen und ungereizt iſt der Prahler ganz Demuth; in den Pauſen der Ruhe iſt der kriegeriſche Tiger friedlich und zahm. Er nennt ſich ſelber einen Menſchen wie jeden Anderen, deſſen Neigungen wohl einen höheren Schwung nähmen, ſich aber mit denſelben Fittigen ſenkten, wie Andere. Das thaten Percy's Leidenſchaften nicht. Ihn hätte man nie, am wenigſten als König, in der Herablaſſung geſehen, in der Heinrich auch in ſeiner jetzigen Stellung erſcheint, ihn nicht im Momente der ernſteſten Vorbereitung zu einem heißen Kampfe in gelaſſener Seelenruhe wie dieſen. Beim Brautwerben und am Schlachttage iſt Heinrich ein ſo einfacher König, „als ob er ſeine Pacht verkauft habe gegen eine Krone". Er

hat seine alte wüste Gesellschaft abgeschüttelt, aber die Reminiscenzen
an jenen einfachen Umgang blicken überall an ihm durch. Dieselbe
Neigung, sich mit dem gemeinen Manne seines Heeres umzutreiben,
die alte Milde und Zutraulichkeit, dieselbe Liebe zu einem unschuldi=
gen Scherze, bestehen noch in ihm wie damals, ohne daß er darum
seiner königlichen Würde das geringste vergäbe. Er läßt seine Edlen
in seinem Zelte warten, dieweile besucht er in der Nacht vor dem
Schlachttage die Lagerfeuer seiner Soldaten; die alte Gewöhnung
an Nachtwachen kommt ihm heute zu gute; er erforscht die Stimmung
der Einzelnen; er macht ihnen Muth ohne große Worte; er stählt sie
ohne Prahlerei; er kann ihnen predigen und moralische Scrupel
lösen und wird ihnen deutlich; er leitet in dem Augenblick der un=
heimlichsten Spannung einen Scherz ein, ganz im alten Schlage;
brüderlich leiht er von dem alten Erpingham seinen Mantel; traulich
läßt er es geschehen, daß sich der Landsmann Fluellen treuherzig in
sein Gespräch mit dem Herold mischt, und in dem kurzen Anrufe vor
dem Kampfe erklärt er Alle für seine Brüder, die an diesem Crispins=
tage ihr Blut mit ihm vergießen.

Dieser Gegensatz der Ruhe und Gelassenheit gegen die kriege=
rische Erregung, der bürgerlich schlichten Natur gegen den königlich
heroischen Geist, der im Momente des Handelns die Herrschaft über
ihn übt, ist aber nicht der einzige, in dem ihn der Dichter gezeigt
hat. Die Nacht vor und der Tag während der Schlacht, die den
Kern des Inhalts unseres Stückes bildet, ist ein so gehobener Zeit=
raum, in dem sich so mannichfache Stimmungen, Gemüthsbe=
wegungen und Leidenschaften regen und kreuzen, daß hier die eigent=
liche Gelegenheit zwanglos gegeben war, den vielseitigen Mann in
dem ganzen Reichthume und aller Mannichfaltigkeit seiner Natur
beobachten zu lassen. Wenn das Gemüth belebt ist, sagt er selbst,
so brechen die Organe, vorher todt und abgestorben, ihr Grab und
regen sich in frischerer Beweglichkeit: so ist es in diesen entscheidenden
und großen Augenblicken bei ihm. Wir sehen ihn in kurzer Zeit in

den verschiedensten Bewegungen und Lagen wechseln, immer der
gleiche Meister über sich selbst, oder sagen wir besser über die Gele=
genheit und den jedesmaligen Gegenstand, der ihm vor= und obliegt.
Der französische Herold kommt und fordert ihn auf, sich auszulösen
aus seiner unvermeidlichen Gefangenschaft: er setzt eine prahlend
stolze Aeußerung entgegen; er bereut sie indem er sie spricht. Von
einem Augenblick der Hitze ergriffen, ist er, wie in jenem Zusam=
menstoße mit dem Oberrichter, sogleich wieder seiner selber Herr;
und so vergessen ist er auch selbst in dem Augenblick der Aufwallung
nicht gewesen, daß er irgend aus der Wahrheit seiner Natur heraus=
gehen könnte: unklug verbirgt er dem Feinde die misliche Lage seines
kleinen Heeres nicht. Des Nachts, die Gefahr dieser Lage wohl er=
kennend, finden wir ihn in ernstester Stimmung; er will sich aus der
Gesellschaft entfernen, um sich mit seinem Busen zu berathen. Die
Berathung wird ihm gestört durch Berührung mit aller Art Leuten
seines Lagers. Er erfährt den Trotz des Prahlers, er hört die
Stimme der pedantischen Disciplin, er unterhält sich mit den Be=
sorgten, die besser und tapferer sind als ihre Reden. Die verstellungs=
unfähige Wahrheit spricht auch hier aus ihm. Was kostete es ihn,
im Namen eines Dritten von dem König zu rühmen, daß er ver=
trauungsvoll und wohlgemuth sei? Er thut es nicht; er will in den
Soldaten so wenig wie in sich selbst das Bewußtsein der Gefahr til=
gen, um sie zu äußerster Anstrengung durch die Noth zu spornen. Da
er ihre ängstliche Spannung bemerkt, versichert er sie nur was wahr
ist: daß der König sich nicht anderswohin wünsche, als wo er ist.
Die ernsten Gemüther beschäftigt die Frage, ob sie für die etwaige
Ungerechtigkeit der königlichen Sache, wenn sie dafür fechten, mit
ihren Seelen, oder ob der König, wenn sie unbereitet für ihn ster=
ben, für ihre Sünden einstehen müsse? Er macht den Feldprediger
und klärt sie auf; er geräth darüber in einen leichten Handel mit dem
derben Williams; er nimmt wie das erbauliche Gespräch, so auch
den Scherz auf, dessen Ausspiel von so blutigem Ernste gestört werden

muß. Nach der unfreiwilligen Unterbrechung und ihrer halb ge=
zwungenen launigen Wendung versinkt der König um so voller in
seine feierliche Berathung mit sich selbst; Nachdenken und Ernst über=
fällt und überfüllt seine Seele. Da sie eben ihre Sorgen und Lasten
auf den König geladen haben, wie natürlich führt der Gedankengang
grade dieses Königs dahin, daß er, der das Glück der Armuth ken=
nen gelernt hatte, sich es in dieser Stunde vergegenwärtigt, wo das
Gepränge, der Vorzug der Könige, vor dem er immer geflüchtet
war, so nichtig erscheint. Er, sagt er in dem tiefsten Selbstgefühle
seines eigentlichen ächtesten Werthes, er ist ein König, der dieß Ge=
pränge und seine Bedeutung ausgefunden! Wie blickt er neidend,
(Er, vor der letzten Gipfelhöhe seines Ruhmes stehend, wie sein
Vater in Krankheit und innerer Qual that,) wie blickt er neidend
auf die gesunde Thätigkeit des Bauern hin, der mit der Sonne auf=
steht, in ihrem Strahle sich abmüht und dafür des Nachts im Ely=
sium schläft — und wie ergreifend und schlagend, wie ganz aus dem
Geiste dieses Verdienstkönigs, ist es, daß er Angesichts dieses glück=
lichen Schweißes des Armen, zurückkehrend zu seinen ersten Gedan=
ken, den Beruf des Königs selbstverstanden darin sieht, daß er mit
seinen Mühen und Anstrengungen bewußt und wachsam jene
Sicherheit des Staats und jenen Frieden begründet, den der Arme
in unbewußtem Glücke genießt. Erst auf dieses Nachdenken über
die angeregten Gedanken folgt die völlige Sammlung des Königs zu
dem innigsten Gebete, in dem er Gott bittet, heute des Vergehens
seines Vaters nicht zu gedenken. Dann reitet er hinaus, die Schlacht=
ordnung zu sehen. Und wie er seine Edlen trifft und Westmoreland's
Wunsch hört, einen Theil der Müßigen aus England hier zu haben,
zeigt er wie es ihm Ernst ist, sich eben aus dieser Noth den höchsten
Ehrenpreis ohne andere Hülfe zu erfechten. Wie volksthümlich ist
nun in seiner alten Weise, und dabei doch wie erhaben seine Er=
muthigung zur Schlacht! Wie gefaßt seine letzte Rede an den fran=
zösischen Herold! Wie wenig ist er voreilig an den Sieg zu glau=

ben! Jetzt da er den rührenden Tod des edlen York hört, wie so
nahe den Thränen! und im Augenblicke, aufgeschreckt durch neues Ge=
tümmel, gestählt zu einem blutigen Befehle! wie ungeduldig wüthend
über den letzten Widerstand! und im Augenblicke, da er die Ent=
scheidung des Sieges hat, wie fromm und demuthsvoll! Und wieder
eine kurze Weile auf diese feierliche Erhebung spielt er seinen Scherz
mit Williams zu Ende, besorgt auch da noch, daß kein Schaden er=
folge. Der Dichter hat auch im fünften Acte fortgefahren, uns die
vielseitige Natur des Königs bis zu Ende zu zeigen. Der schreckliche
Krieger ist in einen muntern Bräutigam verwandelt, die humoristi=
sche Ader wallt wieder auf in ihm; doch ist er nicht so verliebt in
sein Glück, oder so glücklich in seiner Verliebtheit, daß er mitten in
seiner Werbung und unter Scherz und Wortspielen den geringsten
Artikel des Friedens nachließe, den seine Politik sich vorgezeich=
net hatte.

Wie aber? hat nicht der Dichter jenen großen Grundzug in
Heinrich's Wesen jetzt vergessen, jene tiefe Bescheidung, die früher
alle seine glänzenden Eigenschaften wie geflissentlich verhüllte?
Spricht sie sich nur in der ernsten Stimmung vor der Schlacht aus,
die doch selbst in dem plumpen, händelsüchtigen Williams in solcher
Lage natürlich ist? Oder war nicht Anlaß, diese alte Seite des
Prinzen zu entwickeln, die uns erst das Mark seiner Tugend schien?
Oder streifte er sie bei diesem großartigen Anlasse der Anspannung
aller seiner Kräfte für dieß Einemal ab? In der Schlacht bei
Shrewsbury sahen wir ihn Eine ruhmvolle That seinem unrühm=
lichen Freunde freiwillig abtreten; aber hier hat er eine Schlacht ge=
schlagen, deren ganze Glorie auf ihn allein fällt, die der Dichter auch
noch mit voller Absicht recht sichtlich auf ihn allein geworfen hat, da
er die Heldengestalten der Bedford, der Salisbury und York so ganz
im Hintergrunde hält. Welche Wendung nimmt seine Bescheiden=
heit, wenn sie die alte geblieben ist, diesem grellen Strahl des Ruhms
nach ihrer Weise auszuweichen? Die Antwort ist: sie steigt in dem

Maaße tiefer hinab als sein Ruhm erhabener emporsteigt, sie wird zur Demuth und gibt Gott die Ehre dahin. Dieser Satz wird die mancherlei Anbeter Shakespeare's entsetzen, die in ihm nichts als ästhetische und sittliche Freigeisterei und einen Mann der wühlerischen, der zucht= und ordnungslosen Genialität gesehen haben. Abstreiten aber läßt sich die Richtigkeit des Satzes und, nach uns, auch die Richtigkeit der Charakterzeichnung gleich wenig. Durch das ganze Stück, durch die ganze Haltung des Königs geht dieser Grundton einer religiösen Fassung, einer strengsten Gewissenhaftigkeit, einer demuthvollen Bescheidung hindurch. Die Chronik selbst, die Heinrich's Preis so hoch feiert daß sie ihn dem Dichter zu einem Liebling schon entgegenbot, preist des Königs Frömmigkeit zu Hause und auf jedem Ruhepunkte seines Kriegszugs: Shakespeare hat diesen geschichtlichen Wink nicht mechanisch, sondern wohl verarbeitet in die Züge seines Helden herübergenommen. Die Geistlichen gleich im Anfange des Stückes nennen ihn einen wahrhaften Freund der Kirche und haben Ursache, sich seiner Rücksicht auf sie, wie seiner Kenntniß der heiligen Dinge, zu freuen. Da er mit dem Kriegsplane beschäftigt ist, fordert er den Erzbischoff von Canterbury in feierlicher Beschwörung auf, in seinem Rathe Acht zu haben; er wolle glauben, daß, was er ihm über sein Recht zu diesem Kriege sagt, in seinem Gewissen rein gewaschen sei, wie die Sünde in der Taufe. Da sein Gedanke ganz in Frankreich ist, geht nur der an Gott vor seinem Geschäfte. Er nimmt es als eine verheißende Gottesschickung, daß der Verrath, der in dem Wege seines Zuges lauerte, an's Licht gekommen. Er gibt seine Macht in Gottes Hand, ehe er sie ausführt; Gott voraus, sagt er mehrmals, will er kommen sein Recht zu nehmen. Wegen eines Kirchenraubes läßt er seinen alten Freund Bardolph mitleidlos hinrichten; er will alle Diebe dieser Art so bestraft wissen; wenn Härte und Milde (Raub und Schonung des Eigenthums) um ein Reich streiten, das sieht der menschliche Eroberer ein, so wird der sanftere Spieler bald der Herr sein. Vor der Schlacht

haben wir ihn in so ernster Vorbereitung gesehen und in so erbau=
licher Unterhaltung mit seinen Soldaten. Sein erstes Wort bei der
Gewißheit des Sieges ist: Gott sei Dank, nicht unsrer Kraft, dafür!
Da er die Größe des Sieges übersieht, noch einmal: nimm es Gott,
denn dein ist's einzig. Daß dieß aber Ernst sei: so läßt er sogar
Todesstrafe darauf setzen, wenn jemand prahlt und Gott die Ehre
nähme. Beim Siegeseinzuge in London verbietet er, Schwert und
Helm, die Zeugen seiner Waffenthat, vor ihm zu tragen; und aus=
drücklich sagt noch einmal der Dichter von ihm im Prologe, wie sich
einst der Prinz am Tage von Shrewsbury über Percy's Leiche schon
über sich selber aussprach: daß Eitelkeit und Selbstruhm fern von
ihm war, und daß er seine Trophäen und Siegeszeichen von sich
weggab an Gott. Die Buße zu der sein Vater aus Mangel an ener=
gischem, nachhaltigem innerem Antriebe nicht gelangen konnte, hat
Er vollendet. In jenem Gebete zu dem Gott der Schlachten, wo er
wünscht, daß seinen Kriegern der Sinn der Zahlen genommen und
seines Vaters Sünden nicht gedacht werde, sagt er aus, daß er
Richard's Leiche neu beerdigt, beweint, mit Messen versöhnt habe,
daß er fünfhundert Armen Jahrgeld gebe, die täglich zweimal die
welken Hände zum Himmel für ihn heben. Der Dichter, sieht man
wohl, ist in dem Charakter der Zeit geblieben und hat seinem Hein=
rich all' das äußere Bußwerk geliehen, das jene Tage zur Sühnung
einer Unthat nöthig fanden. Vielen wird er darin zu weit gegangen
scheinen, sei es für seinen Helden, der sonst so freien Geistes ist, sei
es für ihn den Dichter selbst, der sonst so hoch sich über die Beschrän=
kung seiner, geschweige älterer Zeiten erhebt. Aber auch über diesen
Einwurf geht der Dichter siegreich hinweg in den köstlichen Worten,
die er den König zum Schlusse jenes Bußgebetes sagen läßt:

> Mehr will ich thun —
> doch Alles was ich thun kann ist nichts werth,
> da meine Reue noch nach Allem kommt
> und um Verzeihung anruft.

Shakespeare hat dem Könige diese fromme Demuth und Got=
tesfurcht keineswegs als eine gelegentliche Eigenschaft beigelegt, auf
die er nicht mehr Werth als auf eine andere legte; man sieht schon
aus den häufigen Hinweisungen auf sie, man sieht aus der Natur
des Charakters und seiner nothwendigen Haltung in der gegebenen
Lage, man sieht aus dem Plane des ganzen Stücks, daß dieser Zug
grade den Mittelpunkt desselben bestimmt zu bilden ist. Der Dichter
arbeitet in demselben Gedanken, in dem Aeschylos seine „von Ares
beseelten" Stücke schrieb, die Perser und die Sieben von Theben:
daß furchtbar der Krieger ist, der Gott fürchtet und daß dagegen die
Blüte der Hoffart die Frucht des Unheils und die Erndte der Thrä=
nen zeitigt. Denn ganz in diesem Sinne hat Shakespeare das Lager
der Franzosen und ihre Fürsten im xerxeischen Uebermuthe und Fre=
vel dem kleinen Häuflein der Briten und ihrem unverzagten Gottes=
helden gegenüber gestellt. Eben solch ein Uebermuth liegt darin, daß
sie dort die Löwenhaut theilen vor der Jagd; daß der französische
König den englischen Fürsten auf einem Wagen nach Rouen gebracht
haben will; daß der Dauphin, stichelnd auf seine Jugendpossen, eine
Tonne mit Federbällen dem Manne schickt, der mit so ängstlicher Ge=
wissenhaftigkeit sein Kriegsrecht wägt; daß sie die zu fangenden
Engländer schon im Voraus verwürfeln; und solch ein Frevel liegt
darin, daß sie englische Edle mit Geld zum Mord des Königs be=
stechen. Die Zeiten Shakespeare's bezeichneten das gottlose Ver=
trauen auf menschliche Kraft mit dem Namen Sicherheit; und
dieses verwegene Vertrauen auf ihre Zahl und die stolze Gering=
schätzung des Feindes hat der Dichter dem französischen Lager ge=
liehen. Sie sehnen sich im Kitzel des Uebermuthes nach dem Tag,
den die Engländer in Spannung und Zweifel erwarten; sie ver=
bringen die Nacht in lautem Getöse, die die Engländer in unheim=
licher Stille und erbaulicher Vorbereitung durchwachen; sie strahlen
in glänzenden Waffen und rühmen sich kostbarer Rosse, wo die bet=
telhafte Schaar der Briten in abgenutzten Röcken geht und ausge=

hungerte Pferde reitet; sie blicken in hochmüthiger Windbeutelei auf
die harten, schwer gerüsteten Köpfe ohne geistige Rüstung herab und
vergleichen ihren dummdreisten Muth mit dem ihrer Doggen, da die
Engländer doch, als ob ihr König Allen seine Seele geliehen hätte,
vielmehr in gefaßter Sorglichkeit ihren Muth zusammennehmen aus
Noth, aus Selbstachtung und Treue. Unter den fränkischen Führern
ist kaum Einer, der nicht in hohler Prahlerei und Flunkerei wett-
eiferte mit dem Anderen, nicht Einer der die kindische Freude an
Putz und Waffenzierde nicht theilte, nicht Einer den der Ernst der
Dinge aus schalen Witzen und eitlem Redegefechte herausrisse, nicht
Einer der nur einen Anflug zeigte von dem Ernst, von dem ruhigen
Muthe und der Ergebenheit der Engländer. Unter ihnen überbietet
aber der Dauphin Alle in dieser seichten Selbstgefälligkeit, in diesem
leichtsinnigen Uebermuthe, in dieser fröhlichen Prahlerei aus unbefangener Beschränktheit. Diese Scenen streifen schon durch die Einmischung der französischen Sprachbrocken an die Carikatur; wenn irgendwo, so ist Shakespeare hier der Forderung einer Schwäche der
Zeit zu nachgiebig verfallen. Es ist mir mehr als wahrscheinlich,
daß unseren Dichter in der ganzen Darstellung seines Heinrich ein
eifersüchtig patriotischer Gedanke bewegt hat: die Absicht, seinem
glänzenden Zeitgenossen Heinrich IV. von Frankreich auf dem englischen Thron einen an Größe und Originalität ebenbürtigen Heinrich gegenüber zu zeigen; die Größe seines Helden aber würde noch
würdiger erscheinen, wenn er seine Feinde weniger unwürdig geschildert hätte. Den Alten allein war es eigen, selbst ihre Feinde zu
ehren. Homer kennt keine Herabsetzung der Troer und Aeschylos
keine Spur von Verachtung der Perser, auch wo er ihre Gottlosig-
keit zeichnet und straft. Darin liegt eine so menschliche Gleich-
schätzung und erhabene Denkart, die viele subtile christliche Theorie
von Bruderliebe in praktischer Sittlichkeit weit überragt. Daß
Shakespeare die französischen Gegner verzerrt und selbst seinen virgilischen Schulhaß gegen die Griechen nicht los werden konnte, ist

einer der wenigen Züge, die man lieber nicht in seinen Werken läse, es ist eine nationale Beschränktheit, in der der Brite den Menschen überholte. Die viel nationaler geprägten Völker des Alterthums sind diesem engen Nationalstolze fremd gewesen, sogar die Römer; an ihren Triumphbogen bildeten sie die Statuen gefangener Barbarenkönige, geadelt in äußerer Gestalt, erhaben in der innerlichen Haltung voll feindlichem Trotz der Unabhängigkeit.

Shakespeare hat den volksfreundlichen König Heinrich auch in diesem Stücke in nähere Berührung mit dem Volke gebracht; die Umgebung aber ist jetzt eine ganz andere, als in seiner Jugendzeit. Damals war Ausgelassenheit und Müßiggang, Dieberei und Tagebieberei neben ihn gestellt, um den Abstich seiner nur gelegentlichen Theilnahme an dem Muthwillen der Anderen fühlbar zu machen; jetzt hat der Dichter nöthig gefunden, dem Könige einen ganz andern Gegensatz zu geben, der uns anschaulich machen soll, daß umgekehrt seine neue sittliche Strenge und religiöse Sinnesart nicht auf dem Mechanismus einer kirchlichen Gewöhnung beruht, daß nicht etwa der junge Freigeist zu einem alten Betbruder geworden ist. Den reinen Gegensatz eines solchen religiösen Rigoristen hätte Shakespeare nicht darstellen dürfen; die Religiosität und puritanische Strenge der Zeit erlaubte das nicht; einen Charakter, der dahin nur streifte, hat meines Wissens die ganze englische Bühne jener Periode nicht zu schildern gewagt. Shakespeare hat also mehr die weltliche Seite einer solchen zur Gewöhnung gewordenen, achtbaren, aber nicht allzu anrechenbaren Sittenstrenge und Gewissenhaftigkeit aus der guten alten Zeit neben dem Könige dargestellt, um sogleich den Abstand der Geistesfreiheit seines Helden wieder fühlen zu lassen, in dem die religiöse Gemüthsinnigkeit, wie jede seiner Eigenschaften, der Natur der Verhältnisse gemäß sich entwickelt; in dem sie schon über der Leiche Percy's, schon bei der Kunde von seines Vaters Krankheit, schon bei jenem Monologe über der Krone, sichtbar geworden war; in dem sie jetzt in hellerer Gluth auflodert bei dem großen

Anlaſſe eines Volkskrieges zweier mächtiger Staaten, einem Unter=
nehmen, bei dem ſich der Kühnſte ſeiner Abhängigkeit von äußeren
Gewalten erinnert. Unter den ernſteren Volksfiguren, neben dem
geſetzten und würdigen Gower, dem derben Williams, dem trockenen
Bates, iſt der Waliſe Fluellen, des Königs Landsmann, der Mit=
telpunkt. Er iſt, wie der König ſelbſt ſagt, von vielem Muth und
Sorglichkeit, aber aus der Mode; gegen die einſtigen Genoſſen des
Prinzen gehalten, iſt er ganz Disciplin gegen Licenz, Pedanterie ge=
gen Zügelloſigkeit, Gewiſſenhaftigkeit gegen Gottloſigkeit, Gelehr=
ſamkeit gegen Rohheit, Nüchternheit gegen Trunkenheit, verhüllte
Tapferkeit. gegen verſteckte Feigheit. Jenen Prahlern gegenüber er=
ſcheint er anfangs als ein „Kohlenträger", der jede Beſchimpfung
einſteckt. Das Unſcheinbare hat er mit ſeinem königlichen Lands=
manne gemein. Hinter kleinen Launen und linkiſchen Sonderbar=
keiten birgt ſich eine ehrliche, wackere Natur, die von dem Schauſpie=
ler, wie es um Garrick's Zeit von Hippisley geſchah, ohne allen
Muthwillen oder Fratze dargeſtellt ſein will. Offen und treu läßt er
ſich von Piſtol's Prahlerei eine Weile bethören, dann ſcheint er
trocken von ihm eine Beleidigung hinzunehmen, aber er tränkt ſie ihm
nach der Schlacht tüchtig ein und gibt ihm dann einen Grot, ſeinen
zerſchlagenen Schädel zu heilen. So richtet er das Geſchäft, mit
dem ihn Heinrich an Williams gehetzt hat und das ihm einen Schlag
einträgt, aus, und da der König den Williams mit einem Hand=
ſchuh voll Kronen belohnt, will auch Er an Edelmuth nicht zurück=
bleiben und ſchenkt ihm einen Schilling. Er ſpricht von ſeinen Obe=
ren, je nach der Wahrheit, gut und ſchlecht, von der Wichtigkeit ſei=
nes Lobes und Tadels tief überzeugt, aber er würde unter Jedem
ſeine Pflicht thun. Er iſt redſelig am unrechteſten Orte, nimmt An=
dern das Wort vom Munde und iſt ungehalten, wenn man es ihm
nimmt, aber in der Nacht vor dem Schlachttage weiß er ſich ruhig
und ſtille zu halten, denn nichts geht ihm über die Disciplin der rö=
miſchen Kriege, worin das geſchrieben ſteht. Der kalte Mann lodert

heißblutig auf wie der König, als die Franzosen sich der kriegswi-
derrechtlichen That schuldig machen, über die Troßbuben herzufallen.
Zur Zeit seiner Achtung vor Pistol bittet ihn dieser um ein Fürwort
für den Kirchendieb Bardolph, aber da kommt er an den Unrechten!
Es ist eine Disciplinarsache, darin er unerbittlich ist. Ja, seinen
Landsmann König achtet er darum vorzugsweise so hoch, daß er sich
dieser alten Gesellen ledig gemacht hat. Das ist ihm das Wesentliche
in seiner gelehrten Vergleichung Heinrich's V. mit Alexander dem
Großen, daß dieser seine Freunde in der Trunkenheit getödtet, jener
aber die seinigen, als er nüchtern wurde, weggejagt hatte. Seitdem
ist ihm der Landsmann in das scrupulös ehrbare Herz geschrieben,
früher hat er sich gewiß nichts aus dem lockern Zeisig gemacht; jetzt
kümmert's ihn nicht, wer es weiß, daß der König sein Landsmann
ist, er braucht sich seiner nicht zu schämen, „so lange seine Majestät
ein ehrlicher Mann ist". Ein Glück, daß der edle Heinrich zu diesem
Ausspruch ein trauliches Amen sprechen kann: „Gott erhalte mich
so"; sein Hauptmann Fluellen würde ihm die Freundschaft gleich auf-
kündigen, wenn er den ersten unehrlichen Streich von ihm erführe.
Die unbewußte Einbildung einer nie erschütterten, aber auch nie
einer inneren Versuchung ausgesetzten Rechtlichkeit auf sich selbst ist
in allen Zügen dieses Charakters vortrefflich gezeichnet.

Die kleinmeisterliche Zucht und Ordnungsliebe, die Bravheit
nach der Schnur in dem wackern Fluellen, wenn sie gegen die grund-
sätzliche und freie Tugend des Königs in altväterischem Lichte erscheint, hebt sich dagegen gerade durch ihre anspruchlose Natur von
der Nichtswürdigkeit der Prahlercompagnie Pistol, Nym und Bardolph um so vortheilhafter ab. Der Dichter läßt uns durch sie noch
einmal auf den früheren Umgang des Prinzen zurückblicken. Sie
scheinen im Anfang von dem großen Zeitmomente ein wenig gehoben, aber die Gelegenheit verdirbt sie wieder. Der Verführer Falstaff ist nicht mehr mit ihnen, ein besserer Genius begleitet sie in dem
Burschen, den wir für den Pagen im zweiten Theile Heinrich's IV.

nehmen dürfen und der mit den Knaben beim Treffen ehrenhaft fällt. Er charakterisirt uns alle drei Genossen, von denen er sich abzuthun gedachte, so deutlich, daß wir keiner andern Analyse bedürfen. Sie sind bald wieder geschworene Brüder zum Stehlen und Bardolph und Nym bringen sich an den Galgen. Zum Zeichen, daß Shake= speare den König nichts Unbedachtes an Falstaff hat verüben lassen, läßt er ihn, der auch in der Chronik als ein strenger Rechtspfleger erscheint, bei Bardolph's Fall ausdrücklich sagen, daß er alle solche Verbrecher will ausgerottet wissen. Pistol ist kein so dreister Dieb wie sie und er kommt daher mit der gelinderen Lection Fluellen's da= von, der ihn seinen wälschen Lauch essen macht und ihm seine Ehren aus den Knochen prügelt. Den dicken Falstaff hat der Dichter nicht mehr erscheinen lassen, wir hören nur von seinem Tode. Nach dem Epiloge zu Heinrich IV. war es ohne Zweifel Shakespeare's Absicht, auch ihn noch lebend in diesem Stücke auftreten zu lassen. Ueber der Arbeit selbst muß er gefunden haben, daß dieß nicht mehr thunlich war. Er hätte ihn in immer größerer Versunkenheit zeigen müssen und dieß hätte die Symmetrie und den großen Inhalt dieses Stückes gestört. Der Dichter war übrigens durch diese Vorenthaltung gleich= sam in einer Schuld gegen das Publicum geblieben, und er ergriff deshalb nicht lange nachher eine Gelegenheit, sie in anderer Weise abzutragen, indem er die lustigen Weiber von Windsor schrieb, worin er noch einmal, in genauer ethischer Fortentwickelung des Charakters, den dicken Hans als Hauptfigur erscheinen ließ.

König Johann.

Der König Johann ist in dem bekannten Verzeichniß Shake=
speare'scher Stücke von Meres 1598 erwähnt, also vor diesem
Jahre, wie Delius vermuthet zwischen der Vollendung der York'=
schen und dem Beginne der Lancaster'schen Tetralogie entstanden, nicht
lange vor 1596. Die Prosa hat (wie in Richard II.) noch gar nicht
Platz darin gegriffen, der Reim hat an Einer Stelle noch den Platz
behauptet; Wortspiele und Concepte an nicht passenden Stellen sind
hier noch häufiger als in Richard II., einem Stücke, dem schon
die Familienähnlichkeit des Charakters der Constanze mit dem
Richard's II. den König Johann sehr nahe zu rücken scheint.

Es gibt ein altes Stück Kynge Johann von Bischof Bale, das
spätestens im Anfang der Regierungszeit Elisabeth's geschrieben ist;
es ist aber nicht allein Shakespeare unbekannt gewesen, sondern auch
dem Verfasser der älteren zweitheiligen Historie von König Johann,
nach welcher Shakespeare sein Werk bearbeitet hat. Dieß ältere
Stück existirt in mehreren Drucken, deren erster von 1591 ist, der
dritte von 1611 führt aus Speculation den Namen Shakespeare's
fälschlich auf dem Titelblatte. Shakespeare folgte in seinem Stücke
in Bezug auf den geschichtlichen Stoff ganz diesem älteren Werke und
es ist mit Sicherheit kaum mehr als Eine Stelle nachzuweisen, aus
der zu schließen ist, daß er nebenbei auch die Chroniken verglichen
habe. Künstlerisch betrachtet nahm er die äußere Anlage des Stückes

auf, verschmolz die beiden Theile in Einen, hielt die Grundzüge der Charaktere fest und zeichnete sie in's feinere aus: er that freier, und jetzt schon ganz Er selbst, mit dieser Vorarbeit, was er furchtsamer mit den beiden letzten Theilen Heinrich's VI. gethan hatte. Auch ist den älteren König Johann mit Shakespeare's zu vergleichen eine Arbeit, die die Mühe noch mehr belohnt, als die Vergleichung Heinrich's VI. mit seinem Originale, weil hier schon der gereiftere Dichter ein mindestens eben so gutes Werk überarbeitet. Der ältere Johann ist ein rohes aber nicht unebenes Stück, dem der Dichter manche glückliche, dichterische wie geschichtliche Züge entlehnen konnte. Es hat noch die alte Steife und mischt noch nach der früheren Sitte lateinische Stellen ein; doch ist es von den Wunderlichkeiten der alten Schule schon freier, von denen die historischen Stoffe überhaupt erlösten. Die Breite wird im zweiten Theile schleppend, und hier hat Shakespeare mit trefflichem Tacte kürzend abgeholfen. Die Charaktere sind für unseren Dichter brauchbar angelegt, aber entfernt nicht so durchgeführt wie von ihm. Dem Faulconbridge sind um des Redens willen Reden geliehen, die mit dieser Natur unverträglich sind. Arthur, der einmal in dem kindlichen Tone seines Alters spricht, verliert ihn das anderemal und wird in der pathetischen Scene mit Hubert ein altkluger Disputator. Wie an seinem Sinne Shakespeare seine besten Dichtergenossen übertraf, belegt auch dieses Stück, wenn es mit seiner Ueberarbeitung verglichen wird. Shakespeare zeichnet seinen Faulconbridge (und sich selbst in ihm) hinlänglich scharf und bitter als einen guten Protestanten in der schnöden Behandlung der päbstlichen Anmaaßungen. Er läßt an den geeigneten Stellen den englischen Unmuth über papistisches Regiment und Intrigue, Ablaß und Aussaugung aus, wie es damals gerne in London gehört war. Aber so weit ging er nicht, daß er aus den Klostererpressungen des Faulconbridge eine Farce gebildet hätte; das alte Stück bot ihm hier eine Scene, wo aus den aufgeschlossenen Kisten der geschätzten Mönche muntere Nonnen und Brüder herausspringen, eine Scene

die für die frisch protestantischen Gemüther der Zeit gewiß sehr er=
götzlich war — aber unserem Dichter in seiner unbefangenen Weise
war die Würde des geistlichen Standes, ja die Beschaulichkeit des
klösterlichen Lebens etwas zu Ehrwürdiges, als daß er es in possen=
haften Schwänken in den Ernst der Geschichte hätte einschieben mögen.
So gibt es noch viele andere Rohheiten in dem alten Stücke, die
Shakespeare getilgt hat.   Bei der Heiratsverhandlung zwischen
Louis und Bianca ist dort die arme Constanze, bei der unzarten Ver=
handlung der zwei Brüder Faulconbridge (I, 1.) ist ihre Mutter an=
wesend; der unächte Sohn bedroht nachher die eigene Mutter mit
dem Tod, wenn sie ihm nicht die Wahrheit gesteht: diese Härten gin=
gen nicht in Shakespeare ein.   Noch in einer anderen Beziehung ist
die genaue Vergleichung beider Arbeiten von dem größesten Interesse,
um Shakespeare's ganze Tiefe in seinem dichterischen Verfahren,
gleichsam im Werke und im Schaffen selbst, zu belauschen. In vielen
Stellen des alten Stücks, wo Motive, Charakterzeichnung, Hand=
lungen in breiter Ausführlichkeit vor ihm lagen, hat er den Inhalt
ganzer Scenen in Einen Satz, in Eine Andeutung sparsam und ge=
drungen zusammengefaßt; er verschmäht den Ueberfluß der Deutlich=
keit und läßt dem Spieler, dem Zuschauer, dem Leser etwas übrig,
was sein eigner Geist errathen und hinzuthun soll.   Legt man erklä=
rend in solche knappe Andeutungen so vieles hinein, wie alle ein=
bringlichen Ausleger Shakespeare's sich genöthigt finden, so macht
dieß leicht den Eindruck ungerechtfertigter Unterstellungen einer grö=
ßeren Weisheit und Fülle, als an die der Dichter gedacht haben
könnte.   Aber diese Vergleichungen beweisen es zu sprechend, daß
man in sachlicher Ergründung nie zu viel an diesem Dichter thun
kann, daß man vielmehr Mühe anzuwenden hat, das alles zu ent=
decken was in ihm verborgen liegt; und daß man sich nur zu hüten
hat, in seine Denkweise philosophische Grundsätze und Betrachtungen
einzuschieben, die ihm wie dem ganzen Zeitalter fremd und abgelegen
waren.

Der König Johann steht in keiner äußeren Beziehung zu den beiden historischen Tetralogien, die wir bisher besprochen haben; dem Gedanken nach werden wir aber auch in diesem Stücke den Dichter in den gleichen politischen Anschauungen arbeiten sehen, die den Ideenkreis der Historien von dem der eigentlichen Dramen unterscheiden. Sähe man von dem geschichtlichen Stoffe ab, so könnte man das Stück für eine Tragödie vom reinsten Wasser erklären, die den Gedanken so vieler antiker Trauerspiele einfach versinnliche: daß „kein fester Grund auf Blut gelegt werde und durch Anderer Tod kein sicheres Leben erlangt". Allein es ist auf diesen allgemeinen Gedanken nicht durchgehend der Inhalt des ganzen Stückes bezogen. Ein reiches Gewebe politischer Handlungen, die auf Einen Mittelpunkt hinzielen, schlingt sich um den Tod Arthur's herum, der zwar den Hauptwendepunkt von Johann's Glück, aber keineswegs die einzige Ursache dieses Glückswechsels bildet, wie er denn auch nicht einzig die Schuld des Königs ist; aus jenen politischen Handlungen aber entwickelt sich wie in Richard II. eine politisch-ethische Idee von dem mehr besonderen Charakter der leitenden Gedanken aller eigentlichen und strengen Historien Shakespeare's.

Die politischen Handlungen, die wir meinen, drehen sich um den bestrittenen Thron von England. Nach dem Tode von Richard Löwenherz ist in Kraft eines Testamentes dieses Königs, auf Betrieb der Königin Mutter Elinor, der eigentliche Erbe Englands, der junge Arthur von Bretagne, vom Throne ausgeschlossen worden und Richard's Bruder Johann sein Nachfolger geworden. Die alte Elinor, ein Abscheu an Sitten, wie ihr Constanze in unserem Stücke und wie ihr die Geschichte vorwirft, eine Ate, wie sie das Stück nennt, die unter ihrem Gatten Heinrich II. die Söhne gegen den Vater, wie jetzt den sterbenden Richard gegen den rechtmäßigen Erben hetzte, diese Elinor ist ihres Sohnes Johann politischer Genius und Eingeber. Seine Nachfolge dient ihrem Ehrgeize und ihrem Haß gegen die Mutter Arthur's, Constanze, die nach den Aeußerungen

Elinor's auch ihrerseits den Thron für ihren Sohn nur in der ehr=
geizigen Absicht sucht, selbst zu herrschen und die Welt zu verwirren.
Constanze und ihr Anhang nennen Johann einen schnöden Usur=
pator, Johann scheint seiner Mutter gegenüber im Anfang an sein
Recht zu glauben wie an seinen starken Besitz, die Mutter aber raunt
ihm als ihr Geheimniß in's Ohr, daß sein Thron mehr auf starkem
Besitz als auf seinem Rechte ruhe. Das von ihr beschaffte Testament
des vorigen Königs und dessen rechtliche Gültigkeit steht als der
zweifelhafte Punkt zwischen dem unzweifelhaften Rechte Arthur's*
und der Usurpation Johann's. Ihm steht der factische Besitz zur
Seite, dem Arthur aber und seiner Mutter die Waffenhülfe eines
anscheinend edelmüthigen Freundes, des Königs der Franzosen. Wir
wollen sehen, wohin die Schicksale in diesem gleichgewogenen Streite
neigen, wie das Glück ab= und zuflutet, Verbindungen und poli=
tische Intriguen sich kreuzen und wohin der Dichter in allen diesen
Wechseln und Verwickelungen steuert. Zuerst müssen wir die Haupt=
figuren kennen lernen, die sich auf beiden Seiten einander gegenüber
stehen.

Shakespeare hat durchgehends in diesem Stücke an den poli=
tischen Hauptcharakteren die Züge, die die Geschichte überliefert, sehr
zum Guten gemildert, das Nachtheilige sehr verwischt; sein Johann,
seine Constanze, sein Arthur, sein Philipp August, selbst seine Eli=
nor sind bessere Menschen, als sie in der Geschichte erfunden werden.
Der Grund dieses ihm sonst nicht eigenthümlichen Verfahrens ist
nicht blos der, daß er diesesmal nicht unmittelbar aus der Quelle der

---

* Die folgende genealogische Reihe läßt das Verhältniß leicht übersehen:
Heinrich II. (Elinor, getrennt von Ludwig VII. von Frankreich.)

Heinrich. † 1183.	K. Richard Lö= wenherz † 1199.	Geffrey v. Bre= tagne(Constanze)	K. Johann.	Eleanor. (Alfons v. Castilien.)
	Bastard Philipp Faulconbridge.	Arthur.	Heinrich III.	Blanca.

Chroniken schöpfte; es ist auch die Absicht dabei, die sich aus dem
Folgenden erläutern wird, zu den Trägern der politischen Fabel lau=
ter Menschen des gewöhnlichen Schlags zu haben, die die Beweg=
gründe ihrer Handlungen nicht aus tiefgehenden Leidenschaften, we=
der von sehr edlem noch sehr unedlem Schlage, sondern, wie es in der
politischen Welt zu sein pflegt, aus Eigennuß und dem gemeinen
Interesse hernehmen. Die häßliche Vorgeschichte der Elinor und Con=
stanze ist zum Theil nur in flüchtigen Andeutungen, zum Theile gar
nicht berührt; aus dem an Jahren älteren, thätigen Arthur der Ge=
schichte ist ein thatloser unschuldiger Knabe geworden; der König
Johann selbst ist sehr im Hintergrunde gehalten, auch seinen ge=
schichtlichen Charakter hat Shakespeare gereinigt und gemildert. Wie
er im Anfang erscheint, ist er in der Weise eines kräftigen Mannes
gefaßt auf Alles, entschlossen seinen Thronbesiß gegen jeden Angriff
mit starker Hand zu verfechten. Er ist, wie ihn Faulconbridge noch
spät, auf diese erste Zeit zurückdeutend, erinnert, groß in Gedanken;
in dem Gedanken, meint er, das englische Land, das thatsächlich auf
seiner Seite steht und ihm gehuldigt hat, mit aller Macht gegen jeden
Anspruch zu behaupten, das Königthum mit dem Vaterland, wie es
der grabsinnige Bastard immer thut, zu identificiren. Er ist nicht das
Abbild eines brutalen Tyrannen, sondern nur der Typus der harten
männischen Natur, ohne irgend einen Schmelz feinerer Gefühle, ohne
irgend welche Triebfedern des Handelns, als die des Instinctes eben
dieser starren Natur und des nächstliegenden Interesses. Streng und
ernst, ein Feind der Heiterkeit und des frohen Gelächters, vertrauter
mit finsteren Gedanken, von unruhig erregtem Inneren, hebt er sich
schnell zu troßigen Entschlüssen; von unmittheilsamer Art ist er gegen
die besten Rathgeber einsilbig und verschlossen; er ist auf seiner
schlimmen Mutter gute Absicht nicht eingegangen, Constanze und ihre
Ansprüche zu beschwichtigen durch Vergleich; seinem kriegerischen
Mannstolze gefällt es besser den angedrohten Waffen Waffen ent=
gegenzutragen; in seinem Kriegszuge gegen Constanze und ihren

Verbündeten muß der Feind selbst die heiße Eile, die so mit Bedacht gelenkt ist, die weise Ordnung in so wilder Sache beispiellos finden. So auf sich selber stehend (lord of his presence) und mit dem großen Interesse des Landes verbündet erscheint er gefürchtet, aber nicht geliebt und begehrt; auch bietet er nirgendshin eine liebenswürdige Seite dar. Keine kindliche Pietät zieht ihn zu seiner Mutter, sondern ihre politische Klugheit; keine verwandtschaftliche Aber zu Faulconbridge, sondern seine Brauchbarkeit; zu Hubert spricht er von Liebe wenn er ihn bedarf, und von Abscheu, nachdem sich seine Dienste schädlich erwiesen; die Güter der Kirche sind ihm nicht heilig wenn er in Noth ist; — aber dieser Weg, nur den nächsten Vortheil in allen Verhältnissen zu befragen, führt ihn auch stufenweise dahin, das große Gut des Staates in einer anderen Zeit der Noth an eben diese mißachtete und getretene Kirche zu verrathen, das Reich an den Pabst zu verpfänden, dessen angemaaßter Einmischung er zuvor in höhnischem Trotz widerstanden. Ein höherer Grundsatz hält diesen Mann und seine energische Anlage nicht aufrecht in der Zeit der Gefahr, der große Gedanke seines Anfangs verläßt ihn im Fortgang und am Ende seiner Laufbahn. Nachdem sich seine Kraft, wie er sie gegen Frankreich entwickelt, dem Pabste und der Kirche gegenüber bis zum Trotze gesteigert hat und bis zum leichtsinnigen Mordanschlag auf ein Kind, dessen Gemüthsart nie zu fürchten, von ihm nicht einmal geprüft war, sinkt sie, getroffen vom Gewissen, von Flüchen und Prophezeihungen, von äußerer und innerer Gefahr, ängstlich, mistrauisch, abergläubisch, furchtsam zur völligen Schwäche und zu dem Maaße von Kleinmuth herab, in dem er das Vaterland ebenso wohlfeil verkauft, als er es einst in seinem Selbstvertrauen theuer gehalten und kühn vertreten hatte.

Dem ganz politischen Verhältniß zwischen dem Usurpator und seiner Mutter steht das ganz mütterliche Verhältniß der Constanze zu ihrem Sohne Arthur gegenüber, auf dessen Seite der Rechtsanspruch ist. Die argwöhnische Elinor sieht in ihm eine Blüte, die zur mächtigen Frucht reifen könnte; auch hat Shakespeare dem zarten Knaben zu seinem reinen und makellosen Gemüthe eine tiefe geistige Anlage gegeben; in jener Scene mit Hubert, die die Seele des Zuschauers mit so erschütternden Bewegungen der Furcht und des Mitleides ergreift, ist es nicht allein sein liebreiches Gemüth das die Grausamkeit ent= waffnet, es ist auch ein beredter Geist voll verständiger ja listiger Umsicht, den die Angst plötzlich in ihm reift zu einer rettenden Kraft. Noch zur Zeit aber wäre kein Prätendent weniger zu fürchten wie dieser. Er wünscht sich in's Grab gesenkt, als er den Hader über sein Recht anhört. Er möchte gern ein Hirte sein, um nur heiter sein zu dürfen und würde sich gern von dem unverschuldeten Fehler los= machen, seines Vaters Sohn und Erbe zu sein. Aber um so fester klammert sich seine ehrgeizige Mutter an den Rechtsanspruch des Kindes, das von keinem Ehrgeize weiß. Sie hat Frankreich in Waf= fen gerufen für ihren holden Sohn, den sie mit aller Heftigkeit des Mutterstolzes liebt; sie würde für sich und ihn weniger ehrgeizig sein, wenn die Natur ihn nicht so herrscherwürdig ausgestattet hätte. Sie selbst ist schön noch als Matrone, sie spiegelt sich scheint es nicht wenig in der Schönheit ihres Kindes und aus dem Eindruck, den sie auf die Umstehenden macht, zu schließen, müssen selbst im äußersten gänzlich unverstellten Schmerze ihre Reize noch das Schauspiel ihres Grames heben. Der Ehrgeiz gespornt von Mutterliebe, die Mutter= liebe gestachelt von Ehrgeiz und weiblicher Eitelkeit bilden die Grund= züge dieses Charakters, aus denen sich unter der Ungunst der Schicksale die wüthende Leidenschaft entwickelt, die zuletzt des ge= brechlichen Weibes Körper und Seele zerrüttet. Sie ist ein Weib, um nicht zu sagen sie ist das Weib, deren Schwäche bis zur Groß= artigkeit reicht, deren Tugenden bis zur Schwäche herabsinken; sie ist, wie Johann in seiner männlichen Sphäre, ohne die geistigen und sittlichen Hülfsquellen, die sie im Glücke mäßig oder im Unglücke ge= faßt machen könnten. Für den trotzigen Mann ist das Unglück der Stein an dem er strauchelt, für das leidenschaftliche Weib würde es das Glück sein. Die hinreißende Heftigkeit ihrer Liebe und ihres Grams läßt schließen, wie heftig sie im Haß und im Uebermuth sein würde. Ihre groben Ausbrüche gegen Elinor, ihre sarkastisch schnöden Ergießungen gegen den Herzog von Oesterreich, da wo sie an der zweifelhaften Grenze von Glück und Unglück steht, zeugen von der sanguinischen, weiblichen, ja weibischen Fassungslosigkeit, die sie erreglich zur Furcht macht und im Glücke erreglich zum Hochmuth machen würde. Der Stachel in ihrem Munde ist selbst ihrem Kinde zu bitter und ihren Freunden zu maaßlos. Shakespeare hat in ihr ein weibliches Seiten= und Gegenstück zu Richard II. geschildert, der im Glücke hochfahrend, im Unglück schnell verloren war. Unmächtig in eigner Sache etwas zu thun, der Eine aus zu früher Selbstaufgebung, die Andere aus den äußeren Gründen ihrer Lage und ihres Geschlechtes, unmächtig Beide zu thätiger Gegenwehr und Rache, verfallen sie Beide in der Ueberspannung einer Leidenschaft, die den Mann in stillodernder Glut, das Weib in hellflammendem Feuer durchwühlt, einer Ueberspannung des Geistes und der Phantasie, die sich in den glänzendsten Ergüssen der Beredsamkeit und der Betrachtung äußert, in den Invectiven der Wuth wie in den Ausbrüchen des Jammers. Ganz wie bei Richard springt in Constanze eine tiefpoetische Ader in ihrem Elende auf, und ihre Einbildungskraft wie die seinige schwelgt in ihrem Grame, den sie so groß nennt daß nur der ungeheure feste Erdgrund ihn tragen könne. Ganz wie Richard gefällt sie sich dann, in unschönen Bildern den Tod und seine erwünschten Greuel auszumalen; ganz so spielt sie in geistreichen Worten und Gleichnissen mit ihrem Kummer; ganz so steigt ihr Stolz und ihre Majestät mit dem Unglück. Auf dem Thron und im Staate ihres Grams fühlt sie sich erhabener als ihre falschen königlichen Freunde; und in der äußersten Hoffnungslosigkeit verfällt sie dem Wahnsinn, zu dem Richard nur erst auf dem Wege war. Wie der Ausgang, die Zerrüttung, die Agonie des Königs Johann für die englischen Schauspieler, für einen Garrick, so ist von Mrs. Cibber an bis auf Mrs.

Sibbons und Spätere die Rolle der Constanze immer für eine der dankbarsten Aufgaben der Bühne angesehen worden. Auch bietet der Wechsel der Gemüthsstimmungen und die Schwankungen von der höchsten Höhe gereizter Erbitterung bis zur sanftesten Tiefe mütterlicher Zärtlichkeit der Künstlerin ein unendliches Feld. Im dritten Acte muß man Shakespeare's Stück mit den ähnlichen Scenen in dem älteren König Johann vergleichen, um ganz zu ermessen, was hier geleistet ist. Wie ist der ganze gebrechliche, bebende Bau des Weibes erschüttert bei der ersten Nachricht ihrer Verlassenheit! welche Mannichfaltigkeit des inneren und äußeren Spiels in einigen zwanzig Zeilen, in denen sie neugierig ängstlich forscht nach der Wahrheit dessen, das zu hören sie entsetzt! wie hält sich, so lange sie allein ist, ihr Schmerz in stillerer Angst, im Vorhofe der Verzweiflung! wie bricht dann erst im Beisein der Anderen ihr Gram in ohnmächtige Rachsucht aus und steigert sich bis zum Fluche hinan, der ihr selber keinen Segen bringt, und wie versöhnend liegt doch hinter all' dieser unweiblichen Wuth die Folie der mütterlichen Liebe! Wie abgemessen ist in allem dem das Licht und der Schatten! Wir würden von zu heftigem Bedauern erschüttert werden mit dieser Liebe, die sich auf den Einen theuren Gegenstand lehnt, der ihr entrissen wird, wenn sie nicht unseren Antheil durch ihre Maaßlosigkeit schwächte; wir würden uns von dieser Heftigkeit des Weibes wegwenden, wenn uns die Stärke ihres mütterlichen Affects nicht unwiderstehlich fesselte.

Diese beiden Gegner nun, haltlos und ohne innere Grundsätze wie wir sie finden, urtheilslos die Eine von zweideutigen Verbündeten, der Andere von der Einsicht seiner Verwandten abhängig, verwickeln sich dieser ihrer Natur gemäß in den Wechseln ihres Glücks in eine Reihe von unnatürlichen Bündnissen, wo immer die Schwäche und das Mistrauen in eine nicht ganz reine Sache sich Stützen sucht und Vortheil den Vortheil zu kreuzen strebt. Johann allein erscheint im Anfang auf sich selbst und auf sein Land gestellt, daher sicher, rasch

und glücklich, Constanze dagegen ist in einem unpatriotischen Bunde
mit dem natürlichen Feinde Englands, mit Frankreich, und in einer
noch zweideutigeren Freundschaft mit dem Herzoge von Oesterreich*,
der nach der Mythe des älteren Königs Johann Ursache am Tode
des Richard Löwenherz, des Schwagers der Constanze war. Der
Dichter hat das Widernatürliche dieser Verbindung von vaterländi=
scher und verwandtschaftlicher Seite nicht mit ausdrücklichen Worten
bezeichnet, weil das leidenschaftliche, aller politischen Ueberlegung
fremde Weib in diesen Fehler mit eben der Unbedachtheit geht, wie
Richard II. in die seinen; desto stärker verräth sich aber die innere
Unaufrichtigkeit und Schwäche dieses Bundes in der Weise, die der
heftig fühlenden Frau geliehen ist, in den Ausbrüchen ihres verach=
tenden Hasses gegen Oesterreich, nachdem er treulos ward. Des
Dichters Meinung aber über jederlei englisches Bündniß mit Frank=
reich ist in Lear bis zu einer harten Consequenz, sie ist in diesem
Stücke späterhin an einem zweiten Beispiele so nachdrücklich gelehrt,
daß er sich bei dieser ersten Gelegenheit die Lehre sparen konnte. Und er
that dieß hier um so besser, weil dieß Bündniß, von der Stellung
Frankreichs und Oesterreichs her gesehen, eine zweite Seite hat, die
er um so bestimmter hervorhebt. Beide kämpfen, wie sie im Anfang
erscheinen, für das gute Recht einer unschuldigen Waise, als die ritter=
lichen Schützer eines schwachen Weibes, Oesterreich noch dazu zur
Sühne für den Tod Richard's, einen gerechten und frommen Kampf;
sie leiten ihre Vollmacht von dem höchsten Richter her und könnten sich
mit mehr Recht als Johann die Diener Gottes nennen. Die doppel=
seitige Natur dieses Bündnisses hält nun dem zweideutigen Besitzrechte
Johann's genau die Wage; dieß hat der Dichter in der gleichen, unge=
schlichteten Schlacht und in der Stellung der Stadt Angers zwischen

---

* In dieser Figur ist bei Shakespeare wie in dem älteren König Johann der
Herzog Leopold von Oesterreich, der Richard 1193 gefangen hielt, und der Viz=
graf Vidomar von Limoges, vor dessen Schloß Chaluz Richard 1199 fiel, in Eine
Person verschmolzen.

beiden Prätendenten auf der Spitze gezeigt. Nun aber werfen die neu=
tralen Bewohner von Angers den Gedanken dazwischen, daß Frankreich
seinen Sohn und Johann seine Nichte mit einander vermählen und so
ihren Frieden machen sollen. Ohne anderes Motiv als das Bewußtsein
seines schwachen Rechtes schlägt Johann auf den Rath seiner Mutter
ein; hätte er Anfangs mit Constanze unterhandeln wollen, so hätte er sie
leicht mit der Verleihung der englischen Besitzungen auf französischem
Boden zufrieden gestellt, die er jetzt — an Frankreich abtritt! Er
gibt, um Arthur's Anspruch an das Ganze zu hemmen, einen Theil
des ganzen Englands weg an Englands schlimmeren Feind. Und
der König von Frankreich vollends, zuerst von Christenliebe und Eifer
in einen Krieg getrieben, den selbst der Mund des Faulconbridge
für ehrenvoll und fromm erklären muß, verläßt das Recht der Wittwe
und Waise und „lenkt es zum eigenen Vortheil". Dieser geschminkte
Frieden aber, den Johann mit dem Meineidigen eingeht, soll nicht
Einen Tag lang dauern. Es greift die große Macht, die von je mit
aller Meisterschaft weltlichen, politischen Vortheil im Namen Gottes
zu suchen verstand, zwischen beide Neuverbündete ein, der Pabst, der
England zur Rechenschaft über die Niedertretung der Kirche zieht und
auf seinen Trotz über ihn den Bann und die Scheidung des Bundes
ausspricht. Den französischen König zieht trotz seinen Scrupeln über
die leichtsinnig verspielte Treue und die verscherzten Schwüre der
Dauphin von England ab, indem er ihm die Ungleichheit des Ge=
winns und Schadens an's Herz legt, dort des römischen Fluches, hier
des leichten Verlustes von Englands Freundschaft. Die arme Blanca
fällt als Opfer politischer Erwägungen und ihres Uebergewichts über
die Rücksichten des Hauses und des Herzens. Johann, wie er ein=
mal unbesonnen ist im Anlehnen an falsche Stützen, so ist er es jetzt
im ruchlosen Wegräumen von schwachen Widersachern und im gefähr=
lichen Aufreizen starker Widerstände. Er stellt den Mord des harm=
losen Arthur an und reizt die schon beunruhigte Kirche durch neue
Erpressungen. Auf diese Fehler lauscht der Legat Pandulph, der

Meister Machiavellischer Staatskünste, und baut auf sie das neue
unheilige Bündniß zwischen Frankreich und Rom; mit kaltem Blute
rechnet er darauf, den Tod Arthur's durch eine französische Invasion
hervorzurufen und diese wieder durch die Eindrücke jenes Mordes zu
fördern. Ein Scepter, lehrt er den unerfahrenen Dauphin, das mit
unberechtigter Hand ergriffen ist, muß so gewaltsam behauptet als ergriffen werden, und der auf schlüpfriger Stelle steht, verschmäht keine
noch so geringe Stütze sich empor zu halten. Der vorausgesehene
Mord Arthur's, die Plünderung der Kirche wird Unzufriedene in
England machen; aus dieser Unzufriedenheit lehrt der alte Kenner
dieser alten Welt Vortheile zu ziehen. Nach dieser praktischen Weissagung kommt es: das Land wird schwierig; dem König regt sich
das böse Gewissen; er läßt sich mistrauisch zum zweitenmal krönen,
das macht auch seine Großen argwöhnisch. Der Mord Arthur's
kommt zu ihren Ohren, sie fallen von dem Könige ab. Ein neuer
landesfeindlicher Bund zwischen den englischen Vasallen auf der Einen
und Frankreich und dem Pabste auf der anderen Seite knüpft sich an,
und der französische Dauphin bereitet für die Verräther an England
seinerseits einen verrätherischen Mord. Dieweile verläßt den scheu
und irre gewordenen Johann sein alter Muth und sein altes Vertrauen so weit, daß er von dem Pabst sein Land zu Lehen nimmt und
in den schimpflichen Bund der Unterwerfung unter den giftigsten seiner
Feinde tritt. Das ältere Stück nimmt diesen Bund nur als eine listige
Verstellung, aber Shakespeare hat diesen Zug nicht mehr dem gebrochenen König, sondern nur dem starken ungebeugten Faulconbridge
geliehen. Der König hat seine frühere Raschheit verlernt, die jetzt
der Feind von ihm erlernt hat; er hat seinen verstockten Eifer gegen
arme Propheten gekehrt, nur um seine abergläubische Furcht zu be-
täuben; sein kräftiger Sinn ist erloschen. Die Unnatur all dieser
verwickelten Bündnisse kommt dann rasch zu Tage; der Bund zwischen England und Pabst, der zwischen Pabst und Frankreich, der
zwischen Frankreich und den englischen Vasallen, sie alle lösen sich

plötzlich und ohne daß der Zweck eines einzigen erreicht wäre; sie schlagen überall zu der natürlichen Feindschaft um, die die gesonderten Interessen bedingen.

In diesen Irrungen und Verwickelungen, diesen Hin= und Weg= neigungen, Verbindungen und Verfeindungen herrscht der Eigennutz und Vortheil, der Lenker aller politischen Dinge. Ihn schilt Faul= conbridge feierlich bei dem ersten Bunde zwischen Johann und Frank= reich, bei dem Bundesbruch Philipp's gegen Constanze, den Urheber dieser doppelten, gottlosen Handlungsweise, ihn den Mäkler der alle Treue bemakelt, den täglichen Gelübdebrecher, der Alles von Allen gewinnt, Alle um Alles betrügt, ihn die Schwerkraft der Welt, die an sich gleichgewogen und geschaffen eben auf ebenem Grund zu rollen, von ihm, dem Eigennutz, dem Interesse abgelenkt wird von ihrer vorgesetzten Richtung. Dieser Gewalt, dieser Lenkkraft aller Bewegung gibt sich Hoch und Niedrig mehr oder weniger willig da= hin. Den König Johann und Constanzen treibt die Macht der un= mittelbaren Natur, die Grundsatzlosigkeit, der Mangel an sittlichem und patriotischem Kern, nach ihren Anerbietungen zu greifen; die französischen Fürsten folgen ihren Eingebungen mit einer Ueberlegung, die das sittliche Gegengewicht niederkämpft; der Herzog von Oester= reich steht feige immer neben dem Starken und läßt sich mitziehen; der päbstliche Legat ist der Meister, der diese Bewegungskraft in seine Hand zu nehmen und nach eigenem Sinne zu lenken denkt. Wie verhalten sich nun zu den Irrungen und Ablenkungen dieser Macht und zu der in ihr befangenen Welt der Politik die Menschen, in denen das Feuer der Sittlichkeit und des ächten Patriotismus nicht ganz erloschen ist? Shakespeare hat in vier Abstufungen diesen Ge= gensatz einer besseren Menschheit jenen abhängigen Sklaven des Interesses gegenüber gestellt.

Der junge Arthur ist dieser Welt der Schuld und der Selbst= sucht in unbefleckter Unschuld gänzlich fremd. In diesem Ringen der feindlichen Kräfte bringt nur der Mißklang des äußeren Haders an sein Ohr und schon der ist dem „heiligen Geschöpfe" unerträglich. Die Uebermacht der engelreinen, unversuchten und unversehrten Natur drängt das zarte Wesen aus der geräuschvollen Welt, für die er kein Verständniß und kein Herz hat, frühe heraus; es ist, als ob er seinem Hüter Hubert die Versuchung zu einer üblen That hinwegräumen wollte, indem er sich selbst wohlwissend in die Gefahr der Selbsttödtung begibt, in der er erliegt. Es kommt in Shakespeare's Stücken häufiger vor, daß die kindliche Unschuld in dieser Weise einem tragischen Schicksale verfällt: es ist so mit den Söhnen Eduard's in Richard III., mit dem kecken heldenmüthigen Knaben des Macduff, mit dem Mamillius im Wintermährchen und mit diesem Arthur. Shakespeare hat grade dann diese Unschuld immer in den allerreizendsten Farben gemalt; er hat nicht das leichteste Stäubchen auf die sittliche Unbeflecktheit dieser Gestalten geworfen, ja er hat jedesmal noch ein Interesse an der intellectuellen Begabung derselben hinzugefügt; alle diese jugendlichen Wesen sind von vorreifer Entwickelung und frühklugem Geiste. Wie verträgt sich der bedauernswerthe Untergang dieser Geschöpfe mit den Forderungen der poetischen Gerechtigkeit, die dem Dichter so sehr am Herzen lag? Einer sittlichen Gerechtigkeit konnten sie nicht erliegen; wie könnte man der kindlichen Unschuld Schuld leihen und Vergeltung üben, wo keine Thaten begangen sind? Dem Dichter war gleichwohl, in dem historischen Stücke von Richard III. z. B., in dem Stoffe der Tod der Söhne Eduard's auferlegt; er konnte dem nicht ausbeugen. Was that er, um Gemüth und Phantasie mit dem grausamen Geschicke auszuzusöhnen? Er fügte sich dem frommen Volksglauben, der da sagt, daß Gott die liebsten Kinder immer am frühesten zu sich nähme, und dem anderen, der in Richard mehrfach ausdrücklich ausgesprochen ist, daß frühkluge Kinder nicht alt würden. Er zeichnete diese schuldlosen Seelen gleich in so engelreiner Vollendung, daß sie für diese niedere Welt zu gut erscheinen, daß sich zu dem Mitleid und Schmerz über ihren Ausgang das Wohlgefühl mischt, sie den rauhen Berührungen dieses Lebens entzogen zu sehen. Und dieser Dichter kam Voltaire wie ein trunkener Wilder vor!

Der schuldlos reinen Natur ist es am besten, den Beirrungen der politischen Welt entzogen zu sein, das ist eine Lehre, die selbst der Meister aller Politik, Machiavelli, gelehrt hat. Aber nicht jeder ist in der Lage, ihnen durch gewaltsame Schicksale entzogen zu werden, oder sich ihnen freiwillig entziehen zu dürfen. Den edlen Salisbury theilt die sittliche Natur und die politisch-vaterländische Pflicht in seinem Inneren und bereitet ihm einen Seelenkampf, der zu Fehltritten verführt, die doch wieder kaum für Fehltritte gelten können; die rechte Linie des Handelns in solchen politischen Verwirrungen soll ausdrücklich als eine feine, als eine selbst von dem richtigsten moralischen Sinne nicht immer richtig gefundene dargestellt werden. Als der Verrath Frankreichs an Constanze und Arthur begangen ist, erscheint Salisbury als der feinfühlige Mann, dem diese Unthat gerade an's Herz bringt; er blickt trauernd auf den beraubten Prinzen und hält seine Thränen nicht zurück. Als die Hinrichtung Arthur's zu seinen Ohren kommt, trennt er sich rasch mit anderen Vasallen von des Königs Sache; er will mit seiner reinen Ehre des Königs beflecten dünnen Mantel nicht füttern. Da sie vollends vor Arthur's Leiche stehen, macht der Ausbruch seines sittlichen Abscheus vor dieser Mordthat selbst den Bastard stumm. Er will seine Seele nicht in dem Dienste eines so blutigen Mannes lassen, der Geruch der Sünde erstickt ihn, er gelobt dem Gemordeten Rache und tritt mit dem Feinde Englands, mit den Franzosen, in Bund. Das moralische Zartgefühl verlockt zu einer That, die im vaterländischen und politischen Sinne eine Frevelthat ist; aber der edle Mann thut sie auch nicht ohne einen schweren Zweikampf zwischen Noth und biederer Rücksicht; der Sturm der Seele, die großen Triebe, die in seinem Busen ringen, brechen in ein „Erdbeben von Edelmuth" aus und er beweint abgewandt die Schande der nothgedrungenen Wahl, des Vaterlandes Boden in den Reihen seiner Feinde zu betreten. Es

bedarf nachher kaum der Kunde, daß der widernatürliche Bund mit
dem Landesfeinde ihm den Tod von eben diesem fränkischen Dauphin
droht, der ihm so große Worte der Bewunderung zollte, um ihn den
Weg der „verdammten Flucht" zurückmessen, die Bahn der Abir=
rung verlassen und in Gehorsam zu dem Könige und der Sache des
Vaterlandes zurückkehren zu machen.

Der große Vasall steht seiner bloßen gesellschaftlichen Stellung
nach der politischen Erwägung nahe, der kleinere Diener des Kö=
nigs, Hubert, erscheint nur in einem persönlichen Verhältnisse zu
dem Könige; Salisbury sieht sich in bitterem Kampfe zwischen den
Pflichten gegen das Vaterland und dem Triebe eines tieferregten
Abscheues, der auf sittlichen Grundsätzen ruht; Hubert hat nur einen
Kampf zwischen der gewöhnten Dienstpflicht und einem halbwachen
Gefühl und Gewissen zu bestehen, das nie zuvor zur Rede gerufen
war. Der gedankenlose Mann der Lehnstreue, von seinem Könige
in mündlichen Winken zum Morde, in schriftlichem Befehle zur
Blendung Arthur's angestiftet folgt dem Gange seiner Gewohnheit
an blinden Gehorsam, bis Arthur's Anblick und Flehen die schlum=
mernde gute Natur in ihm wach ruft. Er sucht nun dem eben so
stumpfen, obwohl eben so wenig ganz unzugänglichen Gewissen des
Königs nahe zu kommen, um die Rücknahme des Befehls zu erwir=
ken oder für seinen Ungehorsam Entschuldigung zu finden. Den
scharfen Stachel des sittlichen Bewußtseins, das Salisbury dieses
Mordes wegen sogleich von seiner Treue gegen den König schied,
empfindet er nicht. Er fällt nicht, wie dieser, im höheren Drange
des Gehorsams gegen göttliche Satzung von dem Könige ab; er
bewahrt sich so vor dem Bruche mit dem Vaterlande, aber der Makel
des Mordverdachtes bleibt auf ihm hängen, über den ihn die abge=
fallenen Vasallen mit dem Tode bedrohen. Es ist sehr fein, wie her=
nach der Graf Melun die verrätherischen Mordplane des Dauphins
gegen diese englischen Vasallen verräth, zum Theil wegen seiner engli=
schen Abkunft, zum Theil (diesen Zug hat Shakespeare dem älteren

Stücke hinzugegeben) aus Liebe zu diesem Hubert. Es wirft
dieß eine Achtung auf den von ihnen zu leicht verworfenen Mann
zurück, der nun in eben dem Grabe, von der Seite seines edleren
Gemüthes her, ihr Retter wird, wie er vorher durch den Anschlag,
den ihm der König auf sein rohes Aussehen bauend gegen Arthur
auftrug, der Mitschuldige an dessen Tode ward.

Der jungfräuliche Arthur erlag unter den politischen Kämpfen,
in die er gestellt war; der männliche Salisbury wird durch morali-
sches Feingefühl in seinen politischen Schritten, der rohere Hubert
durch seinen treuen Diensteifer in seiner höheren sittlichen Pflicht be-
irrt; den Bastard Faulconbridge führt sein gerader vaterländischer
Sinn, ein derber Verstand und ein scharfer, aber nicht allzuzart ge-
wobener sittlicher Instinct durch diese Wirren mitten hindurch. Der
Dichter läßt ihn nicht allein unverrückbar nach dem Leitstern sehen,
der allein in diesen Verwickelungen des politischen Lebens den Richtweg führen kann, sondern er hat in seinem Charakter auch die Art
von Natur bezeichnet, die zu dieser ungeirrten Steuerung in einem
so stürmischen und gefahrvollen Meere die geschickteste ist. Der
Bastard Faulconbridge ist unter Shakespeare's Humoristen derjenige,
in dem der Dichter den ernsten und heiteren Sinn nicht wie in den
meisten übrigen gesondert (und den letzteren gewöhnlich im Uebergе-
wichte, sondern in einer engen und steten gleichgewogenen Verbindung zeigt. Seine Redeweise durchweg, auch in den gehobensten,
feierlichsten Stellen, trägt die Manier des gesuchten, scharf zeichnen-
den, contrastirenden Ausdrucks eines an Witz und bittere Sarkasmen
gewöhnten Spötters. Aber da er durch das Geschick gleich Anfangs
in die rührige Staatswelt gestellt ist, so lassen ihm die Thaten und
Geschäfte keine Zeit, dieser munteren Ader zu fröhnen und sein tiefer
Ernst zu wirken und zu schaffen hält daher dem müßigen Hange zu
tändeln und zu scherzen überall die Wage. Sein Gang durch die
tragischen, der komischen Laune so wenig Nahrung bietenden Ereignisse ist ein umgekehrter, als der des Königs Johann. Dieser beginnt

mit Kraft und königlichen Gedanken und endet in Schwäche, der
Bastard springt leichtgemuth in das weite Leben das sich ihm öffnet,
und wächst fortwährend in Ernst und Kraft bis zu einer tragischen
Größe. Er blickt in seinem ersten Monologe scherzhaft auf seine neue
Würde; seine Heiterkeit wird zu einer bitteren Ironie in dem zweiten
Monologe (II, 2.) nach der leidigen Erfahrung des französischen
Treubruchs an Constanze; in dem dritten Monologe (IV, 3.) ist er
durch den trüben Verlauf der Dinge schon zu der ernstesten Betrachtung gesteigert; und zuletzt nimmt er, in Kraft und persönlicher Bedeutung immer steigend, die Leitung der großen Staatsangelegen-
heiten ganz an sich und schließt mit dem tragischen Entschlusse, den
Shakespeare in einer antiken Größe der Gesinnung allen seinen
treuen Dienern, dem Horatio und Kent wie diesem Philipp geliehen
hat, seinem gestorbenen Könige nachzufolgen. Das Metall, aus dem
diese Gestalt geformt ist, ist das ähnliche männische Wesen wie in
Johann. Das ältere Stück hat den Stempel dieses Charakters
schon geliefert, Shakespeare hat ihn zu einem wahren Kunstwerke
erst ausgearbeitet. Schon dort ist er geschildert als ein kühner Toll-
kopf, rauh und waghalsig; er ist ein wilder, unerschrockener Krieger,
dessen Trotz zu stolzer Prahlerei anschwillt, von geradem, derbem
Natursinn, von grobkörnigem Verstande und ebenso geköperten Sitten, der Gegensatz gegen die schlauen, wägenden Diplomaten, gegen
die treubrüchigen Zungendrescher, gegen alle Modesitte und Convenienz, ein Bastard der Zeit, die auf alle diese Künste gestellt ist,
wie er ein Bastard von Geburt ist. Shakespeare ist auch in diesem
Charakter mit dem Gedanken über Schein und Wesen, über ächte
Natur und Convenienz und Vorurtheil beschäftigt. Faulconbridge
ist in dem seltenen Falle, zwischen der ächten Geburt von einem gleichgültigen Vater oder der unächten von dem berühmten Richard Löwenherz gleichsam wählen zu dürfen. Gleich diese erste Einführung
entwickelt seinen Charakter, der an wesenhafter Ehre mehr als an
conventionellen Formen hängt. Er ist eingebildeter auf die in den

Augen der Welt schimpfliche Erzeugung von einem ruhmvollen und großen, als auf die ehrenvolle legitime Abstammung von einem unbedeutenden Vater; er hat lieber ein Vollgesicht von dem kräftigen Helden anerzeugt, als ein Halbgesicht wie sein Bruder aus gesetzlicher Geburt. Sein häuslicher Fall hat eine Aehnlichkeit mit dem geschichtlichen Verhältnisse König Johann's. Er ist der älteste Sohn und Erbe seines angeblichen Vaters, aber der jüngere Bruder klagt ihn der Unächtheit an und bedroht so sein Erbe. Der Bastard möchte gern die Ehre seiner Mutter und sein Vermögen bewahren, gern auch einen so glorreichen König zum Vater haben. Sein derber Sinn entscheidet für die Pietät gegen einen so edlen Vater und eine angeborene Ehre, die ihn zu höheren Ehren zu rufen verspricht, wider die Aechtheit der Geburt, wider die Ehre der Mutter, wider Erbschaft, Besitz und Interesse. Er gefällt sich, wie sich auch Johann nennt, Herr seiner selbst zu sein und sein Glück seinen Verdiensten zu verdanken, wie es Johann konnte, wenn er in seinem königlichen Berufe so großsinnig aushielt wie im Anfang. Die gröbere Moral des Bastards paßt auf beide gleichmäßig, die er als seinen Katechismus ausspricht: „Was ist's? sagt er, ein bißchen über, ein bißchen neben das Recht, dem Fenster hinein oder über die Hecke; wer nicht bei Tag kann gehen, muß in der Nacht, und haben ist haben, wie man es auch erhält. Nah oder weit vom Ziele, wohl gewonnen ist immer wohl geschossen". Es ist diesem weltsinnigen, nicht liebenswürdigen aber achtungerzwingenden, von einer subtilen Moral sehr weit entfernten, aber aller Unehrbarkeit noch viel unzugänglicheren Manne gemäß, daß ihm der Dichter nur gelegentlich einfallen läßt, fromm zu sein; daß er ihm eine übermäßige Ehrfurcht vor der Kirche so wenig beilegt wie Johann; daß er des Königs Befehle, die Geistlichkeit zu brandschatzen und ihre Säcke zu schütteln, zweimal mit Freude und Erfolg ausführt; daß er den Trotz seines Fürsten gegen den Pabst, den jener nur in seinem Glücke wagt, in Gefahr und Unglück nur in so schnöderem Widerspruche aufrecht hält. Wenn der englische

I. 30

Nationalcharakter personificirt gedacht werden, wenn man sich den Begriff von John Bull nach dem damaligen Stande der Volks= bildung und des Volkslebens entwerfen sollte, so würde man sagen, daß in dem planen, plumpen, anspruchlosen Faulconbridge, diesem ungeschmückten Gradaus von gesundem Menschenverstand, derber Tüchtigkeit und natürlichem Wohlgefühl und Witz, die Züge des englischen Volkes so zusammengefaßt sind, wie es gerade in einem Trauerspiele dieses Inhaltes verlangt wird, wo diesem Vertreter der Nation die Aufgabe gestellt ist, im Sinne des Volkes sich in den kitz= lichen politischen Händeln zu entscheiden, in denen sich die Schlechten verderben und die Guten verwirren.

Folgen wir zum Schlusse diesem ächten Sohne Englands auf seinem Wege durch die unebenen Wilderungen der Politik, in die ihn seine anfängliche verwandtschaftliche Verbindung mit dem Könige mitten hinein reißt. Er bespiegelt sich zuerst in seiner Ritterwürde, in der neuen Vornehmheit, die ihm nie zu Gesicht stehen wird; die äch= ten Söhne der Zeit und ihre Sitten, die er sich nun aneignen soll, sind ihm so zuwider wie sein schwächlicher Bruder; er will sich aber auch mit diesem Gifte nur vertraut machen, nicht um Betrug zu üben, sondern um ihn zu meiden. Er macht dann den Lauf des Krieges mit bis zu dem Bunde Johann's mit Frankreich, der England um einen Theil seines Besitzes und Constanze um Frankreichs Hülfe bringt. Parteilos spricht er hier das Urtheil des unbeirrten Grad= sinnes über dieses tolle Bündniß, in dem Johann seine Habe theilt und Frankreich seine Ehre besudelt. Sein Selbstgespräch am Ende des 2. Actes, ganz Shakespeare's Zusatz, bezeichnet scharf den Gott dieser Welt, den Eigennutz, der alle diese Knoten schürzt und löst; er selbst will ihn anbeten, da er sieht, daß Alles diesem Abgott hul= digt. Aber damals, als er für die luftige Ehre seinem Bruder sein Land dahin gab, hat er schon zu gut bewährt, daß er zu diesem Götzendienste nicht im Ernste geschaffen ist. Das alte Stück macht Faulconbridge in dieser Scene verliebt in Blanca; Shakespeare hat

diesen Zug einsichtig hinweggelassen, damit des Bastards Urtheil,
das uns in allen diesen Händeln leiten soll, nicht durch persönliches
Interesse irgendwie versehrt werde; sein grimmiger Ausfall auf
Oesterreich, im Sinne der Feindin Constanze, bleibt so der ganz reine
Ausdruck des ehrenhaften Misfallens an unnatürlichen Verbindun=
gen, ja der Freude an ihrer Störung und der Absicht auf ihre Auf=
lösung. Es kommt die Zeit, da die Vasallen von Johann abfallen
über Arthur's Mord. Er steht erschüttert über dem blutigen und
verdammten Werke, aber er hütet sich, ehe er vollen Aufschluß hat,
den Baronen Recht zu geben. Er will sie nicht noch mehr reizen zu
dem Schritte des Abfalles vom Vaterlande, den er nicht billigen
würde, selbst wenn der Mord erwiesen wäre. Dafür kehrt er auf
Hubert die ganze Verdammniß seines Urtheils, wenn er die That
gethan; er glaubt der Stimme der Ehre, da Hubert sie leugnet.
Seine Treue zu dem Könige geht weiter, als daß er sie, wie Salis=
bury, um eine unerwiesene Anklage brechen möchte; nie wäre sie so
weit wie Hubert's gegangen, einen Befehl oder Wink, wie den zu
Arthur's Morde, schweigend und folgsam hinzunehmen. Wie ver=
wickelt aber der Fall ist, das empfindet der sonst seines Weges so
sichere Mann nicht weniger als die anderen; er fürchtet, sich in den
Dornen und Gefahren dieser Welt zu verlieren; er preist den glück=
lich, dessen Gurt und Mantel in diesem Wetter aushält; er sieht,
daß auf keiner Seite viel Ehre und Segen zu holen ist. Er zeigt es
gleich bei dem folgenden Anlasse, wie wenig er, des Königs treuester
Diener, des Königs Schmeichler ist. Er verhehlt ihm nicht seinen
politischen Tadel über das schmähliche Bündniß mit Rom; dem
Patrioten dünkt es unleidlich, daß Angriffswaffen mit guten Worten
und Vergleichen begegnet werde, daß ein seidener verhätschelter Junge,
wie der Dauphin, seinen Muth auf diesem kriegerischen Boden wei=
den soll! Er ruft des Königs alte Unerschrockenheit und sein Ver=
trauen zurück und tritt stellvertretend in diese Eigenschaften ein, da
er sie in dem Könige verloren sieht. Nicht der König, aber Er ist's,

der nun wachsam wie der Adler über seiner Brut schwebt, um herab-
zuschießen auf Alles, was sich dem Neste nahet. Er eilt, so viel an
ihm liegt, das Bündniß zwischen seinem Könige und dem Pabste zu
zerstören, wie er früher den Frieden zwischen ihm und Frankreich
störte; zugleich ruft er die abtrünnigen Großen zur Pflicht und zur
Scham, „die Neronen, die den Schoos der Mutter England zer-
fleischen wollen". Und so ist auch seine Mahnung an sie, als sie
reuig zurückgekehrt sind, Zerstörung und Schmach mit ihm aus dem
schwachen Thore des erschlafften Landes zu stoßen. Ueberall identifi-
cirt er, so lange des Königs Gebot nicht mit dem göttlichen Gebote
in Streit kommt, den König mit dem Vaterlande. Dem König fängt
sein Unstern an zu leuchten, als er sich an seinem Vaterland durch
den französischen Heirathsbund versündigt; er fällt seinen tragischen
Fall auf Anstiftung der Kirche, da er das Vaterland an eben diese
Kirche verräth; und ebenso kann auch bei Constanzens Kronanspruch
kein Segen sein, da sie mit dem Landesfeinde im Bunde ist. Des
Königs Fehler am Vaterlande also fällt auf sein Haupt; dagegen
soll des Königs Fehler, ist Faulconbridge's Meinung, nicht von dem
Vaterlande gebüßt werden. Er hält daher treu bei ihm aus durch
dick und dünn; „ein wenig über, ein wenig neben das Recht" gilt
ihm gleich; Erhaltung und Stärke des Landes ist ihm mehr als die
Rechtmäßigkeit der Krone, die er bei Arthur sieht; viele tausend
Sorgen sieht er in der höchsten Verwickelung zur Hand, aber die
größte ist ihm, daß der Himmel drohend auf dieß Vaterland herabsieht. In dieser Lage handelt er nach dem Baconischen Spruche:
„der Welt wartet die Gottheit, du warte des Vaterlands!" Zu seiner
Rettung spannt sich ihm jeder Nerv an und am meisten dann, als er
den König am meisten verfallen sieht. Das Vaterlandsgefühl hält
ihn beim König, wo den edlen Salisbury das Rechts- und Sittengefühl von ihm löst; Jeder von beiden weiß, daß er nur halbwegs
auf rechtem Wege ist; der Bastard verflucht den Mord und verwünscht die Unterwerfung unter Rom, Salisbury beweint mit

männlichen Thränen die Nothwendigkeit eines Staatsverbrechens, mit dem er den Staat erretten will. Der moralisch feiner fühlende Mann macht den gröberen politischen Fehler, der gröbere Politiker steht auf der sittlich unreineren Seite, aber in völliger Unerschüttert= heit der Ueberzeugung, daß in solchen Conflicten das Vaterland und seine Selbständigkeit und Erhaltung der einzige Wegweiser sei, dem man folgen müsse, daß für den Patrioten der Grund aller Tugend die ausharrende Beständigkeit ist, die im Dienste des Vaterlands selbst der sittlichen Uebertretung einen Adel verleihen kann. Er hat den Eigennuß, das Interesse, den Vortheil als den Stern entdeckt, der über der politischen Welt lenkend gebietet; soll es so sein, dann sei in letzter Instanz der Vortheil des Vaterlandes der, vor dem jeder andere schweige. Darum soll in der Meinung des Dichters wie seines Faulconbridge nicht fremde Politik und nicht das Schwert des Feindes einheimische Schäden heilen. Die herzliche Eintracht mit einem natürlichen Gegner läßt er nicht gelten, und die heimische Un= zufriedenheit im Bunde mit fremder Propaganda, sei es auch gegen innere Willkür und Tyrannei, ist ihm ein Anblick voll Unehre und Schmach. Eine prachtvoll einprägliche Lehre für uns Deutsche, für die erst Staat, Politik und gemeinsames Volksthum und Volksglück beginnen wird, wenn wir den Schluß dieses Stückes, der zugleich seine Seele ist, verstehen, auf uns anwenden und nach ihm handeln wollen:

> Dieß England lag noch nie und wird auch nie
> Zu eines Siegers stolzen Füßen liegen,
> Als wenn es erst sich selbst verwunden half.
> Nun diese seine Prinzen heimgekommen,
> So komme nur die ganze Welt in Waffen,
> Wir trotzen ihr; nichts bringt uns Noth und Reu,
> Bleibt England nur sich selber immer treu.

3. Lustspiele.

Die vier Lustspiele, in denen Shakespeare im Vergleich zu seinen früheren Komödien eine höhere Stufe der Feinheit und Eleganz ersteigt, in denen sein Witz und seine frohe Laune am muntersten spielt, in die am wenigsten ernste Momente eingegangen sind welche den komischen Grundton stören könnten, liegen an der Grenze der zweiten und dritten Periode seiner Dichtung nahe bei einander. Die lustigen Weiber von Windsor sind dem Epiloge zu Heinrich IV. zufolge erst nach diesem Stücke (1598) und vor 1602 geschrieben, wo sie zuerst im Drucke erschienen. Wie es euch gefällt ist in Meres' Verzeichnisse Shakespeare'scher Stücke von 1598 noch nicht erwähnt und muß daher zwischen dieses Jahr und 1600 fallen, wo es in einer Notiz der Buchhändlerregister vom 4. August genannt ist. Viel Lärmen um Nichts ist in den Verzeichnissen der Buchhändlergilde ganz gleichzeitig aufgeführt; und Was ihr wollt fällt nach den übereinstimmenden Urtheilen fast aller Editoren gleichfalls in das Jahr 1600 oder 1601. Im nächsten Gefolge dieser heiteren Gruppe trägt Maaß für Maaß, etwas später um 1603 entstanden, schon den Anstrich eines ernsteren Schauspiels, das uns nach Zeit und Charakter aus dieser Periode Shakespeare's und von dieser Lustspielreihe aus in die Tragödien der dritten Periode in einem ungezwungenen Uebergange hinüberleiten mag. In den vier Lustspielen herrscht die Prosa sehr entschieden vor,

wie nicht leicht in anderen Stücken unseres Dichters, die von dem
Zeitpunkte der Entstehung eben dieser Gruppe entfernter liegen; der
Freiheit des Dialoges und der Beweglichkeit des Witzes gibt dieser
in Shakespeare's Feder so meisterhafte Vortrag in ungebundener Rede
außerordentlich zu.

An der Grenze, an der wir aus diesem Kreise der Shake=
speare'schen Luftspiele mit dem letztgenannten Schauspiele, Maaß
für Maaß, ausscheiden werden, das wie kaum ein anderes Stück
des Dichters eine Mitte zwischen Luftspiel und Trauerspiel hält,
fühlen wir uns unwillkürlich aufgefordert, einen prüfenden Blick auf
die verschiedenen dramatischen Gattungen zu werfen: wie sie sich unter
Shakespeare's Händen gestaltet haben, und ob in Bezug auf ihre
Unterscheidung ein Gesetz, und welches Gesetz sich aus seiner Uebung
ableiten läßt. Aus dieser Betrachtung ergibt sich in der That eine
ästhetische Theorie von so viel Einfachheit als Tiefsinn, die uns zu=
gleich in die ethische Theorie, in die Grundansicht des Dichters von
der sittlichen Natur des Menschen einführen kann. Beide Theorien
sind so außerordentlich plan, der praktische Theil der Kunst und des
Lebens ist so sehr der Urheber derselben, daß man sagen muß, sie ruhen,
wenn nicht ausschließlich, so doch weit mehr auf reiner Anschauung
und gesundem Instincte als auf abgezogener Betrachtung. Das
Gefühl des Menschen von seinem Werthe und seiner Bestimmung
gilt Shakespeare für den eigentlichen Grund und Boden, in dem alle
menschlichen Tugenden und Laster ihre Wurzel haben. Wo es sich zu
dem reinen, edlen Selbstgefühle ausbildet, wie in jenem Heinrich
Monmouth, in jener Portia, oder in dem Leonatus Posthumus in
Cymbeline, die durch Prüfungen und Schwankungen zu dem schönen
Gleichmaaße zwischen Ueberspannung und Erschlaffung, zwischen
Freiheit und Zwang, zwischen menschlicher Zügellosigkeit und Willen=
losigkeit, zwischen Scherz und Ernst gelangen, dort sieht Shakespeare
des Menschen Wesen und Natur auf ihrem Gipfel, und von den Er=
scheinungen dieser Art führt er in Schauspielen, die den ernsten Gang

des Trauerspiels und den heiteren Ausgang des Lustspiels haben, in
gleichmüthig ernster Stimmung hinweg. Wo sich jenes Selbstgefühl
zu Selbstsucht, zu Ehrgeiz, zu Ruhmbegierde, zu jenen mächtigen Lei=
denschaften steigert, die sich selbst überstürzen und zu unseligem Ende
kommen, da tritt für die dichterische Darstellung das Trauerspiel ein,
in dem uns der Dichter die Größe und die Gefahr dieser überhobenen
Menschennatur mit weise gewogener Bewunderung und Warnung vor=
zeichnet. Wo dagegen das Selbstgefühl des Menschen zu Eigenliebe,
zu Eitelkeit und Einbildung herabsinkt, wo die Leidenschaft in's Kleine
zusammenschrumpft und die Geringfügigkeit der Zwecke mit der Wich=
tigkeit des Bestrebens in Widerspruch tritt, da stellt sich das Lustspiel
als die von der Natur gebotene Gattung ein, in welcher der Dichter
die Kleinlichkeit und Lächerlichkeit dieser verengten Menschheit, ihre
Grillen, ihre Fehler und Schwächen mit unbestochenem Gerichte trifft,
aber dabei zugleich mit einer Gutartigkeit, Milde und Nachsicht ver=
fährt, die der Gebrechlichkeit der menschlichen Natur überall scho=
nende Rücksicht trägt und die dem Dichter desto mehr Ehre macht, je
strenger überall seine Ansicht von des Menschen sittlicher Verpflich=
tung ist.

Es ist nicht schwer, Shakespeare's ächte tragische Charaktere und
die Beweggründe ihrer Handlungen fast durchgehends auf den Einen
Grundbegriff der Selbstsucht, die komischen auf den Begriff der Ei=
genliebe zurückzuführen; die Spielarten und Schattirungen dieser
Eigenschaften bilden dann die Mannichfaltigkeit in dieser Uebarein=
stimmung. Was das Lustspiel angeht, mit dem wir es hier zunächst
zu thun haben, so konnten wir es bereits früher, und werden es auch
weiterhin überall damit beschäftigt finden, die Selbstliebe, ihre
Selbsttäuschungen und ihre Versuche Andere zu täuschen, aufzudecken,
den Widerspruch zwischen wirklichem und vorgegebenem Charakter zu
enthüllen, die Eitelkeit auf eingebildete, die Einbildung auf eitle
Gaben zu entlarven. Von den Stücken der ersten Periode abgesehen,
ist in den beiden Veronesern die scharf geprägte Eigenliebe des

Proteus der Mittelpunkt der Handlung. In Verlorener Liebesmühe
äußerte ſich die Eigenliebe in der ſelbſtgefälligen, eitlen Ruhmſucht
der Navarreſer Herren und ihrer verzerrten Seitenſtücke. In Ende
gut Alles gut hat der tiefere Zug der ſtolzen Selbſtgenügſamkeit in
Bertram den Luſtſpielcharakter ſogleich beeinträchtigt. In den luſti=
gen Weibern werden wir ſehen, daß die unſchädlichere Seite von
Falſtaff's Selbſtſucht, die Einbildung auf ſeine Perſon, die lächer=
lichen Vorfälle begründet. Feiner und zuſammengeſetzter iſt die Natur
der drei weitern reinen Luſtſpiele, die uns zunächſt zu Betrachtung
vorliegen. In Wie es euch gefällt kehrt ſich das Luſtſpiel ſtrafend nur
gegen den Mädchenſtolz der Phöbe und die Eigenliebe, die in dem
blaſirten Jacques Schiffbruch gelitten hat; den Charakter der Haupt=
figuren werden wir grade aller Eigenliebe entgegengeſetzt, die kleine
luſtige Verwickelung daher auch nur in einem wohligen Humore aus=
geführt finden, der für das Stück mehr den Namen eines Paſtorals
in Anſpruch nimmt. In Viel Lärmen um Nichts iſt auf den Grund
der Selbſtliebe bei Claudio die Empfindlichkeit des Ehrgefühls und
auf dieſe ſeine veränderliche Laune aufgezogen, bei Benedict und
Beatrix die Verachtung gegen das andere Geſchlecht, und der wankel=
müthige Abfall von ſich ſelbſt, der die Frucht dieſes überſpannten
Hochmuths iſt. In Was ihr wollt vollends werden wir es am deut=
lichſten erkennen, wie die Eigenliebe in den verſchiedenſten Abſtufun=
gen, in ihren gröbſten und feinſten Zügen, den Kern der vortretend=
ſten Charaktere bildet und wie ſie in den Grundgedanken des
Stückes tief einverwebt iſt. Denn überall, dieß ergibt ſich ſchon
aus den Winken die wir im Voraus über die letztgenannten Stücke
geben, wie es ſich uns aus früheren Analyſen ergab, überall iſt
jener Grundzug der eigentlichen komiſchen Charaktere in Shake=
ſpeare's Luſtſpielen in eine beſondere ethiſche Situation verflochten,
verſchieden und anders geſtaltet nach der Idee, die, trotz der ge=
fliſſentlichſten Entfernung aller Lehrbetrachtung, die Komödien des

Dichters ebenso durchdringt und zusammenhält wie die Trauer=
spiele.

Man könnte es unnatürlich finden, daß Shakespeare bei den
zwanglosen Handlungen seiner Lustspiele überall nach solch einem
bestimmten, im voraus gefaßten Gedanken gearbeitet haben sollte.
Wir haben aber auch, wenn wir von den leitenden Ideen Shake=
speare'scher Stücke reden, nie sagen wollen, daß den Dichter bei ir=
gend einem seiner Werke eine abstracte Idee in Bewegung gesetzt,
der er dann in systematischer Berechnung und Vorüberlegung einen
poetischen Körper übergeformt habe. Der Dichter hatte große innere
Erfahrungen gemacht, über die er mit sich zu Rathe gegangen war;
er las Darstellungen in Gedichten, Schauspielen und Romanen, oder
er beobachtete in der Geschichte der Gegenwart und Vergangenheit
Ereignisse und Verhältnisse, die zu ihm sprachen, die für ihn inner=
lich lebendig waren, weil er ein Entsprechendes in sich, seiner Natur
oder seinem Leben besaß, das sie ihm aufhellte; solche aufgenommene
und erlebte, durch beiderlei Art von Empfängniß desto lebhafter wir=
kende Eindrücke griff er für seine Dramen auf und rundete sie künst=
lerisch ab. Und bei diesem Geschäfte allerdings besaß er in einer
wunderbar glücklichen Mischung die Gabe, jeden Theil der Dichtung
auf eine Grundanschauung des gegebenen Gegenstandes zurückzube=
ziehen und jeden Charakter in einem bestimmten Verhältniß dazu zu
bilden, ohne gleichwohl diese ordnende Hand in der Maschinerie sei=
ner Werke mehr durchblicken zu lassen, als sich mit der dichterischen
Täuschung vertrug. Diese Grundanschauung ist nie von abstract
philosophischer, sondern immer von sittlich psychologischer Natur.
Dem lichtvollen Geiste des Dichters konnte keine Erzählung oder
Fabel, die sich zu dramatischer Behandlung eignete, entgegentreten,
ohne daß er in den Verhältnissen und Menschen, aus denen die
Handlung erwächst, gewisse Bedingungen entdeckte, unter deren
Voraussetzung allein solch eine Handlung möglich oder wahrschein=
lich war. Eben diese Bedingungen zu erfassen, sie möglichst auf eine

Hauptbedingung, auf eine gegebene Naturanlage oder Charakter=
bildung der Handelnden zurückzuführen und alles Zufällige dabei
möglichſt zu entfernen, dieß iſt es weſentlich, was den Stücken Shake=
ſpeare's die geiſtige Einheit gibt, die wir nachzuweiſen ſuchen und die
doch nirgends der lebendigen Mannichfaltigkeit oder plaſtiſch-künſtle=
riſchen Darſtellung den geringſten Eintrag thut. Es iſt nachweisbar,
daß Shakeſpeare in einzelnen Quellen zu ſeinen Luſtſpielen auf ſo
grelle Moraliſation ſtieß, daß er ſich, um mit ſeinem Probſtein zu
reden, das Schienbein daran anſtoßen mußte; er ließ dann die Sit=
tenpredigt liegen, aber den ſittlichen Gedanken hielt er feſt, und feſter
als ſeine Quellen bildete er ſeine Charaktere aus nach dem Einen
Grundzuge des Weſens hin, der allein dieſe oder jene Handlungen
durch dieſe oder jene Menſchen erzeugen konnte. Wer in ſolcher
Weiſe, mit Wahrheitsſinn und Menſchenkenntniß, nach dem Weſen
einer gegebenen, künſtleriſch darzuſtellenden Handlung oder Fabel zu
ſuchen verſteht, der wird immer und nothwendig auf einen ſolchen
ſittlich pſychologiſchen Kern ſtoßen, den wir in allen Shakeſpeare'=
ſchen Werken finden. Seine Zeitgenoſſen begriffen dieß wohl im
Geiſte, aber nicht im Herzen; ſie verſtanden von einer richtigen Re=
gel nicht den richtigen Gebrauch zu machen. Gleichwohl mußte die
äſthetiſche Geſetzgebung der Zeit nicht anders, als daß jedes Schau=
ſpiels, auch jedes Luſtſpiels Zweck war, irgend eine ſittliche An=
ſchauung an die Kurzweil und an das Ergötzen zu knüpfen, womit
man die müden Geiſter der Zuſchauer erfriſchen und Sorgen und
Gemüthsſchwere erleichtern wollte. Thomas Heywood fand ſogar,
daß ſelbſt die Einführung von Verliebten und Narren in den Luſt=
ſpielen dazu beſtimmt ſei, thörichter Liebe zu ſpotten und die Einfalt
und Verkehrtheit der Menſchen zu heilen. In dieſem nüchternen
Sinne moraliſiren Shakeſpeare's Stücke nie und nirgends. Sie
entwickeln eine gegebene Handlung, ſie gruppiren um dieſelbe Men=
ſchen von ſolcher Natur, wie ſie zu dieſer Handlung nothwendig ſind,
ſie geben dieſen handelnden Figuren die Beweggründe, die die Be=

dingung einer solchen Handlung sind; und nur in der Würdigung
und Schätzung dieser Beweggründe ist der sittliche Geist des richten=
den Dichters zu erkennen.

Eine nähere Betrachtung unserer Lustspiele wird uns diese Sätze
in den feinsten Ausführungen erläutern.

Die luftigen Weiber von Windfor.

Wir stellen in unserer Gruppe Die luftigen Weiber von Windsor, weil sich das Stück der Lancaster'schen Tetralogie an- oder einreiht, voraus, obgleich es schwerlich das früheste in der Reihe ist. Halliwell zwar, indem er die älteste Ausgabe des Stückes (1602. 4°.) in den Schriften der Shakespearegesellschaft abdrucken ließ, suchte die Entstehung Heinrich's IV. und so auch dieses Lustspiels bis auf 1592—93 vorzuschieben, weil in dem ersteren Jahre ein deutscher (Würtembergischer) Herzog in Windsor war, dem durch einen Paß von Lord Howard freie Postpferde zugesichert waren, ein Ereigniß worauf in unserem Stücke (IV, 3.) angespielt scheinen könnte. Indessen kann dieser Vorfall auch Shakespeare aus früherer Erinnerung vorgeschwebt haben, kann ihm auch ganz unbekannt gewesen und die geglaubte Anspielung ein bloßer Zufall sein. Alle innere Gründe sind gegen die Annahme, daß die luftigen Weiber früher als der Schluß der Lancasterhistorien (1599) fallen sollten. Die Gestalt, in der wir das Stück heute nach dem Texte der Folioausgabe von 1623 lesen, trug es augenscheinlich nicht in seinem ersten unvollständigeren Entwurfe, der uns in der ersten Quartausgabe erhalten scheint. Von den Ungenauigkeiten des Textes dieser Skizze fällt unstreitig vieles dem unrechtmäßigen Herausgeber, die Nachlässigkeiten der Composition doch wohl einer haftigen Ausarbeitung des Stückes zur

Laß, von dessen improvisirter Entstehung uns eine spätere Ueberlieferung unterrichtet.

Im Jahre 1702 hat John Dennis Die lustigen Weiber von
Windsor, die in Carl's II. Zeit sehr beliebt waren, umgearbeitet in
ein Stück: the comical gallant. In seiner Widmung sagt er, Shakespeare's Stück sei auf Verlangen der Königin Elisabeth geschrieben
worden und zwar in der kurzen Zeit von vierzehn Tagen; Rowe gab
zu dieser Ueberlieferung den Umstand hinzu, daß ihr Verlangen gewesen sei, Falstaff in Liebe zu sehen. Diese Tradition hat etwas so
glaubliches, daß selbst die strengsten der englischen Kritiker ihr das
Ohr nicht schließen mögen. Für ihre Richtigkeit spricht schon dieß,
daß unter allen Stücken aus Shakespeare's reiferer Zeit dieß Lustspiel bei weitem das leichtestwiegende ist. Es ist ohne jeden tieferen
Hintergrund und ohne allen idealen Gehalt entworfen, ohne alle
pathetische Erhebung, ohne ernste Stellen, fast ganz in Prosa geschrieben; es ist das einzige Stück des Dichters, in dem die Intrigue
entschieden vorwiegt über die Charakteristik, das einzige, das sich in
den Schichten schlicht bürgerlicher und ganz heimatlicher Gesellschaft
bewegt. Was man gegen die Ueberlieferung anführen könnte, ist
dieß, daß das Stück in einem bestimmten Zwecke als Gegenstück zu
Heinrich V. geschrieben scheint, in deutlicher Fortsetzung des Gegensatzes der sittlichen Entwickelung Falstaff's und Heinrich's, den der
Dichter schon im zweiten Theile Heinrich's IV. begonnen hatte. Dieß
ist der Gesichtspunkt, in welchem wir diese Komödie ausschließlich
besprechen werden, die außerdem, so bühnengerecht und so voll komischer Kraft sie ist, für unsere Art der Betrachtung wenigen Stoff
darbietet. Ist die Aufgabe von der Königin Shakespeare auferlegt
worden, so wäre es nur ein Beweis mehr, wie gewandt er sich zu
helfen wußte, wie wenig er sich bei einem so oberflächlichen Thema
begnügte, wie er ihm eine tiefere sittliche Beziehung und die innerste
Verbindung mit seinen selbständigen Arbeiten und mit dem ethischen
Gedanken gegeben, der ihn dort bewegt hatte.

Stehen Die lustigen Weiber von Windsor in einem inneren Verhältnisse zu den Stücken, in welchen Falstaff auftrat, so ist es nöthig, zuerst äußerlich den Punkt nachzuweisen, an dem sich dieses Lustspiel, nicht gerade in die Reihe der anderen Stücke, aber in die Ordnung ihres Inhaltes einschiebt. Halliwell findet es natürlich, daß die Vorgänge desselben nach Falstaff's Verbannung vom Hofe fielen. Dem ist schon in der älteren Ausgabe eine Stelle entgegen, wo Falstaff unter Herne's Eiche ausruft: Ich wette, der tolle Prinz von Wales stiehlt seines Vaters Wild. Aber auch in der letzten Bearbeitung spricht Meister Bach sehr deutlich zu Falstaff von seinen großen Verbindungen, von seinem Ansehen durch Rang und Persönlichkeit; und Falstaff selbst sagt, wenn seine Verwandlung in die dicke Here (Gillian von Brentford, eine bekannte Person in der Literatur des 16. Jahrhunderts, am Hofe kund würde, so würden sie ihn aus seinem Fette schmelzen und Stiefel mit ihm schmieren, würden ihn mit ihrem spitzen Witze geißeln, bis er eingeschrumpft wäre wie eine gedörrte Birne. Das Verhältniß zu dem Prinzen muß also noch bestehend gedacht werden; allein Falstaff steht von ihm getrennt wie im zweiten Theile Heinrich's IV. Nimmt man an, der Zeitpunkt unseres Lustspiels sei unmittelbar vor den Tod Heinrich's IV. gelegt und spiele nur die Scenen Falstaff's mit Schaal an einem andern Orte und unter neuen Verhältnissen fort, so lösen sich die Schwierigkeiten alle auf, sobald man sich nur die Zweifel über einige Figuren hinweggeräumt hat. Ob der Page Falstaff's derselbe ist, der in Heinrich IV. um ihn und in Heinrich V. um die Pistol und Nym ist, ist unsicher; man nimmt es am besten so; der Dichter mochte natürlich nicht die ausdrücklichen Beziehungen dieses Lustspiels zu den ganz verschiedenartigen historischen Stücken und die Voraussetzung der Bekanntschaft mit den Charakteren unnöthig häufen. Daß Shakespeare der Dienerin des Dr. Cajus den Namen Quickly (Hurtig) gegeben, wie der Wirthin in Heinrich IV., ist auffallend; daß er eine ganz andere Gestalt in ihr meinte, ist klar. Nicht allein sind ihre äußeren Verhältnisse ganz anders, nicht allein ist sie Falstaff am Anfange ganz unbekannt, sondern auch ihr Charakter ist wesentlich verschieden; von ähnlicher Natureinfalt zwar, aber dabei gewürfelt, gelehrig, anstellig, wie die alberne betrogene Frau und Wittwe in Eastcheap nirgends erscheint. Um Falstaff selbst herum ist Alles deutlich. Der Feldzug nach dem Norden ist vorüber, Falstaff schleppt sich noch mit zehn Pfund wöchentlichem Lohn herum, die Pistol und Nym sind „außer Dienst" und völlige Spitzbuben geworden, Falstaff mustert sie aus, den „verwitterten alten Diener" Bardolph, mit dem er so lange Jahre gelebt, gibt er als Küfer dem Wirth zum Hosenbande ab. Die äußere Auflösung der lustigen Gesellschaft um den Prinzen Heinrich war schon im zweiten Theile Heinrich's IV. erfolgt, hier treffen wir ein weiteres, sehr bedeutsames Symptom, daß sie sich auch innerlich, und nicht blos in dem Prinzen, löst. In dem jungen Fenton lernen wir einen neuen, früheren Begleiter des Prinzen und des Poins, kennen; er wirbt aus Geldabsichten um die reiche Anna Page, aber er lernt bald innere Schätze in ihr kennen, die ihn ganz umwandeln; er gibt im Privatleben das Seitenstück zu der Umwandlung des Prinzen selbst.

Wir dringen von diesem Satze aus sogleich auf den Mittelpunkt und den Hauptcharakter unseres Stückes vor. Wir haben im zweiten Theile Heinrich's IV. gesehen, mit welcher Schärfe und Bestimmtheit Shakespeare den Prinzen und Falstaff äußerlich geschieden und innerlich getrennte Wege geführt hatte. Er wollte Falstaff auch in Heinrich V. wieder vorbringen und besann sich, so hörten wir, eines andern. Er ließ den Fürsten in Heinrich V. seinen königlichen Raubzug und seine großartige Liebeseroberung für sich machen, und diesem heroischen Stücke stellte er dann dieß ganz einfach bürgerliche gegenüber, in welchem Falstaff seiner alten Beutelschneiderei auf einem neuen Wege der Liebeswerbung nachgeht. Er sah sich aber genöthigt, diese Abenteuer Falstaff's vor Heinrich's Thronbesteigung und Falstaff's Ungnade zu legen, weil er fühlen mußte, daß nach diesem grellen Falle, bei dieser Unverbesserlichkeit und bei dieser Hinfälligkeit seines gichtbrüchigen Alters, Falstaff nothwendig körperlich und geistig zu Grunde gehen mußte. Er zeigte ihn aber getrennt von dem Prinzen, aus der adelnden Nähe jener geistreichen Gesellschaft entrückt, ganz sich selbst überlassen und in dem Maaße mehr verfallend, als Heinrich stieg; zuletzt sogar, was kaum denkbar scheinen sollte, in seiner eigenen Schätzung gänzlich gesunken. Sobald sich dieser immer größere innere Verfall in Falstaff eben so deutlich herausstellen läßt, wie die wachsende Größe in Hein= rich, so ist wohl kein Zweifel, daß dieß Stück im Gegensatze zu Hein= rich V. geschrieben ist, es mag nun auf einen Anlaß von Seiten der Königin geschrieben sein oder nicht.

Der Prinz und König Heinrich hat bei den kostbarsten Gegen= ständen seines Ehrgeizes die höchsten Handlungen der Entsagung und Selbstentäußerung geübt, welche menschliche Kraft unserer Seele abgewinnen kann: er hat seine schönsten Thaten oder ihren Ruhm von sich weggeschoben auf Andere, auf sichtbare Menschen oder un= sichtbare Gewalten. Falstaff sahen wir überall auf die untersten Ge= genstände einer niederen Begehrsucht gerichtet. Sein geistiges Ver= mögen war seinen körperlichen Trieben und Bedürfnissen untergeord= net, jede Leidenschaft war in ihrem Dienste; wie denn auch hier in unserem Stücke die Liebe, in die doch sonst überall ein geistiger Funke irgendwie einzuschlagen pflegt, nur von ihm geheuchelt und vorgegeben wird in einem materiellen Zwecke. Seine vollendete Selbstsucht be= zog die ganze Welt und alle Creatur nur auf sich und auf den Nutzen, den er daraus ziehen könnte; sie eignete sich nach jener Theorie des Naturrechts der Thiere Alles an, ohne Sinn für Recht und Besitz eines Andern; sie suchte die schlechtesten Eigenschaften in gutes Licht zu setzen und die Feigheit zum Heldenmuthe zu stempeln. Jenes war die ernste und schädliche Seite dieses Egoismus, von der Falstaff als der Feind und Zerstörer der Gesellschaft erschien; dieses war die lächerliche Seite desselben, die ihn in erster Linie, was man sagt, zum guten Gesellschafter machte. Beide Seiten dieser Eigenliebe, die schädliche und lächerliche, finden wir auch in unserem Stücke ver= einigt in dem Spiele jener Werbungen und jener Art von Liebe, deren er überhaupt fähig wäre. Er stößt auf ein Paar schlichte, ein= fache Bürgerweiber in Windsor. Sie zeigen ihm eine unbefangene Art des Umgangs und eine fröhliche Laune; dieß ist ihm genug, sie für desselben Metalls zu halten wie die Weiber seines früheren Ver= kehrs. Er umwirbt sie im Unglauben an ihre Sitte und, da es zu glücken scheint, auch im Glauben an seine Liebenswürdigkeit. Um Liebe gilt es ihm nicht; er sinnt nur auf Künste, seine Lage zu bes= sern. Die beiden Weiber führen die Schlüssel zu den reichen Geld= kisten ihrer Männer; nur darum kommen ihm die schon älteren Frauen, wovon die Eine bereits eine mannbare Tochter hat, so hübsch vor; er will sie zu seinem Ost= und Westindien machen und nach beiden Handel treiben. An eine Ehrbarkeit glaubt er nicht; auf die bürgerlichen Ehemänner sieht er mit seinem Ritterstolze ver= ächtlich herab; es sind Weißfische einer anderen Art, die der Hecht in einer neuen Manier zu erschnappen trachtet. Selbst den Pistol und Nym ist es doch zu unehrenhaft, für einen so lächerlichen Wer= ber die Kuppler zu machen; sie sind früher immer noch unter Fal= staff's Ehre und Gewissen gewesen, aber jetzt wird er grobfühliger als sie, und nur, daß sie auf ihre Ehre gegen ihn zu trumpfen wagen, diese „Paviane" und Halbmenschen, empört ihn tief. Alles was er thue, sagt er Pistol, geschähe ja, um die Grenzen seiner Ehre abzumarken. Wohl müsse Er selbst zuweilen, seine Ehre in sein Bedürfniß hüllend, sich zu Listen und Kniffen entschließen; doch ein Pistol soll nicht seine Armuth und Gemeinheit unter dem Schirme der Ehre verschanzen wollen gegen ihn! Man muß nun Acht haben, wie er die Grenzen seiner Ehre abmarkt in dem Handel, den er an= zettelt. Er fängt es so weit geschickt an, daß er bei den ehrsamen Bürgerfrauen im ehrbaren Tone wenigstens auftritt; es ist ihm um's Süßthun nicht zu Muthe, das versteckt er hinter eine männische

Natur, die es ihm nicht gestatte. Dabei ist er aber so vornehm nach-
lässig, daß er an beide Weiber denselben Brief schickt. Der Erfolg,
den er hat, bringt ihn außer sich, er bringt ihn aber auch aus all
seinem Witze; seine plötzliche Selbstgefälligkeit macht ihn ganz blind.
Nachdem ihn seine Eitelkeit zu der ungeheuren Einbildung getrieben
hat, sich für einen Gegenstand der Liebe zu halten, ist nichts mehr
unmöglich in ihm. Er nimmt alle plumpen Schmeicheleien des
Meister Bach für baare Münze; er läßt sich durch den wunderlichsten
Auftrag nicht aufmerksam machen; er glaubt die Frau sich verfallen, von der er hört, daß sie gegen einen ordentlichen, wohlgewach-
senen Menschen unbeugsam ehrbar ist. Eitelkeit und Hochmuth
machen ihn unklug aufrichtig gegen diesen Fremden, der ihn freilich
bezahlt. Seine allbekannte Schamlosigkeit hat er bewahrt, die zu
dieser Aufrichtigkeit gehört, aber sein Verstand verläßt ihn dabei.
Zweimal läßt er sich auf die plumpste Weise prellen, baden und wal-
ken, ohne vor der dritten Schlinge im geringsten vorsichtiger zu sein,
obgleich er schon nach dem ersten Streiche gesagt hatte, wenn man
ihm wieder so mitspiele, so möge man sein Gehirn in Butter braten
und einem Hunde vorwerfen. Die muthwilligen Weiber sind gegen
ihn verschworen, seine verachteten Diener ebenso, sein Page ist bestochen; ungleiche, aber viele Kräfte sind gegen ihn in Waffen; er
überliefert sich selbst den schwächsten, nachdem er über seine Eigenliebe einmal gestrauchelt ist. Beschämung, Schläge, Dampf- und
Kühlbäder, Geldeinbuße, Kneipen und Brennen, die Hörner, die
er auf Andere gemünzt hat, Alles fällt über ihn und auf ihn zurück;
das Bewußtsein seiner Schuld, die Betäubung seines Urtheils läßt
ihn bei dem letzten Abenteuer sogar Feen glauben und fürchten; er
mißkennt selbst die Stimme des Pfarrers Evans und hält ihn für
einen wälschen Kobold! Wie sich ihm zuletzt Alles enträthselt, steht
Er, der zu einer Selbsterkenntniß nie kommen konnte, bis zur
Selbstverachtung beschämt vor sich selber. Wenn er ihn so vor sich
selbst und seinem eignen Urtheile erniedrigte, mochte Shakespeare

hoffen, das Urtheil auch seiner Zuschauer über diesen Charakter mehr
nach seiner Absicht zu lenken. Moralisch aber wäre das unmög=
lich gewesen. Von dieser Seite war er längst so versunken, daß
ihm selbst die Wahrnehmung nicht einmal empfindlich gewesen wäre:
daß es grade die Ehrbarkeit und Rechtschaffenheit war, die ihn über=
listete. Daß sie zuletzt Alle über ihn herfallen und ihn mit allen
lästerlichen Ausdrücken äußerlich und innerlich unleiblich, alt, kalt,
verleumderisch, gottlos, der Fleischeslust ganz hingegeben nennen,
dieß hätte ihn nicht schlimmer von sich denken lassen. Aber von der
Seite seines Witzes war ihm noch beizukommen. Diese Gabe war
es, in der er sich den Simpeln überlegen und den Geistreichen
gleich fühlte. Von dieser Seite, die unser Urtheil bestach, mußte
unser Urtheil berichtigt werden; ließ ihn der Dichter auch von die=
ser letzten empfehlenden Seite fallen, so gab er das sicherste Zeichen,
daß er ihn in unserer Achtung gänzlich auslöschen wollte. Und so
steht es mit Falstaff in diesem Stücke. Man ist ihn allgemein müde
und wirft ihn, nachdem er selbst seinen letzten Reiz verloren, hin=
weg. Er hatte der bürgerlichen Ehrsamkeit und Dummheit gegen=
über weder Vorsicht noch Witz nöthig gefunden und wird von bei=
den übertölpelt. Er muß es selbst erkennen, daß der Witz eine
Fastnachtspuppe, ein Hanswurst werden kann, wenn er übel ange=
wandt wird; aus ihm, dem abgefeimten Witzbold, wird ein „Ochs
und ein Esel" gemacht, der Schnapphahn wird ausgebeutelt. Das
kränkt ihn, daß die „Dummheit selbst ein Bleiloth über ihm wird!"
Es kränkt ihn noch mehr, daß ihn ein so einfältiger Schulmeister, daß
ihn der wälsche Evans, der so unwissend wie sein kindischer Exa=
minand ist, gehänselt hat. Sein Stern ist von ihm gewichen,
findet er; das sei genug, „um der Vorfall aller Lust und
Nachtwandelei im ganzen Reiche zu werden!" So vor
sich selbst herabgewürdigt, erscheint er jetzt denn auch nicht allein
den Mitspielenden, sondern auch dem Leser und Zuschauer so. Der
Dichter hat also seine Absicht erreicht. Hazlitt, der große Bewun=

derer dieses Charakters, erkennt hier in Falstaff nichts mehr als einen schamlosen und dazu erfolglosen Ränkemacher, den Witz und Rede verlassen haben; er ist, sagt er, nicht mehr derselbe Mann. Aber wir haben dieselben Triebfedern nachgewiesen in diesem wie in dem früheren Falstaff; der frühere ist vielmehr nie der Mann gewesen, für den ihn Hazlitt genommen hatte.

Es ist unstreitig Shakespeare's Absicht gewesen, die moralische Lection, die er schon im zweiten Theile von Heinrich IV. und in Heinrich V. gelesen hatte, hier noch einmal zu lesen. Er mochte wohl Wirkungen seines Heinrich IV. auf der Bühne sehen, die ihm nicht gefielen; er nahm daher in Heinrich V. das grelle Strafbeispiel an Bardolph und Nym vor und hier läßt er den dicken Falstaff in seinem höchsten Preise sinken, den er behauptet hat, im Witze. Möglich genug, daß Shakespeare selbst im wirklichen Leben Wirkungen dieser Stücke sah, die ihn stutzig, die ihn so nachdrücklich reden machten. Denn man muß wissen, daß jene Scenen, die er in Heinrich IV. schilderte, noch zu seiner Zeit auch der Wirklichkeit nicht fremd waren, daß unter Elisabeth's Regierung die Raufbolde an der Tagesordnung waren, die in Gefecht und Händel ihre Ehre setzten, die Bursche, die sich wie Poins wackere Kerle auf eigene Faust nannten, wenn sie auf der Heerstraße, wie Bardolph's Kunstausdruck ist, Einen auskassirten, die Lotterer, die von Anderer Fleiß lebten, die Nacht zum Tage machten, gute Geselligkeit im Trinken und Spielen und Herzhaftigkeit im Trotzen und Schwören suchten. Dem zur Seite kamen nun bald massenweise auf die Bühne jene Stücke der jüngeren Schule, die ganz aus Intriguen, Foppereien, Prellereien und Schwänken sehr herber und harter Art bestanden, ganz sich in den Schichten der bürgerlich englischen Gesellschaft herumdrehten und eine sehr lockere Sittlichkeit darstellten. Dem entgegen betonte Shakespeare vielleicht die sittliche Tendenz dieses Stückes so stark, als es nur anging, wenn nicht der heitere Scherz des Schwanklustspiels verloren gehen sollte.

Die ehrlichen Bürgerweiber in Windsor sind über die unverschämte und freche Werbung des plumpen Hofmannes ganz außer sich; sie sind erbost über die schlechte Meinung, die er von so achtbaren Matronen hat; sie werden fast an sich selbst irre, ob sie auch etwas in ihrer Ehrbarkeit versehen hätten. Ihr gleicher Gedanke ist, sich an ihm zu rächen; sie wollen ihn lehren Tauben und Krähen zu unterscheiden; doch haben sie auch da den Scrupel, keinen Streich zu spielen, der ihrer Ehre zu nahe tritt. Auf die Ehrbarkeit der Schwänke (honest knavery) wird überall, im Gegensatze zu den Schwänken Falstaff's, ein großer Nachdruck gelegt. Ein Weib, sagen sich die zwei Frauen, kann lustig und doch ehrbar sein; noch am Ende des 17. Jahrhunderts gab es ein Lied, das Halliwell anführt, in dem der Vers that wives may be merry and yet honest too als Refrain wiederkehrt, unter Hindeutung auf diese Lehre unseres Stückes. Daß diese Streiche, die Falstaff gespielt werden, nicht nur „allerliebste Ergötzlichkeiten“, sondern auch „brave Schelmstücke“ sind, kann allein den ehrlichen, wahrhaftigen, zag= haften, frommen Pfarrer zur Freude an ihnen bewegen. Diese Schelmerei der Einfältigen aber Ehrlichen feiert hier überall über List und Einbildung ihre Siege. Die schlauen Eigenliebigen legen die Grube und fallen selber hinein; sie ist selbst für die Einfalt zu auffällig breit gegraben, weil die eingebildete Schlauheit den Geg= ner Ehrlichkeit gar zu gering schätzt. Dieses Sprichwort kann als die Seele des Stückes angesehen werden. Es ist eine Reflexion, wie man sie nicht wieder aus einem andern Shakespeare'schen Drama, sondern grade nur aus diesem Intriguenstücke ziehen kann. Alle Nebenhandlungen des Stückes beziehen sich auf diesen Satz und diese Lehre zurück. Der schlaue Wirth, ein Großthuer voll Spott und Streichen, der sich selbst für einen großen Politiker und Machia= vell hält, verirt den rapierlustigen, flackrigen Doctor Cajus und den pedantischen Walisen Evans; er muß denselben Verdruß haben wie Falstaff, daß die Einfältigen, die nicht einmal Englisch sprechen

können, sich gegen ihn verbinden und den Durchtriebenen um seine
Pferde prellen. Der eifersüchtige Fluth (Ford) gibt Geld und Na=
men weg und setzt seine Hausehre öffentlich auf's Spiel, nur um
recht sicher seiner Frau vermeinte Untreue zu erfahren; der Lauscher
an der Wand hört dafür nicht seiner unschuldigen Ehehälfte, son=
dern seine eigne Schande", und leidet für die Qualen, die er ihr
und selbst dem beneideten eifersuchtlosen Page und seiner schuldlosen
Frau bereiten wollte, nur seine eignen Qualen. Im Hause des
Page sind wieder andere Ränke gesponnen. Mann und Frau con=
spiriren gegen einander und gegen das Glück ihrer unschuldigen
Tochter, welcher der Eine einen tölpischen Einfaltspinsel, die Andere
einen wunderlichen Heiligen zum Manne geben will; sie fallen ge=
genseitig mit ihren Günstlingen in die gelegten Schlingen und
Fenton führt die Braut heim, die eine „heilige" Sünde" begangen,
da Ehen im Himmel geschlossen und Weiber nicht wie Land durch
Gold gekauft werden sollen. Gleichmäßig in allen diesen nebenein=
anderlaufenden Händeln sucht die Schlechtigkeit der Ehrbarkeit, die
Schlauheit der Einfalt, die Eifersucht der Unschuld, die Geldgierde
dem harmlosen Gemüthe Streiche zu spielen und sie bekommen ihre
böse Absicht heim bezahlt. Der unumnebelte schlichte Sinn ist der
schlechten Leidenschaft jedesmal überlegen. Dieser Satz aber, der die
vier Intriguen zusammenbindet, läßt sich zugleich, wenn man das
Stück, um des Hauptcharakters und seiner Entfaltung willen, mehr
ethisch fassen will, auf Falstaff's Lage und Erscheinung vorzugs=
weise zurückbeziehen. Die Selbstsucht, die wir als die Seele von
Falstaff's Wesen darstellten, erscheint auf ihrem Gipfel und in ihrer
Katastrophe, wenn sie, der Tugend und Einfalt gegenüber, die ihre
gewöhnliche Beute sind, in eitler Sicherheit nicht einmal die feineren
Mittel der Bestrickung mehr nöthig findet und sich so in der plumpen

---

* Die Quelle zu der Schnurre zwischen Falstaff und Bach findet sich in Gio=
vanni Fiorentino's Kunst zu lieben, und in Straparola's Ring.

Falle selber fängt. Ein Egoist wie Falstaff kann keine ärgere Nieder=
lage erleiden, als durch die Ehrbarkeit, die er nicht glaubt, und die
Dummheit, die er nicht achtet. Der Dichter hat in diesem Stücke
also der mehr lächerlichen Seite seiner Eigenliebe einen lächerlichen,
tragikomischen Fall bereitet, der der Zeit und Entwickelung nach dem
ernsten, komikotragischen Falle vorausgeht, der Falstaff bei der Thron=
besteigung des Königs trifft, als die ernste und schädliche Seite seiner
Eigenliebe eben ihre gefährlichen Siege feiern wollte.

Wie es euch gefällt.

Das pastorale Lustspiel Wie es euch gefällt hat den meisten deutschen Erklärern immer außerordentlich gefallen; es ist nur Schade, daß ihre Erklärungen nicht dasselbe Schicksal gehabt haben. Tieck, der es Shakespeare's muthwilligstes Lustspiel nannte, behauptete, der Dichter habe in diesem Stücke am willkürlichsten mit Ort und Zeit seinen Scherz getrieben, er habe in der Entwickelung und Ver= bindung die Regeln verspottet und leichtsinnig umgangen, die er sonst achte, und er opfere sogar, wie sich selbst parodirend, die Wahr= heit der Motive und die Gründlichkeit der Composition auf, um ein eigentliches freies heiteres Lustspiel zu dichten! In Muthwille, in Regellosigkeit, in Willkür bei Composition und Motivirung schiene diesem nach die Bedingung eines „eigentlichen" Lustspiels ge= legen! Dieß griff Ulrici auf und führte es in Bezug auf die Be= weggründe von Charakteren und Handlungen aus. In dem ganzen Stücke, sagt er, thue und lasse ein Jeder was ihm gefällt; jeder Charakter lasse sich in freier Launenhaftigkeit zum Guten und Bösen gehen, wie es ihm in den Sinn komme; es seien nicht sowohl äußere, objective Zufälligkeiten, als vielmehr die innere subjective Zufällig= keit, die Laune und Willkür der Personen in ihrem Einflusse aufein= ander, woraus die ganze Handlung hervorgehe, worin zugleich der phantastische Charakter des Stückes bestehe. In der That aber existirt diese Launenhaftigkeit und Regellosigkeit des Dichters oder seiner Charaktere in diesem Stücke durchaus nicht. Nach der gegebenen Charakteranlage Friedrich's, Oliver's und der übrigen ist weder die Entthronung des verbannten Herzogs, wie hier behauptet wird, launenhaft=willkürlich, noch die Verfolgung Orlando's „grundlos", noch dessen Absicht, mit Karl zu ringen, „zufällig", noch die Schling= ung und Auflösung der ganzen Verwickelung phantastisch zu nennen. Welche Regeln ferner der Dichter leichtsinnig umgangen oder nicht beachtet haben sollte, fragte schon Delius mit Verwunderung und Befremden, ohne sich eine Antwort geben zu können. Und daß mit Ort und Zeit hier willkürlicher umgesprungen sei, als in anderen Stücken, wo Shakespeare dem Wunderbaren Zugang gab, ist so wenig der Fall, daß vielmehr unter allen Dramen dieser Art dieß Stück von dem Phantastischen offenbar den furchtsamsten Gebrauch macht.

Was zu dieser Art Auffassung und zu diesen Bemerkungen etwa den Anlaß in unserem Lustspiele geben konnte, beschränkt sich auf Folgendes. Wir haben das Stück wahrscheinlich als eine Maske anzusehen, eine Gattung, in der sich der Dichter sei es durch Ein= führung einer wunderbaren Maschinerie, sei es durch Entfaltung von allerhand Schauwerk, etwas mehr Freiheit gestattete als sonst, keines= wegs aber eine Freiheit, die der Wahrheit seiner Motive oder der richtigen Entwickelung seiner Handlung einen Eintrag thäte. So sind wir hier in ein romantisches Arkadien versetzt, zu dem der Ar= dennerwald verwandelt ist. Shakespeare fand dieß in der Novelle so vor, die ihm den Stoff zu diesem Stücke gab; dort waren Löwen nach Frankreich gebracht, unser Dichter gab Schlangen und Palmen hinzu. Ist hier in Bezug auf das Räumliche ein leiser phantastischer Zug eingegangen, so in Beziehung auf die menschlichen Verhältnisse das Vorgeben der Rosalinde (das Shakespeare gleichfalls in seiner Quelle vorfand,) daß sie von einem Oheime Zauberkünste gelernt habe. Aber auch dieser Zug ist so fein an die Grenze der gewöhnlichen Wirklich=

keit gerückt, daß eine geschickte Regie ihn bei der Aufführung völlig verwischen könnte; nichts hindert das Stück so zu verstehen, daß Orlando, von Oliver aufmerksam gemacht, den schönen Ganymed seit seiner Ohnmacht erkannt hat und ihn sein Spiel nur zu Ende führen läßt, um ihm die Freude nicht zu stören; die Feinheit des Spieles wird es außerordentlich erhöhen, wenn dieß bei der Aufführung so genommen wird. Auf diese Weise streift unser Lustspiel nur eben an der Grenze des Phantastischen hin. Und die Berechtigung dazu liegt eben in der Gattung; sei es nun, daß der Dichter das Werk als eine Maske, oder als ein Pastoraldrama, oder als ein beide Gattungen vereinigendes Stück verfaßt habe. Shakespeare hat den ganzen Plan des Stückes einem Schäferromane von Thomas Lodge (Rosalynde Euphues golden legacy 1590 und später) entlehnt, und er hat offenbar ein Schäferdrama daraus bilden wollen. Das Phantastisch-Idealistische gehörte zu dieser Gattung, das hier gleichwohl mehr in dem allgemeinen Anstriche als in einzelnen Zügen gelegen ist; das Opernartige eines Gesangspieles war den Stücken dieser Art eigenthümlich; es sind daher die vielen Lieder eingegangen, die bei der Aufführung sehr wesentlich dazu beitragen, die Stimmung zu erzeugen, in der dieß Lustspiel aufgenommen sein soll. Ein Schaustück wie das, welches Rosalinde durch Hymen aufführen läßt, gehört zu den charakteristischen Mitteln des Pastorals wie der Maske. Die eigentliche Schäferscene zwischen Silvius und Phöbe heißt ein pageant; richtig dargestellt würde es sich in der allgemeinen Schilderung des Land- und Waldlebens in unserem Drama, als ein Stück im Stücke, als das eigentliche Schäferspiel noch einmal idealistisch abheben; es müßte, von den besten Spielern gespielt, bei aller schmucklosen Einfalt der Darstellung doch mit dem feinen Dufte umkleidet sein, der diese Naturkinder mehr der rauhen und bewegteren großen Welt enthoben und entzogen zeigt. All dieß Eigenthümliche der Gattung nun rückt allerdings unser Stück etwas aus der Sphäre der gewöhnlichen Dramen heraus; man wird aber die Composition in ihrer

Art so gründlich finden, daß man auch in diesem Falle bestätigt sehen
wird, wie Shakespeare jede neue Materie und Gattung, die seine
Hand berührte, unwillkürlich veredelte und erhob. Es ist wahr, in
anderen realistischeren Stücken Shakespear's kommt es nicht vor,
daß, wie hier zweimal (IV, 2 und V, 3), Scenen ohne alle Handlung
blos als Lückenbüßer eingeschoben werden, aber für das thatlose
Landleben, wo es nichts wichtigeres gibt als ein erlegtes Wild und
einen Gesang darüber, ist dieß charakteristisch. Es ist wahr, es sind
hier mehr als in anderen Stücken Shakespeare's kleine Nebenrollen,
die wenig oder nichts bedeuten, aber man muß in dieser Beziehung
auch dem Lustspiele nothwendig mehr Freiheit gestatten als der Tra=
gödie. Es ist wahr, die Charaktere sind hier und da nur in allge=
meinen Umrissen gezeichnet und selbst die ausgeführteren mehr durch
Rede als durch Handlung. Allein auch dieß ist in der Gattung ge=
rechtfertigt; der Gegenstand der Darstellung bedingte die Personen,
deren allgemeine sociale Stellung und Eigenschaften mehr in Frage
kamen als ihre sittlichen Charakterzüge, und selbst in den Haupt=
figuren war fast mehr, wie in Verlorener Liebesmühe, der geistige
Charakter, die Intellectualität zu entwickeln als die Kräfte des
Willens und die Motive bedeutender Handlungen. Daher hat der
Schauspieler zu thun, um diesen Charakteren auf die Spur zu kom=
men; hat er sie aber gefunden, so wird er über die innere Folge=
richtigkeit und Wahrheit derselben eben so erfreut und erstaunt sein,
wie bei irgend einer anderen Aufgabe aus unserem Dichter. Er wird
dann einsehn, daß dieser hier nicht anders verfahren ist als sonst, daß
er keineswegs sich selber parodirt habe, daß es vielmehr eine Parodie
aller Kritik heißen muß, wenn uns unsere Romantiker, wie in diesem
Falle, aus des Dichters Fehlern seine Tugenden beweisen wollen.

Shakespeare fand die Anlage der Fabel dieses Lustspieles in dem
Schäferromane von Lodge vor; nur die Figuren des Narren und des
Melancholikers (Jacques), Wilhelm's und Audrey's (Käthchen) hat
er hinzugefügt; das übrige Personal spinnt, nur unter anderen Na=

men, den ganzen Faden der Handlung so ab, wie bei Shakespeare. Der Vortrag des Romanes ist jener weitschichtige, gezierte und schwülstige aller Werke dieser Gattung; eine gespreizte Redseligkeit ist das auffallendste Kennzeichen der wunderlichen Manier wie aller Concettisten, so auch dieses Erzählers; Adam, im Walde dem Hunger-tode nah, und Orlando, wie er den Löwen auf seine Beute lauern sieht, halten lange Reden. Von den Ovidischen Reminiscenzen und der mythologischen Gelehrsamkeit, von der der Roman strotzt, ist mancherlei bei Shakespeare hängen geblieben, doch hat er im Ganzen die schäferliche Manier getilgt, und, wie immer, die Motive der Handlungen vereinfacht, die Handlungen selber veredelt. Die rohe, zu Thätlichkeiten ausartende Feindschaft zwischen Oliver und Or-lando, wie sie der Roman schildert, hat unser Dichter anständig er-mäßigt. Die Unnatur, daß Celia auf ihre Einsprache gegen die Ver-bannung der Rosalinde von ihrem Vater mit verbannt wird, hat er beseitigt. Den Krieg, mit dem der verbannte Fürst seinen Thron wieder erringt, die Befreiung der Frauen von Räubern mit der in dem Romane Celia's Liebe zu Oliver eingeleitet wird, hat der Dra-matiker weggelassen, um den Frieden und die heiteren Spiele seines Landlebens nicht mit Misklängen zu stören. Das Spiel zwischen Orlando und Rosalinde ist in dem Romane nur ein eklogischer Ge-sang, Shakespeare hat daran gerade den Fortgang der lockeren Hand-lung in den letzten Acten geknüpft. In allem Uebrigen folgt der Dichter dem Gange der Fabel in der Novelle sehr treu, ohne vieles Hinzu- und Hinwegthun. Auch die Tendenz der Erzählung faßte er genau in's Auge, die in ewigen Wiederholungen in dem Romane ausgesprochen und der Natur und der Lage der Charaktere wohl ein-gefügt ist. Die süßeste Salbe im Elend, darauf läuft das goldne Vermächtniß (the golden legacy) der Novelle hinaus, ist Geduld, und die einzige Arznei für den Mangel die Zufriedenheit. Man soll dem Unglück trotzen mit Gleichmuth und den Geschicken begegnen mit Bescheidung. So spotten die beiden Frauen, so Orlando der

Fortuna, und achten nicht ihrer Macht. Alle drei (oder mit Oliver vier) Hauptfiguren haben in ihren Schicksalen das Uebereinstimmende, daß zu ihrem äußeren Unglücke, zu Verbannung und Verarmung, die Liebe als ein neues Unheil (so wird es betrachtet) hinzukommt. Auch diesem streben sie mit derselben Waffe, mit Beherrschung und Maaß, zu begegnen, nicht zu ausweichend, nicht zu begehrend, mit mehr Rücksicht auf Tugend und Natur, als auf Reichthum und Stand, wie Rosalinde indem sie den nachgeborenen Orlando, und Oliver indem er die Schäferin Celia erwählt. Das liebende Schäferpaar ist in dieser Beziehung in den Gegensatz gebracht, daß Silvius zu heftig liebt, während Phöbe zu spröde die Liebe verachtet. Faßt man diese sittliche Betrachtung in Einen Begriff zusammen, so ist es die Selbstbeherrschung, der Gleichmuth, die Fassung in äußerem Leid und innerer Leidenschaft, deren Preis verkündigt werden soll. Daß auch in Shakespeare's Lustspiel dieser Gedanke zum Grunde liege, wird man auf den ersten Blick kaum denkbar finden. So völlig ist hier jeder Reflexion aus dem Wege gegangen, so ganz ist in dem leichtesten und freiesten Spiel der Handlung und Unterhaltung nur ein Bild zur Anschauung entworfen.

Der Verfasser des Romans von Rosalinde stellt Stadt- und Hofleben dem Land- und Hirtenleben gegenüber, jenes als eine natürliche Quelle von Unheil und Elend, das in diesem sein natürliches Gegenmittel findet. Die größten Meere, sagt er, haben die heftigsten Stürme, die kleinen Bäche sind ruhig. Kronen haben Kreuz, die Fröhlichkeit wohnt in Hütten. Große Geburt hat mehr Ehre aber auch mehr Neid. Gram hängt zusammen mit Rang, und Sorge mit fürstlichen Pallästen. Dagegen auf dem Lande lebt Zufriedenheit und man trinkt da ohne Argwohn und schläft ohne Kummer, von keiner Misgunst gestört; der Geist strebt da nicht über den Stand und der Gedanke nicht über das Vermögen. Ganz so läßt auch Shakespeare seinen Coridon die Würde seines Hirtenstandes empfinden, in dem er lebe von seinem ehrlichen Verdienste, Niemands

Glück beneidend, froh über Anderer Glück, in seinem Ungemache zu=
frieden. Ganz so scheint er die Leiden, die sich im ersten und zweiten
Acte an dem Hofe entspinnen, ihre Heilung in dem Landleben der
drei letzten Acte finden zu lassen. Ganz so hat er die Ursachen des
dort bereiteten Unglücks in die Laster gelegt, die dem Hofe und dem
großen Weltleben eigenthümlich sind, in den Neid und Haß die aus
Rang= und Habsucht entstehen, und ebenso hat er das Heilmittel ge=
gen die dort geschlagenen Wunden in der Bescheidung und harmlosen
Zufriedenheit gesucht, zu der das Leben der Einsamkeit an sich einlädt
oder auch nöthigt. Die ersten Acte beginnen daher wie ein Trauer=
spiel; sie zeigen die handelnden Figuren in einem Kriegstande, aus
dem sie nachher flüchten oder vertrieben werden in das heitere Spiel
der Lust und des Friedens, das ihrer im Ardennerwalde und seinem
Jagdleben, und an dessen Saum in Hirtenhütten wartet. Den Her=
zog Friedrich nennt seine Tochter selbst von rauher und neidischer
Art; er zeigt sich von finsteren Launen, von Argwohn und Mistrauen
unaufhörlich bewegt und von Habsucht getrieben. Er hat seinen
Bruder verbannt und den Thron usurpirt, er hat alle mit ihm ge=
gangenen Großen ihrer Güter beraubt, er hat seinen feindseligen
Argwohn gegen alle Ehrenmänner, gegen den alten Roland de Bois
wie gegen seinen braven Orlando gekehrt, er hat sich mit Ehrlosen
umgeben, die ihm gleichwohl (wie Lebeau) nicht ergeben sind. Der
Sieg Orlando's über den Ringer ist ihm genug, sein Mistrauen ge=
gen ihn anzufachen; einmal geweckt trifft es nun auch die früher ge=
schonte Rosalinde ohne einen anderen Grund, als weil sie seine Toch=
ter in Schatten stellt, worüber des Vaters neidische Ader sich regt,
die er auch der harmlosen Celia anwünscht. Da beide Freundinnen
hierauf gleichzeitig mit Orlando verschwinden, fällt nun Friedrich's
Argwohn und Habsucht den Oliver an, mit dem er sich bisher ge=
halten hatte. In diesem Aeltesten des wackeren Roland de Bois
schlägt die ähnliche Ader des Neides und der Habgier wie in dem
Herzog. Er strebt seinen Bruder um sein armes Erbe zu berauben,

er untergräbt seine Bildung und Erziehung, er sucht erst einen See-
lenmord zu begehen, dann stellt er dem Bruder nach dem Leben:
Alles aus einem unbestimmten Hasse gegen den Jüngling, dem er
selber Adel und hohes Streben zugestehen muß, der aber auch eben
durch diese Eigenschaften die Liebe aller seiner Leute von Oliver ab
auf sich lenkt und dadurch dessen neidische Eifersucht waffnet. Beide,
der Herzog und Oliver, gehen gleichmäßig des Glücks das sie suchen
verlustig, der Eine des Erben seines angemaaßten Herzogthums, der
Andere all seiner recht= und unrechtmäßigen Habe. Und darin liegt
der erste Anstoß und das gröbere Motiv zu ihrer späteren Entsagung
der Welt; den feineren Antrieb gibt dem Oliver die Rettung seines
Lebens durch Orlando, dem Herzog die warnende Stimme eines
heiligen Mannes, die zu seinem Gewissen und seiner Furcht spricht.
Es sind dieß nur Umrisse von Charakteren, die nicht bestimmt sind,
hervortretende Rollen zu spielen; aber man sieht wohl, daß sie von
derselben sicheren Hand gezogen sind, die wir in Shakespeare's Werken überall arbeiten sehen.

Das Unglück, das von diesen beiden Rang= und Habsüchtigen
ausgeht, die nicht einmal in und mit ihrem Glücke zufrieden sein können, traf zunächst den abgesetzten Herzog. Er hat sich mit lustigen
Gesellen in die Ardennen geflüchtet, wo sie's treiben „wie der alte
Robin Hood von England, und das Leben sorglos verbringen wie
im goldenen Zeitalter". Sie leben da bei Jagd, Gesang und Betrachtung. Ihre Lieder rufen von Ehrgeiz weg zu Natur und natürlichem Leben, wo nicht Menschenundank, nicht vergessene Wohlthat
und Freundschaft quält, sondern höchstens die scharfen Lüfte und
Stürme des Winters, von denen sie sich in lächelnder Betrachtung
sagen, sie seien nicht Schmeichler, sondern Rathgeber die ihnen fühlbar machen wer sie sind. So haben sie sich den Gefahren des „neidischen Hofs" entzogen, die Verbannung lieben gelernt vor dem ge-
malten Pomp des Pallastes, sie haben sich, ganz mit jener Geduld
und Zufriedenheit ausgerüstet, „die Härte des Schicksals in einem

ruhigen und milden Sinne ausgelegt"; und süß dünkt ihnen ihr Ge=
brauch des Unglücks, das wie die Kröte häßlich und giftig doch ein
köstliches Kleinod im Haupte trägt. In diesem Leben finden sie
„Zungen in den Bäumen, Bücher in den strömenden Bächen, Pre=
digten in Steinen, und Gutes in allen Dingen". Der landschaft=
liche Duft, der Waldgeruch, die Stimmung der Einsamkeit in diesen
Theilen des Stücks ist mit Recht immer bewundert worden; Colorit
und Scenerie stimmen schon die Einbildungskraft des Lesers mild
und weich; sie machen begreiflich, wie sich die Einsiedler in dieser
Umgebung angeregt fühlen, die Muße und Leere mit Nachdenken
und Betrachtung auszufüllen und das Herz jeder sanften Regung zu
öffnen; der Lärm der Welt schlägt nur aus Ferne und Vergessenheit
an das Ohr der glücklich Entronnenen und der Dichter hat sorglich
vermieden, diesen tiefen Frieden irgendwie unharmonisch zu stören.
Da der ausgehungerte Orlando den ersten und letzten Mißklang
hineinwirft, als er die Essenden um den Herzog mit dem Schwerte
von ihrem Mahle aufschreckt, wie wundervoll bricht sich dieser Mis=
laut sogleich an der liebreichen Sanftmuth, mit der sie dem Bedürfti=
gen begegnen und helfen!

Diesem Leben wohnt nur die Eine Gefahr inne, daß es durch
seine Eintönigkeit in Einem oder dem Anderen Langeweile, Melan=
cholie und Mislaune erwecke. In dem Jägerkreise um den Herzog
her ist Jacques in dieser Lage. Er theilt mit dem Herzog und seinen
Gesellen den Hang, Weisheit und Philosophie aus jeder kleinsten
Beobachtung und Anschauung zu ziehen; er hat im Uebermaaße die
Gabe, Betrachtungen an jedes geringste Ereigniß zu knüpfen, und
sie haben in dieser Entfernung von der Welt den Zug der Schwer=
muth angenommen. Die Melancholie, die dieser Mann aus jedem
Anlasse saugt, haben die meisten Leser, vollends die Schauspieler,
mild, human und liebenswürdig gefunden und dargestellt; sie wur=
zelt aber vielmehr in einer Verstimmung und Verbitterung, die den
spruchreichen und sinnvollen Weltling weit mehr zu einem schroffen

Tadler macht, als zu einem zufriedenen Dulder wie die übrigen sind. Er ist von der Menschenklasse, der Baco den Spruch zuruft: „Wer klug ist, suche ein Verlangen zu haben; denn wer nicht irgend etwas mit Eifer erstrebt, dem ist Alles lästig und langer Weile voll". In seiner hypochondren Laune, in seinem Widerspruchsgeiste findet Jacques, dem die Erinnerung an seine Reisen und sein früheres Weltleben einen Stachel zurückließ, dieß Leben im Walde eben so thöricht als das des Hofes, das sie verlassen haben; er übertreibt den Natur- und Friedensstand; er hält die Jagd auf die Thiere des Forstes für größere Usurpation als die des unrechtmäßigen Herzogs; er flieht von der einsamen Gesellschaft in noch größere Einsamkeit und verbirgt gern seine Gedanken, die Frucht seiner früheren Erfahrung und seiner gegenwärtigen Muße; dann sucht er doch wieder Gesellschaft und erheiternde Gesellschaft in großem Eifer auf. Ganz „aus Mistönen zusammengesetzt" stumpft er sich gegen alle freundliche Sitte ab, ist mit Allem unzufrieden und selbst damit, daß ihn Andere zufrieden zu stellen suchen; im Streit mit seiner eigenen Geburt und seinem Sterne, lästert er „auf alle Erstgeburt Aegyptens", tadelt er alle Welt, findet er an der großen Weltordnung auszusetzen und strauchelt über jedes Stäubchen auf seinem Wege. Ein erfahrener alter Sünder hat er allen Menschenaltern ihre Schattenseite gut abgesehen; er hat sich an der Welt gesättigt und ist in dieses Leben der Rückgezogenheit nicht mit der Geduld und Zufriedenheit der Anderen gerüstet eingetreten, sondern aus einer natürlichen Sucht nach dem Gegentheile. Wenn seine Satire sich überall mehr im Allgemeinen, und frei von der Verbitterung gegen bestimmte Individuen hält, so ist dieß nur eine Folge seiner unthätigen Natur, die mehr auf's Beobachten und Sammeln als auf Wirken und Thun gestellt ist, und seiner vereinsamten Lage in diesem idyllischen Leben ohne Reibung, in dem der Dichter ohnehin keinen Misklang will aufkommen lassen. Dieser Charakter ist ganz Shakespeare's Eigenthum und Zusatz. Er deckt die Zweiseitigkeit des Dichters, die uns aus vielen Beispielen

geläufig ist, an einem neuen auf. Shakespeare spricht nicht die tri=
viale Ueberlieferung der Schäferdichter nach), die das Stillleben der
Natur an sich für eine Schule der Weisheit und Zufriedenheit an=
preisen. Er zeigt in dem Gegensatze dieses Jacques zu dem Herzoge,
daß die Menschen, die aus diesem Leben Genuß und Vortheil ziehen
wollen, in sich eine Anlage tragen müssen, mäßig zu sein und sich
selbst in der Gewalt zu haben, um das Unglück entwaffnen, das
äußere Glück entbehren zu können. Aber dieser Jacques ist, nach des
Herzogs Aussage, selbst ein Wüstling gewesen, der ein sinnliches
und zügelloses Leben geführt und der nun von dem Einen Extreme
zum Anderen übergesprungen ist, ein blasirter Mensch, ein ausgetrock=
neter Epikureer, ein Ausgestoßener des Lebens. Das sieht der ge=
sunde Orlando seiner Tadelsucht in richtigem Instincte ab, dem er
ein Narr oder eine Null scheint; das findet Rosalinde an ihm aus,
die ganz aus des Dichters eigenstem Sinne die beiden Extreme, die
Gecken die immer lachen und die Anderen, die die Melancholie auf's
äußerste treiben, „abscheuliche Bursche nennt, die sich jedem Tadel
mehr als Trunkenbolde blosstellen". So auf die letzte Grenze seiner
trübsinnigen Lästersucht getrieben, springt Jacques in ein anderes
Extrem zurück, indem er sich wünscht eines Narren Amt zu bekleiden,
um mit Windesfreiheit Alles anzustürmen und „den faulen Körper
der verpesteten Welt zu reinigen". Er will, den harmlosen Beruf
des Narren ganz verkennend, das Gift, das er aus seiner schlimmen
Erfahrung gezogen, in der bunten Jacke auf die allgemeine Welt
ausgießen. Da sich dazu keine Gelegenheit bietet, so wendet er sich
zuletzt, in der bisherigen Rolle bleibend, zu dem Einsiedler Friedrich,
„weil von solchen Bekehrten viel zu lernen sei".

Wir haben gesehen, wie der verbannte Herzog sein Elend in ein
lachendes Glück verwandelt hat. Zu ihm stoßen nachher die beiden
Frauen, Rosalinde und Celia, und Orlando. An ihnen hat uns der
Dichter gezeigt, welche Eigenschaften sie mit sich brachten, um das
„goldene Zeitalter" in den Ardennen genußreicher als der schwer=

sinnige Jacques mit zu verleben. Die beiden Muhmen kettet ein „mehr
als schwesterliches Band" unzertrennlich zusammen; sie werden im
Romane mit Orest und Pylades verglichen; schon in dieser innigen
Freundschaft zeigt sich die Gabe der Selbstentäußerung, die sie aller
Eigensucht fremd macht. Harmlos und gerecht gelobt Celia feierlich,
ihrer Rosalinde einst ihr entzogenes Erbe wiederzugeben; sie muthet
ihr dafür an, fröhlich und heiter zu sein wie sie selbst ist; sie würde,
sagt sie ihr, in ihrer Lage anders, glücklicher sein, und sie bewährt
es nachher, als sie, mehr Freundin als Tochter, der Vertriebenen in
die Verbannung folgt. Rosalinde hat eine Zeitlang des Oheims
Neid und Argwohn durch ihr argloses Wesen, das selbst in Gedan=
ken dem Feinde nichts Böses wünscht, entwaffnet; er war hingerissen
von dem allgemeinen Eindrucke ihres Wesens, das ihr das Lob und
das Mitleid des Volkes gewann. Sie trug ihr Leid in „Sanftmuth,
Schweigen und Geduld"; die Freundschaft zu Celia erleichterte es
ihr; sie that sich ihr zu Liebe Zwang an, heiterer zu sein als es ihrer
Lage zukam. Wir erkennen deutlich die Natur, die auch Lodge in
seiner Novelle Rosalinden geliehen, die Anlage, sich zu beherrschen
und dem Misgeschicke seinen Stachel zu nehmen. Aber daß wir sie
darum ja nicht für kalt und herzlos nehmen. Sie fühlt es darum
doch tief, daß sie „von dem Glücke mit Misgunst gestraft" ist; und
wie ihr dann in der Person Orlando's ein gleich sehr von dem Schick=
sal Getroffener begegnet, verräth ihr überraschtes Herz wohl, wie
zugänglich sie den lebhaftesten Empfindungen ist. Die ähnliche glück=
lose Lage, die ihr Orlando andeutet, sein Kampf mit dem Ringer,
seine Abstammung von dem alten Freunde ihres Vaters — das Alles
hilft seinem einnehmenden Wesen, sie, die ihn selber besiegt, eben so
schnell zu bezwingen. „Ihr Stolz ist mit ihrem Glücke gefallen"; sie
gibt dem Sieger eine Kette, die sogleich ihr Schicksal und ihre gleich=
sam ererbte Liebe verknüpft; sie enthüllt sich, da sie nur Momente
ihn zu sehen hat, rasch und unwillkürlich, sie kehrt noch einmal zu
ihm zurück, sie sagt es ihm sogar, daß er noch Andere besiegt habe

als seine Feinde; und gleich darauf finden wir sie in ihre Liebe klaftertief versunken. Man sieht wohl, daß hier eine heftige Leidenschaft zu meistern ist; wie sie sie meistert, dieß ist nachher die Aufgabe, die sie bei der späteren Begegnung mit Orlando zu lösen hat. In diesem Orlando aber seinerseits entdeckt man dann eben so leicht die gleiche Anlage eines allerdings reizbaren Temperamentes, aber auch zugleich der Fassungskraft, die es zu bändigen weiß. Er ist von seinem Bruder bäurisch erzogen und wie ein Knecht behandelt; er fühlt den Schaden seiner mangelnden Erziehung mehr als den unterdrückten Adel seiner Geburt; „der Geist seines Vaters regt sich in ihm"; er will nicht mehr die unwürdige Behandlung dulden; und da Oliver in ihm die Ehre des Vaters angreift, faßt er den älteren Bruder an, aber nicht so daß er, wie in dem Romane, sich gegen ihn bis zur Gewaltthat vergäße, daß er Rache für Nachstellung übte, sondern er ist auch im Zorne Herr seiner selbst. Das Gefühl seiner Nichtigkeit streitet sich in ihm mit einer ehrgeizigen Strebsamkeit. Er sucht den Kampf mit dem gefürchteten Ringer Karl, zufrieden den Tod zu finden, da er ja keine Ehre zu verlieren und keine Freunde zu betrüben hat, aber auch hoffend, sich durch den Sieg zu empfehlen und vor dem Bruder sicher zu stellen. Statt dessen reizt er dadurch den Herzog zu Mistrauen und Oliver bis zu Anschlägen auf sein Leben, und obgleich er so eben erst seine Kraft erprobt hatte, wandert er doch lieber in die Irre, als daß er der Tücke seines Bruders begegnete. So ist er nachher im Walde rasch entschlossen, seinem verschmachtenden alten Diener in der Sorglichkeit kindlicher Treue, in der Stärke eines gereizten Wildes, mit dem Schwerte und mit Gewalt das Leben zu fristen, aber er wird auch gleich wieder zahm wie ein Lamm, da er freundliche Willfahrung findet. So ist er später, da er seinen Bruder schlafend im Arme der Todesgefahr sieht, nicht unversucht zur Rache, aber die Bruderliebe gewinnt es über ihn. Ueberall gewahrt man eine gesunde, sicher auf sich selbst und ihrer inneren Kraft ruhende, gefaßte Natur eines Jünglings, der einen ganzen Mann verspricht. Alles offenbart an ihm ein Naturkind, das mitten in der verderbten Welt rein und unversehrt geblieben ist. Welch ein be= schämender Gegensatz gegen den Lästerer Jacques, dem er auf seine Einladung mit ihm über die arge Welt zu schimpfen, erwidert: er wolle kein lebendes Wesen schelten, als sich selbst, an dem er die meisten Fehler kenne! Wie unschuldig erscheint der junge Hercules in seiner wortkargen Blödigkeit, als ihn die Liebe umgeworfen hat, als ihm Rosalinde ihr kostbares Geschenk und ihr kostbareres Geständ= niß macht und Er nicht Sprache findet, für das Eine zu danken und das Andere zu erwiedern!

Man wird in allen diesen Zügen, bei allen Dreien, die Anlage einer natürlichen Widerstandskraft nicht verkennen gegen die Ueber= wältigung äußerer Uebel, wie innerer Bewegungen des Gemüths. Mit dieser Gabe ausgestattet, werden sie überall eine Quelle des Glücks in sich tragen, wie es auch die Frauen in ihrem heiteren Bunde mitten auf dem Schauplatz des Hasses und der Verfolgungen be= währt haben. Diese Quelle wird aber allerdings ergiebiger fließen, sobald sie der Hemmungen erledigt, sobald sie den verworrenen und mannichfaltigen Leidenschaften einer rohen und ränkevollen Umgebung entnommen, sich selbst überlassen und auf ihre eigenen Affecte und Empfindungen angewiesen sind. Kaum ist daher das gespannte, un= heimliche Verhältniß der Rosalinde zu ihrem Oheim gesprengt, so fühlt sie sich in dem Unglück der Verbannung freier als in dem Glück des Hoflebens; die treue Freundschaft Celia's löst plötzlich ihrer an= geborenen Laune, die bisher gebunden lag, die Flügel; die Aussicht auf das Wiedersehen ihres Vaters macht sie unternehmend und kühn; sie besiegt ihre weibliche Furcht und nimmt über sich, die Rolle eines Mannes, und eines beherzten dazu, zu spielen. Der blonde Gany= med in seiner Jägertracht bewährt gleich der erschlafften Celia gegen= über eine gewisse Kraft der Ueberwindung; ihm kann die Ermattung der Reise, kann die Begegnung des Silvius, die seine Liebeswunde neu aufreißt, seine gute Laune nicht stören. Rosalinde trägt ihre

Liebe übrigens schweigend mit sich; nicht so der umgetriebene Orlando, der die seinige den tauben Wäldern erzählt, den Namen seiner
Rosalinde in alle Rinden schneidet nnd Gedichte auf sie, die Versuche eines begabten Ungeschulten, an die Bäume hängt. Celia findet den Dichter; unter den Erschütterungen ihrer Schicksale treffen die
zuvor plötzlich Vereinten und Getrennten wunderbar und unverhofft
wieder zusammen; als sie es Rosalinden ahnen läßt, finden wir ganz
die im Innersten Aufgeregte, die ihres Gefühls. kein Hehl scheint
haben zu können, wieder. Wie steigt ihr das Blut in die Wangen!
welche Hast in ihren Fragen! in welche holde Ungeduld bricht ihre
Erwartung aus! Ein Zoll breit Aufschub dünkt ihr eines ganzen
Welttheils Länge! Da sie nun seine Anwesenheit erfährt, ihn hoffen
darf festzuhalten, von keinem neidischen Auge verfolgt, in dieser schäferlichen Einsamkeit und Stille ihn ganz und ungetheilt zu besitzen,
da, wo nach den Worten des Romans „die Gelegenheit, der süßeste
Freund der Liebe, in den Hütten herbergt", nun ergreift sie, die vorher am Hofe so sanft, so schweigend, so geduldig war, der neckischste
Uebermuth, die beweglichste Ausgelassenheit, eine athemlose Plauderhaftigkeit: es schwillt das Glück in ihr über in eine Springflut,
von der man meint Alles fürchten zu müssen. Allein verliebt wie sie
war, sagt die Novelle, wußte sie ihre Pein in der Asche der Ehrbarkeit zu bergen. Zu lieben, sagt Rosalinde bei Shakespeare, ist Wei-
berart, aber auch, es nicht zu gestehen. Damals, als sie im Drange
des Augenblicks sich an Orlando verrieth, strafte sie diese ihre eigene
Regel Lügen, und Alles, was sie jetzt in der Behaglichkeit der vollen
Muße thut, ist als ob sie jenen Fehler wieder gut machen wollte.
Die Rollen sind getauscht; damals war Er verschämt stockig und sie
war aufrichtig, jetzt ist sie zurückhaltend mit ihrer Liebe, mit Person
und Namen, da Er den Lüften und den Menschen, wer es hören
will, seiner Liebe geständig ist. Sie hat sich damals ihm verrathen,
jetzt freut sie sich daran, bei der ersten Begegnung sein Geständniß
von ihm zu erfragen, und sie spielt es durch alle Variationen mit

heimlichem Entzücken, mit vorgegebenem Scherz und Spotte durch. Es fällt nicht schwer, den auf seine Liebe Stolzen zum Bekenntniß zu bringen, daß er der dichtende Lobredner Rosalindens sei; sie findet dann, daß er nicht aussehe wie ein Liebender, daß er nichts von der „nachlässigen Trostlosigkeit" der Verliebten an sich habe: sie möchte gern seine Einsprache hören. Sie will ihm seine Liebe verleiden, um ihre Festigkeit zu erproben; es ist Arznei für sie, wenn er mit seiner ruhigen Verläßigkeit sagt, sie würde ihn nicht von seiner Liebe heilen. Mit ihrem erfinderischen Scharfsinne weiß sie sich dann in die Lage zu versetzen, sie selbst zu sein und doch nicht zu scheinen, des Geliebten Anwesenheit und Liebe zu genießen und sich doch nicht unsittsam dem Ungeprüften hinzugeben, zu lieben wie sie sagte und es doch nicht zu gestehen, und so den Wünschen ihrer ungeduldigen Geduld, ihrer beredten Schweigsamkeit nachzukommen. Indem Shakespeare, dem Romane folgend, so den Boden bereitet, auf dem Rosalinde ohne Verletzung der Sitte ihrer Liebe Raum geben darf, hat er jede ausdrückliche Moralisation vermieden, auf der der Roman breit verweilt, in diesem wie in dem Verhältniß Oliver's zu Celia. Auch da mahnt sich Celia selbst, mit Geduld zu lieben, nicht zu blöde nicht zu vordringlich zu sein, sie gibt sich erst hin da Oliver von Vermählung spricht; die Ehrbarkeit ist auch hier die Lenkerin der Handlungen. Shakespeare hat dieß Verhältniß Celia's sehr kurz behandelt; aus einer Aeußerung noch am Hofe kann man entnehmen, daß sie die Liebesgeschäfte überhaupt kälter und praktischer nimmt als Rosalinde; ihre schnelle Zusage an Oliver ist daher nicht unmotivirt; daß aber auch Shakespeare die rasche Vermählung als einen Damm gegen die Unenthaltsamkeit ansehe, gibt er in Einem Worte zu verstehen. Es hieße die Kraft des Lustspiels schwächen, hätte der Dichter auf den Inhalt der Sittenpredigten des Romanes irgendwie breiter eingehen sollen. Ueberdieß hat er Rosalindens Charakter so gehalten, daß ihn die Wahrheit der Schilderung selbst dieser prosaischen Störung überhob. Sie ist zur Reflexion in sich wenig geschaffen; sie fällt nicht

aus umständlicher Ueberlegung, sondern aus einem natürlichen Instincte, der eine gebotene Gelegenheit mit Geschick ergreift, auf das
Auskunftmittel, die Leidenschaft dadurch zu zügeln, daß sie sie in ein
Spiel der Einbildung zwingt, Herz und Gefühl dadurch zu meistern,
daß sie dem Kopf und dem Geist Beschäftigung gibt. Auf diesem
Wege wahrt sie die Sitte und wehrt sich und ihrem Geliebten Melancholie und Traurigkeit ab, und der Dichter gewinnt so in einer
ganz anderen Weise, als Lodge in seinem Romane, den ungemeinen
ästhetischen Vortheil, daß er in die Trockenheit des Stilllebens diese
Quelle von Witz hereinleitet, die in der freien Natur, fern von aller
Convenienz, in ungehindertem Laufe sich ergießt. Früher in ihrem
väterlichen Hause war die braune Celia die lustigere von beiden
Freundinnen, jetzt aber bildet ihre stillere Rückgezogenheit die Folie
für den Muthwillen Rosalindens, der in dem unerwarteten Glückstande keine Grenzen hat.

Orlando geht auf das Spiel Rosalindens mehr leidend als
selbstthätig ein. In ihren ähnlichen Verhältnissen in der Stadt war
Er, wie es dem Manne gebührt, der Thätige und sie die Duldende;
in dieser kleinen Liebesintrigue ist das Weib billig die Anstifterin
und Leiterin. Er läßt sich, nicht willig nicht unwillig, in den abenteuerlichen Plan ziehen, den Ganymed wie seine Rosalinde zu umwerben. Er fand die Aehnlichkeit Beider aus, er hielt sie Anfangs
für den Bruder seiner Geliebten, es ist ihm heimlich und behaglich
in ihrer Nähe, er hat für seine Seufzer einen Gegenstand, und welcher Liebende klagte und zeigte nicht gern seine Liebe! Aber bei alle
dem ist er in seinem Dienste nicht so feurig, weil in seiner gesunden
Natur die kopfhängerische und empfindsame Ader der Verliebtheit
nicht liegt. Rosalinde findet, da er die Stunden nicht einhält, man
könne von ihm wohl sagen, daß Cupido ihn auf die Schulter geklopft
habe, daß aber sein Herz unverletzt sei. In diesem Tone quält sie
den Armen, der ihr ja natürlich nicht genug thun kann, und diese zu-
gefügte Qual wird nur durch die andere vergütet, die sie leidet,

sobald sie allein ist. Dann sieht man an ihrer ungeduldigen Laune, an ihrem Schmälen, an ihren Thränen, an ihrer Angst ihn wieder zu verlieren, daß ihre neckische Ausgelassenheit sie wirklich eine Ueber= windung kostet, daß sie in der That Selbstbeherrschung nöthig hat ihre Rolle durchzuführen, daß mit ihrem Muthwillen Zärtlichkeit und Empfindung fortwährend Hand in Hand geht. Dieß könnte man an den Stellen leicht vergessen, wo sie ihn mit angenommener Grau= samkeit foltert, wo sie fast herzlos ihm vor seiner Ehe und seiner Ge= liebten angst und bange zu machen sucht, wo sie die Beobachtungen einer kalten, spöttischen Natur auszulegen scheint. Und da, wo sie ihm (IV, 1.) den nie zu zügelnden, nie zu verblüffenden Witz des Weibes schildert, könnte man vollends angst um den armen Orlando werden. Aber in ihrer Natur liegt durchaus in seltener Vereinigung das richtigste Gleichgewicht der Verstandes= und der Gefühlskräfte; in ihr ist die Gefühligkeit der Viola und der Witz der Beatrice ver= schmolzen; der Dichter hat ihr eine auffallend freie Zunge geliehen, um ja nicht auf den Fehlgedanken zu leiten, daß bei ihrer Enthalt= samkeit nur eine Spur von conventioneller Sprödigkeit oder von As= cetismus im Spiele sein könnte; Phöbe bezeichnet die Zweiseitigkeit ihres Wesens genau, wenn sie sagt, ihr sanftes Auge stehe mit ihrer scharfen Rede im Widerspruch und heile die Wunden, die ihre Zunge schlägt. Mitten in ihrem Uebermuthe daher, wenn Orlando weg= geht, wie plötzlich bricht die Weichheit ihres Herzens hervor in den Worten: Ach geliebter Freund, ich kann dich nicht zwei Stunden missen! wie bietet sie Alles auf ihn schnell zurückzuhaben! wie ver= seufzt sie dieweil die kurze Zeit der Trennung! Und dann, als statt seiner Oliver kommt und die Geschichte von Orlando's Verwundung erzählt, da fällt sie in Ohnmacht; das ganze Weib kommt in dem verkleideten Manne zu Tage und ihre ganze Liebe bricht aus der Ver= hüllung hervor. Der Knoten löst sich nun. Oliver durchschaut sie; Ihr ein Mann? sagt er; euch fehlt ein männlich Herz! Sie verräth sich dann weiter, als sie ihm zumuthet, zu glauben, ihre Ohnmacht sei Verstellung gewesen. Er glaubt's ihr nicht. Sie dränge ihm gern die Ueberzeugung auf; er trennt sich von ihr, indem er sie scherzend auch Rosalinde nennt. Man muß annehmen, Oliver theilte Orlando seine Entdeckung mit. Nun ist die Reihe an Orlando, das Spiel fortzuführen, um ihr die Freude nicht zu verderben, eine kleine Probe für s e i n e Geduld. Sie fragt ihn, ob sein Bruder ihm ihre verstellte Ohnmacht erzählt? Er antwortet zweideutig: Ja, und größere Wunder als das! Es ist als ob sie seine Entdeckung fürchtete, da sie schnell diese Antwort auf Celia's Verlöbniß bezieht. Jede folgende Rede Orlando's gewinnt an Feinheit, wenn die Rolle so verstanden wird, daß er von nun an weiß, mit wem er zu thun hat. Und so wird auch erklärlich, daß zuletzt bei der Enthüllung kaum eine Ueberraschung Statt findet.

Der Gegensatz, den die schäferliche Episode zwischen Phöbe und Silvius bildet, wird nun klar sein; oder sollte er nicht, so müßte man auch dafür die Aufklärung sich aus dem Romane von Lodge herüberholen, wo er bis zur Plattheit deutlich ist. In diesem Hirtenleben herrscht im Gegensatze zu dem bewegten Treiben des Hofs und der Stadt Frieden und Ruhe; wo dort Neid und Haß ihre Ränke, spielt hier höchstens die Liebe ihre kleinen Streiche. Die Liebe ist, nach dem Romane, so kostbar in eines Schäfers Auge als in dem eines Königs; die Gelegenheit und die Treue der Liebe sind in diesem Stande mehr zu Hause, weil die Einsamkeit den Zug zur Geselligkeit steigert. So finden wir also Silvius von einer heftigen und zudringlichen Liebe besessen, von allen jenen tausend Thorheiten voll, in denen die Verliebten das kleinste, das ihre Leidenschaft berührt, für das heiligste und wichtigste achten. Die Novelle, ihrer Einen Lehre immer treu, wirft ihm vor, daß seine Liebe maaßlos sei, „daß er sie nicht mit Geduld zu verbergen wisse". Man sieht hier deutlich die Gegenüberstellung gegen die Liebe Rosalindens, die zwar bei Shakespeare sagte, ihre Liebe sei sehr nach der Eigenschaft der des Silvius. Aber dem ist in der That nicht so, so wenig als

Rosalinde den Eigenschaften der Phöbe nahe steht, in deren Tone sie sich zwar auch, und ganz in gleicher Weise, allen hyperbolischen Lie= besbetheuerungen abgeneigt zeigt. Aber dieß ist bei ihr die gesunde Natur, die jeder Uebertreibung gram ist, bei Phöbe, die der Dichter als eine strenge Schönheit malt (schwarzhaarig, von großen Augen und milchweißen Wangen) ist es Sprödigkeit, Haß der Liebe, der anmaaßende Stolz, über sie siegen zu wollen. Die weise Mitte, die die beiden Freundinnen suchen zwischen Blödigkeit und Begehrlichkeit der Liebe, wird von Phöbe und Silvius in entgegengesetzter Weise verfehlt. Daß Rosalinde an Beider Eigenschaften einen gewissen Theil hat, das stellt sie eben auf den maaßvollen mittleren Stand= punkt, von dem aus sie sich gleich fähig und geschäftig zeigt, den Stolz der Phöbe mit größerem Stolze zu demüthigen, die Demuth des armen Wurmes Silvius dagegen aufzurichten. Zwischen beiden erscheinen die Städterin und ihr Orlando als die eigentlichen unbe= fangenen Kinder wahrer Natur, den geschraubten Geschöpfen einer conventionellen Dichtung gegenüber gestellt.

Einen anderen Gegensatz bildet das Verhältniß des Narren zu Audrey (Käthchen), das ganz Shakespeare's Zusatz ist. Probstein parodirt in seinen Versen an die rohe Bauerdirne, neben der er sich wie Ovid bei den Geten dünkt, die schmachtende Poesie Orlando's, in seiner falschen Trauung durch Sir Oliver die der Rosalinde und Orlando's durch Celia, in seiner demüthigen Laune, die häßliche Audrey zu heiraten, die ungleichen Verbindungen der Uebrigen. Seine Heirat ist aber nur eine vorgegebene; er geht sie nicht ein, wie Celia, um der Unenthaltsamkeit auszuweichen, sondern um ihr zu fröhnen. Er thut das Gegentheil von Rosalinde und Orlando; er mißbraucht dieß Naturleben in der Einsamkeit zu Freibeuterei, in der Absicht, sich von Audrey in passender Stunde wieder loszusagen. Er macht sich die Gelegenheit zu Nutze, die sich hier bietet, ohne die Treue zu besitzen, die nach dem Romane von Lodge dieser Oertlich= keit eigen sein soll. Stadt= und Landsitten erscheinen in ihm in gleicher

Nacktheit. Man sieht aus seinen Reden auf die Zeit zurück, wo er diesem Landleben und seinen Sitten angehört hat, jetzt aber spielt er gerne den Hofmann. Er ist, wie Jacques mit dem Herzog, aus Anhänglichkeit an Celia mit in diese Einsamkeit gegangen, aber nicht aus Neigung; er führt sich wie ein Hofmann auf, wenn er von seiner herablassenden Neigung spricht, wenn er (wie Don Juan den Masetto) den armen Wilhelm abtreibt, wenn er seine Kenntniß des Ehrenkatechismus der höfischen Raufer auslegt, wenn er gegen Corinnus das Schäferleben herabsetzt und in scherzhafter Uebertreibung dieselbe Sünde bei der Fortpflanzung der Schafe findet, wie Jacques ernsthaft bei der Jagd. Und so entwickelt er denn auch seine losen höfischen Sitten der ehrbaren Audrey gegenüber.

In Probstein hat Shakespeare zum erstenmale einen Narren von etwas höherer Natur vorgeführt. In allen früheren Lustspielen haben nur Clowns gespielt, natürliche Narren, deren Witz mehr eingelernt und mechanische Abrichtung, oder in drolliger Unbewußtheit überliefert ist. Nur der in Ende gut Alles gut hatte etwas von der „prophetischen" Ader in sich, die er sich selbst beilegt nach der allgemeinen Ansicht der damaligen Zeit, daß in den Narren, kraft ihrer Eigenschaft, auf dem kürzesten Wege die Wahrheit zu sagen, etwas Göttliches und Wahrsagerisches gelegen sei. Shakespeare huldigte dieser Zeitansicht von der höheren Bedeutsamkeit der Narren, in seiner künstlerischen Thätigkeit wenigstens, ganz und gar. Die Afterweisheit, die aus gelehrter Vornehmheit und Pedanterie oder aus Eigenliebe, aus verdorbenem Geschmack oder Gewissen auf diese Figur der Komödie verächtlich oder tadelnd herabsah, überließ er den Ben Jonsons und den Malvolios, ohne ihrer zu achten. Er hat, wie wir nun oft gesehen haben, sogar den einfältigen, natürlichen Narren, in der Beziehung, die er ihnen jedesmal zu den Handlungen seiner Stücke zu geben wußte, eine tiefere Bedeutung geliehen, ohne zu fürchten, der Natur und Wahrheit Zwang anzuthun; denn wer hätte nicht oft an lebendigen Beispielen erlebt, wie der Mutterwitz die Aufgaben, um die sich die Weisen bemühen, mühelos löst und ohne es zu wissen, oder daß ein kindlich Gemüth in Einfalt ausübt, was kein Verstand der Verständigen sieht? Einen höheren Werth als diesen mißt Shakespeare aber den witzigen Köpfen, den eigentlichen Narren bei, die ihre Rolle mit Bewußtsein spielen, denen eine Vollmacht gegeben ist, die Wahrheit zu sagen, den Schleier der bloßen Anstands= sitte und der Heuchelei so oft sie wollen zu zerreißen, unter der Maske eigener Thorheit die Thorheit Anderer witzig zu entlarven. Dieß dünkte Shakespeare ein Handwerk, „so voll von Arbeit wie des Weisen Kunst" und so voll Nutzen wie die gesalbte Predigt des Kaplanes. Denn es schien ihm die gewandteste Kenntniß der Welt und der Menschen, ihrer Launen und der umgebenden Verhältnisse, dazu zu gehören, um treffend und weislich diesen Stachel der Schein= thorheit zu gebrauchen; es schien ihm der wachsame und scharfe Geist bewundernswerth, der es verstand und rasch genug war, die verhüllten Schwächen der Menschen zu entdecken und „wie ein Falk auf jede Feder zu schießen, die ihm vor's Auge kommt". Für die Menschen im Allgemeinen aber gilt ihm die Anwesenheit eines Narren als der nützliche Prüfstein ihrer Köpfe und Herzen. Den Parolles, den Malvolio und ähnlichen gewürfelten Schelmen oder eckigen Pedanten sind die Witze der Narren unbequeme „Kanonenkugeln", die den Edel= müthigen, den Schuldlosen, die von freiem Gewissen sind, für leichte „Vögelbolzen" gelten. An diesen Reinen fliegt der Witz des Narren wild und fehl vorüber; die bei dem Schwirren seiner Pfeile zucken, deren Narrheit deckt sich von selber auf, wenn der buntscheckige Mann vielleicht nicht einmal hinzielte. Als das Leben den Spielen der Phantasie noch nahe stand, war diese privilegirte Narrheit ein Hand= werk, ein Beruf des Lebens. Gerade in Shakespeare's Zeit trat sie aus dem Leben zugleich auf die Bühne über, aber damit fing sie auch an aus dem Leben selbst zu schwinden. Das war vielleicht für Shake= speare eine Aufforderung mehr, sie für die Kunst zu retten und zu adeln. Aber es war dieß bei der Rohheit der Spieler und bei der

Neigung des Volkes, gerade nur die plumpen brolligen Späße der
Rüpel zu belachen, sehr schwer. Wir haben früher angeführt, wel=
chen Misbrauch die Tarlton und Kempe von dem Privilegium der
Narren auf der Bühne machten; so lange dieß dauerte, so lange die
Hauptkunst dieser pulcinellartigen Spieler und die Hauptfreude des
Publicums war, wenn sie das Kinn vorstreckten, die Hände hängen
ließen und ihre Pritsche quirlten, konnte Shakespeare kaum wagen,
eine feinere Rolle dieses Schlages auf die Bühne zu bringen. Kempe
trat zweimal von der Gesellschaft des Blackfriartheaters ab. Erst da
er und seines Gleichen beseitigt waren, konnte Shakespeare jenes
feinere Programm im Hamlet für die Spieler des Narren schreiben,
konnte er die Narren in Wie es euch gefällt, Was ihr wollt und im
Lear auf die Bühne bringen. Der Probstein in unserem Stücke ist
seines Witzes nicht ganz so kundig und bewußt, wie die Narren in
Was ihr wollt und im Lear; aber er ist auch nicht auf dem Stand=
punkte der Costard, der Lanz und Lanzelot. Er steht an der streitigen
Grenzlinie des Instinctes und des Bewußtseins, wo diese Rolle am
dankbarsten ist. Jacques sieht ihn für einen Clown an, der sich in
seinem trockenen Gehirne seltsame Fächer vollgestopft habe mit An=
merkungen, die er dann brockenweise von sich gebe; er hält ihn für
einen jener „natürlichen Philosophen" (worunter Warburton nichts
als einen natürlichen Narren hätte verstehen sollen), von denen
Probstein selbst sagt, sie kämen weder durch Natur noch durch Kunst
zu Verstand. Die beiden Frauen nennen ihn abwechselnd natural
und fool: Celia, ihm in's Gesicht, schreibt ihm die Stumpfheit des
Clowns zu, die der Wetzstein der Witzigen sei, während für den
eigentlichen Narren mehr die Thorheit der Andern der Schleifstein
seines Witzes ist. Und Probstein selbst gibt sich den Schein, als sei
er weiser als er selber wisse: er werde, sagt er, seinen eigenen Witz
nicht eher gewahr, als bis er sein Schienbein daran stoße. Dagegen
sieht er sich nach seinen Aeußerungen an anderen Stellen über den
Clown und den natürlichen Philosophen weit erhaben, und der

Herzog erkennt wohl die Absicht hinter seiner vorgeschobenen Narr=
heit; er braucht, sagt er, seine Thorheit nur wie ein Stellpferd, um
seinen Witz dahinter abzuschießen.

Ganz dieser zweiseitigen Anlage entspricht nun sein Handeln
und Reden in dem Stücke. Er vollführt seine Streiche in der Art
der Clowns, bei denen Schelmstreiche auch für Witze gelten. Da=
gegen hat ihm der Dichter auch, wie der Narr immer gebraucht sein
sollte, die Rolle des komischen Chors im Lustspiele übertragen. Wir
haben oben gezeigt, in welchen Gegensatz das Verhältniß Prob=
stein's und der Audrey zu dem der übrigen Paare gebracht ist; die
idealisirte schäferliche Liebe ist darin von einer realeren Natur paro=
dirt. Diese Gegensätze waren dem Schäferdrama eigen. Thomas
Heywood, indem er die Schäferspiele zu Shakespeare's Zeit charak=
terisiren will, braucht die Worte: „Wenn wir ein Pastoral aufführen,
so zeigen wir die harmlose Liebe von Schäfern, in verschiedener Weise
moralisirt, indem wir den Unterschied darstellen zwischen der List der
Stadt und der Unschuld des Schäferkleides". Man sieht wohl, nach
dieser Bestimmung ist Shakespeare's Stück nichts anderes als ein
Pastoral; die Sitten von Stadt und Land sind in mehrfache Gegen=
sätze gebracht; die Moral, die der Dichter zieht, mag freilich wesent=
lich verschieden sein von der, die in den schäferlichen Romanen und
Dramen der Zeit gewöhnlich aus jenem Unterschiede von Stadt und
Land gefolgert wurde. Shakespeare hat seines Narren Mund zu sei=
nem Stellpferde gebraucht, um seine Meinung von der herkömmlichen
Idealisirung des Schäferlebens in der Pastoraldichtung auszuspre=
chen, in demselben Sinne, wie seine Darstellung und die Handlun=
gen in sich sie zu Tage legen. Auf die Frage des Corinnus, wie ihm
dieß Schäferleben gefalle, gibt ihm Probstein diese Antwort: „Wahr=
haftig, Schäfer, an und für sich betrachtet ist es ein gutes Leben;
aber in Betracht, daß es ein Schäferleben ist, taugt es nichts. In
Betracht, daß es einsam ist, mag ich es wohl leiden, aber in Be=
tracht, daß es stille ist, ist es ein sehr erbärmliches Leben. Ferner in

Betracht, daß es auf dem Lande ist, steht es mir an, aber in Be=
tracht, daß es nicht am Hofe ist, wird es langweilig. Insofern es
ein mäßiges Leben ist, seht ihr, ist es nach meinem Sinne, aber in=
sofern es nicht reichlicher dabei zugeht, streitet es sehr gegen meine
Neigung. Verstehst du Philosophie, Schäfer?" Mir scheint, daß
vielleicht alle Schäferpoesie zusammengenommen kaum so viele reale
Weisheit enthält, als diese Philosophie des Narren. Er findet nichts
gegen das Schäferleben zu sagen, aber auch nichts gegen die ent=
gegengesetzte Art des Lebens, und die schlichte Einfalt des Corinnus
selbst ist ihm darin zur Seite, der dem Hofe seine Sitten und dem
Lande die seinigen läßt. Shakespeare kannte nichts von der Einsei=
tigkeit, die das Leben der Welt und der Einsamkeit, eines um des
andern willen, verdammte oder verwürfe. Vielmehr findet des
Narren Witz gerade den, der blos das Eine kennt, oder wie der
Sinn ist, blos das Eine achtet, „verdammt wie ein einseitig geröstetes
Ei". Auf keiner der beiden Arten zu leben liegt in der Darstellung
Shakespeare's ein Nachdruck des Vorzugs. In keinem von beiden
Kreisen findet er an und für sich die Bedingung des Glückes oder der
Tugend, sondern das Glück sieht er am sichersten hausen, nicht an
diesem oder jenem Orte, sondern in den Menschen, die für beide und
für jede andere Arten des Daseins eine Anlage und ein natürliches
Theil der Befähigung haben; in jenen Menschen, die sich, verbannt
aus der Welt, nicht elend fühlen, so wenig, als wenn sie aus der
Einsamkeit in die Welt zurückgerufen werden. Der Dichter weiß
nichts von einem gewissen Verhältniß, oder Zustande, oder Zeitalter,
die eine sichere Quelle des Glückes wären, aber er weiß, daß es in
allen Ständen und Geschlechtern Menschen gibt, wie seinen Herzog,
seine Rosalinde, seinen alten Adam Spencer, die in ihrem Busen den
Gleichmuth und die Zufriedenheit tragen, die der einzig fruchtbare
Boden aller wahren inneren Beglückung ist, und die einlachendes Eden
und ein goldnes Zeitalter überall hinbringen, wo sie sich niederlassen.

I. 33

Viel Lärmen um Nichts.

Der ernste Theil von Viel Lärmen um Nichts, das Verhältniß zwischen Hero und Claudio, ist der Geschichte von Ariobante und Ginevra im fünften Gesange von Ariost's rasendem Roland ähnlich, ein Gegenstand, der schon 1583 dramatisch behandelt und vor Elisabeth unter diesem Titel (Ariobante und Ginevra) aufgeführt war. Ariost's Epos war 1591 von John Harington übersetzt; jene Episode aber war abgetrennt schon früher, sogar zweimal, in's Englische übertragen worden; auch Spenser hatte sie in den zweiten Gesang seiner Feenkönigin mit einigen Veränderungen aufgenommen. In Bandello's 22. Novelle von Timbeo di Cardona ist derselbe Stoff behandelt und, nach den Namen der handelnden Figuren zu schließen, hat Shakespeare diese Quelle zu seinem Stücke benutzt, ohne auf Ariost zurückzugehen. Diese Novelle nun bot für irgend eine sittliche Auffassung der Fabel dem Dichter nicht entfernt einen Fingerzeig dar; es ist eine kahle Erzählung, die auch uns zum Verständniß des Shakespeare'schen Stückes nichts gewährt; in dem vorigen Stücke hatte er die breite Moralisation seiner Quelle zu verbergen; in diesem Stoffe dagegen mußte er den verborgenen ethischen Funken erst herausschlagen. Shakespeare übersetzte die Irrungen zwischen Claudio und Hero aus der flachen Novellenpoesie in das Leben; er tauchte in die Natur eines solchen Vorfalls ein; er fragte sich nach der wahrscheinlichen Beschaffenheit der Menschen, unter denen er denkbar war; er fand den Grundton, auf den er ein solches Gemälde aufziehen müsse. Es erweiterte sich ihm der Gegenstand unter den Händen; die Haupt= handlung bekam ein erläuterndes Vorspiel; die Hauptfiguren (Hero und Claudio) ein bedeutsames Gegenstück in dem Verhältniß von Benedict und Beatrice, das ganz Shakespeare's Eigenthum ist; diese Gestalten gewannen es sogar über jene Hauptpersonen; die Intrigue trat, wie es bei unserem Dichter immer ist, wie es Coleridge gerade an diesem Stücke besonders nachgewiesen hat, hinter die Charakteristik zurück; es handelt sich fast mehr darum, welcherlei Art die Menschen sind, die Viel Lärmen um Nichts machen, als um das Nichts, um das viel Lärmen gemacht wird. Alles Gewicht scheint nicht auf der Verwickelung, auf dem äußeren Interesse der Katastrophe an sich, sondern auf der sittlichen Bedeutung zu liegen, die jene Störung durch den Bastard Johann für die beiden geschlossenen und eingeleiteten, wieder gelösten und noch nicht befestigten Verbindungen, oder viel= mehr für die Paare, für die Menschen hat, die diese Verbindungen eingegangen sind. Indem der Dichter auf diese Weise die Bedingun= gen des darzustellenden Gegenstandes, die Naturanlage und Charak= terbildung der geeigneten handelnden Figuren aufsuchte, ist er, wie uns scheint, auf einen Boden gerathen, der dieses Stück zu dem gleichzeitigen Wie es euch gefällt in einen förmlichen Gegensatz stellt. Schon äußerlich betrachtet erinnert das neckische Witzgefecht zwischen Benedict und Beatrice an das ähnliche Verhältniß von Rosalinde zu Orlando zurück, in der Entwickelung der Handlung aber fällt ein entgegengesetzter Verlauf sogleich in die Augen. Wo dort ein fürst= licher Hof mit einem großen Vasallenhause gegenseitig und in sich verfallen und in Zerwürfnissen erscheint, treten wir hier in einen ähnlichen Kreis, in dem die behaglichste Verträglichkeit herrscht. Wo dort das Stück mit feindseligen Verfolgungen, in einem tragischen Charakter, begann, und sich hernach in den drei letzten Acten zu einem Lustspiele von ununterbrochen heiterer Natur entwickelt, da spielt hier

umgekehrt in den ersten drei Aufzügen die fröhlichste Laune und nach=
her droht das Scherzspiel plötzlich in eine förmliche Tragödie umzu=
schlagen.   Wo dort die Menschen im Vordergrunde standen, die von
Misgeschicken geschult, mit Fassungskraft, mit Gleichmuth, mit
Selbstbeherrschung begabt, über ihr Unglück Meister wurden, so sind
wir hier in eine Gruppe von Personen versetzt, die an Glück ge=
wöhnt, vom Glück verwöhnt, bei den schönsten Charakteranlagen in
die entgegengesetzten Fehler verfallen sind: in Haltlosigkeit, in eigen=
liebige Veränderlichkeit, in Leichtsinn und Leichtgläubigkeit, um es
in Ein Wort zu fassen in den Wankelmuth, den das selbst schwan=
kende Glück erzeugt, und in dem der Mensch von dem Augenblick
allzu abhängig, seines Urtheils und seiner Entschlüsse nicht Herr ist.
Und endlich, wo dort jene kräftigen Gleichmüthigen auf der Spitze
ihres Unglücks Trost und Linderung in dem sanften Frieden eines
abgeschiedenen Stilllebens finden, da werden diese Verweichlichten
auf der Höhe ihres Glückes durch einen tragischen Zwischenfall auf=
geschreckt, der die schlafferen Naturen aufrüttelt und ihnen eine wohl=
thätige Warnung auf ihren Lebensweg mitgibt.

Hält man diese Grundanschauung fest, so wird man finden, wie
unser Lustspiel bei aller poetischen Freiheit in allen seinen Theilen
vortrefflich zusammenhängt, und welch ein tiefer Hintergrund auch
hier einer höchst schalen Novellenintrigue gegeben worden ist.   Wir
treten in das Haus des Gouverneurs von Messina, das von Reich=
thum und großen Verbindungen gehoben ist und wo ein ganz unge=
trübtes Familienglück uns aus allen Verhältnissen und Personen
entgegenblickt.   Ein heiterer Verkehr lacht uns gleich aus der ersten
Scene, dem Empfang eines unbekannten Boten an; ein befreundeter,
ehrender Besuch wird angekündigt, der die Fröhlichkeit und Geselligkeit=
keit noch steigern soll.   Die traulichste Gemeinsamkeit herrscht unter
den hohen und niedrigen Gliedern der Familie oder vielmehr des
Hauses.   Die Diener belauschen die Gäste und statten den Herren
ihren Bericht ab; der Oheim Antonio macht sich auf dem Masken=

balle mit dem Kammermädchen zu schaffen, und sie rückt ihm seinen
wackelnden Kopf auf und macht sich über seinen Verstand lustig;
selbst gegen die fremden Gäste nehmen sich die Zofen der Hero etwas
heraus; mit der Tochter und der Nichte Lionato's in Scherzen bis
an die Grenze zu gehen, ist ihnen geläufig. Auf dem ähnlichen trau=
lichen Fuße steht selbst die Scharwache von Messina mit dem Gou=
verneur. Die Dogberry und Berges unterhalten sich mit ihm wie
mit jedem anderen Gevatter; in ihrem Amt und Berufe sind sie barm=
herzig und lässig, und lassen Alles im friedlichen Schlendrian gehen.
In der Familie des Gouverneurs ist Beatrice das heitere Princip im
Hause, sie breitet mit einem immer munteren Sinne Lust und Fröh=
lichkeit um sich her. Der Mittelpunkt aber, um den sich Alles dreht,
ist die Tochter des Hauses, die stille Hero. Sie ist der Stolz, der
Preis und die Liebe des Vaters, gegen die er sich selbst und Alles in
Schatten stellt. Ein ahnungsvoll sanftes Gemüth bezaubert sie auch
wo sie stumm ist durch den überwältigenden Eindruck ihres keuschen
sittsamen Wesens. Sie kann keinen Muthwillen üben, als höchstens
hinter der Larve; die unpassenden Scherze ihrer Dienerin mag sie
nicht leiden; nachdem sie der Beatrice ihren wohlgelungenen Streich
gespielt, hält sie jedes neckische Wort schonend zurück. Als auf dieses
Bild der Unschuld jener schmähliche Verdacht in der entehrendsten
Weise geworfen wird, kämpft die Scham einen schweigenden Kampf
in ihr; ihre feurigen Augen möchten den Irrthum der Verdächtiger
ausbrennen, aber sie kann nicht Worte dafür finden und sinkt stumm
in Ohnmacht. Der Einen, die sie kennt, Beatricen erscheint sie, ob=
gleich sie Nichts für sich spricht und alle Zeichen und Zeugen gegen
sie sprechen, über allen Argwohn erhaben, wie sie ist. Ein solches
Wesen scheint ganz geschaffen, das Glück und den Stolz einer Fa=
milie zu machen, die aus guten, aus ehrenhaften und geehrten Men=
schen besteht.

In diesen Kreis kommt nun der königliche Prinz von Aragon
zu Besuch. Er war schon früher mit seiner Umgebung hier gewesen,

Claudio hatte die schöne Hero schon in's Auge gefaßt, Benedict mit Beatrice schon Witzgefechte bestanden, Boraccio schon die Bekanntschaft der Margarete gemacht. Ein Kampf hatte sie entfernt, nach dessen glücklicher Beendigung sie zurückkehren, um einen Monat in behaglicher Erholung zu verbringen. Auch diese Alle sind Kinder im Schooße des Glücks. Der Prinz ist ganz geschaffen zu verwöhnen und sich verwöhnen zu lassen, Glück zu streuen und zu genießen. Er hat einen finsteren Halbbruder, der in Allem das Gegentheil aller der Menschen ist, die wir um den Prinzen herum sehen; er mag ihn deshalb nicht leiden; ein älteres Zerwürfniß ist einer Versöhnung gewichen, aber auch jetzt kümmert sich Don Pedro nicht um seinen Bruder und zieht ihm den neuen Günstling Claudio auffallend vor. Er bedarf der heiteren Unterhaltung um sich her; eines Benedict, dessen Humor nie versagt, noch mehr eines Claudio, der den Stachel der bösen Zunge nicht besitzt, die in Benedict zuweilen unangenehme Wahrheiten spricht, am liebsten Beider, deren neckischer Verkehr ihm eine stete Quelle der Fröhlichkeit offen hält. Dem Einen kommt er entgegen, ihm die reiche Erbin Hero zu schaffen, und dieß Glück heißt er ihn schnell und ohne Zögern ergreifen; den Anderen macht er in Beatrice verliebt und hilft ihm über den Widerspruchsgeist hinweg, der ihn noch lange um dieß Glück hätte ziellos herumgehen machen. Der Verwöhntere von Beiden ist Claudio. Ein Emporkömmling, arm, noch blutjung, hat er im Felde unerwartete Thaten gethan, er hat durch das gewonnene Ansehen seinem alten Oheim in Messina Thränen der Freude bereitet, er hat sich so die Freundschaft Benedict's erworben und die Gunst des Prinzen, der Bastard Johann schreibt ihm „den Ruhm seines Sturzes" zu. Dazu erwirbt er nun die sanfte Hero, der er ein eben so jungfräulich lauteres Wesen entgegenbringt. Er trägt in sich, was ihm ein gerechtes Selbstgefühl geben kann; das Glück steigert es zu einer reizbaren Eigenliebe, wohl selbst zu äußerlicher Eitelkeit. Benedict behauptet von ihm, daß er seit seiner Verliebtheit Nächte schlaflos zubringen könne, um den Schnitt eines

neuen Wamſes zu erſinnen; der alte Antonio nennt ihn im Zorn,
der wohl übertreibt aber nicht erfindet, einen Modeaffen und eine
Zierpuppe; und Boraccio, als er über die Täuſchung Claudio's durch
die falſche Hero an Conrad berichtet, macht eine weitausholende,
nicht zu Ende geführte Betrachtung über die Modeſucht, es ſcheint
faſt, um von dieſer äußerlichen Veränderung eine Anwendung auf
Claudio's innere zu machen. Wenigſtens lehnt er es ausdrücklich ab,
daß dieſe ſeine Betrachtung ein ungehöriges Abſpringen von ſeiner
Erzählung geweſen ſei.

Zwiſchen dieſe vom Glücke und vom Wohlleben getragenen hei=
teren Gemüther tritt nun als ihr einziger Gegenſatz der Baſtard
Johann ſtörend hinein. Ihm hat das Glück nie gelacht, Er freilich
auch nie dem Glücke. Er iſt von einer angeborenen ſaueren Gemüths=
art, ſchwermüthig, ſchwarzgallig, von ähnlichen Dienern umgeben,
verſchloſſen, wortkarg und ſinſter ſelbſt gegen den freundlichen Em=
pfang der liebenswürdigſten Wirthe. Unfähig ſich zu verbergen, trägt
er ſeinen inneren Groll und Unmuth Jedem zur Schau und die äußere
Verſöhnung mit ſeinem Bruder kann ſein unverſöhntes Herz nicht
verdecken; er will lieber verachtet ſein, als mit einem gekünſtelten
Benehmen Liebe gewinnen. Er iſt krank vor Misgunſt und Aerger
beſonders über Claudio, geneigt, ihm jeden böſen Streich zu ſpielen,
bereit ſeinen vertrauten Dienern jede Hülfe zu ſolch einem Streiche
mit ſchwerem Golde zu bezahlen. Daß ihm die Scheinverſöhnung
eine Art Maulkorb anhängt, iſt ihm nicht recht; es ſcheint ein Be=
dürfniß ſeiner Natur überhaupt wie ſeiner gegenwärtigen beſonderen
Lage, den Freuden= und Friedenſtörer zu ſpielen; er hat Luſt, die
fröhlichen Freunde Alle zu vergiften, er lebt auf in dem Gedanken,
ihnen irgend ein Unheil zu bereiten. Er wirft ſich zwiſchen ſie, um
die Verbindung Claudio's mit Hero zu kreuzen.

Shakeſpeare hat dem Streiche, mit dem der misgünſtige, vom
Glück Vernachläſſigte nach der Erzählung der Novelle die glückliche
Ruhe der Uebrigen plötzlich aufſtört, einen zweiten hinzugegeben,

vielmehr vorausgeschickt, der ihm mehr Spielraum gibt, seine Cha=
raktere zu entwickeln.   Boraccio hat seinem Herrn verrathen, daß der
Prinz um Hero für Claudio auf dem Maskenballe werben will; der
Bastard überzeugt sich, daß dieß geschieht; es scheint ihm wohlzuthun
sich selbst glauben zu machen, der Prinz werbe für sich selbst; er ver=
räth die Sache dem Claudio, indem er sich den Anschein gibt, als
glaube er mit Benedict zu sprechen.   Der unbefestigte, leichtgläubige,
veränderliche, aller ruhigen Ueberlegung unfähige Charakter Claudio's
bricht bei diesem kleinen Anlasse offen zu Tage.   Er kennt doch, Jeder=
mann kennt den boshaften Sinn des Bastards, der ihm den Arg=
wohn gegen den Prinzen beibringt; er weiß doch von dem Prinzen
selbst, daß er seine (Claudio's) Rolle bei der Hero spielen wollte;
gleichwohl ist ihm das bloße Wort Johann's genug, um seinen Prin=
zen des Bruchs der Freundschaft und der Treue für überführt zu hal=
ten, um von Benedict gereizt und grollend hinwegzulaufen, um in
schneller Entsagung seine Hero aufzugeben: Viel Glück mit ihr! sagt
er, zwar bitter aber doch leichthin, und Benedict gibt ihm dafür den
verdienten Stich, so beendige man einen Viehhandel.   Der Unfall
weist sich als eine Täuschung aus; er ist in allen Theilen das Vor=
spiel zu der eigentlichen Handlung, und Shakespeare hat uns mit
seiner gewohnten Gründlichkeit an einem geringeren Beispiele vor=
bereitet und uns die Menschen kennen gelehrt, die nachher eine wich=
tigere Sache mit eben der Leichtgläubigkeit und Sorglosigkeit behan=
deln und selbst die vorausgegangene Warnung nicht achten.   Durch
das Mislingen des ersten unschuldigen Streiches ist zugleich Johann
mehr gereizt zu einem zweiten gefährlicheren.   Die unglaubliche Ver=
leumdung der Hero wird von dem Bastard dem Prinzen und Claudio
zugeflüstert.   Der Prinz selbst zeigt sich jetzt von derselben leichtferti=
gen Natur.   Die alten und neuen Erfahrungen mit diesem Manne
sind vergessen.   Aus jener ersten Täuschung hatte sich Claudio die
Regel gezogen, daß man in der Liebe Dienst die eigene Zunge ge=
brauchen und keinem Anwalt trauen müsse; jetzt zieht er sich nicht für

diesen Fall die Lehre daraus, daß er bei so schwerer Belastung eines
Wesens, die ihm wie Diana erschien, sein eigenes Auge brauchen
und keinem Kläger, am wenigsten einem Kläger wie diesem, trauen
müsse. Aber freilich, sein eigenes Auge sollte ja von dem Kläger
überführt werden! Allein noch ehe es zu dieser Probe kommt, ist,
schon in der bloßen Vorstellung, Claudio's stolze Eigenliebe so furcht=
bar gereizt, daß er den herzlos rachsüchtigen Entschluß schon jetzt fassen
kann, im Falle der Ueberführung vor der ganzen Versammlung in
der Kirche, am Traualtar, Hero's Unehre aufzudecken, und der Prinz
stimmt unüberlegt dazu bei. Man sieht wohl, daß dieser lodernde
Entschluß allein die sichere Ueberführung geradezu ausschließt; sie
hätten Hero selbst auf der That ergreifen, aber nicht aus der Ferne
bei Nacht und Nebel, belauschen und ein Schattenspiel für einen
Beweis nehmen müssen. Man hat das als einen Fehler der Compo=
sition an Shakespeare getadelt, daß Claudio so nahe sollte gestanden,
gehört und doch sich in eine solche Irrung verwickelt haben; allein
es ist dieß nur ein wohlbegründeter Charakterfehler in Claudio. Den
Boraccio selbst hat der Dichter dem Claudio den Vorwurf machen
lassen, daß er seine eigenen sehenden Augen habe täuschen lassen; die
einfältigen Männer der Scharwache läßt er an's Licht bringen, was
die „Weisheit Pedro's und Claudio's nicht entdecken konnte"; sie, die
nachlässigen Schläfer, haben den Boraccio auf dem W o r t ergriffen,
als er seinen Betrug an Conrad nur erzählte, jene aber griffen ihn
nicht auf der T h a t, da er sie vollführte, wo für ihre und Hero's
Ehre Alles auf dem Spiele stand. Die grausame Absicht der öffent=
lichen Scheidung wird nun ausgeführt; der unfertige, unbewanderte
Claudio gibt seine Hero auf, mit blutendem Herzen zwar, aber blind
für die Zeugen der Unschuld in ihrem früheren und jetzigen Beneh=
men; seine feste Ueberzeugung von ihrer Schuld irrt sogar ihren ei=
genen Vater. Lionato, vom Glücke lässig gemacht wie die Anderen,
hat noch vor der Trauung eine Anzeige von der Einfangung der Ver=
brecher erhalten, deren Verhör noch am Morgen gewünscht worden

war; er überließ das Anderen. Jetzt, da das schreckliche Unglück über ihn einbricht, findet es ihn fassungslos und gänzlich unbefestigt; er wünscht Hero den Tod, er will sie durchbohren und zerreißen, auch Er, ohne daß er irgend untersucht oder nur, wie der Pater Franciscus thut, beobachtet hatte; jeden Trost und jede Geduld weist er mit Heftigkeit zurück. Man kommt überein, die verleumdete Hero todt zu sagen, ob dieß vielleicht auf Claudio wirken würde; aber der leidenschaftliche Vater verdirbt diese Wirkung selbst, indem er Hero's Tod den Edlen in Verbindung mit einer Herausforderung verkündet! Und der alte Bruder Antonio, der mit dem wackelnden Kopfe, der noch eben dem Lionato seine kindische Aufregung vorgehalten hatte, wird in demselben Augenblicke von demselben fassungslosen, über die schmachvolle Kränkung empörten Familienstolze ergriffen; er machte noch eben den tröstenden Philosophen und geht plötzlich wie ein schäumender Eber los, und will auch sein hinfälliges Leben in die Schanze gegen die jungen kräftigen Beleidiger schlagen. Auf die Beiden macht der verkündigte Tod der Hero nicht die Wirkung, die der Pater Franciscus weise beabsichtigt hatte. Er berechnete diese Täuschung auf Claudio's Veränderlichkeit. Es geschieht so, sagt er, daß wir, was wir haben und besitzen nicht nach seinem Werthe achten; daß wir aber seinen Preis überschätzen, sobald wir es verlieren und entbehren. Aber so freilich wie ihm die Nachricht beigebracht ward, gab Lionato nur einen neuen Lärmen um Nichts hinzu; er brachte Claudio's Gefühl in Streit mit seiner Eigenliebe und mit deren besserem Theil, seinem Selbstgefühle. Die Nachricht verlor so ihren wohlthätigen Stachel. Der alte Leichtsinn spielt nun um so ungestörter seine Rolle fort. Beide Freunde möchten sich die lästige Scene mit dem Alten so schnell als möglich vom Halse schaffen; sie fallen rasch und oberflächlich in einen scherzhaften Ton, der es dem Benedict schwer macht, sein ernstes Geschäft nur anzubringen; sie muntern ihn auf, ihre Melancholie, die nicht tief sitzt, mit seinem Witze zu mildern; seine Ausforderung macht sie nicht betroffen, sondern sie ruft nur Claudio's

Bitterkeit und Reizbarkeit hervor, in der sein Leichtsinn und seine Veränderlichkeit sich abermals abspiegelt. Er fragt wieder nicht um eine Aufklärung oder eine Ursache, die inneren Kämpfe Benedict's gewahrt er nicht, er geht giftig auf die Forderung ein. Wie er auf dem Maskenball den Prinzen, seinen Gönner, gleich aufgab, und bei der Nachtkomödie die Geliebte, so auch jetzt den Freund. Erst da sie von Johann's Flucht hören, wird der Prinz stutzig und ernst, und da sich nun die Täuschung aufklärt, nun allerdings tritt Hero in ihrer ersten Lieblichkeit vor Claudio's Seele zurück; nun da die Schuld auf ihn allein fällt, tritt sein Selbstgefühl von der edelsten Seite heraus. Wie er seine verletzte Seele schonungslos gegen das Haus Lionato's rächte, so rächt er jetzt auch die Familienbeleidigung, die er zugefügt, schonungslos an sich selbst, indem er sich willenlos jeder Bedingung und Buße unterwirft.

Der Dichter hat mit einem außerordentlichen Geschicke den tragischen Zwischenfall so geordnet und gestellt, daß der peinliche Eindruck, der vielleicht in der Lectüre zu fühlbar wird, in der Darstellung nicht haftet. Er hat einmal die Scene der inneren Aufregung Claudio's bei der Belauschung der Hero nicht auf die Bühne gebracht, um so die trüben Stimmungen zu sparen und um die noch zurückgebliebene Scene, wo der lauschenden Beatrice ihre Falle gestellt wird, nicht zu schwächen. Die burlesken Scenen der Gerichtsdiener, deren Bezüge auf die Haupthandlung wir angedeutet haben, treten sodann erst mit der Vorbereitung der tragischen Ereignisse ein, um diesen ein Gegengewicht zu halten, das sie nicht zu lebhaft wirken läßt. Vor Allem aber wissen wir bereits die Urheber der Täuschung in Haft, ehe die Beschämung der Hero in der Kirche Statt hat; wir wissen daher, daß all der Lärm um ihre Unthat und ihren Tod um Nichts ist. Diesem Takte des Dichters im Bau seines Lustspiels entspricht der andere in der Anlage des Charakters Claudio's und in dem ungemein glücklichen Gegensatze, den er ihm in Benedict gegeben hat. Was den Charakter Claudio's angeht, so hat

Shakespeare die Bestandtheile in dieser Natur so gemischt, er hat seinem flatterhaften Sinn und seiner leichten Jugend einen solchen guten Grund von Ehre und Selbstgefühl gegeben, daß wir bei aller Mißbilligung seiner Handlungsweise an seinem Charakter nicht irre werden dürfen. Veränderlich wie er ist, hält er bei keiner seiner Wahlen von Freunden und Geliebten standhaft und prüfend aus, wie er sie auch nicht stetig prüfend getroffen hatte; bei der leichtesten Erschütterung der eingegangenen Verhältnisse ist er von dem ersten Eindrucke überwältigt und ohne die Willenskraft, den Dingen auf den Grund zu gehen. Dieß wäre ein gehässiger und verächtlicher Charakter, wenn die Veränderlichkeit nicht mit der Reizbarkeit eines zarten Ehrgefühls versetzt wäre. Unsere Theilnahme an Claudio ist durch diese Mischung der sittlichen Elemente in ihm gesichert; aber der Grund für ein Lustspiel und einen Lustspielcharakter scheint in ihm und in der ganzen Handlung nicht gelegt zu sein, in die Claudio verwickelt ist. Man scheide Alles Andere aus, und man wird einen peinlichen Eindruck, keinen heiteren zurückbehalten. Der Dichter hat also das Verhältniß von Benedict und Beatrice hinzugefügt, um dem ernsteren Grundbestandtheile des Stücks ein heiteres Gegengewicht und diesem das Uebergewicht zu geben. Diesen beiden Figuren ist dieselbe Eigenliebe, dieselbe Verwöhnung vom Glück zu Theil geworden, wie dem Claudio. Aber statt dessen Veränderlichkeit spielt in ihnen nur, was wir mit einer feinen Unterscheidung Wankelmuth nennen, vor. Wir beziehen den Begriff der Veränderlichkeit auf das unbeständige Schwanken nach getroffenen Entschlüssen, den Wankelmuth auf die unbefestigte Gesinnung und Neigung vor denselben; die Veränderlichkeit äußert sich in Handlungen, sie führt schädliche Folgen nach sich und muß dadurch verachtet oder gehaßt machen; der Wankelmuth äußert sich nur in contrastirenden inneren Vorgängen, die von Natur unschädlicher Art sind, und dieß ist der Grund, warum er der Komödie einen vortrefflichen Stoff entgegenbringt. Weniges ist daher auch auf der Bühne von so wahr-

haft komischer Kraft, als diese beiden Figuren, Benedict und Bea=
trice, die in England bis auf den heutigen Tag ihre Volksthümlich=
keit nicht verloren haben. Shakespeare's Zeitgenosse Leonard Digges
nennt sie neben Falstaff und Malvolio als die Lieblinge des dama=
ligen Publicums, die in einem Nu Parterre, Gallerie und Logen
füllten, während die Lustspiele Ben Jonson's oft nicht das Feuer und
die Thürhüter bezahlt machten. Und noch vor nicht lange konnte
man Viel Lärmen um Nichts in dem Prinzessintheater in London wie
nach einer glücklichen Tradition aufgeführt, jene beiden Hauptrollen
verhältnißmäßig sehr gut ausgeführt sehen, von Spielern, die viel=
leicht nicht übergroße Begabung besaßen, die aber an ihrem Spiele
gegenseitige Freude hatten, deren Spiel wie im Stücke selbst ein
Kampf und ein Ringen war, wie man es einst in der Darstellung
dieser Charaktere durch Garrick und Mrs. Pritchard gewöhnt war.

Die Charaktere von Benedict und Beatrice genau zu verstehen,
fordert die aufmerksame Prüfung jedes Wortes und Winkes, die der
Dichter reichlich über sie an die Hand gibt. Den Benedict nennt der
Prinz in ernster Unterredung von edler Art, von erprobter Tapferkeit
und bewährter Rechtschaffenheit. Wir finden ihn, wo wir ihn han=
delnd beobachten können, dem Prinzen gegenüber wahr und aufrich=
tig, als auch Er ihn treulos gegen Claudio glaubt; und bei dem
Fall der Hero weniger leichtsinnig als die beiden anderen Freunde;
er ist der einzige der sogleich an einen Streich des Prinzen Johann
denkt. Von unverwüstlichem Humor, von einer unbezähmbaren
Sucht sich zu necken und zu reiben, ist er, wie alle Humoristen Shake=
speare's, aller Empfindsamkeit, aller Schwärmerei abgeneigt, ein
Spötter der Dichtung und der Liebe. Hört man seine neckische Fein=
bin Beatrice, so haben wir mit einem veränderlichen Manne zu thun,
der seine Freundschaften wie eine Modesache wechselt, mit einem
feigen Prahler aber tapferen Esser, mit einem selbstgefälligen Plau=
derer, einem Spaßmacher, der seinen Witz zu Verleumdungen mis=
braucht, und der aus Eitelkeit melancholisch wird, wenn einmal seine

Scherze nicht belacht werden. Von diesen üblen Nachreden haftet nichts ernstlich auf ihm als der Spitzname des Lustigmachers; er geht mit sich selbst stutzig und unangenehm berührt zu Rathe, ob ihn seine lustige Ader in der That in diesen Ruf gebracht habe. Der Stolz des Verstandes ist die starke Seite seiner Eigenliebe, die in ihm mächtig ist wie in Claudio, die in ihm zu Tage kommt und reizbar und empfindlich wird, sobald ihm im Ernste ein tadelnder Vorwurf gemacht wird. Sie kommt auch in dem ekeln Geschmack zu Tage, den er auslegt, wenn von seiner Beziehung zum anderen Geschlechte die Rede ist. Er bildet sich ein von allen Frauen wohl gelitten zu sein, ihm aber ist keine recht; die ihn reizen soll, soll alle erdenkbaren guten Eigenschaften in sich vereinigen. Wenn er aber an alle guten Eigenschaften der Frauen glaubt, so glaubt er nicht an ihre Treue; das Mistrauen ist eine Quelle seiner Abneigung gegen die Ehe, die er sich mehr und mehr eingeredet hat. Er hat sich aus dieser Ueberzeugung von der Veränderlichkeit der Frauen und aus Eitelkeit in die Rolle eines verstockten Ketzers in Verachtung der Schönheit, wie Claudio sagt, nicht ohne sich Gewalt anzuthun, hineingearbeitet; er treibt öffentliches Spiel mit dieser Verachtung; er bietet die Wette und fordert den schonungslosesten Witz gegen sie heraus, wenn er je heiraten würde.

Für ein Wesen von Beatrice's scharfem Witze hat diese Stellung, die Benedict gegen ihr Geschlecht einnimmt, eine zwiefache Herausforderung gegensätzlicher Art: ihn zu züchtigen für seine Anmaaßung und ihm eine bessere Meinung beizubringen. Sie ist nach dem ernsten Urtheile derer, die sie kennen, mit unbestreitbaren geistigen und sittlichen Vorzügen ausgestattet, aber sie liegen unter der Hülle einer steten Fröhlichkeit verdeckt. Sie ist, wie sie sagt, unter einem tanzenden Stern geboren, nur geschaffen, Alles in Scherz und Nichts in Ernst zu sagen, sie macht Methode daraus ihr Herz auf der Windseite der Sorge, jeden unangenehmen Eindruck von sich fern zu halten; von melancholischen Elementen hat sie Nichts in sich; sie

ift nur ernft im Schlafe und felbft dann nicht, fie erwacht lachend
über Träumen von tollen Streichen. Um fie her mag man fie nur
in ihrem heiter belebten Wefen fehen; ihre Scherze find gegen freund=
liche Umgebung freundlicher Art, und wo fie zu verletzen fürchtet,
bittet fie wegen ihrer Dreiftigkeit um Vergebung. Hört man freilich
Benedict von ihr fprechen, fo ift fie ein böfes gefährliches Weib,
eine Ate in fchönem Putz, eine Furie und Harpye, deren Abwefen=
heit die Hölle friedlich macht, von eben fo fchneller als giftiger
Zunge. Und an diefen Ausfällen ift fo viel wahr: fie ift Benedict
an rafchem, fchlagendem Witze überlegen; fie befitzt zu der äußerften
Beweglichkeit der Zunge auch die des Auges, der fcharffichtigen Be=
obachtung; und eine ähnliche Eigenliebe wie in Benedict, ein Stolz
auf ihre Gaben verführt fie, von ihnen auch einen gefährlichen Ge=
brauch zu machen. Sie wird grade fo wie Er getroffen und empfind=
lich berührt, wenn fie ein ernfter Tadel trifft; die gerade, die die
fchlimmen Seiten aller Menfchen fchonungslos geißeln, wollen die
ihrigen nicht aufgedeckt haben. Sie hat denfelben heiklen Gefchmack
in Bezug auf die Männer, wie Benedict gegen die Frauen; fie hat
eine Reihe von Freiern weggefpottet; die jungen und alten, die plau=
derhaften und fchweigfamen find ihr nicht recht. Benedict vollends
gegenüber reizt es fie unwiderftehlich, feine Verachtung der Frauen
mit größerer Verachtung der Männer, feinen Witz mit gröberem,
fchnöderem Witze zu ftrafen. Sie erklärt fich in dem Punkte mit ihm
einig, um einen defto fchrofferen Gegenfatz gegen ihn zu bilden. Sie
fpielt die gefchworene Veftalin, die fich freut ihre Affen zu den Pforten
der Hölle zu führen und mit den Junggefellen im Himmel felig zu
fein; fie will lieber Alles hören als eines Mannes Liebesfchwüre;
Werben, Heiraten und Bereuen fieht fie in nothwendiger Reihe
einander folgen; und in derfelben Spannung ihres Widerfpruchs=
geiftes verfchwört auch fie fich gegen ihren Oheim, je einen Gatten zu
nehmen.

Diefe ftolze, anmaaßende, felbftüberhobene Verachtung Beider

gegeneinander und gegen das andere Geschlecht soll dann, in einer
plumpen Schlinge gefangen, einen komischen Fall fallen. Das Netz,
das die Freunde ihnen stellen, ist zwar einfach, aber auf die Charaktere und ihr Verhältniß sehr wohl berechnet. Sie sind Beide eigenliebig, aus Eigenliebe wählig, aus beiden Ursachen auf eine Verschmähung des ganzen anderen Geschlechts und auf eine ausschließliche
Beachtung Einer Ausnahme gefallen, die gerade in ihrer Eigenliebe
trotzt. Diese Ueberspannung bedingt gerade den Umschlag der so hart-
näckigen Abneigung, zu der sie sich bekennen. Denn in ihrem Innersten
verschworen gegen alle Liebe sind doch Beide nicht. Wenn es Benedict
mit sich überlegt, so findet er freilich den Abfall und den Wankelmuth Claudio's in dieser Beziehung sehr lächerlich, aber er verredet
es doch gar nicht, daß ihm in einem außerordentlichen Falle das
Aehnliche geschehen könne. Gelitten von allen Frauen, wie er sich
glaubt, nur von Beatrice nicht, ist ihm schon dieß allein Sporn
genug, sein Auge gerade auf sie zu leiten; schöner als die kleine Hero
findet er sie ohnehin von Anfang an. Beide sind in ihrer heiteren
Natur und ihrer Scherzgabe viel zu ausschließlich auf einander gewiesen, als daß ihr neckischer Krieg nicht ein Anfang des Friedens
und ein Keim der Liebe sein sollte. Denn Beatrice ihrerseits ist von
dem Reiz der Liebe und Ehe ebensowenig ganz ungefesselt. Wie
nimmt sie doch einen so behaglichen Antheil an dem Glücke Hero's
und Claudio's! wie sanft neckend kehrt sie dreimal zu dem Braut-
paare zurück und wünscht ihm Freude! wie entschlüpft ihr mitten
durch der Seufzer, daß sie in einem Winkel sitzen und heigh ho nach
einem Manne rufen müsse! Sie hat doch schon darüber nachgedacht,
welche Ermäßigung in Benedict's Wesen vor sich gehen müsse, wenn
er ihr gefallen sollte, da wo sie ihm zu seiner Plauderhaftigkeit halb
den Ernst und das Schweigen des Prinzen Johann wünscht. Sie
forscht in der Eingangsscene bei dem Boten gar angelegentlich nach
all seinen schlechten Eigenschaften, um seine guten zu hören, und
später gesteht sie uns, daß sie seinen Werth nicht blos aus Berichten

kennt. Sie wird wohl schon früher gethan haben, was sie später
thut, daß sie seine Tugenden verunstaltete und dann seufzte, er sei der
schönste Mann in Italien. Gleich an Natur und Geist wie sie ge=
schaffen sind, hat sie so ein gleiches Wohlgefallen aneinander halb=
wegs entgegengeführt, aber ihr Widerspruchsgeist hält sie zur ande=
ren Hälfte getrennt und droht sie selbst wohl auseinander zu halten
auf die Dauer. Bei dem Maskenballe gerathen sie gegenseitig in den
zweifelnden Glauben, daß sie ernstlich eine schlechte Meinung von
einander haben. Sie glaubt, er habe übel von ihr gesprochen, sie ist
wohl selbst gereizt darüber, daß er ihr sagte, sie habe ihre witzigen
Einfälle aus den „hundert lustigen Erzählungen" entlehnt; Er ist
seinerseits verstimmt darüber, daß sie ihn des Prinzen Lustigmacher
genannt hat. Gerade auf diese Mißstimmung folgt der Anschlag der
Freunde, sie in einander verliebt zu machen. Sie bauen ihren Plan
auf die Eigenliebe Beider. Jedem von Beiden sprechen sie zuerst
sein eigenes Lob, jedem führen sie den Werth des Anderen zu Ge=
müthe; vor Jedem sprechen sie den Tadel der Welt über ihren Stolz
aus, und eines Jeden Stolze schmeicheln sie dadurch unendlich, daß
ein so preiswürdiges, ein so schwer besiegbares, ein selbst in der
Niederlage noch trotziges Wesen zu seinen Füßen liege.

Diese geschmeichelte Eigenliebe ist der Köder, an dem sich Beide
besinnungslos fangen lassen. Sie bekennen sich zu ihrem Stolze und
ihrem abstoßenden Wesen und nehmen sich ohne den geringsten Scru=
pel vor, die Leiden des Andern zu heilen und die Liebe zu vergelten.
Nur Er erinnert sich seines Wankelmuthes, zu dem er sich am
Schlusse des Stückes ausdrücklich bekennt, und des Spottes, der ihm
von den Freunden für seinen Abfall von seinen Vorsätzen droht, aber
er geht leicht darüber hinweg; dem sinnigeren, tiefer getroffenen
Weibe fällt dieser Widerspruch mit sich selbst gar nicht ein. Beide
werden weiterhin in dem Glauben an ihre gegenseitige Verliebtheit
noch bestärkt, indem die Fallensteller in ihren Reden wie zufällig
etwas durchblicken lassen von dem, was Beiden ein Geheimniß sein

soll. Ich weiß auch, wer ihn liebt, sagt Claudio zu Benedict, und Margrete neckt Beatrice auf eine stachelige Weise mit ihrem Verehrer; beide müssen das für eine neue Bestätigung halten dessen, was sie schlau abgelauscht zu haben meinen. Ihr ist nun krank zu Muthe; sie hat ihren Witz verloren und Margrete hebt ihn gegen sie auf; sie seufzt nun unwillkürlich ihr heigh ho nach dem Manne ihres Herzens. Benedict aber wird schweigsamer; er gibt Zahnweh vor, um noch dem Spotte der boshaften Freunde zu entgehen; er wird auf der Bühne in sorgfältigerem Anzuge erscheinen, wie er es früher von Claudio hänselnd ausgesagt hat; wenn sie ihn über seinen gebürsteten Hut und seinen Bisamgeruch foppen, werden sie ihm Hut und Taschentuch wegschnappen und sich zuwerfen, während Er in einer komischen Wehrlosigkeit dem Witze der schonungslosen Spötter preisgegeben steht zu seiner billigen Strafe. Bei all dieser Veränderung würde es beiden Verliebten schwer geworden sein, den Ton aus ihrer feindseligen Neckerei zu einer ernsten Erklärung herauszufinden, die Schlußscene selber beweist das sogar noch, nachdem die Ereignisse schon zu dieser Erklärung geführt haben. Dieß geschieht durch die herzlose Scene, die Claudio der Hero in der Kirche spielt. Die beste Natur der Beatrice bricht über dieser schnöden Mißhandlung zu Tage. Ihre treue Liebe zu Hero, ihre tiefe Ueberzeugung von ihrer Unschuld, ihr Ingrimm über die angelegte Bosheit ihrer öffentlichen Entehrung regen ihr ganzes Innere auf und verkehren es in ein grelles Gegentheil von dem, was wir bisher in ihr gesehen. Diese Scene, wenn sie von jeder Fratze fern gehalten wird, wenn sie ganz in den erschütterten Gefühlstand dieser lebhaft empfindenden Naturen herüberführt, ohne gleichwohl in einen sentimentalen Ton zu fallen dessen sie nicht fähig sind, ist von einer unendlichen Wirkung. Gram um Hero und um ihres Hauses Ehre macht Beatrice mild und weich und aufgelöst in Thränen; diese glückliche Stunde erleichtert beiden ihr ernstes Geständniß. Es versucht aber auch diese Stunde des Unglücks die nur an Scherz und Neckerei Ge-

wöhnten mit einer schweren Prüfung, nach deren Bestehung wir erst
überzeugt sind, daß diese begabten Naturen auch des Lebensernstes
nicht ermangeln, der eine schwere Lage nicht mit Leichtsinn über-
springt. Diese Gabe hätten wir eher dem Claudio zugetraut, aber
sie findet sich mehr in dem humoristischen Paare, das sich das Leben
nicht ganz so leicht gemacht, das sich wenigstens an Wahrheit gewöhnt hatte. Beatrice bringt Benedict in die grausame Wahl zwischen ihrer Achtung und Liebe und dem Verhältnisse zu seinem
Freunde. Sein großes Vertrauen auf sie, auf ihr unerschüttertes
Vertrauen zu Hero, läßt ihn seine schwere Entscheidung treffen, bei
der er sich ganz anders männlich und besonnen benimmt, als Claudio
in seinen Verwickelungen. Das ungezähmte Füllen, die Beatrice,
erfährt zugleich, wie das männlichste Weib eines Beistandes für ihr
Leben in gewissen Fällen nicht entrathen kann; sie hat zugleich ihren
Benedict in einer Lage gesehen, wo er ihrem Ideal eines Mannes
entsprach, der aus Heiterkeit und Ernst richtig gemischt sein sollte.
Selbst Schlegel fand dieß gut gedacht, daß Shakespeare diesen Freunden des Scherzes, um sie nicht mit Lustigmachern von Gewerbe ver-
wechseln zu lassen, einen Punkt gegeben habe, worüber hinaus sie
keinen Spaß verstehen. Das ganze Hereinbrechen dieses Unfalles,
wie er in seinen Folgen auch dieses fröhliche Paar ergreift, hat etwas
schlagend Aehnliches mit dem Ausgange von Verlorener Liebesmühe.
Dort prüft Rosaline erst auf die Mahnung des Schicksals den lieben
Spötter Biron, hier prüfen die Geschicke Beide selbst und finden
sie gerüstet für jeden ernsten Lebensgang. Benedict geht mit dem
Geständnisse seines Wankelmuthes ab, aber es ist ein überstan-
dener Schwindel, und wir dürfen für die Beständigkeit wie für die
Verträglichkeit dieses Paares nicht in Sorgen sein. Der Dichter hat
ihnen zwei glückverheißende Namen mit in das Leben gegeben.

Nicht alle Leser des Stückes haben dieß so angesehen. Mrs.
Jameson wollte wenig Hoffnung auf den häuslichen Frieden dieses
riegerisch werbenden Paares setzen; Campbell ging so weit, Beatrice

ein widerwärtiges Weib zu nennen. Wir wollen bei dem Anlaß
dieser Aeußerungen nicht speziell auf ihre Beleuchtung eingehen, son=
dern nur zwei allgemeine Bemerkungen an sie anknüpfen, die hier
am Orte sein dürften. In Bezug auf den Werth der humoristischen
Charaktere Shakespeare's an sich muß man sich von der Vortrefflich=
keit und Gewandtheit ihres Witzes und ihrer geistigen Kräfte nicht
verführen lassen, einen Schluß von da auf ihre sittliche und allge=
meine menschliche Schätzung in den Augen des Dichters selbst zu
machen. Wir haben dieß nun zu oft Gelegenheit gehabt zu bemer=
ken, als daß wir darauf hier noch einmal verweilen wollten. Aber auch
für die Lustspielcharaktere überhaupt ist es gut, wenn man ein für
allemal festhält, daß man sich hier in einer Art Gesellschaft umdreht,
in die Shakespeare nie Züge einer tieferen Natur oder gewaltiger
Leidenschaften eingetragen hat. Große und erhabene Tugenden und
schwere Laster spielen auf diesem Boden überhaupt nicht mit, es sei
denn in den Stücken, die wir nach unserer Unterscheidung mehr
Schauspiele als Lustspiele nennen würden, im Kaufmann, in Cym=
beline, in Maaß für Maaß. Es sind nur leichtere Fehler und leich=
tere Vorzüge, die hier die Menschen entstellen oder auszeichnen, und
die höchste Auszeichnung, die hier auf den vortretendsten Charakteren
liegt, wird immer nur vergleichsweise zu verstehen sein. Der tragische
Kampf mit ungeheuren Leidenschaften, der Stoß auf die dunkeln
Mächte die die Geschicke der Menschheit lenken, die Thaten unge=
wöhnlicher Aufopferung und Willensstärke, sind hier nicht zu finden;
sie würden den Charakter des Lustspiels zerstören, das auf die
Schwächen der Menschennatur gerichtet ist, das sich daher in dem
gewöhnlichen Gleise des geselligen Verkehrs, unter Menschen von
alltäglicherer Art bewegt. Wenn man von dieser Seite her in Bea=
trice wie in Benedict realere Naturen sieht, die allerdings mit Pe=
truccio und Katharine nicht zu vergleichen sind, aber auch auf der an=
dern Seite nicht einmal die ideellere Färbung von Rosalinde und
Orlando tragen, so hat man Recht. Nur darf man in Shakespeare's

Sinn auch diese derbere, reale Natur nicht verachten; man darf sie in seinem Sinne ebensowenig überschätzen. Will man, was gerade Beatrice und die Frauen dieses Schlages in Shakespeare angeht, der eigenen Schätzung des Dichters auf den Grund kommen, so würde man bei genauer Erwägung leicht zu dem Ergebniß gelangen, daß diese bei ihm selbst vielleicht in verschiedenen Perioden eine verschiedene gewesen war. Wir haben früher darauf aufmerksam gemacht, wie in den Stücken der ersten Periode Shakespeare's auffallend viele bösartige Weiber erscheinen; die eigene Erfahrung schien damals dem Dichter keine vortheilhafte Ansicht von dem weiblichen Geschlechte eingeflößt zu haben. In der zweiten Periode herrscht ein anderer Typus von Frauencharakteren vor. Man wird unter der Silvia in den Veronesern, Rosaline und ihren Begleiterinnen, Portia und Nerissa, Rosalinde und Beatrice eine gewisse Familienähnlichkeit nicht verkennen. Alle besitzen in verschiedenen Graden die witzige Ader, die sie zu Meisterinnen der Unterhaltung macht, die, wie ehrbar die Herzen auch sind, doch die Zunge oft unehrbar reden läßt; sie haben fast Alle eine vorwiegende Ausbildung des Verstandes, der intellectuellen, oft auch der Willenskräfte, eine Ausbildung, die zuweilen selbst über die Grenze der weiblichen Natur hinauszugehen scheint. Sie haben Alle mehr oder weniger etwas unweiblich Vordringliches in ihrer Natur, etwas Herrschendes und Ueberlegenes; und die Männer in ihrer Nähe und Berührung spielen daher auch mehr oder minder eine untergeordnete, geringere Rolle, oder haben auf alle Fälle Mühe, sich den Frauen ihrer Wahl gleichzustellen. Shakespeare muß damals in London, bei dem erweiterten Kreise seiner Bekanntschaft, bei seiner Berührung mit den höheren Ständen, Frauen kennen gelernt haben, die ihn plötzlich aus seiner früheren Verstimmung über das Geschlecht zu einer hingegebenen Bewunderung emporgerissen haben. In seiner Portia hat er ein weibliches Ideal geschildert, das an Vollkommenheit streift, das an Willensstärke und Selbstüberwindung, an Geist und Umsicht keinem Manne sie zu überbieten

gestattet. In seinen späteren Werken hat Shakespeare diese Art
weiblicher Ideale mehr fallen lassen. Eine noch tiefere Vertrautheit
mit der weiblichen Natur ließ ihn zuletzt mit größerem Wohlgefallen
auf der Gemüthsseite des Weibes weilen, und er zeichnete dann in
jenen wenigen Linien die sinnigen Geschöpfe, die mehr in der Sphäre
des instinctiven Lebens beharren welche dem Weibe angewiesen ist,
die unzüchtige Reden eben so sehr wie solche Handlungen meiden,
die der intellectuellen Ueberlegenheit ermangeln, aber in der Reinheit
ihrer Gefühle eine weit sicherere Gewalt besitzen, als jene früheren
Lieblinge Shakespeare's in ihrem Witze. In jener früheren Periode
würde Shakespeare kaum mit dem Nachdrucke wie im Lear betont
haben, daß eine Stimme, immer sanft, lieblich und mild, ein köst=
lich Ding an Frauen sei. Er hat die in bescheidener Weiblichkeit zu=
rückgezogenen, stillen Figuren einer Bianca, einer Hero, einer Julie
in den Veronesern geschildert, aber er hat sie sehr im Hintergrunde
gehalten; seine Julie im Romeo steht in einer genauen Mitte zwi=
schen den beiden Klassen der Frauencharaktere, die wir in Shake=
speare's Stücken unterschieden. Später aber treten dann Viola,
Desdemona, Perdita, Ophelia, Cordelia, Miranda in den Vorder=
grund der Handlungen, und jene reizendste von Allen, Imogen, in
der selbst das hoch gehaltene Ideal der Portia in dieser Sphäre auf=
gewogen wird. Auf diese Weise läuterte sich Shakespeare's Kennt=
niß des weiblichen Geschlechtes mehr und mehr, und seine Frauen=
gestalten hoben sich in innerem Werthe und in sittlicher Schönheit
in dem Maaße, wie sie an äußerem Glanze und an intellectueller
Schärfe einbüßten. Welcher Klasse von Frauen aber Shakespeare
den höheren Werth zuerkannt habe, ermißt man schon daraus, daß er
jene erstere überall nur seinem Lustspiele vorbehalten, diese letztere in
seinen Trauerspielen herangezogen hat, wo die tiefsten Seiten der
menschlichen Natur in beiden Geschlechtern erst zur Frage kommen.

Drei - Königs - Abend

oder

Was ihr wollt.

———

Was ihr wollt ist am 2. Februar 1602 aufgeführt worden, wie man aus dem Tagebuche des Rechtsgelehrten Manningham weiß, der der Darstellung beiwohnte und dem die Aehnlichkeit des Stückes mit Plautus' Menächmen und einem italienischen Stücke gl'inganni auffiel. Die Quellen, die Shakespeare vor sich gehabt haben kann, sind zunächst eben diese inganni, eine Komödie die 1547 aufgeführt und 1582 gedruckt ward. Sodann die Novelle Bandellos (II, 36) die Zwillingsgeschwister (übersetzt in Simrock und Echtermeyer's Quellen des Shakespeare), und ein anderes, mehrmals gedrucktes italienisches Lustspiel, gl'ingannati (comedia degli Academici intronati di Siena), die eine Veränderung der engaños des spanischen Dichters Lope de Rueda sind, eines Stückes, das nach der Novelle von Bandello treuer bearbeitet ist. Außerdem ist in Barnaby Rich's farewell to military profession 1581 eine Novelle von Apollonius und Silla, die denselben Gegenstand, das Verhältniß der vier Lie= benden, behandelt. Es ist schwer zu sagen, welcher von diesen Quel= len Shakespeare näher stehe, da er ihnen im Grunde Allen gleich fern, und so fern steht, daß man das Verhältniß seines Lustspiels zu ihnen ganz unerörtert lassen kann. Die komischen Bestandtheile sind

Shakespeare ganz eigen; die Liebesverhältnisse sind in jenen Novellen und Komödien so flach, so obscön, so in aller Art unähnlich behandelt, daß nur gerade das Aeußerlichste der Verwickelung dem Dichter eine bloße Anregung gegeben haben konnte: jener Zirkel der irrenden Wahlverwandtschaften zwischen dem Herzog der die Gräfin, und der Gräfin die den Pagen, und dem Pagen der den Herzog liebt, bis der Bruder des Pagen dazwischen tritt und die Elemente sich scheiden. Selbst in diesem Verhältnisse sind die Irrungen, die durch die Aehnlichkeit der Zwillingsgeschwister Sebastian und Viola entstehen und die an die Menächmen zurückerinnern, Shakespeare's Zusatz. Durch ihn erhält die Handlung größere Ausdehnung, er setzt sie mit den Vorgängen zwischen Tobias und Andreas in Verbindung, die Verwickelung und die Lebendigkeit wird gesteigert und der Allen unerwartete Schluß, die überraschende und spannende Entwickelung wird dadurch gewonnen, die gegen den ruhigen Ablauf von Wie es euch gefällt eigenthümlich absticht.

Wie glücklich durch diese Verschlingungen die Intrigue gesponnen ist, so liegt doch auf ihr, wie überall in Shakespeare's vollendeteren Werken, keine Bedeutung. Der Fortschritt des Dichters gegen die Zeit, wo er die Komödie der Irrungen bearbeitete, läßt sich hier an einem faßbaren Beispiele nachweisen. Jenes war ein eigentliches Intriguenlustspiel; wie viel Unnatur mit dieser bloßen Bestimmung eingegangen war, über wie viele Unwahrscheinlichkeiten man sich wegsetzen mußte, haben wir bei Besprechung des Stückes angedeutet. Hier hat Shakespeare dieß vermieden. Die Aehnlichkeit der Geschwister vorausgesetzt, so ist die Möglichkeit der Verwechslung dadurch erklärt, daß Viola absichtlich die gleiche Tracht wie ihr Bruder angelegt hat; die Wahrscheinlichkeit der Begegnung liegt vor, da Beide, nachdem sie Schiffbruch gelitten, ihrem Stande und ihrer Bekanntschaft nach an dem Hofe des unwirthlichen Illyriens Rettung suchen mußten. Der Unnatur, daß sich dort der suchende Bruder bei der ersten Irrung des gesuchten nicht erinnert, ist hier ganz ausgewichen. Sobald bei der ersten auffallenden Begegnung Antonio vor Viola den Namen Sebastian nennt, faßt Viola Hoffnung auf ihres Bruders Leben und die Vermuthung des Verhältnisses, das sie im Augenblicke noch nicht aufklären kann. Aber eben dadurch ist auch sogleich die Möglichkeit langer Täuschungen und dadurch eine Bedeutung, die der Intrigue selbst gegeben würde, abgeschnitten. Die Sache, um deren Erkenntniß es uns zu thun sein muß, ist auch hier nicht die Verwickelung, das äußere Gewebe der Handlung, sondern die Handelnden und ihre Natur und Triebfedern, nicht die Wirkung, sondern die Ursache und das Wirkende. Forscht man nach diesem, so verliert man die Aehnlichkeit der Fabel mit der Komödie der Irrungen schnell ganz aus den Augen und entdeckt eher eine Verwandtschaft dieses Stücks mit Verlorener Liebesmühe, wo die Bedeutung der Intrigue so sehr gering und ein so auffallendes Gewicht auf die Motive gelegt war.

Die Erzählung, die Shakespeare unter den verschiedenen, oben genannten Quellen am nächsten lag, ist die bei Rich; daß der Dichter dessen Buch gekannt habe, wird auch von dem neueren Herausgeber desselben in den Schriften der Shakespearegesellschaft behauptet. In dem Eingange zu der Novelle von Apollonius und Silla wird nun in diesem Buche der Geschichte eine ganz passende Betrachtung vorausgeschickt, die uns vielleicht auf den Sinn unseres Stückes, auf die Grundansicht leiten kann, aus der der Dichter arbeitete. Kein Kind, heißt es dort, wird in dieser elenden Welt geboren, das nicht, bevor es Muttermilch saugt, einen Trunk aus dem Becher des Irrthums thut. Worin wir uns am meisten trunken von diesem giftigen Kelche erweisen, das ist in unseren Liebeshändeln. Denn der Liebende ist so dem Rechten entfremdet und irrt so sehr aus den Schranken der Vernunft, daß er nicht fähig ist, schwarz von weiß und gut von bös zu unterscheiden. Wenn einer fragt, was der Grund einer vernünftigen Liebe sei, worin der Knoten aus ächter und wahrer Freundschaft geknüpft ist, so würde der Weise sagen: Gegenliebe.

Denn zu lieben die uns hassen, zu verfolgen die uns fliehen, zu
schmeicheln denen die uns zürnen, Gunst zu suchen bei solchen die
uns verachten, zu gefallen streben denen die uns beleidigen, wer
würde dieß nicht eine Irrliebe nennen, die weder auf Witz noch Ver=
stand gegründet ist? So sollen denn nun in der Novelle die Streiche
geschildert werden, die von Dame Irrung einem Manne und zwei
Frauen gespielt worden sind. — Hier wäre denn in dem Sinne der
Stelle, die wir oben aus Thomas Heywood anführten, die Liebe an
sich, wenigstens die Liebe ohne Gegenliebe, als eine Thorheit dar=
gestellt; die Liebenden hätten sich, der Herzog an Olivia, diese an
Viola, diese an dem Herzog, wie wir sagen, den Narren gefressen,
ohne nur eine Erwiederung zu finden. Aber dieß wäre dann eben
wieder nur eine Intrigue, ein Liebeshandel, eine Situation, die in
Shakespeare's Augen, um einen dichterischen Reiz zu haben, erst eine
psychologische Begründung haben müßte. Seine erste Frage war
nach der Art Natur der Menschen und der Liebe, die sich in die thö=
richte Irrung einer hoffnungslosen Leidenschaft möglicher= und wahr=
scheinlicherweise versenken konnte; auf diese Frage fand er in seinen
Quellen keinerlei Antwort; die Antwort, die Er in seinem Stücke
darauf gab, klärt uns dasselbe nach allen Seiten auf.

Wie in Verlorener Liebesmühe, so sind auch in Was ihr wollt
zwei verschiedene Schichten der Gesellschaft dargestellt, Charaktere
einer feineren Bildung und Caricaturen, in denen die menschliche
Natur mit ihren Unarten wie Unkraut wuchert. Wie wir dort, von
den grellen Zeichnungen dieses Schlages ausgehend, leichter den
Schlüssel zu den versteckteren Charakteren jener höheren Gesellschaft
fanden, so ist dieß auch hier der Fall; diese Figuren sind Shake=
speare's Zusatz, und in ihnen gerade muß der Grund, warum er sie
zugesetzt und in welche Beziehung er sie zu dem ursprünglichen Theil
der Fabel gebracht, um so deutlicher werden. In der Mitte dieser
niederen Gesellschaft steht Malvolio. Er ist ein sittenstrenger Puri=
taner; seine gekreuzten Strumpfbänder bezeichnen ihn als solchen;

in seiner Seele gedacht ist es daher eine doppelt arge Zumuthung, daß der Narr in seiner Pfarrerrolle von ihm verlangt, er solle an die Seelenwanderung des Pythagoras glauben. Pedantisch, mehr als haushälterisch, gewissenhaft und treu, ernst und anständig, ist er ein Diener wie er zu Olivia's melancholischem Hange, ihrer sittlichen Strenge, ihrer jungfräulichen Rückgezogenheit paßt; sie zieht ihn vor, und er schmeichelt sich entgegenkommend in ihre Gunst ein; er paßt den rohen Junkern, die der Gräfin Pallast in ein Bierhaus verwan= deln, auf den Dienst und macht den Angeber und Zuträger; sein Auge ist überall; den Fabian hat er wegen einer Bärenhetze in Un= gunst gebracht; der Schiffmann, der die Viola gerettet, ist kaum ge= landet, so hat ihn Malvolio wegen eines Handels in Haft gebracht. Er sieht sich weit über die Umgebung in seiner Herrin Hause erha= ben; er hält die Weisen für Narren, die sich an Narren und ihren Späßen ergötzen können, er sieht auf die „schalen Dinger", die To= bias, Fabian, Maria, verächtlich herab, die ihn seiner Achselträgerei, seiner Geziertheit, seiner Vornehmthuerei wegen mit dem bittersten Uebelwollen verfolgen. Er krankt an Selbstliebe, so sagt ihm die Gräfin selbst; er ist auf's höchste von sich eingenommen und hält sich für überfüllt mit Vollkommenheiten; wenn ihm die Gräfin seine un= leiblichen Trachten spottend vorrückt, so hält er es für ernstliches Lob. Es ist ein Glaubensartikel bei ihm, daß Alle, die ihn sehen, ihn auch lieben; so hat denn schon früher ein Wort der schelmischen Maria in ihm gezündet, daß Olivia ihr Auge auf ihn geworfen habe. Da sie den Herzog so auffallend verschmäht, so mag ihm dieß ein Beweis mehr sein, daß Er ihrer schwermüthigen Laune besser zusage. Noch ehe ihm Maria den Brief in den Weg legt, mit dem sie seinen maaß= losen Eigendünkel sprichwörtlich machen will, bespiegelt er sich in Aussichten auf den Grafenstand und verliert sich in aufgeblasenen Einbildungen. Nachdem er den Brief gelesen, kann es ihm kein Zweifel mehr sein, daß Olivia ihm ernstlich sich zu häuten befehle und seine erdekriechende Natur zu verlassen. Er lernt nun den Brief

wörtlich auswendig und thut wörtlich was er ihn hieß. Er hält das
Glück, in dessen Hafen er in völliger Sicherheit zu steuern meint,
für das unmittelbare Werk der Fürsorge Jupiter's um seine hoch=
wichtige Person, da ihn in der That nur die schalen Dinger, die er
so tief unter sich sah, auf die Sandbank seines Dünkels auflaufen
lassen. Die Eigenliebe ist demnach auch in diesem Charakter der
Grundzug seines Wesens; sie ist zu dem Grade von Eigendünkel
ausgeartet, der da glaubt Alle meistern zu dürfen, weil er sich am
Ziele der Vollkommenheit nicht nur, sondern auch des Glückes sieht,
das dieser Vollkommenheit gebührt. In Malvolio bildet sich daher
dieser Dünkel eine Gegenliebe ein, ohne daß ein Schatten von Wirk=
lichkeit ihm dazu einen Anlaß gegeben hätte, ja ohne daß auch nur
eine Regung von eigener Liebe dabei im Spiele wäre. Wie die
falsche Ruhmsucht in jenen Zerrbildern Holofernes und Armado, so
ist in ihm sein Eigendünkel naturwüchsig in der Art, daß er von sich
selbst nichts weiß, durch Nichts zur Selbsterkenntniß oder Besserung
zu bringen ist; die Grillen und Thorheiten, die aus ihm entstehen,
wachsen riesengroß auf, ob sie gepflegt oder getreten werden.

Das Gegenstück zu dieser Carikatur ist der Junker Andreas. Er
ist das traurige Gemälde von dem, was der Mensch ohne alle Selbst=
und Eigenliebe wäre, die zwar zu so vielen Schwächen auszuarten
pflegt. Diesem schlichthaarigen Landjunker besteht das Leben nur
aus Essen und Trinken; das Rindfleischessen, fürchtet er selbst, habe
ihn um seinen Witz gebracht; wirklich ist er stumpf bis zum Blödsinn,
ohne jede Leidenschaft und so auch ohne alle Eigenliebe oder gar Ei=
gendünkel. Er sieht an dem plumpen Tobias wie an dem gewandten
Narren hinauf, als an den Musterbildern städtischer Manieren, und
sucht ihnen ihre Redensarten abzulauschen; er ist der Papagei und
das ganz gedankenlose Echo des Junker Tobias; er glaubt Alles zu
haben, zu sein und gewesen zu sein, was Tobias war und hatte; er
plappert ihm nach, und äfft ihn nach, ohne nur selbst das Nachplap=
pern zu verstehen. Ihn hat der lose Tobias als einen Werber um

Olivia aufgestellt, um ihn derweile auszubeuteln; an einen Erfolg
glaubt der arme Freier aber selbst nicht und steht immer auf dem
Sprunge abzureisen. Er verzweifelt an seinen Sitten und der Angst=
schweiß tritt ihm auf die Stirne, wenn er nur mit dem Kammer=
mädchen zu thun hat. Er sagt dem Junker Tobias zwar auch das
nach, daß er auch einmal angebetet worden sei; aber man sieht, in=
dem er es sagt, das dumme Gesicht, das dabei vollends gar nichts
denkt. Er ist nie so eingebildet gewesen, sich von Jemand ernstlich
beachtet zu glauben; das Mistrauen gegen sich selbst ist so groß in
ihm als es klein ist gegen Andere. Wenn ihm und Anderen Tobias
einzubilden sucht, daß er ein Sprachkenner, ein Hofmann, ein Mu=
sicus, ein Tänzer und Fechter sei, so sticht ihn vielleicht, nachdem ihn
sein Verführer wider seinen Willen zum Weine geschleppt hatte, der
Kitzel auf einen Augenblick, sich selbst ein wenig zu bespiegeln; aber
dicht hinter diesem Anfall von einer sehr blassen und geringen Ein=
bildung lauscht immer die Selbstaufgebung und die Geringschätzung
aller seiner Gaben. Plumper kann man die Bettelarmuth nicht ver=
höhnen, als wenn Tobias ihn vorwurfsvoll fragt, ob dieß eine Welt
sei, Tugenden zu verbergen! Der Friedensrichter Schaal in Hein=
rich IV. hatte wenigstens eine Ader von Prahlerei, die doch noch ein
Selbstgefühl heuchelt, aber Andreas ist höchstens dem Vetter Schmäch=
tig zu vergleichen, mit dem er auch die Liebhaberei des Bärenhetzens
theilt. Durch seine Zanksucht, durch die Händel in die sie ihn bringen,
wird seine Apathie und Feigheit nur um so mehr noch an's Licht ge=
schoben; wenn es sein Mentor Tobias nicht thäte, sein Muth würde
ihn selbst gegen den jungfräulichen Knaben Viola nicht treiben; ge=
gen einen Malvolio reicht das höchste seiner Kühnheit dahin, ihm
eine Ausforderung zu schicken und dann nicht Wort zu halten! Dieser
theure Mann also, dem Tobias (in der deutschen Uebersetzung) nicht
so viel Blut zuschreibt als eine Mücke auf dem Schwanz wegtragen
kann, wäre ein trost= und hoffnungsloser Werber nicht wie Malvolio
aus Eigendünkel, vielmehr bei völligem Mangel an Allem, was man

Liebe, Eigenliebe oder Gegenliebe nennen könnte. — In einem
fein und fern gehaltenen neuen Gegensatze steht zwischen beiden der
Junker Tobias, der dem Freunde seine Dukaten und Pferde abnimmt, während er ihn mit der Aussicht auf die Hand seiner Nichte
ködert. Ein Trunkenbold, ein derber Realist der gemeinsten Sorte,
besitzt er doch eine Schlauheit, die Schwächen der Menschen, die
nicht über seinem Gesichtskreis liegen, zu durchschauen; roh und
plump in seinen Sitten weiß er doch die Stadtmanieren so weit anzunehmen, um Andreas damit zu imponiren; unverschämt genug,
das Haus Olivia's wie eine Kneipe zu misbrauchen und es nicht zu
achten, wenn sie ihm die Thüre weisen läßt, weiß er sich doch mit der
Dienerschaft im Hause auf gutem Fuße zu halten. Von der hoch-
fliegenden Eitelkeit des Malvolio hat er nichts, aber doch steht er in
plumpem Stolze nicht blos auf Andreas und Malvolio, auch auf den
Narren und auf Olivia herab, und von Maria, der einzigen, deren
Beweglichkeit ihm den Eindruck einer Ueberlegenheit macht, glaubt
er sich angebetet. Seine Eigensucht äußert sich indessen mehr in jener schädlichen Weise, in der Falstaff die untergeordneten Geister als
seine natürliche Beute betrachtete; er macht sich die Schwäche Anderer zu Nutze, um ihnen betrügerische oder neckische Streiche zu spielen. Darin unterstützt und übertrifft ihn Maria, mit der er sich in
der gemeinsamen Verschwörung gegen Malvolio vertändelt; sie umstrickt ihn schlau und schmeichelnd, und die leichte Spinne trägt die
schwere Fliege als Beute, als ihren Ehemann davon. Der Eine,
der mit seinem vornehmen Dünkel obenaufstrebt, geht seiner eingebildeten Hoffnung verlustig, der Andere, der mit rohem Dünkel auf
seine Umgebung herabsieht, wird halb ohne seinen Willen und unverhofft der Fang einer witzigen Dirne weit unter seinem Stande,
die nun ihre Klugheit versuchen wird, ihn in der Ehe mit besserem
Erfolge als vorher zu besseren Sitten zu überreden.

Ganz so nun wie in Verlorener Liebesmühe die Carikaturen
des burlesken Theils der Komödie neben eine Reihe von Charakteren

gestellt sind, in welchen dieselbe Untugend, die dort als ein wildes Naturgewächs üppig in wunderliche Gestalten schießt, unter der Hülle seiner Bildung unkenntlich im Schein, im Wesen nicht so unähnlich, verborgen liegt, so ist es auch hier. Auf dieselbe Olivia, zu der sich Malvolio's Gedanken in lächerlicher Art versteigen, hat Augen und Herz auch der Herzog Orsino gerichtet, ein Mann, der mit persön= lichen Ansprüchen und Vorzügen so ausgestattet ist, daß er von Mal= volio durch einen noch größeren Abstand getrennt erscheint, als in jenem Stücke der König von Navarra von Armado. Olivia selbst, die sich kalt von ihm abwendet, findet ihn tugendhaft, edel, von un= befleckter Jugend, frei, gelehrt, tapfer, schön und reich. Sein Ge= müth, ganz ausgefüllt von der Liebe zu Olivia, scheinen grundtiefe Empfindungen voll der heiligsten Zartheit und Wahrheit zu bewegen. In Schwermuth versenkt flieht er alle lärmende Umgebung; die Jagd und jede andere Beschäftigung ist ihm lästig; in Allem unstät und launig, scheint er diese Unbeständigkeit durch das dauernde Gleich= maaß seiner Liebesgefühle gut machen zu wollen. Ihnen die feinste und stärkste Nahrung zu geben, ist seine einzige Thätigkeit, indem er die Einsamkeit der Natur aufsucht und sich mit Musik umgibt. Aus dem Hause der Gräfin zieht er den Narren an, der ihm mit seiner klangvollen Stimme Lieder von verzweifelter unerwiederter Liebe singt. Eine weiche poetische Seele, hat der Herzog mit zartem Sinn die Gattung des Volkslieds aus der Spinnstube zu seinem Liebling gemacht, das ausgesuchteste und einfachste an rührender Kraft, was die lyrische Kunst der Liebe geschaffen hat; er schwelgt in dem Genusse dieser sanften innigen Weisen, die wie ein Echo des Herzens sind, bis zur Uebersättigung fort. Dieser Hang bis zum Aeußersten zu gehen in seiner Liebe, seinem Trübsinn und allen Neigungen, die dem herrschenden Affect in ihm gleichartig und anpassend sind, spricht sich in Allem aus, was der Herzog thut und sagt. Seine Begierden ver= folgen ihn wie Hunde und hetzen ihn müde; er liebt, wie seine Bot= schaft bestellt, „mit Thränenflut der Anbetung, mit Stöhnen, das

Liebe donnert, und mit Flammenseufzern". Er selbst nennt seine Liebe
edler als die Welt; er vergleicht sie mit der unersättlichen See; keine
andere Liebe, am wenigsten die eines Weibes, soll der seinigen
ähnlich sein; er trägt sie überall zur Schau, durch Boten, vor Musi=
kanten und Begleitern, die Seeleute wissen davon zu erzählen. Aber
eben dieser Hang der Uebertreibung reizt uns an, in die Aechtheit
dieser ächtesten Liebe näher zu spähen. Es scheint fast, als ob der
Herzog in seine Liebe mehr verliebt sei, als in seine Geliebte; als
ob er sich in eine unfruchtbare Leidenschaft, wie Romeo zu Rosalin=
den, mehr in Gedanken vergrübelt als im Herzen wirklich versenkt
habe; als ob seine Liebe mehr ein Erzeugniß seiner Phantasie als
eines ächten Gefühles sei. Es macht uns stutzig, daß er gerade dem,
was er in einem Anfall eigenliebiger Anpreisung seiner Liebe gegen
die Liebe des Weibes sagte, in einem ruhigen sinnigen Momente sel=
ber widerspricht, wo er an Viola sagt, daß die Liebe der Männer un=
steter sei als die der Frauen, sehnsüchtiger wohl, aber darum doch
wankelmüthiger, schneller verloren und abgenutzt. So ist es mit der
seinen. Mit ihrer Liebe recht wichtig zu thun, sich mit ihr recht viel
zu wissen und zu dünken, das ist wohl der Männer Art oder Unart.
Viola sagt ihm, was ganz sein Fall ist, die Männer machten mehr
Worte mit ihrer Liebe, sie sagten und schwüren mehr, aber ihre äuße=
ren Bezeugungen seien größer als ihre Meinung, sie zeigten sich reich
an Gelübden und arm an Liebe. Olivia mußte das durch alle die
dringenden Werbungen des Herzogs durchfühlen; sie nennt seine Liebe
Ketzerei und wendet sich in voller Kälte von dieser Scheinglut ab.
Sie steht ihn senden und hört wie er sich sehne, aber in eigener Be=
wegung für seine eigene Sache sieht sie ihn nicht. Sie hört einen
Anspruch erheben, aber sie findet kein Verdienst; es sei denn das des
höheren Standes, und diesen Vorzug gerade verschmäht sie in dem
Herzog. Sollte sie nicht aus der Ferne selbst den feinen Dünkel des
fürstlichen Bewerbers aus seinen Botschaften herausgehört haben,
mit dem er auf seine Liebe pocht: sie könne keine Weigerung und

Zögerung ertragen; es könne auf sie nicht abschlägig geantwortet werden? Mochte sie nicht gerade diesen Standeston verschmähen, in dem er ihr sagen ließ, er schätze nicht Landbesitz und achte nicht ihr Vermögen? Klang ihr nicht aus allem dem der Accent durch, als meine der Herzog, es könne und dürfe ihm und seiner Liebe gar nicht fehlen, als gründe er seine Ansprüche mehr auf seinen fürstlichen Rang noch als auf die Vornehmheit seiner Liebe? Sie ist doch sonst von Kälte und Verachtung sehr entfernt; etwas mußte also ihr stol=zes Verschmähen gerade in der Natur des Herzogs herausfordern, und man wird fühlen, daß er ihr in der That gerechte Ursache da= zu gab.

Wie durch diese Selbstbespiegelung einer Liebe, durch dieß schwer= müthige Verweilen auf einer unbestimmten Sehnsucht, durch diese verzärtelnde Pflege einer selbstgefälligen Leidenschaft und die matte Unthätigkeit, die dadurch erzeugt wird, Ziel und Gegenstand der Sehnsucht gerade verfehlt wird, zeigt das Beispiel Orsino's; und der Dichter hat nicht versäumt, diese Anschauung oder Lehre durch einen schlagenden Gegensatz noch eindringlicher zu machen. Der Narr hat die Krankheit des Herzogs nicht weniger durchschaut als Olivia und er gibt ihm ein vortreffliches Heilmittel dafür an. Solche Leute, sagt er, würde er auf's Meer schicken, daß ihr Geschäft Alles sei und ihr Zweck überall; das mache immer selbst aus Nichts eine gute Reise. Er würde die Naturen also, die sich in eine einzige stetige Neigung alles Andere vergessend vertiefen, gerade in das Element des Aben= teurers stoßen, um sie das Vergrübeln auf Einen Zweck vergessen zu machen, um sie in natürlichem Gehenlassen von dem schwerandächti= gen Dienste Eines Abgottes zu erlösen, um ihnen die Frische wieder= zugeben, die den Mann selbst in Liebesgeschäften schneller, ja müh= los zum Ziele kommen läßt, wo die weichlichen Angelobten der Liebe ihres Zwecks verlustig gehen. Dieß hat Shakespeare an dem jungen Sebastian anschaulich gemacht. Denn Er ist ganz ein solcher im Ge= müth freier, unversehrter, jungfräulicher Jüngling, der mit seiner

I. 35

Schwester abenteuernd, augenscheinlich ohne allen bestimmten Zweck, eine Seereise unternahm, Schiffbruch litt, in dem Schiffbruch sich als einen Menschen von Muth und Hoffnung, umsichtig in der Gefahr bewies, der auf's Land geworfen um seine Schwester voll Zärtlichkeit trauert, aber wie seine Schwester darum doch schnell und praktisch einen Plan seiner nächsten Zukunft ergreift, der immer und überall schnell entschlossen, rüstig, nie ermüdet, von freiem Geiste und von freier Hand erscheint.   Harmlos, dem Glück und seiner guten Natur vertrauend nimmt er von seinem Schiffmanne eine Börse an, ohne zu wissen wie er sie erstatten solle, er macht aus ihr freigebige Geschenke nur um einen lästigen Gesellschafter los zu werden; unversehens in ein Abenteuer der sonderbarsten zauberischsten Art verwickelt geht er mit hellen Sinnen um sich spähend hinein; in die Händel der Junker gezogen gibt er auf einen Streich die gebührenden Schläge zurück und beweist der Olivia, daß er sie von ihren wüsten Gästen zu befreien wissen werde.   Welchen Zauber solch eine frische und siegreich auftretende Natur ausübt, soll nicht Olivia allein erfahren. Der Dichter hat dafür gesorgt, daß der Gräfin ihr instinctives Gefühl nicht für weibliche Schwäche ausgelegt werde; denn Männer von starker Natur theilen es ganz mit ihr.   Der derbe Schiffshauptmann Antonio ist ganz von einem solchen blinden Zug der Freude und Liebe zu diesem Jüngling hingezogen, er weilt um ihn, trotz der Gefahr der er sich in der ihm feindlichen Stadt aussetzt, er macht sich aus dieser Gefahr ein Vergnügen um seinetwillen, er gibt ihm seine Liebe ohne Grenze und Rückhalt; er selbst nennt es einen Zauber, was ihn zu dem freudigen, gewürfelten Jünglinge hinzog.

Ein weiblicher Gegensatz gegen den Herzog und seine anspruchsvolle von sich selbst eingenommene Liebe ist Viola in ihrer anspruchslos bescheidenen Natur und ihrer stillen eingezogenen Leidenschaft. Sie ist nach dem Zeugnisse ihres Bruders von Allen schön gefunden, auch der Herzog findet ihre Lippen sanft und roth wie Diana's, und ihre weiche helle Mädchenstimme fällt ihm auf, da er sie im Pagen-

kleide sieht. Daß ihre Seele schön sei, sagt Sebastian, müsse selbst
der Neid gestehen. Sie ist von der harmlosen Natur ihres Bruders,
selbst im Unglücke unternehmend, von freiem, heiterem Sinne, ge=
wandt von Geist, wo ihn die Gelegenheit herausfordert; aber weit
vortretender ist der Umfang ihres Gemüths und die stille Bescheidung
der weiblichsten Natur. Als sie verschlagen und verarmt an den
Strand des ungastlichen Illyriens getrieben wird, ist ihr erster
Wunsch zu Olivia zu gehen, um der Welt entzogen zu werden; da
sich dieß unthunlich zeigt, geht sie in Männertracht zu dem Her=
zoge, den sie im elterlichen Hause wenigstens dem Namen nach hat
kennen gelernt. Sie ist kaum bei ihm, so gewinnt sie des weich=
müthigen Verliebten Gunst und volles Vertrauen; sie soll seine
Botschaften zu Olivia bestellen; aber sie selbst faßt eben so schnell eine
Neigung zu dem Herzog; sie möchte ihn zum Gatten haben, und sie
gesteht es sich selbst nur in einem flüchtigen Seufzer. Eine ernste
Hoffnung auf ihn zu fassen, fällt ihr nicht ein; sie richtet ihre Be=
stellung mit dem treuesten Pflichtgefühle aus. Sie könnte sich durch
die schnöde Begegnung, die ihr in Olivia's Haus widerfährt, so
leicht abweisen lassen, aber sie thut es nicht; sie bricht nach dem stren=
gen Auftrag ihres Herrn sogar ein wenig über die Schranken der
Höflichkeit hinaus, um zu ihr zu gelangen. Ihr Wunsch und Inter=
esse ist es freilich auch, die Geliebte ihres Geliebten von Angesicht zu
sehen. Sobald sie ihre Schönheit erkennt, sinkt der muthwillige Ton,
in dem ihre Unterhaltung begann, zu bewegtem Ernste herab. Sie
findet keinen Sinn in der Verschmähung einer so peinvollen Liebe,
wie die des Herzogs ist; sie sagt Olivia, was sie an des Herzogs
Stelle thun würde, um ihr nicht Ruhe und Rast zu gönnen:

Ich baut' an eurer Thür' ein Weidenhüttchen
und riefe meiner Seel' im Hause zu;
schrieb' fromme Lieder der verschmähten Liebe,
und sänge laut sie durch die stille Nacht:
ließ' euren Namen an die Hügel hallen,
daß die vertraute Schwätzerin der Luft
Olivia schriee. —

Das war es gerade was der Herzog nicht gegen Olivia that; er ließ sich Lieder singen und sagen und ließ ihren Namen durch das Gerücht herumtragen, er führte zurückgezogen ein todgleiches Leben, aber von einem Leben in seiner Liebe ward Olivia selber nichts gewahr. Und eben das was Viola als Mann und als Liebender thun wollte, das that sie selbst in Beziehung zu dem Herzoge, nicht in dem Maaße wie sie es hier von dem Manne sagt, nicht in der lauten Weise, wie sie es Männerart findet, nicht so vordringend und angreifend, aber desto inniger und sinniger in schweigender Geduld. So hatte sie ja ihr Weidenhüttchen mitten in das Haus gebaut, „wo ihre Seele wohnt", aber sie hütet es in stiller Ergebung und ohne jeden Anspruch. Der Mann, der über Olivia nichts vermag, nimmt ihr mehr und mehr das Herz ein; seine Worte treffen sie, die sie hört, von ihm den sie kennt, ganz anders als die entfernte Olivia seine Botschaften; dazu spricht er aus seiner hoffnungslosen Lage, die der ihrigen ähnlich ist, ihr Herz weit inniger an. Leise schleicht sie sich, selbst als Knabe verkleidet, dagegen wieder in des Mannes Herz; sie weiß meisterhaft von der Leidenschaft zu sprechen, die ihn quält, und seine feinsten Bemerkungen finden bei ihr Verständniß und Auslegung; ihre treue Hingebung fesselt ihn desto mehr, je weniger er eine Erwiederung für seine lebhaften Gefühle anderwärts findet. Sie thut dabei aber für ihre Liebe, was ein Weib ihrer Natur in dieser Lage nur immer thun kann. Sie könnte in ihrer Aufrichtigkeit so weit gehen, daß sie der Olivia ihr Geschlecht entdeckte; aber zu diesem Heroismus treibt sie weder ihre Natur, noch läßt sie ihre Liebe dazu gelangen; sie begnügt sich, dem Schicksal die Entwirrung dieses Knotens zu überlassen. Dem Herzoge weiß sie indessen zuzuraunen, daß sie nie ein Weib so lieben werde wie ihn; und in einer guten Stunde sagt sie ihm für den Fall, daß das Geheimniß ihrer Verkleidung je zu Tage kommen könnte, die Geschichte ihrer demüthigen Anbetung, vor der seine Liebe tief beschämt stehen muß. Dieß kann so klingen, als ob sie dieß absichtlich schlau so anlegte. Aber so ist es nicht. Sie ist durch Orsino's Reden über das flüchtige Verblühen der Frauen bis in die innerste Seele gerührt und getroffen, der Narr singt dann ein tiefbewegliches Lied voll Todes= sehnsucht; dann gibt ihr der Herzog seine neuen Aufträge in neuen Ausdrücken der Ueberschwenglichkeit seiner Liebe. Da sagt sie ihm voll Bewegung die Geschichte einer vorgegebenen Schwester, deren Leben ein leeres Blatt war; die eine Liebe barg und Verheimlichung wie den Wurm in der Knospe an ihren Wangen nagen ließ; die in blei= cher Schwermuth saß wie die Geduld auf einem Denkmale, im Grame lächelnd. Sagt, fragt sie ihn, war das nicht Liebe? und gleich darauf bricht sie von Thränen überwältigt ihre Rede ab und geht. Der Ausgang des Verhältnisses bedarf nach dieser Scene, einer der schön= sten die Shakespeare geschrieben hat, wohl keiner Rechtfertigung! Als sich Orsino zuletzt persönlich in Bewegung setzt und von Olivia zurückgewiesen wird, springt seine flache Liebe zu ihr plötzlich in Haß und Eifersucht um; er will ihren Liebling seiner Rache opfern und willig bietet sich das Opferlamm dem Messer. Er muß nun erfahren, daß Olivia mit diesem Liebling vermählt sei, da wirft sich sein Haß vorübergehend auf Viola. Nun ist dieß liebebedürftige Herz für einen Augenblick ein „leeres Blatt"; wie sich dann plötzlich die Dinge aufklären, tritt auf ihm die edle Schrift, mit der sich Viola in dieß Herz geschrieben, in vollem Glanze heraus. Den ganzen Zauber die= ses Wesens kann die Spielerin noch in der letzten Scene fast nur in stummem Spiele entfalten, wo sie sich voll weiblicher Scham erst sträubt das Geständniß ihrer Verkleidung zu machen und dann von des Herzogs Werbung beseligt wird, der von ihr plötzlich bescheidene Liebe und ihre Sprache erlernt hat.

Zwischen den drei zuletzt gezeichneten Figuren steht nun Olivia als der Mittelpunkt der ganzen Handlung in einem weniger einfachen Charakter; das Verhältniß desselben zu dem eigenliebig vornehmen Zuge in dem Charakter des Herzogs ist ungemein subtil und zart ge= sponnen. Wie man sie gleich im Eingange kennen lernt, schließt man aus ihrer Haltung auf ein Weib von nicht gewöhnlicher Energie. Sie hat den Tod ihres Vaters und Bruders zu beklagen; sie will sieben Jahre verschleiert gehen, um den Letztverstorbenen im Gedächtnisse zu behalten; von Schwermuth gedrückt, trauert sie in klösterlicher Zurückgezogenheit, die Gesellschaft der Männer hat sie gleichsam verschworen. Die Kraft der Gefühle, die zu solchen Entschlüssen bestimmt, die Strenge der Sitte, die sich zutraut sie auszuführen, ist über ihr ganzes Wesen gebreitet. Sie ist eine hohe Frau von freiem und ernstem Geiste; nicht in der Stimmung, die Scherze eines Boten zu ertragen, aber wohl fähig, die bedeutungsvollen Stiche ihres Narren nachsinnend hinzunehmen; nicht männisch genug geschaffen, dem wüsten Verwandten, der ihr Haus belagert, mit mehr als Worten die Thüre zu weisen, aber sorgsam bedacht, die Ordnung durch ihren puritanischen Hausmeister zu erhalten und in verständigem und gesetztem Wesen dem Haushalte vorzustehen. In ihrem Siegel führt sie die keusche Lucretia; um seines tugendhaften Diensteifers willen hält sie einen Malvolio in Ehren; my mouse of virtue ist das Liebkosungswort, mit dem sie der Narr belegt; den sittenstrengen Charakter, den diese Eigenheiten andeuten, behauptet sie in verschiedenen Zügen; sie ist ein Feind aller modischen Trachten, aller äußeren und inneren Schminke; wenn sich Viola nur ihren Diener nennt, findet sie das eine niedere Schmeichelei. Diese Strenge ihrer Tugend könnte in einem Temperamentsfehler gelegen scheinen. Die Art und Weise, wie sie den Werbungen des Herzogs den Rücken wendet, kann auf Stolz und selbst auf eine Härte schließen lassen, die eine eisige Kälte in ihr voraussetzen; diese Vorwürfe werden ihr von Orsino und Viola gemacht. Aber in der Stellung, die sie sich zu dem Herzoge gegeben hat, sind doch auch die Grundsätze zu erkennen, die einem so angelegten Charakter zukommen. Sie läßt den Herzog die Kälte, die in seinen scheinbar feurigen Anträgen liegt, wieder empfinden durch ihre frostige Abweisung; sie setzt dem Standesstolze einen würdigen Charakterstolz entgegen und scheint als das Hauptmotiv ihrer Weigerung

den Entschluß geltend zu machen, nicht über ihren Stand heiraten zu
wollen; sie ist nicht ohne Gründe dem Herzog abgeneigt, sie hat in
seinem Herzen gelesen und seine Liebe nicht rechtgläubig gefunden.
Dennoch mischt sich in diesen gerechtfertigten Stolz in der Form der
Zurückweisung etwas ebenso Ungerechtfertigtes, als in die Form von
Orsino's Werbungen; die Worte, die sie selbst zu dem Herzog per=
sönlich spricht, zeugen von einem Widerwillen, der sich in grausamer
Härte äußert; sie hat nicht so geprüft, um den Herzog so zu kennen,
wie die prüfende Viola ihn kennt, die deßhalb ihren Stolz nicht be=
greift und ihr die rächende Vergeltung einer ähnlichen Verschmähung
wünscht. Dieser Wunsch geht auf der Stelle in Erfüllung durch diese
Viola selbst und den bösen Feind, der in ihrer Verkleidung lauert;
Olivia's Stolz soll zu einem ähnlichen Falle kommen, wie der des
Herzogs durch sie; dieser geht in einer gekünstelten Leidenschaft, die
von seinem Standesstolze etwas beeinträchtigt erscheint, seines Ge=
genstandes verlustig; sie geht in einer plötzlich erwachenden Leiden=
schaft, die in ihrer Heftigkeit all ihren Charakterstolz überwindet, in
dem Gegenstande nur eine Zeit lang irre. Sobald Viola aus der
Tiefe ihrer innersten Erfahrung die Wege genannt hat, die sie an
Orsino's Stelle gehen würde, da schlägt dieser liebeathmende Ton
sogleich Feuer in Olivia's verwaistem Herzen; derselbe Strahl, der
in Viola gezündet, trägt dieselbe Flamme in sie über, sie wird plötz=
lich unruhig und zerstreut, fragt nach des Dieners Herkunft, wendet
keinen Blick mehr von ihm, sendet ihm einen Ring nach und ladet ihn
ein, wiederzukommen. Daß sie nicht hochmüthig von Natur ist, kommt
hier plötzlich zu Tage; daß sie nicht kalt ist, beweisen diese lodernden
Flammen; selbst von der sinnigen, tief weiblichen Natur, in der Viola
ihre Liebe trägt und verbirgt, ist sie weit entfernt. Mit derselben
Schärfe vielmehr, mit der sie vorher die Abneigung gegen Orsino
ausgesprochen hatte, verfolgt sie jetzt diese erwachende Leidenschaft;
dort wie hier ist sie von Einer energischen Empfindung überwältigt
und sie geht ihr thätig handelnd nach, weit entfernt, sie geduldig zu

tragen wie Viola. Wie diese, thut sie die fatalistische Aeußerung: sie
wolle die Geschicke walten lassen; aber in demselben Augenblicke führt
sie den Geschicken viel eingreifender als Viola die Hand, indem sie
dieser den Ring nachschickt. Der Viola gelingt es, ihre Liebe in
peinlicher Verheimlichung zu tragen, aber Olivia muß gestehen, daß
eine mörderische Schuld sich nicht schneller zeige als eine Liebe, die
sich verbergen möchte. Sie springt von dem einen Extreme einer et=
was gespannten Melancholie und Entsagung zu dem andern einer
feurigen Leidenschaft über. Es wird wahr, was der Herzog voraus=
gesehen hatte: die um einen Bruder so zärtlich trauerte, werde einmal
den Herrn ihres Herzens mit einer unendlichen Liebe umfassen. Witz
und Verstand, Tugend und Ehre, Stolz und Selbstgefühl, Nichts ist
vermögend in ihr, diese Leidenschaft zu meistern. Mit offenem Auge
und Ohre hätte sie der ganzen Irrung entgehen müssen, ihr Herz so
an unrechter Stelle zu verlieren. Ihre sittliche Natur kämpft mit
ihrer Liebe und sie forscht ängstlich, ob Viola unvortheilhaft von
ihrer Ehre denkt. Da sie verschmäht wird, tritt ihr Stolz mit auf die
Seite ihrer Ehre, ihres Standes, ihres Verstandes, die miteinander
gegen diese Leidenschaft sprechen. So ist es, sagt sie, sich zusammen=
raffend, ja wohl wieder Zeit zu lächeln. Bis hierhin könnte man
glauben, es spiele auch in ihre Liebe, wie in die des Herzogs, etwas
von einem Standesstolze ein, und sie werde rücksichtslos und des
Erfolges sicher um den niedriger gestellten Pagen, als könne es
auch ihr nicht fehlen, und sie ziehe sich nun plötzlich erkaltet zu=
rück, wie der Herzog von ihr. Allein hier eben soll sich zeigen,
daß ihre Leidenschaft von einem anderen Metalle ist als die des
Herzogs. Selbst die letzte Waffe gegen ihr übermächtiges Gefühl,
ihr Stolz, ist stumpf geworden; sie sieht ihren Fehler ein, aber
er spottet halsstarrig jedes Tadels; ein böser Feind wie Viola,
gesteht sie, würde sie zur Hölle locken; sie liest Stolz auf ihrem
Angesichte, aber sie findet, er kleide sie schön; sie möchte den ver=
schmähenden Jungen sogar mit Bestechung erkaufen. Man sieht

wohl, hatte sie in ihrer Stellung gegen den Herzog etwas von dessen Stolze in ihrem Charakter entwickelt, so entfaltet sich jetzt in dieser brausenden Leidenschaft zu einem Diener, den sie kaum kennen
gelernt hatte, etwas von dem abenteuerlichen, kühnen Charakter des
Sebastian, mit dem sie einerlei Glück zusammenbringt. Gesuchte
Liebe, sagt sie, ist gut, ungesucht gegebene ist besser. Die letztere findet Sebastian bei ihr und auch sie bei Sebastian, obgleich sie sie red-
lich gesucht zu haben sich bewußt war. Es ist freilich ein reiner, den
bis dahin streng psychologischen Gang unterbrechender Zufall, daß
sie auf Sebastian trifft, doch hat ihn der Dichter vortrefflich benutzt,
uns das Unwahrscheinliche des Verhältnisses übersehen zu machen.
Sie trifft ihn in Aufregung, in Zorn, in Sorge um sein Leben; sie
muß glauben, auch Er, ihr vermeinter Cesario, sei in der ähnlichen
Aufregung; die Händel mit den rohen Gesellen, muß es ihr scheinen,
haben die männlichere, kräftigere Natur erst in ihm hervorgerufen,
die sie nicht an ihm kannte; desto besser muß er ihr jetzt gefallen.
Sie findet den bisher so Widerspänstigen jetzt plötzlich geneigt, das
muß sie berauschen. In ihrem „zerstreuenden Wahnsinne", wie sie
ihren Zustand selber nennt, vergißt sie nun jedes Geschäft, nur nicht
ihrer Würde und ihres edlen Benehmens; eifersüchtig und zweifelnd
in ihrer Seele, fesselt sie den unverhofft gewonnenen Liebling durch
das Band der Ehe unauflöslich an sich. Für das Ausschweifende in
diesem ganzen Siegeslaufe ihrer Liebe muß sie noch einen Moment
der Angst und Beschämung ausstehen, aber der Zuschauer weiß bereits, daß dieser kühnen Leidenschaft, die jeden Stolz, den Stolz des
Standes, selbst den der Verschmähung, die von Verschmähung herausgefordert ward, in ihr völlig getilgt hat, die Palme des Sieges
und des Glückes gesichert ist.

Es bleibt uns übrig, ein Wort über den Narren Feste zu sagen,
dem der Dichter in diesem Stücke eine ganz eigenthümliche Stellung
gegeben hat. Er steht ganz außer aller Handlung, außer dem Spiele
des Zufalls und der Leidenschaften, die in dem Stücke in Bewegung

sind. Man könnte fast glauben, er sei nur durch die verschiedenen Scenen geschlungen, um den witzigen Unterhalter, wie er sich selbst nennt, den Wortverdreher zu machen, oder gar, es sei seine Rolle einem beliebten Sänger, was man sagt, auf den Leib zugeschnitten. Es ist auffallend, daß in allen Lustspielen, die wir an dieser Stelle durchgangen sind, ja in sämmtlichen Shakespeare'schen Stücken um diese Zeit, in Heinrich VIII., in Maaß für Maaß, in Hamlet, Othello, Cäsar, das musikalische Element hereintritt. Die Black=friargesellschaft mag um diese Zeit mit Sängern und Componisten in einer glücklichen Verbindung gewesen sein; so hat Rimbault nachzu=weisen gesucht, daß in Viel Lärmen um Nichts, wo dem Balthasar ein Gesang in den Mund gelegt wird, und wo die Folioausgabe von 1623 statt Balthasar's den Namen des Sängers, Jack Wilson, nennt, dieser Sänger kein Anderer als ein bekannter John Wilson, später Doktor der Musik in Orford, gewesen sei. So erscheint nun hier der Narr als ein Sänger von Profession, welcher Lieblingslieder von heiterer und tragischer Natur, schnurrige Jigs und herzzerreißende Kanons mit gleicher Virtuosität singt. Neben dem ist er als ein sorgloser munterer Bursche, der sich um nichts kümmert, mitten in die vielgeschäftige Gesellschaft gestellt, ein kluger Thor unter vielen thö=richten Klugen. Kein anderer Narr bei Shakespeare ist sich seiner Ueberlegenheit so bewußt wie dieser. Er sagt es gar zu oft und be=weist es noch öfter, daß seine närrische Weisheit in der That keine Narrheit ist, daß es ein Misverstand ist, ihn einen Narren zu nennen, daß die Kaputze den Mönch nicht macht, daß sein Gehirn nicht bunt=scheckig ist wie sein Kleid. Der Dichter hat des Narren Thun und Reden in diesem Stücke nicht in einen Hauptbezug zu dem Einen Hauptgedanken des Stückes gebracht, sondern ihn mehr den einzelnen Personen in einzelnen Aeußerungen gegenübergestellt. Es ist in die=sem Stücke, wo jene lehrreiche Stelle steht, nach der des Narren schwieriges Amt es erfordere, daß er Zeit, Ort, Personen, mit denen er scherzt, wohl kennen und seine Pfeile auf jede Schwäche richten müſſe; genau dieſe Rolle hat Shakeſpeare den Narren hier ſpielen laſſen. Er iſt auf alle Sättel gerecht, wie er ſagt, ein Mantel für jedes Waſſer; er lebt mit Allen nach ihrer Art, ihre Schwächen kennend, ihre Natur beachtend, auf die Stimmung des Augenblickes achtſam gerichtet. Wenn Jemand, Viola oder der Herzog, ſeine Gebieterin ſprechen will, ſo weiß er anmuthig zu betteln; wenn er dem melancholiſchen Herzog ſingt, ſo weist er eine Belohnung ab; er verbittet ſich's auch, ſein Betteln ihm als Habſucht auszulegen. Er rühmt ſich, ein guter Haushälter zu ſein, aber in der lüderlichen Geſellſchaft der Junker treibt er es auch einmal ein wenig toll; nicht ſo toll doch wieder, daß er ihnen auch ihre blutigen Streiche hingehen ließe. Er weiß wie die Zeit und den Ort ſo auch die Perſon ſcharf zu unterſcheiden. Mit den natürlichen, den friſchen, freien Naturen, mit Sebaſtian, mit Viola kommt er ſogleich auf einen freundlichen Fuß. Dem Malvolio tränkt er dagegen die Verachtung ein, mit der er von ihm und ſeinem Handwerke ſpricht; er ſpielt ihm, obwohl in unſchuldigerer Entfernung, den böſen Streich mit, der ſeinen Dünkel heilen ſoll, und er ſagt es ihm, nachdrücklich warnend, für Wiederholungsfälle. Dem Andreas ſpricht er grellen Unſinn vor, der ihn entzückt; daß er dem groben Junker Tobias für keinen Fuchs gilt, weiß er, deſto ſchlauer und behaglicher ſieht er der Maria zu, wie ſie dem Tölpel von ſehr ſchwacher pia mater ihren Köder legt, und er preist ſie für die witzigſte ihres Geſchlechtes, wenn ſie ihm das Trinken abgewöhnen könne. Seiner Herrin Olivia iſt er als ein überkommener Angehöriger des Hauſes treu ergeben; die Ueberſpannung ihrer anfänglichen Melancholie misbilligt er; den Handel zwiſchen ihr und dem Herzoge bezeichnet er nicht undeutlich als thöricht; das ſich entſpinnende Verhältniß zu Viola-Sebaſtian begünſtigt er. Des Herzogs veränderliche Gemüthsart durchſchaut er ſcharf und rückt ſie ihm beißend, obwohl gutmüthig, auf; zugleich gibt er ihm, was wir vorhin ſchon anführten, das Heilmittel an, das ſo genau den Schlüſſel zu dem inneren Verhältniſſe der liebenden Charaktere angibt. Inſofern kann der Narr, geschickt gespielt, immerhin ein Wegweiser durch die bedeutsameren Punkte dieses Lustspieles werden.

Neben Den lustigen Weibern und der Widerspänstigen ist Was ihr wollt das reinste und heiterste Lustspiel, das Shakespeare geschrieben hat. In die Irrungen, Verlorene Liebesmühe, Wie es euch gefällt, Viel Lärmen um Nichts, spielen überall tragische Momente herein. Hier ist nichts dergleichen; selbst das sentimentale, Anfangs etwas elegische Verhältniß der Liebenden nimmt bald durch die Irrungen zwischen Sebastian und Viola eine heitere Wendung. Auf diesem Grunde hebt sich dann der burleske Theil der Komödie ab, der an Uebermuth und Muthwille so weit geht, daß Fabian selbst andeutet, es werde der Dünkel des Malvolio, auf dem Theater vorgestellt, eine unwahrscheinliche Erdichtung scheinen, und daß er die Albernheit des Junker Andreas zu einem Schwank am Fastnachts= abend geeignet nennt. Für den Abend, der den Fasching einlei= tet, für den Dreikönigsabend, war denn das Stück auch nach dem Titel bestimmt, eine Zeit, wo man damals in England, wie noch heute bei uns, Bohnenkönige looste, in Familienzirkeln schnurrige Hofhaltungen spielte, auf den Theatern eigene Maskenbälle auf= führte. Für solch eine tolle Zeit sind denn hier tolle Späße wie zur Auswahl geboten. Auch ist das Stück einen hinreißenden Eindruck der tollsten Lustigkeit zu machen vollkommen ausgestattet. Richtig aufgefaßt und von Spielern dargestellt, die selbst auch in der Cari= katur die Linie der Schönheit nicht verfehlen, macht es eine unglaub= liche Wirkung. Uns Deutschen freilich entgeht für die Aufführung solcher Stücke die englische Tradition und vor Allem die Leichtigkeit der Bewegung und die Entfernung von allem gekünstelten und ge= zierten Schauspielerwesen. Bei der Darstellung Shakespeare'scher Lustspiele ist auch heute noch auf der englischen Bühne Alles in der lebendigsten Beweglichkeit, und jeder Schauspieler wie in seiner häuslichen behaglichen Natur. Schon daß dort kein Souffleur ein= flüstert, zwingt die Spieler zu einem Besitz ihrer Rollen, in dem sie

was sie darzustellen haben, gleichsam mehr leben als spielen. Das
Verschleppen der Antworten, das schwerfällige Dehnen leichter Sce=
nen die nur vorüberfliegen sollen, fällt so weg; in des Redenden
Endwort fällt die Antwort des Erwiedernden schon ein; der Abgang
von der Bühne ist so, daß die Sprecher mit der letzten Silbe hinaus
sind; mit dem Weggange wechselt die Scene und beginnt die neue;
die Zwischenacte ganz wenige Minuten; so rauscht ein solches Stück
rasch an uns vorbei und reißt uns mit; die scharfe Zeichnung jeder
einzelnen Situation prägt es uns gleichwohl tief in die Seele. Aber
dazu muß selbst jede Nebenrolle von geschickten Spielern gegeben
werden; die Spielenden müssen nicht eine Secunde müßig sein; sie
müssen nach der Natur jedes Augenblickes im Hergang der Sache
stehen, auch die schweigenden Zuschauer der Handlung, auch die
Statisten. Woran aber in Deutschland fast immer die Shakespeare'=
schen Stücke scheitern werden, ist, nächst dem Mangel der Bildung
und Seelenkunde, in den meisten Schauspielern der Abgang aller
natürlichen und ungezwungenen Art, sich zu geben. Ihre glatte, see=
lenlose, jedes inneren Lebens baare, declamatorische Manier ertödtet
diese Stücke sogleich, die im Tone der unmittelbarsten Natur und in
der Fülle des Lebens gegeben sein wollen. Weder die Erschütterung
der tragischen, noch die Rührung der elegischen, noch den naiven
Ernst der burlesken Theile der Shakespeare'schen Werke verstehen
unsere Spieler zu erreichen. Bis zu welchem Schmelze und Dufte
solche Scenen gesteigert werden können, wo in Viel Lärmen um
Nichts Balthasar und in Was ihr wollt der Narr vor Orsino ihre
Lieder singen, (Compositionen meist von Tonkünstlern aus Händel's
Zeit oder Schule, die nicht selten ein Band des schönsten Einklangs
um diesen Tonkünstler und unseren Dichter schlingen;) wie ihre Wir=
kung die zarteste, todtstille Aufmerksamkeit hervorzaubern kann und
muß, davon hätten die wenigsten Schauspieler unserer Bühne nur
einen Begriff. Vollends aber die lächerlichen Figuren mit der Hin=
gebung zu spielen, aus welcher sichtbar würde, daß eine Jede dieser

Gestalten von sich selber eben so sehr und mehr erfüllt ist, als die edelsten Gebilde der Menschheit die neben ihr hergehen, das würde Keiner über sich vermögen. Jeder legt bei solchen Rollen so viel Ironie in sein Spiel, als er für nöthig hält, die Ueberlegenheit seines weisen Geistes über die Thorheit, die er darstellen soll, ja recht fühlbar zu machen, und als hinreichend ist, sein Spiel, seine Rolle und das Stück zu Fall zu bringen.

4. Shakespeare's Sonnette.

Wir stehen am Ende der zweiten Periode Shakespeare'scher Dichtung und übersehen die dreifache Reihe der Stücke, die derselben angehören. Eine Fülle von poetischen Anschauungen, von sittlichen Ideen und Wahrheiten tritt uns aus diesen Werken entgegen, die uns zu aller Zeit an diese Dichtungen gefesselt hat; in der Art aber, wie wir dieselben betrachtet und zusammengestellt haben, scheinen sie uns auch dem Dichter persönlich etwas näher zu rücken. Es drängte sich uns die Wahrnehmung auf, daß mannichfache Uebereinstimmung in den Gesichtspunkten war, aus denen diese Stücke entworfen sind, daß hier und da Einerlei ethischer Gedanke durchblickte, auch wo der Gegenstand noch so verschieden war. Einzelne Charaktere konnten uns wie ein inneres Abbild des Dichters vorkommen, einzelne mit beson= derem Nachdruck behandelte Ansichten, Wahrheiten und Situationen konnten auf des Dichters eigene, innere Erfahrungen zurück zu wei= sen scheinen. Wir hatten beim Eintritt in diese zweite Periode ge= sagt, wir wollten nach dem Ueberblick der Werke dieser Zeit auf Shakespeare's Lebensgeschichte zurückkommen und nachforschen, ob sich vielleicht ein geistiger Faden entdecken lasse, der uns eine Ver= knüpfung zwischen den Dichtungen und des Dichters Leben gewähre. Wenn eine solche Verbindung besteht, so kann sie nur in Shake= speare's Sonnetten gesucht werden, denn sie sind die einzigen Pro=

ducte desselben, die uns einen unmittelbaren Blick in sein eigenes Innere gestatten. Es liegt uns daher ob, ehe wir uns nach den weiteren Lebensschicksalen des Dichters umsehen, einen Blick auf jene Gedichtreihe zu werfen.

Shakespeare's Sonnette sind Gelegenheitsgedichte, die ursprüng= lich nicht zur Veröffentlichung bestimmt waren. Die erste Erwähnung derselben geschieht in Meres' Schatzkästlein des Witzes (wits treasury) 1598. Er bezeichnet sie ganz als solche private Dichtungen, indem er sie „Shakespeare's Zuckersonnette unter seinen vertrauten Freun= den" nennt, in die Ovid's süße Seele übergegangen sei. Gleich nach diesem Lobe und, es scheint, davon angelockt, machte ein Buch= händler Jaggard Jagd auf diese Sonnette und publicirte 1599 unter dem Titel „der verliebte Pilger" (passionate pilgrim) eine kleine Sammlung zusammengestoppelter Gedichte, worunter einige noto= risch von anderen Dichtern sind; einige Sonnette aus Verlorener Liebesmühe sind darin aufgenommen; ein Paar andere über das Thema von Venus und Adonis könnten füglich aus Anregung des Shakespeare'schen Gedichtes über diesen Gegenstand von einem An= deren zusammengesetzt sein; nur zwei Sonnette aus der Reihe jener freundschaftlichen gelang es dem piratischen Verleger zu erbeuten. Daraus läßt sich schließen, daß diese Gedichte sorgfältig geheim ge= halten wurden; vielleicht auch, daß es keine anderen Sonnette von Shakespeare gab, als gerade die Sammlung, die etwas später voll= ständiger veröffentlicht wurde. Sie erschien zugleich mit dem ange= hängten Gedichte „des Liebenden Klage" 1609. 4. unter dem Titel: Shakespeares sonnets, never before imprinted. Ein mystisches Dunkel umgab auch jetzt noch diese offenbar rechtmäßige Ausgabe. Es ist der Anschein genommen, als ob der Dichter sie nicht selbst veröffentlicht hätte. Gegen alle Gewohnheit schreibt der Verleger T. T. (Thomas Thorpe) eine Dedication dazu, und diese zwar an einen ungenannten, nur mit einer Chiffer bezeichneten Mr. W. H., den er den „einzigen Erzeuger dieser Sonnette" nennt und dem er

„alles Glück und die Unsterblichkeit wünscht, die ihm unser unver=
gänglicher Dichter verheißen".

Die Sonnette Shakespeare's sind durch das Dunkel, in das sie
gehüllt waren in Bezug auf diesen „Erzeuger", durch die Unburchsich=
tigkeit ihres ganzen Inhalts für die Ausleger und Biographen im=
mer eine Verzweiflung gewesen; durch das, was allein hell und beut=
lich in diesem Inhalt schien, wurden sie eine Verzweiflung der Be=
wunderer des Dichters. Die ersten 126 Sonnette der Sammlung
sind an einen Freund gerichtet, die letzten 28, deren Inhalt wir schon
früher charakterisirt haben, besprechen das Verhältniß zu einer leicht=
fertigen Frau, das für Alle ein Greuel war, die an dem Dichter kei=
nen Makel sehen wollten. Aber auch den größeren Haupttheil
glaubte man hier und da dem Dichter zum Nachtheile auslegen zu
müssen. Man las diese Gedichte lange in so blinder Befangenheit,
daß die Ausleger bis zu Malone's Zeit sie alle, auch die ersten 126,
an ein Weib gerichtet dachten! Noch als man bereits so viel glück=
lich heraus hatte, daß sie zu einer männlichen Person redeten, kam
Chalmers (apology for the believers in the Shakespeare papers)
noch 1797, und deutete gar die Person, an die sie gerichtet waren,
auf die Königin Elisabeth! Da nun aber endlich feststand, was
unmöglich zu verkennen schien, daß die Sonnette an einen jungen
Freund geschrieben waren, erweckte der enthusiastische und ver=
liebte Stil einen härteren Verdacht, von dem auch andere Dichter
der Zeit nicht frei ausgingen. Es lag in dem überschwenglichen Ton
dieser italianisirenden Poesie, wie es in dem complimentirsüchtigen
Charakter der Zeit lag, daß ein ungemessener Ausdruck der Schmei=
chelei wie der Zärtlichkeit allen Schreibern jener Tage, allen Clien=
ten hoher Kunstfreunde von Neapel bis nach London gleich eigen=
thümlich vor. Shakespeare spricht in der Widmung seiner Lucretia
an den Grafen Southampton von der endlosen Liebe, die er ihm
widmet; Ben Jonson unterschreibt sich an Dr. Donne als sein „treuer
Liebhaber"; so nannte dann Shakespeare auch in diesen Sonnetten

den jungen Freund seinen Liebling, seinen süßesten Knaben. Es war dieß im Stil der Zeit unverfänglich, obgleich schon die Zeit selbst nicht alles Aehnliche unverfänglich aufnahm. Barnefield in seinem verliebten Schäfer (1595) beweinte in einer Reihe von Sonnetten seine Liebe zu einem schönen Jüngling; es war eine unschuldige Nach= ahmung einer Ecloge Virgil's; man legte sie ihm aber so aus, wie man auch wohl Shakespeare's Sonnette ausgelegt hat. All dieß zerfiel bei näherer Betrachtung in sich selbst. Immer aber blieb die Ungewißheit über den jungen Mann, der Shakespeare diese außer= ordentlich tiefe Zuneigung oder oberflächlich pomphafte Schmeichelei abgewann, quälend zurück. Es wollte nichts verfangen, daß man vorschlug, die Sonnette so anzusehen, als ob sie schlechtweg an ein Geschöpf der Einbildungskraft gerichtet, als ob sie reine Fictionen der Phantasie, als ob sie im Namen anderer Freunde gedichtet seien; man müßte in der That von der Natur dieses realistischen Dichters kaum eine Ahnung haben, um ernstlich zu glauben, er habe diese in das eigene Herzblut getauchte Feder einem Anderen zur Miethe ge= geben, oder seine Kunst habe sich je mit Willkür in eine so seltsame Erfindung eines der seltsamsten Verhältnisse, wie es in den Sonnet= ten geschildert ist, verirren können! Denn da, wo die Gegenstände dieser Gedichte einfach deutbar sind, wo tiefe Erwägungen und Ge= fühle den Dichter beschäftigen, was in aller Welt könnte ihn da an= gereizt haben, diese Bewegungen seiner Seele in der Form verliebter Ergießungen an einen Freund auszusprechen, wenn ein solcher nicht wahrhaft und leibhaft an seiner Seite stand, der an seinem inneren Leben Antheil nahm? Man ist allzusehr gewöhnt, diese Form des Sonnetts nur in den müßigen Spielen der Treibhausphantasie spi= ritualistischer Poeten angewandt zu sehen. Wenn aber die Shake= speare'schen wirklich vor anderen Sonnetten auszuzeichnen sind, so sind sie es gerade nur dort, wo, und nur darum, weil ein warmes Leben in ihnen liegt, weil reelle Lebensverhältnisse auch unter dem falben Abbilde dieser Dichtungsform durchscheinen, weil der volle

Pulsschlag eines tiefbewegten Herzens durch alle Hüllen der dichterischen Formalien hindurchdringt.

Es ist klar, daß die Sonnette nur an Einen und denselben Jüngling gerichtet sind; sogar die letzten 28 Sonnette an jenes Weib greifen ihrem Inhalte nach in das Eine Verhältniß zwischen Shakespeare und seinem jungen Freunde ein, und Regis hat dieß ganz recht gesehen, daß dieselben eigentlich zu den Sonnetten 40—42 eingeordnet werden müßten. Der Sonnettist sagt es selbst, daß er Eine alte Liebe nur stets in neuer Form ausdrücke. Derselbe Ton der Liebkosung kehrt, selbst nachdem er durch ernstere Gegenstände der Besprechung unterbrochen war, immer wieder; der „süße Knabe" bleibt des Dichters Knospe und frühe Rose bis zuletzt. Müßte man selbst annehmen, was oft geschehen ist, daß die Sonnette in großen Zwischenräumen der Zeit entstanden seien, so hat uns der Dichter gesagt, warum er auch später noch dem Freunde die Jugendlichkeit in dichterischer Fiction forterhält; er wollte, nach Sonn. 108, stets wie im Gebet dasselbe sagen und alte Dinge nicht alt nennen; seine ewige Liebe wollte den Raub und Staub des Alters nicht in Anschlag bringen. Diesem Immergeliebten schreibt Shakespeare Schönheit, Geburt, Witz und Reichthum zu; es ist aus der oberflächlichsten Lectüre deutlich, daß es ein junger Mann von hohem Range in der Gesellschaft war, dessen Abstand von dem Dichter es nöthig machte, daß sie ihr gegenseitiges Verhältniß vor der Welt verborgen hielten. Eben dieses äußere Misverhältniß hat es denn auch offenbar veranlaßt, daß die Sonnette, als sie erschienen, weder von Shakespeare selbst dedicirt waren, noch von dem Verleger der „einzige Erzeuger" mit Namen bezeichnet wurde; ja, daß man mit Sicherheit annehmen muß, die Chiffer Mr. W. H. sei bestimmt gewesen irre zu leiten. Ein „Herr" schlechtweg (Master) vom bürgerlichen Stande war der Erzeuger, d. h. der Mann, an den die Sonnette gerichtet waren, offenbar nicht. Collier und Andere freilich wollten unter dem begetter nur den Verschaffer verstehen, der für den Verleger die Sonnette

gesammelt habe, da doch der Verleger jenen „Erzeuger" in der Dedica=
tion deutlich als eben den Mann bezeichnet, dem Shakespeare in den
Sonnetten die Unsterblichkeit durch seine Verse verhieß. Dieser Er=
zeuger ist nothwendig derselbe Mann gewesen, den das 38. Sonnett
in demselben Sinne die zehnte Muse nennt und das Argument, den
Gegenstand, der den Dichter nie Mangel an Stoff leiden lasse; dem
das 78. Sonnett in eben dieser Meinung empfiehlt, auf des Dichters
Werke mehr als auf andere stolz zu sein, weil sie unter seinem Ein=
flusse entstanden, „von ihm geboren sind".

Daß also der Mann, dem die Sonnette in der Ausgabe von
1609 gewidmet sind, auch der Mann ist, an den sie gerichtet sind,
ist ganz unzweifelhaft. Aus der Chiffer Mr. W. H. aber, mit der
ihn die Dedication bezeichnet, wird man ihn schwerlich errathen wol=
len, da sie offenbar zum Täuschen bestimmt ist. Sie können ganz
füglich an einen Lord gerichtet gewesen sein, obgleich der Erzeuger
hier ein „Meister" heißt; wenn Collier meint, man hätte damals
schwerlich gewagt, einen Mann des Adels so vertraulich zu benennen,
so übersieht er, daß nach dem Inhalte der Sonnette und nach der
Natur des Verhältnisses diese Ablenkung Absicht und unstreitig im
Einverständniß mit dem edlen Herrn geschehen war. Und so könnte
auch der fragliche Erzeuger einen Namen führen, auf den die Buch=
staben W. H. nicht passen. Wäre der Liebling Shakespeare's nach
Drake's Vermuthung Heinrich Wriothesley, Graf von Southampton,
so könnte man glauben, die Buchstaben W. H. versteckten und ver=
riethen gerade so viel von der Wahrheit, als man mit dieser Dedi=
cation bezweckte. Daß Boaden (on the sonnets of Sh. 1837) gerade
auf diese Buchstaben seine Vermuthung gründet, der Gemeinte sei
William Herbert, Graf von Pembroke, dieß stimmt uns für dieselbe
von vorn herein nicht günstig. Zwar der Persönlichkeit und Stellung
nach, die Pembroke einnahm, könnte er wohl der Freund und Gön=
ner sein, dem Shakespeare solche Sonnette hätte zuschreiben mögen.
Er war schön genug für so viel Lob, groß genug für so vielen Preis,

ein Schützer aller Gelehrsamkeit, selbst gelehrt, selbst Dichter, in allgemeiner Liebe und Achtung, ein besonderer Patron Shakespeare's
und ein Freund seiner Schauspiele, wie es aus der Dedication der
Ausgabe von Shakespeare's Werken von 1623 hervorgeht. Der Zeit
und dem Alter des Grafen Pembroke nach ist es aber nicht wohl
möglich, daß die Sonnette an ihn gerichtet sind. Er war 1580 geboren, war mithin im Jahre 1598, wo Meres die Sonnette erwähnt, 18 Jahre alt; es ist nicht denkbar, daß Shakespeare dem
jungen Freunde in diesem Alter so heftig, wie es in den ersten Sonnetten geschieht, zugeredet hätte zu heiraten, wobei man noch annch-
men müßte, daß gerade diese ersten alle erst 1598 und nicht, was
sehr wahrscheinlich zu machen ist, noch einige Jahre früher geschrieben wären. Boaden muß daher auch der Einen unwahrscheinlichen
Vermuthung die zweite anfügen, es seien die 1609 gedruckten Sonnette nicht die von Meres erwähnten! Allein dabei ist übersehen,
daß zwei von unseren Sonnetten schon 1599 durch Jaggard gedruckt
sind und daß, als diese existirten, auch die ganze Reihe existirt haben
muß, weil sie, herausgerissen aus der ganzen Sammlung, keinen
Sinn haben. Collier gab es bei diesen Zweifeln auf, irgend einer
Meinung über den Helden dieser Sonnette beizutreten. Dieß aber
scheint uns gar zu sehr aller Conjectur den Raum zu rauben. Die
Vermuthung Nathan Drake's, daß Graf Southampton der junge
Freund Shakespeare's war, dem er eine so herzinnige Freundschaft
und Verehrung zollte, ruht trotz allem Sträuben der conjecturfeind-
lichen englischen Editoren auf so festen Gründen, daß man alle Vermuthung für eine Sünde ansehen muß, wenn man dieser nicht an-
hängen will. Die kritische Vorsicht erheischt nicht, daß man eine so
ungemein wahrscheinliche Vermuthung von sich stoße, sondern nur,
daß man nicht eigensinnig auf ihr beharre und sie für volle Gewißheit ausgebe, sondern der besseren und sicheren Erkenntniß das Ohr
leihe, sobald sie sich bietet.

Der Graf Southampton ist im Jahre 1573 geboren, und lebte

seit 1590 in London. Seine Mutter war in zweiter Ehe mit dem
Schatzmeister Sir Thomas Heneage vermählt, den sein Amt in
Verbindung mit dem Theater brachte; das mochte dem Stiefsohn
Gelegenheit und Neigung geben, den Werken der Bühne Freude
abzugewinnen und Schutz zu verleihen. Er war frühe ein Förderer
und leidenschaftlicher Freund des Schauspiels. In einem Schrei=
ben von Rowland White an Robert Sidney heißt es (1599), der
Graf Southampton und Lord Rutland kämen sehr selten zu Hofe,
sie verbrächten ihre Zeit in London, wo sie jeden Tag in's Theater
gingen. Zugleich war er frühzeitig schon ein Schützer aller Gelehr=
ten; der treffliche Chapman in seiner Iliade heißt ihn den Auser=
wählten aller edlen Geister des Vaterlands; Nash nennt ihn „von
unbegreiflicher Höhe des Geistes in heldenmüthiger Entschlossenheit
und in Sachen des Geschmacks"; Beaumont fragt, wer wohl auf
Englands Bühne lebe und ihn nicht kenne? Alle Dichter und Schrift=
steller wetteiferten, ihm ihre Werke zu widmen; angenommen, Shake=
speare richte seine Sonnette an ihn, so sagt er selbst dieß im 78.
Sonnette: er habe ihn so oft als seine Muse angerufen und für sei=
nen Vers so schöne Hülfe an ihm gefunden, daß nun jede fremde
Feder ihn nachahme und ihre Poesie unter seinem Namen verbreite.
Shakespeare widmete ihm 1593 Venus und Adonis noch aus de=
müthiger Ferne, im folgenden Jahre die Lucretia in einer schon
dreisteren Dedication, die bereits von der endlosen Liebe spricht, die
er ihm widme, in der sich der Dichter einer guten Aufnahme seines
Werkchens nicht sowohl wegen des Werthes der ungeschulten Verse
versichert hält, als wegen der „Bürgschaft, die er von des Grafen
ehrenvoller Zuneigung hat". Wir haben früher vermuthet, daß diese
beiden beschreibenden Gedichte Shakespeare's, wenn auch früher ent=
standen, doch um diese Zeit ihres Druckes überarbeitet worden seien;
der Charakter der italianisirenden Poesie der Concepte und des Epi=
grammatismus ist ganz derselbe, der auch die Sonnette beherrscht.
In dem 53. dieser Stücke heißt es: „Beschreibt Adonis, und das

Abbild ist ärmlich dir nachgeahmt; haucht auf Helenens Wangen alle Kunst der Schönheit und du wirst neu gemalt im Gewande der Griechin erscheinen". Man sollte meinen, dieß spiele geradezu auf die beiden Gedichte an; die erste Stelle an sich deutlich; die zweite fast noch mehr. In Lucretia hat Shakespeare die Helene bei der Beschreibung eines Gemäldes erwähnt, und es ist, als habe der Rückblick dorthin ihm die Wendung eingegeben: „Du wirst neu ge= malt im griechischen Gewand erscheinen". In Bezug auf den In= halt ferner berührt sich das Bild des spröden Adonis mit dem In= halte der ersten 17 Sonnette sehr genau, die Strophen 27—29 des Gedichtes sind ganz im Stil und Sinn dieser ersten Sonnette ge= schrieben. Es sind dieß die Stücke, in welchen Shakespeare dem jungen Freunde dringend anräth, sich zu vermählen, um der Welt ein Abbild seiner Schönheit und Trefflichkeit zu sichern. Gerade im Jahre 159⁴/₅, wohin nach dem intimeren Verhältniß zu schließen, das die Dedication der Lucretia zwischen Southampton und Shake= speare verräth, der Anfang der Sonnette füglich fallen könnte, bewarb sich der Graf um Elisabeth Vernon, eine Cousine seines Freundes des Grafen Essex. Die Königin wollte diese Verbindung nicht und ließ später, als sie sich ohne ihr Wissen 1598 oder 1599 vermählten, beide einsperren; dieß scheint denn wohl ein Verhältniß anzudeuten, in dem denkbarer Weise eine so eindringliche Ermahnung, wie sie Shakespeare in jenen 17 ersten Sonnetten wiederholt, am Ort sein mochte. Damals war Southampton 21½ Jahre alt, ein Alter, das jung genug ist, um Shakespeare's liebkosende Ausdrücke „süßer Knabe" u. A. zuzulassen, und vorgerückt genug, um die Zureden zur Ver= mählung zu erlauben. Es hat sich eine Nachricht in Bezug auf das Verhältniß des Gafen zu Shakespeare erhalten, die, wenn erwiesen, die ganz ungewöhnliche Natur dieser Verbindung zwischen zwei Un= ebenbürtigen in der Art bezeugen würde, daß wir vollkommen die ganze Hingebung unseres Dichters an diesen Jüngling begreifen könnten. Rowe berichtet in seinem Leben Shakespeare's, als eine

Sache, die ihm selbst unglaublich wäre, wenn sie nicht auf der Auto=
rität des Sir William Davenant beruhte, der mit Shakespeare's An=
gelegenheiten sehr bekannt war, daß Southampton einmal an Shake=
speare die Summe von tausend Pfund gab (die man nach dem heu=
tigen Werthe des Geldes auf das Fünffache anschlagen darf), um ihn
zu befähigen, einen Kauf zu machen, der ihm am Herzen lag. Es
war herkömmlich, daß Dedicationen mit Geschenken belohnt wurden,
aber nicht entfernt mit Gaben von solcher Bedeutung. Gerade um
die Zeit der beiden Dedicationen Shakespeare's nun ging die Black=
friargesellschaft damit um, den Globe auf der Bankseite zu bauen.
In Erwägung des Interesses, das der Graf an Allem nahm, was
die Bühne betraf, und in gleicher Erwägung jener Dedicationen und
dieser Bauunternehmung seiner Lieblingsgesellschaft findet es Collier
nicht unwahrscheinlich, daß Southampton diese Summe gegeben
haben könnte, theils um Shakespeare zu belohnen, theils um ihm
seinen Antheil Einschuß für den neuen Bau zu erleichtern; ja es gibt
keinen der neuern englischen Herausgeber, der sich in dieser Geldsache
nicht so leichtgläubig für die Tradition bewiese, wie wir es vorziehen
in andern zu sein, die sich für die innere Geschichte des Dichters
fruchtbar erweisen. Uebrigens stimmt es mit dieser Ueberlieferung
vortrefflich zusammen, daß gerade um diese Zeit sich Shakespeare's
äußere Verhältnisse besser gestalteten und daß er seiner verarmten
väterlichen Familie helfend unter die Arme greifen konnte. Auf alle
Fälle war das Verhältniß, das diese verschiedenen Beziehungen an=
deuten, ein sehr ungewöhnliches und vollends in jenen Zeiten ganz
außer der Regel; das Verhältniß sowohl, welches die persönlichen
Berührungen Shakespeare's mit Southampton betrifft, wie auch
jenes andere, auf das die Sonnette hinblicken lassen. Daß Shake=
speare gerade solcher ungewöhnlicher Verbindungen mehrere gehabt
haben sollte, ist daher gewiß schwer zu glauben. Und es ist mir
darum immer unbegreiflich erschienen, wie man in England sich so
sehr sträuben mochte, die Identität dieses Gepriesenen der Sonnette

mit dem Grafen Southampton zuzugeben. Denn wenn je eine Ver=
muthung an Gewißheit grenzte, so ist es diese.

Man hat dagegen geltend gemacht, daß keine Anspielungen auf
Southampton's Schicksale in den Sonnetten enthalten wären. Man
vergaß dabei schon wieder, daß nach dem Inhalte der Sonnette selbst
und nach der Natur des Verhältnisses Alles, was den Grafen zu
kenntlich machen könnte, wegbleiben mußte. Wir haben aber Ursache
zu glauben, daß diese Sonnette sämmtlich geschrieben sind, ehe der
Graf Southampton überhaupt Schicksale gehabt hat. Sein öffent=
liches Wirken beginnt 1597, als er die kurze Expedition mit Graf
Esser nach den Azoren machte. Dann nahm er 1601 an der Ver=
schwörung desselben Grafen, seines Verwandten, Theil und büßte im
Gefängniß, aus dem er erst mit dem Tode der Königin erlöst ward.
Es wäre nicht ganz undenkbar, daß mehr als eine Anspielung auf
die Expedition nach den Azoren in den Sonnetten enthalten wäre;
die Gruppe der Stücke 43—61 spricht vielfach von einer äußeren
Trennung beider Freunde, die dem Dichter schmerzlich fällt. Es ist
aber wahrscheinlicher, daß sich diese Stellen auf eine minder beträcht=
liche Entfernung des Freundes beziehen und daß die sämmtlichen
Sonnette vor 1597 geschrieben sind. Alles vereinigt sich, diese Zeit=
bestimmung zu noch größerer Gewißheit zu erheben, als die Ver=
muthung über die Person des Grafen Southampton. Wir haben
gesagt, daß Meres die Sonnette erwähnt; wir glauben daran fest=
halten zu müssen, daß er unsere Sonnette meint, weil sie vertraute
freundschaftliche Gedichte sind, wie er sie bezeichnet, und weil zwei
aus dieser Reihe 1599 schon veröffentlicht sind, die nur innerhalb der
ganzen Reihe Sinn und Bedeutung haben. Die Sonnette sind also
vor 1598 entstanden. Man hat darin eine Stelle bei der Frage über
die Zeitbestimmung immer übersehen, wo in einem der späteren Son=
nette der Dichter ausdrücklich sagt, es seien drei Jahre, seit er den
Freund zum ersten Male gesehen. Nimmt man an, daß dieß 1593,
in dem Jahr der Widmung von Venus und Adonis, war, so sind

die letzten Stücke vor 1597 gemacht, denn wir glauben unten nach=
weisen zu können, daß die Sonnette in der ersten Ausgabe von 1609
nach einem innerlichen Zusammenhange chronologisch geordnet sind.
Collier und Andere mit ihm sagen freilich, die Sonnette seien zu sehr
verschiedener Zeit geschrieben, Einige in Jugend, Andere in hohen
Jahren; in Einigen spreche der Dichter von seiner Schülerfeder, in
Anderen von seinem Alter. Allein dieß beruht in der That auf einer
Unachtsamkeit der Lectüre. Wollte man des Dichters poetische Ueber=
treibungen über sein Alter gar zu ernsthaft beim Worte nehmen, so
hätten sie sogar dann keinen Sinn, wenn die Sonnette alle erst 1608
geschrieben sein sollten; Shakespeare war dann 44 Jahre alt. Zu=
fällig aber, und auch dieß ist ganz übersehen worden, spricht der
Dichter gerade auch in einem der zwei Sonnette, die in Jaggard's
Sammlung 1599 gedruckt sind, von seinem Alter; da war er nur
einige Jahre über Dreißig! Diese Sätze über sein Alter können also
nur beziehungsweise, im Vergleich zu dem Alter seines jungen Freun=
des verstanden werden. Und auch da scheint kein so großer Unterschied
zu bestehen. Im 81. Sonnett heißt es: „Entweder werde ich leben,
deine Grabschrift zu machen, oder du überlebst meinen Tod"; dieß
deutet auf keine so große Altersverschiedenheit; es verträgt sich aber
auf's beste mit dem wirklichen Unterschiede von neun Jahren, der
zwischen Shakespeare und Southampton Statt hatte. Es könnte für
reine poetische Freiheit angesehen werden, wenn der Sonnettist sich
über seine Runzeln und sein herbstliches Alter ergeht; so sagt auch
R. Greene in seinem farewell to folly 1591, das Alter komme an,
und er spricht von vielen Jahren, zu einer Zeit, wo er nicht viel über
dreißig war. Wir wollen es gleichwohl nicht lauter poetische Frei=
heit nennen. Denn für einen frühthätigen Mann, für einen Jünger
der Phantasie, der schon in jungen Jahren vieles geleistet hat, der
schnell und wirksam lebte, der den Werth der Zeit zu messen verstand,
für ihn wird immer der Moment ein ernster sein, wo er die Blüte=
zeit der ersten frischen Jugend, die zwanziger Jahre, verläßt und sich

dem Wendepunkte jener „Hälfte unseres Lebensweges" nähert, für
ihn wird immer die erste Besinnung auf das heranschleichende Alter
eine trübere Anwandlung sein, als für den Mann, der in dem lang-
gedehnten Gleise unserer schwierigen Lebensverhältnisse emporkommt,
wo die Zwanzig die Jahre der Entbehrung und der Lebenssorgen
sind. In solch einer Anwandlung des ersten Alters-Ernstes, in solch
einem Schauder der Einbildungskraft bei dem Rückblick auf die erste
reizvolle Jugend des geliebten Freundes mochte Shakespeare wohl
sagen (Sonn. 73), daß die Zeit für ihn beginne, „wo gelbe Blätter,
oder wenige, oder keine an diesen im Frost zitternden Zweigen hängen,
den nackten verfallenen Chören, wo sonst die süßen Vögel sangen".
Er mochte dieß sagen, und Niemand, der Erfahrung und Phantasie
hat, wird sich verwundern, wenn auch dieser Seufzer der sanftesten
Melancholie aus dem Munde eines 30jährigen Dichters käme. Zu
allen äußeren Gründen für die Zeitbestimmung der Sonnette, die
wir aufstellen, kommt die innere Evidenz hinzu. Diese Gedichte gehören der italienischen Periode Shakespeare's an. Sie sind geschrieben zu der Zeit, wo gerade alle die berühmtesten Sonnettsammlungen
englischer Dichter erschienen: Daniel's Delia, denen der Bau der
Shakespeare'schen Sonnette nachgeahmt ist, 1592; Constable's Diana
1594; Spenser's amoretti 1595, Drayton's Idea's mirror 1594
u. A. Wir haben oben gesehen, wie um diese Jahre sich Shakespeare's Geschmack anfing zu wandeln, wie er den lyrischen Formen
des Südens Lebewohl sagte, wie er sich dem sächsischen Nationalge-
schmack näherte und wie die einfältigen Lieder des Volkes hinfort die
lyrischen Stellen in seinen Dramen ausfüllen, die in Verlorener
Liebesmühe noch die Sonnette einnehmen. Die geschichtlichen Stücke
aus der heimischen Geschichte entrückten ihn jenem romanischen Geschmacke noch mehr. Wer sich in Shakespeare's Dichtung in chronologischer Ordnung irgend eingelesen hat, dem wird es geradezu unmöglich scheinen, daß er eine längere Gedichtreihe dieser Art noch
nach 1598 geschrieben haben könne.

Wir versuchen nun den inneren Faden zu verfolgen, der die Sonnette Shakespeare's zusammenbindet, unbeirrt von den Gegnern dieser Erklärungsweise, deren es gibt, die diese Gedichte ohne jede Achtsamkeit oder Vorstellungskraft gelesen haben müssen, da sie diese Auslegung ihrerseits so auslegten, als sehe man die Sonnette als ein
ursprünglich zusammenhängendes Ganze, als eine absichtlich angelegte Reimchronik über einen Lebensabschnitt des Dichters an. Es
haben schon Andere vor uns gefunden, (Armitage Brown, Shakespeare's autobiographical poems. 1838.) daß sich die Reihe dieser
Gedichte in verschiedene Gruppen zerlegt, die wieder jede in sich ein
bestimmtes Thema behandeln; in der Scheidung und Charakterisirung dieser Gruppen weichen wir theilweise von dem Versuche von
Brown ab. Alle diese Gruppen bilden zusammen ein einziges
Ganze, eine innere Seelengeschichte, die einen genauen psychologischen Verlauf voll Natur und Wahrheit nimmt; die Sonnette sind
chronologisch geordnet, um eben diesen Verlauf vor uns aufzurollen.
Was die Unterscheidung dieser Gruppen schwer macht, was leicht
verleiten kann, sie geradezu zu leugnen, das ist die Unterbrechung der
auf bestimmte Verhältnisse bezogenen Sonnette durch andere ganz
allgemein gehaltene, die wesentlich in großer Gleichförmigkeit das
Lob des Freundes verkünden. Durch die ganze Sammlung ziehen
sich diese vageren Preisgesänge hin und verdecken den realeren Inhalt der übrigen, eigentlichen Gelegenheitsgedichte. Die Sonnette
sind natürlich einzeln entstanden; dieser allgemeinen Huldigungsge-
dichte, die das stehende Verhältniß zwischen den Freunden ausdrück-
ten, die ihrem Inhalte nach nicht einem bestimmten Zustande oder
Zeitraume angehörten, mußten natürlich die meisten sein. Der
Dichter mochte ihnen bei der Anordnung zum Druck nicht immer
genau absehen können, in welcher Zeit sie entstanden waren; er
konnte sie auch nicht in ihrer Eintönigkeit zusammenrücken; er mußte
sie zwischen die Gruppen zu vertheilen suchen, welche die bewegliche Geschichte des Verhältnisses darstellen. Läßt man sich durch

diese müßigen Einschiebsel nicht stören, so wird man jene innere Ge=
schichte deutlich und sprechend finden. Noch Eins darf dabei nicht
irren: es ist die Form des Sonnettes selbst und was sie mit sich
bringt. Vielmal ist diese Dichtungsgattung angefochten und oft ver=
theidigt worden. Wollte man für die Anfechtung schneidende Waffen
haben, so hätte man sie hier in Shakespeare's Sonnetten holen
müssen. Welch ein lebenvolles Gemälde würde uns der Dichter hin=
terlassen haben, wenn er den Seelenbund mit seinem süßen Jungen
je nach dem Anlasse in freien Formen besungen hätte, die ihm der
Moment, die Natur der Lage zugleich mit dem Inhalte eingegeben
hätte! So aber, da er Alles in diese Eine quadratisch ausgeeckte
Gestalt goß, die alles Scharfe und Besondere verwischt, die einen
dämmerigen Nebel über jeden greifbarsten Inhalt breitet, wird es
vollkommen begreiflich, daß man so lange die nacktesten thatsächlichen
Verhältnisse misverstehen oder übersehen konnte. Aus diesem Einen
Misstande folgt dann der Andere, der dieser Gattung ebenso natür=
lich anklebt. Der Mangel des Realistischen in diesen verschwom=
menen Gedichten soll dann durch Geist und poetischen Glanz ersetzt
werden; das Verhältniß zwischen Mittel und Zweck, zwischen
Sache und Ausdruck schwindet; weit ausholende Gedanken, seltsame
übertriebene Bilder und hyperbolische Wendungen führen das Ver=
ständniß irre, tiefsinnige Concepte und epigrammatische Einfälle, die
um ihrer selbst willen glänzen, werfen eben dadurch den Gegenstand,
um den es sich handelt, in Schatten. Diese angestrengte poetische
Sprache hindert nicht einmal, daß sich mit der eintönigen Form zu=
gleich der Stoff und der Ausdruck wiederholt, daß die Tautologie
darin stehend wird. Und wie in der Lucretia der Dichter unwillkür=
lich die Eigenheiten jenes Conceptenstils der Marinisten selbst be=
fremdet empfand, so erkennt er auch hier mitten im Werke begriffen
(S. 76.) daß sein Vers „leer an neuem Uebermuth, entfernt von Ver=
änderung und rascher Abwechselung ist; daß er immer dasselbe sage
und seine Empfindungen in dem alten bekannten Gewande halte".

In diesem Gewande ist es nicht leicht, den eigentlichen realen Inhalt zu erkennen; Tact und Vergleichung muß uns lehren, hier nicht Alles zu sehr beim Worte zu nehmen und doch auch nicht gedankenlos über den festen Inhalt wegzulesen.

Wir sind mit Cunningham und Anderen der Ansicht, daß die Sonnette unseres Dichters, ästhetisch betrachtet, überschätzt worden sind. Von Seiten ihres psychologischen Inhaltes scheinen sie uns, bei dem gänzlichen Mangel aller anderen Quellen für Shakespeare's innere Geschichte, unschätzbar zu sein. Sie zeigen uns den Dichter grade in der interessantesten Zeit seiner geistigen Entwickelung, wo er den Uebergang von unselbständiger Kunst zu selbständiger, von fremdem Geschmacke zu nationalem, von Abhängigkeit und Un= glück zu Glück und Frohsinn, ja selbst von ungebundenen Sitten zu innerer Erhebung machte. Und zu dem riesengroßen, schwer zu über= sehenden Bilde, das uns über seine geistige Entwickelung in seinen Werken dieser Zeit aufgestellt ist, erhalten wir hier ein kleines, faß= liches Gemälde aus seinem inneren Leben, das uns dem Dichter persönlich nahe rückt. Wir leben uns mit ihm in ein lebendiges Verhältniß ein, das in dem ruhigen Gleise seiner Existenz leicht eines seiner größten Erlebnisse war; wir lesen die rührende Ge= schichte eines vollen, gefühligen, warmen Herzens, die Niemand ohne tiefe Bewegung betrachten kann; wir gewahren den kleinen Wellen= schlag und die größere Strömung von Ebbe und Flut einer ehr= geizigen Leidenschaft, deren psychologischen Hergang wir in seiner ganzen Tiefe verfolgen können. Wir haben früher erfahren, daß Shakespeare in seiner Ehe nicht glücklich war. Die Leere, die dieß in seinem Herzen zurücklassen mußte, schien sich ihm ganz auszufüllen, als ihm die Liebe des edlen Jünglings ward, der ihm aus seiner Höhe in seine Tiefe und Armuth herab hülfreiche Hand reichte und vielleicht in eine freudlose äußere Existenz zuerst eine höhere geistige Würze warf. Wirklich ist die Entwickelung dieses Verhältnisses des Dichters zu seinem „schönen Freunde" ganz der Verlauf einer starken, bis zu den tiefsten Schmerzen heftiger Leidenschaft, wie sie der Mann sonst nur für Frauen zu empfinden pflegt. In England hat Niemand an dieser Herzensgeschichte bis jetzt einigen Antheil genommen. Man hat dort mit großer Sorgfalt aus hundert zerstreuten Notizen ausgemittelt, wie viel der Dichter in den verschiedenen Perioden seines Lebens „werth war", aber diese zusammenhängende Quelle zu der Geschichte seiner Seele hat Niemand mit der rechten Andacht gelesen. Vielleicht gehört dazu ein jugendlicheres Volk wie das deutsche, dessen Herzen noch nicht in den ausschließlichen Werken der Politik und in dem gemeinen Interesse verhärtet sind. So wie hierin überhaupt das Geheimniß unseres tiefen Interesses an Shakespeare gelegen ist, daß der Bildungszustand und die Entwickelungsstufe unseres Volkes heute ungefähr dieselbe ist, wie in England zu Shakespeare's Zeit, und daß uns zu unserem Vortheile die große Erscheinung dieses Dichters nicht wie damals England unversehen überraschte, sondern daß ihm seit jener Zeit durch eine zweihundertjährige Pflege der Dichtung der Boden bei uns langsam und gründlich bereitet war.

Wir schreiten endlich zu der Analyse der einzelnen Gruppen unseres Sonnettenkranzes und erzählen zunächst im Verfolge der gegebenen Ordnung der Gedichte die Geschichte des Verhältnisses beider Freunde.

Sonnett 1—17. Die ersten siebzehn Sonnette rathen dem „zarten Jungen" in eindringlicher, ja in zudringlicher Weise die Vermählung an; sie nennen ihn der Welt frische Zierde, des Frühlings einzigen Herold, dem es als eine Pflicht eingeschärft wird, eine neue Ausprägung des schönen, von der Natur zum Abbilden geschaffenen Siegels zu hinterlassen; und man mag in dieser Reihe die reiche Erfindungskunst an Bildern bewundern, mit denen der Dichter in einem so einfachen Thema abzuwechseln weiß. Vom 14. Sonnette an verschleift sich der Inhalt allmälig in den mehr allgemeinen Preis der Schönheit und Wahrheit des jungen Freundes; „ganz anders, heißt es noch S. 17., in Fortsetzung des bisherigen Themas, würde mein dichterisches Lob deiner Schönheit geglaubt werden, wenn ein Sohn von dir Zeugniß gäbe, daß es nicht übertrieben ist"; dennoch, fährt S. 18. dieses Thema verlassend fort, soll dein ewiger Sommer nicht vergehen u. f. Der Preis des Freundes war in diesen ersten Gedich= ten wundersam gesteigert: weiterhin besinnt sich der Dichter gleichsam, daß er nicht in diesem gespannten Stile fortschreiben will: er will nicht (S. 21.) jene Muse nachahmen (Drayton), die durch eine ge= malte Schönheit zu ihrem Verse muß angeregt werden; er will nicht alle seine Gleichnisse vom Himmel nehmen, von Sonne und Mond, von den Edelsteinen der See und der Erde, von des Aprils ersten Blumen und allen seltenen Dingen, die des Himmels Luft in diesem ungeheueren Runde einschließt; wahr will er schreiben wie er liebt; nicht (S. 23.) durch Uebermaaß sein eigenes Herz schwächen, lieber aus Furcht vor zu viel Selbstvertrauen vergessen, die vollständige Ceremonie des Liebesdienstes zu sagen; und der Freund soll lesen lernen, was schweigende Liebe schrieb. Wirklich wird gleich in der folgenden Gruppe die gekünstelte Form jener ersten Reihe von dem Ausdrucke der lebenvollsten Empfindungen unterbrochen, da auch ihr Thema nicht mehr ein so äußerliches ist wie das der früheren, son= dern aus dem Inneren des Dichters geschöpft ist.

Sonnett 18—40. Die zweite Reihe, die wir bezeichnen, ist durch das Verweilen des Dichters auf der Ungleichheit des Standes beider Freunde zusammengehalten. Die Geschichte ihres engeren Verhältnisses beginnt erst hier, die ersten siebenzehn Sonnette könn= ten noch aus größerer Entfernung geschrieben sein. Hier ist die Hin= gebung schon entschieden, mit welcher der junge Edle sich dem geist= reichen Manne von innerer Ueberlegenheit überläßt und die Andere des Dichters, mit der er diese herablassende Freundschaft zwischen Be= scheidenheit und Selbstvertrauen, zwischen Rückhaltung und Vertrau= lichkeit getheilt, erwidert. Er muß es bekennen, (S. 36.) daß sie Zwei sein müssen, obgleich ihre ungetheilte Liebe Eine ist: so werden die Flecken (des Standes und der Geburt) die auf ihm haften, von ihm allein getragen werden. In ihrer beider Liebe ist nur Eine Rück= sicht, obgleich in ihrem Leben eine „verdrießliche Trennung" ist, die, wenn sie auch der Liebe einige Wirkung nicht ändert, doch süße Stun= den der Liebesfreude entzieht. Er darf den Freund nicht überall ken= nen, noch darf Jener ihn überall mit öffentlicher Freundlichkeit ehren, sonst nähme er seinem Namen die Ehre, die er dem Freunde gäbe. „Thue das nicht, ruft der dichtende Freund; ich liebe dich in solcher Art, daß, da du mein bist, auch dein guter Ruf mein ist". Für ihn will der Dichter in dieser Weise Sorge tragen. So verlangt er noch spät (S. 71.) daß ihn der Freund nach seinem Tode nicht beklagen, seine Liebe mit seinem Leben ablegen solle, damit die kluge Welt nicht aus seinen Thränen sein Verhältniß zu ihm errathe und ihn darum höhne. Der Dichter hat viele abgeschiedene Freunde zu be= weinen, die ihm der neue Eine alle ersetzen soll. Aber es quält ihn zwischendurch doch überall die Empfindung der Kluft, die sie beide trennt, und seine Demuth läßt ihn nicht auf seinem Selbstgefühl beharren. Spricht er an Einem Orte, gehoben von der ehrenden Freundschaft, die Bereitwilligkeit der Resignation auf alle Rangwürde aus, so sehnt er sich doch anderswo nach einer ehrenvolleren Stellung, um des Freundes würdiger zu scheinen. Mit der Zufriedenheit die S. 25. ausdrückt, wo er gern auf Ehren und Titel verzichtet „an dem Orte wo Er Niemand und Niemand ihn verdrängt", streitet anders= wo (S. 27.) sein Verlangen nach einem günstigen Sterne, der seiner zerlumpten Liebe Schmuck anlegen soll, damit er würdig werde, da= mit er prahlen dürfe mit seines Freundes Liebe: bis dahin will er sein Haupt verbergen, wo er ihn auch auf die Probe stellen möge. Diesen doppelfühligen Zustand drückt dann das 29. Sonnett am dichterischsten und in tief ergreifender Weise aus:

> Wenn oft ich meinen ausgestoßnen Stand
> einsam beweint, von Welt verschmäht und Glück,
> zum trüben Himmel eitles Flehn gesandt,
> und auf mich blickend fluchte dem Geschick;

I

sehnsüchtig, wie ein Andrer freundereich,
ihm an Gestalt, an Hoffnung gleich zu sein,
und dem an Kunst, und dem an Freiheit gleich,
am mindsten schätzend, was am meisten mein:
doch, wenn verachtend so mich und mein Leben
zufällig bein ich denk', reißt mich's empor
(wie Lerchen, die im Morgenlicht entschweben
dem Grund) zum Hymnensang am Himmelsthor.
Dann schwelg' ich, reich durch Lieb', in solchem Rausche,
daß ich mit Königen den Stand nicht tausche.

Sonnett 40—42. Die drei folgenden Sonnette, in denen der Dichter sich über den Raub einer Geliebten beschwert, sind in der vorigen Gruppe bereits in S. 33—35. angekündigt: es wird dieß Verhältniß auf weiten Umwegen eingeleitet und entschuldigt, was der Dichter selbst als einen Fehler bezeichnet. Die Stücke No. 40—42. machen dem jungen Freunde leichte Vorwürfe über die Entwendung einer Geliebten, an der dem Dichter, dem ganzen Tone nach, nicht viel gelegen ist, die der Freund auch seinerseits verschmäht und ihm, wie es scheint, nur in einer muthwilligen Neckerei entzogen hat. Die Sonnette 133. 134. machen es klar, daß hier von demselben Weibe die Rede ist, an das die letzte, schon früher von uns besprochene Gruppe dieser Sammlung gerichtet ist, die als Episode hier eingefügt gedacht werden muß, obgleich es gewiß zweckmäßig war, sie zurückzuschieben, um das Freundesverhältniß und dessen Entwickelung nicht zu unterbrechen. Der Muthwille selbst, von dem die Rede ist, deutet in einem nicht gerade erbaulichen Beispiele von einer neuen Seite an, wie nahe sich beide Freunde gerückt waren. Der reiche Mann nimmt dem armen Freunde sein einziges, wenn auch räudiges Lamm; dieser verzeiht es ihm in seiner willfährigen Stellung, er findet, daß des Jünglings lasciver Anmuth Alles wohl steht und daß diese artige Kränkung seinem Alter ziemt, das der Versuchung überall ausgesetzt ist.

Sonnette 43—61. Die folgende Reihe, die wir bis zum 61. Sonnette führen, ist in Entfernung von dem jungen Freunde

geschrieben; sie sind zeitweilig getrennt; eine „traurige Zwischenzeit"
ist zu beklagen, wenn sie auch die Liebe nicht abstumpfen soll. Selbst
wo die einzelnen Stücke von diesem Thema nicht geradeaus reden,
sind sie doch darauf zurückbezogen. Die Nummern 43—45. beginnen
es, S. 46. scheint sich zu entfernen, aber S. 47. bezieht beide Stücke
wieder auf das Grundthema zurück. So scheinen nachher S. 53—55.
abzuschweifen, aber S. 56. verbindet die kleine Reihe wieder mit
dem Hauptgegenstande, der Abwesenheit des Freundes. Der ganze
Ton dieser Stücke drückt die Sehnsucht nach dem Entfernten aus;
diese Freundschaft ist mit einer Eifersucht wunderbar versetzt, die ihr
überall einen schmerzlichen Stachel beigibt; es ist als ob der Dichter
sich in der Trennung heftig anklammere, sich die Gunst des Freundes
zu erhalten. Wie natürlich ist es, daß ihn gerade in dieser Zeit der
Entfernung der Gedanke quält, ob auch einmal der Mann des hohen
Standes, den glücklichen Gleichheitsprinzipien der ersten Jugend entwachsen, sich ihm ganz entfremden könne? Ein nur schüchtern ange-
deutetes Selbstgefühl des eigenen Werthes streitet sich in diesem Vorgefühl der Möglichkeit mit der ganzen Hingebung des Augenblicks,
da er den Freund noch besitzt. Das 49. Sonnett ist in dieser
Beziehung ganz besonders ausdrucksvoll:

> Für jene Zeit, wenn jene Zeit je nahte,
> da du auf mein Gebrechen finster siehst,
> wenn deine Lieb' in klugbedachtem Rathe
> in letzter Summe ihre Rechnung schließt,
> für jene Zeit, da du mich fremd behandelst,
> mich deiner Augen Strahl nicht mehr erfreut,
> wenn du die Lieb' in neue Formen wandelst
> und Gründe suchst zu kalter Förmlichkeit:
> für jene Zeit ist's, daß schon heute ich
> mich in der Kenntniß meines Werths bescheide,
> und diese Hand aufhebe wider mich,
> zu schützen das Gesetz auf deiner Seite.
> Mich ach! zu lassen, ist dein Recht begründet,
> weil, mich zu lieben, dich kein Grund verbindet.

Sonnett 62—77. Die ernste Stimmung, die den Dichter schon
früher übernommen hat, nimmt noch mehr überhand. Der vorher

oft muthwillige Ton hört auf, eine andere Zeit bricht an; es scheinen Schicksale zwischen diesem und den früheren Theilen zu liegen. Der Dichter spricht viel und oft von seinem Alter, Gedanken des Verfalls und der Hinfälligkeit aller Dinge beschäftigen sein Gemüth und der Hinblick auf die Ewigkeit seiner Dichtung scheint ihn nur wenig zu zerstreuen. In S. 73. blickt gleichsam das Vorgefühl eines frühen Todes heraus; selbst die Vorstellung von seines Lieblings künftigem Alter quält ihn jetzt. Eine Sehnsucht nach dem Tode ergreift ihn, wenn er auf die Misstände der Gesellschaft überhaupt und die ihm näher liegenden der Gelehrtenrepublik hinsieht; ein Widerwille bemächtigt sich seiner, den er so oft auch in seinen Dramen ausspricht, wenn er die Falschheit der Welt beobachtet, die von Schminke und geborgtem Haare Schönheit leiht, die verbildete Zeit, „wo Schönheit nicht mehr wie sonst gleich der Blume lebt und stirbt, wo die Locken der Todten, das Recht des Grabes, abgeschoren ein zweites Leben leben auf einem zweiten Haupte". In diese gehaßte Welt sieht er den jungen Freund nun bei vorschreitendem Alter hineintreten, den er einen köstlichen Augenblick wie allein besessen hatte; er sieht ihn in schlechte Gesellschaft gerathen; sie verleumden sein Inneres nach seinem äußeren Scheine; sie leihen seiner schönen Blume den häßlichen Geruch des Unkrauts. Indem er ihn gegen jeden Argwohn in Schutz nimmt, tadelt er ihn leise, daß er doch an diesem Widerspruche zwischen seinem wahren Werthe und seiner Erscheinung selber die Schuld trage, indem er sich „zu gemein mache". Die auffeimende Eifersucht auf den Liebling, den nun auch andere Umgebung in Anspruch nimmt, versteckt sich hier fein hinter dem Schleier der sittlichen Sorgfalt. Es liegt in der Natur dieser Regung, daß, wo sie sich einmal angeklettet hat, schwer von ihr abzukommen ist. Unseren Dichter schlägt sie mehr und mehr in ihre Fessel; die feinsten Züge ihres Wachsthums und ihrer Aeußerung lassen sich in unseren dichterischen Urkunden beobachten. „Argwohn, heißt es in S. 70., ist die Zierde der Schönheit; bist du gut, so erhöht die Verleumdung deinen Werth um so mehr, je mehr die Welt dich umwirbt und umlagert. Denn der Wurm des Lasters liebt die süßeste Knospe, und das zeigt einen reinen fleckenlosen Frühling. Du hast den Hinterhalt der Jugend überwunden unangegriffen, oder Sieger im Kampfe". Dieß Lob, in dem so viele Ursache zur Freude läge, muß man im Zusammenhange der übrigen Stücke lesen, um zu fühlen mit wie schmerzlichem Tone es gesagt ist. Und damit muß man dann vergleichen, mit welchem Kitzel der Freude in der früheren ungetrübten Zeit die gerade entgegengesetzten Vorwürfe gemacht sind! Hier heißt es in so trübem Tone, er sei nicht angegriffen oder nicht gewonnen, und früher so muthwillig in jenen (scheint es) sehr beliebten Versen, die man schon in Titus und in Heinrich VI. gelesen hat: er sei liebenswürdig und darum zu gewinnen, und schön und darum eben anzugreifen! Hier wie mißmuthig: er sei dem Hinterhalte entgangen; und dort so zufrieden: er sei der Versuchung ausgesetzt, und die kleinen Uebelthaten kleideten ihn wohl! Eine größere Sittenstrenge spricht allerdings aus diesen späteren Sonnetten, und in einer Weise, die auf eine Sinnesänderung in dem Dichter füglich schließen läßt, hier aber hören wir in der That noch mehr die Stimme der Eifersucht, die weder des Freundes Tugend noch seine Sünden der Welt und ihrem Urtheil gönnt. Er möchte gern einmal, daß die Welt sein Ergötzen sehen sollte, dann aber hält er es für besser mit dem Freunde allein zu sein; jetzt ist er froh in seinem Besitze und dann voll Angst, daß das diebische Zeitalter seinen Schatz ihm rauben werde. Ueberall fühlt man durch, daß die Umgangsverhältnisse des jungen Herrn sich ändern und erweitern, daß er aus dem Alleinbesitze des Dichters heraustritt. Der Uebergang zu der folgenden Gruppe ist eingeleitet, wo der vornehme Schützer der Kunst deutlicher von anderen Dichtern und literarischen Clienten umgeben erscheint.

Sonnett 78—86. Es war eine Zeit, wo unser Dichter allein des freundlichen Gönners Hülfe anrief und wo sein Vers allein seine gefällige Gunst besaß, nun aber, klagt er, verfielen seine anmuthigen

Rhythmen und seine kranke Muse müsse Anderen die Stelle räumen.
Fremde Federn hätten ihm abgelernt, ihre Dichtungen unter seines
Schützers Namen zu verbreiten. Er muß zugeben, daß der Freund ja
nicht an seine Muse vermählt sei, aber es thut ihm weh. Er darf dem
Freunde keinen Vorwurf daraus machen, wenn er die Widmungen anderer Dichter annimmt, vollends wenn er seinen Werth so hoch über
seinen (unseres Dichters) Preis erhaben fände, daß er nach einem frische-
ren Gepräge in diesen verfeinerten Tagen suchen müsse. Doch empfiehlt
er ihm sein einfach schlichtes, treues Gedicht, das neben den rhetorisch
aufgetragenen Sachen der Anderen seinen Werth behalten werde. Ja
er rüstet sein stolzestes Selbstgefühl, dem Freunde zu sagen, daß ihm
ein Denkmal gesetzt sei in seinem edlen Verse, den noch ungeschaffene
Augen einstmals überlesen würden; daß künftige Zungen von ihm
lesen würden, wenn alle die Athmer dieser Zeit gestorben sind. Aber
dieß Selbstgefühl hält unter den misgünstigen Regungen in des Dichters Herzen nicht aus; es gibt keine Leidenschaft, die jeden Stolz so
niederwirft, wie eine noch nicht hoffnungslose Eifersucht die aus
wahrer Liebe stammt. Wie verzage ich, heißt es in Sonnett 80.,
wenn ich von dir schreibe, da ich weiß, daß ein besserer Geist
deinen Namen braucht und in seinem Fleiße alle seine Macht verschwendet, um mich stumm zu machen! Der bescheidene Mann, als
ob er die Wahl und den Vorzug des Freundes, die ihm so schmerzlich
sind, doch in Ehren halten müsse, nennt sich ein werthloses Boot
gegen den hohen und stolzen Bau des neuen Günstlings. Und wer
war der Drayton, den die Einen in diesem Begünstigten vermuthen,
oder gar der Dee, den die Anderen dahinter suchen! Und doch warf
es ihn nieder, den Beifall des Geliebten sich dorthin wenden zu sehen,
und er begrub seine reifen Gedanken in dem Grab seines Gehirnes,
das der Schooß ihrer Geburt sein sollte. Das Selbstgefühl sagt ihm
noch einmal, daß er das stolze volle Segel seines Gegners nicht zu
fürchten habe, und nicht die gefälligen Nachtgeister, deren übermensch-
licher Hülfe er sich rühme; die Furcht vor ihm macht ihn nicht stumm

und nicht krank, nur daß des Freundes Gunst den Vers des Neben-
buhlers beglückte, das raubte ihm den Stoff, das schwächte den
seinen.

Sonnett 87 99. Die innere Entfremdung, die wir im An-
wachs dieser Eifersucht in dem Herzen des Dichters eintreten sehen,
erscheint in dem nächsten Zeitpunkte der Entwickelung dieses Freundes-
verhältnisses vollendet und mit dem tiefsten, rührendsten Schmerze
verschwistert. Noch immer steht ihm der Werth dieser Liebe hoch über
Allem, aber die Furcht ist ihm wie zur Gewißheit geworden, daß sein
Liebling sie ihm plötzlich ganz entziehen könne. Die Erinnerung an
den Standesunterschied des Freundes taucht mit einer herben Mahnung wieder in aller Lebendigkeit in der Seele des Dichters auf.
Einst, als er dieß Verhältniß ausmalte, geschah es in einer freudigen
Zuversicht, wenn sie sich auch hinter elegische Klagen verbarg, jetzt
geschieht es in tragischem Verzagen. Er hatte schon früher ausgesprochen (S. 49.), daß er keinen Grund, kein Recht, keinen Anspruch
auf seine Liebe habe, aber es geschah gelassen, weil ungläubig den
Fall nur in dichterischer Einbildungskraft setzte, der nun in der Wirklichkeit näher getreten ist. Trotz dem ist er so fromm und gutartig zur
Entsagung, daß er dem Freunde gestattet, zu seinem selbstbekannten
Unwerthe ihm noch Fehler anzudichten, die ihn berechtigen ihn zu
verlassen. Sobald er seinen Willen weiß, will er ihre Bekanntschaft
ersticken, fremd thun, seine Wege meiden, von seiner Zunge seinen
süßen Namen bannen: damit Er, der Profane, ihn nicht entweihe,
indem er zufällig von ihrer alten Bekanntschaft rede. Er schreibt ihm
im 87. Sonnette wie einen Scheidebrief und Lebewohl:

> Fahr wohl! Du bist um mein zu sein zu groß!
> Auch ist dein Werth dir, furcht' ich, wohl bekannt.
> Der Freibrief deines Werthes spricht dich los,
> verfallen ist auf dich mein Recht und Pfand.
> Denn wie doch hätt' ich dich als durch dein Geben?
> und wo war' mein Verdienst für solche Habe?
> Der Anspruch des Besitzes fehlt mir eben,
> und so fällt heim an dich die schöne Gabe!

Du gabst dich, damals deines Werths vergessen
und überschätzend den, dem du dich brachtest, —
und dein Geschenk, nach besserem Ermessen,
kehrt dir zurück, da du's im Irrthum machtest.
Wie einen Schmeicheltraum hatt' ich dich eigen,
im Schlaf ein König, wachend nichts dergleichen!

Wie entschlossen dieser Absagebrief lautet, er ist so ernst doch nicht gemeint. Die Stärke der Treue oder die Schwäche der Liebe führt ihn immer wieder zu dem Gegenstande zurück, der über die Kraft seiner Entsagung geht und der jede Regung seines Selbstgefühles erdrückt. Er wühlt sich tiefer und tiefer in die Schmerzensgedanken dieser Trennung ein und reißt seine Wunden breiter und breiter, ohne gleichwohl ganz verbluten zu können. Feindselige Schicksale kreuzen ihn dazu von außen, er klagt über die Wuth des Geschicks die ihn trifft. Hasse mich wenn du willst, schreibt er im 90. Sonnette, und wenn jemals jetzt! Jetzt wo die Welt darauf aus ist meine Thaten zu kreuzen, wirf mich nieder, mit dem Grimm der Geschicke verbündet, und triff mich nicht späterhin als ein Nachweh. Ach komme nicht, wenn mein Herz dieser Sorge entnommen ist, in dem Nachzug eines verwundenen Kummers; laß nicht der Sturmnacht einen Regenmorgen folgen, mein beschlossenes Unglück länger hinzuziehen. Wenn du mich verlassen willst, verlasse mich nicht zuletzt, wenn anderer kleinerer Gram seine Wuth an mir gebüßt, sondern komme im ersten Anlauf! so werde ich gleich Anfangs das Aergste von des Schicksals Macht erfahren. — Selbst dieses Stadium der Selbstqual verwundeter Liebe und Eigenliebe ist noch nicht das Aeußerste. Er fürchtet auch, der Geliebte möge falsch sein und Er, der Liebende, wisse es nicht. Er sähe vielleicht sich anderswohin um, die Augen auf ihm, das Herz an einem anderen Ort. Er scheint (S. 94) zu zweifeln, ob er ihn zu den gefahrvoll überlegenen Naturen zählen soll, die das nicht sind, was sie scheinen; die ein Vorrecht mißbrauchen, das sie dadurch haben, daß alle Fehler sie kleiden, weil Schönheit sie bedeckt; die die Züge, ihrer selber Meister, immer in der Gewalt haben; die

Andere bewegen, während sie selber Steine sind, ungerührt, eisig und langsam zur Versuchung. Er mochte fürchten, daß er sein Herz voll reicher Schätze an kalte, oberflächliche Eitelkeit vergeudet habe, und eine schmerzlichere Erfahrung hätte der Mann nicht machen können, der so viel lautere Treue und Liebe auf diesen Einen Satz gesetzt.

Sonnett 100—126. Aber diese bittere Erfahrung hatte sein gutes Geschick unserem Dichter erspart. Dahin allerdings war es gekommen, daß einer Vernachlässigung von Seiten des vornehmen Freundes eine andere von Seiten des Dichters gefolgt war, daß eine Erkältung der ersten Liebe, eine Entfremdung zwischen beiden eingetreten war, daß sich Schatten auf das Verhältniß geworfen hatten, welches so versprechend begonnen hatte. Aber es kam auch wieder dahin, daß sich diese Schatten verzogen, daß beider gleiche Schuld sich einander aufwog und auflöste. Das Sonnett 120. setzt diesen Hergang, den die ganze letzte Gruppe vermuthen läßt, deutlich auseinander. Es ist dem Dichter lieb, daß sein Freund unfreundlich gegen ihn war, denn nun, da sich der Himmel über ihnen wieder geklärt hatte, klingt Alles, was diese letzte Reihe der Sonnette sagt, dahin, daß nun erst ihr Verhältniß über alle Launen erhaben dastehe, daß die volle Befriedigung nun erst eingekehrt sei, daß eine „verfallene Liebe neu gebaut, stärker und schöner und fester geworden sei als früher". Der Dichter beschuldigt sich jetzt selber, daß er sich von ihm entfernt und seiner Pflicht in seiner Liebe zu ihm nicht genug gethan, daß er eine Zeit lang geschlafen in seiner Liebe. Er blickt auf die drei Jahre zurück, als ihre Liebe entstand und ihren Frühling feierte: „da war ich gewohnt, in meinen Liedern sie zu singen, wie die Nachtigal im Sommeranfang singt und ihre Kehle schließt in späteren Tagen, nicht weil der Sommer nun minder anmuthig sei, als da ihre Klagelieder die Nacht einlullten, sondern weil neue laute Musik jeden Zweig belädt und Süßigkeit, gemein geworden, ihren Reiz verliert. Darum schwieg ich eine Weile wie sie, weil ich mit meinem Gesange dich nicht betrüben wollte". Sein Schweigen und

seine Entfernung begann also mit jenem Gesange der neuen Günst=
linge, mit der getheilten Gunst des Freundes, mit der Eifersucht, die
sich in jenen Ausbrüchen der inneren Qual entlud, wenn der Dichter
bald auf die alten Zeiten zurück, bald voraus in die Zeit sah, wo sich
sein Liebling gänzlich von ihm trennen werde. Jetzt ruft er seine
Muse feierlich an, den unterbrochenen Sang auf's neue zu beginnen,
den alten abgöttischen Dienst seiner Liebe wieder zu begehen, des
Freundes Gesicht auszuspähen, ob die Zeit ihm eine Furche gegra=
ben. Er findet, daß er durch Abnahme (an Jugend) zugenommen
hat und über Glas und Sense der Zeit Gewalt zu haben scheine.
Sein Lied geht mit dem alten Lob an die Vorzüge des Freundes und
preist des Dichters Liebe dem Scheine nach schwächer, im Wesen
stärker geworden. Er triumphirt, daß weder seine eigene Besorgniß,
noch die Prophezeihungen der Welt seiner Liebe Frist und Ziel hät=
ten stecken können. Der Mond habe seine Verfinsterung überstan=
den, die Unglückspropheten spotteten ihrer eigenen Weissagung, der
Friede verkündige Oelzweige von endloser Dauer; unter dem Thaue
dieser balsamischen Zeit blühe seine Liebe in neuer Frische. Der
Dichter bekennt auf's neue die Verirrungen, die sittlichen, denen er
ausgesetzt war, aber er betheuert hoch und heilig, daß er innerlich
verjüngt daraus hervorgegangen sei. Er blickt noch einmal auf das
Brandmal, das sein Stand auf seine Stirn drückt, aber er fühlt sich
nun wie für immer gesichert, daß seines Freundes Liebe und Mitleid
diesen Fleck verwischen werde. Auch dieß Letzte, was ihn drückte,
schien er in der neuen Zuversicht auf den Bestand ihrer Freundschaft
mit leichterem Herzen von sich zu werfen. „Was kümmert es mich,
sagt er im 112. Sonnette, wer gut und übel von mir spricht, wenn
du meinen guten oder schlechten Ruf übergrünst? Du bist meine
ganze Welt — keiner sonst, der meinen gestählten Sinn mir än=
dere, gut oder schlimm. In so tiefen Abgrund schleudere ich alle
Bekümmerniß um Anderer Urtheil, daß mein taubes Natternohr für
Schmeichler wie für Lästerer geschlossen ist".

Dieß ist denn die Geschichte der Entstehung und Verknüpfung dieses Seelenbundes, wie wir sie in Shakespeare's Sonnettenkranze lesen. Es ist ein Verhältniß, das in sich nicht von großer Bedeutung, ja in der Art, wie es sich dichterisch äußert, nicht ohne Verschroben= heit ist. Aber es zeugt in unserem Dichter von einer Stärke der Ge= fühle und der Leidenschaft, von einer Kindlichkeit und Unbefangen= heit des Gemüths, von einer naiven Offenheit, in der Art sich zu ge= ben, von einer völligen Unfähigkeit, sich zu verschleiern oder zu ver= stellen, von der angebornen Anlage, gegebene Zustände in aller Fülle auf sich wirken zu lassen und auf sie zurückzuwirken, es zeugt in Einem Worte von einer so wahrheitssinnigen, lauteren und unmit= telbaren Natur, wie wir sie in dem Dichter aus seinen dramatischen Werken überall vermuthen mußten. Die Sonnette stellen einen psy= chologisch wohlzusammenhängenden, untrennbaren Hergang eines inneren Lebensverhältnisses dar, das sich nicht füglich über einen Zeitraum von drei Jahren ausdehnen konnte; die innere Evidenz der Sache spricht also auch für die vollständige Vollendung der ganzen Gedichtreihe in der von uns angenommenen Zeit. Für die genauere Charakteristik des jungen Mannes, um dessen Erforschung es sich handelt, erfahren wir in den sämmtlichen Gedichten wenig oder nichts. Die üble Form und Manier des Sonnets verhindert uns schon, aus diesen Gedichten über die Natur des jungen Freundes vieles herauslesen zu können; dazu kommt daß in den Jahren, in welchen wir den jungen Mann denken müssen, der Charakter sich erst setzt und bildet. Nehmen wir die aufgestellte Vermuthung, daß der Liebling Shakespeare's der Graf Southampton war, noch ein= mal auf, so passen die wenigen Züge, die wir erhaschen, vollständig. Daß der Graf ein Mann von schönen Geistesanlagen war, ergriffen von der großen Aufregung jener „neugierigen" Zeit (wie sie die Son= nette einmal auf's treffendste bezeichnen) für die junge Kunst, ein Patron aller Dichter und Gelehrten, dieß ist bekannt. Daß er von feineren Sitten, von einer liberalen Natur war, fähig, sich in einer damals ungewöhnlichen Weise über Standesvorurtheile wegzusetzen, und einem liebenswürdigen Menschen, wie Shakespeare, unbekümmert um seine Stellung, die Hand zu reichen, das weiß man theils aus seinem bekannten Verhältnisse zu Shakespeare, theils läßt es sich aus den Zügen seiner Lebensgeschichte errathen. Er hatte einen Zug freier Unabhängigkeit und trotzigen Eigenwillens, wie er dem absoluten Zeitalter der Elisabeth und Jakob's wenig eigen war; er hatte die Elise Vernon gegen den Willen der Königin geheiratet; er war 1601 in die Verschwörung des Grafen Essex verwickelt, ein leichtfertig kühnes Unternehmen, das von einem verblendeten Selbstgefühle der Aufrührer zeugt. Er war auch sonst als heißblütig und händelfertig bekannt, auch unter Jakob im Parlamente und im Geheimenrathe oppositionell, volksthümlich, jeder kleinmüthigen Politik von Herzen gram. So ungefähr, sollte man denken, müsse der Mann beschaffen, so von der Natur ausgestattet gewesen sein, der Shakespeare von früh auf eine so große Neigung abgewinnen konnte.

Wir haben in der obigen Analyse der Sonnette nur ausgehoben, was das Verhältniß zwischen beiden Freunden betrifft. Noch wichtiger ist, was daraus für die Verhältnisse und die innere Lage Shakespeare's allein sich ergibt. Wir finden unseren Dichter, wie elegisch auch seine Stimmung in den Sonnetten vielfach gefärbt ist, in einem frischen blühenden Glücke. Er war in den Jahren 1593—94 durch seine erzählenden Gedichte in den besseren Kreisen der Gesellschaft beachteter geworden; sie reihten ihn unter die Gelehrten, und der Name Southampton's, dem sie gewidmet waren, war ihr Schutz und ihre Empfehlung. Thomas Nash hätte sich in Shakespeare einen größeren Dichter versprochen, wenn er in diesem Geschmacke der Italiener fortgedichtet und seinen dramatischen Beruf ganz aufgegeben hätte. Bei Richard Barnfield (encomion of Lady Pecunia 1598) findet man den Dichter wegen der honigfließenden Ader in seiner Venus und Lucretia „in das unsterbliche Buch des Ruhmes eingeschrieben", ohne daß seiner Schauspiele nur Erwähnung geschähe,

während gleichzeitig Meres auf diese Gedichte und auf seine Schau=
spiele zugleich das horazische exegi monumentum anwendet. Aus
solchem anerkennenden Preise erklärt sich denn wohl das frohe Selbst=
gefühl des Dichters, das sich in den Sonnetten ausspricht. Es ist
von ächter Bescheidenheit überall ermäßigt; er nennt seine Zeilen arm
und roh gegen die Producte der wachsenden Zeit und der rasch fort=
schreitenden Dichtung, er findet sie nichts werth und beschämend für
ihn; aber über diese Anwandlungen der eigenen Unbefriedigung geht
doch weit jene Zuversicht hinweg, mit der er den Freund so oft er=
innert, daß ihm die Erde nur ein gemeines Grab geben könne, wäh=
rend er durch seine Dichtung in den Augen der Menschen bestattet lie=
gen werde. Dieselbe glückliche Lage, die wir in seinem Inneren ent=
decken, findet man jetzt auch in seinen äußerlichen Beziehungen, und
ist die Sage von jenem großen Geschenke Southampton's begründet,
so war auch diese Lage durch die Gunst dieses Freundes plötzlich ent=
schieden worden. Shakespeare's Vater hatte 1578 das Gut seiner
Frau (Ashbies) in seiner Noth an einen Eduard Lambert für 40
Pfund verpfändet, 65 Morgen, die wohl das dreifache werth waren.
Der Verpfänder sollte wieder in Besitz treten, wenn auf oder vor
Michaeli 1580 die Summe zurückgegeben würde. Dieß geschah; das
Gut ward aber zurückgehalten unter dem Vorwande, daß erst andere
Schulden des alten Shakespeare an Lambert getilgt werden müßten.
Die Lamberts hatten große Verbindungen; der alte Shakespeare da=
gegen nennt sich noch 1597 in seiner Klageschrift arm und von we=
nigen Freunden und Connexionen. Erst in diesem Jahre wagte er zu
klagen, denn erst nun schien er mehr Mittel zu erhalten, die Klage
zu unterstützen. Solcher kleiner Anzeigen stellen sich nun mehrere
ein, wie der Wohlstand der Familie sich hob. Aus der Zeit der gro=
ßen Hungersnoth von 1597 hat man ein Verzeichniß des in Strat=
ford vorräthigen Getreides; in der Liste ist John Shakespeare gar
nicht erwähnt, wahrscheinlich weil er im Hause seines Sohnes
wohnte, der sein Vermögen gern in seiner Vaterstadt anlegte;

William Sh. ist mit 10 Quarters verzeichnet, einer vergleichsweise
großen Quantität. Im Jahre 1598 besitzt Shakespeare eines der
besten Häuser in einem der besten Theile von Stratford, das soge=
nannte große Haus oder Newplace. In den Jahren 1601—1603
weiß man, daß er drei verschiedene Grundstücke in seiner Vaterstadt
kaufte, und 1605 machte er den größten seiner bekannten Erwerbe in
dem Kaufe einer noch lange nicht abgelaufenen Pacht der großen und
kleinen Zehnten in Stratford, Altstratford, Bishopton und Welcome
um baare 440 Pfund. Fortwährend findet man ihn in dieser Weise
seit 1597 in finanziellen und ökonomischen Angelegenheiten beschäf=
tigt, die von einem steigenden Wohlstande zeugen. Collier berech=
net zuletzt sein Einkommen auf jährliche 400 Pfund. In einem Ta=
gebuche des Pfarrers Ward in Stratford, das von 1648—79 reicht,
heißt es sogar, er habe gehört, Shakespeare habe in seinen älteren
Jahren jährlich 1000 Pfund ausgegeben, ein Beweis wenigstens,
daß er in dem Rufe eines sehr reichen Mannes stand.

In dem ersten Rausche seines jungen Glückes setzte Shakespeare,
scheint es, das lockere Leben fort, wie er es in Stratford getrieben
hatte. Das Verhältniß zu jenem anziehend=häßlichen Weibe zeigt
ihn uns in einer gemeinen Leidenschaft befangen. Den Freund selbst
findet der Dichter von gefährlicher Gesellschaft umgeben; er sieht zu=
erst durch die Finger gegen seine Jugendfehler, weil er einen guten
Kern in ihm weiß; doch macht ihn nachher das Herandrängen der
häufigeren Versuchung bange. Er fürchtet die Folgen der Ver=
leumdung, die gegen die Empfindlichkeit des guten Rufes abstumpfen,
er hat die zu große Leutseligkeit und Herablassung seines Lieblings
zu rügen. Wie in dem Freunde, so hat der Dichter aber auch auf
seine eigene Vergangenheit strafend zurückzusehen. Er bekennt sich
zu verhehlten, zu verborgenen Fehlern, durch die er gebrandmarkt ist;
er nennt Selbstliebe seine angeborene Sünde und Leidenschaftlichkeit
seinen alten Fehler; er klagt sich einer „beweinten Schuld" an, durch
die er dem Freunde Schande mache; wenn dieser sich einst veranlaßt

finde, ihn zurückzusetzen, so will er sich selbst auf seine Seite stellen, um sich an sich selbst und an seinem Unwerthe zu rächen. Wir wissen nicht, welche bestimmte Schuld es ist, die auf Shakespeare so lastete und die er zu beweinen hat, doch wissen wir eben genug aus seinem Leben, um diesen Ausdruck allenfalls beziehen zu können; und man thut zur Belebung des Bildes, das man sich gern von dem Dichter machen möchte, immer gut, sich an die gegebenen Handhaben zu halten, mit voller Bereitwilligkeit, sie bei besserer Kunde wieder auf= zugeben. Was den Dichter aber mehr drückt als seine Handlungen, das ist sein Stand. Und es ist denkbar, daß die Fehler und Makel, die er sich ankleben sieht, vielfach nur diese unverschuldeten sind, die jene Zeit mit dem Schauspielerstande verbunden sah; möglicherweise freilich auch die verschuldeten, zu denen das Leben in diesem Stande und der stete Reiz der Phantasie nur allzuleicht verführt. Nichts ist rührender, als einen so großen Geist, der wie über den Vorurtheilen aller Zeitalter erhaben dasteht, unter der Wucht dieser drückenden Volksmeinung fast erliegen zu sehen. „Schelte nur, sagt er im Sonn. 111 dem befreundeten Edlen, schelte nur meinethalb mit dem Glücke, der Göttin, die an meinen Uebelthaten schuldig ist, die nicht besser für mein Leben vorsah, als mit öffentlichen Mitteln, die öffent= liche Sitten erzeugen. Daher kommt es, daß mein Name gleichsam ein Brandmal trägt, und daher ist meine Natur fast wie beschmutzt in ihrem Berufe, gleich des Färbers Hand. Bedaure mich denn und wünsche, ich würde neu geschaffen; während ich wie ein williger Kranker Essigtränke gegen meine Seuche trinken will, und keine Bit= terkeit für bitter halten und keine doppelte Buße, die selbst scharfe Strafen schärft".

Die Metamorphose, nach der der Dichter hier seufzt, die Neu= schaffung seines Wesens, sehen wir nach den wenigen Andeutungen namentlich der letzten Gruppe unserer Sonnette vor unseren Augen, scheint es, vor uns gehen. Die neue Schöpfung, die er anstrebt, kann mehrfach verstanden und gedeutet werden. Schon äußerlich ist

es ganz merkwürdig, daß in die Zeit der Entstehung dieser Sonnette
die ersten Schritte Shakespeare's fallen, mit denen er sich über seine
Stellung emporzuheben, in den Stand der Gentry einzutreten, durch
Erwerb und Besitz in Ansehen und Achtung zu fördern suchte. Dieser
Schwäche ist der große Mann offenbar nicht entgangen, so wenig wie
sein Collège Alleyn, der sogar nach dem Ritterstande hinaufstrebte. Die
Geschichte der uns bekannten Schritte zu diesen Zwecken ist seltsam ge=
nug. Man hatte eine Zeit lang überliefert, John Shakespeare,
William's Vater, habe die Erlaubniß erhalten, ein Wappen zu füh=
ren; ein solches Instrument existirt aber nicht. Wohl aber findet
sich eine Bestätigung dieses Wappenrechtes von 1596, die aber sehr
wahrscheinlich von unserem Dichter selber nachgesucht war und nicht
von dem Vater. Dieß Instrument besagt, die Wappenherolde seien
glaubwürdig berichtet, daß die Eltern und Vorfahren John Shake=
speare's von Heinrich VII. für ihre Verdienste seien befördert worden,
wovon sich jedoch in den Archiven keine Spur findet. Es müßte sich
denn die Behauptung auf die Ardens beziehen, die wohl Vorfahren
von William Shakespeare, aber nicht von John heißen konnten, und
die allerdings von Heinrich VII. Gunst und Beförderung erfuhren.
1599 ward eine Copie des Wappens beschafft, darin heißt es: der
Urgroßvater John Shakespeare's sei von Heinrich VII. mit Land
und Lehen begabt worden; dieß ist der Fall mit William's mütterli=
chem Urgroßvater, aber nicht mit John's. Der Dichter=Schauspieler
der seinem Stande nach ein Wappen nicht in Anspruch nehmen
konnte, schob den Namen seines Vaters vor, welcher Amtmann und
Friedensrichter gewesen war, und brachte dessen Anspruch mit den
Verdiensten seiner mütterlichen Vorfahren in Verbindung. Es ist
eine urkundliche Thatsache, daß der Mann (Sir William Dethick),
der 1596 und 1599 Wappenkönig war, beschuldigt wurde, daß er
Stammbäume fälschte und das Wappenrecht Personen gestattet habe,
deren Umstände und Rang in der Gesellschaft ihnen kein Recht zu
dieser Auszeichnung gäben; der Fall von John Shakespeare ward

ihm ausdrücklich zur Last gelegt. Die Kunstgriffe, die Shakespeare bei diesen Schritten angewandt hat, beweisen hinlänglich wie viel ihm an der Sache gelegen war. In ihr wahres Licht indessen treten alle diese Maaßnahmen zur Erhöhung seiner äußeren Lebensstellung erst durch die Entschlossenheit, mit der Shakespeare seinem Schauspielerstande so früh als möglich zu entrinnen strebte. Es scheint zweifellos, daß er schon bald nach dem Jahre des Thronwechsels 1603, in dem er noch in Ben Jonson's Sejanus spielte, von der Bühne ganz abtrat und seitdem erst in London, später in Stratford nur als Schauspieldichter fortlebte. Diesen Schritt wird ihm Niemand verargen wollen. Denn man muß sich wohl erinnern, wie weit die Verachtung dieses Standes, wie weit die obrigkeitliche Willkür gegen ihn ging, um zu begreifen, daß eine freie Seele diesen Druck um so weniger geduldig ertragen mochte, je größer der Enthusiasmus für die Kunst und die Freiheit der Bühne war. Hatte doch Elisabeth noch 1581, trotz all ihrer königlichen Gunst gegen die Bühne, ihrem Ceremonienmeister Tylney die Befugniß gegeben, Schauspieler und Schauspieldichter aus jeder Gesellschaft nach Gutdünken in ihren Dienst zu zwingen oder in's Gefängniß zu werfen! So die Kunst „im Zungenzaume der Obrigkeit und den Geist mit alberner Censur behaftet" zu sehen, entlockte dem Dichter in seinen Sonnetten in dieser frischesten Blütezeit schon seine lebensmüden Seufzer. Wie wäre es ihm zu verdenken, daß er die Schmach einer solchen Existenz vor Anderen schmerzlich empfand, nachdem er einmal durch die Gunst seines Gönners mit der Ehre und dem Ansehen, das den Augen der Welt fleckenlos schien, Hand in Hand gegangen war? Sind wir in dieser Zeit der Ausgleichung aller Stände geneigt, die Sitten anderer Zeiten misachtend mit unbilligen Gedanken auf die Schritte hinzusehen, die Shakespeare that sich äußerlich über seinen Stand zu heben, so mögen wir mit desto größerer Befriedigung auf der inneren Stärke weilen, mit der er sich über das Vorurtheil hinauszuschwingen strebte. Daß ihn dieß wirk-

lichen, großen, inneren Kampf gekostet hat, begreifen wir nach der
Natur der Zeit, in der wir leben, nicht so leicht; gleichwohl ist es
nach der tief eindringlichen Behandlung der Fragen über die Vorur=
theile des Standes und der Geburt, die wir in den Dramen dieser
Periode beobachtet haben, außer Zweifel, und was wir in den Son=
netten unmittelbarer lasen, bestätigt uns ganz darin. Die vorherr=
schende Stimmung in diesen Gedichten, so oft der Dichter auf dem
Standesunterschiede des Freundepaares und im besonderen auf
seiner gesellschaftlichen Stellung weilt, ist die Resignation, das de=
müthige Gefühl der Herabwürdigung, die Willfährigkeit zu ent=
sagen, die Schmach seines Standes und die Flecken, die auf ihm haf=
ten, allein zu tragen, dem vornehmen Freunde das Recht einzuräu=
men, ihn nicht zu kennen, ihn zu verstoßen. Nur einige Male hebt
sich der Dichter zu dem Selbstgefühle, sich über dieß Vorurtheil hin=
wegzusetzen, an dessen Druck ihn jede Stunde mahnte, das zu über=
winden darum nicht geringe Kraft erheischte. Und wirklich liegt in
jenen Stellen jedesmal in der gehobenen poetischen Sprache auch die
gehobene Stärke der inneren Entschlüsse vortrefflich ausgedrückt. Wir
haben oben die Stellen gehört, wo er, aus den Gedanken der Selbst=
verachtung sich aufraffend, in der Erinnerung an den Freund die
Freudigkeit schöpft, seinen Stand nicht mit Königen tauschen zu wol=
len! Und die andere, wo er, seine ganze Welt in ihm sehend, sich
über den Leumund der Anderen hinwegsetzen und jede Bekümmerniß
um Anderer Urtheil in den tiefsten Abgrund schleudern will. Mit
diesem Selbstgefühle in Bezug auf seine gesellschaftliche Stellung
scheint sich aber eine noch gründlichere Neuschaffung seines Wesens
verknüpft zu haben. An den verschiedensten Stellen der späteren
Sonnette, wo ihn eine ernstere Stimmung erfaßt hat, taucht er mit
dem scharfen Blicke einer neuen Sittenstrenge in seine Vergangenheit
ein, hält sich einen Spiegel vor, in dem er eine Unwürdigkeit liest,
die auch nicht von seinem Stande abhängig ist, und er endledigt sich
ihrer, wenn man doch den feierlichsten Worten eines so wahrhaften

Mannes glauben soll, zugleich mit dem Vorurtheile, als ob an seinem Stande nothwendig ein sittlicher Makel kleben müsse. „Ach es ist wahr, sagt er in dem 110. Sonnette, ich schweifte rechts und links und machte mich zum buntscheckigen Narren vor der Welt, besudelte meine eigenen Gedanken, verkaufte wohlfeil was das werthvollste ist, und erneuerte stets die alten Fehler der Leidenschaftlichkeit; sehr wahr ist es, ich habe auf die Wahrheit schief und seltsam geblickt, aber, bei Allem was oben ist, diese Verirrungen gaben meinem Herzen eine zweite Jugend!" Ist es nicht als ob Prinz Heinrich auf die Zeit seiner Wildheit zurückblickte, die für ihn eine Prüfungszeit war, welche die Auswüchse starker Leidenschaft abschliff? Wir Deutsche können in dem Leben unserer Goethe und Schiller die fruchtbaren Perioden nachweisen, wo diese vielbegabten, auch zum Bösen begabten, in jugendlichen Affecten und Ausschweifungen umgetriebenen Männer den Kern des Guten in sich wiederfanden und zum Ernst des Lebens und zu der Würde der Sittlichkeit sich zurückwandten: wir dürfen auch in Shakespeare an eine solche Metamorphose der sittlichen Läuterung und Umschaffung glauben, die in so reich ausgestatteten Menschen, vielleicht mehr als man glauben mag, eine Nothwendigkeit, eine Entwickelungs- und Durchgangsstufe ist, die in einer Art Verbreitung und Regelmäßigkeit bei allen strebenden und tiefbewegten Naturen zu beobachten ist.

Nicht selten hat man die Vermuthung ausgesprochen, daß Shakespeare in der That sehr wesentliche Eigenheiten seiner Natur in seinen Prinz Heinrich übertragen habe. Wäre dieß ausgemacht, so hätte man einen festen und faßbaren Verknüpfungspunkt, der sein Leben mit seiner Dichtung verbände und der zwischen Beiden das innerste Verhältniß auswiese, das uns eine bestimmtere Anschauung der Persönlichkeit und der geistigen Gestalt unseres Freundes gewährte; und es wäre ein Anknüpfungspunkt von so bedeutsamer Art, daß er uns jedes weitere Suchen nach einzelnen zerstreuten Beziehungen zwischen Shakespeare's Leben und Schriften mit einemmale ersparte. Sieht man nun, mit welcher Innigkeit, Liebe und Tiefe der Dichter den Charakter des Prinzen Heinrich angelegt und ausgeführt hat, so wird man schon aus diesem Einen Grunde geneigt, auf jene Muth= maßung wenigstens näher zu achten. Wir wissen eben genug aus Shakespeare's Leben, und haben in seinen Schriften die Ver= gleichungspunkte in Hülle und Fülle, um diese Annahme nicht wenig gerechtfertigt zu finden. Auch Er hatte sich ja in einem Leben mit ausgelassenen Jugendgenossen umgetrieben; er fühlte sich unter un= glücklichen Familienverhältnissen unheimlich im Hause; er ergriff einen herabgewürdigten, ja nach seiner eigenen Ansicht herabwür= digenden Stand und Beruf; er blickte, sahen wir eben, reuig auf die Fehler einer leidenschaftlichen Natur zurück und rang sie abzuschüt= teln. Von dem Dichter der Venus und jener letzten Reihe seiner Sonnette glaubt man gerne, auch ohne die kleinen Andeutungen der biographischen Documente, daß er eine gute Weile in dem Irrgarten der Liebe sich umgetrieben habe. Hat man aber dann in den Son= netten das liebevolle Gemüth beobachtet, das in dem Verhältnisse zu dem jungen Freunde jenes kleine, aber reine innere Leben, von nicht großer Bedeutung an sich, so tief und sinnig durchlebte, so begreift man auch weiter, daß derselbe Dichter zu der preiswürdigen Ver= klärung der Leidenschaft der Liebe in Romeo und Julie sich erhob, ja daß er in inneren Vorgängen die Quellen der Eifersucht eines Zu= rückgesetzten fand, die er später im Othello mit so furchtbarer Wahr= heit schilderte; man sieht aus diesen Dichtungen wie aus den in den Sonnetten angedeuteten Lebensverhältnissen auf eine Natur hindurch, welche die Leidenschaft in sich so durchgährte, daß eine Läuterung un= ausbleiblich war. Sagt uns der Dichter in der angeführten Stelle die Wahrheit, daß er aus seinen Verirrungen sich zu einer zweiten besseren Jugend erhoben, so gilt von ihm selbst sein Spruch, daß die besten Menschen aus Fehlern gebildet seien und meist besser würden, wenn sie ein wenig schlecht waren; so hat er an sich selbst, wie sein Prinz Heinrich, bewährt, daß das ein fruchtbarer Acker ist, auf dem

das üppigste Unkraut wächst, so lange er nicht bestellt ist, und daß
gesunde Beeren am besten neben Früchten schlechterer Art gedeihen
und reifen. Diese innere Reinigung hätte in ihm, seinen Sonnetten
zufolge, den Anstoß gefunden durch den Umgang mit seinem edlen
Freunde. Wie sein Heinrich aus einer höheren Lebenssphäre herab=
neigte zu Natur und schlichter Einfalt, so strebte er aus seinem niede=
ren verstoßenen Dasein empor nach edler Sitte und einem ehrenhaf=
ten Stande; auf einem umgekehrten Wege kam er zu der Kenntniß
der höheren und niederen Schichten der Gesellschaft, wog ihren
Werth und entsog ihnen ihre Würze, und gelangte zu der vollen,
allseitigen Anschauung der Menschheit, die wir an ihm, dem Dichter,
bewundern und die er seinem Prinzen Heinrich geliehen hat. Hat
die Freundschaft mit jenem edlen Jüngling so genau und innig be=
standen, wie wir annehmen, und knüpfte sie sich in jener Zeit, wo
Shakespeare dem Grafen Southampton seine Lucretia dedicirte
(1594), so verstehen wir um so besser, warum der Dichter gerade
um diese Zeit jenes Gedicht von der Freundschaft schrieb, den Kauf=
mann von Venedig, und wir besinnen uns, daß es ungefähr die
gleiche Summe ist, die der königliche Kaufmann dem Abenteurer
Bassanio für seine Glücksfahrt lieh, und die Southampton unserem
Dichter zu seiner Betheiligung bei dem Globe, zu seinem Zuge
nach dem goldenen Vließe gegeben haben soll. Fühlte sich der un=
ebenbürtige Dichter in der That so beglückt, wie es die Sonnette
sagen, in jener Freundschaft, in der sein geistiger Werth die Ungleich=
heit des äußeren Standes ausgleichen mußte, so verstehen wir um
so besser, warum er, wieder gerade um diese Zeit, die Geschichte jener
armen Helena schrieb, und warum er mit so großem Nachdruck dort
den Hergang schildert, „wie die durch die Kluft des Glücks Getrenn=
ten durch die Natur dahin gebracht werden, sich wie Ebenbürtige zu
verbinden". Wir verstehen nun auch, warum der gemeinsame Kern
so vieler Stücke dieser Periode in jener stets wiederholten Lehre ge=
legen war von dem allein wahren Adel der Tugend und des Ver=

dienstes, warum der Sinn aller Shakespeare'schen Dichtung dieser
Zeit die Abneigung gegen allen Schein, gegen allen Flitter und
falsche Zierde so eindringlich aussprach. Alle die tausendfachen Erwägungen über das Wesen und den Werth des Menschen, über rea-
les Verdienst und eingebildeten Adel, lassen sich auf die Eine große
Bewegung zurückbeziehen, die Shakespeare in dieser Zeit ausfüllte,
auf das Verhältniß zu seinem Freunde und auf seine Zerfallenheit
mit seinem Stande, auf den merkwürdigen inneren Kampf, in dem er
die Vorurtheile der Welt zu überwinden strebte. Wir haben gesehen,
daß es ein großer Kampf in ihm war, den er nicht in kaltem Heroismus mühelos überstand, in dem er vielmehr in schwachen Stunden
Niederlagen erlitt; wir begreifen daher, daß er Jahre lang seine
Seele bewegte und in den Schriften dieser Periode sich so gründlich
ausdrücken mußte. Indem wir umgekehrt wieder aus dieser gründli-
chen Beschäftigung seiner Dichtungen mit den Gegensätzen des Scheins
und Wesens auf die Züge aus seinem Leben zurückschließen, verstehen
wir besser, warum der Dichter seinem Schauspielerstande so tief ab-
hold war und zuletzt entsagte: denn diese Kunst macht ganz eigentlich
aus dem Scheine einen Beruf. Alles zusammengefaßt aber glaubt
man eine gewisse Nothwendigkeit zu erkennen, daß des Dichters
größte Entwürfe in der Zeit eben dieser inneren Bewegungen in solchen Schöpfungen wie der Kaufmann von Venedig und in solch
einem Charakter wie Prinz Heinrich culminiren mußten. Denn wie
gerne mußte er sich in einem Wesen spiegeln, das er auf jenen höchsten Standpunkt rückte, auf dem es dem Menschen möglich geworden
ist, selbst das letzte Vorurtheil, auf Vorurtheile mehr als nöthig ist
zu achten, von sich abzustreifen; den üblen Schein nicht anzuschlagen
wo er sich guter Zwecke bewußt ist; den guten Schein nicht anzustre-
ben wo die gute That vollbracht ist und sich an dem Selbstbewußtsein
genügen zu lassen, das des äußeren Lobes und Lohnes nicht bedarf
und des äußeren Tadels und Abbruchs nicht achtet.

Wohl mag man also glauben, daß gerade in den wesentlichsten

Beziehungen in dem Prinzen Heinrich der Charakter unseres Dichters
objectiv geworden sei, daß er in den dürftigen Umrissen der Chronik
einen Rahmen erkannt habe, in den er das Gemälde seiner eigenen
Natur einziehen dürfe. Streng beweisen kann man dieß allerdings
nicht. Es gibt aber Eine Erwägung die in dieser Beziehung mäch=
tiger ist, als alle schriftmäßigen Belege. Ein Charakter dieser un=
scheinbar=trefflichen Art und von so unmerkbar tiefgelegtem Adel kann
nur aus den Erfahrungen des eigenen Seins und Lebens geschildert
werden. Die Züge der Heuchelei und des Leichtsinns, des kriege=
rischen Ehrgeizes und der Ruhmsucht, des Geizes und der Verschwen=
dung, die Furchen die der scharfe Pflug der Liebe oder Eifersucht in
die Gemüther zieht, kann ein geistreicher und lebenserfahrener Mensch
dem Menschen neben ihm absehen, auch wenn er wenig von all dem
selber in seiner Anlage trüge. Aber jene glanzlose Tugend der äußer=
sten Selbstbescheidung, die Resignation des Selbstbewußtseins, die
Verachtung des Scheins, dieß sind Eigenschaften, die in den Men=
schen selten vermuthet und schwer in ihren Quellen, so wie es in
Heinrich IV. geschieht, durchschaut werden, ohne daß der Beobachter
selbst in sich ein Maaß der fremden Tugend hätte und ihre Züge aus
seinem eigenen Inneren kennte. Man kann ohne Zwang aus Shake=
speare's Leben und Schriften einzelne solcher Züge zusammenstellen,
die ihn vielfach mit seinem Prinzen in Vergleichung bringen; allein
weit bedeutsamer für diese Vergleichung ist es, wenn man mit dem
gesammten Wesen dieses seines Lieblings den gesammten Eindruck
seiner Werke zusammenhält, in denen sein Charakter in größeren Um=
rissen geschrieben steht. Alles was diese Werke und ihre Entstehung
am schlagendsten charakterisirt, läßt sich auf dieselben Grundbegriffe
zurückbeziehen, auf die er die Natur seines Prinzen gebaut hat. Seine
Kunst wie seine ethische Weisheit athmet überall dieselbe ungeschminkte
Wahrheit, die er diesem geliehen hat; dieselbe Verschmähung aller
überlieferten Regel, in dem Bewußtsein, auch ohne Regel das Maaß
des Schönen und Guten zu treffen; denselben Grundsatz, das Leben

in seinem vollen Ganzen und nach allen Seiten zu fassen. Ganz wie in Heinrich's Wesen ist auch in Shakespeare Alles was Schein, Glanz und falscher Prunk heißen kann, wie absichtlich hinweggeworfen; und wie für das Auge des gewöhnlichen Lesers der königliche Heinrich unbeachteter und reizlos in die Zufluchtstätte seiner bescheidenen Eingezogenheit zurücktritt, so lag den Jahrhunderten nach Shakespeare der Edelstein in seinen Werken verborgen. Von dem wüsten Scheine betrogen sah man Barbarei, wo die höchste Kunst ordnend gewaltet hatte, und rohe Sitten, wo der reinste Adel des Gemüths und eine geprüfte Weisheit die strengsten Gesetze des sittlichen Lebens lehrte. Glanzlos wie dieser Ausgang der nächsten Wirkungen von Shakespeare's glänzenden Werken war, war auch ihr Eingang in die Welt. Als Shakespeare verschmähte, sich weiter zum „buntscheckigen Narren vor der Welt" zu machen, als er sich von der Bühne auf seine Dichtung zurückzog, war auch dieß eine unwillkürliche Wendung, die dem ganzen tiefen Zuge seiner Natur von dem Scheine nach dem Wesen hin entsprach. Vor ihm, kann man sagen, war der Dichter im Solde des Schauspielers, der Kern der Kunst ungelöst in der Schale; seitdem aber Shakespeare der dramatischen Dichtung selbständigen Werth verlieh, ward von selbst die vergängliche Schauspielkunst der Dichtkunst unterworfen und die Form in den Dienst des Geistes gezwungen. Aber er legte darum auf seine Werke nicht mehr Werth, als der Geringsten Einer, die vor und neben ihm Schauspiele dichteten; er sorgte wenig um ihren Druck, gar nicht um ihre Sammlung und ihre reine und ächte Gestalt. Bescheiden und schweigend legte er dieß große Vermächtniß in die vielbewegte und zerstreute Zeit, und wie sein Heinrich von seinen Thaten, so ging er sorglos von seinem Ruhme hinweg. Noch in einem viel höheren Punkte drückt sich jener innerste Charakterzug des Dichters, nach dem er in den Kern aller Dinge, auf Wahrheit und reine Natur drang, in dem ganzen Verhältnisse ab, in dem seine Dichtung, im Vergleiche zu der Dichtung anderer

Zeiten und Völker, zu dem wirklichen Leben steht. Das Alterthum, in glücklicher Totalität des Lebens, kannte nicht den Gegensatz von Natur und Convention; die mittleren Zeiten erst brachten uns mit der Ausschweifung des Geistes die Abirrung des Lebens von dem Quelle einfacher Natürlichkeit. Die ganze Dichtung der Ritterzeit war mit den conventionellen Gestaltungen des Lebens dieser Zeiten in ungeirrter Eintracht. Auch das Epos der Italiener, das Drama der Franzosen und Spanier ging damit Hand in Hand. Aber die germanische Kunst hat sich ihre Aufgabe nicht so einfach gestellt. Sie nahm nicht so orthodox das Leben hin wie sie es fand, sie setzte sich, von dem protestantischen Geiste bewegt, in Opposition mit dem Brauche, wo er ein Mißbrauch der Gewohnheit geworden war; das Ideelle liegt in ihr nicht wie in der südlichen Kunst in verfeinerten Formen, sondern in dem Rückblick auf eine ursprüngliche Reinheit des Lebens, in dem Bestreben den menschlichen Verhältnissen und Zuständen die Natur und Wahrheit wiederzugeben, die unter den willkürlichen Satzungen der Convention verloren gegangen sind. Diesen oppositionellen Stand der idealen Kunst gegen das reale Leben hat in den germanischen Nationen kein anderer als Shake=speare angegeben. Seine Vorgänger schon haben ihn begonnen, sie sind aber dabei in den Gegensatz der rohesten Natur verfallen; aber Er ermäßigte diesen Widerstand in weiser Beschränkung; und so vermittelt überkam dann die deutsche Dichtung im vorigen Jahr=hundert von Shakespeare denselben Standpunkt, auf dem sie sich schnell so geschäftig erwies.

Druckfehler.

S. 55 Z. 2 v. u. lies weltbürgerliche.
= 73 = 13 = o. = Schauspiele
= 83 = 17 = o. = presenter.
= 98 = 11 = o. = damals nicht statt niemals.
= 165 = 15 = o. = unfähigen.
= 116 = 1 = u. streiche als.
= 198 = 2 = u. lies: Es heißt von ihm: er sei unter den Guten der
          Beßte; das Gute ihn ihm —
= 410 = 11 = o. = den Menschen.